叶澜教育思想文选

方圆内论道

叶澜教育论文选

叶澜 著

庞庆举 选编

中国人民大学出版社
· 北京 ·

自　序

出版个人文选，常常是做学问者的一种愿望，通常是在进入老年后的愿望，且尚有学生和朋友希望、促进这个愿望实现。

我未能免俗，决定出这三卷本的文选，也说明自己真的老了。由我作为导师的庞庆举博士担任编者，自然高兴放心。编文选，是对自己学术人生的回顾与反思，也是向同行学界的一个交代：本人，一个华东师范大学20世纪60年代初的教育学系本科毕业生，自80年代中至今做了30余年学问，除出版为数不多的著作，主编若干套丛书之外，还有些文字可汇聚在一起，以文选的方式呈现出自己的学术追求、苦思与研究，呈现出自己的精神与心灵世界。

三卷本的共同品性是诚实、直言。言我之所思所悟，言我认同和批判的观点，言我对教育与教育学的反思和力主的重建，言我在研究实践中走出的一步步脚印。我不怕别人说我肤浅。一直记着鲁迅先生评刘半农：虽浅，但浅的澄澈。我愿做清澈的溪，不做混浊的沟，从不故作深沉，也不模棱两可。我的想法很简单，即使自己的观点别人看来是错的，也是自己想明白的对。发表文章，不是为了表现自己多么博学，有才华，而是让别人听懂你的声音，由此或能共鸣、补充、生发，或能指出问题、错误，甚至全盘推翻，都有意义。

三卷本的差异主要在编排原则和主题上。

第一卷《方圆内论道：叶澜教育论文选》集中在教育基本理论、教育研究方法论、教育学的问题与发展研究等领域中一些具有普遍性的理论问题上。全书以“学术自述”开篇，以一个师范大学教育学系本科生的学术自我认识起笔，又以“当代中国高等师范教育改革”收篇，这是对中国已有100多年历史的、被誉为“教师的摇篮”的师范教育之未来命运的求索，对教育学系不能取消本科但必须改革的呼喊。一头一尾的呼应，也算是尽了作为一名教育学系学生维护职业、专业尊严的责任。

第二卷《变革中生成：叶澜教育报告集》的标题已明显传达了主旨。这是我在自己花了大半生时间、至今还魂牵梦萦的两项研究中，或阶段性生成，或如宴会中“热炒”那样的报告，一旦生成自己认为清晰、重要的观点，即同一起研究的同事、试验学校的校长和老师及时交流。他们常常是我新鲜思想（其中也内含着他们实践经验)的第一听众。在他们那里,我能看到明亮的眼睛、会心的一笑,还有报告后即讨论、研究下一步发展性的研究策划。我享受的是心灵的沟通、同甘共苦的坚定和智慧点亮的兴奋。现在收拢的文字稿,大多是报告之后的修改稿,故此卷被命名为“报告集”。

第三卷《俯仰间会悟:叶澜随笔读思录》的内容有点杂、散,涉及面也宽,故称之为“读思录”。我的人生读的就是两类书:第一类是无字的生活与自然之书,它必然以碎片、偶遇的方式嵌入我的生存世界,一个不大肯停的脑袋、有感触即想记录的习惯,使之成了可称为随笔或散文但绝不是符合文学专业标准的文字。几十年下来积了不少,自挑了一些认为还可看的、有点意思的篇目列入。第二类是文字之书,若有所悟所启,也必以随心而走的读书笔记方式写下,自然并非佳作,但我记下了这些书给我的不同程度和意义的启发。这些启发渐渐化成了我精神世界的构成、学术视野和理念观点,更新着我的思维方式。我感谢这两类书对自己心灵和人格的滋养。将“俯仰之间”的收获汇作一卷,以做学术人生的纪念。

在此,感谢庞庆举博士和中国人民大学出版社的厚爱,感谢本书策划编辑王雪颖的诚挚邀约,没有真诚的合作,就不会有三卷本的顺利、及时出版。

叶　澜

2019.1.12

目　录

学术自述

教育基本理论

教育研究方法论

当代中国基础教育改革

当代中国高等师范教育改革

学术自述

从“冬虫”到“夏草”*

——“生命·实践”教育学派生成过程的个人式回望

2004年2月，《教育研究》发表了一篇题为《为“生命·实践”教育学派的创建而努力》的该刊特约记者对本人的访谈。这是我第一次通过专业杂志，公开、明确表达自己在职业学术生涯最后一阶段的追求：“我现在最大的一个心愿就是锤炼一支队伍，将创建‘生命·实践’教育学派作为共同的目标，形成共同的学术空间，为中国教育学的发展做出我们尽力可为的贡献。”①

2004年我应主编丁钢教授之约，在《中国教育：研究与评论》第7辑上发表了《我与“新基础教育”——思想笔记式的十年研究回望》一文，文中围绕着已经走过的“新基础教育”十年研究，回溯了这一研究实践与我的学术生命成长的关系。我在该文的结语中提道：“我和华东师大课题组的成员，把新的高度在理论上设定为‘生命·实践’教育学的创建。‘新基础教育’研究奠定了这一学派创建的地基。它使我认识和体验到了‘生命·实践’与教育、教育学研究的内在的、原点式的丰富和复杂的关系，并由此获得了一系列有关教育的基础性的新认识，有可能形成新的理论体系。‘生命·实践’教育学是基于实践，又高于实践，是在社会转型时期中国教育改革实践土壤中生长出的新芽；它将成为新世纪中国教育学创建中的一个流派，以自己的扎实、智慧、真诚去酿造教育学的新酒；它将是鲜活的、生长的，但不是肤浅的、盲目的；它是当代的、创造的，但不是割断历史的、自命不凡的。……我们想通过‘生命·实践’教育学的创生，在世界舞台上发出中国教育学者的声音。这声音将揭示平凡教育事业蕴涵的丰富与伟大，蕴涵的与人类最基础的存在——生命与实践不可分割的内在联系，蕴涵的对创造、智慧和发展的呼唤，蕴涵的对健康人性、幸福人生、美好社会的价值追求。”② 这是我在2004年第二次谈到“生命·实践”教育学派的创建，而且直

---

* 关于以“冬虫夏草”为名的寓意，参阅《回望》（“生命·实践”教育学论丛·第一辑，广西师范大学出版社，2007）“序言”。

① 叶澜，李政涛．为“生命·实践”教育学派的创建而努力：叶澜教授访谈录．教育研究，2004(2)．

② 丁钢．中国教育：研究与评论：第7辑．北京：教育科学出版社，2004：56．

接提到了该学派的创建与“新基础教育”研究的关系。

一年两次提到“生命·实践”教育学派，使我们可以把2004年看作“生命·实践”教育学派建设面世的关键年。如果把2004年之前的20年看作“生命·实践”教育学派生成的“冬虫”阶段，那么，2004年始就是进入了“夏草”破土而出、显露生命绿意和加速成长的起始时期。

系统地阐述“生命·实践”教育学派的核心概念和理论构架，不是本文的写作意图，也不是这期命名为《回望》的论文集的主题。本文只是想以作为该学派建设的创始人和主持人的身份，将自己的学术自我以及由此而引出的这一学派从无到有的生成过程做一个梳理。其目的有二：一则为了自己的清醒和今后的继续前行；二则为了使人们，尤其是关心这一学派、关注当代中国教育学发展的同仁，对我以及合作奋斗的学术群体的形成和发展，有一个基本的了解，从而有可能在了解和理解的基础上进行对话，共同促进当代中国教育学的建设与发展。

一、双重初态

把2004年前的20年称为“生命·实践”教育学派生成过程中的“冬虫”阶段有两层含义：一是它处在“地下”，还未面世；二是其酝酿经历了从自发到自觉、从观念到践行、从个体到群体的复杂发展历程。对我而言，这一过程用了整整20年。在我的学术生命史上可称为漫长。为了说明从“冬虫”到“夏草”的“蜕变”过程，我不仅必须用最简略的方式叙述一下20年间的变化，而且还不能不回溯到“虫蛹”形成与蜕变之所以能发生的“史前史”，还要往前20多年。

1. “虫蛹”初态

我的教育学“冬虫”之蛹的形成及其形态是1958年到1962年在华东师大教育系本科学习的结果。那是一个以“大跃进”为开始，又以调整、巩固为结束的年代。我们教育专业的学习，也经历了批判性地学习凯洛夫教育学和资产阶级心理学、认真学习党的教育方针和革命领袖的教育语录，最后回归到专题性地用批判的眼光学习一些中外教育史和教育学的知识。在学期间专业上我算是一个优秀学生。对于我这样一个从高中直接考上大学的学生来说，接触大学这么多的教授、课程、大海般浩瀚的图书馆、文史哲的专业阅览室，实在是丰富得让我无法停歇、无法不学习和不思考。大学生活培养了我广泛阅读文史哲理论书籍的兴趣和习惯，极大地开启了我的文化视野；初步养成了我关注概念辨析和批判性地思考的习惯，尽管在“左”的年代，这种批判带有政治倾向性和时代的烙印，且具有初学的幼稚和简单，但我始终认为上述这一切，是大学阶段给我奠定的，具有持续和可生长、发展意义的做学问的基础。

在这样的时代背景、学习资源及方式都十分有限的大学期间，我形成的初始的教育学“冬虫”具有简单和片面的特征。归结起来主要的认识为如下四点：

（1）教育学是研究教育现象、揭示教育规律的学问。我们的目标是要形成中国社会主义的教育学。

（2）揭示教育规律必须有马克思主义和毛泽东思想做指导。

（3）教育学的基本规律体现在两大领域：一是教育与社会的关系，包括教育具有阶级性，当今中国的教育要为无产阶级政治服务，要坚持与生产劳动相结合。二是教育与人的发展的关系，包括教育要建立在儿童的年龄特征的基础上，共产主义教育的目的是培养全面发展的人。教育是对人的塑造。

（4）学校教育主要包括德育、智育、体育，每个领域都有自己的规律与过程、原则和科学的方法。学校教育活动必须服从教育的基本规律。

如果将以上四点再做一个形态性的概括，则可以看到它是刚性的，是由所谓一般普遍规律和真理、原则等构成的。它将社会作为认识教育的基本单位，站在当时社会执政阶层立场上，以教育外部对教育的要求为出发点，进而形成外在规定式的教育观。在这样的教育观中，人在教育中是被塑造的对象，是抽象的，是社会的工具。学校只是执行社会规定的教育任务之机构。所谓两大规律的关系是服从与被服从的关系。

不难看出，这一基本框架没有我个人的色彩，我是作为一个学生接受了当时的教育学理论。上述初始的“虫蛹”状态在我的头脑里基本保持了 14 年，即从 1962 年到 1976 年。这是因为在这 14 年中，社会大环境不但没有对它提出挑战，而且还将它推到极致。当然，这 14 年就我个人的专业生活而言不是没有变化，这些变化对于我的学术生命并非毫无意义，尽管当时它只是潜在的。

2. “真菌丝体”潜入初态

1962 年夏，结束本科学业的我，被领导动员放弃当年北京师范大学教育系研究生的入学考试，留在本系当助教，开始了作为华东师范大学教育系教师的职业生涯，且一直持续至今。但是，我完全独立承担本系的一门基础性课程——“教育概论”的教学工作，则是在 1983 年的秋天，与我留校工作相隔了 20 余年。

在这20年中，与自己专业直接相关的时间只有6年，还分布在上世纪三个年代：60年代初（1962年到1964年）我作为留在本系小学语文教学法教研组的教师，按当时无学校教育经验的青年助教留在学科教学法教研室，必须先下放到附小锻炼的规定，实足担任了两年小学教师；70年代中（1974年到1976年）“文化大革命”后期（此前在教育系重组教研组之际，我希望到教育学教研组的要求已被领导批准），我响应上海市委的号召，以全国首批援藏教师的身份，到位于拉萨河畔的拉萨师范学校（现已发展成“西藏大学”），担任了两年教育学课程的教师；80年代初（1980年到1982年）我被派往南斯拉夫萨格勒布大学教育系随该系著名教学论教授鲍良克，当了近两年访问学者。在横跨三个年代剩余的14年里，我都在做一些与专业发展无直接关系的事，诸如到安徽搞“四清”，教越南留学生学汉语，“文化大革命”中停课“闹革命”、开展“大批判”、下乡下厂、到“五七”干校，以及“四人帮”粉碎初期的批判“四人帮”等政治活动。就这样，我从一个青年教师不知不觉地、忙忙碌碌地步入了中年教师的行列。现在回想起来，自感有幸的是，在这20年中我毕竟还有与专业生活直接相关的6年光阴。这些非连续的，处在不同时段、独特空间的实践，在我的生命中留下了很不相同的痕迹，实际上成为我学术“初始虫蛹”中最初潜入的“虫草菌丝体”，这是与“实践”、“生命”和“方法论”相关却又与今日生成的“夏草”之态不同的“菌丝体”。

在附小两年小学教师的生涯终生难忘。它是我职业人生的第一课，是专业理想受到初次重创的两年。我以一个留校工作的教育系高才生的身份“下”到附小，自以为不会有问题，还抱着有出色表现的期望。但是，第一年担任毕业班的班主任和语文教师时，却连课堂教学都无法维持，该班成了要靠其他老师和领导来“压阵”的乱班。第二年，学校让我担任二年级的语文教师和班主任，也许有了些经验，学生也相对小一些，没有很大的“捣乱”能量，总算相对平安地度过，但只觉得整天忙忙碌碌，根本无暇和无心绪顾及其他。可以说两年的实践虽以基本失败告终，但它让我体会到了当一个小学教师实属不易，从此不再小视小学教师的工作；让我感受到了当时附小的一批领导与同级教师对我真诚的关心和帮助，他们没有嘲笑我的无能，而是用各种方式帮助我渡过了这段职业生涯中最为艰难的时光，至今我还对他们感恩在心。更为重要的是，第一次直接实践的碰壁，让我真切地感受到了自己学得很好的理论，不可能直接“指导”自己的实践；看到了附小老师的经验不同于甚至有悖于理论，但却更有用、更管事（诸如怎么对待调皮捣蛋的学生等）；懂得了这些经验形成于他们长期的实践与相互交流之中，我在大学的课堂中，哪怕是读书期间长达四个星期的实习都不可能学到；明白了小学实践中天天进行的教育主要靠的是这样的经验，而不是教育学理论的支撑。不过，在当时的我看来，这并不合理。工作伊始“实践遭遇战”的失利，在我的心理上不但打破了对学校实践由苏联电影《乡村女教师》中瓦尔瓦拉带来的浪漫幻象，而且形成了对直接从事小学教育实践的惧怕，一种因不可理喻和驾驭而造成的惧怕。这就是自己亲历的教育“实践”，以与理论相斥、与经验相联的方式，第一次深深地烙进了我的职业生涯。此后，理论与实践的关系问题始终萦绕在我的心头，一次次地被提出来重新认识，直至今日。

西藏的两年是另一种难忘。除了因高原雪山、天蓝云白到令我震惊的自然纯美和布达拉宫、大昭寺等藏族经典建筑、佛教文化的独一无二之外，那就是西藏地区办学条件的艰苦。它不仅指我们所在的拉萨师范学校，其艰苦从学校上课的铃声还要靠拉动挂在古树上大钟的钟锤发出一事就可知一二（看到它让我想起陶行知先生的《古庙敲钟录》），而且还指西藏地区的基础教育。在西藏的两年中，我先后两次有近一个月的时间被借到西藏自治区教育局普教处，离开拉萨随局里干部到林芝、山南、列麦、那曲等农林牧地区，展开当地如何开展普及教育的调查，给我的直接任务是起草一份供庆祝西藏自治区成立25周年用的有关普及教育的调查报告。由此我有了在西藏不同地区行走的日日夜夜的经历。它让我深深地感受到西藏基础教育资源的绝对贫缺：我看到当地藏族小学教师的基本生存状况的艰难，但他们没有抱怨，没有责怪；我见到过以破旧的帐篷为教室，以小小的毡块铺地为椅，以膝盖为桌，以教师手上一本《毛主席语录》为教材，以教师领读、以学生哇哇跟读为方法的“课堂教学”。我曾夜宿在一个山顶小学堆放草药的小房间里，这些草药是全校师生维持教育和生活的生命线，为此他们不分春夏秋冬，不知多少次翻山越岭；也是在这里我听说了“藏红花”“冬虫夏草”这些奇妙的藏药。正是这一辈子最独特的藏区调研，让我从另一个角度认识了中国普及教育的实践，认识了广袤土地上贫困的师生与艰难的教育。我对这些像小草一样默默无闻、顽强生存的生命不能忘怀，对这些不像教师却又是最不可缺少的藏族教师的尊敬再也不能抹去，它滋生了我心中普及教育的草根情结。与他们相比，不用说上海，就连拉萨的师范学校都已经是天堂。

80年代初在南斯拉夫萨格勒布大学的访学，对第一次走出国门的我而言的挑战与新异冲击同样是难忘的。这种挑战与冲击来自从未学过却必须学会和大量阅读的克罗地亚语，让我因此而落下了用脑持续紧张就头皮痛的毛病，挑战与冲击还来自异国他乡生活条件的强烈变化。然而这些都不是主要的。最主要的挑战与冲击发生在专业思想认识和大学教育、教学方式上，它与我已形成的框架之深度碰撞，犹如鲁迅先生所喻的“黑屋子”被撞出一个窟窿，让我身处这思想的“黑屋子”中的人闻到新鲜空气和有了见到别样光亮的感觉，迫不及待地想把这种感觉告诉国内的同事。我平生第一批教育随笔《漫步在异国的同一领域中》[①]就这样诞生，从异国及时地飞回了故乡。

冲击首先在于让我看到了同样是共产党领导、宣称信奉马克思主义的另一类社会主义国家，打破了长期形成的，以为共产党、马克思主义、社会主义都应该是相同的，即因体现同一绝对真理而必然相同的幼稚认识。这种基于身处其中直接感受而不是东张西望、道听途说的冲击尤其有力。它带来的结果不是以一种新的具体的认识或结论取代原有的认识，而是产生重新审视原有认识的强烈愿望，第一次催生出我对已形成的“初始虫蛹”有必要做全面反思的意识。这种反思首先指向对教育学的研究，认识到要从完全与政治意识形态联系在一起甚至等同的状态，要从简单、教条式地运用马克思主义的状态中走出，且想到需要审视以往我们对马克思主义的认识本身是否出现了重要偏差。

其次，我发现两国在教育学理论与教育实践中重心的区别：我国的重心在教育作为社会发展的工具上，南斯拉夫的重心则在教育促进儿童个性的发展上。如何认识和处理两者的关系，尤其是如何认识个体发展在教育中的地位，这些以往在我头脑中因认识的偏颇而不可能产生的问题产生了。我深感我们的教育学研究缺少了重要的一半！对于个体人的发展，尤其是个性发展作用的深入研究，当时的认识虽只是一半式的，但已经足以让我震动了，“个体”的意识就像“菌丝体”那样悄然潜入我的“虫蛹”。

最后，我意识到了我们研究教育学，存在方法缺失和方法论贫乏的严重问题。解放以来，我国教育学的研究主要是两种方式：一种是运动批判式，以政治主题为主题的随风摆动；一种是编教材式，构建教材系统与学科研究几乎成了同一件事。我们最缺乏的是对教育内部问题的专题研究和事实性研究，但我当时的南斯拉夫导师鲍良克却是在完成了十多本专项研究著作后，才写出了“教学论”的专著。我们没有教育研究方法的意识，而在萨格勒布大学教育系，这是大学本科一年级学生的基础入门课。方法论，在我们以往的观念中就是指马克思主义世界观，故而对教育学研究有无方法论问题尚未提出过，更谈不上研究。在南斯拉夫，我第一次接触到用系统论研究教育的著作，深受震动。教育研究方法论作为

① 这组散文共4篇，以“冰火”为笔名，发表在《外国教育资料》1981年第4、5、6期，1982年第1期。

一个问题首次浮现在我的脑中①。我意识到了教育学的发展不仅有内容的要求，还要有方法和方法论的变革，后者似乎是更为前提性的要求。

说实话，当初接受到南斯拉夫访学的派出时，我并不觉得它很有吸引力。一则因其国家小，语种要重新学起，又无普遍适用的价值，怕白费许多力气又学不到多少东西；二则是60年代我国开始的对修正主义的批判，气势磅礴的“九评”，在脑中还很有印象。只是服从领导安排的习惯和第一次出国的机会诱惑使我没有放弃。访学回来时我已觉得不虚此行，没有后悔，踌躇满志，想要好好地在业务上有一个新的开始。

二、“冬虫”的“丝化”

1982年回国后，系领导安排我承担教育系本科生“教育概论”（以下简称“概论”）的教学，先随时任教研室主任、教授“教育概论”课程的雷尧珠老师听了一学期课，并承担一组学生到中学调研两个星期的指导工作。接着，系里给了我一学期的时间备课。雷老师向我介绍了我出国期间原先的“教育学”课程分为概论、教学论、德育论和教育管理等四门课程的情况，告诉我业内普遍认为“概论”应属原理性质，但目前还尚无教材，希望我能承担起编教材的任务。她还为我指出了“概论”教学的难点，多次与我一起讨论教材编写的问题。雷老师当时已开始研究教育学在中国近代如何演化的专题，这对我以后重视学科发展史的研究产生了直接影响。她给予我在“概论”研究和教学上有所突破的期望和鼓励、业务上的关心和帮助，及其自身治学的沉稳与扎实作风，都成为我一年后独立承担“概论”教学时，能立下框架式重建决心的重要支持力量。她使我一回国就有一个开放的学术空间，有可能在探究的意义上开始大学教师独立任课的职业生涯，开始“冬虫”的第一次“丝化”。

1. “菌丝体”加速生长

“教育概论”的课程我从1983—1987年连续教了5年，可以说，我是以极大的努力投入人生第一门大学课程的教学的。这个过程是一门课程的重建过程，它以1990年实现从讲义到书稿的转换、1991年《教育概论》第1版由人民教育出

① 以上认识的变化集中反映在本人回国后，从1983至1986年发表的下列3篇论文中：《试论南斯拉夫教育的特色》，《华东师范大学学报（教育科学版）》1983年第1期；《马克思主义与南斯拉夫教育学》，《外国教育资料》1983年第2期；《南斯拉夫教育科学研究中的方法论问题》，《外国教育资料》1986年第1期。

版社出版为完成的标志。这一过程更是我头脑中经历对教育和教育学的反思、重新认识及思想方法的第一次系统转换过程。5 年里我的讲课提纲年年变，反映我认识和思想方法变化的论文第一次在《中国社会科学》上发表①，并被评为中国教育学会十年优秀论文一等奖，这是我在教育研究中获得的第一个奖项。除此以外，反映我对“教育学科”反思和在学科“自我意识”问题上觉醒的论文也发表了②，它对教育研究中理论与实践的关系，做出了“上天、入地”、天地相照的表达。可以说，这是我学术生命中第一次加速变化和新思想喷涌而出的时期，是潜入“虫蛹”中的“真菌丝体”，以思想上系统反思、批判和建构的方式，对“虫蛹体内的营养”吸收、改造、快速生长的时期。

在我身上，这一时期之所以能到来，还因为 80 年代初的中国已经选择了“改革开放”作为社会发展的动力，迈开了建设社会主义强国的步伐。整个社会的思想文化界，对接踵而来的各种新思潮、理论、方法都敞开胸怀，对新中国成立以来已经形成的理论都重新审视，普遍沐浴在浓浓的解放思想的春风中。作为华东师范大学教育系的一员，我又在刘佛年老校长的带领下，参与到以教育基本理论为核心的研究群体中，接触到新的问题与观点，讨论和争辩也使思想变得清晰、活跃。春天到了，土地温暖湿润了，潜入“虫蛹”的“真菌丝体”才能得以快速生长。

为了阐述本文的主题，我将《教育概论》学术意义上的突破，集中在与生命、实践相关的领域。具体地说，它关涉两个层面：一是方法论层面，二是基本概念与基本问题层面③。

先说方法论层面的变化。这是任何理论整体式突破所必然的、率先的又是贯穿始终的要求，至今我依然这样认为。方法论的突破也是自己认识教育的视角、思想方法和思维路线的更新，且首先要发生在研究者的头脑里，再渗透到研究问题的全过程，并在过程中得到发展、清晰和完善，最后得出的结论，不只是研究所形成的新观点，同时也成为体现方法论的载体。

《教育概论》中方法论的转换集中在两个大方面：

（1）以系统论的思想方法认识教育，将社会作为教育系统外的环境，将教育作为社会环境中的一个子系统来认识教育与社会的相互关系。在教育内部整体的

---

① 叶澜．论影响人发展的诸因素及其与发展主体的动态关系．中国社会科学，1986（3）．

② 叶澜．关于加强教育科学“自我意识”的思考．华东师范大学学报（教育科学版），1987（3）．

③ 关于《教育概论》的写作过程和本人追求的突破，可参阅：《教育概论》第 1 版“作者的话”；《反思 学习 重建——十五年学术探索的回顾》，《天津教育科学院学报》2000 年第 4 期（这是本人在该院一次报告的录音整理稿）。但这些表达还是初步的。2006 年《教育概论》已由人民教育出版社出新版，本文为了说明当时的认识状态，故下面的引文，一概出自该著作 1991 年第 1 版。

认识方面，将其分为宏观、中观和微观三个层面，形成有层次的、有不同分析单位的、立体式的内部结构，从而改变了以往把社会政治作为决定、影响教育的唯一决定因素的简单决定论观点，改变了将复杂的教育内系统简单平面化，或仅按学前、学校、大学等学制角度的层级描述。《教育概论》还突出了社会母系统和教育子系统的关系性质不同于社会其他各子系统与教育子系统的关系性质，指出了社会各子系统与教育子系统的关系性质也存在区别，并详细分析了这种区别。这些论述在改变和丰富教育与社会多层次和不同类型系统相互关系认识的同时，又为教育与人的发展的关系研究开拓了非依附式的空间；提出了研究教育内部问题的不同层次、尺度与单位。全书最后以社会、教育、人之相互关系作为结束，研究了关系之关系。以上一系列论述，从整体结构上勾勒了认识教育的新思路，形成了对教育认识的新图景。

（2）以综合、动态、过程的思想方法，研究教育与社会、教育与个人的关系。它突出表现在该书的第二章“教育与社会——教育与社会相互关系的历史演变”和第五章“教育与人的发展——人生阶段与教育”之中。

在教育与社会历史演变的研究方面，《教育概论》打破了教育史研究中常见的以社会政治、经济、文化等分条阐述为背景，进而做出对教育家、教育制度、目的、内容方面的描述与评析的结构式，改为以教育的发展、变化为主线，重点阐述每一历史阶段教育产生的新质以及与上一阶段不同的变化，把握每一阶段教育呈现的总体特征，把握当时社会总体发展状态和水平对教育的需求与提供可能之间的关系。每个历史阶段的阐述，还结合了与该阶段教育出现的新质与相关教育基本理论问题的分析。如在原始社会教育中，着重讨论了教育起源问题，提出了交往起源说等。该章最后以小结的方式，得出了与原有教育学不同形态的“社会发展与教育发展间的规律性联系”四点结论，凸现了教育主线与演化过程，教育与社会交互作用、既相对独立又相互关联的动态关系和未来走向。

在人生阶段与教育的关系研究上，相关章节打破了教育学研究这一问题通常局限于青少年阶段，将其两端延伸至从受孕到死亡，第一次以个体生命全程的视角研究了教育与人生的关系。该章还弥补了通常局限于心理学分析式地描述人生阶段特征、将心理学知识应用式地表达为相关的教育学认识的不足，以不同人生阶段人所必然面对的不同生长、发展的需要与问题，以及由此而形成的整体特征来表征人生阶段特征；从教育促进人发展的价值取向上，提出不同人生阶段的教育任务，如幼儿期的启蒙、童年期的奠基、少年期的起飞、青年期的定向等。在此基础上重建了人生阶段与教育之间关系的理论。

以上两点方法论的突破，是我第一次尝试用综合整体、动态过程、互动发展的眼光，去认识人类历史及个体人生与教育的丰富、复杂关系，从而使人类社会实践的大视野和个体人生的全程视野，成为我的教育学研究视野，基本结束了自己孤立依附式或片段式认识上述问题的历史，并成了我此后认识当代教育世界的基本思维路线与方式。这可以说是我教学和形成《教育概论》过程中最具有持续发展价值的重要收获。

在基本概念与基本问题的重新认识方面，《教育概论》与“生命·实践”的相关之处，主要集中在以下几个方面：

(1) 对“教育”是什么的重新界定。这是形成教育学视界和立场的基本问题。我在分析了几种具有代表性的表述后，做出了“教育是有意识的以影响人的身心发展为直接目标的社会活动”的定义。在定义形成过程中，我首先着力于教育作为“社会活动”与自然现象的区别，强调它的人为性；接着又区别作为社会活动的教育与其他社会活动的区别，强调它的直接对象是指向“人的身心”，作用是影响其发展；最后又通过突出这一活动的“有意识”，以区别“具有教育影响”的活动和“教育活动”本身。对后两点的区别我是特别着力的。因为第一个区别是教育研究者大多认同的，只是对“人为性”这一点强调不够。第二点则突显了教育的直接对象和目标，从定义划界上，将教育与个体身心发展的关系，视为判断教育活动构成的内在依据，确立了教育学内立场的基点，回答了长期以来教育学一直困惑的基本问题：谁、什么学科都可以研究教育，教育学研究和其他学科研究教育的着眼点区别在哪里。第三点是对泛教育论的一种回答，指明教育活动的有意识性。尽管各类活动都可能对人的身心产生不同意义和不同程度的影响，但不能因此都被称为教育。不做如此区别，教育学就会忽视对作为“有意识的以影响人的身心发展为直接目标的社会活动”的选择、策划、运行和效应的研究与判断，以及与教育这一特定活动相关的原理与方法的研究与论述。

由此可见，这个定义反映出自己对教育的理解，实现了由完成社会规定的外尺度向以“有意识影响个体身心发展”的内尺度之转换。教育活动中内在规定的、长期被我国教育研究所忽视的、教育对于作为个体的人的身心发展的影响问题，成了我此后教育学研究中的核心问题。这是我对教育内在的作为个体的“人的问题”的发现，它离对“生命”的关注只有一步之遥了。

(2) 对“影响个体发展诸因素及其相互关系”的重新认识。什么是影响人发展的因素，以及教育在其中的作用与地位，是教育学研究中的一个基本理论问题。以往的结论，无论是“三因素”还是“四因素”“五因素”，在我看来，主要的缺陷还不是因素分析的机械方式，虽然这是一个显而易见且需要改变的认识。更为根本的问题在于这些观点产生的立场是生物学意义上生命的发展。它忽视人作为有意识的主体在与环境相互作用中的能动性，忽视人在发展过程中积累形成的经验、价值取向和自我意识对自身发展同样是一个重要的因素，忽视人的潜在发展可能性较之任何其他生命的丰富与强大，忽视促进可能性向现实发展转化的关键因素是个体自身的实践。正因为有这些缺失，所以没有将发展着的个体自身列为影响自身发展的因素，没有区别影响个体发展因素中的可能性因素与现实性因素，没有看到影响个体发展的因素在个体发展不同阶段具有强弱、大小、性质以及因素间关系结构上的差异，结果把复杂的人的发展与教育关系的研究极大地简化与僵化了。

基于对上述问题的批判性认识，我提出了要将关于人的发展问题的研究提高到“人学”水平，并指出：“为了使对影响人发展因素的认识摆脱形而上学的束缚，十分重要的是要研究人的发展与其他生命体发展的区别，找出人的发展的特殊性。尽管我们要研究的是影响主体发展的因素，但是主体的性质决定着哪些因素能对他的发展起作用。因此，抓住发展主体本身的特殊性是使对影响因素的研究真正提高到人学水平（相对于动物学水平）的关键。”① 这里，我第一次提出了从生命的基点上区分人与其他生命体。继而构建了认为反映“人学水平”的、影响人发展的“二层次三因素说”，得出“人的发展在实质上是个体生命的多种潜在可能逐渐转化为现实个性的过程”的结论②，故必须区分影响发展的可能性因素与现实性因素。

《教育概论》详细分析了不同层次影响因素的具体作用及变化趋势。在“可能性因素”的阐述中，尤其突出了“当人的发展水平达到具有较清晰的自我意识和达到自我控制的水平时，人能有目的地、自觉地影响自己的发展”③。正是在这个意义上，人具有了“在一定条件下主宰自己命运的可能，人不仅是先天因素与环境相互作用的产物，也是自我选择的产物”④，强调了人的自我意识在主宰自己命运上的重要作用。在论述“现实性因素”时，我明确指出：“个体发展从潜在的多种可能状态向现实发展的转化，个体与环境两种不同性质的因素真实发生相互作用，人对外界存在的摄取吸收（无论是精神性的，还是物质性的），都

① 叶澜．论影响人发展的诸因素及其与发展主体的动态关系．中国社会科学，1986（3）.

② 叶澜．教育概论．北京：人民教育出版社，1991：207.

③ 同②217.

④ 同②218.

要通过发展个体的不同性质、不同水平的生命活动来实现。这些不同性质、水平的生命活动就是我们所称的使个体发展得以实现的‘现实性因素’。”[①] 在此，我第一次提出了“生命活动”的概念。

从上面的论述不难看出，正是对影响人发展因素的批判性反思和突破性重构，《教育概论》强调了作为主体的人之生命的特殊性，人的生命活动对于自身发展的决定性意义，以及认识这一复杂影响变化过程所必须有的方法论转换。在我的思想中实现了对以往相关问题认识水平上的超越，实现了对人的主体性及人的生命活动在自身发展过程中决定性意义的发现。由此还引发了对学校教育作为“一种包含着特殊个体与特殊环境的特殊活动因素”[②]，在影响学生发展主导作用的重新理解。强调学校的作用“主要应表现在帮助受教育者选择合适的发展方向上。这里的‘合适’是指社会发展对人才素质的基本要求与个体特质发展的一致”；指出“主导作用的深层含义在于学校教育应为人终身的发展奠定坚实的基础，为个体离开学校后的继续发展创造条件”[③]；认为“学校应保持自己小环境的教育独特性，增强学校教育影响的积极效应”，为此“学校应精心设计有利于主体发展的各种活动”，“活动应能激发受教育者的动机，形成内驱力和提高其自主性，让受教育者真正成为活动的主体”；要求“学校教育在影响人的发展方面，应把培养受教育者的自我教育和自我控制能力以及识别、控制、利用环境的能力作为根本性任务，并贯彻到教育的一切阶段和一切活动中去”。这些观点打破了习惯性地对学校教育价值、任务、目标等内容式的讨论，而是集中到对影响人的身心发展的本质任务和形式意义的研究。这是只有在对影响人发展这一基本理论问题重新认识后才可能做出的判断，也是对前面有关“教育”的定义式表达在学校教育领域中的展开式表达，两者在学术立场和精神气质上保持了一致。正是从此时开始，我对在南斯拉夫访学时意识到的传统教育学缺失了的“一半”有了进一步的理解，它不只是指缺少对个性发展作用的深入理解，更为根本的是缺失了关于如何教人认识和把握自我命运的“一半”之教育学的研究。

在《教育概论》教学与写作时，我确实尚未清晰意识到，更不要说预料到，上述立场与观点是我未来学术生命发展核心领域和关键新生点的形成，是现在提出“生命·实践”教育学派建设的新核心观念的原始形态式表达，是“虫蛹初态”中最初潜入的“真菌丝体”通过自己的教学与学术研究实践产生的快速成长。只有在

---

① 叶澜．教育概论．北京：人民教育出版社，1991：226.

② 同①236.

③ 同①237.

回望时，才清楚地看到了《教育概论》在我学术生命发展中不可替代的转折和承上启下作用，它与“生命·实践”教育学派创建存在学术生命本源意义上的重要关联。

2. “真菌丝体”充满“虫蛹”

《教育概论》中对形成人的自我意识重要性的确认，使我加强了对“自我意识”的关注并产生了研究领域的迁移，不仅开始反思自己的学术成长，而且开始意识到学科发展也要有清晰的自我意识，意识到教育学还有极大的发展空间。这些自觉一方面催生出了我对学科发展的反思和发展史的研究①，另一方面又促使我到实践中去研究学校教育与学生发展②，首先是我已认识的、十分重要的学生自我意识发展问题。这两个对“生命·实践”教育学派后面的创建，以及直接继续开展的“新基础教育”研究起着基础和催生作用的研究课题，踏出了我 20 世纪 90 年代前后学术研究和发展的主要踪迹。

开展教育学科发展的反思及其发展史的意识，起始于 1987 年我撰写的论文——《关于加强教育学科“自我意识”的思考》（以下简称《思考》），从题目我们就可以读出它与《教育概论》强调“自我意识”重要性的相承之处。

《思考》提出，要形成学科发展的自我意识，必须开展以教育学科自身为对象的研究。它是有关学科的元研究，以形成一种内驱力，使学科发展因有了“自我意识”而由“自在”走向“自为”。为此，要加强学科发展史、学科发展现状、学科研究方法论以及教育学科与其他学科的关系研究。教育学研究结构应该包括学科元研究、学科基础理论研究和应用研究三个层次。正是在这种认识的基础上，1990 年，我承接了一项全国哲学社会科学“八五”重点课题——“教育学科体系的建设与发展”，先后用了 5 年时间，与课题组成员一起，形成了我生平第一次主编、也是全国第一套以“教育学科元研究”为名的丛书③。丛书的书名

---

① 指 1990 年本人承担的全国哲学社会科学“八五”重点课题“教育学科体系的建设与发展”。

② 指本人承担的上海市教育规划课题“基础教育与学生自我教育能力发展”（1990－1994）。该课题研究对我开展“新基础教育”研究的影响，已在《我与“新基础教育”》一文中做过较为详细的阐述，为避免重复，在此不做展开。可参阅该文相关部分。

③ 该丛书计划由六本著作构成：叶澜著：《教育研究方法论初探》，金林祥主编：《20 世纪中国教育学科的发展与反思》，王坤庆著：《20 世纪西方教育学科的发展与反思》，夏正江著：《教育理论哲学基础的反思——关于“人”的问题》，李政涛著：《教育学科与相关学科的对话——从知识、科学、信仰和人的角度》，叶澜著：《回到原点的思考》。前五本均已由上海教育出版社出版。最后一本因研究的不断深化，主题现已定位在“生命·实践”教育学派建设的纲要性著作上，目前还在准备、撰写中。（该主题后以《回归突破：“生命·实践”教育学论纲》为书名，2015 年由华东师范大学出版社出版。出版后，该书先后获上海市哲学社会科学优秀成果奖著作类一等奖、全国教育科学研究优秀成果奖著作类一等奖和吴玉章人文社会科学奖著作一等奖，并被翻译为英文，海外发行。——编者补注）

透出浓浓的反思、批判与重建气息。

我承担了丛书中两本著作的撰写任务，《教育研究方法论初探》（以下简称《初探》）是其中已完成的一本。“方法论”是我80年代初觉醒，《教育概论》研究中“初试牛刀”但未系统研究，却深感对学科发展十分重要的领域。《初探》是1986年始我在华东师范大学教育系研究生层面（先是在助教进修班，后在硕士研究生阶段，后又上升到博士生阶段）长期开设、逐年丰富完善的“教育研究方法论”这门课程的结晶，从课题申报成功到书的形成、出版，前后经历了整整十年。

但我一点也不后悔为此付出的时光与精力。在这十年中，我按专题边学、边研、边教，将自己的知识结构做了一次大规模的拓展和当代更新。为了辨析纷繁复杂的“方法论”定义，我查阅了相关专著和“大全”式的丛书、社会科学中其他学科研究的方法论专著，以及教育学科中的相关讨论文章，最终做出了自己的界定，好不容易走出了“方法论”迷宫；为了梳理教育学科历史发展过程中的方法论转换，我几乎重读了中国和外国的教育与教育思想史、西方每个历史时期代表性人物的教育学著作，用方法论的视角对教育学科的发展历史做了发生论式的研究；为了反思哲学与教育研究方法论的关系，我再次阅读新中国成立以来重要的、有代表性的教育学著作，又大量阅读了20世纪80—90年代初出版的有影响力和代表性的当代西方哲学论著，形成了哲学与教育研究方法论关系的新定位方式，提出了教育研究对哲学需要选择和明确选择标准的新问题；为了吸收以系统论为代表的横断学科对教育研究的方法论营养，我系统阅读了“三论”的代表作，通过写阅读笔记，提炼出横断学科从研究视角、思维原则、模式、路线、观念，到有关研究复杂对象的范式等方面对教育研究的独特方法论启示；为了了解数学自身的发展在方法论，尤其是研究复杂事物的数理方面的重要进展，我研读了很不熟悉的数学史，以及与现代数学的变化趋势和特征相关的专著、论文，在突破定量研究方法局限的意义上，讨论了当代数学对于教育研究的方法论价值；为了走出科学主义的束缚，我在认识人类知识结构演化历史和当代发展趋势的基础上，从研究自然科学方法论的当代范式变化出发，指出科学主义已开始受到来自自然科学本身的挑战，在这样的背景下，教育研究的盲从就显得更为幼稚；为了从社会科学走出依附自然科学研究范式的历程中，找到对教育学科如何形成自己的方法论的启示，我从19世纪狄尔泰、文德尔班、李凯尔特等相关著作的阅读开始，一直读到当代社会科学方法论研究的西方典型人物的著作，得出了一些共通性的观点和趋势，意识到了教育学科发展只有经历过自己的“培根时代”，才有可能形成独特的自我。正是不同层次和不同领域的阅读思考、批判反思、提炼吸收、融通重建的过程，加速改变了我的知识结构和思维方法，加深了我对方法论研究在人类认识史发展上重大意义的认识和体验，使自己强烈意识到当代教育学科重建意义上的研究与发展，绝不能没有方法论的研究与突破。

正是在上述自我突破的基础上，我有了从方法论研究整体视野对教育研究方法论的特殊性做出思考的可能。也真切地体验到：没有对多层次、多方面不同学科方法论及其演化的具体了解，就不可能深刻理解方法论一般，不可能懂得一般如何体现在特殊之中，以及特殊之所以特殊，特殊之不能由一般代替、由一般直接推演而达到认识的道理；也不可能从中获得如何认识和形成教育研究方法论的启发。我第一次感受到如何在"全息"的意义上去认识"一滴水"的必要与价值、艰难与欢乐。

《初探》最后一章是我这一阶段的研究总结，是以上一系列学术跋涉所得在"教育研究方法论"这"一滴水"中的汇聚，也是我上述两个阶段与方法论有关研究的一个整体式的小结，故以"走向终点"命名。在这一章中，我以教育研究对象的特殊性分析为基点，建构了教育研究对象的三层次整体结构①。尤其强调"教育活动性存在"在对象整体中的地位，将它视作最基础、具有本源和原始性的对象，是能生成其他两个层面的对象。正是对"教育活动性存在"本源地位的确认，使我有可能把对象特殊性问题的讨论，再聚焦到教育活动性存在的特殊性上，突出了教育活动内含价值取向，故教育研究不可能以无视或拒绝、回避价值，以所谓自然科学只研究"事实"的科学方法论来认识"教育事实"；突出了教育活动内含的主客体关系的复合性和过程中不可避免的动态生成性，及其不同水平上的多重转化，强调"教育中的转化过程是教者通过各种方式，使学者进行学的活动，学者的发展可能性最终只有通过学者的实践才能发生由潜在向现实存在的转化"② 的独特性，因而在教育研究中不能将教育活动简单地与其他社会活动进行类比，简单移植其他活动的研究方法论和观点来认识"教育事实"③。

建立在有关"教育对象特殊性"研究的基点上，我得出了教育研究属"事理"研究的结论，这是对教育研究内含实践规定在方法论上的确认，也是"生命·实践"教育学派建设的研究路径特征形成的依据。正是对"事理"研究这一教育研究性质的确认，使我产生要直面教育实践、进入教育实践这一本源性的对象，去认识教育本身的强烈愿望和真实行动；正是要直面和进入教育实践，使我

---

① 叶澜．教育研究方法论初探．上海：上海教育出版社，1999：309－312.

② 同①317.

③ 同①317－320.

认识到教育研究需要综合地以研究复杂、动态的事理为方法论，导致我在世纪转换之际十分关注复杂性思维的研究。

在该章的最后部分，我讨论了教育学科的研究范式与特征，试图揭示研究主体（专业研究人员与实践研究人员）的复合性、教育研究中主体与对象即教育实践关系的特征，指出“教育研究中当其对象是具有原生性的、生动的教育实践时，富有特征性的认识方式是综合式的判断与设计”①。认为在教育研究中具有“研究主体内部通过合作而相互学习，各自从不同角度得到‘解放’和‘提升’的独特效应”②；得出了“‘反思性’和‘解放性’是教育研究中研究主体与对象关系的特征在研究功能上的表现”③，而“在一定条件下，研究活动与实践活动的‘合一性’是教育研究主体与对象关系的特殊性在研究过程中的表现”④。不难看出，这些论述是我对教育理论与教育实践的独特关系在方法论层面上的一种表达。这本书稿在我主持“新基础教育”探索性研究四年后的 1998 年完稿，因此，最后部分的论述融进了我学术研究路径转换以后的最初体验和新的认识。

《初探》中命名为“终点”的最后一章，确实是全书乃至自己前一阶段与方法论相关研究的总结，也是我对教育研究从方法论角度所做的第一次系统构建，它超越了原先对教育研究方法论的肤浅、简单认识，更重要的是它已内含着本人新的研究取向和初始经验。它不仅在认识上，而且在事实上，与“新基础教育”研究脉络相通、血肉相连。

三、“夏草”破出

20 世纪 90 年代中期至今，是我逐渐清晰和有意识地为创建“生命·实践”教育学派而努力的时期，是自身学术生命第三个具有转折意义的发展期。由于弟子们的加盟、投入和催促，这一学派的建设正呈现出加强的趋势。自然，它不是一蹴而就的，尽管已经经历了不算短的十年，而且还在行进之中。

1. 破“蛹”力之生成

如果要问，充满“虫蛹”之“真菌丝体”破蛹而出的最后冲力来自哪里？我的回答是，它来自对实践智慧的真切体悟，来自对时代精神的强烈感受，来自对

---

① 叶澜．教育研究方法论初探．上海：上海教育出版社，1999：337.

② 同①337.

③④ 同①338.

教育中生命价值的猛然觉醒。正是这些力的合聚，使我终于跨出了学术生涯的重要一步：在变革的大时代中研究教育变革实践，在研究教育变革实践中参与教育实践新质的创生，在研究、参与教育实践的新质的创生中建构新的教育理论。我希望在自己职业学术生涯的最后一个阶段，再自觉地进行一次自我超越，将由此而生的新的思想活动和研究实践，为中国教育学的当代发展尽力，这一步就是"新基础教育"研究项目的确立和分阶段的持续开展。

在本文一开始就提到的《我与"新基础教育"——思想笔记式的十年研究回望》一文中，本人已较详细地讲述了从事这项研究的思想和行动历程，其中相当多的内容与"生命·实践"教育学派相关。在此只想从自我超越的角度，就自己在"生命·实践"这一核心组合概念的生成，也就是破"蛹"力之生成意义上做一相关回溯。

2004 年我提出"生命·实践"教育学派建设时，"生命·实践"采用了由间隔符号"·"隔开和联系在一起的组合式表达，表示的是这一概念结构与历史上和现实中其他教育学派核心概念的区别。它是我们建构教育学理论和认识教育的原始基点。但是在我的学术思想形成过程中，"生命"和"实践"概念的形成，先是沿着不同但并非无关的路线，始终围绕着同一主题，即对教育内在规定性的把握行进的。尽管两方面的认识经常缠绕在一起，但我清晰意识到它们在教育和教育学研究中不可分割的复杂的内在关系经历了一个过程，直至 2004 年我才自觉意识到这一点，才以"生命·实践"的组合式概念冠名于我们的学派。这一过程也是我对《教育概论》已形成的相关认识的超越过程。

如前所述，在《教育概论》中已出现"生命""生命活动"的提法，且有更进一步的分析，指出根据主体对活动的自主程度，可将活动分为"被动应答"、"自觉适应"和"主动创造"三个等级；指出第三等级的活动对个体的发展具有特别重要的意义："在这种情况下，主体的态度不仅是自觉的，而且是积极主动的，为了实现自己提出的目标与任务，他主动寻求解决问题的方法，设计自己的行动步骤，研究手段、方法的合目的性，关注行为的结果，并根据结果调整进一步的行动。在活动过程中，主体处于积极的追求中，体验着成功的欣喜与失败的焦灼，感受到自己的智慧与力量。"① 这些言说来自理论的思考，也是我切身的生命体验，所以写出了"谁只要真实地经历过这样的活动，它就会对谁的发展，尤其是自我意识和自主能力的发展产生不可磨灭的影响"② 这样的话。我期望学校教育工作者有意识地创设这样的活动以促进学生的发展，认为个体发展的过程

① 叶澜．教育概论．北京：人民教育出版社，1991：233.

② 同①234.

应是“一个充满各种契机，生命通过活动，在与周围环境相互作用中生长、成熟、展现、创造、实现自身力量的动态过程”①。

但是，就总体而言，在《教育概论》中我的认识出现的新质是教育中个体人的发现，它相对于群体的人而言，已走向教育的内部，且更为具体，因而有可能提出“生命”的概念，因为生命的原始和直接的存在形态是在个体之中的，生命活动是不可能离开个体的。但在《教育概论》中涉及人的发展的讨论时，我更多用的是“个体”“主体”等概念，“生命”仅是作为一个可与“个体”互换使用的词被突出，只是强调生命活动的主动创造性对个体人的发展的重要意义。

意识到“生命”的概念不同于“个体”，将教育中的“生命”所指从学生扩展到教师，是在《让课堂焕发出生命活力》（以下简称《活力》）一文的酝酿和写作过程中。恰恰是对学校教育实践“直接介入式”（以下简称“介入式”）的研究，使我猛醒。

1990年秋，我开始第一次对学校教育进行“介入式”研究，当时的课题名称为“基础教育与学生自我教育能力发展”，以上海市洵阳路小学为试验学校进行，研究的目的是想“用实地研究的方式，去检验自己提出的一种理论的合理性和可行性，去研究一种理论如何实现向实践形态的转化，以及去认识、体验转化过程研究的问题和复杂性”②。由此可见，我在以理论研究者的身份介入实践时的心态，已经没有了在附小锻炼时的惧怕。我希望用自己的理论来创造新的学校实践形态，这种实践形态是自己提出的理论的实践式存在，它的价值是证明理论的力量，我需要研究的是双重转化：理论转化为实践，原有的实践形态转化为新的实践形态。这就是当时的我对教育研究中理论与实践关系的认识。

在准备该课题的调研和课题开始阶段的听课等学校活动的观察中，我直接感受到学生课堂生活的沉闷，看到大多数学生静坐（有的听，有的连听也不听）、不积极乃至无奈的状态，只有在下课的十分钟，我能感受到他们是孩子，他们有活力。在听课时，鲁迅先生关于中国孩子在照相时一脸呆板的“死相”的描写，时时会在我头脑中冒出，然而作为讲课的老师却没有这种感受，因为他忙着完成教学任务，把备好的教案上完。只有坐在教室后面跟着听半天、一天的课，以注意观察学生状态为主的多次听课，才使我体会到多数学生课堂生存状态的被动和

① 叶澜．教育概论．北京：人民教育出版社，1991：235.

② 叶澜．我与“新基础教育”：思想笔记式的十年研究回望//丁钢．中国教育：研究与评选：第7辑．北京：教育科学出版社，2004：8-9.

低效。我悟到自己在附小任教时根本没有从学生的角度体验过课堂生活的状态，原因在于我只把学生看作教育和管理的对象。在这点上，当时的我与我现在观察的许多教师一样，忘记了学生是活生生的生命体，是与我们一样的有各种需要的生命体。课堂里的几十个小脑袋，当老师在课堂上不停讲述时并非空转着，生命无时无刻不处于涌动的活态。学校是"大活人"最多的地方，为什么这一生命集聚之地，在直接面对活生生的人开展教学的课堂中，却会如此沉闷而无生气？正是这样强烈的感受和一系列的、包括指向自己的质问，才使我猛然清醒地意识到，在教育中谈论"生命"不同于谈论"个体"。唤醒教育工作者的生命意识，是改变教师学生观不可缺少的、富有冲击力的因素。我们不会说学校是想谋害学生的地方，但是我们可以肯定，如果不改变上述类型的课堂教学和学校生活，那么，学校就会成为学生精神生活的"屠宰场"。为此，我们必须改变学校的教学与其他生活的这种状态。

但是，要使教师对自身和学生的生命意识觉醒，还必须改变教师对自己职业生涯与自身的生命价值关系的认识。在这次研究和随后从 1994 年开始的"新基础教育"探索性研究中，我还看到教师同样可以改变。教育观念和教育活动本身的改变会向教师提出挑战，能激活他们自身的生命活力。在一个只重视知识的传递、不关注课堂生活质量的教师那里，课堂生活如学生一般，也只是处在消耗和重复的低水平上，同样会因无味之淡而带来厌倦，职业生涯也仅具有谋生的价值，失去了促使自己生命成长的意义。我意识到有关教育、学校生活的价值选择和建构的问题，只有在关涉每个人都拥有的、只有一次且不可复返的珍贵的生命时，才可能触动教育者自己的心灵。

正是因为有了这样的体悟，又对课堂教学现实背后的传统教学理论及其影响做了反思与批判，加上拥有了介入学校变革实践研究后的重要经验，才促成了 1997 年的论文《让课堂焕发出生命活力》的写成与发表①。该文提出了一系列尖锐的问题，突显了我在课堂教学改革方面的生命观。

文中首先指出："把丰富复杂、变动不居的课堂教学过程，简约划归为特殊的认识活动，把它从整体的生命活动中抽象、隔离出来，是传统课堂教学观的最根本缺陷。……从根本上看，这是忽视课堂教学过程观中人的因素之突出表现，

---

① 该论文以本人 1996 年底和 1997 年春分别在广州和上海两地所做的以"打好课堂教学改革攻坚战"为主题的报告提纲为基础撰写而成。原文发表在《教育参考》（内刊）1997 年第 4 期上，《教育研究》编辑略做改动后发表于 1997 年第 9 期。这篇论文也是针对当时素质教育推进未进入学校核心领域而作的。

它导致……师生的生命力在课堂中得不到充分发挥，进而使教学本身也成为导致学生厌学、教师厌教的因素，使传统课堂教学视为最重要之认识性任务也不可能得到完全和有效的实现。”① 为了改变这种情况，“我以为，必须超出和突破（但不是完全否定）‘教学特殊认识论’的传统框架，从更高一个层次——生命的层次，用动态生成的观念，重新全面地认识课堂教学，构建新的课堂教学观，它所期望的实践效应就是：让课堂焕发出生命的活力”②。

紧接着，文中阐述了课堂教学生命活力的三重含义：

第一，“课堂教学应被看作师生人生中一段重要的生命经历，是他们生命的、有意义的构成部分。”我第一次不仅就学生而言，而且指出：“对于教师而言，课堂教学是其职业生活中的最基本构成，它的质量直接影响教师对职业的感受与态度，专业水平的发展和生命价值的体现”，得出了“课堂教学对于参与者具有个体生命价值”的结论。文章发表后，正是在这点上引起了广大教师的强烈反响。他们认为很少有人关心教师的生命质量和课堂教学对于教师自身的意义，这使他们用一种新的眼光来审视自己平凡的日常工作。

第二，课堂教学的目标应全面体现培养目标，促进学生生命多方面的发展，而不只是局限于认识方面的发展。课堂教学不仅要加强知识体系的内在联系与多重关系的研究，更要加强对学生的生命活动诸方面内在联系相互协调和整体发展的研究。“我们需要课堂教学中完整的人的教育”③。这一观点在“新基础教育”研究过程中逐渐发展为对课堂教学育人价值的深入阐发④。

第三，课堂教学的生命活力还体现在“教学过程具有生成新因素的能力，具有自身的、由师生共同创造出的活力”⑤。提出课堂教学过程本身呈现出生命生成性的特征，才是课堂生命活力焕发的充分表达。这一点当时可能被许多人忽视，这并不奇怪。因为如果我没有进行“新基础教育”的变革研究，没有做过变革课堂的探究，就不会深切地感受到它的可能和真实的存在，也说不出这样的结语：“我们把教学改革的实践目标定在探索、创造充满活力的课堂教学。因为，只有在这样的课堂上，师生才是全身心的投入。他们不只是在教和学，他们还在感受课堂中生命的涌动和成长；只有在这样的课堂中，学生才能获得多方面的满足和发展，教师的劳动才会闪现出创造的光辉和人性的魅力；也只有这样的课堂才不只是与科学，而且与哲学、艺术相关，才会体现出育人的本质和实

①②③ 叶澜．让课堂焕发出生命活力．教育参考，1997（4）．

④ 叶澜．重建课堂教学价值观．教育研究，2002（5）．

⑤ 同①．

现育人的功能。”[①]

该文发表后产生的反响之大和效应之持久出乎我的意料，使我感到“生命”一词在人的潜意识中蕴藏的巨大能量，感到教育改革的需要在教师和教育工作者心中其实孕育已久了，不然人们何以会关注该文，何以会发出共鸣？哪个教师真正愿意让自己的生命耗在无助于他人、也无助于自己发展的工作上？也是这样的反响，使教育理论研究者中有更多人开始从“生命”的层面研究教育和教育学，也有人把我的理论称为“生命教育学”。

对这样一种说法，我未置可否。一方面，这篇论文确实是我教育认识的核心概念从“个体”转向更为本原和生动的、可体验的“生命”的标志，是对“生命”在教育中的意义由朦胧到清晰、自觉的反映。另一方面，这些年来我对教育认识的变化，又不只是在“生命”方面，至少，我已十分关注学校教育实践的变革研究，关注教育实践变革中人的发展问题。这是我从事“新基础教育”研究的一个十分重要的动因和收获。而且，如果只是强调“生命”，很容易或走生物学、生态学的路子，或皈依到唯心哲学和宗教哲学那里去。何况，在我的思想中，教育学认识核心概念从“个体”到“生命”的转换，本身就是在介入实践研究，尤其是“新基础教育”探索性研究中实现的，从一定意义上讲，没有这项研究，就不可能催生出“生命·实践”教育学派。这不仅是从核心概念形成的意义上讲，也是从研究队伍的形成和新研究路径的走出等多重意义上讲的。

关于“实践”，在《教育概论》中我已形成了两大认识：一是教育活动本身是一种社会实践活动；二是人的发展从潜在可能性到现实的转化之关键因素是个体自身的生命活动，也即个人的实践。但我并未将“实践”与“活动”做明确区分，基本上视作同义词转换使用。

在《初探》中，我从教育研究的角度，进一步确证了教育的实践性质，做出了教育研究是“事理研究”的判断，提出了教育理论的抽象是不同于“分析抽象”的“综合抽象”的新观点。除此以外，该书还专门探讨了教育理论与教育实践的相互关系：一方面，从人类认识总体的意义上，确认理论与实践是人类智慧与创造力的两种存在方式，它们是两个相对独立又统一和不可分的领域。“从人类认识全过程的角度看，它们又都是完整的认识过程中不可或缺的环节，缺了其中任何一个，认识的长链就会中断，发展就会成为空话。所以，信守经验和崇尚玄想都不会带来认识的真正飞跃。”[②] 与此同时，《初探》还强调“理论的形成过

---

① 叶澜．让课堂焕发出生命活力．教育参考，1997（4）．

② 叶澜．教育研究方法论初探．上海：上海教育出版社，1999：160．

程恰恰是其与实践的感性对象分离的过程，没有这种分离，就不可能有理论的抽象。正是有了这样的分离与区别，理论才会具有指导实践的能力”①，不赞成“要求理论一刻也不脱离实践，即时回答实践提出的每一个问题”②，指出理论与实践发展的非同时性；不赞成用应用理论的价值反对基本理论研究的价值，指出“理论的抽象度越高（只要是对实践的正确抽象），对实践就越具有广泛和深刻的指导意义。相反，越是具体经验型的描述，其可能产生影响的范围就越小，程度也越浅”③。这些观点延续了我在 1987 年《思考》一文中“上天”“入地”的思想，只是在分析上更为深入与具体。另一方面，我尤其关注了理论如何向实践转化的问题，这一关注点的形成显然与我当时的研究实践有关。书中指出，这一转化至少要符合两个基本条件。“第一是主体一致或沟通”④，“一致”指承担理论研究与实践研究的主体同一时；“沟通”指主体分别是理论工作者和实践工作者时。“第二个条件是理论必须形成通向实践的中介层次。这种中介层次在不同的学科中可能表现为不同的形态”⑤，诸如技术、工艺、物化工具、手段与程序等，在教育研究中，“与这个中介层次相应，需要有一批专门从事这类转化工作的研究人员”⑥。上述论述表明，《初探》写作时期的我，在“理论”与“实践”关系认识方面开始出现与理论、实践生产相关的主体意识，但是在有关主体的分析单位中，有人类整体单位，有分属理论研究者、实践工作者及中介研究人员等群体单位，缺乏的就是“个体人”的单位。

有关理论与实践的主体认识中“个体人”的发现，我是在“新基础教育”研究实践不断深入的过程中呈现的。在与试验学校领导与教师持续的共同研究、沟通过程中，我们最初着力的是研究教师在实践中表现出来的教育、教学行为的问题，继而又发现这些行为背后都有他们头脑中已经形成的观念、理论和经验积淀的习惯所支撑。找出背后的“东西”，指出其问题，就成为我们必须要做的事。它要求作为理论研究人员的我们有识别这些“东西”及其表现的能力，我们把这个过程称为“捉虫”，“捉”实践工作者头脑中内在的“虫”。此后，紧接着要做的是，我们要能提出新的理论参照系，并以新的参照系去帮助教师批判性地认识自己原先认为合理的认识和行为，直至与教师一起重建新的认识和行为。当教师对新的观念，尤其是对这些新的观念可形成怎样的新教学方式和行为方式突然有

①② 叶澜．教育研究方法论初探．上海：上海教育出版社，1999：160.

③ 同①161.

④ 同①163.

⑤⑥ 同①164.

所领悟时，他就会欣喜地发出“喔”声，我们将此种现象称为“喔”效应。“捉虫”与“喔”效应实际上反映了作为个体的人之理论与行为变化的相关性。经过一段时间的实践，我们又发现教师在字面上接受和口头上说出一些新的观念和理论，尽管离真正的内化式接受还有相当距离，但还是远远快于行为上的变化，更不要说自觉地在自己身上实现新理论向实践的转化。这种时间差在不同的学科教师、不同的教师个体身上存在着很大乃至惊人的差异。同样，就作为理论研究者的我们而言，也存在着个人内在理论，对实践的认识经验，对教师的认识、理解与沟通能力上的区别与差异。这些差异与研究者和实践者作为个体在自己实践中的投入态度、思考深度、日常化程度，和反思的力度、重建的高度以及与上述一切相关的自觉程度等诸个体因素相关。总之，生命主体对实践的正确认识及践行水平，不仅是实践质量的保证，而且是实践中的人能否发展的关键。

正是“新基础教育”研究过程中这一系列问题的呈现，使我悟出了在理论与实践关系认识上有关“主体”分析单位中“个体人”的重要缺失。这种缺失导致了我未能形成在个体生命水平上“理论”“实践”的关系具有不可分离性的认识。2001 年写出并发表的标志我在这一问题认识上出现了立场、视角和方法论的自我超越的论文：《思维在断裂处穿行——教育理论与教育实践关系的再寻找》①（以下简称《穿行》），正式补上了我在理论与实践关系认识上的“个体人”单位的缺失。

该文首先提出了是否存在完全脱离理论的教育实践和完全脱离实践的教育理论这两个关联性的问题。在回答中，我认为不能以不分层级的同质集合的思维方式来认识“理论”与“实践”并由此得出完全分离的结论。更为重要的是，文中指出了“理论在现实中有两种不同的存在形态，一种为群体所共有的普遍形态，它脱离于产生理论的主体，以文字、各种符号形式存在；一种为个人或部分特殊群体所拥有的私我和局部形态，其中包括个体因学习而内化的个人理论，还包括尚未完全脱离产生理论主体的，以言说和一定范围内的共同经验为形态的存在”。然后，又强调了个体内在理论的原始意义，认为“它在没有文字记载的社会中已经存在……即使在今天的信息社会中，这种形态依然广泛存在。个体内在理论与每个人的认识和工作、生活实践息息相关，并成为促进个人发展，形成新的具有普遍形态理论的、生生不息与丰富多彩的资源”。我意识到“忽视后一种理论形态的存在，不仅导致理论发展资源的缺失和个人发展的停滞，同时也会造成理论

---

① 叶澜．思维在断裂处穿行：教育理论与教育实践关系的再寻找．中国教育学刊，2001（4）．本部分下面出自该文的引文不再加注。

僵化、单一化，并导致自以为掌握理论的、唯我独尊的、霸权式理论权威的滋生”。我坦然承认“以前，我们确实忽视了这种理论存在的方式和它的价值”，并为这一蓦然回首的发现而欣喜。

顺着这一思路，我还提出了“教育实践除共通性外，总还具有鲜明的历史性、地域性、生成性和综合特殊性”，进一步指出要全面认识理论与实践的脱离与关联，须“把研究的重心集中到更为根本的主体身上”。由此得出了“从个体实践的意义上，完全可以说不存在脱离个人内在理论的实践。反之，也不存在与个人实践无关的内在理论”的结论；得出了个人的实践有对象性与学习性的区分。学习性实践中又有两类：一类是指向他者的“他向学习”，一类是指向自我的心理学元认知意义上的“我向学习”的结论；得出了缺乏自我意识、反思意识和发展意识的个体，很难达到“我向学习”层次的结论。在做出上述区分的基础上，确认个体只有具备了“我向学习”的能力，才能使自己的学习实践成为“促使个体内在理论发展的最富有能动性的实践，由此形成的个体理论也是最富促进个人实践发展能动性的理论”。

论述至此可以看出，《穿行》一文中有关“实践”的认识，在我的思想上已从“研究”转向“个人学习”，并且提出了“我向学习”的概念，从另一个角度阐明了个体学习类型是否具有“他向”与“我向”之双向性，与个体发展水平的直接关系。对自己提出的、有关教育学研究缺乏人之自我形成研究的“一半”，从学习者的角度作了展开与补充，使个人多种类型、领域丰富与不同水平的学习实践问题，也即拥有生命的个人学习实践，成为教育学不可不研和不可不为的重要问题。此外，“新基础教育”研究也使作为教育学研究者的我们意识到，若要形成对教育真切、内在的认识，与教育实践者做有效和高质量的沟通，不能没有对教育实践和教育实践工作者的体察与研究；认识到我们对教育学科发展能起的作用，也与我们自身的生命实践密切相关。

正是在这样多重交织的意义上，“生命·实践”与教育、教育学理论的发展实现了最初的汇合和整体式关联，形成了最初的“结构式”，合成了破“蛹”之力。

2. “夏草”初出

“生命·实践”教育学这株“夏草”，出生在各种植物茂盛生长的夏季，这一恰如当代中国改革开放和教育学科纷繁复杂盛况的夏季。因此，想要使它有自己的独特和对于教育学科发展而言的存在价值，不仅需要有我作为学派的倡导者自身在教育学理论认识上完成由“冬虫”向“夏草”的转换，这是随着自己学术生命在实践中的成长、时代与教育实践的发展，在一个漫长的时段中，经过不断自我超越而完成的有创生意义的转换；而且需要对中国教育学科的发展历史与现状、成就与问题有一个清醒的认识，要促成学科发展的“自我意识”形成。唯有如此，我们才能知道，当今我们需要和应该做什么，我们能够做什么和怎么去做，才会使我们的微薄之力融入当代中国教育学发展的宏大事业。因此，自1987年以后，梳理、认识、辨析我国教育学的发展脉络、经验与问题、历史与现状、趋势与走向，一直成为我学术生命成长中的必修课，并与我的同仁合作、持续开展了相关研究。

有关教育学科发展的研究，我至上世纪末的研究结果，集中表现在《初探》中，这在前面论述中已经涉及，此外还发表了一些专题论文①。但这还是初始状态，同一主题相对集中和强化的研究是与本世纪同时开始的。一张时间表也许可以清楚地表明这一点。

2001年初，我发表了《世纪初中国教育理论发展的断想》（以下简称《断想》）②，拉开了自己所言的新世纪教育学发展研究的序幕。该文第一次提出了教育理论属“时代学”之列，认为“凡属‘时代学’之列的学科，都是与人类和社会发展的实践密切相关的学科”；第一次提出了中国教育理论需要与时代发展同步，完成由近代向现代的转型，为此，教育研究人员需要“去呼吸时代的新精神、感受时代的新需要、学习时代的新工具、发现时代的新问题……中国的教育理论需要又一次重建式的再生”，我们“唯有投入一个新的时代，才能打破过去时代的局限”；第一次提出了要改变用简单分析的眼光去看复杂教育世界的思维方式，认识“教育是一种人类社会所特有的更新性再生系统”，所以“当前对于我们来说重要的是要改变思维方式，学会用复杂思维的方式来认识复杂事物，以实现认识上的突破性发展”；第一次提出了如何认识中国教育理论原创性问题的意义以及对“原创”是什么做了自己的回答，要求自己和有志于中国教育理论发展的同仁，“从增强中国教育研究的原创性做起，在新的世纪里，把我们的心与中国的教育大地贴得更近，为中国的教育理论与教育事业屹立于世界民族之林而多作努力”。这么多的第一次，实际上是表达了我们新世纪的愿望与奋斗方向，

---

① 例如，由王明达主编的《中国教育科学研究概况》一书中，第二章第一部分“中国教育研究：进展与展望（1978—2000）”由本人撰稿。该书由教育科学出版社1995年出版。

② 叶澜．世纪初中国教育理论发展的断想．华东师范大学学报（教育科学版），2001（1）．本段内以下不加注的引文，均引自该文。

提出了自己的学术责任与进一步自我超越的任务。

自2002年始，我与华东师范大学基础教育改革与发展研究所的研究人员通力合作，连续五年进行了中国教育学科年度发展的研究，形成了自2001年到2005年五本《中国教育学科年度发展报告》① 书系，我担任书系的主编，并负责每年撰写学科年度发展的总述。在本人撰稿的“编写说明”中，表达了我们的宗旨：“通过‘报告’的撰写，及时总结、反思教育学科的发展，形成和强化研究者学科发展的自我意识，并以年度报告的形式留下21世纪中国教育学科发展的轨迹，表达我们对学科发展的关注与思考。”② 以“年度报告”的方式作教育学科发展研究，这是我们始创的行为。

2001年的“总述”，我以“构筑中国教育学科发展的世纪新平台”为题，就新世纪教育学科发展基础、新形势以及发展机制等方面作了概括性的分析，指出“十门学科对研究进展的主题综述，都呈现出鲜明的本土意识，在通向中国当代教育改革的路上出现了大汇合。新世纪中国教育学科发展的平台新土充满着中国基因，散发出沁人的家园气息。徜徉在此间的旋律是‘茉莉花’式的”③，这将是“中国教育学界学术文化独立性提升的重要标志”④。

“在路上——研究教育转型与教育学科研究转型”是2002年年度报告总论的标题。文中认为“转型”的主题已在教育学领域里以理论研究与实践研究交互推进的“复调式”展开。教育学科的研究已逐渐由批判式的“反思”，走向更具发展推进意义的“重建”路程⑤。

2003年总论的标题是“艰难的行进——学科发展意识的觉醒与迷乱”，它概括了教育学科在发展路上遇到的一些以往不太突出，现在则必须直面的、具有共同性的问题，即学科群的内结构转型问题、学科的实践转向问题、学科的方法论意识问题，表现出论者在研究发展中强烈的问题意识，表达了对行进中艰难的深切体验⑥。

2004年的总论分析了“教育学科研究势态的变化与消长”，指出在学风上、研究取向上的变化，以及学科重建力量的积聚与萌动，它表现在“学科反思的深度已经触及学科深层结构”；“对学科中基本概念、命题的更新与重建研究也在不

---

① 均由上海教育出版社出版，出版时间分别为2002年、2003年、2004年、2005年、2007年。

② 叶澜．中国教育学科年度发展报告·2001．上海：上海教育出版社，2002：“编写说明”1．

③ 同②4．

④ 同②6．

⑤ 叶澜．中国教育学科年度发展报告·2002．上海：上海教育出版社，2003：1－7．

⑥ 叶澜．中国教育学科年度发展报告·2003．上海：上海教育出版社，2004：1－9．

同程度上加强”；“有些研究与变革实践密切结合，其重建意识集中表现在对教育实践变革的研究过程，始终包含对教育、学校、教学过程的重新理解、界定和建立新的概念，探寻新的教育学理论的研究路径”；同时还表现在方法论更新意识的提升和一系列新专著的出现上，“创建中国教育学派的研究，也从一种呼唤、酝酿，进入探索实创的行动”①，其中包括“生命·实践”教育学派的明确提出。

2005 年，我们为这套丛书，实际上也是为新世纪中国教育学的五年新生命，过了一个小“生日”。该年的总论②以“在裂变与重聚中创生——2001—2005 年中国教育学科发展评析”为题，提出了传统基干型、局域分支型和交叉综合型三大不同类型的教育学科，五年来的不同发展路径及其不同的发展水平与问题，评析了以新概念“星际云”的形成、学科立场意识的强化、理论与实践相互滋养与建构关系的形成为新质的学科发展机制。在新概念“星际云”的形成方面，我们以教育学中“人”的概念变化为例，突出了由“人”到“生命”，再到“人的生存”“日常生存”“生境”“具体个人”“生活实践”等一系列受到关注的相关新概念，再由此引向对实践中教师与学生的研究。分析了新概念“星际云”在学科发展中的机制价值，指出“新的概念，尤其是学科中基础性、核心式概念的更新，对于学科发展具有十分重要的、定音鼓式的作用。”“新概念的生命力，在于这一概念所针对的问题的重要性或根本性，在于它对原有学科体系建立的范式和思维方式的冲击力，在于其生成相关概念的生长力，在于比被替代的概念有更强和更符合研究对象本质的解释力，在于体现本学科理论性质的表达力。”而在有关从新概念到围绕它的“星际云”形成过程的辨析中，则强调了衍生方式与路线要有朝着“教育学研究这一特殊领域”方向向前走的自觉意识，否则就会走到他域的领地之中而不知返回。以上关于机制的分析，明显地反映了一种“重建”的自觉意识。

五年的小结综述，所有的分析都汇总到一点：当前中国教育学科发展的“春秋时代”到了。学科发展中的裂变与聚合依然在悄然进行，大时代中教育学科的创生还远未完成。我仿佛置身于“热带雨林”之中，“种类繁多的植物长得密密麻麻，高低不一的乔木上攀附着各种大藤，长满了各式附生植物，连其叶面都不放过。这种纠缠、杂乱的丰富，表达了教育学科发展的强烈愿望”。我们的“夏草”正是在这样的教育学盛夏中，用尽自己的潜力破蛹出土，静静地、顽强地朝

---

① 叶澜．中国教育学科年度发展报告·2004. 上海：上海教育出版社，2005：1－6.

② 叶澜．中国教育学科年度发展报告·2005. 上海：上海教育出版社，2007：1－15. 以下相关论述中不加注的引文均出自该文。

上生长。

所有年度报告的分析和总述，既是基于教育学科实存的状态，又是用我们的眼睛去关注和看到的图景，还有一份作为教育研究中的一员——我们的努力在内，它反映了我们的心态和追求。

2005年，由我主编、华东师范大学教育学系相关研究人员合作撰写的《二十世纪中国社会科学·教育学卷》① 的出版，补上了我们对教育学在中国发展史的回溯与评析。我依然承担了撰写总论的任务，全文以"中国教育学发展世纪问题的审视"为主题，将历史、现实、未来连接在一起，揭示了"政治、意识形态与教育学科发展"、"教育学发展的'中外关系'"和"教育学的学科性质"等三大问题的世纪演变与当代表现，最终归结为教育学的学术独立性的确立与提升问题，提出了新世纪中国教育学的建设问题。它也是我们创建"生命·实践"教育学派的一个初衷，是在对教育学发展历史的回顾和现实分析基础上提出的任务。"冬虫"向"夏草"的转换只能在"虫蛹"个体的内部完成，确实不能由别的生物或者其他什么来替代，但它并不是与它生长的世界无关的，只有在最适宜的土壤、气候和阳光、水的滋养下才能生长。

"生命·实践"教育学派面世的过程与面世后的成长，都与我主持的，由一个十分合作、有共同追求的团队（包括研究人员与研究基地学校的领导和教师）所进行的"新基础教育"研究的逐步深入，直接联系在一起。2004年"夏草"面世之际，"新基础教育"研究在实践与理论两个维度上同时交叉推进到一个新阶段。

在实践方面，我们开始了"新基础教育"成型性研究，建立了十所左右的基地学校，并在上海市闵行区由该区自主开展面上的推进工作，我们的目标是在这十所左右的学校中全面、深入、扎实推进新世纪基础教育学校的转型研究，创建出富有时代特质的高质量新型学校，同时，使这些学校成为体现"生命·实践"教育学理论的实践形态，创生、丰富和促进"生命·实践"教育学发展的实践基地。正是在成型性研究中，这些学校日常工作和师生的生存状态、创造活力，在变革的广度、深度上都出现了新的突破和令人振奋、欣喜的变化。在研究性变革实践中学习、反思、创造，实现"成人"与"成事"的双向互动式发展，越来越成为学校成员共同的心愿和行动。而在变革实践中既"成人"又"成事"，正是"生命·实践"教育学的核心观念在学校变革实践中的生动表达。

① 该书是上海市社会科学界联合会组织的一项大型研究成果之一，该研究属上海市哲学社会科学"十五"规划课题。该书由上海人民出版社2005年出版。

在理论方面，2004 年课题组出版了一套三本的《“新基础教育”发展性研究》丛书之后，2005 年春节的第一天，我开始了酝酿多年的《“新基础教育”论——关于当代中国学校变革的探究与认识》一书的写作（以下简称《新论》），直到 2006 年 4 月完稿，同年 9 月，在夏暑尚未消尽之时，书稿由教育科学出版社正式出版。这本著作是对十余年“新基础教育”研究的全面阐述，也是我在教育学研究有关教育层次结构中尚未深入、仔细涉及的一部分——中观层面的学校教育研究的补遗，更是我在新的视野、观念和方法论初步形成后，对今日中国教育世界的理论式重建。书中不仅表述了对教育学研究中一些传统领域的新认识、观念乃至逻辑，而且尝试着实践自己对教育研究方法论的认识，把学校教育的研究放到时代、社会的变革潮中，用交互作用、相互渗透的视角全息式地认识这“一滴水”。因此，这本书不是一般抽象意义上的教育理论著作，而是综合抽象式地透析当代中国教育变革生态景观的有关学校变革的理论著作。是 20 多年已经走过的学术生命发展历程，使我敢于做出这样的尝试。这是我走出依靠纯书斋生活、自己的思维能力和对已掌握的资料做分析等形成理论的习惯方式之局限，走进教育实践的天地，经过与课题组全体成员和试验学校领导、教师十余年的合作研究，在读“无字之书”，并参与新的“无字之书”的书写之后的“有字之书”的写作。它让我体会到一种从未有过的充实、灵动和有根书写的感觉。

正是在这个意义上，我可以把《新论》看作“生命·实践”教育学这株“夏草”的初态，看作自己学术生命又一次新生的起点。尽管它还小且不起眼，远没有像成型已久的传统教育学那样具有实际、深远的影响力，但它有鲜活的“生命·实践”气息，并有许多人的生命实践注入其中。

2006 年冬，我因“新基础教育”研究而获奖①，并在表彰会上发表了获奖感言。我想以这段话作为这篇“生命·实践”教育学生成过程的个人式回望之结语：

“在我的教育学研究生涯中，最能打动我的两个字是‘生命’，最让我感到力量的词是‘实践’。教育学说到底是研究造就人生命自觉的教育实践的学问，是一个充满希望、为了希望、创生希望的学问。我愿为研究如何让人间每一朵生命之花绽放出自己独特灿烂的学问而努力终生，并与所有的同行者共享生命成长的尊严与欢乐，共享教育学研究特有的丰富与魅力。”

---

① 由本人撰写的《世纪初中国基础教育学校“转型性变革”的理论与实践——“新基础教育”理论及推广性、发展性研究结题报告》，获上海市哲学社会科学优秀成果奖（2004—2005）一等奖。该报告收在《“新基础教育”发展性研究报告集》中，由中国轻工业出版社 2004 年出版。

个人思想笔记式的 15 年研究回望*

1994 年 9 月，由我提出并主持的“新基础教育”探索性研究正式启动了。启动的标志有二：一是作为该项研究的第一篇论文，关于课题提出的时代依据的论文发表；二是作为“新基础教育”第一所试验学校——外高桥保税区实验学校正式投入研究。自此始，“新基础教育”经历了 5 年“探索性研究”，继而又开展了 5 年“发展性研究”，最终再用 5 年时间完成了“成型性”研究。在总计 15 年的时间里走完了从问题提出，到初步成果形成，进而推广、应用和提升、发展，直至相对实现学校转型的完整研究全程。这一 15 年研究取得了出乎预料的结果，以其独特个性引起了我国基础教育研究和改革领域的广泛关注，并影响教育理论界。

因本人作为课题研究的提出者和教育部立项课题负责人的特殊角色，“新基础教育”成为我 15 年生命历程的重要组成，也成为我作为一个教育学理论研究人员的专业发展生涯的重要组成。在 15 年的研究中，我与一批志同道合的合作者，包括华东师大的课题组成员、试验地区的相关领导以及很多试验学校的校长和教师，结成了真诚和持久的互济关系。在为共同目标努力的过程中，我们相互启发、相互激励、同甘共苦、风雨兼程，经受着想做成一点事业的人都会经受的欢乐与痛苦，感受着因共同奋斗而生成的特殊友情之温暖与力量。15 年研究同时也催生出我对一系列教育基本理论问题、教育研究方法论问题乃至教育学形态的重新思考与认识，使我有可能在理论与实践双向建构的基础上，提出为创建“生命·实践”教育学派而努力的新的专业发展目标。可以说，这是我人生经历中最丰富和充实的 15 年。“新基础教育”生在世纪之交的当代中国社会转型时

---

* 本文是作者成稿于 2004 年 6 月，题为《我与“新基础教育”——思想笔记式的十年研究回望》一文的补充修改稿。前文发表在丁钢主编的《中国教育：研究与评论（第 7 辑）》（北京：北京教育科学出版社，2004）。本文的补充主要是在第四部分。因前文写成时“新基础教育”研究最后阶段的成型性研究刚起步，现经 5 年已完成，故这一阶段个人的思考与体验须补上，全文的题目也改为《个人思想笔记式的 15 年研究回望》。关于前 10 年的内容，基本保持了原文内容。在注释方面，因与本书统一，故做了一些删除和修改；在内容方面，因涵盖时段的变化，做了少量删除和结构调整。全文新增部分约占 1/4。

本文发表于：叶澜，李政涛，等．“新基础教育”研究史．北京：教育科学出版社，2010：143－204.

期，成于21世纪第一个10年，又以学校转型性变革为核心问题开展研究，故而这项研究中所经历的变化，在一定意义上反映了中国社会转型时期的教育状态与人的心态，也让我切身感受了转型的重要、复杂与艰难。因此，我以一个身处转型社会中，又用研究行为对社会转型在相关领域做出积极回应者的身份，将自己在“新基础教育”研究中的思索、策划、行动、体悟等主观状态，做一个思想笔记式的回望。这也许不仅对于我自己的清思、对于有兴趣进一步了解“新基础教育”的同行是有用的，而且还可能留下一点有关当代中国转型时期，通过个人心灵和研究实践折射出的教育领域变革状态的记忆。

一、缘起

一个人做出或说出一个决定，其“表现时”常常为一瞬间，但一个决定的缘起、形成却往往有一个时段的积蓄与酝酿，有意的和无意的。决定的性质越关乎大事，或越被自己看重，酝酿的时段就相对更长，有的甚至是积毕生心血。此外，一个决定还常常会因某个突发的事件或意外的遭遇而催生，个人所拥有的一些直接经验、形成的信念与个性，又是做出决定的重要支撑。这是我追思15年前何以提出“新基础教育”研究所悟出的一点道理。

理论积淀

自1982年起，我的专业方向集中在教育基本理论上，1987年后又增加了“教育研究方法论”这一方向，并开始了教育学科元研究。两个方向的选择，都与我有较强烈的理论兴趣和好思的习惯相关，它们形成的合力一方面是对现有教育理论的审视、批判和新假设的提出，另一方面是自身的知识结构、视野和思想方法的转换和重建。“新基础教育”研究是以自己在这两个专业方向上的探究与积累，以及由对教育的重新认识和认识教育的思想方法的转换作为底蕴的。它的最早缘起是理论，没有提出课题前的10多年的理论积累和自己对教育问题的独立思考，我不可能做“新基础教育”研究。

1986年3月，我发表了《论影响人发展的诸因素及其与发展主体的动态关系》一文①，从理论和方法论两个维度，对传统的关于影响人发展的、在国内教育学著作中通行的“三因素论”做了突破。文中提出的核心论点是：关于影响人

① 叶澜．论影响人发展的诸因素及其与发展主体的动态关系．中国社会科学，1986（3）.

的发展因素的分析，必须从生物学立场上升到人学立场；要把发展主体（承担者意义上的主体）的实践活动作为一个重要的、使每个人自身的发展可能转化为发展现实的关键性因素纳入，并建立起各种影响人的因素随人的发展过程而变化的动态关系论。文中强调，在一定意义上人的命运是由自己决定的。教育的重要任务是赋予人把握自己命运的意识与能力。1991 年，这个基本观点在《教育概论》中又以一章的篇幅做了展开、系统的论述，形成了有关影响个体发展的“二层次三因素论”。文中第一次明确提出：“个体发展从潜在的多种可能状态向现实发展的转化，个体与环境两个不同性质的因素真实发生相互作用，人对外界存在的摄取吸收（无论是精神性的，还是物质性的），都要通过发展个体的不同性质、不同水平的生命活动来实现”①；而“活动对个体发展的影响程度，还取决于主体对活动的自主程度”。以此为据，书中把活动分为“被动应答”“自觉适应”“主动创造”三个等级②。在论述到第三个等级时，我特别强调：这类活动是“最富有发展性意义的活动。在学校的教育、教学活动中，学生处于这种状态的机遇不太多，人数也不太多……然而，谁只要真实地经历过这样的活动，它就会对谁的发展，尤其是自我意识和自主能力的发展产生不可磨灭的影响。因此，尽管它自然出现的机遇不多，却是十分值得教育工作者重视和有意识地去创设的”③。在这一章结束时，基于上述发展理论，我提出了“教育的目标应符合社会发展的总方向，立足于人类社会发展的当代水平以及所在国家的现有发展水平”；“学校应精心设计有利于主体发展的各种活动，使受教育者通过活动实现发展”；学校教育“应把培养受教育者的自我教育与自我控制能力以及识别、控制、利用环境的能力作为根本性任务，并贯彻到教育的一切阶段和一切活动中去”④。

较多地论述我对教育与人的发展问题的系统观点，引用《教育概论》中多段原文，是为了说明在 1986 到 1990 年间⑤，我对教育基本理论中这一重要问题经重新认识后，初步形成的认识立场和认识框架。正是这一关注人的生命活动质量，关注人的主动发展的意识与能力，并由此生出的对教育应该为何和如何进行才能有利于人的发展的认识，至今还是我认识、判断和期望教育的一个基本立场和框架。也就是说，“新基础教育”以培养健康、主动发展的人为教育目标的思

① 叶澜．教育概论．北京：人民教育出版社，1991：226；2006：211.

② 叶澜．教育概论．北京：人民教育出版社，1991：233；2006：217－218.

③ 叶澜．教育概论．北京：人民教育出版社，1991：234；2006：218.

④ 叶澜．教育概论．北京：人民教育出版社，1991：237－238；2006：221－222.

⑤ 《教育概论》出版于 1991 年，但完稿是在 1990 年，酝酿的过程在 1983 年到 1989 年对本科生开设这门课的过程中。可参阅《教育概论》2006 年修订后的第二版第 1 页。

想坚核，并非心血来潮，亦非空穴来风，而是我自身在教育理论和思想方法的专业发展历程中的一个产物。1991 年《教育概论》出版后，“二层次三因素论”尽管引起了理论界的关注，也有一些不同的评论，包括有一些人认为，这可能是一种有意义的理论，但做不到。在我看来，出现各种意见是很正常的现象。但我一向不太介意别人怎么说和为何说，也不去对每一个批评意见做回应，不管它是来自“权威”还是“小鬼”，是“明说”还是“暗指”，只是自己看明白了就继续往前走。我觉得更重要的是自己想清楚了没有，更看重理论或批判本身是否真有道理、真有新意、真有力量，是否具备了讨论和对话的基础。我自己对一些观点的批判或问题的重新提出，也遵循同样的立场。主要针对一种广泛认同的，甚至习以为常的观点，而不是针对某个人的观点，更不是为了去批评某个人。

前期经验

基于对马克思主义强调理论的实践力量，以及理论需要有实践来检验与丰富这一基本立场之认同，我清楚地认识到，自己形成的上述观点还只是一种“理论假设”，它即使在逻辑上和认识上合理有据，也还需要完善，更需要实践的支撑。与其关注别人怎么说，不如实实在在去行动。于是，我产生了一种通过实践验证、丰富和完善理论的冲动。1990 年秋，在几位同事的合作支持下，我们以“基础教育与学生自我教育能力发展”为课题，以上海市普陀区洵阳路小学为试验学校开始了为期三年的研究①。这一课题在众多的课题中只是一个小项目，资助经费总计 5 000 元，但对我而言是一个重要的项目。它是我生平第一次用实地研究的方式，去检验自己提出的一种理论的合理性和可行性，去研究一种理论如何实现向实践形态的转化，以及去认识、体验转化过程研究的问题和复杂性。也是第一次有一种原创式研究的体验，获得了由理论假设走向实践研究的经验和信心。而且，因研究中与学校一线的经常性接触，我对学校生活实际、师生的生存状态、学校实践的可改变性以及转型时期学校的动荡与变化等方面，有了在书斋里阅读无论如何都不可能获得的深切感受和思索，进而直接催生了“新基础教

① 该课题是上海市教育科学规划办立项的自报课题。本人为课题负责人，课题组主要成员是卢寄萍、李晓文、陶保平和当时两位在读硕士生。上海市洵阳路小学当时的校长刘荷华、试验班相关的两位老师王岚和周瑞仪为合作研究者。课题选择了洵阳路小学 1991 年入学的一年级一个班和三年级一个班为试验班。第一个学期确定以语文、数学课堂教学改革和班级工作改革为重点开展研究，第二学期因教师因素，学科改革只在语文课中进行，其他不变。1993 年夏，实地研究结束，再经半年的资料整理和研究报告撰写，课题于 1994 年 3 月结题。成果被评为全国教育科学研究二等奖。课题的结题报告发表在《上海教育科研》1996 年第 7、8 期上，题为《基础教育与学生自我教育能力发展》，由本人撰写。

育”课题的诞生。

在此，不可能详细地记述该研究的全过程，只想说一下上述课题研究对我形成、提出“新基础教育”课题和研究风格产生影响的主要方面。

第一，研究使我真切地感受到儿童发展的巨大潜力，自此，不再相信学校教育质量的生源决定论。同时也认识到，在学校里儿童发展的潜力能否变成现实的发展，首先与教师能否在各种活动中，为学生提供主动发展的空间直接相关。人，才是学校变革和发展的决定因素。

有关这一点的体验在试验开始的第二个星期就让我们感受了。1991 学年开初的第一个星期，课题组一方面要求教师对一年级试验班新生的状况做细致了解，做好入学教育的常规培养；另一方面，我们及早进课堂连续听了两天三年级试验班的语文课和数学课。两位老师都是有经验的中年教师。老师讲课十分努力，但课堂气氛一直较沉闷：学生很少举手回答，有的学生也不专心听讲，大多数学生表情“平静”。这证实了校长向我们的介绍：这是一个“普通”班级，学生不太活跃，各种表现在一、二年级时都属平平。新接班的班主任也认同这一评价。面对这种情况，课题组想测试一下，当学生不在老师控制下由他们独立组织和开展活动时，将会有怎样的表现，且把测试结果作为初始状态的资料保存下来。

我们设计了一个活动测试的方法，要求三年级所有班级都参与，但班主任老师保证不参加活动的讨论设计，活动进行时也不去干预。那一天是开学后第二周的星期四，9 月 5 日，离教师节只有 4 天。早读时，我把三个班的中队委员都找到校长办公室来，开了一个短短的小会。会上我向他们提出要求：今天下午第一节课，每个班都举行一次中队活动。中队活动的主题、内容、形式，都不做统一规定，由中队委员讨论决定。但要做到两点：第一，这次活动必须每一个同学都参与，不能有任何人只是坐着看；第二，活动怎么搞，不能请班主任或其他老师帮助出主意、辅导。孩子们先是被一位不认识的老师召开会议弄得有点拘束，接着又被这样一个从未遇到过的活动方式和活动要求搞得兴奋，因新鲜、挑战而生出紧张。他们先是窃窃私语，很快有的孩子眼睛发亮起来，欣然回答我“行”。我就让他们立即回去分头讨论，形成方案后，可利用午间休息时间做准备。我们也立即设计记录活动状态的统计表，分好工，每人准备参加一个班的活动，并随程记录。一个上午，我们谁都没有离开过学校。

下午，我怀着期待和不知会有怎样结果的小小焦虑，参加了试验班孩子们首次全独立运作的主题队会。课前 5 分钟一进教室，我们就看到黑板上写着“庆祝教师节”几个大字，还有几个学生在画着最后几笔花边和气球。教室里弥漫着一种兴奋的空气，小干部还在跑来跑去分别布置“任务”。上课铃响，主题班会正式开始。前面约有30分钟的时间，都是表演节目，有舞蹈、唱歌、器乐独奏等各种形式。可以看出，这都是有一些表演基础、虽水平不同但愿意表演节目的学生，人数不到全班的一半，可时间已经过半。我正在为他们能否做到上午的第一个约定：每个人都要参与活动担心时，作为主持人的中队长拿出“绝招”来了。她说：马上就是教师节，现在让我们每个人都站起来和周老师说一句祝贺的话。孩子们按座位顺序挨个站起来，说着自己想好和想说的话，一个也没漏。此时此刻，我被深深地打动了，不只是因为这些话语和他们表达的对老师的敬意，而是被孩子们的机智，被他们想尽办法、在几乎没有准备时间的情况下所想出来的办法，被他们对自己班上可以开发的表演资源的全力开发。一下子，我重新认识了这个班，重新认识了这些孩子，我对他们的发展可能充满了信心。那天，我们也兴奋地谈论了很久。

根据统计下来的情况，当时各班的表现差异不大，但事后试验班的学生却向老师提出了一个大胆的要求：今后能否每个星期四的下午都安排一节课，像这次那样，由我们自己来组织中队活动。这是孩子们在经历自主后所产生的自主性需求的自觉强烈表达，老师对他们也有了信心并欣然应允。就这样，一个初始测定设计的精神和原则，转化为试验班班级工作改革的第一个试验因子，介入到他们的日常生活之中。此后的星期四下午，就成了这个班学生期盼的时间。

课堂教学由教师讲为主的局面之改变要困难和缓慢得多，尽管我们也和教师交流意见。对教师产生震动性效应的举措发生在一次听课之后。那天，在教师不知晓的情况下，我们用码表计算一节语文课上教师讲话所占用的时间。结果是40分钟的课，教师占用了近30分钟，另外10分钟则用在学生回答老师的提问上。大部分学生在课上做的事是静听、按教师要求找书上答案、齐答等，其中虽少数学生参与举手，但并无发言机会。当教师得知这一统计结果时惊讶地说：“我真有这么多话？”他这才意识到自己存在的问题。此后，我们提出教师首先要改变教学的时间分配和组织方式，让每一个学生在课堂上有可能主动、有效地参与教学活动。要“把课堂还给学生”。这个“还”，第一步是“还”学生在课堂上“主动学习”的时间。以此为突破口，围绕着提高学生主动学习的意识与能力这一目标再开展课堂教学内容的结构变革、教师教学行为的结构变革和组织形式的结构变革等课堂教学整体性的结构变革。经过近一年的变革实践，学生的精神面貌、学习积极性和学习能力都开始发生显著变化，教师的教学方式也出现了转型。一年后，我们再一次用码表测定同一教师一节课上所占用的时间，结果是不到 10 分钟。

1991 年的洵阳路小学在上海是一所十分普通的学校，在区里也只属中等状态。试验班的两位教师都非名师。一位虽有经验，当时还只是学校的骨干教师，另一位只是中师毕业工作才三年的青年教师。洵阳路小学所处的地段也决定了它只有狭小的空间、不高级的设施、拮据的经费，以及家长的经济和社会地位大多属平民阶层的学生。然而，他们有一位热爱教育且不满足现状，还相信通过教育研究可提升学校水平的、十分有个性的校长；有一个能相互合作的领导班子；有一批愿意进行改革试验以改变自己的教育、教学行为，使学生得到更好发展为宗旨，而不是单纯以个人升职称、扬名为直接目的的教师。因此，我们能合作，并在持续、长期的共同努力下，三年后，试验班学生与本校非试验班学生相比，在群体和个体的精神面貌、自我意识和自我教育的能力及学习成绩等方面，都呈现出正向的显著差异，成为学校里最出色的两个班，涌现出各类学校“明星”。正是这个论条件普通到不能再普通的学校试验班师生的变化，使我深信教育改革中各种条件论，或只是把力气花在以改善条件来发展学校、提高教育质量的策划与措施，都还没有涉及教育改革的根本问题，都在不同程度上，或者根本没有真正意识到，千百万教师的改变才是教育改革成功的最根本的决定因素。

第二，研究使我真切地感受到理论的力量及其在变革实践中的不可或缺性。变革越深入到教育的根本问题，越不拘泥于方法层面，就越需要理论。这项研究让我获得了理论如何向实践转化的经验，并在对教育理论与实践的关系认识上，开始有了新的发现与体验。

从题目不难看出，“基础教育与学生自我教育能力发展”涉及教育基本理论问题。它不仅要研究教育内在的性质、价值、目标等问题，还要研究如何实现价值、目标的问题。它在我的研究系列中，已进入到通过对实践的变革和实地观察，检验理论假设、丰富和深化认识的阶段。因此，我不可回避地要面对和处理教育基本理论与学校教育实践的关系问题，这也是许多人认为两者很难直接关联的问题。正是这一对研究人员自身专业能力富于挑战性任务的提出，使我有可能从研究人员个体的角度，从一个具体的题目出发，在某个学校开展的研究中，去实践、体悟教育理论与实践在另一个层面上的关系，而不是一般地谈论、书写教育理论与实践的关系。

在三年的研究过程中，我在实现一种新的教育理论真实作用于实践的全过程中，一步步地走出了一条路。其中，最重要的有这样几步：

（1）有自愿组成的合作队伍。在自愿基础上组成理论研究人员的合作队伍，成员间在专业上需要具有独当一面和互补的可能。在该课题组成员中，其他几名成员的专业特长分别是小学教育研究、儿童发展心理研究和小学语文教学研究。这一组合使我们有可能在教育理论如何转化为实践的问题上开展多层面研究。

（2）做出研究方案的总体设计。其中除研究目标、策略、时限、阶段划分等以外，很重要的是做出实践点的选择和在实践中从哪些具体方面着手开展研究的策划。如果这些方面不清晰，在实践中研究就会无插入点。尽管“实践点”和“插入点”都是具体的，但必须考虑到代表性以及与研究主题的直接相关性。这些方面的思考、设计质量，实际上由研究人员的专业底蕴与方法论水平决定。

（3）课题组与学校主要领导形成共识，建立合作研究的关系。课题组应以服务和促进学校发展为己任，而不是只想让合作学校为你提供条件、资料和试验对象，使研究成为外加的、与学校发展无关的事。学校工作者只有在感受到学生、班级、成绩、学校，包括自己在内都有发展和进步时，感受到研究人员与他们是“一条心”时，才会出现真诚和有效的合作。

（4）形成研究活动的常规制度。例如，自课题研究进入学校后，我们一方面要求教师每学期制定研究计划、写出研究小结，在每学期开始和结束时与我们进行交流讨论；一方面规定研究人员在无特殊情况下每星期四都要到试验班去，上午听课、讨论、评课，下午开班会，讨论班级工作，并有针对性地提出下一周的研究工作。每学期的假期，华东师大课题组成员都要做研究总结，提出下学期的工作计划。这样，不但使理论研究人员和教师各有自己的独立思考和研究任务，而且使两类人员能保持经常性的、有共同目标指向的接触、沟通与相互影响。这些规定对教师而言，能及时获得富有针对性、启发性和直接指导价值的点拨与建议；对理论研究人员而言，能亲历现实的变革过程，逐渐学会换位思考，提高与实践工作者对话的能力和效益，提高做出综合判断，提出解决实践问题的建议、方法和方案策划的能力。研究过程还呈现出既有设计，又有开放性，且处于不断评价、发现问题、主动调整、丰富充实、探索创造的特点。研究过程的这些品质，对教师的观念和行为转化产生了积极作用，实践也具有了新的理论内涵。

（5）进行理论概括与提升。实践性研究结束后，理论研究人员安排了一段时间，除了对研究本身做全面反思和系统总结外，还对研究中的理论发展做出提升和概括，在一定意义上生成新的理论假设，推进理论发展。在这项研究的结题报告中，我们在“自我教育结构的层次与类别”、“人的自主发展内外条件”、“引发自我教育意识的情境分类”以及“教育实践如何有效促进学生自我教育能力发展”等方面提出了新的观点。

熟悉“新基础教育”研究过程或阅读过这本书第一部分提供的三篇结题报告[①]的人，不难看出，以上五点已构成了“新基础教育”在理论与实践关系的处理上所持的基本立场。“基础教育与学生自我教育能力发展”这项研究，使我们在提出“新基础教育”探索性研究时，不仅有了理论的基础，也有了实践的底气。我相信，如果没有该项目的认真开展和基本达到期望中的成功，我不可能也不敢提出“新基础教育”。正是在这个意义上，而不只是在时间意义上，我把这项研究看作“新基础教育”研究的前奏。

时代挑战

但是，我决定做“新基础教育”研究的动机，不只是“基础教育与学生自我教育能力发展”这个课题在完成基础上的扩展、丰富和加深。尽管在“新基础教育”中，教育与学生发展的研究依然是内在核心问题，但“新基础教育”研究与上述研究的一个重要区别是：研究的目的已不是为了检验自己的理论，而是为了回答世纪之交中国教育面临的重要而严峻的时代挑战。我期望通过这项研究，对教育学基本原理和当代中国基础教育的学校改革，形成重建式的、富有原创性的答案。出现这一目的上的超越，是在我对 20 世纪末中国社会变革性质有了体悟和深度思考之后。而触发这一思考形成的事件，则是上海市洵阳路小学一位教师的跳槽和校长的一场大哭。

那是 1993 年初冬的一天，也是一个星期四，我们课题组成员照例在听完第一节课后到校长办公室[②]会合，突然，校长推门而入，拿起门背后的毛巾，坐到椅子上掩面伤心地大哭起来。这让我们都惊呆了，不知发生了什么事，在劝慰中，校长抽泣着说出了情况。原来二年级试验班的一位数学老师今天在托人捎来一张纸条后就不来上课了，原因是有更高报酬的单位要他（后来才知道是到宾馆工作）。校长刚才是强忍内心的痛苦去安排第二节临时顶课的教师，回到办公室后，她再也克制不住。自然，我们原定第二节的听课只能取消。大家纷纷就这一

① “这本书”指叶澜，李政涛，等．“新基础教育”研究史．北京：教育科学出版社，2010；“第一部分”指：叶澜．在现实中走出建设新型学校的创业之路//叶澜，李政涛，等．“新基础教育”研究史．1－142“第 1 章”；“三篇结题报告”指：叶澜．“新基础教育”探索性研究（1994—1999）结题报告、“新基础教育”发展性研究（1999—2004）结题报告和“新基础教育”成型性研究（2004—2009）结题报告。——编者补注。

② 当时洵阳路小学还在旧址，腾不出一个空房间作为研究组的活动室。校长办公室靠近教室，就成了我们星期四的落脚之处。下午的讨论会则在工会活动室进行。

现象发表起议论来，主调是气愤与不解，但主要还不是就这个教师的行为，而是针对由社会上突如其来的市场经济所造成的教育中的众多怪现象。最后大家要求我写一篇文章，对这些现象做批判，希望能引起教育主管部门的重视，采取措施制止此类情况继续蔓延。当时的我，也处于这种情绪状态。我不解，为什么中国社会的变化对教育总是首先带来负面的冲击。“文化大革命”是政治的冲击，改革开放、建立社会主义市场经济则是经济的冲击。于是，我下决心要看明白今天自己身处的社会变革的实质，第一步就是去仔细研读刚发表不久的中共中央十四届三中全会的《中共中央关于建立社会主义市场经济体制若干问题的决定》。

这是改革开放以来我很少有的一次认真的政治文件阅读。我几乎是一句句地读明白，一段段地想清楚，结合着 1992 年春节邓小平南方谈话后社会重新呈现出万物苏醒式的生机去感悟。我由冷静的阅读始，逐渐生出对一个中国历史上重要时代来临的喜悦，看到了纷乱背后的生机，意识到作为市场经济必需的对竞争主体和独立法人的呼唤，意味着对人的主体性之需要的现实土壤已产生。我欣喜地感到：“主体精神的问题已从哲学界的沙龙中、思想家的头脑中走出来，走向真实进行着改革的社会经济主战场，走向社会的各个领域，走进想在改革中求生存、求发展的每一个人的头脑里，并通过他们的实践行为实实在在地表现出来。”① 这是多么重要和富有实质性的变化啊！我终于意识到：“处于市场经济初建阶段的我国教育，虽然面临着经济大潮的冲击并受到前所未遇的许多新问题的困扰，但这大潮能孕育出新的生命，这困扰会锻炼出新的勇士。只要我们善于驾驭，时代之潮会把我国的教育推向一个新的、无限宽广的天地”②。我的情绪已从“愤怒”“不解”转向了惊喜、兴奋，《时代精神与新教育理想的构建》一文表达了我当时的认识、思考和决心：从自己做起，在社会变革的大时代中做教育改革的弄潮儿，在改革的实践中实现教育观念、理论、实践的更新。我曾在多处就这个主题做过报告，我希望有更多的教育界同行走出困惑，不要让一个需要奋斗和充满机遇的时代，因我们的不觉不悟和迷茫而白白错过。我和课题组的同事们也开始策划下一阶段的研究。正在此时，发生了两件事。第一，1994 新学期开始不久，洵阳路小学的刘校长被局里抽调去负责房地产开发，尽管她还在星期四到校来和我们见面、说话，但我逐渐发现她的来去匆匆和心神不定。终于弄明白了原因，她自己也身不由己。幸好我们前一课题的实地研究已近尾声，我意识到

---

①② 叶澜．时代精神与新教育理想的构建．教育研究，1994 (10).

我们的合作也只能暂告段落。第二，1994 年 5 月的一天，上海市外高桥保税区实验小学的两位校长，到我们系里找吴玉如老师①，要求合作开展研究，题目由我们决定，只要有利于学校发展，他们都愿意参与。外高桥保税区作为浦东新区对外开放的一个窗口很受市领导重视，该学校当时才初建第二年。他们认为作为新区的一所新校，应该走科研兴校的道路。就这样我们两家一拍即合，愿意合作开展研究。该所小学成了我们下一个研究的试验基地。经过课题组讨论，我们决定把这一为了新时代和实现新教育理想的研究称为“新基础教育”探索性研究。自此起，我专业生涯中的相当一部分，就与这个复杂、丰富、变幻不定、向着新生希望的大时代联系在一起，与这个大时代中的教育变革实践直接联系在一起。

二、最初的构思策划与探索（1994—1999）

自 1994 年 5 月决定开展“新基础教育”研究起，我就开始了对这一课题的积极构思与策划。也许是自己从事的专业研究方向使然，20 世纪 80 年代以来我养成了一些习惯：做研究比较喜欢从整体、理论上把问题想个自认为的明白，然后再去策划总的研究方案。我会关注周围世界的变化和状态，但不喜跟风；对可见的存在着的教育现象或各种观点，我会有自己的认识和判断，但重心不放在辩论上，着重思考的是我想做什么和可以做什么、怎么做，怎样使自己的研究具有存在价值。在我看来，所谓“存在价值”就是研究存在独特性和可能的贡献。“新基础教育”构思与策划的最初阶段，就是在对下面一系列问题的思考中形成的。

构筑起点

研究设计首先要回答的是：该项研究想解决什么问题？我认定，就总体而言，这是一个中国社会深刻、巨大变革引发的教育理论与实践的重建式大问题。因此形成对时代发展本质特征的深入认识是研究必需的前提，它为课题做出宏观的价值选择提供依据。进而还必须研究时代对教育，首先是对学校培养怎样的人

① 外高桥保税区实验小学的副校长张瑜是华东师大教育系第一届大专班的学生，我为该班上过“教育概论”课，吴玉如老师上过“小学语文教学”的课，并担任过班主任。因此，我们相互了解并有基本的信任感，正是这一关系，她向校长陈国栋推荐和我们合作。吴玉如曾担任过华东师大教育系副主任，虽未参加“基础教育与学生自我教育能力发展”课题组，但她是评审该课题的成员，并做了非常详细的评审阅读和评议，故也了解这一研究。这也是她成为“新基础教育”研究首批课题组成员和共同策划人的原因。

提出了什么要求。

把目标问题放在重建性研究的起点，一是因为我把教育与自然或其他社会活动的区别性界线[①]划在是否有意识地把影响人的身心发展作为直接目标[②]。由此还得出一个方法论的结论：区别各种人为活动的领域要根据直接目标，不能以间接功能和效果为依据。因为各种活动都不可能只有一种价值、功能和效果，活动的间接目标也可以很多。所谓直接目标，就是人为什么、以什么为直接对象，组织、进行有指向性的活动。据此我们可以确认，虽然各种人类活动都会对参与者的身心产生影响，即有可能产生教育影响或内含着教育价值，但不能说一切人类活动都是教育活动，更不能说教育活动就是一切人类活动。我们可以去研究怎样使各种人类活动更有利于社会发展，怎样更好地发挥其本身内含的教育价值，更有利于参与者的身心发展，还可以把这类研究称为教育研究，但不能因此把各种人类活动都称作教育活动。我发现无论在过去还是现在，都有人因各种原因把“教育”的划界泛化，究其认识上的问题可能与上述分析相关。由此造成的结果之一往往是，因泛化而带来对教育直接核心任务和核心因素的忽视，对人和人的发展的忽视，甚至全然丢弃。教育很容易变成经济、政治等的附庸及仅是服务于什么的手段，或者以为只要抓好政治、经济、技术，教育自然会好起来。教育研究也常因此而遭遇相似的命运。有些人只为使教育成为经济、政治的手段而研究教育，甚至以为这样的研究就足以代替对教育本身的内在研究。

我把目标问题放在重建起点的另一个依据是，人类以往的历史表明：当社会发生大的转型时，必然要求教育发生相应的变革。当代也不例外。埃德加·富尔早在20世纪70年代初，依据所进行的国际教育调查指出了两个“第一次”：“有些社会正在开始拒绝制度化教育所产生的成果，这在历史上也还是第一次”；“现在，教育在历史上第一次为一个尚未存在的社会培养着新人”，而“当教育的使命是‘替一个未知的世界培养未知的儿童’时，环境的压力便要求教育工作者们刻苦思考，并在这种思考中构成一幅未来的蓝图”[③]。埃德加·富尔指出的现象在20年后的中国开始呈现，它同样要求中国教育工作者在思考中构建一幅未来的蓝图。这幅蓝图勾画的起点，在我看来就是对“新人”的认识，对教育目标——培养怎样的人的问题的重新思考。这种思考几乎不可能靠具体的教育工作者依据经验

---

① 教育无疑与自然和其他社会活动有许多相通、相关和相同之处，但作为一种活动或一个领域的识别，总是因为还有不同，我把这种不同称为“区别性界限”。

② 详细论述可参阅叶澜的《教育概论》第一章第一节。

③ 联合国教科文组织国际教育发展委员会．学会生存：教育世界的今天和明天．北京：教育科学出版社，1996：37、36、36.

来提出，也不同于国家教育方针所涉及的层面——代表政府意志对教育活动的制度规范。它需要教育研究人员从学理的层面上，对当代社会变革的性质与状态、问题与发展，对人及人的发展、教育与社会发展、教育与个体发展的关系，教育的现状与问题、教育理论相关认识的状态与反思等一系列基础性大问题做出研究。就时代所需的新人（作为个体意义上的人类生命承担者）形象的刻画则是这些研究做出的聚焦式阐述。这样的任务不禁让我想起了夸美纽斯的《大教学论》、卢梭的《爱弥儿》，想起杜威的《民主主义与教育》，他们思想的光彩是其所属时代精神的折射。我为生逢一个大时代而庆幸、兴奋，这个大时代将使中华民族走出百年风雨，创造新的文明和新的生命；这个时代为所有生活其中的有志者，包括有志于中国教育学和教育事业走出新路的人提供用武之地。我以《时代精神与新教育理想的构建》为题交出了有关这一主题的第一份答卷，并在全文的结束处，明确表达了这是思考的起点，不是终点；表达了自己之所以提出这一问题，“一则是为引出系列探讨，二则是深感前一阶段我们有关时代、经济改革与教育改革关系的探讨，出现了两种误差：一种是偏重科学、技术、生产力更新给社会带来的变化，使教育改革依然沿着主智主义的偏向发展……另一种则是偏重经济体制改革对教育带来的冲击，或简单化地要求把市场引进教育……因此我们有必要提出这样的问题：全面认识时代变化及其精神实质，研究由此引出的教育观、对象观与目标观的改革，明确方向，深怀信心地把基础教育改革推进到新世纪需要的水平上”①。

《时代精神与新教育理想的构建》标明了“新基础教育”研究的理论起点。它突出了时代精神中“重视未来、强调发展、立足变革”的特征，以及因开放、变革所带来的“注重选择”“呼唤人的主体精神”的内在需要；提出要改变教育中对人的生命存在与发展的形而上学的认识，把学生当作物、或割裂式对待的状态；要求把增进人的生命的主体意识看作时代对教育功能的重要规定。文中进一步刻画了作为当代中国社会期望培养出的新人理想的主要特征②。文中提出的一系列观点今天看来有不少（并非全部）已被大家接受。但在15年前，以系统的方式提出，并准备去行动的人至少不多。它使“新基础教育”研究有了一个相对较高的理论起点。

《时代精神与新教育理想的构建》也表明了我在对教育的认识和作为一个教育理论研究者的历史责任感上，有了一个新的起点，一个生成于以往的研究，但

① 叶澜．时代精神与新教育理想的构建．教育研究，1994（10）．

② 参阅上文，或《“新基础教育”研究史》中“新基础教育”探索性研究结题报告中的相关部分。

又超越以往研究的新起点，一个只有身处今日之中国社会才可能产生的新起点：不再满足于抽象地、在一般意义上谈论教育与社会、人的关系，谈论教育目标等理论，而是想要具体地、深入地认识当今中国正在发生，并还将持续几十年的社会重大转型与教育变革的深刻内在关系。这种认识只有在直面变革现实、研究变革现实、身试变革现实、创造变革现实的变革实践中才能真切体悟，才能与时代的变化发展、实践研究的深入一起创生。这是一种需要全身心投入的创生，是一种富有生命活力的创生。我感到自己不再以一个复杂变革时代的局外人、评论员的身份自居，而是有了作为中国公民、中华民族一员、知识分子、教育学专业研究人员，在民族复兴的伟大事业中，应负和尽力去做好自己能做工作的责任感之觉醒。这一觉醒增添了研究的社会价值和自我的生命意义，激发了我内在的生命潜力。

自然，我并未因“觉醒的冲动”而“自我膨胀”到“舍我其谁”的地步。相反，我清醒地意识到在今日中国，以我所处的社会地位和教育学的学科地位——它在从大众到官员，包括相当多身居教育部要职的官员心目中的地位，以及不少难除“专业自贱”的教育学专职人员心目中的地位，这项研究可能根本引不起注意，更不可能影响整个中国基础教育发展的走向。我的目的只在于去探索一条中国基础教育改革的新路，去形成新的理论，去和愿意参与这项研究的人一起改变学校实践，并改变参与这一实践中的人——从校长、教师到学生的生存状态，并借此证明只要头脑清醒和切实行动，理想可以逐渐变为现实，每个人都能做一些有意义、有助于社会进步和自身发展的事。社会的发展进步需要多层面的共时推进，制度体制改革不能代替个人的内在变化，反之亦然。任何强调一方、否定另一方的认识不仅是偏颇的而且是无意义乃至有害的。我愿意将自己人生中的一段生命历程，化为时代大变革的交响曲中一个欢快跳动着的音符；我愿意这项研究的效果化在参与者的生命中并对他此后的人生产生积极的影响，成为一生中不能忘怀的一章；我愿意让历史来鉴定，这究竟是一场梦，还是当代中国教育学和教育发展中有意义的组成。正是有了这份从容，我和我的同伴们才能定心静气地坚持 15 年做自在的研究，发自己的声音，在自己认准的道路上脚踏实地地、坚定行走。

此后，“新基础教育”理论的发展与逐渐系统化，在“新基础教育”实践研究开展的过程中一步步完成。

方案策划

研究如何进行？这方面的思考集中表现在《面向 21 世纪“新基础教育”探

索性研究学校改革试验总方案》（以下简称“总方案”）[①] 中，对这一方案的策划与形成过程尚需作一些有助于理解的说明。

“总方案”的策划和形成经历了两大步。第一步是1994年秋形成初稿，它应试验学校开学就要开展研究这一现实需要而生。当我们与外高桥保税区实验小学确定做“新基础教育”合作研究后，立即开始了这样两项准备工作：

一是到外高桥保税区实验小学进行实地了解，听一些课，向全校老师做了一次关于教育改革的报告，算是舆论准备吧。说实话，做第一次报告时，教师们给我的感觉并不很好，尽管校长是热情的、想做事的，但教师呈现出的是一种相对茫然和无关、冷冰冰的礼貌状态。静静地听着，眼光中看不出感觉。这所学校确有点特殊。它的建筑是外高桥保税区房地产开发商配套设施，属外高桥保税区某公司出资办学，由公司与浦东新区教育处共同管理。这在当时是一种新型的办学方式，非“民”非“公”，有一个相对宽松的办学条件。校舍建筑自然新，还有一些风格，如教室只造在楼的一边，教室两个墙面都是一排洁净、大块面的玻璃窗，窗下有可放学生物品的小柜。教室宽敞、明亮，走廊也大。学校有一位有才干的美术教师，我第一次到该校，走廊上一幅幅多彩的儿童画给我留下了深刻印象。另外，从外观看，一幢幢楼已不像传统的军营式排列或四合院式围合，而是呈开放的波浪式连接，透着活泼的气息，我也较喜欢。遗憾的是，校内没有足够的室外活动空间。但有一个“丛学娣室内篮球馆”[②]，算是弥补了一些缺陷。与市区的一些小学比，条件还算好。

因为是一所新校，校长和教师最初是从全市招聘来的，业务水平自然不会低。教师因竞争胜出，自视也会甚高。学校具有吸引力的交换条件是较高的工资、奖金和有可能帮助解决住房或提供房贷。这对当时的小学教师是重要的、可见的价值。1994年学校才初建两年，教师都住浦西，每天由公司的班车接送。每天下午4：30除寄宿班的值班教师留下，其他一律回家。当时的外高桥保税区很难找到出租车，如果再晚一些走，回去都会成问题。这种交通不便带来的好处是教师不能加班加点，不存在放学后补课的问题。但对尚未形成文化传统的学校来说，教师把学校当“家”的感觉可能会出现得慢一些，受雇的意识可能强一些，接受外部信息的机会可能也少一些。这都是我对初次与全体教师接触感觉不佳的一种原因分析。其实，除此之外，还有我自身的问题。我是作为一个外来者闯入的，对学校的情况并不了解，更谈不上对教师需求的了解，所做报告的内容

① “总方案”辑录在《“新基础教育”探索性研究报告集》中。

② 丛学娣是上海篮球著名女将。该馆是她主办的，为培养学生篮球爱好者而设立。

缺乏针对性，自然不会引起积极的反应。自此以后，我对接受到一所陌生的学校做报告这样的邀请总持谨慎态度，因为这样的报告往往效果十分有限，特别是在教师缺乏需求和目标的状态下。所以，我宁可先听课或开座谈会，人数虽不多，但可以对话。我体会到，面对一个教室的人做报告要比面对一个礼堂的人做报告难得多。但这个不太好的感觉并没有改变我对试验学校的选择。因为我们感到学校新办，校长有事业心、想改革；教师有业务基础，年轻，开发潜力大；学校有较好的经济支撑，不会因“五斗米”“六斗米”去耗很多的神。重要的是一切尚未定型，有很大的变革与发展空间。

第二步的策划是华东师大课题组的成员共同形成一个如何在学校开展“新基础教育”的方案。没有这个方案，我们无法在学校开展研究。当时，课题组成员主要在以下方面达成了共识：

研究范围的选择。这是一个大的研究课题，落实到实践必须有具体范围的选择，不能什么都抓，结果什么也抓不好。范围选择对实践研究的开展具有策略性意义。我们把实践研究的总单位定位为实施九年义务教育的学校。做出这一选择是基于对当时中国教育改革现状的反思。

1985年5月27日，国家颁布了《中共中央关于教育体制改革的决定》，正式拉开了粉碎“四人帮”以后由政府推出的新时期教育改革的序幕。文件的重点放在有系统地改革教育体制和调整教育结构，还要改革同社会主义现代化不相适应的教育思想、内容与方法。落实到基础教育领域就是把“发展基础教育的责任交给地方，有步骤地实行九年制义务教育”①。一年后，1986年4月12日，中国通过了第一个教育法——《中华人民共和国义务教育法》，它意味着从宏观体制和制度的层面上，开始了使教育适应新时期社会发展需要的变革。义务教育是基础的基础，用法律的方式提供保证在中华人民共和国还是第一次。另一方面，现实中的教育改革就整体而言，重心还在做结构调整，多渠道筹措教育经费，改变公立学校一统天下的局面，解决穷国办大教育的尖锐矛盾。一线校长的力气也花在开辟经济来源、改善学校设施和教师经济待遇等燃眉之急的事项上。他们主要关心的是，让学校有一个好的足以在竞争背景下生存下去的条件，以及如何将竞争机制引进校内等方面。学校内部的教育、教学改革尚缺乏真正的研究，甚至还没有引起普遍关注。我曾撰文指出：应通过一系列政策、法律等手段，“使社会各界从经济上和道义上，为学校教育活动的开展提供前提性的保障。作为教育工作

① 瞿葆奎主编，雷尧珠、余光、黄荣昌选编．教育学文集·中国教育改革．北京：人民教育出版社，1991：799－800.

者的任务，恰恰不是在此，而是承担教育内部改革的重任。从全社会来看，每个部门应各司其职，都要到位，但不要错位。到位带来效率，错位带来混乱！”① 我认为，教育改革尽管在宏观层面还有许多事情要做，但学校内部的改革不可能等外部条件具备了才开始。事情也许可以等，但每一个孩子的生命无法等待，他们天天在长大。另外，尽管学校改革的外部环境有不少问题，但学校内部还是具有须改革和可改革的空间；学校的改革只能由承担学校工作的校长、教师自己来做。教育改革只有进入到学校内部，才可能对学生发展产生真实的影响，才可能进入到培养理想新人的实践之中。义务教育阶段（小学和初中）的改革，基础性和涉及面最广，是人的一生、未来公民的奠基性教育，改革有效，受益面也会最广。因此，义务教育改革应该走在改革的最前面，而且在一定程度上，处在义务教育阶段的学生发展潜力和可改变性更大，学校经受社会对应试需求的直接压力也相对较小，这对改革研究有利。以上是我们选择从基础教育的开端、承担九年义务教育的小学与初中做起的原因。

学校内部试验改革的项目选择在“总方案”中表达为三个方面：一是教学方面，初中主要以语文、数学、外语三门学科，小学以语文、数学和思想品德课为主要课程，开展以课堂教学为基础的试验改革；二是班级建设新模式的研究；三是学校管理模式的改革②。三个方面属学校工作组织意义上的两个层面。前两个方面属以班级为组织单位的教育、教学改革，改革的直接承担者是相关学科的教师与班主任；第三个方面属整个学校的管理改革，直接承担者为以校长为首的学校管理层。做出这一决策与我对当时在全国范围内被越来越看重的素质教育的实际开展状态的判断相关，也是由我对学校教育、教学改革实践，应以什么为主、达到怎样的目标所持的看法使然。

“素质教育”是中国20世纪80年代在学校教育改革中提出，并逐渐被政府认同、提倡后，以文件方式强调和要求贯彻的一个概念。最初，概念的主旨是指教育，尤其是基础教育，要为提高全民族素质服务，要为学生全面素质的提高服务。应该说这一宗旨是无可非议的。因为当时学校教育中确实存在着片面强调知识教育、考试成绩等方面的弊端。随着升学考试的竞争越演越烈和对

① 叶澜．市场化大潮中的中国教育走向：中国的发展呼唤新教育理想．探索与争鸣，1994（9），此文后被《新华文摘》1994年12期转载。

② 叶澜．“新基础教育”探索性研究报告集．上海：上海三联书店，1999：2－3.（作者后来曾对“模式”问题进行反思，如《回归突破：“生命·实践”教育学论纲》（2015年版）第14页指出：“对模式探讨的热衷，再一次表现出本人当时的思维方式尚未从科学主义的框架中完全走出的局限。”——编者补注）

教育改革要求的全面提高，1993年2月13日，中共中央、国务院正式印发了《中国教育改革和发展纲要》，其中明确提出“中小学要由‘应试教育’转向全面提高国民素质的轨道”。1994年全国教育工作会议在北京召开，时任国务院副总理李岚清在会议讲话中第一次明确表示：基础教育必须从应试教育转到素质教育的轨道上来。此后，“素质教育”与“应试教育”就成为对立的范畴，经常能从相关的报章杂志或各种研讨会、报告会上听到。到1994年，素质教育在舆论上已有轰轰烈烈之势，几乎像搞运动一样；实际中的状态却并不令人乐观，尽管中共中央、国务院、教育部还多次颁发有关大力推进“素质教育”的文件①。

1994年前后，我曾多次参加一些中小学举行的素质教育现场会。会场及其展示的内容确实让人有耳目一新、生气勃勃的感觉。但仔细一分析，大多展示的是学校丰富多彩的活动课、选修课，或音乐、美术课，学校艺术、体育社团的表演式活动等。与应试相关的必修主课则很少被拿出来展示。我也有机会因参加某些中小学的评估活动或其他原因，听一些主要必修科目，如语文、数学、外语等科目的课。听到、看到的大多还是停留在以教师讲授知识为主，或者教师与学生两两问答的传统式课堂状态。与一些熟识的校长私下交谈则更有意思。有一部分老练的校长说，素质教育主要是在学校里开展各种各样的活动，要丰富多彩、生动活泼，这是应该做的。但应试教育也不能放松，必须扎扎实实地抓好主干学科的教学，确保升学率。用他们玩笑式的话来说，就是“素质教育轰轰烈烈，应试教育扎扎实实”，这是一些可称为俊杰的“识时务者”。另一部分则是稍带固执的人士，他们认为素质教育强调活动、唱唱跳跳、画画做做，真的按照这样做了，学生“心野”了，只想活动不想读书，成绩掉下来、升学率降低了怎么办？家长看学校就看升学率，领导评价学校嘴上不说、实际上看的也是升学率，在这种环境中我们怎么能搞素质教育？疑虑与苦恼溢于言表。还有一些校长说得更为轻松，他们认为考试制度不变，升学率指挥棒不拿掉，就不可能有真正的素质教育。这些现实状态对我触动很大。

上述几类校长不能说代表了所有校长，但至少可涵盖大多数。表面看来对素质教育的看法与态度不同，行为上表现出的积极程度也不同，但实际上他们把素

① 较具有权威性的文件至少有：1997年10月，国家教育委员会下达的《关于目前积极推进中小学实施素质教育的若干意见》，文件对素质教育做了正规界定。1999年初，国务院向全国转发由教育部制定的《面向21世纪教育振兴行动计划》，其中将素质教育列为重要的跨世纪工程。同年6月13日，又发布了《中共中央国务院关于深化教育改革全面推进素质教育的决定》，文件中不仅指出“实施素质教育，就是全面贯彻党的教育方针，以提高国民素质为根本宗旨，以培养学生的创新精神和实践能力为重点”，而且把素质教育的范围从中小学推广到一切教育领域，包括高等教育和中等职业技术教育等领域。

质教育在学校实践中的落实，都看成主要是让学生开展多种多样的活动，增加学校教育中学生活动的分量。这实际上依然没有走出新中国成立以来多次各种类型的教育改革、课程改革的套路，改革总是围绕着怎样做好“加减法”去开展。一方面，决策者并没有真正去深究过，我们的学校生活是按实际存在于大多数校长、教师头脑中的怎样的教育思想在进行，按怎样的逻辑在开展。行政官员可能更多的是企望并相信，可完全通过行政的手段来推行改革。另一方面，一线的那些具有拼升学率实力的，认为是对学生负责，并为他们长远利益着想的校长、教师们，则牢牢地守住传统教育思想最集中的阵地——主修课的课堂教学，把靠传统方法，包括加班加点、题海战术、高难度考试等绝招，当作换取升学率的法宝。他们无法设想丢了这些“传家宝”，怎么可能保证升学率，无法走出自己作的“茧”，只能把不能改革的埋怨推向升学考试，推向社会，推向要面子的领导。然而，只要中国的高等教育还没有达到让每个中学毕业生想进哪个学校就进哪个学校的发达程度（也许这是永远不可能达到的），只要选拔性考试的功能还存在，高考制度虽然可以改革（实际上也已经年年在改革），但不可能取消。此外，用作为外部评价的考试改革代替，或依靠它来改变学校内部状态，改变教师头脑中的教育观念及与之相应的教育行为也是不可能的。学校变革的实现，只能通过改革学校内部的教育实践来逐步完成。

基于这样的认识，我们决定把“新基础教育”中教学改革的学科，确定在无论哪一类升学考试都必考的语文、数学、外语这三门主修课上，想走出一条在不否定和不回避升学考试的前提下、改变学校教师传统教育观念和教育行为的教学改革之路。不再简单地做“加减法”，不把学生的主动发展、全面素质的提高与考试成绩对立起来。我们的信念是：学生的素质真正有了提高，考试不再以出偏题、出怪题、超大纲为高明，那么，学生的考试成绩不至于掉落。相反，应考对他们而言，不会像用传统绝招训练出来的学生那样痛苦，需要付出那样惨重的代价，那样地因此而对学习无奈，甚至厌恶。更重要的是，学生不是为应试而生而长的，基础教育要为学生的幸福人生奠定基础。考试只是其中必须面对的一个过程和跨越台阶的手段，是长期学习、成长、积蓄后的一次冲刺式的考验，但绝不是全部。是学生的发展决定考试的状态，而不是相反。无论是将考试“至上化”还是“妖魔化”，无论是正面还是负面地把学校教育改革的希望系在考试的小锚上，都是当今教育改革进入怪圈的一种表现。何况中国社会对考试的畸形心态，还与传统观念、出版社和各式补习机器的盈利驱动、新闻媒体的恶性炒作和无知访谈等铺天盖地的舆论相关。它绝不是学校内部就可改变的。学校最可能改变的就是自己的教与学，就是学生的发展。

在小学里，我们除语文、数学外，还加上思想品德课，这是基于当时思想品德课上得像知识课那样的现状而提出的任务。我们想把思想品德课与班级建设挂钩，使它真正发挥促进学生身心发展的作用。学科的范围没有铺展到全部必修课程，主要是因华东师大课题组成员的限制。另外我想，如果我们在语、数、外三门升学考试最看重的学科上能实现课堂教学的系统改革，就足以说明“新基础教育”的课堂教学改革是可行的，其他学科只要愿意投入同样是可以成功的。我们知道这是一场艰难的攻坚战。

选择课堂教学和班级建设作为我们在班级组织层面上的两个重大试验领域，还基于这样的认识：人是由自己的生命实践铸成的。一个人怎样活，就会成为怎样的人。日常生活的质量是生命质量的保证。我们如若要培养出理想新人，就要从改变学校的日常生活实践着手，而不只是一个方法、一个方面。组成教师和学生的最基本的活动空间是课堂，最主要的活动是课堂教学与班级生活，包括日常的班级生活和以班级为单位举办的各种活动。学生在学校中结成的最基本关系是同学关系和师生关系。我们同时开展课堂教学和班级建设两方面的改革，都旨在促进学生的主动发展，是为了通过学校的日常生活实践的内在变革，实现师生在校生存状态的变化，实现新型教师和学生的养成。此外，班级建设改革还有课堂教学改革不能代替的方面，那就是丰富学生的社会角色体验，学习做自己所处群体的主人，在班级民主管理中养成未来社会主义民主所需的公民素质，改变以往以同一性为特征的班集体建设，形成能为每个学生个性发展提供舞台，又具有内在凝聚力和群体个性的、由学生自主管理的生动活泼的班级集体。说到底，这是为了培养具有独立人格和思考能力，对群体负有责任感的未来公民。学校教育改革以往对这样一个重要问题没有花大力气，思想品德教育和班集体建设常常会出现要求忽高忽低、或大或细，经常随风走、喜欢运动式的毛病。我意识到这个问题研究的重要性可以追溯到 1989 年。当年，我撰文①指出：“文革”后我国教育决策层尚未完全认清我国在教育价值取向上还存在偏差，并从认识的角度做了原因分析，指出原因有三：其一是对历史反思未触及思想方法；其二是“没有清楚地认识到社会主义国家建设，不仅有经济建设的任务，还有民主政治建设的任务……对社会主义政治制度本身的不成熟性缺乏认识；对社会主义政府也需要监督缺乏认识；对党在正常时期领导社会主义建

① 叶澜．试论当代中国教育价值取向之偏差．教育研究，1989（8）．

设的过程中也会出现决策性错误缺乏认识。正是这些缺乏，造成对社会主义教育中应培养人的独立思考能力、独立人格和对现实社会的批判分析能力等方面的任务缺乏认识”；其三是“对于把人作为最高目的是社会主义教育的基本特征这一点未予确认”。这些观点在当时看来可能十分尖锐，但 20 多年来我国改革开放的历程与现实已经表明了它并非胡言。现在的问题是在教育理论和实践中还未有深入的实质性研究，“新基础教育”班级建设的改革就是想在这方面做进一步的探究。

在“新基础教育”探索性研究和发展性研究的初期，常会有人问我：“新基础教育”与素质教育是什么关系？有什么不同？上面的叙述大概可算较具体地回答了这个问题。概括地说：第一，“新基础教育”的提出有自身的理论背景、时代背景和对当代基础教育改革现实的独立反思，有对当今基础教育变革方向与任务的整体思考。素质教育是其产生所处时代的中国教育的实存状态之一，但不能因此说是“新基础教育”产生的直接原因。第二，“新基础教育”与素质教育在追求全民族素质及个人全面素质的提高方面有相通之处。但素质教育自 1994 年起就越来越成为政府对教育，包括各级各类学校在内的要求，它通过文件的方式表达。“新基础教育”则是一项当代中国义务教育范围内的学校改革研究，它要研究学校改革的过程，研究过程中的问题，研究新的学校如何在现实条件下、在日常实践的变革过程中诞生。它通过理论研究和变革实践的方式来表达。因此，两者在关涉的范围、开展方式与推行主体上都不相同，既非并列，也非从属关系。第三，“新基础教育”之所以没有借用或套上素质教育的帽子，还因在当时学校教育的实践中，人们对素质教育的理解和做法在相当程度上偏离了素质教育的意蕴，素质教育在不少人心目中变成了一种口号、旗号或表态，而不是一种需要认真对待的实践。素质教育含义的泛化和任意套用，以及简单地将素质教育当作唱唱跳跳，不看重知识或反对考试等，都使我觉得重要的不是帽子，而是要做成改革之事。素质教育作为政府总要求，本来就允许并需要多角度、多途径的探索。从这样的视角来看，“新基础教育”也可算是多种之中的一种，但不是同一，更不可能是唯一。第四，之前有时会把“教育改革”变成“运动”，在“素质教育”推进中也存在类似问题。“新基础教育”关注的是“日常”“持续”，而不是集中式的“运动”和一阵风。正如我在《面向 21 世纪“新基础教育”探索性研究结题总报告》中所言：“我们认定，改革唯有深入到日常，唯有成为学校肌体‘生存’、‘呼吸’的方式，而不是外加的什么‘新花招’，可以随风飘荡、可以任意涂抹的东西，才会取得真实而广泛意义上的成功”[①]。

方法论思考

方法论是教育研究中的实存问题。但它是否成为一个显问题，则与研究者的方法论意识直接相关。意识淡漠者实际上内存着自己习惯的方法论，但不会提出这一问题。方法论实际上支配着设计的全局，渗透并体现在研究的全过程中。我们认为，“新基础教育”研究方法论的核心问题是怎样处理研究中理论与实践的关系、理论工作者与实践工作者的关系。如前所述，“新基础教育”是对转型时期学校变革的研究。因社会变革而产生的对学校整体性变革的需要，一般不可能由学校内生，也不可能通过总结已有经验生成系统理论，尤其是在研究起始阶段。学校变革实践的产生需要理论的推动和指导，但有关理论的最终形成和合理性、可行性的检验，都不可能脱离学校变革的实践。何况，社会变革与学校变革充满变数，一切都还在行进的过程中，实践随时都可能出现意料之外的各种情况，甚至重大事件。我们在一开始就意识到这项研究中理论与实践的原始缠绕关系。基于“基础教育与学生自我教育能力发展”研究积累的经验，我提出了“理论适度先行，理论与实践紧密结合、双向构建”的方法论原则。做出了每周有一天到试验学校做实地研究，每学期要与试验学校一起做研究计划和进行总结交流，以及对试验教师按需作培训等方面的具体规定，从时间和措施上保证这一方法论原则的体现。但是，我们也清楚地意识到，这一方法论原则能否得到实现，关键还在研究人员的个体素质和研究队伍的结构状态，以及每个人在研究中的责任心、精力和智慧的投入、相互的合作支持。

从研究队伍的结构状态看，就华东师大的课题组主要成员而言，包含着两个层次。我是从事教育基本理论研究的人员，可代表一个层次。卢寄萍是教育学研究中对小学十分熟悉，参加过多项学校教育改革研究，具有丰富实地研究经验并长期从事过小学教育管理工作与研究的人员，因此在与小学校长、教师和学生的沟通上，在把一种理论假设、构想，转化为教育和教学活动的设计上特别有经验和创意。再加上她对教育学、教育、学校、孩子的一份挚爱和真诚，使她在退休后依然成为我们前10年研究的核心力量，我们常被她的精神力量和踏实的研究作风所感动。吴玉如是我大学的同班同学，她的专长是小学语文教学研究，我们相互的了解不只是在业务上，还包括个性和人品，是很好的合作伙伴。她的专业

① 叶澜．“新基础教育”探索性研究报告集．上海：上海三联书店，1999：56.

特长，使我们对语文学科的改革研究有了基本的专业资源的支撑。李晓文较我们年轻得多，是发展心理学领域中的研究者，尽管她最初和我合作时还名不见经传，更不要说在学术界的影响力，但是她的独立个性、不拘泥于学科界限，希望到实践中去，到学校生活实践中去，在具体情境中研究真实、具体的学生状态与成长，研究教育怎样才能有效地促进学生主动、健康发展等学术发展取向，以及善于从学校、学生实际出发，设计心理学意义上的测评方案的创造能力，使我们走到一起，进行教育学与心理学之间的合作和交流。在她身上，没有那种不少其他学科的成员，包括心理学在内的一些专业人员所表现出的，对教育学的莫名甚至无知的傲慢。她希望、追求的是合作，意识到心理学与教育学是在不同层面、面对不同研究对象的不同学科，学科本身无高低贵贱之分，学科出身不是成员和成果优秀的保证。这种豁达和开放的学科心态，使我们的合作产生了相互补充和启发的效应，她的加盟使我们在学生研究和班级建设方面，增加了心理学专业的力量和特色。最初的课题组成员中还有一位最年轻的数学教育专业出身的吴亚萍。我与她的相识是因 1994 年 5 月我担任了华东师大副校长。当时，华东师大普通教育办公室（简称“普教办”）属于我分管的范围，吴亚萍兼任普教办的一些工作。在工作接触中，当她知道我在牵头做“新基础教育”研究时，就主动要求参加，并表示她虽然以前对中、小学不熟悉，但她愿意在研究中学习，她会努力去工作。从课题组的角度看，她的加入，对我们开展学校中的数学教育改革研究是重要的。在我与她的初步接触中，她的工作能力和效率给我留下了好印象。实践的缺失只要愿意去做，只要肯思考都可以弥补。我欣然接受了她的主动要求。15 年后的今天回望，她兑现了自己的诺言，在研究实践中努力发挥了自己的专业特长和工作能力，就其本人的专业发展而言，也获得了公认的长足进步和信任。以上四位“女将”构成了研究队伍中的第二个层面，使教育基础理论研究有可能更有效地转化为学校改革不同领域的一线研究，基本保证了华东师大课题组成员结构的合理性和相对稳定性。

在这里，我还想提外高桥保税区实验小学的陈校长和张校长。我对他们有接受这样一个相对大，却尚无十分明确、更难说具体操作方案的课题试验的勇气十分敬佩。他们期求的是学校的发展，他们的信任建立在对我们中的一些人熟悉的基础上。他们知道，这个试验不好做，会遇到不少困难，花很多努力也不一定能成功或者很快取得成效、产生轰动效应。这一切我都和他们说明白了。但他们愿意冒这个风险一起来探索，走出一条学校发展的新路来。这种勇气和决心，在已受到市场大潮冲击而生出不少功利、浮躁心态的教育界已不多见，因而显得更为珍贵。正是他们的决心和全力支持、投入工作，使“新基础教育”得以走出实践的艰难的第一步。记得那是 1994 年 6 月底的一天下午，我们华东师大课题组成员四人来到该校，与两位校长讨论下学期一开学就要实施的试验方案和一些具体问题。讨论到 5 点还没有结束，回浦西的校车 4：30 已开出，陈校长说要赶快走，再不走连出租车也叫不到了。到了市区，我们先在一家小饭店里各吃了一碗冷面抵饥，而后就直奔陈校长原先工作的上海市实验小学，想在那里找个办公室继续讨论。没想到因时间晚了，办公室都关门了。门卫只有校医务室的钥匙，我们就在不到 10 平方米的校医务室内，找了六只小凳围圈而坐，继续讨论到晚上 9：00 左右，直至大家都明确了方案和任务后才各自回家。“新基础教育”探索性研究的第一个具体行动方案就是在这样的具体环境中诞生的。没有像样的会议桌、没有领导人的讲话、没有众多的听者和热烈的掌声，有的只是一心一意想做事的强烈愿望、诚心诚意的合作心态、踏实认真的思考和切实可行的策略。可以说，是外高桥保税区实验小学的主动加盟和坚持努力，使“新基础教育”探索性研究在一开始就有了学校实地这一第三层面，使理论与实践在三层面上互动、相互构成的方法论原则，在研究开始阶段就能得以贯彻。前五年，该校和其他几所学校领导与试验教师在持续、发展性探索中所取得的经验和成效，是“新基础教育”第二阶段发展性研究的重要资源和支撑。我对他们永远心存感激。

“新基础教育”正是有了这样一支中坚力量，有了这样的开始，才走出了一条新路，并且在研究初期，就确定了“以事业为先，不计较功利”的合作原则，在过程中孕育了一种不同于喧哗市场的清新研究文化。探索性阶段结束后，我们把它概括为“新基础教育”研究精神，那就是“知难而上，执着追求；滴水穿石，持之以恒；团队合作，共同创造；实践反思，自我更新”。这样的研究文化是由研究团队创造出来的，创造出来的研究文化又滋养着团队中的人员。“新基础教育”中一大批参与者，用自己的行动实践着“全体试验人员在试验中，既是创造者，又是学习者；既是教育者，又是研究者；既改变旧的教育模式，也改变自己”① 的追求，获得了真实的自我发展。这方面的内容在《“新基础教育”研究史》不少作者撰写的研究心路回顾的一篇篇文章中，都有深情和生动的表达。

初始方案设计中涉及“方法论”的另一个方面，就是研究性质的确定。“探索性”是性质中首先被确定的一点。这在课题最初的命名中就显现出来。我们深知，针对现实、面向未来的改革研究，又是在一个充满变数的时代，不可能有别

① 叶澜．“新基础教育”探索性研究报告集．上海：上海三联书店，1999：7.

的路可走，在一定意义上也是课题的价值取向，规定了我们只能走探索创新之路。第二是整体、综合性。这与研究的目标，探索学校教育在观念层面、目标和学校教育形态层面、日常实践和师生的生存状态层面等三层面上实现更新相关，也与研究领域贯穿九年义务教育全程，涉及学校教学、班级和管理等范围直接相关。整体、综合性表达了各领域研究的相关性，决定了研究对相关个体（包括教师和学生）产生效应的主要方式是渗透、弥漫式的，而非集中、灌输式的。

以上两点方法论的确定，表明了这个研究只能用复杂的思维方式来策划和驾驭，这也成了“新基础教育”研究本身的一种独特风格：从设计到行动，从理论到实践，呈现出的是一种积极而富有生气的生命状态——在更新中发展，在发展中更新。它的目标是宏大而具体的，它的行动是现实和更新的。它是生长的，非停滞或重复的；它是情境中互动式的“具体生长”，并非普遍的、割裂式的“抽象生长”；它关注事理和事实的真实状态与变化过程，又着力进行基于现实、具体的综合抽象。但说实在的，“新基础教育”研究的复杂性对我的真正挑战还不在探索性阶段，而是在后续两个阶段的研究中。就我本人而言，“新基础教育”的 15 年历程，让我策划和亲历了一个以前研究生涯中从未有过的复杂式研究的全过程，锻炼了我的意志、智慧和情感，体验了它的全部丰富性：机遇与挑战、退出与进入、发现与捕捉、批判与重建、挫折与成功、继往与开来……这些亲历和体验有时是无法言表的，它凝聚在我生命的深处，成为我精神世界独具的财富与力量；它很难被处在另一种生活世界和思维方式中的人理解，但可以和共同走过的人与愿意同行的人分享；我从未希求过所有人都为“新基础教育”鼓掌，但我庆幸自己从事了“新基础教育”。“新基础教育”让我存有的学术能量有了一次绽放，又孕育出我新的学术能量和生长出指向未来的学术生命。

三、持续中的更新延伸与发展（1999—2004）

“新基础教育”研究在最初设计时只有一个五年计划。但探索性研究结题后，却出现了“欲罢不能”的局面。此“不能”，一是来自我。当时只觉得探索性阶段尽管形成了不少新的理论，试验班的发展状态总体上令人惊喜，有一些还表现得十分出色。但中学做得不够深，还有一些领域，如学校管理改革未深入研究。已涉及的也未达到新系统形成的水平。再加上试验学校少，每个学校也只有少数班级参加，总觉得已有的研究成果还不足以说明问题。达到原先期望的目标必须有持续、更大规模、更全面的研究。二是来自结题时评审专家对我们的一致要求：不能就此作罢，要再深入研究。而且课题组全体成员也都赞同这个意见。1999年9月开始了“新基础教育”的第二个五年历程——推广性、发展性研究。

这是一个无论在实践上还是理论上，无论是项目本身还是我自己，都进入并呈现出更新延伸与发展的重要阶段。

多了一份“自觉”

就我本人而言，“新基础教育”研究进入到发展性阶段，开始多了一份探索当代中国教育研究本身转型的自觉。需要说明的是，这份自觉的产生并非仅来自“新基础教育”研究，而是“新基础教育”研究与另外两项自己承担的研究相互作用、形成合力的结果。其一是关于教育研究方法论的探究[①]，其二是关于教育学科发展历史与现状的研究[②]。前者从方法论的角度，后者从学科史的角度对教育学在中国的发展问题作了反思与探索，共同提出了与新世纪中国教育学发展相关的教育学独立立场问题，思维方式和方法论的更新问题，教育学科在新世纪的研究转型问题。正是对这些问题的意识和思考，使我对“新基础教育”研究在自身学术生命发展中的价值，以及它在当代中国教育研究转型走势中的探索性价值有了较为清晰的意识，坚定了在这项研究中，探索新时期教育研究和学科发展的新路径。这一醒悟的触发，则是在1999年“新基础教育”探索性研究结题和发展性研究策划的过程中。“新基础教育”探索性研究结题评审专家组在鉴定意见上的一段话是直接点醒因素。他们对该课题的“教育理论工作者和试验学校老师、校长们紧紧抓住长期困扰我国基础教育发展的理论与实践难题进行创造性研究的精神”表示高度赞扬，认为“这正是创建中国新时代教育理论和学校实践模式的希望之路，也是铸造我国新一代教育家的必由之路”[③]。两次“路”的出现，点醒了我对研究路径探索的潜意识。从此，“新基础教育”除了教育学理论探究、学校教育改革探究的自觉以外，加了一份教育研究新路径探究的自觉。这三份自觉，一年后在由我担任所长的、教育部普通高等学校人文社会科学重点研究基地

---

① 此项研究的成果主要集中反映在本人撰写的专著《教育研究方法论初探》中，由上海教育出版社1999年出版。

② 此项研究包括20世纪中国教育学科史的研究（本人主编并撰写总报告，由上海人民出版社出版），自2001年始由本人主编并撰写总报告的《教育学科发展年度报告》（每年一册，已出版了2001年、2002年报告，上海教育出版社出版）。近年来，本人发表的主要相关论文有：《世纪初中国教育理论发展的断想》，《华东师范大学学报（教育科学版）》2001年第1期；《中国教育学发展世纪问题的审视》，《教育研究》2004年第7期；等等。

③ 叶澜．“新基础教育”探索性研究报告集．上海：上海三联书店，1999：297.

之一——华东师范大学基础教育改革与发展研究所的办所宗旨中，明晰地表达为三句话："把握社会转型特征，深入研究基础教育当代问题；扎根中国教育实际，动态构建21世纪新型学校；发挥学科综合优势，大胆探索教育研究创新道路"。它同时也表达了我做扎根派，在转型时代闯"教育理论·实践·研究"三者交互建构、同步转型的学术发展之路的决心。

价值取向提升

在"新基础教育"探索性研究阶段，由于我前三年正任华东师范大学副校长之职，不可能用大量的时间和精力去从事这项研究，试验学校的范围也仅限于与华东师大相关的一些学校。尽管研究在我心中占有的分量，重到足以让我下决心不再参与1997年后的新一届校领导班子，且通过努力最终如愿。正是因为有了这样的坚辞，我才有可能做好探索性阶段的结题工作，随后又集中精力开展发展性阶段的研究。与探索性研究相比，发展性研究在试验规模上有了大的突破：从学校走向区域，学校分布的地域也走出上海，走向东部沿海以县级市、区为主的多个城市。由此也生出了地域经济、文化发展不同，学校文化多样和办学水平参差不齐等新的丰富原生态。这对"新基础教育"是新的挑战和新的发展机遇，也为我实实在在地走自觉追求的学术发展之路提供了可能。同时，在支持和参与"新基础教育"研究的相关队伍中，增加了教育行政领导组成的一个新层次。取得这一层面的帮助与支持，是发展性阶段面临的新任务，也是研究能否顺利、有效开展的重要保证。

我们能很快地从探索性研究走到发展性研究，首先得益于时任上海市教育委员会副主任的张民生同志。他了解"新基础教育"研究的理念、实践与效果。作为结题评审组的成员之一，他十分支持"新基础教育"的发展，并建议我与闵行区教育局合作，继续开展研究。此后，又支持我们在闵行区成立了"新基础教育研究所"，他本人担任名誉所长。在十分繁忙的情况下，张民生同志两次参加我们在上海举行的共同体会议，并做了知情、富有启发与激励性的讲话。最令人难忘的一次演讲发生在2001年12月14日在华东师大科学会堂举行的"新基础教育"共同体第五次全国会议的开幕式上。当时，他的讲话正在进行，所有的人都聚精会神地听着。突然，断电了，会场一片漆黑，室外还下着大雨。作为主持人，我的心一下子抽紧了。然而，张民生同志没有停止演讲，是他洪亮的声音和精彩的话语，使本该发生混乱、需要主持人维持秩序的会场，依然保持着心灵的沟通，灯光的缺失反而衬出了语言和思想的明亮。黑暗至少持续了三分钟，灯光恢复以后的会场显得格外亮堂，我看到听者眼中流露出的兴奋和赞赏。演讲结束时，会场爆发出热烈和持久的掌声。我被这一情景深深地打动，为张民生同志的演讲，也为共同体所有成员的真诚。2004 年 5 月，他又以评审组专家的身份参加了发展性研究的结题活动。张民生同志是我接触得最多，在业务领域里能得到理解和支持、能与之沟通的为数不多的行政官员之一。他的才华和智慧给我不少启发。“新基础教育”能发展到今天，张民生同志功不可没。

在此，我还必须提到的是时任闵行区教育局局长陈儒俊同志。我和他原先并不熟悉，只是在一次小范围讨论闵行区一项教育科研结题报告的会上有过照面。当时他对本区教育改革思路的阐述给我留下了印象，那是一位有思想、想做事、且有办法的局长。所以，当张民生同志介绍我和闵行区合作，提到陈儒俊局长时，我立即回忆起来，并接受了这样的建议。此后，在闵行区率先决定并开展区域性推广“新基础教育”的五年研究中，陈儒俊局长始终如一地投入研究。我和他形成了最佳的工作伙伴关系。有关闵行区开展“新基础教育”的重大决策都由我们共同商定，并通过他的沟通，取得了几届闵行区政府和主管领导的鼎力支持。他的影响力增强了闵行区一批校长参与“新基础教育”研究的决心，扩大了“新基础教育”在闵行区的推进范围和渗透力度。更让我钦佩和感动的是他对教育事业的热爱和执着。他常说，自己是安徽农村穷人家出身的孩子，如果不是得到帮助能读到大学毕业，他不可能有今天。从这种切身体验中，他坚信学校教育对于一个人的命运是至关重要的，并把办好城乡接合部的学校看作自己在闵行区当教育局局长的重要使命。正是从这个意义上，他愿意开展“新基础教育”的推广研究，他看重“新基础教育”关心普通人家出身的孩子。陈局长还具有开阔的视界和丰富的工作经验，有极强的工作能力。更重要的是他保持着学习的热情，养成了独立思考的习惯、敢于决断的个性和深入学校的作风。这使他在我们的共同研究中，不仅发挥了行政领导支持“新基础教育”研究的作用，而且成了我们研究队伍中的一员。他和校长、教师一起听报告；他和我们一起到学校听课、讨论、发表意见；他和我们一起参与为期一年的闵行区“新基础教育”试验学校校长研修班，并担任班主任。我们还经常在去学校的路上，在休息时，讨论着“新基础教育”研究的问题，不只是实践的，还包括理论的。尽管陈局长做事雷厉风行，说到做到，但他身上还有关爱人的十分细微的一面。我不仅从他对我们华东师大研究人员的关心中感受到，而且从他对试验学校校长的了解、关心，哪怕是批评中，都感受到这是一种人与人在共同事业中的真挚感情，而不是领导对部下居高临下的命令和指示，不是作秀式的礼贤下士。我只觉得，他是个很真实的人，我庆幸遇到了这样的合作伙伴，庆幸结识了这样一位值得尊敬的区教育局领导。

在“新基础教育”推广性研究中，我还结识了不少区县教育局的领导干部，如上海崇明的沈立局长和郁洪飞局长、山东临淄的张士友原局长、福建南安的陈进兴局长、广州天河区的李伟民原局长、卢琳副局长等，他们都是“新基础教育”得以在这些地区开展的重要保证力量。此外，还有许多取得显著成绩的参与该项研究的校长和教师，他们是“新基础教育”的基石和创生者，没有他们的真心投入、积极探索和持续努力，学校实践不可能发生变化。他们对改革和在改革中追求自身发展的热望，是支持我们把研究进行下去的重要精神力量。是“新基础教育”使我有机会结识他们，并和他们合作一程，我感谢他们的支持、参与和努力，并十分珍爱这一段交往经历。正是这样一种独特的研究生活，使我悟出一个道理：人能否做成事，能否与他人合作，关键不在岗位，而在人品。在一段交往以后，随着时间的流逝，许多东西都会慢慢淡忘，最后还能留下的是交往的感受，是因交往中那些由人个性中最美好一面而生的感动与记忆。所以，一个人一辈子能遇到和结识多少好人，是人生幸福的构成。我真心希望，中国教育界各层面的领导中，富有美好人性和聪慧、能干、负责、务实的人越来越多。唯有如此，中国教育在整体上提升和发展的可能性才会越大。经费的增加，技术的更新，制度的改革，都无法代替这支队伍素质的提高所能起到的决定性作用。诸多文件和文章常常强调要提高教师队伍的素质，却不太关注教育部门领导人员的素质。“新基础教育”研究使我深感，领导的价值取向、思维方式、工作作风与能力，以及人格魅力的差异，会带来十分不同的工作效果，也会带出一批很不一样的队伍。然而，我国目前实存的官本位的体制和文化，权力的过分集中，以权谋利的巨大空间，都妨碍真正为民的官员能脱颖而出和有发展空间。教育领域也不例外。依我看，改革现有官员选拔制度和任用制，建立实绩评价制和问责制等是人事制度改革的当务之急。它不但是新世纪中国教育事业发展，更是社会主义以人为本的民主制度建设的重要人事保障。

此话好像扯远了。其实，这是“新基础教育”研究开展中我对教育改革和教育真谛逐渐形成的一个重要认识：上一部分提及的三个“转型”能否沟通，能否取得进展和实现，能否持续和日常化地开展下去，最终都聚焦到人的真实变化与发展上。教育无论从什么角度看都不能离开真实的人来开展。成事与成人，通过成事来成人，是教育活动内在的事与人的关系。无论在教育领域哪一个层面上工作，都期待有更多热爱人、尊重人，珍爱教育在实现自我和提升他人生命价值、增添人生幸福和尊严作用的人来加盟。“教师是太阳底下最光辉的职业”的颂词，在我看来，并非只是因这一职业神圣、重要和应该受到尊重而生；更是因为教育是一个直面人世间最宝贵和丰富的生命，是要用人自己的生命之火去点燃，并化作更多人的生命成长的职业，是一个充盈着生命之光和热的职业。然而，在现实生活中，是人对地位、金钱、功利、享受等浮华之物的过度热望，使他们看不到这一平凡事业内蕴的生命光华；是人对教育仅限于现成知识传递的价值定位，使他们悟不出育人过程所内含的创造需求；是社会教育机器的日益庞大与复杂、层级化，是技术功能神话的过分渲染和过度期望，使教育中事-事相关的性质得到了强化，人-人互动的核心关系却被疏离淡化，使教育这一为了人的事业，恰恰忽视了人的存在与价值。可见，现实中的问题是历史中的人造成的，历史又造就了现实中的人。然而，现实的改变又只能由在现实中努力改变现实的人来完成，这些人在改变现实中实现着自身的改变。“新基础教育”正是在这个意义上，认识了日常平凡的教育活动所内含的“人”与“事”的关系，确定了在实现三个转型中，既“成事”又“成人”，在“成事”中“成人”，为“成人”而“成事”，以“成人”促“成事”的方式处理“人”与“事”的关系。这一改革研究本身就关注师生的学校生存状态，充溢着生命关怀；关注教育的内在本真价值，张扬其职业尊严。“新基础教育”研究以此为鲜明特征，区别于当今任何单纯以变事、变法、变手段、变制度等为目的，或仅把教育中的人作为工具、手段、资源去利用，或只为提高各种效率、效果而进行的各式各样的教育改革；也区别于包括我自己在内以往仅以析疑、明理、证实、辩驳等理性认识发展为目的的研究。由此，生命价值也成为自己新的学术生命中不再舍弃的价值取向。

研究路径转换

如果说“新基础教育”在构思策划阶段已经意识到，要完成这项研究必须走理论与实践紧密结合的道路，催生出自觉的方法论选择，那么15年的研究实践则是将这一方法论选择，实实在在地转换成一种研究路径的过程。对于我本人而言，它并不是驾轻就熟的路线，而是一次真正的挑战，尽管以前也做过理论研究、调查研究和实践研究。回望15年的研究历程，我更为清晰地意识到，“新基础教育”研究的价值取向、目标、任务，决定了它不可能用简单的“理论＋实践”“理论指导实践”，或者是“从经验到理论”“由理论到经验”，这样一些理论与实践单向、外在的关联方式来完成。它需要建立起两者更为丰富的关系，需要在一系列转换过程中，实现新理论与新实践的建设。这是一个理论与实践相互依赖、锁定、孕育、碰撞、建构、生成的动态过程，也是一个充满问题、挑战，困惑、发现，突破、兴奋，苦恼、焦虑，体悟、满足的探究过程。它还要通过承担、参与这一研究的高校专业研究人员和中小学实践一线的人员各自内在观念和行为的转换，以及两类人员的相互沟通、持续合作才能实现，其艰巨、复杂的程度远远超出我最初的想象。正是这样一段可称为刻骨铭心的创生性的研究经历，使我从对教育研究中理论与实践关系的肤浅、教条式认识中走出，实现了自己学术生命发展中一次重要的、研究路径的转换。这一转换的主要经历和表现可概括为以下两点。

第一，在理论与实践关系的认识上，增加了“个人”和“过程”的维度。

就像对“知识”的认识一样，在很长一段时间里，我和许多人对理论与实践关系的认识，都停留或局限在“公共”和“结果”的维度上。普遍认同的结论是：理论源于实践、又高于实践；理论指导实践、实践检验理论；理论工作者要联系实际，实践工作者要学习理论；教条主义和经验主义都是“理论脱离实践”的产物等。报章杂志上有过的理论与实践关系问题的讨论，大多在这样一个认识框架内展开。作为理论工作者的我，自然较警惕的是理论脱离实践，期望的是理论能指导实践，而且相信，理论越具有普遍性，对实践的指导意义越大，就像“马克思主义是放之四海而皆准的真理”所言的那样。在这个认识框架内，首先，理论被看作结果性的产品，是反映事物本质的抽象式的观念存在，它外在于进行着的实践。同样，实践也是一种客观存在的领域。当我们谈论两者关系时，会把它们作为两种不同存在方式的客观领域，虽然我们也谈到两个不同领域中从事活动的人——理论工作者和实践工作者，但只是从两者结合的意义上，强调各自要补充，关注缺失的一面：理论工作者对实践要了解、联系；实践工作者对理论要学习和应用。

我对上述关系性质认识的自我反思和突破、重建，经历了一个漫长的过程。第一次的醒悟发生在1987年，这是由对教育科学整体缺乏实践指导能力的反思引起的。当时形成的基本立场是：教育科学的理论状态不同于其他科学的理论状态，它还缺乏科学的成熟度，它之所以不能指导实践，一方面是由于教育的基础理论研究“并非是太深奥、太超越于现实，恰恰是太空泛、太浅近、太贴近实际的表层，因而缺乏居高临下的气势”①。另一方面是由于应用研究没有扎根于实

① 叶澜．关于加强教育科学“自我意识”的思考．华东师范大学学报（教育科学版），1987（3）．

践，缺乏操作性，同样不具备对实践的指导作用。为此，我强调要改变当时我国教育科学“上不着天、下不着地，漂浮于半空中的状态”①。在这些论述中，我关注了教育科学与其他科学，尤其与一些经典科学在理论发展水平上的差距，把提高理论水平和深入实践研究作为解决教育领域中理论与实践不能有效相互作用的路线提出，这就是自定的“上天”（理论研究）和“入地”（实践研究）两大工程最初的思想发端。

第二次的触动发生于自1988年夏始到1990年底所进行的一项研究过程中。它是有关上海市普陀区中朱学区10多所学校在10年中（1978—1988）教育质量全面提升的经验系统研究。这项研究以调查、座谈、实地考察、个别访谈和相关原始资料的阅读、分析等方法为主，由我与陈桂生教授带着几位本科生和双学位班的学生一起进行。在我们与学区的一些主要领导进行多次深入的长谈中，在与一些校长、教师的直接交流和接触中，我受到的最大触动是他们在行动中思考、决策的实践智慧，从而使我体悟到两种智慧的区别，认识到“必须破除这样一种观念：教育实践工作者的主要任务只是行动，只要照着领导的指示或者理论工作者的设计行动即可，似乎思考与他们无缘。事实恰恰相反……教育实践家们不仅要行动，而且要掌握基本的教育理论，有自己的教育信念，更要研究教育行动的理论与哲学，这是与教育理论家研究领域很不相同的领域，然而却是在教育领域中‘精神变物质’十分重要的一步”②。这段话表明对理论与实践所需的两种智慧的区别意识，在我头脑中清晰起来，而且关注到理论向实践转换所必需的、却又经常被忽视的一环，即实践者的理论素养和行动智慧。

沿着这个思路，随着“新基础教育”探索性研究的开展，20世纪90年代末，我提出了教育理论与教育实践“相互作用方式和价值的分层次论”③，分析了理论要转化为实践至少要具备两个基本条件：第一是理论研究主体与实践主体沟通或一致，“对实践工作者来说，这是一个学习的过程，也是对自己的原有实践方式和与此相关的理论进行改造的过程。这种改造有时涉及的不只是认识与观点，还包括教育信念与思想方法，实在不是容易的事情。对于理论工作者来说，这是一个宣传自己的观点，使之普及到相关人员头脑中去的过程”。第二是理论必须形成通向实践的中介层次，“一种新的教育思想，要转化为切实的教育实践，

---

① 叶澜．关于加强教育科学“自我意识”的思考．华东师范大学学报（教育科学版），1987（3）.

② “中朱学区教育”联合调查组（叶澜执笔）．学区系统终态变化的整体反思：上海普陀区中朱学区近十年教育实践与经验的研究总报告．华东师范大学学报（教育科学版），1990（2）.

③ 叶澜．教育研究方法论初探．上海：上海教育出版社，2014：160－162.

就必须转化为学校设施、结构，管理原则与组织结构，教学计划与课程，教学及其他一切学校教育的实践行为。”① 教育理论转化为实践并非自发过程，它是有意识努力的结果。这些论述明显反映了“新基础教育”的研究路线对我认识理论与实践关系深化的影响，两类主体的相互沟通以及理论、实践在不同层面上的交互影响和转换已成为认识的新深化点。

探索性研究的结题过程和随之而来的发展性研究的逐步开展，使我对教育理论与教育实践关系的认识和体悟，又实现了一次超越。即从对教育研究中理论工作者与实践工作者两类主体间沟通的角度，思考理论与实践的关系与转化，从而深入到相关人员作为个体的内在理论与自身实践行为的关系问题研究，即增加了研究理论与实践关系的个体维度。

这一维度在我思想中的出现，与“新基础教育”改革实践的广泛开展相关。我有机会直接接触大量教师和许多研究人员，他们在言说和行为中呈现十分丰富的个体差异，“新基础教育”追求和着力践行的目标——在研究过程中，实现理论、实践与包括教师在内的个体生存状态变换这三者的内在统一，使我十分关注个体状态的变化，从而发现和体会到，个体内在的理论与实践行为之间的关系，是不可分割和互为依据的，它不同于个体的言与行的关系。言与行可脱节，言可违心，行可掩饰，言行关系的表现态和造成某种表现态的原因十分复杂。但个人内在理论与实践的自然态、持续态、日常态则是内在统一的。因此，个体层面内在理论与实践的关系，是作为外部存在的理论与实践两大领域之间沟通、转化的必不可少的中介。教育改革的理论不进入教师个体层面的内在理论的重建与实践行为的更新，就不可能产生真实、持久的效应。上述认识构成了我研究教育理论与实践相互关系的一个新的层面——微观的个体内在研究的层面。对这个层面的研究，使我们看到了通常在把教育理论与教育实践当作两大领域时，不易看到的两者不可分割的联系和内在统一性。我把自己这样一个认识深化的过程称为“思维在断裂处穿行”，并以此为题发表了论文。文中着重区别了理论与实践的两种存在形式：类存在与个体存在，并着重分析了个体存在形态的特殊性，“个体内在理论不局限于个人实践，它可能与人类知识和实践的一切领域相沟通，而这个沟通的实现，又不能离开个人的对象性实践和学习性实践”②，两者在个体身上不仅不能分割，而且相互影响、构成与创生。因此，宏观上教育理论与教育实践的发展，不能没有个人内在的理论与实践行为的变革作支撑。论文还针对实践中

① 叶澜．教育研究方法论初探．上海：上海教育出版社，2014：164.

② 叶澜．思维在断裂处穿行：教育理论与教育实践关系的再寻找．中国教育学刊，2001（4）.

存在的问题指出，当代我国的教育理论研究人员不要满足于现成理论的应用和传播，不要以为自己拥有理论，就天然地具有指导教育实践的能力。同样，教师等实践工作人员也不要满足于已有的经验，或以为改变实践只需外界提供新的操作模式就行（这是教师在与“新基础教育”接触初期，经常提出的强烈要求），忽视对个人实践中内含的个人理论的批判与反思，这种忽视产生的后果会使自己陷入模仿者、执行者的境地。在上述分析基础上，论文还提出了如何改变这些状态的建议。

第二，创造了“研究性变革实践”的研究方式，并做了理论概括。

研究性变革实践的研究方式，实现教育理论与教育实践在研究过程中的内在沟通、相互构建与创生，实现理论工作者和实践工作者的合作与共同发展。

“研究性变革实践”的雏形产生于“新基础教育”探索性研究的过程中。到学校作实地介入式研究是我们在“新基础教育”一开始就采用、并持续15年的一种研究方式。“实地介入式研究”指我们华东师大课题组成员到学校开展研究，不只是以一个外界观察者的身份，而且以合作者的身份，直接进入课堂、班级，介入到教师教学、教育的研究过程之中。这种介入涉及的主题有：教育、教学价值、目标的选择，教学内容的结构重组研究，课堂设计的依据、教学过程动态相关性与合理性探究、学生状态的分析和资源开发，教育、教学效果及原因的分析，教师如何在教学实践中实现自己的发展，等等。正是这种实地介入式的研究，使华东师大课题组成员与试验教师，在研究中形成了“我们”“共同体”的关系，而不只是各管一方的“双方”关系。

具体的做法一般是每周一天固定到试验学校，上午通常是听课和看班级活动，下午分两组（一组教学，一组班主任工作）开展交流。先由上午上课的老师说课，主要内容是对有关课的设计的说明、上课的反思，尤其请他谈自己的感受，如课上哪些地方他感觉好、哪些不好，哪些地方体现了新的改革要求、为什么，等等。接着就开展有关教师说课内容的讨论，其重点不在指出课堂中出现的现象，而在对何以会产生这种现象的分析，直指教师的内在理论。在此基础上，再进一步说明“新基础教育”的教育、教学观与教师内在理论的区别，提出新观念指导下可采用的新行为的一些建议，旨在帮助教师实现内在理论与实践行为的更新与沟通。一系列活动追求的效果是，教师对自己的教育行为和行为背后的内在教育思想有所自觉，并在改变自己的日常实践中实现自己教育观念和行为的改变。最后课题组成员与学校领导交换意见。如果没有特殊情况，学校领导总是和我们一起参加全部活动，交换意见时有共同观察的基础。我们所提的意见主要是建设性和发展性的。很显然，这是一种教育理论向实践转化的现实途径，也是促进教师学习理论[①]、体悟实践、反思自我、提升研究教学能力的实际过程。

对于我们来说，实地介入式研究是了解真实的课堂，研究教师的教学行为和学生的学习行为，观察课堂的展开方式，了解师生的互动类型、形式、内容、层次和效果的不可替代的研究方式。我们需要在感受的同时做出判断，在判断的同时琢磨原因，在分析原因的同时思索可能的改变。这一切又都是在课的行进、流变中同时发生的。在课堂上的我们，眼观、耳听、手记、脑思，精神高度集中，思想也空前活跃。唯有这样，我们才有可能在讨论中针对具体的课，面对具体的教师，发表自己的意见；才有可能使这些意见不只是对教师的教育行为，而且对他的教育观念的自知和更新产生积极影响。这种研究方式由于贴近实践，直接针对相关的具体的一个个教师，只要专业工作者的发言能打动他们的心，打开他们的思路，击中问题的要害，建议具有可行性和发展性，就会受教师欢迎。所以，实际上这一研究方式，对于我们也十分富于挑战性和启发性。教师们在研究中出现的问题、迸发的创造和智慧，常常擦出我头脑中理论的火花。

采取实地介入的研究方式，是与“新基础教育”研究想改变学校的日常实践，并通过日常实践的改变来实现师生在校生存状态的改变直接相关的。第一次对这一研究方式做出的理论分析，表达在我为第十三届（1999 年 12 月）“学校效能与改革”国际会议而写的论文中[②]。文中分析了学校日常实践的综合性、日常性，以及与教师学校生活的贴近性特征；突出了把日常实践转化为改革实践的重要性和可能性，强调了理论介入实践，“理论与实践研究的同步深入，有助于教师形成教育的观念与行为的关联性体验，促使教师在观念与行为相结合的水平上发生转化”[③]。文中还对这一转化过程做了概括式的描述，用“捉虫”与“喔效应”[④] 的生动比喻，表达了其中功能与效应的关系。

回望探索性阶段结束时形成的经验概括，可以看出，当时对这一研究方式的认识，尚未深入到把它作为一种研究路径、理论与实践结合载体和新型研究方式来思考。直到发展性研究进入第三年（2001 年 12 月）在华东师范大学举行的第五次“新基础教育”研究共同体会议上，在有了大规模的研究实践基础上，我才

---

① “新基础教育”研究的试验学校普遍建立了学习制度。学习的主要内容是有关教育改革，尤其是“新基础教育”改革研究中有关人员发表的研究文章（发展性阶段包括丛书的学习）。学习方式有举行论坛、读书报告会、专题研讨会、研究计划交流和小结交流等。学习组织多样，有学校的，也有教研室、年级组和试验教师的组合。

②③④ 叶澜．在学校改革实践中造就新型教师：《面向 21 世纪新基础教育探索性研究》提供的启示与经验．中国教育学刊，2000（4）．

在主题报告中第一次提出了“研究性变革实践”的概念，并做了初步的阐述。“研究性变革实践”概念的提出，标志着“新基础教育”对自己独特的研究路径之基本的实践形态，有了相对自觉和清晰的理论概括。这一概括在“新基础教育”发展性研究的结题报告中，第一次做了相对充分的阐述①。

需要特别说明的是，“研究性变革实践”并不像有些人认为的那样，是一种国外提出的研究方法的运用，或者直接拿当今很推崇的行动研究做标准，说“新基础教育”是或未达到“行动研究”。这种看法的产生并不奇怪，实际上它是教育界常有的一种思维方式的表现：喜欢用国外的概念或理论来套我们自己的实践或创造，其后果往往不是削足适履，就是不屑一顾。两者看起来态度不同，病根却相同。前者是因有了外国框框，看不到不同之处；后者同样因有了外国框框，排斥框框外的不同。长期以来，我们养成了追随或追赶国外的习惯，把国外著作或学者的论述、言谈奉为圭臬，十分愿意去查清它的脉络，去解释、去印证，去用来证明或加强自己的观点，并把这样的行为结果称作学术。学界世态中，追随国外者身份显耀，还有追随者之追随者、呼应者和一级级的学舌者。探索或走自己路的人则可能被列入“另类”，认为不入调，常不被认真对待。指出这一现象，并非表示我全然反对了解、研究国外的教育理论和其他的学术观点，这不是我的立场和行为，更不必说这不可能。我也并非得出相反的结论：凡是中国人自己研究出来的结果都是好的、富有创造性的和成功的。国内的教育和教育学界，确实也有不少虚张声势、自命不凡之人。我所批评的只是唯洋是“瞻”、唯洋是“准”这种畸形的心态、意识乃至潜意识。它的存在是造成我国本土自主的教育研究和学术话语（包括概念、命题、理论）体系缺失，难以生长和形成的原因之一。在“新基础教育”研究中，我只想做一点抗争和尝试：尽量直接从我们自己的研究实践中，去发现认识教育世界；去研究教师、学生如何才能有效发生变化和如何实现这些变化；去探索、形成理论与实践相互转化的、不同于以往的研究路径；去在自己的头脑中，建立起自己进行的研究实践与自己生成的有关教育研究本身和教育学理论的直通道。这是基于亲历、经过体悟、反复积累、提炼、孕育而成的理论，是一种内生于研究主体大量实践的理论。它不是拍脑袋的产物，也不是闭目塞听的自言自语，更不是简单拿来的理论。自然，如此生成的理论是否适合或正确表达，是否能成为公共知识，是否有创意或有发展与研究价值，并不是由研究者自己说了算。它和所有其他的理论一样，也要经受检验、批评，在比较中

① 叶澜．“新基础教育”发展性研究报告集．北京：中国轻工业出版社，2004：29－32.

判断，在时间中证实。我现在做的只是发出自己的声音，期望别人能听到这样的声音，能进行交流，也期望我的努力能给学界增加一些清新空气，期待国内有更多的学者、研究人员和实践工作者，都努力用自己的实践、思考、研究，发自己的声音，这样的声音现在毕竟太少。

“研究性变革实践”就是上述努力的产物之一。它不是指一种研究方法，而是一种研究路径，是一种研究实践的形态。这种形态容纳着多种与完成研究任务和研究对象相适切的研究方法，不是只与某一种方法相对应。“研究性变革实践”是渗透着研究因素，以实现教育变革和教师发展为指向的日常教育实践；它是一种内含着变革理论并将其贯穿全程的变革实践；是在研究的过程中，研究人员与教师共同创造、持续进行、不断反思、尝试重建，从而具有生成新型的实践和理论内生力的变革实践。正因为如此，在研究性变革实践中，我们实现了多重的沟通与转换：现实与理想、理论与实践、目标与结果、教育专业研究人员与试验教师，以及每个参与者作为个体的内在理论与个人实践的更新与转换。所以，它是“新基础教育”研究的基本路径，也是“新基础教育”不断在过程中生成、发展的生命之源，是不同于其他研究形态的新研究形态。

炼就研究能力

一个人的学术发展的实现，必须首先改变自己的学术状态。理论要想对实践有价值，理论工作者不但需要对自己头脑中的已有理论做出清理、反思和新的建构，还必须提高介入实践的能力，这是我 15 年研究中一个深刻的体会。研究路径的转变必含理论工作者自身的转变。“新基础教育”对实践的深度介入和实现学校转型的目标追求，对以研究教育基本理论为专业方向的我来说同样充满挑战。

居于首位的挑战是学会读“实践”这本复杂的大书，它显然不同于以抽象的符号方式表达的，具有条理清晰、逻辑严整特征的理论书籍。以往学校的教育、教学实践，由于具有强调目的性、计划性和预设性，以教师的教为重点等特征，成为具有强控制性的活动。基于这样的认识，我们以往到学校中去听课，通常的关注点是：教师的教学设计目标是否清晰合理，知识中的难点、重点是否突出；教学过程的组织是否有条理，教学方法的选择是否恰当；教师的基本功是否扎实，组织、管理课堂的能力是否具备或出色；学生是否学到了知识，教学目标是否达成等。其核心的内容是对教师预设和实现预设能力及效果的评价。“新基础教育”研究初期，我曾撰文从理论上批判了这种传统的、旷日持久的通用模式，提出了课堂应该关注学生作为整体人的生命发展，要让课堂本身也充满生命活力，改变教师仅作为知识传递者的角色，教学应充满智慧挑战[①]。文章发表后，因其贴近现实和批判的冲击力，以及文中渗透的对学生和教师强烈的生命关怀，引起了广泛关注和热情回应，此文一度成为教育论文中引用率最高的论文，直至今日我遇到一些初次见面的教师，他们往往还会提起此文以示与我早已神交。然而，批判不等于重建，一般地认识到问题所在，并不等于认识具体问题。为了不停留在一般号召的水平，我们必须弄明白课堂何以成为如此和如何才能改变这种状态，我们期望改变的实践形态究竟是怎样的，它与传统状态的最重要的区别在哪里等一系列问题。这实际上需要重新认识学校教育，尤其是每天在进行着的课堂教学。因此，我们必须一头扎进课堂，沉下去，以新的视角和认识方式去“读”我们并不陌生，自己从小到大生活过来，至今实质上、精神上还变化不大的课堂。我们意识到要改变课堂、影响教师，与教师一起创造新的课堂形态，首先需要改变的是我们自己过去形成的认识课堂所遵循的思路、原则与方式。

这一改变从有关教师职业理想、学生观和教学观的初步重建做起[②]，它的产生都在“新基础教育”探索性阶段的中期，是实践探索与理论反思、批判交互作用的产物。形成一系列新观念的过程，也是我们调整和形成新的课堂教育研究方式的过程。随后，则在研究中用新观念指导实践，又不断从实践中发现新问题与经验，生成新的理论，不断形成新理论、新实践和新型教师三方面的创生性互动。新的研究意识与能力也在此过程中提升，其中还需有许多具体、细致的思考和措施。就拿听课来说，我们观察的重点从关注教师转向关注学生的学习活动以及师生互动的状态。为了做到这一点，我改变了以往听课坐在教室后面的传统，把位置选择在能同时看到教师和学生的前面。为了同样的目的，我还建议课堂录像人员改变拍摄位置，建议学校听课教室的结构要改变，不要像剧场那样安排，让听课者坐在后排，只面对教师，看学生的后脑勺。为了促进教师在课堂上关注每一个学生的状态，并合理有效地组织、选择教学方式，我们设计了两类听课记录表：一类是课的流程实录，用于定性分析；一类是表格式，主要统计学生的参

---

① 叶澜．让课堂焕发出生命活力．教育参考，1997（4）．

② 本人发表的相关文章有：《新世纪教师专业素养初探》，《教育研究与实验》1998年第1期，41－47；《更新教育观念，创建面向21世纪的新基础教育》，《中国教育学刊》1998年第2期，6－14；《把个体精神生命发展的主动权还给学生》，辑录在郝克明主编：《面向21世纪我的教育观（综合卷）》，广东教育出版社1999年版；《论教师职业的内在尊严与欢乐》，1999年上海名师讲座报告，发表于《思想·理论·教育》2000年第5期等。这些论文形成期集中在1997—1998年。

与状态、数量，教学组织形态的种类、变换与创造等，以类型和记数的方法做量的分析。两张表格结合，基本上能反映课堂状态，为全局性地把握课堂提供了工具。当课堂活跃起来以后，我们又注意观察学生独立活动和小组活动的状态、质量与问题，注意教师在改变了教学组织形态以后，有没有调整自己习惯的教学行为，实现更有效的师生互动。这些研究的目的在于不使改变教学组织形式（或方法）本身成了目的，只具有形式价值，成为改革的标签①，而不是服务于改革的目标、体现改革的实质，等等。

在研究过程中，我感到最有挑战的是怎样让教师认识自己，改变职业理想、教育观念和课堂中的角色定位，改变课堂教学中的关注重心和行为方式。初进课堂时，我们看到：有经验的教师通常具有较强的控制意识和控制能力；有才华的教师又较多把课堂作为表现自己才华的舞台；负责的教师更注意教学扎实，缺乏灵活；青年教师往往忽视基本规范，课的随意性太强。试验教师的不同初始状态，加上以往教师开课多为公开、展示而举行，听课、评课者自然多加赞扬，少说问题，更不去刨根问底而形成的传统开课、听课文化，使我们在为研究而进行的听课中，在与教师交换意见时，不能用现成的理论去评价。评课承担着对教师教学行为做出诊断性评价、提出建设性意见，还要改变听课文化和提升教师的发展需求等一系列任务。我们还要学会用教师能听明白的、易受触动和印象深刻的语言方式来表达和对话。正是在这样的过程中，我逐渐形成了一种从整体、动态的角度观察、把握课堂的能力；培养了用不同于书面理论系统的话语方式，与教师做即时的、互动式对话的能力；提高了用理论眼光透析实践，从教学呈现的不确定性、多样性中寻找确定性、统一性，从教师行为中发现教师内在观念的能力；学会了把自己的观念、理论转换成可在行动中实施的建议的能力。从理论工作者自身改变、发展的角度看，这些能力的生成，提高了理论对实践的透视力、影响力和转换力，提升了理论在实践工作者心中的地位，进而激发了他们学习理论、反思实践、改变行为的创造新的教育质量的内在需求，也使理论工作者有了从实践中吸收营养、发展理论的新可能。

“新基础教育”研究进入发展性阶段以后，我把自己理论研究的任务提到重建的水平上。这一任务的初步实现也是在大量的研究性变革实践过程中完成的。探索性研究阶段形成的经验和理论，使我们在发展性阶段能较快地将积极投入试验的教师，吸引到变革和富有创造性的实践中来。但一些因新的实践形态而生的

① 此类标签式的形式改革在城市学校中不难看到，比如不管是否需要，把课桌椅排成六人一组的方块或马蹄形状，还要以“国外也是如此”作有力的依据。

新理论问题也尖锐地提出来了。如，不少试验教师已经接受了 80 年代后期起，在实践界逐渐流行的“教师主导、学生主体”论。至今我们还能经常在报章杂志上，在讨论会上，与这样的观点相遇。它的实践形态的主要特征是：教师用多提问来引发学生思考，也鼓励发表不同意见，运用小组讨论等形式。但课的“导轨”是教师铺设的，学生只是被当作学习主体来对待。教师小步走，不停地引导着学生积极地往前走。与满堂灌相比，这显然是个重要的进步。然而，它并不是我们所追求的课堂上在有目的指向的活动中，学生主动探索发现、试错反思、形成知识、提高能力、激发求知欲、体验过程中的多种经历，以实现多方面发展的学习活动。学生也未成为与教师一起在互动中实现教学过程创生的参与者，而是被教导者。学生的行为并未真正对教师的教产生作用，课堂上并未出现有真实建构意义的互动。但老师往往看不清“主导、主体论”与“新基础教育”课堂教学观的区别，并不理解“新基础教育”强调的“结构开放、多元互动、动态生成”的教学要求，也不理解这样做对师生的发展意义。有人以提问的方式表达这种困惑。这些状态都促使我从理论上来阐述“新基础教育”课堂教学价值观和这一价值观的依据，它在各学科教学过程中如何落实，提出了“学科育人价值”的概念。而后，又直接做出了如何通过课的设计为育人价值的落实做好准备的分析。与此相应，我们对教师的指导，也从课后的诊断、反思，转向了课前的设计，并通过“课堂设计表”这一工具的开发，促进教师把学科育人价值的思考落实到教学目标的设计中，把多重结构意识落实到教学内容的处理上，把开放、弹性、生成的过程意识体现在对教学过程的预设中，为课堂教学进行过程的动态生成在设计阶段提供了有理论做指导的技术支撑①。在完成了教学价值观问题由理论到实践多层转换的研究后，我对课堂教学过程观的重建做了如下的系统研究：对教学过程性质的重新认识，结合了历史的演变和现实的状态，提炼出了“新基础教育”的教学过程观。它区别于十分有影响的凯洛夫式的教学过程观，也不同于杜威和后现代的教学过程观②。它是在大量改革实践基础上的理论发现和概括，是内含着实践创新的理论创新尝试。随着对“新基础教育”试验学校中期评估和中期评估指标的制定与实施，我们把重建的思考转向评估观和新评估指标体系的设计。半年后发表的第三篇文章③，阐述了我们对改革课堂教学与课堂教学评价改革的关系的新认识。评估指标体系的设计，是又一次实践向理论、理论向工具形

① 叶澜．重建课堂教学价值观．教育研究，2002（5）．“课堂设计表”供试验教师参照使用。
② 叶澜．重建课堂教学过程观．教育研究，2002（10）．
③ 叶澜，吴亚萍．改革课堂教学与课堂教学评价改革．教育研究，2003（8）。

态的多重转换。形式上它是由我们形成的，实际上则是我们与试验教师共同创造的，是我们所听的上千节不同教师、不同学科、不同类型的课中所呈现的状态，成功的和失败的，有创意的和出现障碍的种种具体情况，一次次分析、提炼，从问题到答案的探究结果；是对课的流程中每一阶段所特有的要求，以及阶段与阶段之间的动态关系的概括。评价问题的研究还是我们对在现实条件下如何开展转型变革策略的一个系统总结。它是理论指导下产生的新实践形态的提升。三篇文章的连续发表，意味着“新基础教育”研究已进入了新实践与新理论的双向建构阶段。这不仅是指课堂教学，也包括关于学校转型性变革方面，建构起中国当代学校转型理论的雏形①。另一方面，学校领导、教师结合中期评估，开始了对三年多改革研究的系统反思、总结与提升，教师的创造与经验转化为小论文、经验总结、案例等形态，使“新基础教育”在理论上呈现出基于实践的多层次性。此外，我们还针对试验学校教师以及其他关注“新基础教育”的人员，在理解和进行“新基础教育”中反映出的困惑、问题与不清晰之处，用访谈的方式②做了说明，使“新基础教育”在学校转型性变革中的特殊品性与追求有了更明晰的表达。

“新基础教育”研究的发展性阶段，是我们将在面对现实的批判中建构的教育理想作为指导，以探索性阶段形成的改革经验为支撑，在大范围内开展基于现实又指向理想实现的变革实践；在变革实践中发现新问题与新经验；在问题的反思与经验的积聚、提升中构建新理论；在新理论的指导、普及、实践中创造新的实践形态。比起探索性阶段，我们的研究要辛苦得多，但对研究问题的思考却深入、广泛得多。因而所有的认真投入者，在这个过程中都实现着自我超越与发展。作为课题负责人和自觉的策划、研究者，我的体会更为丰富和独特。其中，我因10年的投入而生成一种新的研究能力——从实践中生成理论的能力，获得了一种从未有过的学术体验——实践滋养精神、孕育新理论的体验。自己的学术生命，有了一股鲜活涌动、自然流畅清泉的注入，有了一份进入家园、扎根泥土的踏实，有了一种面对广阔天地自由挥洒的舒展。

2004年5月在中国教育学会、上海市教委、华东师范大学、上海市闵行区政府和教育局的合力支持下，“新基础教育”研究在上海举行了发展性阶段的结题评审和大型现场研讨活动。

---

① 叶澜．实现转型：世纪之初中国学校变革的走向．探索与争鸣，2002（7）。

② 王建军，叶澜．“新基础教育”的内涵与追求：叶澜教授访谈录．教育发展研究，2003（3）。以上五篇文章分别辑录在“新基础教育”发展性研究三本丛书中。

这是“新基础教育”研究十年来最大规模的一次活动，许多“新基础教育”共同体外的中小学领导与教师，师范院校的专家、教授都参加了这一活动。我只是想通过结题准备过程，促进试验学校的工作再上一个台阶。同时我们都认真地做一次反思、总结、提升，找出进一步发展的方向和做出新的策划。结题和现场研讨活动本身还是课题组向全体参与者的一个集成式的成果交代，向关心“新基础教育”研究的人士交出的一份多形态的答卷：论著的、案例的、展板的、言说的、课堂的、活动的……展示我们的一份执着与情怀、进步与问题，同时也能听到更多的批评与建议，以利于进一步的发展。对“新基础教育”共同体的成员来说，这是一次盛大的庆典，是一次欢聚，也是一次告别。因为，此后的研究将走深化、系统化和精品化道路，华东师大课题组的成员将和上海及附近地区的一部分学校再度合作，把已有的研究成效和经验、已达到的发展水平，作为新的起点，向新的高度攀登。

四、双峰式成型（2004—2010）

我和华东师大课题组成员，把“新基础教育”研究第三阶段的新高度设定为双峰式的“成型”：实践的“峰”为新型学校的基本成型，理论的“峰”为“新基础教育”理论体系的成型和“生命·实践”教育学派的创建。至今，5 年的历程已走过，令人欣慰的是 15 年的持续努力没有白费，幸亏有此“最后一篑”，花 5 年的时间积成之不亏的“最后一篑”。这一对双峰虽不高，也不很秀美，但确实已经筑起①。从开路到筑峰的过程是新风景、新队伍和新人的形成、炼就与出品过程。

战略调整

进入成型性阶段，“新基础教育”研究在实践领域是以一系列的战略调整为标志的。

首先是研究目标的调整，期望试验学校在全局、整体、系统的意义上呈现出新型学校的内涵与形态，而不是局部，也不是部分。我们认为只有达到这一状态，才可以说研究从一开始就设定的“转型”任务得到基本实现，可称之为“成型”。

---

① 叶澜．“新基础教育”成型性研究报告集．桂林：广西师范大学出版社，2009：1－42.

为此，在研究队伍的组织上也做出了调整。一是缩小试验学校的地域分布和数量，以前一阶段研究中相对发展较快，校长、教师积极性较高，且已形成一些“新基础教育”意义上的骨干力量的学校为主①。二是华东师大课题组成员的扩充。主要增加的是由我担任导师、近10年来陆续留校的博士生和正在就读的博士生。他们在攻博期间就以学“课程”的方式参加到该项研究中，毕业留校后尤其留在本系工作的博士，留在本校外系和本市其他高校的，以及毕业后在外地做博士后研究或工作的，他们在做好本职工作的同时，以自己的执着和坚持，尽力多参加“成型性研究”。这些年轻力量的加盟使我们的队伍不仅扩大，呈现出生气，而且提高了“档次”，被试验学校戏称为“博士军团”，从而使课题组在专业力量上增强了可能承担“成型”重任的力量。在此还必须提到的是华东师大外语系原主任，现在美国华盛顿大学任教的左焕琪教授。我与她相识于“文革”期间大丰“五七干校”，相知于此后的交往中。她的英语造诣、对英语教学的研究，以及为人和对事业的真诚都是我极为钦佩的。得知她尽管定居于美国，但还接受了华东师大教科院的邀请，每年有一学期时间回母校工作后，我请她帮助指导我们团队中负责外语教学改革的几位年轻的、非外语专业出身的教师。她毫不推脱，并尽其全力支持“新基础教育”研究，只要有时间就参加我们的日常研究，一头扎进课堂，事后即与课题组的青年教师共同讨论，还执笔撰写了“发展性阶段”英语教学改革的结题报告，主持了“成型性阶段”英语的中期评估。她的工作作风和精深的专业素养，对试验校英语教师问题的准确把握，富有创意且能实施的重建指点，使他们叹服并大有得益。完全可以说，没有左焕琪教授的鼎力相助，“新基础教育”外语教学改革就难以成今日之型。对于她，我心中永存感激。因为她是我们这支队伍中唯有付出、不求所得的一位，是私心最少的一位，是为友情倾其所能的一位。我为有这样一位志同道合的朋友而感到幸福和骄傲。

战略调整的第二个方面指向研究重心。就全局而言，重心由前两个阶段处于学校的基层活动——教学改革与班级建设层面，提高到学校领导与管理层。意在

① 需要说明的是，未被选入的学校并非都是做得不好、变化不太大且无积极性的，如福建南安、广州天河区的有些学校（华景小学、先烈东小学等）就是如此。未入选的主要原因还是华东师大课题组的力量有限和距离太远，也有受区域领导干部调整的影响。另外，被列入的学校也未必都是做得最好的。其中对我做出最后选定发生作用的还有历史性因素，如外高桥保税区实验小学和上海市新基础实验学校分别是第一、第二阶段首先进入试验的学校。第三阶段一开始，前者就换校长，后续又连换两次，导致在中期评估后最终退出试验（地区缺乏实质性支持也是未能走到底的原因之一）。这是我心中无法抹去的痛，也是对我感情用事的惩罚。后者进入成型阶段的初期状态也并不理想，但考虑到是九年一贯制的学校，作为一个类型而保留。

通过提高学校管理层策划、领导、推进自身和学校整体改革的意识与能力，来实现学校转型和转型后的持续发展。故而这一阶段是15年研究中涉及该层面最多、最全面和最深入的一个阶段，也是在这一阶段，“新基础教育”形成了自己的学校转型性管理变革理论。它包括：新型学校整体型态理论①，学校内部管理构架重建理论②，学校教师发展理论③和学校文化建设理论④。这四大理论和试验学校在生动实践中的丰富创生⑤补上了前两个阶段的重要缺失，成就了学校整体转型的基本完成，构成了本阶段研究的显著特色。研究重心调整的另一方面指向教学改革和班级建设这两项虽然已经持续了10年，但由于学校变动大，且大部分是在第二阶段进入，较多的学校是在学习、应用第一阶段创造的相关经验；华东师大课题组内部的力量有限，尚未形成对于学科教学改革和班级建设研究的系统化思考；在学校实践中两方面的系统更新和有机化也未实现。故而，上述两大领域在成型性阶段需完成从散点、部分向系统化和有机化的转换。

为了完成上述研究重心的转移，华东师大课题组的内部分工作了个体多重角色和小组条块两类组建的调整。可以说，成型阶段的研究是课题组成员肩负责任最重、人人都需要独当一面的阶段，是每个认真投入其中的成员自身成长最为显著和研究能力转向成熟的一个时期，还是“新基础教育”的教学改革理论和班级建设理论成型，试验学校内的相关改革走向日常和普遍的过程。

从上述两大调整中，还可以看出第三个研究指导策略上的调整，那就是“探索性阶段”总结时形成的“成人成事”之双成的变革指导思想，从“发展性阶段”的重心放在“成事”上，即放在深入重建课堂教学和班级建设的新内涵与新形态上，以体现重建的“研究性变革实践”之事来成就教师的变化与发展，走向了以“成人”为重心，用成人促成事，通过加强试验学校不同层面变革实践者的发展，即提高他们在原有5年经验积淀基础上主动参与、策划、创造、反思、重建的意识与能力，来促进并最终实现自己学校的转型。这里的实践者，既指个体，也指群体。如何创造条件，增加多种互动，提升变革实践者的内在发展需求和实践智慧，成了我在这一阶段研究设计策划中关注的深度核心问题。我开会时经常和课题组同事们说的话是：我们要用“教育”的内在价值指导自己的研究。

---

① 核心概念可概括为：价值提升、重心下降、结构开放、过程互动、动力内化。

② 核心组成可概括为：组织扁平化、制度人性化、机制相成化以及三者协同化。

③ 核心构成可概括为：角色重建、素养复合、日常变革、自主更新、团队共进。

④ 核心任务可概括为：发现自我，培育个性；聚焦精深，魂体互化；滋养辐射，内外相生。

⑤ 具体展开可参阅叶澜的《“新基础教育”论——关于当代中国学校变革的探究与认识》和《“新基础教育”成型性研究》丛书等相关著作。

教育不能忘记人，教育的最高理想是提高人的生命自觉。“新基础教育”研究不仅依托我们的研究自觉，为了学生的主动健康发展，为了教师职业生命的尊严与欢乐的实现，也要依靠学习领导成员和教师的发展自觉。

在研究实践做出战略调整的同时，成型性阶段我们在理论研究方面也做了重要调整。

我为自己立下了军令状——要尽快完成自己有关对当代中国学校变革的实践与理论探讨的《“新基础教育”论》一书的写作。我把此书定位在有关学校改革的基本理论研究上。前 10 年的“新基础教育”研究已经让我积累了大量思想资源和经验资源，但我不想把此书写成只是对这一研究的总结，这一任务我已通过结题总报告的撰写完成。《“新基础教育”论》的撰写，是为了写出自己对当代中国教育变革的整体认识，为了对过程所呈现出的教育基本理论中重要问题做出自己研究的当代回答。正是这样的目的，使我正式动笔整整推迟了 10 年。也正是这 10 年研究，使我有了完成这一著作的迫切需要和可能。课题组成员及试验学校领导、教师的催促，也成了我尽快完成写作的推动力①。与此同时，我与课题组同事们决定，在成型性研究结束时，要拿出一套我们在 15 年内连续研究领域②的改革指导纲要，一则是为了我们本身研究达到系统化以后，从实践到理论所必须做的提炼和表达；二则以此系列研究为抓手，组成华东师大课题组相关老师与试验学校骨干教师团队的联合专题研究组，在研究过程中带动全校相关改革的深化与质量提升；三则这套系列丛书形成后，能更有效和系统化地推进“新基础教育”试验学校和其他愿意参与的学校自主研究。这套丛书可以成为本研究的基础性培训材料。我们想借助丛书，使后进入的学校或地区能产生缩短研究时间的跨越式转型发展，本阶段研究完成了这一目标。丛书出版后的事实表明这一决策是正确的，第一版各 3 000 本，在半年左右的时间就销售一空。试验学校一拿到书就在各相关层面开展学习、应用式研究，期望将书中的理论应用于本校相关老师的日常行为中。2006 年下半年进入“新基础教育”推广性研究的常州地区 10 所联系学校，也十分欢迎这套丛书的出版。《“新基础教育”论》与“新基础教育”

① 《“新基础教育”论》2006 年由教育科学出版社出版。它几乎成为试验学校人手一册的读本，也引起了相当多读者的关注。此书获 2009 年全国高校哲学社会科学第六届优秀成果奖一等奖。我觉得自己对得起所有为“新基础教育”做出努力的同仁，我没有辱没这个大家用多年心血打造出来的名称。我松了一口大气，并感谢所有共同奋斗者。

② 领域包括：学校领导与管理、教师发展、学生工作与学生发展、语文、数学、外语三门学科的教学改革，结题时，这些领域的指导纲要与成型性研究报告集一起，合成“新基础教育”成型性研究丛书，共 7 本，由广西师范大学出版社 2009 年出版。

成型性研究丛书，形成了本研究基础理论与应用理论相互配套、自成独立体系、富有原创性的团队式理论研究成果。

理论研究方面的另一个重要战略调整是设定新的发展高度，即提出创建“生命·实践”教育学派[①]。学派的前期思想理论酝酿在我形成《教育概论》的过程中已萌发，有了基本的立场和思想方法的变化。但当时作为刚系统承担大学第一门本科基础课程的教师而言，并无、也不可能有创建学派的念头。随后10多年的研究逐渐进入方法论和学科发展元研究，尤其是思想史的研究，这使我对教育学的“已有”和内在问题，尤其是中国教育学近百年发展存在的问题有了较系统、清醒的认识。由此越来越强烈地产生教育学当代重建的愿望，感受到其必要与可能，这也许是我长期从事教育基本理论所形成的一种学科发展情结。这一情结被“新基础教育”研究打开，出现了转化为真实的学术构建的可能。是“新基础教育”前10年的研究使这一学派在中国着地，有了土壤与家园。是它，使我确立了教育价值的生命取向，并提出了追求“生命自觉”形成是教育最高理想目标的观点，使我们这一学派对“生命”与“教育”关系的理解，区别于不少也在谈论“生命”与“教育”的研究者；是它，使我在教育实践和教育研究的双重意义上，认识到实践内含的、具有根基意义的、对于生命发展的创生价值，从而形成了关于教育原点及教育学核心概念为“生命·实践”双螺旋式结构的认识，提出了学派名称；是它，使我对教育学一系列前提性和基础性问题，在实践支撑下经历了批判与重建的历程，有了从基本概念到观念和体系做出新的认识和时代性重建的可能；是它，使我和课题组的同仁及一批试验学校的校长、教师，形成了专业和精神意义上的学派研究团队，在各自的教育教学研究和实践中，创造、践行、丰富、形成多种存在形态的研究成果，使学派自身呈现出生成的活力。“生命·实践”教育学是基于实践，又高于实践，是在社会转型时期中国教育改革实践土壤中生长出的新芽。它将成为新世纪中国教育学创建中的一个流派，以自己的扎实、智慧、真诚去酿造教育学的新酒；它将是鲜活的、生长的，但不是肤浅的、盲目的；它是当代的、创造的，但不是割断历史的、自命不凡的。我相信，“创造”是每一个人生命中的“专利”，不是神秘的产物，不是稀有的产品。只是我们长期太习惯于服从、跟随，并把它变成一种束缚人的生命活力的桎梏，因而使创造变得稀有和高不可攀起来。我们想通过“生命·实践”教育学的创生，在

① 学派提出及本人学术思想形成过程的相关展开论述，可参阅叶澜主编的《“生命·实践”教育学论丛》第一辑《回望》一书所刊：叶澜、李政涛的《为“生命·实践”教育学派的创建而努力》和叶澜的《从“冬虫”到“夏草”》两篇文章。两篇文章均由广西师范大学出版社2007年出版。

世界舞台上发出中国教育学者的声音。这声音将揭示平凡教育事业蕴含的丰富与伟大，蕴含的与人类最基础的存在——生命与实践不可分割的内在联系，蕴含的对创造、智慧和发展的呼唤，蕴含的对健康人性、幸福人生、美好社会的价值追求；而我们的学术生命，也将随着这一事业的发展走出昨天，走向明天，快乐而艰难地行进在已经踩出的小道上①。

践行“复杂”

双峰式系列化的战略调整，为成型性研究标定了新的制高点，使整个过程的推进有了明确的指向，在一定意义上可以将其看作我研究策划能力成熟度的提高。如果将自己所做的《“新基础教育”基地学校建设项目设计总策划书（2004年9月至2009年6月）》与同样是本人撰写的《“面向21世纪新基础教育”探索性研究学校改革试验总方案》② 相比，就一目了然。各校第三阶段的试验也由做规划开始，在校长的组织领导下，与课题组一稿稿的研讨过程，锤炼了学校领导团队独立策划本校研究发展规划的能力，练就了长时段、有价值取向指导和基于本校实际情况做出整体发展策划的能力。这些实践再与每学期中期举行的校长专题交流的准备，学期结束的总结反思与新学期的谋划联系在一起，经多次、反复锻炼，基地学校领导层的成员在一定意义上有了把控自己学校发展命运的能力，培育了自身发展的生命自觉。

成型性阶段的研究就我个人意义上的发展，除了相关的理论研究之外，十分重要的是因承担项目“总指挥”的角色，在推进过程中运用和践行复杂思维的收获。它不只是在研究实践有效前行意义上的成功收获，而是自己头脑中认识、把握、促进新实践创生意义上的方法论的转换——从系统思维走向复杂思维。我努力践行着在为博士生开设的“教育研究方法论”课上提出的要求：学习方法论不是用来讲和写文章的，而是用来改变自己脑子的。方法论研究只有最终表现为自己认识世界的思维方式变了，才算是学得有成效了。空谈方法论是无意义的。

与“复杂”思想相遇，我是在1999年10月阅读美国米歇尔·沃尔德罗普著、陈玲译的名为《复杂——诞生于秩序与混沌边缘的科学》③（以下简称《复杂》）一书时。在此之前，我虽然也读过普里戈金著的《从混沌到有序》等著作，

① 经过5年努力，现已由广西师范大学出版社出版了《“生命·实践”教育学论丛》四辑。由本人主编，书名分别是《回望》（2007）、《立场》（2008）、《基因》（2009）和《命脉》（2009）。四本书基本上形成了创建“生命·实践”教育学派的理论“地基”。后续的研究进入到“大厦”建设。

② 叶澜．“新基础教育”探索性研究报告集．上海：上海三联书店，1999：1-6.

③ 该书中文版由上海三联书店1995年出版。

同样深受启发[①]，但并未像读《复杂》那样如此清晰地意识到，一种可称为“复杂”的研究对象，以及用来研究“复杂”的思维方式已经诞生。我被《复杂》深深地吸引和震撼了。从当年10月10日到11月7日，断断续续地写了近1.5万字的读书笔记，想把自己被书中精彩问题和思维闪电的震动梳理出来，理清自己阅读中的收获和思考。随后我在与当时就读的研究生一起举行的“月末例会”上，做了自己的读书报告，引起了校门口小书店感到惊奇的小小购买《复杂》潮。接下来的阅读围绕着法国作家埃德加·莫兰的著作进行，几乎见一本、买一本、读一本、写一篇读书笔记，一直延续到2004年。自感许久没有这样为一个主题的著作投入、兴奋但又冷静地着迷过了。

被“复杂”系列深深地吸引，不只是因为我对“方法论”研究持续的兴趣，更因为我一直苦于找不到用来研究、认识“教育”这样复杂对象的思维方式。写完《教育研究方法论初探》的那一年是1998年，在思维方式的探讨上我只走到了“新、老三论”[②]，我觉得自己在认识“教育”这个教育学对象总体时，已经具备了不同于以往演绎、归纳、简单化的两极对立或统一的思维方式，提出了“综合抽象”的命题，强调了教育学要将研究过程中的转化作为核心任务的思想[③]。但究竟用什么思想方法可以穿透教育过程中如此众多的转化，形成有机性的、能揭示进程本身内在逻辑的认识，当时确实还没有深入的思考和研究的支持。但是我坚信，教育研究只有突破了这一思想方法的障碍，只有当人类认识达到不以自然科学的科学性标准，来要求研究复杂对象的学科的科学性时，教育学才可能在人类学科的殿堂中拥有自己的地位。正是这样一种信念，支撑着我持久地保持着对哲学、科学史、人类认识史、方法论等方面的阅读与思考兴趣，终于与《复杂》有了相遇、有了发现，进而感到有了开展教育研究和认识教育现象的新的思维方式，初步完成了认识上从系统思维向复杂思维的推进。

2004年是我基本完成有关“复杂思维”主题的阅读和思考的一年，也是“新基础教育”研究进入成型性阶段的起始年，还是“生命·实践”教育学派创建的面世年，三事相交为我提供了实践“复杂”思想的可能，是成型性研究的推进过程使自己对复杂思维的理解和运用向前推进了一大步。

“新基础教育”以实现学校现代转型为宗旨，研究对象的复杂度远超于一般对个别领域、个别方法的改革。就社会变革与学校关系而言，仅说影响，它就要

---

① 这在本人著的《教育研究方法论初探》中有表达。

② 指“系统论、控制论、信息论”为代表的老三论和以“协同论、拓扑论和混沌论”为代表的新三论。

③ 叶澜．教育研究方法论初探．上海：上海教育出版社，1999：324－325.

认识社会现实变化对教育的要求、直接影响和间接影响、长期影响与短期影响、积极影响与消极影响、不可抗拒的影响和可规避的影响……进而，还要形成明晰而有根据的学校新形态的蓝图，更要研究蓝图整体系统内部的关系以及每一部分具体改革目标与基本路径的选择。更为艰难的是在现实条件下每一所学校的具体推进，推进中还关涉华东师大课题组成员与基地学校从领导到教师、每个成员自身从观念到行动的转化，以及相互间合作关系的稳定与有效；与区域教育局领导和相关教学、研究成员，以及试验学校相互促进关系的形成；每一阶段研究中心任务的关系与区别。更具有挑战性的是这些方面都与人有关，与相关人做的事有关。长达 5 年过程中的变数有许多不可控制且不可预料[①]。我曾深有感触地说过："新基础教育"研究中什么都在变且不可控制，有我们期望的，还有非期望的，只有"新基础"研究的目标与实践本身成为我们可努力坚持的控制因素。对学校改革因素与过程的复杂性，没有参与过的人是无法真切感受的。

由此，我认识到只有用复杂思维，才可能对"转型"如何从起点走向终点的过程进行推进，有形式抽象意义上的把握。

因为"复杂性研究""把横截面式的结构或元素的展示，转化为流程式的描述和透视"[②]，它揭示系统转化过程中从混沌到有序演化的基本模态，强调了演化中偶然性因素引起的对打破旧系统平衡状态的不可忽视的重要性，以及这种突破因素在允许条件下的自组织、自繁殖功能的自我催化，成为走向新系统的关键性转化力量。

复杂性认识与进化论的区别在于强调了生命系统内部的自组织的力量，而不是对外显环境的适应力竞争。我在 1999 年 11 月 4 日的读书笔记中写道，自我催化是系统"将自己组成日益复杂系统的持续力量……这是生命内在的一种强大的创造力"，我认为"复杂性研究""从生命起源意义上论证了生命的创造本质"。这一认识"也许对我的'新基础教育'研究的发展具有积极的意义"。复杂性还揭示了复杂系统共时发生作用（而非串联式）的网络式互动的特点，这就提醒我作为一个复杂系统中的作用者（不仅是个人，也包括我们课题组），不仅要根据自己的意愿，而且要对他人的作用做出相应的反馈，因为自己处于相互锁定之网中，尤其对直接关联的方面更是如此。但锁定之网并非是不可解开、突破之网。作为一个改革者，要实现改革，不能只期待偶然性的出现，而是要去创造系统中

① 诸如不同层次相关人事的变化，尤其是领导人和试验学校教师的变化；国家、市、区域时不时出台的必须执行的统一规定、任务、工作要求；与此相关甚至不太相关的各级各类的检查、评比、考核；学校中的突发事件；等等。

② 摘自本人读书笔记 1999 年 11 月 4 日。

的新因素，并有意识地采取多种措施去强化，形成其自组织能力并扩大推进到整个系统，最终完成系统意义上的转型。

这里说到的改革者的努力，并不是说要一意孤行或逆流而上，而是辨识多种“流”的走向；及时发现在价值与观念引导下人们在尝试性实践中出现的新现象、新经验、新问题、新困惑；贴地式地倾听、观察与思索，不再把已经形成的理论和假设、策划看作一成不变、必须遵循的，而是期待着变化，善于从变化中的外部世界中做出调整，不断形成新的判断和策略。这是对创造心态和创造能力的强烈呼唤，也是人内在创造活力释放的最好实践。

我和我的同伴们之所以能在15年时间里，为一个课题持续努力，不只是因为意识到这项研究的意义与价值，而且这一研究本身对我们素养、能力、心志和智慧的多方面挑战，因改革之难引发创造、奋斗而不断延伸的过程，充满独特意外的精彩与魅力。在成型性研究中，我越来越多地感受到课题组成员的创造力、感受到试验学校领导与教师的创造力，诸如上海市闵行区实验小学的学校组织变革、教研组活动用好内外资源的“前移后续”，上海市普陀区洵阳路小学促进研究实践重心下降的日日研、月月研、及时研，上海市闵行区华坪小学的制度改革及其内蕴的人性关怀和激励机制，上海市闵行第四中学的年级管理综合职能的形成与强化，上海市七宝明强小学的调研反馈和多层整合的推进变革的策略，江苏省常州市第二实验小学的“走进异域”与“赢在中层”，等等。诸如华东师大课题组吴亚萍老师提出的课堂教学的“三放三收”，吴玉如老师的小学语文教学结构的系列分析，李晓文老师的学生工作回溯研究及学生成长需要的系列研究，等等，真是数不胜数。这些景象的出现每每让我惊喜、欣赏、品研，并在内部会议上加以点评，让它突显，揭示它内含的对研究推进更具有普遍价值的一面，成为大家可共享的经验，进而在各校各自的改革领域中试行：有的是精神，有的是做法，有的是思路。就这样，个别人、个别学校、个别领域、个别方式的创造，因深化而在原来的系统中和研究共同体中弥漫开来，成为我们这个群体内有助于“新基础教育”自我催化的强有力自组织力量，催生着新形态的生长、发育与完善。

尽管在成型性研究一开始我就从全局的角度做了总的方案设计。但5年里自始至终未忘的是：

一定要将总方案转化成每个学校变革的自主设计和实践行动，并由此而呈现多个学校的创造独特与个性。为此，我努力读懂各试验学校的历史与现状，学校所呈现的实存文化和可能有的更好发展，在与试验学校领导、教师一次次不厌其烦的反复沟通、对话乃至思想碰撞中，让大家逐渐清晰，最后成为他们自己不断为之奋斗的目标，成为日常改革实践的内在之魂。

一定要根据研究实践推进改革，不仅要求学校，同时也要求课题组发现经验与问题，提出调整的策略和可能的新方案，创造新的路径与方法。如当我发现各校在推进改革中发展差异较大时，就及时提出“中期评估”的要求，继而组织课题组相关成员认真地有针对性和创造性地设计不同于通常所见的，为推进“新基础教育”变革过程的评估方案。反思评价理论，并借助评估方案相关项目的确立和评价指标等级描述的制定，进一步理清我们在三大领域改革中期望达到的、不同层级的、可测评的语言表达。这一做法使我们的改革拓展到了评价研究领域，也为教师们提供了如何判断、评价自己日常实践中改革状态的相对具体且具有整体和层级性的指标。中期评估的实施因此而成为成型性发展中一个前后集中影响近一年，并带有持续作用的关节点，成为集中发现各校优秀、骨干教师与团队并将他们的成功经验进行推广的重要过程；成为成型性研究前后两大段，由“全·实·深”向“精·特·美”发展的分界线；成为我们发现自己对中学与小学在改革推进上的区别缺乏深入认识进而调整研究策略（尽管晚了一些，但还是意识到了）的重要资源，也使我看到了课题组整体发展状态、内部投入程度和能力差异对研究进程发展的重要影响，从而更加自警和更多要求每人增强责任意识和提高自觉，在认真投入改革的实践中实现自我完善。此后类似的颇有创意的新动作，还有精品课研讨、小学普查与中学调研，直至最后结题活动的整体设计。

决策永远具有针对性和情境性，因决策而起的新潮一波又一波，一波叠一波，这是“新基础教育”在实践中涌动的大潮，是我们在变革中起伏的心潮。我们是推波助澜者，我们又是潮的组成者，我们在潮中！这是我践行“复杂”的独特体验。更让我惊喜的是，就在这样的过程中，华东师大课题组成员与试验学校成员的关系，在未刻意的努力下，由“我”和“你”，渐渐地不知从哪一天开始变成了“我们”：我们有共同的奋斗目标，有共同的创造实践，有共生的变革经验，有共享的快乐与痛苦。我们有了一个共同的名称——“新基础人”，因为十多年来我们一起走过。

时而会遇到这样的提问：在这么长时间的研究中你有没有遇到困难、挫折？大学人员与中小学教师有无冲突？为什么有的学校没有做到底，中途退出？我通常不做展开回答。显然，说没有是可笑的，即使在课题组内部也有不同意见、态度甚至摩擦。不展开说不是为了粉饰太平，而是因为这些问题在过程中都逐渐化作智慧和进一步的发展了。若与我们走出的这一条通向新型学校的创业之路相比，那些都只是路上的小丘小坎，甚至是小石块、一阵被风扬起的飞沙。我们没有必要去放大和咀嚼痛苦，重要的是人在实践中的变化与成长，每个人对自己过去的超越。如果我们用复杂的眼光去认识这个变革的过程，那么存在着多重矛盾，有幻象、有危机、有进有退、有积极因素也有消极甚至破坏因素、有高潮有低潮，都不值得大惊小怪了。

从容地面对现实、执着地追求理想、踏实地进入实践、智慧地解决问题；不断地提升自觉，努力地回馈社会：这是“新基础教育”研究对我的最大帮助和提升。15 年的人生历程，让我策划和亲历了一个以前从未有过的复杂式研究的全过程，锻炼了自己的意志，体验了它的全部丰富性。它已经凝聚在我生命的深处，成为我精神世界独具的财富与力量。我庆幸自己从事了“新基础教育”研究，它让我存有的学术能量有了一次绽放，又孕育出新的学术能量和焕发出指向未来的新的学术生命。

华丽转身

我把 2009 年 5 月 16 日、17 日两天，先后在华东师范大学和上海市的“新基础教育”8 所试验学校举行的该项目最后一次大型结题研讨会，称为“新基础教育”研究团队的一次“华丽转身”。

“新基础教育”15 年研究中很少举行以展示为目的的大型活动，很少去与媒体打交道。我一直认为现在教育界浮华太盛，但教育恰恰是最来不得浮华之事；做事做人重要的是要做好、做强自己，而不是为取悦他人、博得掌声。“新基础教育”坚持了自己的选择，历经 15 年的磨炼、生聚，终于形成了自己的目标和创造了自己的独特。项目走到结题之时，无论是对群体内的所有教师，还是教育界的同仁，应该有一次聚焦式的开放的大型研究活动，有一次由内而外的“转身”，故我决定举行一次大型的结题活动。为了做好这次活动，华东师大课题组成员投入了成型性研究丛书的紧张定稿工作。2008 年下半学年起，各试验校一方面系统梳理、总结自己的研究实践，一方面以拿出“精品课”为抓手，在全校进一步做提升研究实践质量的日常研究。2009 年上半年，各校都将校园整体装扮一新，以迎接鲜花盛开的五月里来自全国各地的客人。

结题会上有来自全国各地的 800 多位教育界同仁，有 8 位师范大学的校长、6 位师范大学的教科院院长，还有来自中小学一线的像李吉林那样的出色代表组成的特聘评议专家组，教育学会的会长顾明远教授和谈松华等 3 位副会长都端坐在专家席。十分荣幸的是，教育部陈小娅副部长和基础教育司的郑司长，上海市的沈晓明副市长和教委领导，华东师大的俞立中校长、张济顺书记都出席了开幕式并发表了讲话。陈小娅副部长等人还自始至终用一个上午听完了我的结题报告和闵行区教育局局长竺建伟做的专题报告。在我的印象中，部级领导能耐心地听完一个普通教授做研究项目的专题报告还是第一次，我和课题组的成员都心生感动。当天下午分五个分会场举行了专题报告会，华东师大课题组的全体成员和试验校的代表组成团队，共有 34 人做了发言，并和与会代表进行了讨论。会上，发言者的从容、听者的投入都给大家留下了深刻印象。第二天，8 所学校开出了 24 节虽有缺憾但体现“新基础教育”追求的真实的课。为了不借班上课，又能以 3 个学科、1 个班队活动专题集中的方式，上海 8 所学校都承担了开放课的任务。我们通过各校动用了 16 辆车，在星期天的上午穿梭运送师生。整个活动的组织过程、涉及范围和运作方式之复杂，也是我以往研究中所没有的。但让我这个“总指挥”赞叹的是大家的默契。没有一个人反对，没有一所学校不出力，没有出任何的意外和混乱。我浸润在团队合作的精神之中，深深地感谢每一个为“新基础”、为这次“华丽转身”做出努力和奉献的用心做事的成员！除此以外，结题活动的前后，我们发表了近百篇有关“新基础教育”研究的专题文章，出版了“新基础教育”成型性研究和“生命·实践”教育学论丛共 11 本书，各校都形成了自己研究总结的论文集，这也是一次集中的“闪亮登场”。温暖的 5 月因“结题”而在“新基础人”心中留下了美好与灿烂的记忆，我们共享着 15 年坚持后结出硕果的喜悦。

在“华丽转身”之后，正式揭牌的华东师范大学“新基础教育”研究中心开始运作。我们进入了以基地学校校本独立推进、深化“新基础教育”的扎根研究阶段。华东师大研究中心的成员不再以原课题组的合作方式进入学校，而是以支持者的方式，当学校有“求”之时再介入。目的是提升学校自主、主动开展变革研究的能力，将“新基础教育”的变革精神与理念、思维方式与改革策略等系列成果之根，真正扎到学校每一天的日常生活之中，扎到教师的心中，扎到学生的成长之中。这也算是一次“转身”，但它不华丽，而是重心的转移，是再一次更为有力的“主体转身”。

“新基础教育”课题研究的 15 年以“华丽转身”打上了句号，但当代中国学校转型性变革研究的路还在创造性的实践中不断延伸……

教育基本理论

论影响人发展的诸因素及其与发展主体的动态关系

人的发展是指作为个体的人从出生到生命终止在生理和心理结构两方面有规律进行的量变和质变的过程。对影响人发展的诸因素的探讨是教育学基础理论研究中的一个重要课题，也是心理学、哲学研究十分关注的课题。在教育学的范围内，研究影响个体发展诸因素的目的不仅是要搞清这些因素是什么，它们之间的相互关系是什么，而且要确定教育与人的发展的关系，进而明确怎样才能使教育有效地促进人的发展。正因为这是一个重要的理论问题，所以众多的教育学教科书和教育家的专著都力图对此做出回答。只是这些答案很不相同，有的甚至完全对立。从历史上看，有过遗传决定论和由此引出的教育无用论，有过环境决定论和教育万能论。从 20 世纪起，人们的兴趣逐渐转移：由争论在影响人发展的诸因素中究竟哪个是决定性的因素，转向研究这些因素各起什么作用、它们之间的相互关系是什么。现在，西方的教育学和心理学著作较多倾向于承认人是在遗传与环境的相互作用中发展的观点，并把教育（学习）与成熟作为一对矛盾来研究。而在苏联的教育学和心理学著作中，倾向于把影响人发展的因素分为生物因素和社会因素；从人的发展动力的角度，又分为内因和外因，强调个体的活动与社会交往对人的发展的决定性影响，强调教育在人发展中的主导作用。就我国解放以来的教育学著作看，最初 30 年，普遍采用苏联凯洛夫（И. А. Кайров）主编的《教育学》（1948 年版）中的观点，即把影响人身心发展的因素归结为遗传、社会环境与学校教育三个方面（以下简称“三因素论”），并认为遗传为人的发展提供了物质基础和潜在可能，环境对人的发展起决定作用，作为特殊环境的学校教育则对人的发展起主导作用。近年来，我国教育理论界对这一观点展开了讨论，有些人批评它在分类上缺乏逻辑根据，思想方法上是形而上学等。但在提出新的观点时又各不相同：有的较倾向于西方学术界的观点，有的倾向于苏联学术界的观点。当然，也有人坚持原来的观点不变，只是对各因素包含的内容及其作用所做的分析更为周密、细致，并吸收了相关学科的新成果，突出了人在接受环境影响时的能动作用。

从上面的简单回顾中可以看出，对于影响人发展因素的认识，正随着心理学、生理学、遗传学、哲学和教育学的发展而不断地丰富、深化。但还有一系列的问题，如对原来的“三因素论”局限性的分析、因素分类的标准、各因素间的关系、教育的作用以及因素理论的整体结构等，都有深入探讨的必要。为此，我想谈一下自己围绕这些问题学习、思考后形成的一些看法，以就教于诸同志。

一

对我们曾广泛接受的“三因素论”究竟取修补态度还是做整体改造，这是对发展因素理论做再探讨必须回答的第一个问题。如何回答这个问题，与对“三因素论”借以建立的方法论做何评价有直接关系。如果方法论基本正确，缺陷在于对问题认识的深度和准确度，那么只要做些修改、补充就够了；如果方法论不正确，那就必须以方法论的改变为突破口，对原理论结构做整体改造。我认为，对“三因素论”适用的只能是后一种办法而不是前一种。

“三因素论”为我们提供的是一幅影响人的发展因素的平面、静态分析图。遗传、环境、教育在个体发展的全过程中，被描绘成各自始终从特定的角度、以同样的作用力影响着人的发展，各因素内部的组成也是不变的。在分析影响人的发展因素与发展主体的关系时，“三因素论”只分析各影响因素分别对发展主体的作用，不分析发展着的主体因素的反作用，不分析各因素的不同组合构成的总体对发展主体的影响，不分析各因素之间的相互作用。这样，从某一个侧面看，这些分析不无道理，但从总体上看，却把复杂、丰富、多变的个体发展与影响发展的因素间的相互作用关系大大简化和绝对化了。在方法论上有形而上学的问题，就不能真正揭示出影响个体发展的全部因素和动态关系。由此可见，即使“三因素论”的要素分类是正确的，这种在形而上学的方法论指导之下形成的理论结构也不可取，何况在因素分类上，它还存在着逻辑不清等问题。所以，简单修补是不行的，必须用唯物辩证法和系统分析法对它作结构上的改造，变静态的、孤立的、片面的、绝对的因素分析为动态的、整体的、全面的、辩证的因素分析。具体说来：

首先，应该从个体发展的全过程，而不是只从发展过程的某一点、某一阶段来分析影响发展的诸因素。例如不能把影响新生婴儿的发展因素当作影响人整个发展过程的全部因素，也不能把这一阶段中影响发展的诸因素之间的关系模式当作在个体发展全过程中都适用的模式。我们应该找出人在发展的不同阶段的影响因素和它们之间关系的模式，并纵观全过程，找出影响人发展的因素与发展着的人之间的规律性的联系和变化趋势。

其次，人的发展是多方面的，有身体的、智慧的、情感的、意志的、行为的等等。这些方面在人发展全过程中并非以同样的速度齐头并进，影响人发展的诸因素也并非对它们产生同样大小的作用。因此，研究者不能只顾及这些影响因素对人发展某一方面的作用，并由此简单地推演成普遍的模式。例如，“三因素论”对遗传、环境、学校教育在人发展中作用的评价，主要是根据它们对人智慧发展的影响做出的，但却以普遍的模式表达，这就必然产生偏颇。我们应该全面地分析诸因素对个体发展各方面的影响。如果这样看问题，就会发现这些因素本身在主体发展全过程中是变化的，它们对发展主体作用的大小是不同的，它们之间的相互关系也是变化的，而且这些变化又与发展主体本身的变化密切相关。因此，只有用相互作用的、动态的分析方法才能正确认识影响发展的诸因素，认识它们对人的发展确实起到的作用。

影响人发展诸因素的多样性及其相互间的密切联系，要求我们的研究不能只停留在一般性的因素分析上，而应做进一步的因素系统结构分析。

为了使对影响人发展因素的认识摆脱形而上学的束缚，十分重要的一点是要研究人的发展与其他生命体发展的区别，找出人的发展的特殊性。尽管我们要研究的是影响主体发展的因素，但是主体的性质决定着哪些因素能对他的发展起作用。因此，抓住发展主体本身的特殊性是使对影响因素的研究真正提高到人学水平（相对于生物学水平）的关键。

二

在具体分析各因素对人发展的影响之前，先要弄清究竟有哪些因素影响人的发展以及这些因素如何分类的问题。遗传与环境几乎是所有教育学、心理学著作中都谈及的两个方面。近年来，随着遗传学、生理学的发展，教育学、心理学对人的遗传因素在个体发展中所起作用的认识越来越深入、清晰。有些学者把遗传因素与个体的成熟机制、个体在胎儿期形成的一些先天因素等合在一起统称为生物因素，把环境因素改称为社会因素，提出了生物因素与社会因素二因素说。看来，生物因素与社会因素说比遗传因素与环境因素说更合理一些。它一方面把遗传因素扩大为生物因素，更全面地反映了发展主体的生物因素对自身发展的影响；另一方面，又突出了环境因素的社会属性，在一定程度上体现了影响人的发展因素的特殊性。但是，就总体来说，这种分法依然存在两个重要的不足：

首先，生物因素与社会因素说基本上没有超出“三因素论”的分析水平。尽管它突出了社会因素的作用，但是，无论是生物因素还是社会因素，对于发展主体来说都是不以其意志为转移的客观存在。如果把影响人的发展因素只归结为这两点，实际上仍是把人的发展完全看作一个受动的过程，是不受发展主体的活动、意识和心理等内部、外部条件控制的过程。这种看法，只揭示了动物发展的共同特征——受动性，没有揭示出人的发展的特殊性——能动性，因而也就把只对人的发展产生影响的一些特殊因素排除在外了。

为了说明问题，有必要把人的发展与动物的发展做一个简要的比较分析。

人与动物的区别首先在于人有意识和自我意识。马克思指出：“动物和它的生命活动是直接同一的。动物不把自己同自己的生命活动区别开来。它就是**这种生命活动**。人则使自己的生命活动本身变成自己的意志和意识的对象。”① 人与动物有各不相同的需要。但只有人才能意识到自己的需要，并通过自己的活动来满足需要。人不仅把周围世界当作自己认识的对象，而且把自身也作为认识的对象。人不仅能控制、改造客观世界，而且能控制、改造自己。因此，在人的发展过程中，远远不只是人先天具备的生物因素对其发展有影响，更重要的是人在发展过程中形成的、在某一发展阶段上业已达到的身心发展水平对此后的发展也有重要的影响。人在一定程度上能控制、影响自身的发展，这是每个具有自我意识的人都能切身体会到的事实。人的发展的这种自主性是人与动物在发展方面的本质区别之一。

有的同志不主张把人在发展各阶段已达到的发展水平作为影响人发展的因素之一，理由有二：一是认为人已有的发展水平说到底是由遗传和环境相互作用产生的，所以，只要举出遗传和环境两个因素就够了；二是认为强调人的主观因素对人发展的作用有点唯心主义的味道。我认为这两点理由都不能成立。影响人的发展因素有第一性和第二性之分。从这个角度看，上述第一点理由有一定的道理。但是，并不能由此推论说，影响人发展的因素只应局限于第一性的，不应包括第二性的。因为，我们现在首先要明确的是究竟哪些因素对人一生的发展实际上产生着影响，而不是分出这些因素属第几性。在一个系统中，某对象能否构成一个独立因素，主要应满足两个要求：它确实发挥作用；它与其他因素相比存在着区别，具有特殊性。用这两个要求来衡量，显然，人已经达到的发展水平能作为一个独立因素列入影响人发展因素的系统中。尽管它最初是遗传与环境相互作

① 马克思，恩格斯．马克思恩格斯全集：第42卷．北京：人民出版社，1979：96.

用的产物，但它一旦形成，就既不同于遗传，又不同于环境，正像水既不同于氢又不同于氧一样。同时，它对人发展所起的作用也与遗传和环境的作用不同。所以，这是一个不能由遗传和环境来代替的独立因素。至于怕强调主观因素会导入唯心主义，则是一种多虑。因为只要不把人的主观因素、自主性摆在决定其他一切因素的位置上，只要不用它来否定或代替其他因素，就不是什么唯心主义。相反，只有在承认人的发展具有受制性的同时，还承认自主性或主观能动性，才能在这一问题的研究上摆脱机械唯物主义和形而上学的束缚，才能使研究不停留在生物学的水平，从而使我们获得辩证唯物主义的认识。

人的发展的自主性还表现在人通过自己的活动来实现自己的发展。离开了主体的活动就谈不上任何发展，因此，主体的活动也应作为影响人发展的重要因素列出。可是无论是老的“三因素论”，还是新的“二因素论”，在分析各发展因素对人的影响时虽提到人的活动对人发展的作用，但都没有把活动作为一个独立的因素提出，只是强调了人通过自己的活动能动地接受环境的作用。这样，一方面使因素列举不全面，另一方面也没有从理论上正确反映活动在人的发展中的实际地位，因而也不可能充分揭示活动对人的发展的作用。

忽视主体的自主性、意识的能动性，是前一阶段我国心理学、教育学中存在的共同倾向，这在关于影响人发展的因素理论中反映得尤其明显。这种忽视不仅在理论上是片面的，在实践中也导致了把教育仅仅作为围绕发展主体的特殊的外部环境的片面做法，而忘记教育最主要的任务之一是组织好受教育者的活动。目前在我们的教育理论中，一方面强调学生是教育活动的主体（甚至强调到不承认教师也是教育活动的主体，把教育与发展混同起来)，一方面在真的谈到发展问题时，却又不突出发展主体的自主性，这不是一种理论思维的混乱吗?

生物因素与社会因素说的第二个缺陷是因素分类的标准不尽妥当。它主要根据影响发展因素本身的性质来分类，而且在解释这两个因素的组成时又不全面。如，把生物因素限制在主体方面，那么在环境中有没有生物性的因素呢？把社会因素局限在环境中，那么在主体方面有没有社会因素呢？事实上，对生物因素与社会因素可做两种理解：一是影响发展的因素本身性质有生物性和社会性之分，二是影响发展的因素可分为对发展主体的生物性产生影响的生物因素和对发展主体的社会性产生影响的社会因素。然而不管哪种理解，都没有揭示出这些因素在人的发展由可能性向现实性转化中所起的作用。

我以为，当我们面临的问题是对影响人的发展因素做出分类时，分类的标准首先应该是这些因素对人发展所产生的影响的性质。人的发展是不断从潜在可能向现实发展的转化过程。由此出发，可把影响人发展的因素分为两个层次。第一个层次是为人的发展提供可能的因素，称为可能性因素或条件因素，包括发展主体自身为发展提供的条件和外部环境为发展提供的条件。第二个层次是使人的发展可能转变为现实的因素，可称为现实性因素，具体是指发展主体从事的各种性质和各种水平的活动。这两个层次上的诸因素对人的发展所起的影响性质是不同级的。因此，尽管它们之间有着密切的联系，但不宜混在一起。

根据以上分类标准，可将影响人发展的诸因素用方框图表示如下：

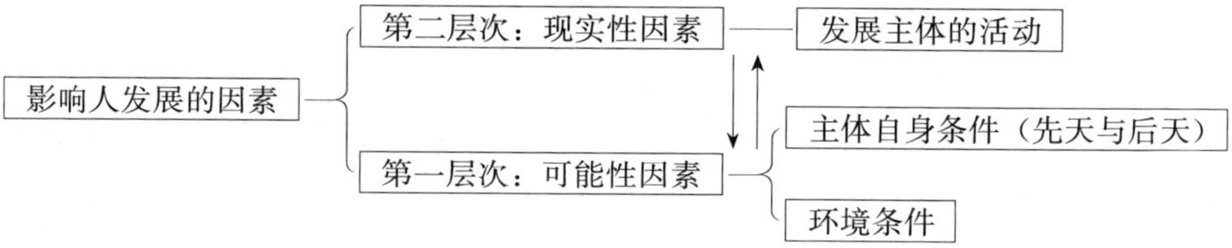

三

在对影响人发展的因素及其分类有了一个总体认识后，可进一步研究各因素的具体构成及其对人的发展的影响。

可能性因素中发展主体为自身发展提供的条件，简称为主体因素。主体因素由两大部分组成。一部分是先天因素，主要包括遗传、个人天赋及制约有机体生长发育的成熟机制等，它们是人与生俱来的、第一性的。另一部分是后天因素。它是主体出生以后，在发展过程中逐步形成的个体身心两方面的特征。从发展过程的一个横断面来看，它包括这一阶段中主体的身体生长发育水平与健康状态，智慧、情感、意志、行为发展水平，知识、经验水平，对事、对人、对己的倾向性态度，等等。显然，后天因素在个体不同的发展阶段处于不同的发展水平，是一个不断变化着的因素。与先天因素相比，后天因素可以说是派生的。它最初是由带着全部先天因素出生的主体与环境相互作用的产物，在每一阶段上表现为前一阶段发展的结果。但是，这个结果一旦形成，就成为影响后一阶段个体继续发展的不可忽视的独立因素。

先天因素对人发展的作用，教育学中都谈到过，在此不做赘述，只想根据生理学、心理学的研究成果强调下列几点：

第一，对先天因素在人发展中作用的研究还需加强。过去，由于批判遗传决定论，只强调遗传对人发展不起决定作用，忽视了对先天因素在人发展中所起作用的深入研究，使我们至今对这一问题的认识还十分粗糙，也使教育、培养人的工作不能完全建立在科学认识的基础上，结果往往是事与愿违、事倍功半。如在学校中就有一方面学生的负担超负荷，另一方面学生的潜力又没有得到充分发挥的事实。要改变这种状况，教育学就应注意吸收脑科学和神经生理学研究的成果，加强研究人脑和神经系统活动的类型、规律与人的发展的关系，研究脑和神经系统的发展与其他器官发展的关系。同时，应从整体上研究人生长发育的成熟过程，掌握各种能力发展的关键期及其相互关系。教育者只有把教育对象所具备的先天条件和机体发展的规律认识清楚了，才能不干出违背规律的蠢事，使各种不同先天素质类型的学生的潜力都得到充分发挥；才能在教育活动中既保护大脑这个人类思维最重要的器官，又充分发展大脑的潜力。

第二，先天因素对人发展影响的大小，与其本身是否符合常态有关。特殊的天赋条件或突出的先天性生理障碍、难以治疗的先天性疾病、十分衰弱的体质或身体外部特征的畸形等，对人的发展会产生重大的，甚至是决定性的影响。

第三，先天因素对人各方面发展的影响是不平衡的。对同一家庭中养育的遗传条件相等的同卵双生儿间的差异和具有不同遗传素质的异卵双生儿间的差异的比较研究表明：在眨眼反应、电反射等生理心理机能方面，遗传制约性强；在智力、知觉、手腕运动、注意、记忆、推理等智力机能方面，遗传的制约性弱；在生理心理机能需要有意志力控制的反应中，遗传制约性也是弱的①。也有人认为低级的生理机能多依赖于遗传与成熟。把这点与上述第二点联系起来看，可以得出这样的认识：在一般地确认遗传对人的发展不起决定性作用的同时，还要注意具体情况具体分析，不能一概而论。

第四，先天因素在人发展不同阶段上产生影响的大小是变化的，其总趋势是减弱。在婴幼儿阶段，在人体发育过程的质的飞跃阶段，先天因素的影响相对较大。但是随着遗传素质在人的发展中由潜在因素部分地逐步转化为现实因素，随着机体成熟度和身心发展水平的提高，尤其是随着人自我认识和自我控制能力以及人的活动水平的提高，先天因素的影响就会相对减弱。苏联心理学家鲁利亚（A. P. Лурия）对双生子的比较研究表明，随着年龄的增长与人的心理过程的复杂化，到了学龄中期，某些复杂的心理活动形成几乎完全失去了与遗传因素的联系。

主体因素中的后天因素是人发展中体现人能动性的重要方面，它构成了人的内部环境，这种内部环境对人发展的影响主要表现在下列几个方面：

---

① 大桥正夫．教育心理学．钟启泉，译．上海：上海教育出版社，1980：22.

第一，影响人对周围环境的选择和作用方式。人生活在环境中，但并非环境中的任何事物都被人意识到。常常会出现视而不见、听而不闻的状况。产生这种现象的直接原因是人不仅处于一定的外部环境中，而且也处在一定的内部环境中。这种内部环境主要是由人已经达到的身心发展水平决定的（当然还受当时心理状态的影响）。它支配着人对客观事物的态度，决定他注意什么，不注意什么；对什么采取积极的行动，对什么采取回避态度。正像心理学家勒温（K·Lewin）强调的那样，一个人怎样认识他的环境，取决于他的成熟程度、知识和目的①。人过去形成的经验、认识、能力、态度影响他对环境的认识和选择，从而也影响其今后的发展方向。

苏联心理学家列昂节夫（A. H. Пеонтьев）把环境、事物对不同人或同一个人在不同发展阶段所具有的不同意义称为“个性化含义”。这种为人所特有的对待客观世界的态度，使人真实生活于其中的环境不同于全部客观存在的外部世界，而是被其关注、认识和利用并带有个人情感、意志色彩的世界。这是一个内部与外部交融在一起的世界。这样的世界对于每个人来说是不同的，它使处在相同环境下的不同个体选择不同的发展方向。

人在发展过程中已达到的不同水平，影响他对客观世界作用的方式和接受客观世界作用的方式。瑞士心理学家皮亚杰（J. Piaget）对儿童心理发展的研究表明，不同年龄阶段的儿童有不同的认识世界的结构和不同的道德判断的依据。对儿童来说，外界刺激的输入要通过一个内部已有结构的过滤，并以改变了的形式被吸收同化。当内部结构对某些外部刺激不能同化时，就会产生结构的变化，逐渐形成新的结构。不同结构的变换构成了儿童的认识发展过程，而结构变化的程序是固定的。这也说明了前一阶段的发展是后一阶段发展的基础。皮亚杰的理论从儿童发展过程的一般意义上揭示了已经达到的发展水平与即将实现的发展水平之间的内在联系。从个体差异的角度看，每个人对客观世界的认识方式和作用方式，都受到他已经形成的思维模式和行为习惯的影响，表现出个体的特征。

以上主要说明个体的过去对今后发展的参与。这种参与作用的强弱一般与过去发展的水平成正比。人的智力发展水平越高，从周围世界中吸收到的东西也越多；人的过去经历越丰富，他对现实的认识、感受也越丰富。相反，如果在前一阶段发展中存在着什么缺陷，也会对后一阶段的发展带来相关影响。然而，人过去获得的经验、认识和形成的态度并不是一成不变的，也不是以简单累加的方式

---

① 比格．学习的基本理论与教学实践．张敷荣，等译．北京：人民教育出版社，1990：252.

影响今后发展的。它们对今后发展所起的作用不完全相同。其中有的成了今后进一步发展的条件，有的为今后的发展提供方式，有的在发展中获得了新的意义和功能，有的却丧失了意义和功能，还有的在新的条件下产生了新的综合。但是，过去的一切越丰富，为人今后发展提供的可能越多，从这个角度看，它们的作用是一致的。

第二，当人的发展水平达到不仅能认识客观世界，而且具有清晰的自我意识和自我控制的水平时，人能有目的地影响自己的发展。在这种情况下，人把自身的发展当作认识的对象和自觉实践的对象，从真正的意义上成为自己发展的主体。

人对自己发展的控制表现在两方面。一方面，人在认识个人与社会关系的前提下，不断地为自己的发展创造条件。另一方面，人勾勒着自己未来的前景，并根据自己的追求决定自己的行为，一步一步地为实现自己理想的人格、能力而奋斗。此时，不仅人的过去参与、影响今后的发展，而且人对未来的自觉追求也影响今后的发展。这种自觉追求，是人的主观能动性在影响人的发展方面的高度体现。

与先天因素在人发展过程中影响大小的变化趋势相反，后天因素对人发展的影响随着人的发展水平的提高而逐渐增强。其中关键性的转折点是独立的自我意识和自我控制能力的形成，它使人对自身发展的影响提高到自觉的水平。我国古代教育家孔子在总结自己的人生经验时已经直觉到这一点："吾十有五而志于学，三十而立，四十而不惑，五十而知天命，六十而耳顺，七十而从心所欲，不逾矩。"① 这是对世界和自我的认识、控制能力不断提高，最终达到自觉程度的写照。

综上所述，影响个体发展可能性的主体因素是一个复杂的综合体。对于它的构成因素，由不同的划分标准可以有多种表述，例如，生物性的和社会性的、生理的和心理的、先天的和后天的、非自主性的和自主性的，等等。这个综合体的内部结构和对个体发展的影响随个体本身的发展而变化着、互相渗透和转换着。前一阶段的发展结果转化为后一阶段发展的原因，遗传的潜在因素转化为现有发展水平因素，而现有发展水平因素又对潜在因素实现的可能性产生作用，如此等等，构成了一个复杂的、呈现出一定变化趋势的动态结构。总之，主体因素为每个人的发展提供了多种可能性，并赋予人在一定条件下主宰自己命运的可能。

---

① 孟宪承．中国古代教育文选．北京：人民教育出版社，1979：17－18.

四

环境是人赖以生存和发展的客观条件，它为人的发展提供了多种可能性，也做出了一定的限制。关于环境对人发展的作用，教育学中都有论述，我想进一步阐述的有下列四个方面：

首先，有必要把影响人发展的环境从范围上分为大环境与小环境。大环境是指发展主体所处的总的自然环境与社会环境。其中的社会环境是指当时整个时代的发展水平，如所处国家的政治经济制度、经济发展水平、民族文化传统与科学文化发展水平以及教育的性质、制度与发展水平等。它们为人的发展提供了总条件、总背景。小环境是指与发展主体直接发生联系的自然环境与社会环境。小的社会环境就范围来说涉及主体所在的家庭及其居住区、学习单位或工作单位，就内容来说涉及为主体提供的物质财富、精神财富和与主体相关的人与人之间的关系。

过去在教育学的研究中，往往只注意小环境的作用，而忽视大环境对人发展的作用。如在我国的教育学中，很少研究自然经济和商品经济对人的心理发展的不同影响。在社会发展较缓慢的时期，这一忽视不会带来太大的问题，但当社会发展处于迅速变化的时期，这一忽视就可能给教育工作带来混乱。迅速变化的时代本身为教育和人的发展提供了新的条件，带来新的影响，也提出了新的要求。社会通讯、信息传递手段的增加和传递速度的加快，又使大环境对人，尤其是对年轻一代的影响迅速扩大。如果看不到这一点，或者不去自觉地研究这些变化，教育者由于受到自己在过去时代形成的知识、能力和眼界的局限，往往会把自己的认识而不是时代的需求作为标准去衡量、要求学生，教育就会与时代的发展脱节，或者不能找到解决时代提出的新问题的新方法。

大环境与小环境不是互不相关的平行的两大部分。从空间上看，它们是整体与部分的关系；从内在联系上看，它们是一般与特殊的关系；从对人发展的影响看，它们是间接作用与直接作用的关系。总之，大环境渗透于小环境之中，小环境包含在大环境之内。它们对人发展的影响可能是一致的，也可能是不一致的。这种不一致可能表现为小环境优于大环境，也可能相反。因此，教育学应把两种环境区别开来进行研究，并进一步探索怎样处理好大环境与小环境之间的关系，正确认识大环境的性质、特点与发展趋势，按时代发展的方向控制小环境，使小环境与大环境对人的影响朝着正向趋于一致。

其次，小环境对人的发展起的作用可以分为两个方面：一方面是为人的发展提供各种活动的条件，可称为条件因素；另一方面是为人的活动提供各种直接对象，可称为客体因素。在这两者中，客体因素对人发展的影响最直接。主体通过活动把客体内化为自身的发展，客体因素以改变了的形式构成主体身心发展的实体。如食物经消化转化为个人身体的生长，科学文化经学习转化为个人的学识、智慧与才能，道德规范转化为个人的道德行为，等等。因此，教育学在研究环境因素时要注意改善条件因素，但更要注意改善客体因素，保证给发展主体提供各种必需的、优质的“食粮”，尤其是精神“食粮”，使主体能健康成长。

再次，环境在人的发展过程中同样是一个变量。它对人发展影响的大小也是变化的。环境成为一个变量，主要是因为环境本身，无论是大环境还是小环境，自然环境还是社会环境，都是不断变化的；此外，主体的需求水平与活动能力也在不断变化，从而带来主体活动范围与指向上的变化。如人在童年时期，活动能力不强，视野不广，其活动天地就较狭窄。到了青壮年时期，人的经验丰富，视野开阔，兴趣广泛，精力充沛，其活动天地也就大大扩展了。当人进入老年期后，随着体力和各种活动能力的减弱，人的活动天地又相对缩小了。环境对人发展影响的大小与主体发展水平、独立性和自主性成反比。人的独立、自主能力越弱，受环境的影响、制约越大；反之，人的自主性和独立性提高了，他就能正确利用环境中为自己发展提供的积极因素，控制消极因素，甚至更进一步，为自己的发展创造有利条件，与消极因素做斗争，变不利因素为有利因素。正因为如此，顺境与逆境都可能成为促进人发展的因素，也都可能成为抑制人发展的因素，关键在于主体对环境的认识和自觉运用的能力。

最后，在教育学中通常把教育当作特殊的环境，这种看法有一定的片面性。应该说在环境中包括一部分教育的因素，如教育制度、学校为学生提供的物质条件、教学内容和师资条件等。但不能把全部教育只看作为人提供了一种特殊的环境。这不仅是静态的认识，而且是只从教育者的角度看教育对受教育者作用的性质。如果我们不仅从教育者的角度，而且从受教育者的角度来认识教育对人发展的作用，就会清楚地看到，教育不仅为发展主体提供了特殊的环境，而且是其生活中的一个特殊的活动领域。

总之，研究环境对人发展的影响，不仅要注意构成环境因素的各方面的变化和相互关系，而且要注意环境因素与主体因素变化的相关性，并使其协调。影响人发展的可能性因素中，环境因素和主体因素是密切相关的，某一部分的变化会带来另一部分的变化。它们通过相互作用实现相互渗透和转化。在这些变化中，主体的变化带有主导性。教育学只有研究这些关系的性质与变化规律，才能在为人的发展提供充分可能性的研究中得出科学的结论。

五

可能性因素为人的发展提供的是多种可能，但要使可能最终成为现实的发展只有借助于个体的活动才能实现。正是在使个体发展的各种可能变为特殊的现实发展的意义上，可以说个体的活动是个体发展的决定性因素，没有个体的活动就谈不上任何发展。

个体活动的内容可按其性质分为三个不同的层次。第一层次是作为生物体所具有的生命活动。有生命的人的生命活动无时无刻不在进行着，它是人类进行一切其他活动的前提。在常态下，虽然生命活动按机体整体活动的节奏在自动进行着，并不被活动主体意识到，然而，它是确实存在着的。一旦机体的某一方面出现障碍，或者生活的自然环境发生急剧变化，生命活动的正常与否就对人的整个身心发展产生影响。第二层次是人作为人类个体所特有的心理活动。人通过各种形式的心理活动获得了对世界和自己的认识，形成了各种心理活动的能力和独特的个性。第三层次是人作为社会成员所从事的各种社会实践活动。它在人的一生中十分丰富多样，而且是人的心理活动产生的源泉。人对自己和环境的认识、改造都通过社会活动实现。社会活动的范围不断扩大，内容不断丰富、深化和系统化，人的身心发展水平也不断提高。教育正是发展主体所从事的社会活动中的重要组成部分。显然，这三个层次的活动对于人的发展来说都必不可少，而且相互依赖和渗透。人的生命活动和心理活动渗透在一切社会活动中，人的一切社会活动又都受到生命活动和心理活动的影响。

从个体活动的形式来看，有外部活动与内部活动之分。外部活动表现为人体各外部器官的各种动作。通过这些动作，人一方面从环境中获取满足自己需要的对象，一方面把自己的目的、意愿外化和物质化，改造旧的环境，创造出新的环境和财富。人在活动中所必须进行的各种动作按活动的目的和顺序相互协调，形成系统。其中最基本的动作通过反复实践达到自动化的程度。内部活动是指人的心理活动和人体内部器官的生理活动。人的心理活动是把物质对象转化为意识的活动，也是把外部活动过程转化为思维过程的活动。它具有认识外部世界和控制主体活动的作用。在人的生活中这两种形式的活动是同时存在和密切联系的。它们是人与环境相互作用的特殊形式。人通过这两种形式的活动，实现了自身与环境之间的物质和精神的变换，并在这个变换的过程中实现自己的发展。马克思在

《资本论》中分析了劳动这一实现人和环境物质变换的活动对人发展的意义。他十分精辟地指出："为了在对自身生活有用的形式上占有自然物质，人就使他身上的自然力——臂和腿、头和手运动起来。当他通过这种运动作用于他身外的自然并改变自然时，也就同时改变他自身的自然。他使自身的自然中沉睡着的潜力发挥出来，并且使这种力的活动受他自己控制。"[①] 人与环境的精神变换的重要途径是个体通过对人类共同创造的精神财富——科学文化和社会其他意识形态的掌握，实现自己精神世界的发展。这个掌握精神财富的过程也包含着对外部活动与内部活动以及两种活动的转化。

皮亚杰从个体认识发生学的角度研究了活动在人发展中的作用以及外部活动与内部活动的关系。在《儿童心理学》《发生认识论原理》等著作中，他不止一次地指出：人的认识的形成，最初起中介作用的并不是知觉，而是可塑性要大得多的活动本身。儿童最初分不清主体与客体，他只有自发的动作。只有当他在自由地调节自己的活动时无意识地达到了目标，才肯定了自己的存在，把自己与环境区分开来。皮亚杰还认为主体动作的协调一方面使他体会动作之间的排列顺序和联系，成为逻辑数学结构所依据的一般协调的最初形式。另一方面，由于一定的动作协调能达到一定的目标，它就成为在感知上形成因果性结构的一个起点。由此构成的前语言智力，成为语言获得、社会交往与相互作用的先决条件[②]。可见，人的外部动作是人的发展的起点，人的内部思想活动是外部活动内化的结果。

苏联心理学家加里培林（Л. Я. Карибьтлин）对儿童智力形成过程的研究也说明了这一点。他认为，个体发展的主要方式是掌握人类所积累起来的经验。认识过程是变客观经验为主观经验的过程。人的智力发展与他学什么、怎样学密切相关。在分析学习的过程时，他强调学习是一个活动系统，其中心环节是作为学习活动单位的动作。从这样的观点出发，加里培林对动作的结构、发展阶段、功能与特征作了系统分析，得出儿童对事物的认识由定向开始，经过物质化阶段（关键是手的动作的参与）、出声的外部语言阶段、不出声的内部语言阶段，最后才达到智力阶段的结论。人的外部活动的动作结构能转化为内部的认知心理结构，主要是因为外部活动与内部活动具有同构性，神经心理学的研究已经证明人的外部活动与内部活动有相同的程式和生理机制。

以上内容说明人的发展的实现一定要通过个体的活动，没有活动，环境与发展主体之间就不可能发生相互作用，也就谈不上任何发展。那么，活动对人发展

① 马克思．资本论：第1卷．北京：人民出版社，1975：202.

② 皮亚杰．发生认识论原理．王宪钿，等译．北京：商务印书馆，1981："第一章".

作用的大小取决于哪些因素呢？

第一，取决于活动的重复程度。人只有通过一定程度的重复活动，才能形成熟练的基本技能和技巧，也才能从具体的活动过程中抽象出活动程式和结构，并转化为思维的心理结构。活动的一定程度的重复，使人能看清事物间的本质联系，使认识不断深化。同时，只有在掌握了较低水平的活动技能、技巧后才能向高一级的活动发展。可见，活动的重复度是保证活动对人产生影响的重要方面。当然不能由此得出结论，每项活动重复次数越多对人的发展越有利。重复不是目的而是手段。重复的次数应以目标的实现为准。对具体活动重复度的研究应能为提高教学效率、控制作业量提供科学依据。苏联教育家苏霍姆林斯基在他的教育实践中注意到了这一点。

第二，取决于活动对发展主体提出的要求与主体现有发展水平之间的差异度。只有高于发展主体现有水平而又是发展主体可能进行的活动，才能有效地促进主体发展。这里同样有一个怎样才算适度的具体问题需要做深入细致的研究。如我国天津市儿童保健所李惠桐通过对三岁前儿童早期教育开始年龄的研究，提出三岁前儿童学习或训练（掌握某一新的活动或动作）以成熟早期（该年龄段中10%幼儿已掌握）为好①。他的结论是具体的，但课题涉及求最佳差度，这是值得各级学校研究的共同问题。

第三，与活动本身的组织水平有关。活动目标越明确，步骤、手段越具体，主体越易掌握活动的结构。

第四，与活动中主体的自觉程度有关。主体从事活动的动机越强烈，目的越明确，在活动过程中越自觉地注意对自身行为的反馈与调控，活动结束后越深刻地总结经验教训，并以此作为下一次活动的借鉴，主体在活动中所获得的东西就越多，成长就越快。这也是为什么参加同样活动的人会有不同收获的原因之一。

第五，活动的成效也是影响因素之一。如活动取得成功，不仅使主体追求的目标变为现实，需求得到满足，而且使主体看到了自己的力量，自信心倍增。还会使人产生新的或更高的需求。活动不仅成为满足人需求的手段，而且会创造出新的需求。人的需求水平的不断提高正是推动人发展的重要内部动力。当然，活动的成功也可能导致人的自满，但从总体上看，由于内外因素的作用，在人的发展过程中因自满而妨碍发展的情况不会持续不变。

---

① 李惠桐．关于三岁前儿童早期教育开始年龄的商榷．教育研究，1984（4）．

最后还要提及的一点是，活动对于人的发展来说，也是一个不断变化的因素。在人的一生中，不仅活动的范围在不断变化，活动的性质也在不断变化。人生每一阶段中的主要活动构成了这一阶段发展的“主旋律”。如人在幼儿期以游戏为主，无所事事是孩子的特权，他们生活在欢乐、生动的形象世界中。而童年至青年初期，学习、受教育是活动的主要内容，这一时期也是人的发展最迅猛的时期。

至此，我们对影响人发展的因素从两个层次、三个方面作了分别阐述。不难看出，这些因素中的每一个对于人的发展来说都是必不可少的，然而又都不是充足条件。只有在它们之间发生联系构成整体后才成为人的发展的充足条件。它们之间的相互关系并不是并列的或者从属的关系，而是相互渗透、转化，互为因果、互相作用的关系。这使影响发展的因素系统也随着主体的发展不断变化，呈现出错综复杂的动态结构。若用图式可简单表示如下：

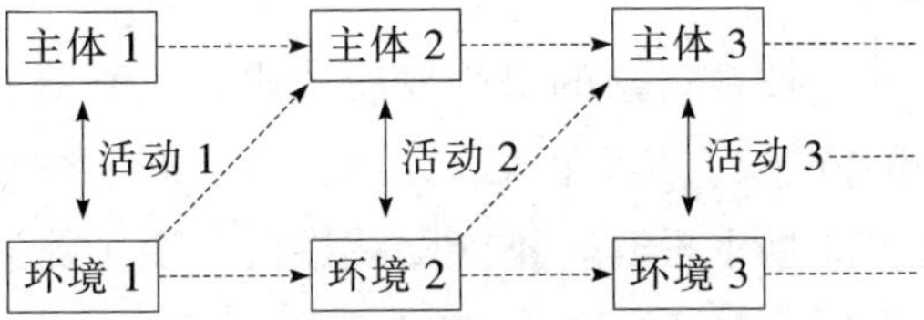

图 1　动态结构图

注：1、2、3 分别表示主体发展的不同水平和相应的环境、活动变化。

六

在排列影响人的发展因素时，没有把教育列为一个独立的因素，并不是企图贬低教育在人的发展中的作用。相反，我认为教育，尤其是学校教育，作为专门培养人的有目的、有系统、有组织的社会活动应该在人的发展中起主导作用。不然，我们为什么要办学校呢？然而，并不能由此得出这样的结论：必须把教育作为影响人发展的独立因素。这是两个问题。从上述分析中可以看出，学校教育是特殊的环境和特殊的活动，是影响人发展的环境因素和活动因素的组成部分。学校教育能否对人的发展起主导作用，不仅取决于它本身的水平，而且取决于它与其他环境、活动影响之间的协调。如果不加任何条件地绝对肯定学校教育对人的发展起主导作用，则把复杂问题简单化了。纵观历史和现实，我们可以看到，学校教育至少不是在任何时代、对任何人、在人发展的任何方面和任何阶段都起主导作用。正因为如此，我们应该研究的是这样的问题：在满足哪些条件以后，学校教育能对人的发展起主导作用。这就需要对影响人发展的因素系统有正确的认识，并从学校教育与它们的关系中来研究这一问题。这样也许对实践更有意义。人们不能只满足于办学校，认为只要办了学校就能主导人的发展，而是应该研究办怎样的学校和怎样办学校才能促进人的发展。

我认为要使学校教育对人的发展产生有效的直接影响，至少应该满足以下条件：

（1）学校教育要符合社会发展的方向，反映人类发展的当代水平。与社会发展方向相反的学校教育是保守的，有的甚至是反动的。它不但不能有效地促进人的发展，甚至会对人的发展起压抑破坏的作用。

（2）学校教育要能影响、协调其他与人发展有关的因素，使相互的作用方向能大体一致，作用的方面能互相补充。否则，因素内部的矛盾会造成作用力的内耗。当学校教育的力量不足以抵御相反方向的作用力时，学校教育就会处于失败的境地。

（3）学校教育要符合教育对象的身心发展规律，要弄清教育对象的已有发展水平和明确未来发展的方向。只有深入研究教育对象的学校才能有的放矢地进行教育。在这个问题上只能顺水推舟，不能随波逐流，更不能逆水行舟。

（4）学校教育不仅要为受教育者创造适宜的环境，更要组织好他们的活动。应在仔细研究主体因素和环境因素提供的可能性的基础上，精心设计有利于主体发展的活动，并激发主体参加活动的积极性，提高其在活动过程中自我反馈的意识与能力。

（5）学校教育要注意培养受教育者自我教育和自我控制的能力，识别、控制、利用、改造环境的能力，只有这样，学校教育在主体身上产生的影响才能持久地发挥作用，以至对主体一生的发展起主导作用。否则，学生离开学校后，就可能发展缓慢，或者缺少不断更新的能力，或者缺乏抵御外界消极影响的能力而被社会中的各色环境所改造。学校教育对人发展的主导作用，不是只体现在使受教育者于最短时间内达到当代社会对人的要求上，更主要的是应体现在学校教育为人一生的发展奠定坚实的基础，为他的继续发展创造条件上。

以上论及的是学校教育对受教育者的直接影响的一面。此外，学校教育还能对受教育者起间接影响。当我们分析、研究了影响人发展的因素系统后，就可能考虑到使学校教育产生横向的影响，用学校教育的力量去影响其他作用于人的发展的因素。这方面首先是对家长的影响。学校应该向家长普及有关优生优育的知识。也可以考虑在学校教育的高年级为未来的父母开设这方面的课程，使每个人都懂得个体形成和发展的过程，提高对人自身发展规律的认识。现在我们学校的课程重视了人类发展史的教育，但对个体发展史的教育却未重视，致使青年一代，甚至是受过高等教育的青年，直到自己当了父母，还不懂得个体发展的过程与规律，对优生优育的知识知之甚少。现在的父母，大部分还是根据个人的习惯与好恶、长辈的经验、一星半点的知识在养育儿女。这使家庭教育的质量处于较低的水平，并常常成为与学校教育对抗的力量，给学校教育带来许多“再教育”的困难。可见，如何化对抗力量为协作力量，实在是提高教育效能的一个十分重要而迫切的任务。其次，学校教育也应对校外的各种社会因素施加影响并合理利用。教师的眼睛不能只看着校内，同时要看校外；学校不仅要与社会生活密切相结合，而且要对社会施展教育影响。提高各种社会因素的教育作用，也是教育对人发展起间接影响的重要方面。当然，间接影响又是与直接影响相关的。它能提高直接影响的效果。

综上所述，在研究影响人的发展的各种因素时，我们应该考虑各因素之间的不同组合与结构，归纳出几种基本的结构类型，然后针对各类型的特点及其优势与劣势，立足于最大限度地、最有效地促进人的发展，研究教育的对策、步骤、措施、手段，使学校教育真正起到有目的、有系统、有组织地促进人的发展的作用。在这里，只有因素分析还不够，要进行结构分析：一种标准结构不够了，要研究可能存在的多种结构。如，在其他因素基本相同的情况下，主体的已有发展水平处于低常、超常、常态等三种不同情况，就要采取不同的教育对策。显然，由此得出的结论必然不是无条件的、绝对的，而是有条件的、相对的。它看起来也许没有用形而上学的观点得出的结论简单、明快，具有稳定的、万能的架势，然而，如果事物本身就是复杂的、变化的，那么，这种简单、稳定、万能的结论又有什么价值呢？它既不能说明什么，也不能指导解决什么。只有对复杂的、与人和社会有着千丝万缕联系的、处在经常变化条件下的教育现象做深入、细致、全面的分析与研究，才能使我们的教育理论丰富、发展起来，摆脱空泛的状态。这是一项十分艰巨而又亟须进行的工作。

本文发表于：《中国社会科学》，1986（3）；论文发表当年，被中央教育科学研究所主编的《教育文摘》第12期、18期先后两次摘登；1989年该文获得中国教育学会成立十周年首次评出的优秀论文一等奖；并先后被辑入：刘佛年主编的《回顾与探索》（华东师范大学出版社，1991），瞿葆奎主编的《教育学文集·教育与人的发展》（第二卷）（人民教育出版社，1993）。

基础教育与学生自我教育能力发展

（上）

本课题的研究是从理论和实践两方面开展的。我们认为，作为一种试验，若无新的理论假设，就无真实意义的试验。理论探究、形成假设在先，用新的教育思想、理论指导操作性实践在后，试验的主要目的是探索如何把新的教育观念转化为教育实践，检验理论的可行性和有效性，这是本研究最主要的特点。

教育界有的研究人员曾尖锐地指出：我国不少教育实验研究贫乏的不是方法，而是无新意的理论做指导。我们的研究是为改变这种贫乏作的有意识努力。立题前，课题组成员对有关问题已经各自从心理学、教育学等方面作了探究，也发表了一些论文，立题是已有认识需要深化的产物。课题研究的发展，基本实现了把以往不同方面的理论研究沟通和综合起来，进一步引向深入的目的，最终形成了有关“基础教育与学生自我教育能力发展”问题的较系统的理论认识。我们认为，这是本课题在理论探究方面的主要推进。现将其中的主要方面阐述如下。

一、“自我教育”结构的层次和类别

“自我教育”一般指人自己教育自己，它是教育过程中教育者与受教育者集于一身的特殊形态。这是得到大多数人公认的见解。但若再进一步深究“自我教育”的结构和类型等问题时，就有各种不同的或者不很清晰的回答。然而，这却是本课题必须做出清晰回答的第一个问题，于是，“自我教育”的结构与类型研究就成了我们理论探究的起点。

首先，我们不是从“自我教育”内容的角度（如把自我教育当作道德的自我完善或自学、独立学习等）去分析自我教育的结构，因为如若这样，必然会得出各种内容的自我教育的规定，且永远无法穷尽、无法统一，也无助于对“自我教

育”本身认识的深化，我们是从活动，即把自我教育作为人的一种有意识的活动来认识，从活动的角度去分析结构。这一认识角度的变换，使我们避开了其他人曾经陷入的误区，开始了自己的探索历程。

众所周知，教育活动的结构在形式上必然包括目的、对象、内容、方法与途径等方面，其中起定向性作用的是目的。自我教育作为一种特殊的教育形态，其基本结构不会跳出这个框架，需要进一步分析的是特殊在哪里。我们从目的与对象两方面结合起来进行分析，发现自我教育在目的与对象上有表层与深层的重大区别。表层的自我教育指受教育者独立进行的学习活动，也是我们通常意义上讲的自学。它与常见的教育活动具有共同点，活动的直接认识对象指向外部世界，认识的直接目的是掌握外部世界现存的知识或其他。这类过程可能在有意识的实践中产生。它们与教育活动的区别仅仅是在受教育者与教育者是否“二位一体”上。深层的自我教育则是受教育者以自我认识为基础的自我发展。其认识对象指向自身：或是自身的某种、某方面的状态及自身的整体状态，或是指向自己外部行为的内部状态和内心世界。认识的直接目的是改变、发展或完善自己。这里的完善，不只像有些人理解的那样局限于道德，它可以是多方面的（如指向思维能力、思维品质、心理健康状态等）或整体性的（如指向个性与人格）。由此可见，第二层与第一层自我教育有内、外两个相反指向的直接认识对象和不同层次的目的，它们之间相关，但不能相互替代；与教育活动的区别，也不仅仅在于教育者与受教育者是否“二位一体”，它还把“第三者”——教育过程中的直接认识对象（通常称为教育内容，或称教育活动中的纯客体）也指向受教育者本身，呈现出“三位一体”的独特状态。其活动的主要机制是“反思内求”。可以说，这是最完整意义上，也是最典型的自我教育。以上分析，使我们看到了多种结构形态的自我教育，而不是笼统、统一的自我教育；看到了各种形态自我教育之间的区别，各自的独立性和相互间的不可取代性。可用简表列示如表1。

表1　　自我教育结构的层次与类别

	表层		深层	
	第一类	第二类	第三类	第四类
直接认识对象	外部世界中已有的知识或新技能等	在改造外部世界中遇到的新事物、新问题	主体外部活动的内部心理过程、状态	主体内部世界（部分或整体状态）
目的	掌握知识与技能	解决实践中的困难与问题，形成经验或理性认识	调节内部状态，发展自己，更好完成外部活动	认识自己、发展自己、完善自己

续前表

	表层		深层	
	第一类	第二类	第三类	第四类
承担者	学习主体与教育者“二位一体”	实践主体与教育者“二位一体”	认识主体与认识对象、教育者部分“三位一体”	认识主体与认识对象、教育者“三位一体”
活动主要动机	独立对外在知识或技能由感知、理解到掌握、运用	独立对外部对象进行分析、研究，寻找解决问题的途径	反思与活动相关的心理状态与过程，寻找改善、提高的途径	反思自身的精神和心理世界的状态，寻找发展自我的途径

我们认为，把“自我教育”的结构分为表层与深层，区分出四种类型自我教育的结构特点是我们理论研究推进的第一个方面，也是基础性的方面，在此基础上才有可能进一步研究它们之间的关系和确定本课题的研究重点。

从上表可以看出，四类自我教育的排列，实际上反映了一个人从接受外界教育逐步过渡到完全意义上的自我教育的一般发展过程。每个人初到人世，对世界只具备先天的反应方式和能力，故婴儿对外部世界的适应不能没有成人的照料、扶助和示范，婴儿在与成人的交往中逐渐形成适应周围世界的能力，这就是最宽泛意义上的受教育。进入学习期后，儿童必须进行有意识的学习活动，先接受教师的指导，逐渐学会独立学习人类已有的知识，进而在实践中学习解决问题的方法，再向前就会指向自我完善与发展，先是与外部行动相关的自我反思，而后是更纯粹意义上的自我反思。人只有形成了自我反思和自我发展的机制，才算具备了自主发展的内部条件。如果教育要培养不仅能认识、把握外部世界，而且能认识和把握自己内部世界的真正能自立的人，那么，就不能不注意完全意义上的自我教育之意识和能力的培养。

遗憾的是，尽管中国古代教育有重视人的行为训练、道德修养和反思的传统，但随着近代科学的发展，西方教育思潮在我国学校教育中优势地位的确定，逐渐导致我国近代教育在否定古代教育狭隘和局限性的同时，在强调科学教育以及人认识外部世界和掌握、改造外部世界的知识与能力的重要性的同时，忽视甚至丢弃了学校教育在培养人完全意义上自我教育能力的重要任务。从而把学校教育的复杂过程和多重任务，简化为已有知识的传递和技能的训练，把学生当作简单的接受对象。这种教育观念的影响因它渗透到日常的教育活动中，成为自然而然的、不受怀疑的教育行为。在教育学的教科书中也是如此，教育学研究的是教师怎样教学生认识外部世界，不研究怎样让学生学会认识、把握和发展内心世界。教育学缺少了如何教育人形成、丰富和发展自我的重要“另一半”。总之，教育理论和实践都出现了严重的偏误。

近十年来，教育改革的实践和研究，逐步转向学生主体，研究学生的学习过程，研究怎样发挥学生在学习中的主体作用，即如何使他们积极、主动地学习，学会学习方法，成为学习的乃至学校的、生活的小主人，不少人把这称为“自我教育”。无疑，这是一个重要的转变和进步。然而，又是不完全的。大量的研究还只集中在表1所列的表层第一类的自我教育水平上，远未深入到深层第四类的水平，甚至连这样的问题也没有提出，更没有研究从教育到表中所列的四类自我教育所必经的环节和必须的条件，故也不会提出怎样在学校教育中培养学生完全意义的自我教育能力问题。正是看到了问题的重要和现实的不足，我们提出了研究学校基础教育如何培养学生自我教育这一课题，并深信，这一研究在社会改革和教育改革都趋向深化的中国，在时代要求学校培养出富有创造力、能适应社会变化和善于在变化中实现自我发展的新人的今天，具有重要的实践意义。我们把课题研究的范围局限于基础教育，一是因为基础教育是个体社会化和个性形成的重要时期，也是最好的教育时期；二是我国教育法规定实行九年义务教育，基础教育的改革如若成功，对于每一个未来的公民都有价值。我们想通过这一课题研究，探索面向21世纪的新基础教育的实践方式。课题研究的理论意义用一句话来说，就是开始补上教育学缺失的“另一半”，并试图把两个“一半”统一起来，而不是强调一个，否定另一个。在一定意义上具有填补理论空缺的价值。

二、自我教育的意识与能力

人并不是生而具有自我教育的意识与能力。这里讲的“意识”，是指对自我教育的必要和重要的需求与意识，对如何实现自我教育的途径和方法的意识。而“能力”，是指完成上述四种自我教育的基本能力，显然，它不是单一的，而是一组由低到高的能力系列组合。要使基础教育促进学生自我教育能力的发展，就必须先探讨自我教育意识和自我教育能力的构成和产生条件，然后，才可能去设计有助于这种意识和能力发展的学校基础教育。

人生而具有的是对周围世界认识和反应的能力。这是因为人作为一个高级的开放的社会的生命体，不能没有与外界自然和社会环境及周围人交换物质、能量与信息的活动，在人的生命过程中，不断遇到新问题，不去重视认识，不去调整改变自己的行为方式，就不能满足需要，甚至不能生存。所以，人对外部世界的认识与探究，从最开始无把握的独立“试错”和有他人先行时的简单模仿都是在生活中产生的，婴幼儿时期就会出现，这是一种自然和偶然意义上的、非有意识的、最初级的学习。然而，正是这种初级的行为活动，不但为人的生存提供了内部保证，而且提供了有意识自我教育的潜在可能和由向外探索转到向内反思的基础。自我教育意识产生的可能以人满足生命活动需要而进行的对外部世界的探索活动为基础，而不是由与此类活动完全脱离的、纯粹天生的内求意向而产生。这是我们探索自我教育的意识和能力培养的出发点与基点，也是我们在理论认识上的又一推进，使我们在自我教育问题的研究上坚持了唯物和实践的立场，坚持了人对外部世界和对自我发展的认识与实践统一的原则。不是去寻找一条与学生学习生活实践不相关的、独立的培养自我教育能力的路，而是去改造学校的学习生活实践，使这样的实践渗透进培养自我教育意识与能力的任务。

人发展到一定阶段，具有把自己与环境、他人区分开来，以及意识到自己机体状态和行为、心理状态即把自己客体化，并作为认识对象的自我意识能力，这已被生理学界、心理学界、哲学界普遍认同。这种能力也是人类适应环境需要所产生的，是人与动物的标志性区别之一。但与认识外部世界的需求是生而具有的不同，人的自我意识能力是后天形成的。我们把自我认识需求的产生看作从自然、偶发式的学习转向有意识的自我教育的第一步，也是两者区别的重要标志。

在什么情境下人的认识才会出现由外向内的方向性转换？不同的情境引发的自我意识有何不同？通过研究，我们将其归纳为六种主要状态。

第一种情境是主体在活动过程中受阻，预定目标或需要不能得到满足。如学生在学习中发生错误，期望的学习目标不能实现等。这时反思可能沿着两个方向进行，一个指向自己的目标或需求，询问是否过高，是否有错误；另一个指向自己的行为过程和方法，哪个环节错了，什么方法用错了或者掌握方法有什么不足等。

第二种情境是与他人从事同样性质或者承担同样任务，当他人与自己所采取的方法或者最后达到的结果和效果不一样时，反思会因他人的评价或者自己发现上述不同，进行比较而产生。

以上两种反思都由活动结果引起，反思的中心问题是“我为什么没有达到……”，指向的对象是自己已怎样做，故可称为“回溯析因型”自我意识。

第三种情境是主体面临新的很不熟悉或者从来未遇到过的复杂问题，这时的反思会指向对自己已有知识经验与能力的评价，然后做出是否能承担和胜任这项任务的决定。

第四种情境是主体处在要与别人竞争的状态，人若参与竞赛或竞争，就不仅会分析竞赛提出的任务，这些任务自己能否胜任，还会把自己的状态与竞争对手的状态进行比较，然后做出是否要参与竞争的判断。

第三、四两种反思都由外界提出的新任务引起，提出的中心问题是“我能不能……”，指向的对象是与完成新任务相关的本人已有的知识能力及其他内在状态。故可称为“现状评价型”自我意识。这类反思涉及的范围与达到的深度随面临的新任务的难易和对手的强弱状态而变化，但因目标是外界提出的，故反思主要指向主体的已有状态。

第五种情境是他人的职业、生存状态、或个性、人格修养等内在气质引起了主体的羡慕、敬仰或向往，从而主体把此作为自己未来的目标，产生对理想自我的思考。

第六种情境是主体处于人生发展或学习、工作的阶段性转换前夕，尤其当转换存在着多种可能和主体有权选择时，在未来是什么还不清晰的情况下，主体会产生认识自己和主动规划自己未来的需要。这种需要，使主体对自己的认识，放在首位的不是现状，而是有关自己期望达到的目标究竟是什么或应该是什么、可能是什么的思考，对自己现状的分析为选择发展目标及做出有可能实现自己选择的目标的判断服务，而且为了做出正确的选择，主体不仅分析自己的现状，还进一步分析自己的潜在可能。

与前面所述的四种主体对自我的认识相比较，可以清楚地看到，最后两种情境引发的自我意识，已经超出了反思的局限，而是指向未来，它们提出的中心问题是“我将或我应、我希望成为……”，指向的对象不只是已有状态而是潜在的可能、发展的内在根据，因此，我们把它称为“未来选择型”自我意识。

上述六种情境下可能产生的自我意识可用简表列示如表 2。

表 2　　不同情境下可能引发的自我意识分类表

	回溯析因型		现状评价型		未来选择型	
	一	二	三	四	五	六
引发情境	活动受阻，目标未达成或偏离	同一活动与他人比较，结果相异	面临新的复杂任务	是否参与和他人竞争	对他人职业、生存状态、人格等认同	面临人生发展中的阶段性转换
中心问题	我为什么没有达到目标	我为什么做的与别人不同	我能不能承担新任务	我能不能胜过竞争对手	我想成为像……那样的人	我应该、可能成为……的人
思维指向	我已完成的行为过程或目标反思	我与他人行为过程比较	我的现状分析	我的现状与他人状态比较	自我理想构建	理想自我的选择，我的现有状态潜力分析

尚须进一步指出的是，环境对人的自我意识的形成与发展是必需的，但不是说，上述情境必然引起人对自我的深入认识。因为人也有可能采取把活动失败的原因和与他人的差异归于外部条件，对新的任务或在竞争面前采取退缩的态度，或者安于现状，随他人的意志决定自己的未来。所以，我们在行文中一直用“可能”而不是“必然”来表达情境与自我意识产生的关系。然而，这种可能的存在对教育来说十分重要，因为教育的力量正是表现在对必然或纯粹依从的改变。产生“自我意识”的可能性能否成为现实，关键在于要使人在面对各种困难、失败或新情境时，养成不仅分析、评价外部状态或条件，同时还要对自己的状态或条件进行分析的习惯。这种习惯以及对这样做的必要性的认识正是通过教育才能实现。此外，上述三种类型的自我意识，也可以看作人的自我意识发展可能达到的三级不同水平。三级不同水平之间的关系并非截然分开，而是后者包容前者，并在更广、更高的水平上形成对自我的构建。当人的自我意识达到“未来选择型”的水平时，人作为主体的能动性就不仅表现在推动社会的发展与变化，而且达到促进自我的发展与完善，才有可能在完整的意义上实现主体的价值。当然，三个阶段的跃进也不是自发产生的，它也要通过教育才能实现。

关于人的意识由外向内转化情境的分析，以及不同情境下可能产生的自我意识类型的提出，是本课题研究中第三个方面的理论推进，它为我们提出教育应培养自我教育的能力和设计有助于学生自我意识形成的教育情境提供了依据。

自我意识是人产生自我教育意识和形成自我教育能力的重要方面，也就是说，自我意识是自我教育的第一步，但不是全部，更不是最后一步。从严格意义上说，自我意识还只是对自己的认识，并不是对自己的教育。因此，我们还必须研究由自我意识向自我教育的意识和能力的转化及其内涵问题。

由自我意识向自我教育意识转化需迈出的关键性一步是：主体有改变自己现状的需求和信心。因为，对自我认识的结果可能导致两个不同方向的态度：一种是认定自己的现状以及不如他人的状态是不可改变的，进而产生自卑或退缩性行为（不是为了更好前进所采取的策略性退缩性行为），这样的自我意识是消极的、妨碍发展的自我意识。另一种是发现自己的问题以后，相信自己是可以、也是必须改变的，并积极地想方设法去改变它，这就会导致自我教育意识和行为的产生。显然，这与人的自信心密切相关。

由此可见，自我教育意识的形成不仅需要外部的情境和条件，同时也需要内部的条件，这些内部条件必须通过教育才能实现。

自我教育的能力概括起来有三大要素系列构成。

第一，正确认识自己的能力，即形成正确的自我意识的能力。这里的正确认识，包括认识自己的现状和潜在可能两个方面。个体生命在发展过程中，首先是从他人对自己的行为评价和分析中，或者在自己与他人的比较中，逐渐学会从哪些方面认识自己、评价自己。在理解他人对自己评价的同时，对照自我感受，做出或认同、或部分认同部分不认同、或全部不认同的反应，逐渐形成自我意识。当他人是多个人，是与发展个体具有不同关系性质的多个人时，当各种关系的人对发展个体的同一方面或行为做出几乎一致或很不相同的评价时，更会促进个体对自我做出判断的能力之发展，这里起决定作用的能力是反思、比较、做出独立评价性判断的能力，在一定的意义上，也可以看作人对外部世界的认识能力运用到对自己的认识上。但由于认识对象由外显转向自我的变化，认识的结果就更可能受到认识主体的认知和认知能力之外的其他因素的影响。

第二，正确形成改变自我的行动目标或发展目标的能力。目标的确立是自我教育由意识趋向行动的转折点。自我教育行为只有在现有状态和发展目标（哪怕是一种并不十分清晰的目标）都被认识到的情况下，才会自觉地产生。这种目标的出现最初大多是由他人提出的，对儿童来说，常常是由家长或教师提出并被儿童接受，以后再逐渐成为主体能独立提出的目标。正确形成发展目标的能力，要求主体不仅要认识自我，还要认识周围的环境和外界提出的任务对个人提出了什么新的要求，创造了什么发展的可能，最终确立自己通过努力可能实现的目标。这是一种把主客观现有状态综合起来，把现有状态与发展潜在可能综合起来的思考和判断。它比前一种能力要求更高，更具有综合性，更需要外界的影响或指导。如若缺少这种指导，不仅是儿童，还包括成人，有可能一辈子也不会产生这种意识和形成这种能力。不少人常常把自己发展的“顶”早早封住，他既不相信自己还有潜在的力量和改变的可能，更不会把自己与环境联系起来思考自己的未来，年复一年地沿着已经形成的轨道运行，生命的力量只用于已有的“运行路线”不断加深，不是用于旧路的改造与新路线的开拓。如果要说浪费的话，这可算是人力资源的最大浪费。

第三，策划实现目标的实践和在实践中不断调整自己行为与目标关系的能力。这是自我教育实现的决定性能力。发展目标一定是通过实践实现的。实践可以是承担新的更高要求的任务，也可以是提高原有活动的质量，改变自己的习惯，包括行为习惯与思维方式，组织自己完成任务的策略倾向等。这种能力表现在实践前的整体策划，实践中对阶段性结果的评价检查，对原有目标和自己的行为做出合适性判断与调整（可能是降低目标，也可能是提高目标；可能是强化某种行为，也可能是改变某种行为)，以及实践完成后的整体性评价，它指向结果与目标的比较和整个实践过程中主体内部心理和外部行为的评价。这是通过新的实践以后的再一次自我认识和形成有所变化的自我形象，或更深的自我意识。所以这一能力不仅是自我教育实现的决定性能力，也是自我教育不断进行的保证。上述有关自我教育能力构成的分析，不仅使我们明确了本试验追求的具体目标，而且看到了学校教育在培养自我教育能力上的巨大潜力，从而提出：培养自我教育的能力不仅是完成学校教育任务的手段，而且是学校教育在促进人的发展上最根本任务的观点；自我教育能力是人实现潜能深度开发的最重要的、持久有价值的能力，向教育提出培养自我教育的能力则是对学校教育潜能的深度开发。这是本课题在理论上第四个方面的推进。

三、基础教育的改革与学生自我教育能力的发展

基础教育主要是指中、小学的普通教育。就我国目前而言，作为每个人必须接受的九年义务教育，分别在小学与初级中学进行。当我们看到了学校教育在培养人的自我教育能力上的潜力后，进一步思考并要回答的重点问题就是学校教育活动怎样改革才能促进学生自我教育能力的发展。这是从教育观念改革走向教育实践改革必须解决的问题。

与学生关系最密切的学校教育活动主要有三大类：以完成学科教学任务为目的、以课为基本单位的教学活动；以学生集体的形成与发展为目的，以班（少先队等）活动为基础的班队活动；以丰富学生生活，发现、发展学生才能和培养独立活动能力为主要目的，以学生自愿选择为基础，有组织开展的课外活动。三类活动的中心任务有所区别，但在培养人上应是完全一致的，都需要师生相互合作，因此蕴含着多种交往关系与活动。对基础教育的改革不能脱离对学校教育活动的改革。

回顾近 17 年的教育改革实践，可以清晰地看到，改革在课外活动和班队活动领域里最多，也颇见成效。然而，在学校的基本活动——教学活动中的改革尽管不少，但大多分别集中在教材改革、课堂组织形式的改革和结合不同学科的教学方法改革，且推广力度不够；大部分学校的课堂教学活动还停留在教师讲多、学生主动活动少；教师与学生一问一答式的课堂交往活动为主，每个学生在40～45 分钟内的有效主动活动少；教师作为知识传递者的课堂角色基本保持。

针对这样的现实状态，又考虑到学科教学在学校中的基础性地位，我们决定

把学校实践活动改造的重点放在学科的课堂教学上，准备打一场学校教学改革的“攻坚战”。另外，任何学校有计划的活动都是在一定的组织关系系统内进行的，学生班集体（小学中的少先队集体）的组织形式和活动对学生成长具有重要作用，所以还把班队管理改革与班队活动开展作为改革的另一个重要方面。课外活动之所以没有列入，不是因为不重要或者它的改革已取得成效，而是因为课外活动的组织涉及面远远超出班级范围，影响因素复杂、不易控制，我们有限的精力难以做好。

如何改革课堂教学才能促进自我教育能力发展？这是我们面临的第五个理论问题。通过研究，我们认识到首先要增强每个学生在课堂中有效的主动活动时间。所谓“有效”是指事先有明确目标和最终基本实现了目标。“主动”活动能调动学生的学习积极性，使学习更有成效。这是重要的，也是众所周知的。但我们强调主动活动，更主要的是因为希望通过主动活动，培养学生树立目标、策划行为、积极思考、重视评价等一系列独立完成学习活动所必需的能力。这些活动不仅对初级的自我教育——独立学习是必需的，而且是由初级水平向促进自我发展的高级自我教育水平转化的必不可少的基础。此外，“学生”作为社会角色，以学习为主要任务和特征，学生，尤其是小学生，在学校中受到的心理挫折，多数与学习相关。学习中的主动活动能帮助他成功，引发他求知的欲望，这将增强学生的自信心，有利于塑造积极的自我形象，有利于自我发展，把大部分学生在学习活动中的潜能激发出来。

为此，必须改变教师在课堂中扮演的主要角色是知识传递者的传统，使教师成为学生主动活动的指导者和组织者。教师的教学不只是给知识，而是要学生知道知识的结构和活动的过程结构。唯有结构才具有最强的迁移性，学生掌握了一种类型的知识结构，就可以自己学习同类的知识；学生掌握了学习活动的过程结构，就可能学会独立策划学习活动。这样才有利于学生自我教育能力的发展。

与此相关的是课堂教学组织形式的改造。当然，组织形式的改变是为实现上述两方面的要求服务的。课堂教学的组织形式要有利于学生主动活动。教师不再是课堂上唯一的组织者，小组活动的开展和学生独立学习活动的进行，使小组长和学生都可能成为学习活动的组织者。所以组织形式变化的本身也有利于学生自我教育能力的培养。

上述改造可以概括为三个“结构”改造：课堂组织的结构改造，教学中内容组织的结构改造和教师教学行为的结构改造。有了这三个结构的协同改造，才能为学生创造主动学习的机会与条件，实现学生学习行为的结构改造，促进学生自我教育能力的发展。这是本课题在理论方面的第五个推进，我们的口号是“把课堂还给学生”。

最后一个理论问题是如何改造班队活动及班队内部的组织方式，使它有利于学生自我教育能力的发展。

与课堂教学的状态有些类似，在现实学校生活中，在班队组织中真正受到一些锻炼的是小干部，这就是常说的小干部能力强的原因之一。也许，这一观念已成为教师的潜意识，教师从学生中选择能力强的当小干部，小干部又在当干部的过程中进一步提高了能力。教师在选择干部时，往往较多考虑谁当我的小助手容易做好工作，较少把当干部当作一种教育手段，当作培养学生能力的途径，教师的注意力集中在把班级工作搞好，而不是每个学生的锻炼与发展。正是这种状态，使我们学校中出现了一批“年轻的老干部”，有些学生从小学起就开始了“干部”的“干龄”，一直持续到高中乃至大学。而另一些学生，一辈子与干部无缘，无声无息地在各种不同的群体中长大。我们的“改造”就是着力于改变这种定势，让每个学生当班级的主人，使更多的学生参与班级组织、管理，把学生在组织、管理方面的潜能开发出来，使他们在管理的实践中学会自我管理。

为此，我们要改变班队的内部结构，为每个学生创造参与管理的机会，要通过多种班级活动，包括对班级发展目标和活动的设计以及总结反思，形成学生班级群体的自我意识和自我发展的能力；要强化班级内学生间的交流，发挥学生群体对每一个学生的教育作用，使学生在自己的群体中，而不是单纯在教师管辖下学会自我教育；要转变班主任宝塔式的管理模式和班级主宰者的角色，建立新的班主任管理方式，直接与更多的学生在全体意义和管理层面上进行交往。

本课题把上述改革概括为班级内的组织结构改造、班级活动的运作机制改造和班主任的管理模式改造，目的是建立一种新的、有利于学生发展与自我教育，同时也有利于班级集体发展的班级文化氛围和组织活动方式。“把班级还给学生”，以学生主动参加班级活动的面与质量作为衡量班级发展水平的重要指标，这是我们对第六个理论问题的回答。

以上六个理论问题作为一个整体的关系是清晰的。可以说，不解决其中的任何一个，都不可能产生真实意义上的“学校教育与学生自我教育能力发展”的实践型改革试验。思维沿着从基本概念“是什么”的回答出发，逐渐走向设计综合的实践行为“怎么办”的依据探讨的路线前进。然而，这一切还只是纲领性的认识，更重要的一步是试验行动，在实践层面上还必须深入下去。理论的探索使我们看到问题的复杂性和难度，试验过程中太多的可变因素，使我们校正了对实践的期望值和加深了对改革可行性的认识，最终把实践层面的研究定位在探索性试验的水平上。

（下）

在这部分中，我们主要从课堂教学模式改革和班级教育活动改革两方面提供报告。

一、结合语文教学，进行课堂教学模式改革

课堂教学模式改革是以学科教学为载体的。本试验以小学语文课的教学为点进行探索。试验没有采取另编教材的做法，只是从改革后学生的学习能力会增强，课时会减少这一假设出发，增加了一些学科活动的内容。试验班每周从原语文教学的课时中拿出 1～2 节课，进行听读欣赏、阅读、周记指导及课本剧表演等学习活动（试验学校洵阳路小学不是上海市课程改革试点学校，使用老教材，课的结构也没有“活动课”板块，本试验增设了学科活动，与市课程改革的精神一致）。所以，事实上缩短了课时。另外，在四年级，为把阅读教学与写作训练结合起来，并突出知识结构的分析，对教材的排列顺序做过一学期内以体裁为中心的调整。

改革在一年级与三年级同时开始，一年级语文以识字为主要内容，三年级以阅读和写作为主，试验分析了每一部分教学对学生的基本能力要求，以增强学生主动活动时间和不断提高活动效益、质量，改变课堂组织形式，以及讲课要分析知识结构和学习活动的过程结构为原则，结合内容设计了不同类型的课的结构，要求教师在不同的教学中体现试验指导思想。

现将课堂教学改革的主要方面分述如下。

1. 教学内容突出知识结构和学习活动的过程结构

如前所述，我们认为掌握知识结构和学习活动的过程结构，是学生从事独立的学习活动所必需的，也是培养初步的学生自我教育能力对教学活动的基础性要求。为此，必须改变原来小学语文教学中把知识点的教学作为教学主要目标和课堂教学基本内容的传统。

试以识字教学为例来说明问题。

识字教学是小学一、二年级语文教学的重点。一年级学生在学会拼音后，就进入了看图读拼音识字的阶段。过去识字教学中主要争论的是要不要集中识字，能否依靠拼音提前阅读。本课题把改革的重点放在教会学生独立识字上，不纠缠到集中识字好还是分散识字好，这就使改革研究超出了语文教学法的范围。

我们首先分析学生学习汉字的难点。学习汉字要求学生对字的音、形、义在认知的基础上，能准确再认、记忆、再现和运用。这是学生阅读和运用书面语言的基础。掌握字形与音之间的正确联系，是汉字教学的难点。教学重点是认识字形，建立字形与音、义的联系和准确书写。

进一步分析的是：掌握汉字所必需的认知意义上的工具是什么？这是有关汉字结构的分析，归纳起来有三：第一是笔画与笔顺，这是每个字的元素及其书写基本程序，即将独立的各种笔画元素构成每一个字的过程规则。第二是部分独体字，它们既具有独立意义，又可以与偏旁部首结合构成新的字。第三是偏旁部首和字的整体结构，如左右结构、上中下结构等，前者不仅是独体字到合体字构成的必需元素，而且对理解字义有重要帮助；后者对字的记忆和书写都有重要意义。如果学生掌握了这一套学习字形的认知工具，就具备了独立学习汉字字形的能力。这就是我们认为识字教学中必须教会学生的结构性知识。我们把教材做了这样的处理，在教独体字时，把基本笔顺教给学生；然后结合合体字的教学，教常用的偏旁部首，让学生记住名称和写法，同时讲字的结构。

最后分析的是学生面对一个生字时的学习过程。遵循从已知到未知和由易到难的基本认知路线，在识新字时首先是借助拼音读准字音，把音和形的联系建立起来，同时看图理解基本字义，这些借助书本就可以完成；其次是分析字的整体结构以及笔顺。最初进入识字教学阶段时，就向学生提出学会独立学汉字的本领和方法的明确要求，通过具体字的教学，先分步实施方法的教学，然后与学生一起概括出四句学生字的顺口溜“根据拼音读准字，分析结构认字形，读字组词了解义，按米（田）字格练写字”。使每个学生都牢记和按此顺序进行学习。起初阶段进度较慢，但掌握了方法以后进度放快，一节课生字量增大。一般顺序是先让学生自己学习生字，然后教师检查是否正确，再进行书写练习，最后再作默写检查。在课堂上就把自学和教学有机结合起来，提高了课堂教学的针对性和学生的活动量。

为了检验本课题识字教学是否提高了学生组织自己学习活动的能力，我们在一年级下学期曾进行过一次测试。要求试验班和平行班在教师不给予任何帮助的情况下，用20分钟的时间学习六个生字，然后进行当堂默写。测试的结果是，在默写成绩方面，没有显著性差异，但识字过程中试验班学生明显地表现出有章法，不慌乱，按四步法从多方面去识记一个字，非试验班的学生则有些不知从何着手，用多读、多写来帮助记忆，10 分钟以后几乎无事可做。

在阅读和作文教学中，我们也用类似的思路对知识结构、难点关键、必需的认知意义上的工具及学生学习过程做了分析，形成了本试验组织教学内容的重点和教过程、教方法的特殊结构。当学生掌握了一类方法以后，在学习新课时我们就强调自学在先（低年级在课内，中年级及以上在课外），交流、检查自学情况在后，教师的校正、归纳以学生自学为基础，最后是练习和复习。这就改变了传统授课的课堂教学内容顺序：检查已学会的知识在先，教师讲授，或好学生示范性回答新知识占大量时间，最后留一点时间布置家庭作业，学生在课外的主要任务则是复习，而不是运用学到的方法自学新知识，发现问题，然后到课堂上来交流和讨论。原先那种教学顺序决定了课堂上很少有机会让每个学生能主动活动。改革了的教学要求与内容结构则为每个学生主动活动提供了可能。所以，上述有关教学内容突出知识教学和活动过程结构的研究和教案的制作尽量在教师上课前，但它对课堂教学行进过程的结构改造具有前提性的意义。

2. 增加学生主动活动的时间

试验提出的要求是每个学生在课堂上主动活动的时间从至少 1/3 逐渐提高到 2/3 以上。这里的难度是在每个学生。所谓主动活动是指学生积极思考，提出问题，回答问题，参与讨论，发表自己的意见和对他人的意见做出评价、纠正，独立或与他人合作完成作业（包括练习、预习、检查、评定、订正）等。这个要求初看似很简单，也不难，但它在一定意义上强制性地要求教师改变主要用讲述或者通过一问一答的方式（提问又集中在少数好的或较好的学生身上）完成教案，大多数学生在课堂上只处于听众状态的教学方式，因此它起到了必须改变教师教学行为和课堂组织结构模式的作用，具有牵一发而动全身的意义。

在不同年级和不同类型的课堂教学中，学生主动活动的重点和方式是不同的。在低年级，学生的主动活动由老师在课堂上组织、安排，以独立学习、练习为主，到高年级，独立的学习、练习逐渐移向课外，课外学习逐渐从练习、巩固知识为主，发展到以预习、准备课堂学习为主。课堂上的主动学习逐渐发展为相互交流、提问、回答、检查预习完成情况，全班或小组共同研讨为主的方式。“不同类型”是指新授与复习、识字、阅读、写作及学科活动（含课外阅读指导、听读欣赏、周记指导、读报、剪报指导、讲故事、演讲、朗诵、课本剧表演比赛）等。关于新授课，我们仍以前面介绍过的识字教学为例。当学生掌握了独立识字的基本方法后，在以后学新字的教学中，就要求学生运用。一般的课时做如下安排：第一步，提出学习要求（用时3～5分钟）。第二步，让每个学生自学新生字（约15分钟）。第三步是交流、检查学习情况（约15分钟）。第四步是教师当堂检查，学生自我、相互评定和纠正。由于在开始就提出当堂检查的要求，又经过了自学和讨论，学生默写的正确率一般在85%以上，默写完以后先自查，再相互检查，作订正。这大约也需10分钟左右，最后要求学生回去抄写生字，强调写好字。学生从一年级开始就学会组织自己的学习活动，学会自查和自我纠正，这不仅对学习，而且对学生自我意识、自我控制能力的形成也是有意义的。

3. 改变教师的教学行为结构

在以传递知识为主要任务的教学中，教师教学行为中最基本的成分是讲述，信息交流的方式是单一的。教师把教学的重心放在知识的传递上，而不是关注学生的学习，课堂成了讲堂。在要求学生课堂上积极投入学习活动的情况下，教学的基本原则是学生会学的自己学，在学生学习的实践中教会学生学习，开发学生潜在的学习能力和形成新的学习能力。教是为了学。所以，教师行为的基本成分是提出学习要求或帮助学生形成学习要求，了解学生学习情况，针对学生存在或提出的问题做出回答，或组织学生自己讨论，通过交流，最后概括出正确的回答。即教师成了学生课堂学习的诱发者、组织者、指导者、检查者和总结评定者。在这个过程中，教师在传统教学中出现的教学行为依然存在，但基础发生了重要的变化，即学生的学成了教的基础和依据。师生两方的积极性是相关和相依的，这在真正意义上形成了教学中信息的双向积极交流。随着教师行为和课堂教学组织形式的变化，学生之间也有了更多的交流、检查和评定，还增加了独立学习和自评的活动。教师行为结构的变化使学生个体和群体课堂上自我教育的活动有了现实的可能。

4. 改造课堂教学的组织结构

改造课堂教学的组织结构是上述三方面的必然要求和综合的表现方式。传统课堂教学的组织结构满足以教师讲授为中心的需要。为改变这一状况，近十年来，课堂教学中小组学习的形式已被提倡和在一些教学改革的学校使用，这是可贵和可喜的。但是如何在课堂内根据教学和学生学习的实际状态，把小组讨论用好，再进一步发展到多种课堂组织方式的结构优化组合，这还是一个值得深入探讨的问题。若不注意，很可能会流于形式，虽多样，却无多少实效。在我们试验的初期也出现过这种情况，教师频频使用小组讨论，学生不知如何讨论，结果是课堂活动的组织形式虽然变了，学生似乎“活”了，但并没有多学到东西。

在试验过程中，我们着重探讨了各种课堂教学组织形式与教学任务、教学进展状态的关系，各种组织形式有效发挥作用的条件及如何才能使各种组织形式组合成为一个统一的有机体。

改革以后的课堂教学组织结构，除传统的方式以外，主要增加或增强了下列四种组织方式，且明确、丰富了每种组织形式的功能。

第一种方式，学生以个体为单位，按教师的要求进行单体式独立的主动性学习活动。在本课题的课堂组织结构中，它增加了几种新功能，一是作为训练学生在课堂上掌握一种新的学习方法、程序或工具的手段，如学会独立识字，独立分析段意、文章结构等。二是使学生有准备地参与群体讨论活动，以促进讨论时每个学生活动的积极性和活动质量的提高。让学生讲练结合，还有调节的作用。由于功能的变化，单体式独立、主动活动的形式不再局限于传统课堂的安排方式，可灵活地运用在各类课上，或根据需要穿插在一堂课的各阶段，它在总的课堂组织结构中所占的时间比例也增加了（约在25％～30％），成为课堂上学生主动活动的基本形式，并成为其他活动的基础性准备。教师在学生独立活动时，要进行巡视，掌握学生的学习情况，以便及时个别纠正或必要时做集体纠正，这既是个别化的指导，同时又为策划下一步的群体活动寻找依据和做好准备。

第二种方式为学生同桌或邻座的对组式活动，它的主要功能是互查、互评和互改、互学，内容不仅是复习性的，也可是预习性的，还可以是方法式的。双方都承担教师和学生的双重角色，它促进学生自我检查习惯的形成和方法的掌握，培养合作和向别人学习的意识与能力。教师在每一项新的互查互学活动前，必须对查什么和如何查进行指导，作分步性练习，这同样也是学习能力的培养。意图是通过查别人，学会查自己；通过纠正别人，学会纠正自己；通过认识别人，学会认识自己。此外，这种方式还可以用来讨论较简单的问题，或者交换意见。教师要有计划地轮流对一定量的小组活动情况作巡查和指导，或者抽批若干组的作业，以便直接掌握学生的学习状态。这种方式增加了学生在课堂活动的时间，丰富了课堂角色。它所用的时间与学生单体式活动的时间相关，约占总课时的10％～15％，并成为可随其后的一种活动方式。

对组式活动有成效开展的条件是，大部分的对子能互补，即程度差异不大，但各有长短。对特别困难的学生采用何种方式，一直是个难题，初步实践有两种方式：一是先让程度较好的与他结对（人员可调换），待其中有的学生进步快了，可由他再去与比他进步慢的学生结对。二是将学习好的学生安排在他们前后座，先让两对各自自学，然后在学习好的学生较快完成对式学习任务后，再帮助较慢的学生检查，待他们学习有了进步，即可独立结对活动。这两种做法都不只是着眼于学习任务的完成，还着眼于学生心理健康和能力发展。自然，较简单的做法是由教师直接指导，这对学业进步会有好处，但却可能会损害学生的自尊心和自信心，或者形成依赖性，不利于独立意识和能力的培养。

第三种方式为学生以邻座前后排构成的四人为单位，开展小组式活动。小组式活动主要有协作式和讨论式两种。

协作式是有分工地共同完成一个任务，如扮角色朗读、排练课本剧、看图作文、分析作文等，每个人在活动中都有自己特定的任务和角色，又互相配合，互相学习。这类小组活动对培养学生在群体活动中的责任感和与他人协作的能力很有帮助。所需时间约占课时的10%～15%。讨论式又可分为交流个人学习状态和问题讨论两种，交流的内容有预习中发现哪些问题，课文可分几段，中心思想是什么，哪些词语不懂，查词典的结果是什么等，其功能是不仅了解了个人独立学习活动的情况，而且起到相互启发、归纳异同的作用，使进一步的教学具有方向和实效。

在讨论式中，问题往往是教师提出，或是从学生小组讨论提出的各种问题中选择出来，或由学生不同回答而引起，讨论能否开展起来的关键是问题的质量以及学生是否真实地感到讨论的需要。问题须是真问题，它有多种可能的回答，或与生活中的经验相左，能引起学生思考，有讨论的余地，凡能立刻从书上直接找到同一答案的问题都不应列入小组活动之中。问题质量的另一面是它在完成课堂教学任务和培养学生独立思考、善于从不同观点中寻找正确答案等方面能力中的作用。枝节性问题即使有趣也不必列入，没有太多好讨论的问题也不必列入，由此可见，小组讨论在一堂课中不可能多次使用，一般不超过两次。每一次讨论需根据问题的复杂程度给予适当的时间，在本课题研究中约占总课时的20%～30%。

小组式活动是较前两种形式更复杂的学生活动方式。为保证质量，教师还须事先对人员组织和如何活动做设计。在三年级试验班上，最初我们没有意识到这一问题的重要性，开展讨论时，学生不知道怎么办，有的只抢着自己说，不会听别人说；有的不说，尽让别人说；有的组甚至争吵起来，或者大家一起说。在这种情况下，小组讨论起不到作用。发现问题后，我们先进行了人员座位的调整，注意各种能力水平的学生合理组合。然后通过班会、晨会等方式让学生一起来讨论怎样才能开展好课堂小组讨论。明确小组长轮流当的制度，以及小组长组织讨论的具体任务和方法，如要让每个同学都发言，不能只是自己说，要把大家的意见整理好做汇报，对不同的看法允许争论，不要嘲笑回答得不正确的同学，但要帮助纠正等等。经过整顿和指导后，小组讨论的质量明显提高，而且较好地发挥了小组讨论的又一个功能——培养学生组织活动的能力。这也是小组式活动与传统课堂教学的一个很大的区别，即课堂活动组织者不再只是教师，只有一个层次，而是出现了两个层次，班级大群体和小组群体，组织者也从原来的"一"发展到"多"。

正是由于小组活动对组织的要求较高，所以它的运用是随年级的升高而增加的。在一年级，尤其是上学期，我们很少采用讨论式，主要采用的是单体式、对组式活动，再加微量的协作式活动。到了中、高年级则相反，单体式活动主要服务于小组式活动的要求，对组式活动主要用来预习和检查作业。小组式活动的分量增加。

在小组式活动中，教师需要了解各组的讨论情况，或者有计划地听一两个小组，看到讨论不起来的组，教师要给予点拨，一方面让每个组都活动起来，同时发现可在大组交流的内容。

第四种方式为全体讨论。它主要由两部分组成：一是有一个小组重点汇报讨论情况（这个小组的选择需轮流，不能经常是某个组），其他小组作补充性发言，此尚属交流状态。二是根据交流情况，或教师做出总结，或让学生发表自己不同的意见，或发现新的需进一步讨论的问题。这带有小结性和总结性。

课进展到这一步往往让人有全盘皆活和上一台阶的感觉。

改造了的课堂教学结构比传统的课堂教学结构要丰富和复杂得多，这不仅意味着师生在课堂上信息交流面与交流量扩大，体现了真实意义上的互动，学生主动活动量大增，激发了学生学习的潜能和提高了课的效益与质量，而且意味着教师的主导作用不仅没有削弱，还得到了丰富和加强。同时，传统模式得到改造，成为以学生主动活动为基础的大群体活动，在这种背景下，教师按预定答案讲课的可能性越来越小，重要的是不仅在备课时要研究学生，而且要在生动的不断变化着的课堂生活中研究学生学习状态，不断调整课堂教学中各种因素，把教学引向目标的实现。无疑，这对教师提出了挑战和更高的要求，投入试验的教师被激发出教学创造的潜能，感受到师生共同探索、活动所产生的令人兴奋的教学氛围，师生之间的关系也因互动面的扩大和力度的加强，变得富有平等和协作的精神。

在三年级试验班进入四年级上学期时，课题组采取了一个更大胆的做法，让部分已具有独立阅读能力的学生（6～9 名），不再和全班同学一起上阅读课，把他们单独组成小组，在完成课文学习的要求后，独立学习课外读物，做笔记、交流，老师作抽查与辅导。这一措施一方面使教师在课堂上可把注意力集中到学习成绩中、下的学生身上，同时，对学习好的学生提出了更高要求，要多学一点，学好一点，自觉地、独立地去掌握知识。试验结果表明，四年级学习能力强的学生很欢迎这种做法，他们的学习潜能和自立意识都得到了比其他同学更大幅度的开发。此举的目的，说明改革不是为了拉平差异，而是让每个学生在原有基础上都得到发展，这与全班整体水平的提高是不矛盾的。

二、结合班队工作，进行班队内组织及其教育活动改革

在小学的班队活动中，我们认为存在的主要问题是：对学生自主管理班队的潜力缺乏认识；班主任主要依托少数干部搞好班队，忽视大多数学生的参与；班队工作重视按上级规定组织的各种主题或活动，忽视日常班队生活的教育价值，忽视学生本身对班队生活的教育价值，忽视学生本身对班队生活的期望。这一切，都束缚了学生的发展并人为地造成学生发展水平上的差异。本课题提出的目标是："把班队还给学生"，让学生在自主的活动中培养自我教育能力。

在三年级试点班近三年的试验中，课题组主要从以下方面进行班队及其教育活动的改革。

（一）建立动态变化的班队角色分配制度

在改革试验前，班级里的正式人际关系基本固定：一部分是受老师重视、在班级里管人的小干部（一般不超过 10 人，其中大部分学习较好、听教师话，有一定的组织活动能力），一部分则是被管的小队员。人在群体里担任的角色对其社会意识和自我意识都有重要的影响，对小学生来说更是如此。单一的社会角色，固定的管理者和被管理者身份，对学生和班级的发展都会带来偏差。因此，课题组从两方面着手改变现有状态，一是丰富班级管理角色，二是形成班级管理角色的动态分配制度。

1. 丰富班级管理角色

丰富班级管理角色是为更多的学生在集体中承担责任、服务于群体创造条件。它可能带来的积极效应，不仅是增强班级的凝聚力和提高学生集体主体的自我管理能力，而且能激发学生个体的积极性，锻炼管理能力，从管理者的角色体

验中学会自我管理。小学生对教师和其他成人角色的向往，一个方面就是成人有管理他人（包括管理儿童）和自主的权力，而他们自己无论在学校还是家庭都处在被管理和必须听话的地位。因此，学生普遍表现出喜欢当“干部”的愿望和相信自己会当好“干部”的自信。这在课题组对三年级学生自我意识和自主能力状况的问卷调查中得到证实，有41.7%的学生希望当小干部，对自己工作能力的期望明显高于对学习成绩的期望。所以，利用学生这一方面的自发积极性，进而导向其对自己发展的自觉要求，是学校教育加强学生自我教育能力培养的重要抓手。

具体地说，丰富班级管理角色主要是增设岗位、减少兼职和一岗多人。

2. 形成班级管理角色的动态分配制度

角色动态分配主要体现在三个方面：第一，班队每一个岗位，尤其是主要岗位定期轮换。如中队干部，试验班每学期改选一次，改选时原来的干部留职最多不超过三分之一，每个人担任一岗位不超过两次（可以是连任，也可以不连任）。第二，双人或多人组中，每个岗位分式轮换。如前面提到的双值日生制，类别分工无论是分列式还是主辅式，角色任务在两次值日时要轮换，每个人都要有全面的锻炼。第三，不同层级之间的动态分布，如自动化小队中出色的小队长，可任正式小队的队长，或中队干部，相反，中队干部也可以改任小队干部，这并不意味着原职对他不合适或者他犯了什么错误，而是通常所说的“干部能上能下”，我们认为这对改变传统观念中，包括广大家长的观念中“干部能上不能下”的意识有深远的作用。正因为如此，在三种动态分配中，第三种分配中的“下”式分配最为困难，这种困难主要不是来自学生，而是来自家长。然而试验班还是努力做了。在一些学生身上也取得了积极的效果。

班级角色丰富化和分配动态化虽只是组织结构上的改革，但给整个班级带来了勃勃生机。试验班学生普遍提高了管理意识和能力，增强了协调意识和能力，增强了参与班级活动的主动性和热忱，增强了个人的自信心。最初在试验班上，我们只能看到少数几个班干部在努力并表现出自信，但到试验快结束时，我们一走进班级，就能感受到一种流动的生气，几乎没有一个学生在班上是默默无闻的。

（二）加大班队学生自主活动的广度与力度

在本部分一开始我们就介绍了班队自主活动在试验班的起始诱因和状态。在试验的全过程中，班队自主活动不但一直坚持，而且不断发展，在培养学生自我教育能力上起着重要的、不可由教学活动取代的作用。现将发展的主要方面分述如下：

1. 主题班队会自主设计和主持

主题班队会由学生轮流承担主持并自主选择主题、组织、准备，成了试验班的一个重要特点。据班主任统计，全班有 47 人参与过这类活动，覆盖率已达 99％以上。自主设计班队活动产生了多方面的积极作用，展示了班级生活的斑斓色彩和独特性，改变了由上级队部或班主任、辅导员定主题、定人员的被动性和班队活动缺乏个性的状态，学生的独立工作和解决班级问题的能力有了很大提高。班主任在参加试验过程中深深感受到了这一点。尽管在开始改变班级管理方式和班队活动的自主方式时，教师感到有些乱，培养学生比较花力气，但是半学期以后，班主任感受到的是学生自主能力提高以后的“轻松”。因此，班主任的工作达到更深、更细和个别化的层次，不再停留在完成各种规定任务的水平上，学生自主活动为班主任提高工作质量创造了条件。

2. 日常班队管理自主化

这与上述班队组织的改革有直接联系。在此还要补充说明的是，试验班班队活动计划的制订、检查执行情况等也逐步由学生自己来承担。学生干部能积极发表意见、提出建议、并付诸实施，在实施过程中发现问题能及时讨论解决。这使班级管理在真实的意义上还给了学生，而不只是班队活动还给了学生。在实践过程中，做到前者要比后者难得多。

3. 自主参与校内外各项活动

以上三个方面，基本涵盖了除课堂教学以外的学生学校生活的全部方面和部分校外生活。这是试验要求对自我教育能力的培养不局限于个别方面、某个领域，而是需多侧面、经常性和渗透性的具体体现。我们认为，只有这样，教育才会有强度和出现整体效应。

（三）改进评估工作，形成新型的班内人际关系

班级内各类学生所得到的评价，在小学主要是受老师评价影响的。一般都分为好、中、差三类。老师评价的标准虽然是综合的，但学习成绩和是否听话，常常成为主要的标准，这是自然的，也是有道理的，然而却是有缺陷的。缺陷之一

是教师往往关注两头而忽视中间，即对班级大多数学生的个别状态不太清楚，故缺乏有针对性的引导。缺陷之二是分类基本固定化。缺陷之三则是好学生经常受表扬、差学生经常受批评，不仅造成两类学生心理发展中的偏差，而且在班级群体中也造成类似的对待班级成员的态度。再加上好学生当干部多，中、差学生多处于被管的地位，有的小干部有优越感，对同学管理简单、粗暴，造成班级人际关系紧张。本课题组认为这样的班级人际关系，以及每个人在班级群体中评价的固定化倾向，无论对哪一类儿童的发展都会产生消极影响。要改变这种现象，除了采取改变班级管理组织结构和加强学生自主活动的力度和广度，让更多的学生在自主活动中展示才能，提高自信心和能力外，还必须改变评价学生的标准和方法。

1. 三维评价标准的设置和运用

在保持总体一般的、全班横向比较的评价标准的同时，增加单项横向比较和个体发展纵向比较两个评价标准维度，以弥补单维评价标准带来的消极影响。试验班级设立了“班级群星栏”，努力把每个学生的特长展现出来，并给以肯定和评价，设“吉尼斯”纪录，这也是单项横向比较评价标准的具体运用，一张好的大楷、一幅独特的图画、一个精美的制作、一项体育成绩，都可构成班级吉尼斯纪录或登上群星榜。试验班评各种进步奖，则是鼓励学生个体改变自己现有状态、不断进步的评价方式，也是促进学生反思自我和形成积极理想自我的途径。试验班努力发展三维评价不同的导向功能，逐渐激发了越来越多学生的积极性，同时也使班级同学之间加深了对每个同学优点、长处、特长的了解，使每个人的闪光处成为全班的自豪。评选出来的“群星”的个人照片和各种纪录、优秀作品、板报、自动化小队编的壁报等都贴在教室四周的墙上，定期更替。班级不再只是有几颗“紧随月亮的耀眼星星”，而是形成了“群星闪烁”的局面。

2. 缩短评价周期

小学生对自己行为的调控需要外部评价的指导，学生自我调控的意识也需要由外部评价来强化，缩短评价周期是满足这种需要的一种方法。试验班除了与其他班级相同的如评三好学生、优秀队员等较长周期的评价活动外，还增加了班级评价的次数，有的是一事一评；有的是一周一评，如评本周最佳值日生；有的是定期（两周或每月）一评，如评“班级之星”、“进步奖”、自动化小队队报、黑板报评比等。多样、经常性的评比，促使学生反思和确立新的目标次数增加，有助于其逐渐养成自觉反思的习惯。多样、经常的评比也较及时反映了班级群体面貌的变化状态，使学生感受到班级的成长。

3. 形成多重主体的评价调控机制

试验班形成的学生行为评价调控机制具有多重性，最基础性层次是每个学生自我评价与调控，通过要求学生写日记、周记、作文等方式来对自己的行为作评价，提出进一步打算。这类调控最初较多是在群体评价或互评后才进行的，因为学生还不善于对自己或自己的行为做出反思和调节。以后逐渐反过来，如一个自动化小队、一个活动组的同学，对活动中大家或个人的某些行为进行评价（包括好的发扬和差的批评），这类评价对事不对人，不管此事发生在谁身上。平时表现一般或不太好的学生有了好的表现照样表扬，小干部表现有问题也要批评。它能起到小群体内自我教育和调控的作用，同时，也有利于形成相互学习、开展批评与自我批评的健康的人际关系。第三层次的评价主体是班集体，主要通过记班级日记、全班讨论班级问题的十分钟队会或主题班会来实现，这对形成全班舆论、明确班级的长处和问题、寻找进一步发展的目标有重要作用。

对于学生个体来说，三重评价既要求他积极投入，同时又形成了一种对自己的行为和班级的行为经常做理性反思，并不断提出新目标的习惯。这是自我调控的习惯，又是自我策划的习惯。它指向的是自我和班集体的发展，同时又和学生个人及班级在现实中的具体表现结合起来，因此，并不是一种脱离实际的空洞玄想，而是有关可捉摸的具体载体和行为的思考。这是我们把自我教育的最高层次要求与小学生、小学教育的具体实践相结合的一种探索，试验证明，这样做是有效的。

班队及其活动的上述三方面改革是一个完整的整体，它们构成了新的班级生活的基础。形成新基础的过程，不仅学生，而且教师的观念与行为也必须且能得到改造。发挥学生的主动性可能会较快，但要他们学会管理，学会进行有意义、有质量、有效的自主活动，还需要指导和实践。这就要求教师改变班级唯一主管的角色，他不能在班级中简单地发号施令，而是要研究、了解学生对班级生活的需求、自我评价和期望，潜在的管理能力，千方百计调动他们的积极性，又和他们一起找到最适合每个学生发展积极性的岗位，启发、诱导他们形成个人和共同的目标，抓住易被学生忽视但对他们的成长来说具有重要意义的“小事”进行讨论，形成新的制度与习惯……

也就是说，向教师或教育工作者提出培养学生成为各个层次上的自我管理者品质和能力的任务，使班主任的行为及其意义发生了重要变化。班主任的重要性犹如在教学中教师的重要性那样，并没有被削弱，更不是取消。事实上，班队活动能否得到改造，决定性的、先前性的变化首先是教师，不是学生。师生双方的行为变化带来的另一种变化是师生关系的质的丰富化，教师与学生之间增加了合作者的因素，学生在老师面前的心理压力也得到减轻。班队内部生动活泼的局面不仅是因为活动内容的组织方式，还因为人际关系的变化而逐渐形成，班队不仅成为孩子们的“大家”，而且成为他们自己做主人的、温暖、可爱的“大家”。

在结束实践探索部分的时候，我们可以清晰地看到，学校两大部分活动尽管在内容上、形式上有许多的不同，但为培养目标服务和受教育思想支配并通过具体的活动与行为来体现教育思想是共同的。因此，本试验的改革因素和改革原则在两大活动领域里是一致的。教育观念与思想、原则的有效性，必须通过各种学校实践来实现，而不是通过一种实践来实现。我们这样认为，也这样去做了。小学，人生接受系统教育的初始阶段，教育究竟应该给每个接受过小学阶段教育的人留下什么？在众多的目标中什么是根本的，而且对人的一生具有发展性和再生性价值？我们的观点是人的自我教育意识与能力。课题组就这一目标的实现在理论上必须解决教育与自我教育关系、产生转化的条件及涉及教育哪些主要方面等问题，在学校教育实践中如何贯彻，即学校教育活动的改造和新活动方式的构建，如何测定试验在各方面产生的影响等三大方面做了艰苦的探索，提出了自己的见解和方式。我们认为这一探索尽管是初步的，但却是有意义的。对于未来的世纪、中国社会发展的明天而言，这一试验的意义更为重要。因为未来社会需要具有自主和自我教育意识和能力的人，无论从社会发展哪个角度来讲，都需要这样的人。

本文发表于：《上海教育科研》，1996（7）、（8）两期；1997 年获全国师范院校基础教育改革实验研究项目优秀成果奖课题类二等奖；1999 年获全国第二届教育科学优秀成果奖课题类二等奖。

把个体精神生命发展的主动权还给学生

一

每个人都只能自己“活”，不能由别人代“活”；每个人从出生到死亡的全部历程都得自己走，不能由别人代走。这是一个明白到不能再明白的事实，是每一个活着的人都能体会到的朴素真理。然而基于这一朴素事实做进一步思考后得出的结论，即主动性是生命活动重要本质特征的结论，却并非被每个人意识、认同和付诸实践。人们往往只是在自然生命的意义上接受这个结论。因为一个人的自然生命存在的基本表征，就是他能自动地呼吸；当肠胃发出饥饿信号时，能主动进食和消化；机体能自动地进行复杂的新陈代谢。没有这些自动和主动，生命就不能自然维持和生长，人就将走向死亡，这是明白无疑的。但是，当问题扩展到人的精神生命发展等领域时，这一结论却常常被人遗忘、丢弃，甚至违背、践踏。如学生精神生命发展的主动性被剥夺，在我国几千年的教育传统中表现得十分突出，哪怕是在20世纪末的今日学校里也还顽强地存在。

如果我们经常到中小学去走走，不难看到这样的现象：在教室里，学生不仅按课程表的规定和拿到的教科书上课，而且按教师的每一个指令行动、每一个问题作答；教师清楚每一节课要教什么、为何教和如何教，学生却不知道要学什么、为何学和如何学；教师是每日课堂生活的主宰者，学生是教师意志的服从者。当然，在课堂上也有一些教师会要求学生上课时提出问题，发表不同的意见，进行独立思考等，但最终大多还是纳入教师预设的框架；他们会要求学生积极主动地学习、理解规定的和现成的知识，但很少让学生自己去寻求知识、发现问题，创造解决困难的方法，去独立面对一个陌生的世界，一个生生不息的世界。在日常班级生活中，教师同样是主宰者，他主要根据学校领导的规定去制订一学期、一星期的班主任工作计划；按照他对学生的评价去选拔班干部，把一项项工作分配给在他看来合适的学生去做；无论是表扬还是批评，大多数情况下总是由他最终做出。教师似乎永远代表着正确，会错的总是学生。在这样的班级中生活，学生所期望的是被教师喜欢、表扬和选中，害怕的是被教师讨厌、批评和忽视。总之，在学校里，课堂和班级都牢牢地掌握在教师手中，学生的成长被教师控制，教师可以决定学生如何发展，甚至恨不得代替他们去活，去成长。

这种剥夺因其不会带来自然生命的死亡而被忽视，甚至还因所谓教师的好心和善意，学生的无知和幼稚、需要成人教导等理由而被视为天经地义。但是，在我看来，恰恰是学校的这种教育方式，学生在学校中如此的生存方式，把学生生命发展中最宝贵的精神活力和创造力销蚀了，把学生形成积极、主动、自主的自我的可能性扼杀了。然而，事情的严重性还不止于此。人怎样生活，就会成为怎样的人。如若十几年的学校教育，学生养成了依赖、等待、随从等对待生命的消极态度，那么，走上社会以后，他们还会期待着有决定权的人来决定自己的行动。而且，一旦他们拥有了决定权，还会无视生命发展的主动权应属于每一个人，还会同样以主宰者的身份去控制所能管辖的他人。可见，这种限制、剥夺学生精神生命发展主动权的学校教育基本形态，不仅会制造个人精神生命发展的悲剧，而且会成为社会发展的障碍。它是保守、发展缓慢、强调等级控制的社会之产物，具有保存、支撑这类社会的重要功能。它是几千年中国封建社会遗留给我们的，尽管中华人民共和国已经成立了半个世纪，尽管我们的教育目的、内容、方法等发生了许多变化，但学生在校实际生活的这一基本形态却仍无大的变化。之所以如此，从大的方面来看，是因为以往中国社会经济的实际发展还没有达到非改变它不可的地步。何况，教育的变化总是相对滞后于社会前进的步伐。

二

值得庆幸的是，这一时刻在世纪转换之际到来。自 20 世纪 90 年代起，我国社会主义经济体制改革和社会生产力的发展都进入了一个新时期，改革开放的步伐明显加快，力度和深度明显加强。“发展”成了当今社会的最强主题，深刻的社会转型正在中国共产党的领导下顺利推进。21 世纪，中国要实现的是一个世纪以来多少仁人志士为之奋斗的现代化强国梦，是中华民族的伟大复兴。何谓“复兴”？那就是民族精神的昂扬、经济生活的繁荣、科学技术和文化艺术的再创辉煌……它需要亿万中国人民生命潜能的迸发，需要一代代生气勃勃、富有主动精神和创造活力的新人来实现。现存的教育形态能满足这样的社会发展需要吗？

我们的回答是不能。在一个正处于重要转型时期的社会里，教育不可避免地也要转型。作为社会系统中的教育，不可能在社会发生深刻变化的时代还安然无恙地生活在过去的年代，教育的滞后也只是在一定的时段内，它不可能一直滞后。当社会发展出现朝着人类文明进步和解放的方向，进入转型、迁跃式发展的时期，对于从事教育活动的人而言，更重要的是以一种积极的态度，根据时代发展的需要，去创造反映时代发展精神的新教育，而不是惧怕这种变化，或者无动于衷。当今的时代对于教育来说也是一个发展的大好时代，这里的“发展”不只是指数量的扩大、经费的增加、教育技术设施的更新及教师学历水平的进一步提高。无疑，这些都在教育的“发展”之列，但更为重要的是要创建新型学校、追求新的高质量、培养一代新人。一句话，21 世纪的中国教育要转型，要实现“转型式”发展。

21 世纪的新型教育与以往相比，在教育思想上最终需要实现的核心转变，在我看来是在对学生精神生命主动性发展的认识上。针对以往教育在实际上对学生精神生命需求和可能的忽视乃至剥夺，21 世纪新型教育要自觉地把精神生命发展的主动性还给学生，要培养具有主动发展需求、意识和能力的新人。主动性问题之所以重要，是因为它关涉的是人的生命的基本存在方式。适应、被动应答是一种生存方式，是人与其他类型生命体共有的生存方式。生命体如果连被动应答的能力都没有了，那它就无法生存。所以，对于人来说，被动应答无须花大力气去教，在一定意义上它可以被环境逼出来，是生命体为满足生存需要“自然而然”要去做的事。主动生存的方式却不同，它与人所特有的发展、创造的需要联系在一起，与生命活力的激发和潜在可能的实现联系在一起。以这样的态度对待周围世界，对待自己的人生，人的生命过程就会积极，呈现出自主的色彩，个体会更为独特，会出现创造，不仅创造出新的事物、新的方法、新的技术、新的思路、新的作品、新的外部世界，而且会不断丰富自己的内在精神世界，创造新的生命历程。这正是未来社会所需要的新人的基本生存方式。

三

为此，我们需要创建新型的实施基础教育的学校，从根基开始实现学校教育的转型。这一转型首先关涉到教师。本文前面已经指出，现有中小学内学生的发展基本上由教师主宰，学生在校的生存方式基本上是被动应答的。问题还不止于此，表面上看来作为主宰者的教师，其实也是被规定者。他们被领导规定，被课程规定，被大纲规定，被教科书和教学参考资料规定。在许多情况下教师是指令的执行者、程序的操作者。由于他们所教授的知识在性质上属于人类已经有的知识、被公认的真理，故教师的职业被认为是传递型而非创造型的职业。这种认识的久远与普遍已达到了如此深刻的程度：它不仅成为社会公众心目中教师职业性质的定位（教师被尊称为“教书先生”或嘲讽为“教书匠”），而且成为教师群体自我认同的职业定位。在学校里，他们中的大多数把自己定位为某一学科的学科教师。他们把业务发展的主要途径视为钻研教材、更新学科知识或提高与学科相关的学历层次，把“根”扎在他们不参与创造而仅承担传递任务的学科知识及能力提高的领域中。这样的发展，对教师职业本身的意义而言，积极的方面充其量只是使教师的学科知识不落后于被传递知识领域的发展水平，在教学中，不去传递陈旧的或被证明错误的知识，做一个跟得上学科发展的好的传递者；消极的方面是，教师若把注意力只集中在学科知识领域中，如若他真的有可能参与学科知识的创造，那他就会“跳槽”，不再当教师。所以，无论从哪一方面看，都是对“教师职业无须创造”结论之“强化”的证明。

在这样的角色自我定位中工作的教师，往往以负责、认真、勤恳、踏实为特征。他们也常常以这样的标准去要求学生、管理学生，把学生的任务主要定位在学知识、学本领，学习人类已有的文化上，探索与创造自然也就与学生无缘了。师生在校的生存方式在不同层面上都呈现了被规定的特征：他们面向过去，面向人类的已知领域，而不是面向未来，面向需要发现和创造、探索的领域。如此的角色定位规定了他们的生存方式主要是被动适应和吸纳，即使有主动，也限于主动学习的范围之内，或者少数特殊人才身上。可见，不改变教师对自身职业性质的认识，不实现教师的精神解放，不激活教师精神生命的活力，就不可能有真实意义的、直接面对学生的教育实践的转型，也不可能“还”学生精神生命发展的主动权。

在我看来，教师精神生命在职业生活中的激活与焕发，首先需要重新认识教师职业的性质，跳出原先知识传递者的角色定位。只有认识到教师职业的本质是创造人的精神生命，才可能把“创造”还于教师职业。在此，并不否定教师的工作必然与知识相关，传递知识依然是教师要做的事，但不能把此视为教师工作的全部，更不是终极目标。在教育活动中，知识的价值是育人的养料，学习知识是为了人的成长。知识在此是手段、工具，人的发展与成长才是教育不可替代的、独特的目的。把教知识看作目的，是错把教育活动中不可缺少的“手段”、“养料”以及被使用的“物”当成了目的，是教育中见“物”不见“人”的突出表现。在此意义上，我认为“教书”与“育人”不宜并提，它们之间不存在并列关系，也不会自然转化，而且“教死书”还会“把人教死”。

教师职业的本质是创造人的精神生命之揭示，只有在知识的价值不再那么炫目而是相对平实、知识的形态不再那么凝固而是加速膨胀、知识的获取不再那么单一而是丰富多彩的今天，才显得不仅有理论的依据，而且有实践的需要。这一性质的确认及转化为教师的自我认同之后，教师的工作就不再只是关注过去、面向人类已有的知识领域，而是要面向学生生命发展的未来，与学生一起在教育活动中创造学生的精神生命。这种创造，不同于知识的创造与技术的发明，它的结果是以学生的精神世界发展的方式存在，它的过程需要师生互动。为此，教师与每一个具体的学生和学生群体相交时，他需要自己去理解、把握、设计和进行由他主持的教育活动，需要发现、选择、利用各种已有知识去调动学生内在潜力的方法。也只有在这种时候，教师才不会仅仅是被规定要求的执行者，而是成为教育活动的自主创造者；教师的职业才会有内在的尊严，给学生也带来尊严；教师的劳动才有可能促成独立、主动地面对生活世界和生命历程的人之形成，而不是塑造被动适应的人。

四

埃德加·富尔在《学会生存——教育世界的今天和明天》一书中深刻地指出："未来的学校必须把教育的对象变成自己教育自己的主体。受教育的人必须成为教育他自己的人，别人的教育必须成为这个人自己的教育。这种个人同他自己的关系的根本转变，是今后几十年内科学与技术革命中教育所面临的最困难的一个问题。"① 这个"困难"就在于学校必须改变以往的基本活动方式，改变师生学校生活的基本生存方式。因为正如马克思所指出的那样，个人怎样表现自己的生活，他们自己也就成为怎样的个人。新人产生、形成于新的生存方式。

在由我主持的全国教育科学重点课题"面向21世纪新基础教育探索性研究"中，我们本着"把精神生命发展的主动权还给学生"的宗旨，与试验校的教师在一起开展了改变中小学基本活动方式的实地试验研究。在进行探索性试验的5年中，我们始终牢牢地把每一个学生都生活其中的学校最基本的两大生活——课堂教学与班级生活作为改革的重点，不把力气花在给学校生活加许多"新花样"上，也不花在做一些即时能见成效，甚至能产生轰动效应的事情上。牢牢地抓住"基本"，是因为我们认识到，"转型"的最终真正实现，必然要体现在基本活动

① 联合国教科文组织国际教育发展委员会．学会生存：教育世界的今天和明天．华东师范大学比较教育研究所，译．北京：教育科学出版社，1996：200.

方式和人的基本生存方式的变化上，学校教育的转型也不例外。改变“基本”活动方式和师生学校生活的基本生存方式是“困难”的，我们在研究中真实地感受到这种“困难”，并通过对学校现实生活的观察体悟、批判反思，以及对新教育理想实践形成的积极探索和创造构建，一步步地改变着现实的学校，努力克服这种“困难”。尽管这条路走得很辛苦，但探索性实践给我们的启示和创造带来的欢乐，新型学校活动方式的初具和学生、教师乃至我们自己精神面貌的变化所产生的振奋，远远超过了那些辛苦。我们欣喜地看到，在研究最初提出的三大任务上，即：探索新的体现时代精神的“教育理念、教育目标和培养模式”“形成新人——新的能适应21世纪社会发展的学生和创造新教育的新型教师”“全体试验人员在试验过程中，既是创造者，又是学习者；既是教育者，又是研究者；既改变旧的教育模式，也改变自己”① 等，都有了突破性进展②。所以，今天我在谈论学校教育实践活动转型这一问题的时候，不仅出于理性的思考，而且多了许多实践的感受和支持；不仅认识了“困难”，而且增加了因探索性研究的成效而生出的改变现状的信心。

探索性研究在关于课堂教学的改革方面提出了“把课堂还给学生，让课堂焕发出生命活力”的目标，改革实践围绕着“还”字做文章。试验“还”学生在课堂生活中独立、主动学习的“时间”与“空间”，使他们在课堂上具有主动活动的最基本的保障。试验通过把学科教学内容的分布由点状转成结构状（按知识间的自然关系结构，组织教学内容）的改造，分析出学生掌握某类知识结构的一般程序结构，而后组成“配对结构”（内容结构与相应的学习方法、程序结构），再进一步梳理出每门学科由配对结构连接而成的“配对结构链”，对课堂上“学什么”做了改造：首先是由原来的学知识，变成了通过学知识而学“配对结构”。一旦学生掌握了某种“配对结构”，就把原来的运用知识，变成了运用“配对结构”，自主学习新的类知识和类方法。这样，就把主动学习的工具和可能“还”给了学生。试验还通过教会学生提问，来提高学生主动学习的意识，把提问的主动权“还”给学生。使他们在课堂里不只是听者、答者，而且是自主学习的学习者和提问者。以上变革带来了课堂上师生角色的多元化和师生互动方式的深刻变化，使学生积极地参与课堂生活，与教师一起成为课堂教学过程“动态生成”的重要参与者和创造者，用他们的生命活力使课堂焕发出生命的活力，把创造课堂

---

① 叶澜．“新基础教育”探索性研究报告集．上海：上海三联书店，1999：7.

② 有关这一研究的详细情况，因篇幅所限，不可能在此做展开性的论述，可参阅叶澜主编的“新基础教育”探索性研究报告集。

生活的主动权“还”给学生。

探索性研究在班级建设的改革上，提出了“把班级还给学生，让班级充满成长气息”的目标，改革实践同样在“还”字上做文章。我们在改革班级的组织形态上做了探索，其本质是把“科层式”的组织形态，改成“民主协作式”。主要采用根据班级生活和发展的需要，设立可变换的小岗位，让每个学生都能在集体中找到自己的位置、做出贡献、展现才能、承担责任、享受权利、学会合作、锻炼能力。同时，还可根据各自的发展变化重新选择自己愿意承担的岗位，把班级主人的地位“还给每个学生”。班级组织中实现了小干部轮流制，使每个学生都有机会担任小干部，也都要学习在群体中做一名积极的成员，做到把班级管理的权利“还”给每个学生。这些组织形态的变化都是为学生主动性、个性发展服务的，也是使他们成为社会主义公民的一种教育。班级管理中的评价机制也做了变革，使评价的形成、主体、功能都多元化，把评价的权利“还”给学生，使评价成为学生“自我”形成和自我教育的重要手段。除此之外，我们还积极创造条件，让学生自己创造班级文化，使班级成为群体的共同创造，把创造群体个性的任务“还”给学生。正是在这一系列以“还”为中心任务的改革实践中，班级成了每个学生成长的沃土，同时又呈现出由丰富个性的人组成的，具有勃勃生机的，使人感到温暖、舒畅的富有创造活力的新气象，成为富有群体个性的新型集体。

自然，新型学校的构建不能只局限在这两方面。完全实现中国基础教育的转型，真正大面积地使学校成为创造人精神生命的沃土，在学校生活中把个体精神生命发展的主动权还给学生，还要做大量艰苦的探索和实践。然而，只要是时代发展的需要，只要是21世纪中华民族伟大复兴的需要，只要有助于世纪新一代中每个人人生幸福的获得，只要有助于教师职业内在尊严的建立以及教师智慧和人格的发展，就没有什么可以阻挡我——作为长期从事教育理论与实践研究的工作者对此的不懈追求。何况，在为实现“把个体精神生命发展的主动权还给学生”的新世纪教育转型式改革理想的实践中，我的精神生命也获得了滋养，对教育和人生的真谛有了新的体悟。在新世纪里，我有什么理由不为此而奋斗？这就是我选择“把个体精神生命发展的主动权还给学生”作为本文——表述21世纪我的教育观的文章题目的全部缘由。

本文发表于：郝克明．面向21世纪我的教育观．广州：广东教育出版社，2000：331－340.

试论当代中国教育价值取向之偏差

一

任何事物，其价值的性质与大小至少取决于三个方面：首先是事物本身的构成及其属性，它决定了价值的可能性空间；其次是人对这一事物的认识及对自己想从中获取什么的需求的认识，它决定了人对某一事物的价值取向，划出了人对某一事物价值的期望空间；再次是该事物之外的条件，它决定了价值实现的现实空间。在上述三个方面中，价值取向是人对客观事物及自己需求和利益的认识水平的反映，也是人的主观意志的体现。在实现事物价值的过程中，这是人唯一可以由自己做出选择的方面，是事物的价值有可能转化为现实状态的一个重要的中间环节。我们正是从这个意义上强调价值取向的重要意义。价值取向指导人的行为，价值取向的偏差势必带来事物在实现价值过程中的现实走向的偏差。因此，要寻找十年来教育之现实走向何以与愿望如此大相径庭的原因，不仅要从客观条件上看，要从与教育相关的其他社会因素中去找，还必须反思对教育的价值取向是否发生了偏差。

所谓价值取向的偏差，并不是指不同的人对同一事物，或者相同的人在不同时期对同一事物做出不同的价值选择。这是一种不可避免的、合乎逻辑的现象，不属偏差之列。只有那些由于主体没有正确认识客观事物与条件，没有正确认识自己的真正利益，从而做出了不符合事物本身性质或自身根本利益与需求的价值取向，才属偏差之列。这是认识与对象的偏差，是主观意志与客观规律的偏差，出现这种偏差没有不受到自然惩罚的。正因为如此，价值取向的偏差又是必须而且可能纠正的。

基于上述关于价值取向偏差的认识，我认为很有必要对不仅是近十年来，而且是新中国成立以来，即当代中国的教育价值取向问题做一番认真的剖析。通过初步分析，我的认识是，当代中国教育价值取向存在偏差。它主要表现为：只强调教育的社会工具价值，忽视教育在培养个性、使个人的潜能得到尽可能发展方面的价值；总是要求教育发挥出即时的、显性的功效，忽视或者轻视教育的长期效益。这种偏差已经给我们带来了严重的影响，若不纠正，中国的教育就不会出现质的进展，也很难从根本意义上走出困境。

二

为了更清晰地认识上述偏差存在的一贯性及其形成的原因，需要对 40 年来教育价值取向的变化过程做一简略的回顾。我们把这一回顾主要局限在教育目标与任务上，因为这些是教育价值取向的重要表现，也是实际对教育产生决定性影响的方面。

一般地说，新中国成立 40 年来教育发展过程可划分为三个大阶段："文革"前 17 年、"文革" 10 年和"文革"以来近 13 年。

比较这三个大阶段的教育价值取向，我们可以清楚地看到，从国家决策层来看，选择教育价值的基本视野没有大变，思考问题的基本方法没有大变，变化的只是具体的标准与内容。我们先分析前两个阶段。

1949 年 9 月底通过的《中国人民政治协商会议共同纲领》，首次集中反映了新中国教育的价值取向。它规定了新中国文化教育的新民主主义性质，提出了"人民政府的文化教育工作，应以提高人民文化水平，培养国家建设人才，肃清封建的、买办的、法西斯主义的思想，发展为人民服务的思想为主要任务"。1950 年，上述观点被明确地归纳成"为工农服务，为生产建设服务"的教育建设方针。这实际上成了新中国教育价值取向的"定音鼓"。这里所说的"定音鼓"，不光是从内容上讲的，即确定了教育为政治、经济服务的地位，而且是从形成这一方针的思想方法上讲的。这一方针的基本依据来自两个方面：一是毛泽东同志在《新民主主义论》中提出的关于"一定的文化是一定社会的政治和经济在观念形态上的反映"，以及"民族的科学的大众的文化，就是人民大众反帝反封建的文化，就是新民主主义的文化，就是中华民族的新文化"的著名论断。二是理论联系实际的原则，教育方针、任务必须以当前的政治、经济需要为出发点。自此，从政治理论中找方向，从社会实际状况中找任务，就成了教育价值取向的基本思维模式。无疑，这些内容及思维方式有其合理的一面，教育确实具有社会工具的价值，确实不能离开现实的社会土壤而生长，确实应该反映社会政治与经济发展的需要，而在当时新中国初生时期，政治改造与经济建设的任务显得更为突出，教育做出这样的价值取向是必要的，合乎时宜的。但是，我们也必须承认，这一价值取向从具体内容到形成的思维方法都存在着一些根本性的缺陷。首先，它简化了教育与政治、经济的关系，忽视了教育与政治、经济的区别，忽视了从经济、政治任务向教育任务转化过程中的中介。其次，它忽视了教育对个体个性发展的价值，没有分析社会需要与个体发展需求之间的差异，使教育在价值取向的起点上就出现了偏差。最后，在考虑教育为政治经济服务的价值时，主要从当前的需要出发，没有顾及教育自身长效性的特征。总之，它存在着忽视教育自身特点的倾向。因此，可以说，这一价值取向的出现在当时虽然是合时宜的、可以理解的，但却是需要完善和发展的，把它作为一个教育价值取向的完整内容和思想方法是不合适的、缺乏科学性的。

遗憾的是，它恰恰在实际上被延续下来了。这也反映出教育在发展、建设的过程中，有过强的实用意识，而缺乏科学精神。1953 年，国家开始执行第一个五年计划，教育的中心任务被定作为国家经济建设服务，培养大批建设人才。由于急于求成，教育规模发展太快，经济缺乏承受力，从而政府第一次提出了反对盲目冒进、整顿教育的口号。当时，政务院文化教育委员会主任郭沫若，在中央人民政府委员会举行的第二十七次会议上做了《关于文化教育工作的报告》。报告中，他用毛泽东同志“随着经济建设的高潮的到来，不可避免地将要出现一个文化建设的高潮”的判断，来批评文教工作中的盲目冒进倾向，指出这个判断是说，文化建设跟随着经济建设，而不是跑到经济建设的前头。这突出地反映了“先经济、后文教”的观点。

1956 年，由农业合作化、城市工商业改造组成的“社会主义革命高潮”的到来和《1956—1967 年全国农业发展纲要（草案）》的提出，实际上又吹响了文化教育加速发展的前奏。当时提出了“向科学进军”的口号，在上述纲要中规定：“从 1956 年开始，按照各地情况，分别在五年或者七年内基本上扫除文盲”，“分别在七年或者十二年内普及小学义务教育。”这些指标到 1958 年“大跃进”时又翻了一番，提出了自 1958 年起在三至五年的时间里扫除文盲、普及小学义务教育，在十五年内普及高等教育。与此同时，在教育内容的选择上出现了实用主义的倾向，否定基础学科和外国语教学的重要性。这一违背规律和实际上急功近利的做法，以 60 年代初的大收缩作为句号。人们从这种盲目发展中吸取的最深刻的教训，依然是教育不能跑在经济的前头，而不是对教育上急功近利的否定，对究竟应该怎样认识教育的发展和怎样发挥教育长效功能的思考。

1957 年反右以后，教育价值取向的一个具体变化是越来越重视教育的阶级斗争工具的功能。1958 年提出了“教育必须为无产阶级政治服务、教育必须与生产劳动相结合”的教育方针，同年 4 月，在中共中央召开的教育工作会议上，传达了刘少奇关于教育工作的指示，其中对 1949 年以来的教育工作的评价是：“1949 年至 1953 年，比较好，学习苏联结合中国，并以此与资产阶级作斗争；1954、1955 年，无产阶级教条主义很严重，搬苏联的；1956 年，搬资产阶级教条。过去成绩是主要的，缺点是严重的，在一个时期内有方针性的错误。”这是新中国成立以来，中央第一次做出教育方针有错误的评价。在此，我们特别要说明的是关于 1956 年搬资产阶级教条的问题，因为它与人的全面发展、个性发展问题的讨论相关。

自 1952 年起，党和政府提出了对学生实施德育、智育、体育、美育等全面发展的教育，使学生身心得到全面发展的培养目标。这是解放后教育上第一次明确表述的培养目标，它的理论根据主要来自苏联的教育学著作，它要强调的是作为社会主义公民的健全面貌。1955 年，《人民教育》发表了张凌光同志题为《实行全面发展教育中若干问题的商榷》的文章，揭开了对“全面发展”与“因材施教”关系问题讨论的序幕。这个讨论，有助于我们今天了解当时在教育的价值取向上一直不提“个性发展”的原因。首先，这是由翻译中语义选择的不确切造成的。俄语中“личность”可译成“个人”“个体”，也可译成“个性”。在教育学的著作中，把应该译成“个人的全面发展”这个词组，译成了“个性的全面发展”，从而混淆了“个人的身心全面发展”与心理学、教育学意义上的“个性发展”两个很不相同的范畴，使人们认为在提了“个性”（实际上是“个人”）的全面发展后，似乎已经没有必要再谈什么“个人发展”，这实在是铸成了一大错误。当然，如果仅仅是由翻译不准确而造成的误解，那么，只要有人指出以后就可以纠正，但事实却并非如此。这是因为还有一个更重要的认识上的原因，那就是人们认为在社会主义社会中，社会对每个公民的要求与个性发展的要求是完全一致的，不存在什么个性的压抑，故没有必要提什么个性发展的问题。相反，社会主义社会要求达到的个人的全面发展，是最值得追求、最理想的人的发展模式，因此，它应该是“衡量学生成绩好坏的一把统一的‘尺’”。此外，人的全面发展的理论当时是作为马克思主义的教育原理引进的，是苏联的教育学理论所强调的，因此，又为其添上了一层神圣的光彩，而作为西方反封建时代资产阶级所提出的解放个性的理论，在它的面前就黯然失色了。

随着对这一问题的深入讨论，在实施“全面发展”教育中存在的一系列问题被逐渐认识到了。1956 年中央宣传部部长陆定一在一次座谈会上提到：苏联的经验不能生搬硬套，“全面发展”的口号要研究，还指出了高等学校教学忽视发展学生个性等问题。同年7月，高等教育部部长杨秀峰也指出了“高等教育工作最大的毛病就是用一个模子去要求学生。只有充分注意到每个人不同的兴趣和爱好，充分发展每个人的个性和特长，才能真正培养出多种多样的、具有独立工作能力、研究能力和高度创造性的人才”。此外，他还提出了在教学中贯彻百家争鸣等问题。同年10月，高教部决定在部分高校中试开现代资本主义国家流行的唯心主义派别介绍和批判的课程，这是新中国成立以后第一次对当代资本主义学术思想的介绍，也是中央领导层第一次明确地提个性发展的问题。尽管此时对个性发展的理解还主要局限在个人的兴趣、特长和才能的发展（不包括人格的内容）方面，但毕竟涉及了这一重要的教育价值问题，可以说是一个重要的突破。然而，1957年的反右斗争使教育的方向急转，于是，1956年发生的上述变化被评为“搬资产阶级教条”，发展个性的要求从此几乎成了资产阶级思想和提倡个人主义的代名词，并因此而几乎销声匿迹了。

此后直到“文革”前，“教育为无产阶级政治服务”的价值取向，随着“反右倾”“批修反修”“批人道主义”“人性论”“四清”“防止资本主义复辟”等接踵而来的政治斗争越来越受到强调，其间虽穿插了1963年的调整时期，但并没有改变主方向，后来，“五七指示”中又发出了“资产阶级知识分子统治我们学校的现象，再也不能继续下去了”的号召。

“四人帮”篡党夺权后，他们在教育价值取向上的“创造”，只是绝对化和偷换现成概念的实质。他们把教育完全当作实现阴谋和法西斯统治的工具，把他们所谓的“教育为无产阶级政治服务”的功能作为教育唯一的社会功能，并且把该功能与其他社会功能对立起来。成千上万的青年学生和群众在运动中表现出的盲从、受蒙骗，在某种意义上，也是对新中国成立以来教育价值取向上忽视个性培养和独立人格形成的最大、最沉重的惩罚。

三

“文革”以后的近13年，在教育价值取向的具体方面可能发生了很大变化，特别是相对“四人帮”而言。首先，决策者们不仅重新确认了教育与社会经济、生产之间的联系，而且更深入地探究了教育与生产力，特别是与现代社会、新技术革命条件下的生产力之间的密切关系，接受了教育是生产、科技发展的基础，教育要面向未来与适度先行等西方发达国家率先提出的思想，并决定把教育放在实现四个现代化的战略地位上，提出了“教育必须为社会主义建设服务，社会主义建设必须依靠教育”的指导思想。这比起“文革”中否定教育与发展社会生产之间的关系，比起“文革”前先经济、后教育的思想，无疑是一个大的进步。

其次，在确定教育价值取向时，注意对世界各国，尤其是发达国家的参照，不再闭目塞听。在《中共中央关于教育体制改革的决定》中，明确提出“教育体制改革要总结我们自己历史的和现实的经验，同时也要注意借鉴国外发展教育事业的正反两方面的经验。特别是在新技术革命条件下……发达国家在这方面的经验尤其值得注意。要通过各种可能的途径，加强对外交流，使我们的教育事业建立在当代世界文明成果的基础之上”。这种开放的意识与态度，对正确做出教育价值的选择显然是有益的。与此同时，学术上的僵化、政治化局面也开始打破。

最后，更加重视知识和人才的价值，在教育价值的取向上，突出了“提高民族素质，多出人才，出好人才”的重要性，其目的是“为 90 年代以至下世纪初叶我国经济和社会的发展，大规模地准备新的能够坚持社会主义方向的各级各类合格人才”。在对人才的具体要求方面，除了政治、思想的标准外，突出了“不断追求新知，具有实事求是、独立思考、勇于创造的科学精神”。如此强调人才的价值，在当代中国教育史上是空前的。这一价值取向对实际教育工作也产生了影响，如大学少年班的开办，综合教改实验的进行，对人的智力、能力、创造力的研究，出国留学热潮的掀起，高校学分制的实施，少年科技活动和各项学科竞赛的发起等都是具体表现。

然而，直到今天，作为个体的人的生命价值问题，在教育价值取向上依然没有得到应有的重视。为了突出教育与生产之间的关系，又把教育归入生产力的范围，把教育投资看作生产中的人力投资，要求用管理生产的方式来管理教育，用商品经济发展中的市场调节规律来调节教育，强调学校人才培养与市场需求直接对口。教育的经济化倾向使教育的特殊性再一次被淹没，从而再一次面临着丧失“自我”的威胁。在某种程度上，正是因为人们看不到教育的根本价值，教育陷入了困境。

此外，在对个性发展的要求上，人格独立性的问题依然没有得到关注。“文化大革命”在这方面的惨痛教训并没有被真正认识到。把个性的发展主要理解为个人特长、才能、智力、兴趣的发展，基本上与 1956 年时讨论所涉及的范围一致。就是在个人才能的发挥方面，也主要着眼于尖子人才，对个人潜能的普遍开发问题，还只停留在一般议论的水平上。在现实中，学校教育的基本状态还是划一的，缺乏活力，学校很少为学生提供独立选择和参与管理的机会，对学生人格的基本要求仍是传统式的服从，对个体价值的认识基本停留在国家机器“螺丝钉”的水平上。

我认为，这一教育价值取向偏差的实质是忽视教育的特殊性，忽视个体的价值，忽视人格培养。它的长期存在已经给我国的教育事业带来了消极的后果。正是这种偏差，使人常常从社会政治领域或经济领域中，去寻找指导教育工作的理论与规律；使教育患了“软骨症”和“依附病”，在社会各种冲击面前缺乏抵御能力；使学校本身对学生缺乏内在的吸引力；使培养出来的人缺乏鲜明的个性、独立的人格和创造的活力，而这一切的必然结果是使整个社会缺乏生机。

四

值得沉思的是，为什么现在还没有认清教育价值取向上存在的偏差，没有认识到这种偏差的严重性？如果从认识的角度分析，主要的原因有三。

其一，粉碎“四人帮”以后，在教育领域里对“四人帮”的批判，主要局限在政治方面，批判的是他们怎样利用教育篡党夺权，怎样使教育遭到严重破坏，怎样迫害、打击知识分子等等，并把这一切主要归因于阴谋家、野心家篡夺了政权，把“文革”中的一切与前 17 年完全割裂开来，只把它作为一个孤立的非常时期来认识。这在粉碎“四人帮”以后的最初 3 年更是如此。所以，这样的批判并没有引起我们对教育价值取向的反思，因而也没有触动对教育性质认识上的片面性及形而上学的思维方法。

其二，没有清楚地认识到社会主义国家建设，不仅有经济建设的任务，还有民主政治建设的任务。直到现在，对社会主义初级阶段的认识还有待完善，对社会主义政府也需要监督缺乏认识，对党在正常时期领导社会主义建设的过程中也会出现错误缺乏认识。正是这些缺乏，造成对社会主义教育中应培养人的独立思考能力、独立人格和对现实社会的批判分析能力等方面的任务缺乏认识。

其三，在强调个体有其不同于社会的特殊的发展需要，甚至进而把这种个体发展的特殊需要，看作是与社会发展对立的、有害的，是需要否定的。也忽视了不管社会处于怎样的水平，教育都有使个体的潜力在可能范围内得到发展的任务。于是，个体在教育中始终没有取得应有的地位，对教育内部所必须研究的教育与个体发展之间的关系问题也始终没有进行充分研究。

由此可见，今天我们要想在教育中实现人的发展的任务，必须认识到教育价值取向上存在的偏差，要让个体发展问题、人的价值问题在教育理论和教育实践中获得应有的地位。为此我们需要对近 40 年的当代中国教育史作认真而深入的探讨，对教育领域中形而上学和教条主义的思维方式做认真而深入的剖析。唯有迈出这一步，唯有承认问题和研究问题，才能解决问题，才能使中国的教育在进入 21 世纪时不显得太陈旧、落后，而添上一点时代的生气。

主要参考资料：

①《中华人民共和国教育大事记（1949—1982）》。
②《教育学参考资料》（上）（下）。
③《中共中央关于教育体制改革的决定》。

本文发表于：《教育研究》，1989（8）.

教育两大功能关系之探究

教育的功能问题，从实践的角度看，是一个既古老又“时鲜”的问题。说其古老，因为作为一种“人为”社会现象的教育是有目的的活动，所以，自人类有意识地从事教育起，就提出了“为什么要办教育”这个功能问题。说其“时鲜”，则因为社会处于不断发展变化之中，人们对教育的企求也随之不断变化。只要社会发生较大的变化（无论是政治、经济还是文化上的），只要社会的变化与现存的教育出现不协调现象，人们总要重新审视现有教育的功能。这正是教育功能问题成为国内近十年来教育界和其他关心教育事业人士的热门话题的原因之一。

如若从理论的角度思考教育的功能问题，我们就会发现，无论是历史的还是现实的有关教育功能问题的五花八门的回答，概括起来总离不开两大方面，即教育对社会发展的影响和教育对个体发展的影响。这是由教育具有沟通社会与个体的转化机制决定的。各种观点的区别在于强调教育的哪一方面影响，以及对这种影响程度的判断和期望目标的描述。争论也往往因各执一端而引起。可见，问题的实质还在于怎样正确认识教育与社会、教育与个体的关系，以及两大“关系”之关系。我国教育理论界以往较多侧重分别研究教育与社会以及与个体的关系，近年来对中华人民共和国成立以来教育事业发展全过程的反思和对教育现状的分析，使理论工作者对研究两大功能关系的必要性有了较清晰的认识。历史和现实都表明，在教育功能问题上执其一端，忽视或否认另一端，在理论上和实践上都是不对的。尤其是在面对21世纪的今天，若再用二者择一、非此即彼式的思维方式认识教育功能这样复杂的问题，无论如何是不足取的。现在是到了认真研究教育两大功能关系的时候了。

一

深入分析教育两大功能之间的关系，首先遇到的问题是：它们存在着什么样的关系？或者说它们以什么样的方式发生着关系？这是属于对教育两大功能关系存在形态的探究。

关于这个问题，历史和当今的教育理论有不同的回答。归纳起来主要有三类。第一类认为两大功能的关系呈对立状态，教育者只能选择其中之一作为指导性的功能，要求另一功能服从，或在指导性功能允许的范围内发挥作用，两者兼得是不可能的。其中又可分为两派：一派强调教育维护社会利益、传递传统文化的规范功能，另一派则强调教育挖掘人的潜在本能、培养独立个性的功能。前者的代表人物如柏拉图、涂尔干等，后者的代表人物如卢梭、尼采等。第二类是统一论，即认为这两大功能之间是完全一致的，“一荣俱荣”“一损俱损”。其中也有两派：一派强调教育只要能促进社会发展，就必然有利于个人的发展，这在一些社会主义国家（包括我国）的教育著作中可以找到；另一派强调教育只有培养出有个性的、充分发展的个人才能有助于社会的发展，代表人物如杜威、埃·弗洛姆等。第三类属平行论。他们认为这两者是平行不悖的，是教育与不同范畴内对象的关系。持这样的观点，一般总是提教育既要为社会发展服务，又要为个体发展服务。这种观点的贡献不在于它提出了什么，而在于相对于前面两类观点，它承认了两种功能具有相对独立性的一面，前两类则分别强调了它们之间的对立或统一。

以上三类关系形态，在不同国家和不同历史时期的教育实践中都可以找到例证。这从一方面启发了我们，教育两大功能的关系形态不只是一种，在不同的条件下，它们有不同的关系形态。这种多样性的存在，说到底是由教育服务的对象——社会和个人之间关系的多样性决定的，也是由教育对社会与个人影响的多面性和性质、程度的多种可能性决定的。此外，由于教育在社会中功能的实际发挥状态是受教育决策者的选择制约的，不同的教育决策者代表不同的阶级利益，对教育功能有不同的认识水平，故他们的选择很不相同，且完全可能是对立的，这又给教育两大功能的关系添上了更多的“变式”。因此，要想较全面、深入地认识两大功能的关系形态，简单地从已有模式中选择一种作为通用模式的做法显然是行不通的，必须进一步分析两大功能之间可能存在的条件以及模式与模式之间转换的可能。为了达到这个目标，应从分析社会与个人之间的关系着手，这是认识教育两大功能关系所必须回答的前提性问题。

二

社会与个人的关系，可以从不同的角度去认识。

从结构的角度看，如若“观察者”立足于社会，社会与个人的关系类似于

“有机体”与“细胞”的关系。个人对于社会来说，是“基质”不是“器官”，社会各级组织、各子系统才是“器官”。个人只有加入到社会一定的关系系统之中，并参与该系统所进行的某种社会活动，承担一定的社会角色，才能与社会整体建立特定的关系，体现出特定的社会价值。从这个意义上说，个人不等于社会成员。社会成员是从社会角度对个人的权利与义务的规定和认可，它强调的是个人对社会的存在或发展价值。然而，个人作为一个整体来说，人的需要中除了具有直接社会意义的一部分以外还有其他，如个人的兴趣、爱好的满足，个人家庭生活的需要，以及不具有工作意义的各种交往需要等。这些需要的满足以及为满足这些需要所进行的活动，大部分没有直接的社会意义，不创造什么社会财富，大多也是在个人工作以外的闲暇时间进行的。然而对于个人，它们就像工作一样，也是不可缺少的，某些方面对人的身心健康与发展还具有重要意义。因此，如果只从社会需要的角度，尤其是只从近期的、直接社会功利的角度看个人，永远也不可能看到完整的个人。

如果“观察者”的立足点移到个人，那么个人与社会的关系结构就类似于“有机体”与“环境”。在此，个人作为有机的整体，而社会则成了个人整体生存、发展的条件，个人实现生命价值与发挥潜力的舞台，从而使关注的重心移到个体，移到社会为个体生存与发展服务的一面，移到社会对于个人的价值上。这与上述立足于社会所看到的社会与个体的关系就不相同了。由于每个人所属的阶级与阶层、所处的社会地位和拥有的权力不同，同时也由于个人的社会、生活经历与发展水平不同，所以各人的社会观很不同，从社会中可能得到的以及对社会的态度也很不同。因而可以说，如果只是从个体生存与发展的角度看社会，同样也看不到完整意义上的社会。

以上由于“观察者”改变立足点而得出的社会与个体的不同关系模式，是社会与个体在需求上客观存在的性质差异的反映。它是客观存在的，因为社会与个体是两种不同质的整体，各自处于世界的不同层级，有不同的自组织系统。这就决定了无论社会发展到什么水平，都不可能出现社会与个体需求完全一致的关系状态，差异的存在是永恒的。确认这一点，有助于我们清醒地把握教育两大功能之间的区分度。只有有了区分的观念，才谈得上兼顾，认为两大功能完全统一，或者有可能做到完全统一，就把问题简单化了。

然而，并不能由此认为社会与个体无一致的要求或无沟通、协调的可能。无论是“机体”与“细胞”的关系，还是“机体”与“环境”的关系，都是一种相互依存的关系。社会要求个人奉献，社会必须给予，先向个人作“付出”，尽管这种付出可能是最低限度的，对于每个人来说也是很不相同的，但无论如何是不能没有的。同样，个人要求社会提供适宜生存与发展的条件，满足个体的需要，个人也必须为社会做出贡献。所以，无论是自觉的还是不自觉的，这种双向的“贡献”与“给予”，社会与个人之间物质的、能量的、信息的双向转换总是客观存在的，这种双向转换产生的结果可以说是一种双向的制约与“塑造”：社会制约与“塑造”着个体，个体的状态和活动也制约与“塑造”着社会。此外，社会的需要与发展主要通过处于一定社会结构中的个体的协同活动实现，这种活动对于个体来说也是满足个人需要和实现个人发展的主要手段，它具有双重价值，是个人与社会具体的、活生生的、每天都在发生着的相互作用。以上这些都是个体与社会相互关系中表现两者需求中密不可分的、共同相依的一面，它为从社会与个体统一的角度规定教育的功能提供了依据。

综上所述，从结构的角度看，社会与个人的关系存在着矛盾的一面，也存在着统一的一面。这种关系状态必然会在教育两大功能的关系中反映出来。如果想在现有的社会条件下使教育的两大功能得到理想的发挥，只从社会的角度或只从个体的角度来规定教育的功能都是不完整的。这样选择的结果，不仅有损于被忽视或者被否定的一方，而且由于社会与个体之间的相依关系、转换关系、互相制约与互相“塑造”关系，最终还必将导致被重视的另一方也受损，起码是不可能实现最佳的功能状态。只有立足于教育实现社会与个体之间相互转化机制的发挥，才能较合理地解决教育两大功能之间的矛盾统一问题。

除此以外，还必须意识到教育本身也是一个有着内在结构的系统。教育两大功能的关系在教育系统内部的不同层次上，关注的重点和体现方面都是有区别的。

从教育决策的宏观层次看，关注的重点在教育应发挥哪些为社会和个体发展服务的功能，不同的历史时期、不同的社会制度都会有不同的选择。在这些具体功能的规定中，有关社会的要求表现得较鲜明、具体，并有独立的形态，它体现在教育工作方针的确定上，体现在教育制度的原则与结构、教育内容选择的原则与范围的规定上，也体现在未来教育发展规划的设计中。为了使这些规定科学、合理与可行，决策者应以教育与社会发展之间的规律性联系为指导。有关个体的要求在这个层次上一般则以较抽象的形式，集中体现在对培养的人的素质与发展政治方向的原则规定中，也渗透在上述诸方面的原则性要求中。因此，在教育决策的宏观层次上，较容易忽视的是教育在发展个体功能上的特殊的一面，一切都侧重从社会需要的角度考虑、论证。尤其在没有看到社会发展与个体发展存在的内在相关性与性质上差别的情况下，在只注重社会近期需要，要求教育产生即时性效果的情况下，或者在个体的发展对于社会还不具有重要意义时，更容易出现这种情况。

当教育活动进入执行教育决策、使规定的功能现实化的施教机构，如各级各类学校时，如何实现教育的两大功能则成为关注的重点。在这个层次上，教育活动直接面对着受教育者，其功能只能通过人的培养来实现，且具体地表现在各级各类学校培养目标的规格上，课程的体系与学校教育活动的总体规划上，以及教师在教学、教育活动中，从内容到方法及组织形式等方面的选择上。最终则体现为学生德智体诸方面在教育作用下发生的实际变化、个体达到的水平和形成的个性上。为了使规定的教育功能得到实现，教育者在此须遵循的是教育与个体发展之间的规律性联系。与宏观层次的情况恰恰相反，在这个层次上，教育的社会功能渗透在对有关教育对象发展变化的具体要求中，显得隐蔽、不清晰和缺乏独立形态。因此在学校具体教育活动的层次上，容易被忽视的是教育的社会功能，学校工作可能会迷失或模糊社会方向，人们看到的只是一门门课程、一项项活动、一个个具体的对象。

通过上述从结构的角度对社会与个体关系以及与此相关的教育两大功能之间关系的分析，我们可以更清晰地看到，以教育的一种功能来否定或代替另一种功能，忽视或者不认识两大功能之间的内在联系和性质、对象、层次上的区别，这与它们之间客观存在着的关系不符合。以这样的思想指导教育工作，无论对社会的发展还是对个体的发展，从本质上和长远的观点看都是无益的。

三

对社会与个体及教育两大功能关系形态的认识，只停留在结构分析的水平上还不够，因为这是一种静态的剖析，还没有涉及社会发展与个体发展这一动态变化的过程，还没有涉及过程中可能存在的各种关系模式。而教育作用的对象正是发展、变化中的社会与个体，其功能正是体现在对其发展的影响上，所以，我们还必须从发展的角度来研究社会与个体的关系，并进而研究教育两大功能的关系。

关于社会与个体的发展的探讨，首先需确定两点。第一，“发展”作为一个矢量，是具有方向与速度、数量与质量及结构变化等意义的概念，从最广义上理解，发展是各种客观存在的对象随时间推移而发生的变化过程。由此引出的第二点，我们以什么为标准来判断社会及个人发展方向是正向还是负向的？根据马克思主义的观点，社会发展过程的本质是把人从各种不同类型的奴役中不断解放出来。马克思把他追求的理想社会描绘成“使社会的每一个成员都能完全自由地发展和发挥他的全部才能和力量”① 的社会，也就是人的个性的积极力量得到真正发挥的社会。这种解放的社会物质基础是生产力的高度发展，社会物质财富与精神财富的极大丰富，以及人用以维持生存需要意义的劳动时间最大限度地减少和供个人支配的闲暇时间最大限度地增加。这种解放的社会政治基础是剥削人、压迫人的社会制度的彻底消灭以及人与人之间平等、合作、相互尊重的新型人际关系的形成。马克思主义的这一理想社会的标准，正是从社会与个体发展的关系角度制定的，它所揭示的人类社会的发展阶段及趋势也被历史所证实，所以我们以此作为判断社会发展方向的标准并做出如下假设：凡是在现有基础上沿着使人得到更大解放方向的变化，称为社会的正向的发展，以“＋”表示；凡是在现有基础上沿着阻碍乃至降低人的解放程度方向的变化，称为社会的负向发展，用“－”表示；此外，还有相对的停滞，用“0”表示。在判断个体发展的方向上同样有正负之分，我们将个体自主与创造作为判断发展方向的标准：个体与社会正向发展相符合的自主、创造意识与能力的形成，称为个体的正向发展，用“＋”表示；个体与社会正向发展相反方向的自主、创造能力的形成，称为负向发展，用“－”表示；只具有适应社会的能力，缺乏自主、创造的意识与能力，被视为相对停滞，用“0”表示。在此，我们同时假设“0”态为缓慢量变标志，“＋”和“－”则分别为方向相反的激烈质变的标志，这样，“＋”“－”“0”三种符号，每一个都包含了发展的三方面指标。这些假设使我们不仅有可能从总的发展趋势上，而且有可能从发展过程中可能出现的各种不同状态上，分析社会发展与个体发展的相互关系。

从总的发展趋势看，马克思主义关于人的全面发展的学说已清楚阐明了社会发展与个体发展之间的统一是一个历史过程。社会沿着由初级向高级的方向发展，给个体带来的是越来越多的充分发展的可能和积极自主、创造的可能，个体的发展离不开社会的发展。所以离开社会实际达到的发展水平和继续发展方向，要求个体达到完美、理想的发展水平是没有意义的。与此同时，马克思主义还强调个人并非社会的消极产物，他是社会活动的主体，是社会发展的主体。正是从这个意义上，可以说个体的发展水平具有重要的社会意义，这种意义的价值也是

① 马克思，恩格斯．马克思恩格斯全集：第42卷．北京：人民出版社，1979：373.

随着社会的发展而提高的。也就是说，社会发展水平越高，越需要有富于独立和创造精神与创造能力的个体，直至达到如《共产党宣言》中所预言的水平："每个人的自由发展是一切人的自由发展的条件。"① 此外，在种系发生学的研究中也得出类似的结论："在生物进化的进程中，个体的意义和个体对种系发展的影响不断增长。这表现为个体生存期的延长和个体生存期内的经验积累（儿童期、学习期，等等），还表现为种系内部形态学、生理学和心理学变异的扩大。生命体的组织水平越高，生命体的生命活动越复杂，其自己努力取得的经验对之也就越重要，同一种系个体之间的差异也就越大。"② 这种个体独特性与创造性的意义在人类社会的发展中表现得尤为突出。人类社会任何一方面的划时代的变化，无不与一个或一批独特的、富有巨大创造勇气与才能的伟人的名字联系在一起。以往，我们对马克思主义中关于社会发展对个体发展意义的观点较重视也较熟悉，而对后者，个体发展对于社会发展的意义及发展趋势的观点注意较少。然而，对于今日之教育来说，这确是一个值得引起重视的观点。

上述总趋势的分析显示了社会发展与个体发展的一致和相互促进的基本关系，因而，也可能由此引出这样的结论：只要个体发展与社会发展方向一致，就是积极的关系模式，是值得追求、提倡的关系模式；只要个体发展与社会发展方向不一致，就是消极的、有害的关系模式，是要批判和纠正的关系模式。尽管这种结论引出的前提是正确的，但结论本身却是片面的，因为它把社会与个体发展的理想路线视为现实路线了。实际上，真实的发展过程不是直线的而是曲折的，总趋势的前进并不意味着过程中没有停滞与倒退等多种状态。因此我们还有必要分析因现实中社会与个体发展的不同状态而造成的、可能出现的各种关系模式及其意义。

第一类关系类型属"一致型"，有下列三种可能出现的组合方式（用"＋""－""0"三种符号表示，符号意义如前文所述，见表1）。

表1　社会与个体发展关系类型之一（一致型）

发展状态 / 关系模式	社会	个体
A_1	＋	＋
B_1	0	0
C_1	－	－

---

① 上海师范大学教育系．马克思恩格斯论教育．北京：人民教育出版社，1970：87.

② 科恩．自我论．佟景韩，等译，北京：生活・读书・新知三联书店，1986：57－58.

A_1、B_1、C_1、尽管均属一致型，但这种一致的意义却很不相同。A_1 模式的一致是最富有积极意义的一致。这是社会前进过程中出现加速和质变时，社会与那些积极自主和富有创造精神的个体之间的关系模式，是伟大时代与史诗式人物之间的关系模式，也是社会为个体提供与现有状态相比具有更大发展个性与创造性可能的关系模式。尽管这种模式在时代发展的长河中出现的次数不会很多，延续的时间不会很长，但在这些时刻，社会发生的重大变化都会产生深远的历史意义。B_1 模式代表的是一种缓慢变化的一致模式，是一种维持态。它有可能偏向于正方向的发展，也有可能偏向于负方向的发展，并会因这种偏向的积累导致不同方向的突变，然而在这段时间里变化是不显著的。故对这种关系模式的评价也是中性的。这种中性的关系状态在发展过程中虽然表现为一种平淡，但人类迄今为止的众多岁月是在这种平淡中度过的，它从发展的过程来看，同样是不可或缺的。C_1 型是反向的、倒退的“激烈”，是复辟时代与野心家式人物的关系模式。这种一致，比如德国法西斯追求的社会目标与据此煽动起来的极端个人主义、种族主义偏见，就是给人类带来灾难的一致，是反动的一致，是需要人类通过斗争使它迅速改变的一致。因而尽管 C_1 型属社会与个人发展一致型的关系模式，却是应该否定的模式。

第二类关系模式属“不一致”型，其中所含四种组合方式如表 2 所示：

表 2　　社会与个体发展关系类型之二（不一致型）

发展状态 / 关系模式	社会	个体
A_2	+	0
B_2	0	−
B_3	0	+
C_2	−	0

不一致型的总特点是社会与个体发展处于不同类型状态，但并没有产生尖锐的对立。具体分析起来，A_2、B_2 型的不一致，表现为个体发展状态落后或不符合社会正向维持现状的需要。如果社会中这类个体属少数，且不居社会重要地位，不会影响社会发展的进程，但个体会有不适应感；如果这类个体数量虽少却身居要职，那就会对社会产生消极影响，但最终社会将摆脱他们的影响继续前进；如果这类个体是社会中的大多数人，尤其在 A_2 型中，社会决策阶层就会通过各种教育途径促使个体向“+”向发展，或者加强对新生一代的“+”向培养，以实现社会加速发展的目标。总的来看，个体处在落后于社会发展水平的状

态，最终不会阻止社会的前进，积极发展的社会有能力对个体进行改造与同化。B_3、C_2 呈现的不一致是社会落后于个体的发展水平，它不可能为个体发展提供有利的条件。这种不一致有两种可能出现的转变方向：一种是个体成为改变落后状态的积极因素，这在 B_3 型中的个体是相当数量时或身居要位时最有可能发生；另一种是个体被社会所同化，这在 C_2 型时容易发生，表现出来的状态是“人心不古、世风日下”。

第三类关系模式属“对立型”，社会发展与个体发展方向产生强烈反差，其中含两种组合方式，详见表 3。

表 3　　社会与个体发展关系类型之三（对立型）

关系模式 \ 发展状态	社会	个体
A_3	+	−
C_3	−	+

第三种类型的两种关系模式的共同特点是社会与个体处于尖锐的对立、冲突状态，只不过是两种性质不同的对立。A_3 型的冲突是个体对社会具有消极意义的冲突。然而，社会上的积极力量，使这种消极个体的作用不可能占优势。社会或对其采取强制的手段，消除其作用的可能；或采取改造的措施，使其至少保持适应社会的状态。在社会处于正向发展的状态下，邪气是难成气候的。C_3 型是社会对个体发展有压制、消极意义的情境，而个体与社会的对立对于推动社会发展具有积极意义。如若社会反动的势力较强，而这类个体数量又较少的话，那么，个体就有可能受压制、迫害乃至杀害，这是黑暗时代与悲剧式伟人之间的关系模式。然而悲剧式人物会唤醒更多的个体，终于形成一支摧毁黑暗势力、推动社会继续前进的突破力量。自然还有这样一种可能，个体被现存的社会所同化。显然，C_3 型的个体与社会的冲突是具有积极意义的冲突。在中国人民为民族独立自由、前赴后继的近代史中，那些英勇牺牲的仁人志士，在建立新中国的伟大革命斗争中涌现的无数革命先烈都是出色的代表。因此，我们不能认为凡是个人与社会对立的关系模式都是于社会发展有害的、应该否定的。

综合、比较上述三大类九小种社会与个体的关系模式，我们可以得到几点启发。

首先，不能只根据社会与个体之间的关系是“一致”、“不一致”或“对立”来判断关系模式的好坏，也不能只根据个人追求是否能得到实现来判断关系模式的好坏，主要应根据发展的取向是积极的还是消极的来判断，方向问题是第一位的判断标准。在三种关系类型中，都有积极意义的模式，也都有消极意义的模式。

其次，社会处于正向发展的情况是个体发展最有利的时期。在这类时期中，社会更重视个体积极的独立性、创造性和主体性发展，它对个体无论是支持、同化，还是"塑造""限制"，都具有不同程度的积极意义。当社会处于相对停滞状态，一般较重视个体吸收、保持传统与文化的能力，要求个体持适应社会现有制度的态度。当社会处于倒退状态、反动势力得势时，社会对个体的发展具有消极作用，这种作用有时可达到摧毁性的程度。

最后，无论社会处于何种方向的发展状态，个体的积极自主与创造性的发展，即我们假设的正向发展都具有推动社会发展的意义，而负向的发展不论在什么社会状况下都具有消极意义。因此，使个体认识社会发展的方向是个体生命具有积极社会价值的重要保证。

四

以上从不同角度分析了社会与个体之间可能存在的不同关系模式及其性质。这不仅有助于我们全面认识教育两大功能关系模式这一复杂的理论问题，也有助于我们研究社会主义国家处理两大教育功能关系的原则。在此，仅通过对后一问题的分析来反映对前一问题的认识。

从教育内在结构的角度看，社会主义国家在制定教育方针、总体培养目标以及学校教育制度、教育发展规划等带有全局性的决策时，应充分注意教育两大功能之间的联系与区别，体现两方面的需求，尤其要顾及在这一层次上容易被忽视的个体发展需求中不同于社会发展的方面。既要十分重视把个体的成长、发展引导到符合社会主义需要的方向上去，又不要用教育的经济效益和政治社会文化等效益的指标来代替个体身心发展的指标。马克思主义认为社会主义社会是通向共产主义社会的初级社会形态，应该是比以往任何一种社会形态，在思想上更重视符合人类社会进步方向的个体创造性的形成，并且在制度上为此做出保证的社会。使社会的发展与个体的发展达到最大限度的统一和被兼顾到，是社会主义教育优越性的重要体现。因而是社会主义国家处理教育两大功能关系的第一原则。

教育两大功能的实现最终是通过教育对象每个个体真实的健康成长与发展来实现的。从这个意义上讲，教育促进社会发展的功能对教育促进个体发展的功能，既有定向作用，又必须寓于其中。只有做到这两点，教育社会功能才可实现。正因为如此，对教育的研究不能停留在教育与社会的关系上，必须深入到教育与人的成长发展的规律性联系上。在教育活动中，人的育成是最终目的，也是教育工作的直接目的。只有发挥了教育在人的发展中定向、形成、诱发、矫正、改造等多种功能，使人的发展符合社会前进方向，其个体特质及潜在优势得到充分的真实发展，教育两大功能才有可能发挥。教育两大功能的实现最终应落实到各级各类学校和其他教育机构培养人的活动中去，这可视为处理社会主义国家中教育两大功能的第二原则。

第三个原则涉及社会主义教育是否能提培养独立个性的问题。有人认为培养独立个性是资产阶级的旗号，是用来反对社会主义社会对其成员政治方向要求上的一致性的。这种看法实际上是把发展个性看作必然与社会对立，看作资产阶级教育观的代名词。这起码是一种认识上的不清。我们上面的论述已经说明了发展个性未必一定是反社会的。即使在资本主义社会中，在资产阶级的教育家中也不全这样认为。何况个人与社会的对立也需做具体分析才能判断其好坏。问题在于发展怎样的个性。我们认为社会主义事业是最富有开创性的事业，社会主义事业发展过程也不是一帆风顺、始终向上的，也会出现曲折、反复甚至倒退。正因为如此，作为为社会正向发展服务的社会主义教育，就应该着力于培养具有认识人类社会发展规律能力的，能把握现实社会实际发展方向，能顶得住各种逆社会主义方向而动的潮流，具有各种独特才能和创造力并具有健全人格和丰富个性的人。社会主义社会如果不能培养出一大批、一代接一代这样的新人，社会主义事业的最终胜利就缺乏保证。

最后，由于教育是一定现实社会中的教育，因此，它的功能发挥状态与社会发展水平以及社会对教育的重视、支持，对教育活动内在规律独特性的尊重紧密相关。又由于教育是一种以长效和滞效为特点的活动，因而教育相对于其他的社会活动来说具有更大的稳定性，尤其在基础教育方面。社会主义社会为了使教育能在最大限度内发挥其功能，一方面，应提出符合本国实际的对教育功能的要求，不要提出远离现实的过高期望值；另一方面，社会必须为教育提供最基本的保证，必须通过立法等手段，既保证教育为社会主义服务的方向性，又保证教育的相对独立性得到尊重。不应要求教育对社会的每一个变动都做出相应的、直接的、即时的回应，特别是当社会实践本身还未对某种社会变革做出完全确认的判断时，更不要轻易地去要求教育转轨。“欲速则不达”，为了获取必先给予，要充分尊重事物本身的内在规律，这是社会为使教育发挥其独特功能所必须做出的保证。如果在上述社会条件不能得到保证的情况下，出现教育功能失调的现象，那么主要责任在社会一方，首先要调整的是社会对教育的认识、态度，排除实际存在的、不利于教育最终也不利于社会发展的干扰。作为教育理论工作者和实际工作者，尤其是处于领导岗位的教育管理人员，应具有这种教育相对独立、教育也应对社会提出合理要求的职业意识，只有具有这样意识的人，在处理教育两大功能的关系以及教育与社会的关系时，才不会出现盲目跟随、左右摇摆的状态。

本文发表于：《教育研究》，1990（1）.

中国教育学发展世纪问题的审视

作为一门近代学科的教育学①，是与20世纪同时降临到中国的。说其是“降临”而不是“诞生”，只因为教育学由国外“引进”，并非国内自生。一个世纪以来，教育学在中国经历了几度内含着中断的转换，至今终于初具了以人类的教育存在为共同研究领域且具有内在关联的教育学科群，形成了一支有活力和潜力的研究队伍，产生了相当数量的研究成果。这为新世纪教育学科的发展，创造了一个世纪前无法比拟的基础。

然而，今日的教育学又面临着新的时代和社会挑战。为了应对这种挑战，我们不仅需要研究现实与未来，而且需要回顾与审视历史。对20世纪教育学在中国发展历史的回顾与审视，是教育学继往开来、实现新的世纪发展的重要认识性条件。综观已有的研究成果，我们可以看到相对一致的两方面认识。

1. 两个不争的事实认同

其一，中国近代教育学科各科目的发展，其起点都是由国外“引进”的，连最“中国”式的学科“中国教育史”在20世纪的第一本著作，也是译自日本学者撰写的《支那教育史》。近代中国教育学以“引进”为发展的起点，已成为不争的事实。

其二，这一“引进”的直接需要产生于19世纪末20世纪初中国师范教育的创办和发展。教育学的发展从一开始就与师范教育结下了不解之缘，也是不争的事实。

2. 发展阶段的划分及其基本状态的判定

中国教育学科的百年发展大致可以中华人民共和国成立为分界，划分为两大

---

① “教育学”一词，国外有单数与复数之分，国内有狭义与广义之称。单数、狭义指作为一门学科的教育学，复数、广义是指教育学的学科群。本文在叙述时按上下文关系来区别，有时又以“教育学科”和“作为一门学科的教育学”来区别。需要表明教育学科群中的某一门学科时，则用教育学科中的某某科目来表示。

时期；两大时期又可根据教育学科发展呈现出的基本状态和主要特征分为六个阶段。其中出现过三次历史性中断和三次大的转向。

第一阶段从1901年到1919年（或1915年）。它从翻译、介绍日本学者编写的教育学始，到国人自己编著教育学呈第一次高潮止。上述两类教育学著作，其内容基本以德国教育学家赫尔巴特的学说为依据和框架。这是直接从日本“引进”以介绍赫尔巴特教育理论为主的发展阶段，是近代教育学在中国的初建阶段，也是中国传统教育思想研究与教育学科建设中断的开始。

第二阶段从1919年到1949年。这是中国教育学界由向日本学习转为向欧美学习的阶段，也是中国教育学界开始形成教育学研究的专门队伍和代表人物，同时出现结合中国教育实际与问题展开独立研究的阶段。教育学在向外吸取上呈现出以杜威实用主义思潮为主流影响，其他西方主要教育思潮和马克思主义教育学多元并存的特点；在教育学体系的发展上，已呈现出各分支学科迅速形成的局面；在独立的教育研究上，宏观层面呈现出对学制设立、平民教育、普及教育、乡村教育和职业教育的特别关注和投入，学校层面呈现出主要集中在教材编制、教授法和智力测验、教育测量和心理测量等方面，其中还有不少是借助国外的教育理论、方法、量表，以中国学校教育和学生为研究对象开展的研究。从上述两类研究产生的影响来看，宏观研究远大于学校研究。这一阶段总体上可称为积聚和建设的阶段。就学科建设由向日本学转为向欧美学，并由此带来各学科在内容体系、形态上的变化而言，可视为是引进方向的第一次整体转向。

第三阶段从1949年到1957年（或1956年）。这是教育学界批判杜威、批判解放前国内“资产阶级教育思潮”的时期，也是全面引进苏联教育学科领域教科书的时期。中国教育学领域里发生了“引进”方向的第二次整体转向，由学西方转向学苏联。同时，中断了新中国成立后教育学发展与解放前的联系，构成了教育学发展史上的第二次中断。

第四阶段从1957年到1966年。本阶段以1958年的“教育革命”为重要事件，出现了教育学作为政策解释的独特意识形态化现象。1960年到1964年间，对上述倾向自上而下地做了调整，以批判的方式重新介绍了一些西方教育理论。但此举尚未成气候，其微弱成效很快又被“文化大革命”的汹涌浪潮冲刷干净。把此阶段独立出来，主要是因为这是第一次出现的所谓“教育学中国社会主义化”的努力。这可称为教育学科由向外学转为向内树的第三次大转向，这一转向使教育学科的知识性和学术性所剩无几。

第五阶段从1966年到1976年。“文化大革命”使教育学领域遭受毁灭性破坏，是十分严重的第三次中断时期。

第六阶段从1977年至2000年。总体而言，这一阶段学科建设不断加强，学术观点趋向多元，学术视野日渐拓展，国际交流日益加强，且形成了教育学科的当代体系。尽管不同科目发展不平衡，但学科建设中的反思批判意识普遍增强，中国教育学科建设因“元研究”的出现而开始进入“自为时期”。但历史上遗留的诸多弊病，诸如“引进”情结、“编教材”情结、缺乏原创性研究等问题依然引人注目。总体来说，这是中国教育学科建设从恢复到繁荣并开始走向独立的时期。

与已有的研究主要是按照时间顺序和阶段的划分展开论述不同，本文作为又一次教育学科百年研究的总论，把研究角度放在教育学百年发展历程中存在于每个阶段、以不同方式出现的共同问题上，我们把这类问题称为“中国教育学发展世纪问题”（以下简称“世纪问题”）。首先，这些“世纪问题”是影响教育学科发展的一些根本性问题，它们的产生，伴随着教育学科在中国的出现而出现并存在于发展的全过程，成为制约教育学科学术发展的重要因素，而且至今尚未彻底解决，研究这些问题将有助于教育学研究的“思想”解放。其次，“世纪问题”还集中在对教育学一些基本理论问题的认识上，与此相关的历史研究将促进教育学研究的“观念”解放。最后，“世纪问题”的深层表现是教育学研究的思维方式问题，这方面的反思与批判，将会带来本世纪我国教育学研究的“思维”解放。这三个“解放”就其意义而言，是为了新世纪中国教育学研究的原创性发展，为了教育学独特的学术品质的形成与提升。这也许是百年教育学发展可能给我们留下的弥足珍贵的遗产，也是我们研究教育学科百年史的价值追求。

上述三方面问题在学科发展的长河中交织在一起，互为表里，交互作用，并以不同的方式呈现。但为了在有限的篇幅中使这些问题凸显和清晰化，我们集中以20世纪中国教育学的三个发展性问题，作为本文的研究重点。

一、政治、意识形态与学科发展的关系问题

纵观中国教育学发展的百年史，我们会发现一个奇特的现象，那就是教育学在百年中出现多次的“整体式转向”或“推倒（或抛弃）重来式”的“发展”。并且，几乎每一次的“推倒重来”都循着基本相同的路线：中断历史—重新启动—简单模仿（或演绎）—初级综合—建立体系。这种“发展”的结果表明教育学

缺乏严格意义上的学术积累和学术发展。

产生这一独特现象的原因有很多，但最为基本的因素是 20 世纪中国的社会状态、文化取向和政治需要。它们在教育学发展上首先集中表现为“政治、意识形态与学科发展”的关系。这个关系又与“借鉴国外与本土研究”（简称“中外关系”）相互交织，使中国教育学的发展缺乏活力和原创力。我们先以教育学在中国出现的第一阶段为例，通过具体综合的分析来说明这一点。

1. 强国的政治需要与教育学的“引进”

作为学科，教育学对中国来讲是外来的，而不是内发的。外来学科在一个国家的传播，不仅仅取决于这一学科本身，同时还要受特定社会背景和传统文化背景的制约。教育学在中国的“引进”和传播虽然直接表现在学术上，但究其深层次原因，是当时中国社会不可避免地要从封闭的中国变为世界的中国，且不受列强欺侮的需要。教育学在中国被“引进”与中国的现代化属后发外生型有关。

在现代化问题上，美国学者列维（M. J. Levy）第一个明确使用“后来者”（late-comers）的概念[①]，区分了“早发”国家与“后发”国家的界线[②]。现代化的启动问题，从发生源头上说，一般有两种形式：一种是自我本土的发展，称为“内源性”（indigenous）的现代化，或称“早发内生型现代化”；一种是外力推动而发生的，称为“外源性”（exogenous）的现代化，或称“后发外生型现代化”。

中国的广义现代化[③]自近代始，属后发外生型，它具有特殊性，即中国是一个有着悠久历史的封建大国，有自己强大的、系统的政治文化传统。1840 年的中国是因军事逼迫才开始走上向外国学习的道路的，它只是为“制夷”才去“师夷之长技”。洋务运动则把魏源“师夷制夷”的思想发展为“中体西用”，把“西学”仅限制在“用”上。此“用”一为强国御敌，二为固本护朝。教育的变革作为强国之方被启动，一开始就是一种政治行为。

在维新运动中，教育首当其冲，被指为“第一政事”。变革人士对国外的关注也开始集中到日本，康有为认为：“日本胜我，亦非其将相兵士能胜我也。其国遍设各学业，才艺足用，实能胜我也。”[④] 梁启超则以更为激烈的语言指出：

① Levy，M. J. Modernization and the Structure of the Societies：A Setting for International Affairs，1966：167.

② 赵一红．后发型现代化：对发展理论的反思．中国社会科学院研究生院学报，1999（4）．

③ 指包括“近代化”和当前提出的“社会主义现代化”两个阶段的“中国现代化”概念。

④ 汤志钧．康有为政论集．北京：中华书局，1936：14.

“亡而存之，废而举之，愚而智之，弱而强之，条理万端，皆归本于学校”[①]，强调“变法之本在育人才，人才之兴在开学校；学校之立，在变科举”[②]。

百日维新失败，唯有学校尚存，京师大学堂成为“硕果仅剩之物”。清政府1901年正式下令科举停武试、废八股，改书院为学堂。1902年颁布了《壬寅学制》，1904年颁布了修订的《癸卯学制》，1905年创设学堂、废科举，都可以视作维新运动教育改革宗旨和实践的延伸。新学堂的开办需要大量师资，这就将师范教育的创立提上了议事日程。我国的师范教育始于1897年盛怀宣在上海首创南洋公学师范斋。教育学类的课程是师范教育所必需的，故教育学的传入一开始就与师范教育之“用”的需要直接联系在一起。1901年，《教育世界》[③] 第9、10、11期上连载了日本人立花铣三郎讲述、王国维译的《教育学》，这是《教育学》以学科的形式第一次出现在中国。此后以日文为版本的“翻译、编译、参阅原著改写或自己根据日文版撰写教育学类教科书”之风大盛[④]，形成了中国教育学界的第一次译介高潮。

综上所述，我们可以看到中国教育从古代向近代的转型与当时中国社会政治需要和政府的利益直接关联，看到教育学最初的中国式“引进”都取向日本的政治原因。这一切使中国近代化在初始时期就树立了“教育强国”“教育救国”的教育功能观，形成了强国要育新的各式人才，育新的人才要有新的学校，新的学校要有新的教师，新的教师要有师范学校培养，培养师资要有教育学这样一条从“强国”到“教育学”的需求转化链。面对这些需求，当时的教育制度既不能满足，也不可能在短时间内通过内部改造完成，于是只能向那些强国学。日本离中国最近，且被国人认为也是通过外学西方、内行变法而强盛起来的国家，故被当时朝廷要臣当作第一可全面学习的国家。于是在政治与教育学的关系中，又引出了中与外的关系。自此以后，教育学发展中的中与外的问题，首先是一个由政治决定的意识形态问题，并非是学术发展选择的产物。所以，在一定意义上可以说，教育学世纪发展过程中社会政治状态与意识形态具有外在的决定性意义。它构成了一个大生态，整体上始终影响着教育学的生存与发展。

2. 政治和教育学关系之探究与教育学独立意识的萌生

1912年民国政府成立，民国初期的文化政策是相对开放的。出任民国第一

①② 梁启超．饮冰室合集：文集第一册．北京：中华书局，1936：14，10.

③ 该杂志由罗振玉、王国维1901年5月在上海创办，是中国近代第一份教育专业杂志。

④ 据我国学者侯怀银统计，自1901—1905年，国内翻译日本教育学科类著述涉及10个学科，共计118本，其中教育学居首，占47本。

任教育总长的蔡元培，在上任后发表的第一篇文章中就明确指出："教育有二大别：曰隶属于政治者，曰超逸乎政治者。"[①] 在他看来，不可能有脱离政治之教育，但坚决否定为专制政治所用的教育。可以说，蔡元培是民国时期第一个明确区分政治与教育，但并不割断政治与教育关系的人，也是最有力地推动学术自由的人。在教育学领域里，继"教育救国"论后，尤其在杜威实用主义"教育无目的，教育无外在目的"论的影响下，出现了"为教育而教育"的思潮，这是在认识上意识到教育与政治的分野，寻求教育与教育学相对独立的起始。这一阶段，教育学研究开始出现政治意识相对淡化的另一个原因，是西方自由主义、个性独立解放的思想在新知识分子中，尤其是受欧美思想浸润的知识分子群中相当盛行。但从根本和总体上来看，社会政治与意识形态，对教育学的发展依然存在着左右和主宰作用。到了国民党联美反共控制政权时期，民主、自由等口号就都成了"摆设"。在教育学中，作为"国产品"的以"三民主义"为原则，宣传"新生活"的政治色彩鲜明的教育学就应运而生了[②]。当时信奉自由主义的学者，也只是在欧美教育思想介绍或研究的保护伞下讨生活了。

3. 阶级斗争思想、意识形态对教育学的强控制

解放以后一段时期内，"以阶级斗争为纲"思想盛行，思维方式上的简单化和绝对主义带来学科建设中的教条主义，它的直接后果是对解放前近 50 年教育学发展的结果、对欧美国家教育学科的思想成果，采取了完全排斥、批判和丢弃的态度。同时出现了"向苏联引进"的大转向和大批判，在政治意识形态的支配作用下，教育学的发展实质上又出现了一次中断和"重砌炉灶"。

4. 新时期改革开放政策与教育学发展

20 世纪 80 年代，是中国教育学开始对一些基本理论问题和教育学发展做前所未有的深入反思时期，"实践是检验真理的标准"这一对待马克思主义的基本立场得以重新确立，大环境的改变使教育学有了新生的可能。

"新生"首先从对历史问题的再讨论开始。曹孚在 20 世纪 50 年代提出的教育性质问题的观点，1978 年，于光远在《学术研究》第 3 期上发表的《重视培

---

① 蔡元培．蔡元培教育论著选．北京：人民教育出版社，1991：1.

② 其中以"三民主义"冠名的就有张九如编《三民主义教育学》（商务印书馆 1929 年版），潘廉方编著《三民主义教育概论》（国民图书出版社 1929 年版）等。由汪懋祖编著的《教育学》（中华书局 1942 年版）则明确宣称："该书根据总裁的教育言论、训词而编"这一表明政治立场的话语。

养人的研究》一文中重新提出。于文关于“教育”与“上层建筑”二者不能画等号的观点，点燃了新时期一场有关“教育本质”问题的大讨论，时间持续5年之久[①]。这一讨论对教育学科发展的重大意义在于参加讨论的人大多不再沿用简单演绎的方式推演出教育学的原理式结论；在于教育学界有了不同于自50年代以来已经少见或不允许出现的学术意义上的争论。由此带来的不仅是思想的解放，也是学术的解放，而且使学科基本理论的研究与时代发展有了沟通。

1999年笔者在《教育研究方法论初探》一书中，从方法论意义上分析了简单化运用马克思主义带来的危害，提出了要提高运用马克思主义的成熟度等一系列问题[②]。这些观点的提出使对马克思主义与教育学发展的关系问题的认识进入了方法论层面。

综上所述，政治意识形态与中国教育学发展的关系问题，确实是20世纪中国教育学发展所遇到的第一大问题，它在不同阶段有不同的内容和表现形态。前者对后者的影响的正负效应在不同时期也有不同。可以说，两者关系性质的多样性和多层面性，已在整个世纪的历史过程中得到较充分的展现，但教育学界真正深入系统的全方位反思，在此基础上的重新全面认识尚未完成。这个问题在21世纪还会存在，但不会再处于影响新世纪教育学发展的第一大问题这样“显赫”的地位。因为中国正在向社会主义政治民主建设的大方向发展，它将为中国的科学与学术的发展提供更为广阔的空间。

二、教育学发展中的“中外关系”问题

教育学发展中的“中外关系”，是在政治和意识形态支配下相伴而生的问题。它与中国20世纪教育学发展的动力因素和资源取向直接相关。在此，我们将重点就中国教育学百年发展中呈现的向外“引进”成为教育学发展的主流传统，立足本国的教育研究不仅量少未成主流，而且对教育学科发展很少且很难产生影响的特殊的“中外关系”现象，做一补充分析。

20世纪初教育学的首次“引进”，处在中国古代学术传统向近代学科转型的初期，教育学与其他学科相同，在“中体西用”的文化方针下出现，且时段上也

① 该讨论的详细过程与观点的描述可参阅：瞿葆奎，郑金洲．教育基本理论之研究．福州：福建教育出版社，1998：151－207．

② 叶澜．教育研究方法论初探．上海：上海教育出版社，1999：135－164，55－60．

相近。也就是说，在“引进”起点上，教育学与其他学科差异并不大，但是经历了一个世纪之后，教育学与其他人文社会科学相比，学科成熟度和学术水平都相对不高。究其原因，除了作为引进源头的西方“教育学”本身学科历史短、成熟度不高之外，还与教育学在中国的“引进”与其他学科在基础上有差别，以及由此而形成的教育学领域内的“中外关系”的特殊性相关。具体来说主要有以下几点。

1. 教育学初建时的“中断传统”和“全盘引进”

中国古代文化中有丰富的教育思想，但无独立形态的教育学。教育学的“引进”在起点上就以“传统中断”和无“中外”之别的“全盘引进”外来学说为特点。

中国古代教育思想，大多是由哲学思想家、政治家和文学家提出的。自春秋战国时期诸子百家的文献就明显地呈现出这一特点，其中有关教育思想之表达，凝聚式的是警句名言，记载式的是事例描述，无论哪一类都十分简练，从当代解释学的观点来看，具有开放性，有很多阐述的可能。被中国教育史界推崇为中国最早的教育专门文献——《礼记·学记》，尽管具有重要的文献价值，但显然远不是理论形态的教育文献。中国古代教育史中的著名人物，无人可被称为专门的教育学家，且无一本独立的教育专著。若与西方教育学发展相比，这个问题显得更为突出。早在公元1世纪古罗马就出现了昆体良这样的教育学家，他完成了被称为西方第一本专以教育为题材的系统著作——《雄辩术原理》，于公元96年出版。这本著作常被中国教育史专家用来与《礼记·学记》相比，但无论从内容的丰富、翔实，还是从文字的数量上看，两者实不足相比。《雄辩术原理》有12卷，约合中文65万字，且是个人专著。而《礼记·学记》据考证，约成篇于战国后期，但究竟出自何人手笔，至今尚无定论，全篇的字数为1 229，其简约程度无须再论。就近代而言，西方经14—16世纪的文艺复兴运动，先后产生了一批对近代教育发展和近代教育学具有世界影响的人物和著作。其中捷克教育家夸美纽斯于1657年第一次发表的专著《大教学论》可列在最前，德国教育学家赫尔巴特在1806年发表的《普通教育学》可谓近代教育学成熟的标志性之作，可以殿后。此间前后经历了一个半世纪。与此同期的中国，却依然主要在哲学范畴内讨论教育问题，其代表人物从王夫之、颜元到戴震、魏源概不例外。历史尽管使中国的哲学观和教育观都发生了变化和有所进展，但依然没产生有独立形态的教育理论专著，而且，在尚未分化的中国古代学术中，有关教育的论述从未处于核心、主干地位。直到19世纪末，这种状态总体上并无实质性变化。

中国古代学术中无独立的、系统的教育理论专著这一事实，是中国封建社会文化形态缺乏学科分化的一种表现，也是因为中国封建社会教育实践中的基础教育，长期处于以私塾、个别教学为主，非正规制度化的状态，很难从中产生出系统的、理论形态的教育学。何况私塾的教师又由落第秀才或略通文理者为谋生而担任，从这一处于低微的经济地位和社会地位的阶层中，确难产生出什么教育家。而处于上层地位的思想家、政治家、文学家，往往以政事、讲学、文学等为主要活动，不可能对教育做深入、系统、专门的理论研究，故亦难从他们中产生专门的教育家和相关专著。由此可见，20世纪初教育学在中国的“引进”与其他的人文学科相比，缺乏内在的学科理论根基，它是应办师范之急需，从一开始就采取了“与传统中断”和“全盘引进”的方式，把西方的“教育学”当作适用的教育学拿过来就“用”。其他的一些人文社会学科如哲学、文学、历史都有“中”“外”之别。这些学科不会因引进国外学说而造成完全中断、取代国内学科的效应。在教育学中这种效应却产生了并逐渐演化成一种“新”传统。

2. 教育学“引进”的中国范式

教育学在中国的百年历程中，形成了对国外教育学翻译、介绍到述评、编纂、自编等一系列消化吸收的“中国范式”，并随着吸收对象的更替而多次循环，还视这种循环为“发展”。

20世纪初中国从日本“引进”的“教育学”，实质上是日本式的赫尔巴特的普通教育学理论。所谓普通教育学，就是指具有原则意义的、普遍适用的教育学，是反映规律、有科学基础的教育学。这种追求可以看作自然科学中的普遍主义在教育学领域中的表现。

其实，早在19世纪西方教育学就产生了不同的走向。其中之一是强化赫尔巴特教育学理论的基本方面，如教学理论，并由赫尔巴特的弟子莱茵等做进一步阐述，形成一种可操作的模式，以有利于在实践中推行。从而使赫尔巴特学派在实践中也呈普遍化的特征，强化了该学说的普遍主义、工业化背景和科学主义等学派性质。中国20世纪教育学的起点恰在于此。西方教育学在19世纪的另一走向是对赫尔巴特的批判，其中主要来自两方面：一方面是以德国精神科学教育学派的创始人狄尔泰为代表的对赫尔巴特普遍主义教育学的批判，他强调，教育学不可能是“普通”的，任何教育都与一定的民族和文化联系在一起，教育学必然具有民族性、文化性和历史性，它是以特殊性为特征的学科。另一方面是以德国的梅伊曼和拉伊为代表的实验教育学派。他们认为传统的，包括赫尔巴特在内的教育学，都还只是一种哲学思辨式的教育学，并没有达到科学的水平。唯有改变教育研究的方法，用系统观察、统计、测量以及实验等方法，才能形成真正科学的教育学，这是从教育学应该走向彻底科学化的角度来批判传统教育学。此外，仅德国就出现了多种流派，如文化教育学、生命教育学、意志教育学等。影响20世纪教育学和教育实践的杜威，也已在1897年发表了他对传统教育和教育学的檄文——《我的教育信条》。这一切，在中国从日本“引进”教育学时都没有得到关注，赫尔巴特的教育学在中国“引进”初期就几乎成为“唯一”的了。

正是这种初期开放中的“封闭”，对教育学实际上已存在的多元状态之茫然不知，使中国教育学界在教育学科建立之初，受赫尔巴特学说的影响远不止于该学说的内容、框架、结构体系、概念、观点、原理等直接的方面，而是进入更为内在和更具有深远持久效应的影响：中国教育学界接受了教育学的普遍主义，养成了对自身经验的忽视甚至鄙视，对规律的坚信甚至迷信的态度。同时还因此而产生一种错觉，似乎教育学理论是可以直接由国外译出，快捷地为我所用，它不受本国基础的影响，也可与本民族的文化传统无关。中国古代教育思想存在着与民族文化、学术传统尚未分化的联系，没有内生出独立形态的、系统的教育学理论和专门的教育学著作这一基础状态，则更加强化了教育学应急式地由国外全盘“引进”的做法。

自此开始，中国有了作为学科的“教育学”，其代价是同时开始了近代教育学在中国却与中国教育思想中断、与中国传统文化分裂的历史。正是由于把西方普遍主义的，在工业化时代诞生、发展、趋于成熟的教育学，当作中国教育学的发展起点，教育学在近代中国的发展与变换，呈现出主要追随以普遍性姿态出现的教育学说的更替变换线路，教育学科类的基本、主要科目在中国的出现，几乎都是从国外“引进”，并以国外为范本去建设的。这种借鉴、追随过度的现象长期持续和相应养成的教育学界“崇外”心态，带来的最为严重的消极影响是：中国教育学科的发展离“根”离“土”，长期未构筑起自己的“家园”，长期保留着“舶来品”这一从降生之日就带有的“胎记”。

中华人民共和国成立以后，教育学发生了“引进”对象的转换和内容的剧变。凯洛夫教育学虽被称为马克思主义的、社会主义的教育学，但其核心部分“教学论”的基调还是赫尔巴特的。粉碎“四人帮”之后，经历了20世纪70年代末80年代初的短暂恢复期，掀起了新一轮的翻译、编译、综述、自编教育学科教科书和著作的高潮。中国教育学界对国外教育理论的心态开始走向成熟，但并未改变中国教育学界与国外教育学界相比的弱势状态、学术流向的单向性意义，要想彻底改变百年来形成的自卑情结和依赖心理，当代中国教育学界在独立、原创的意义上还有很长的一段路要走。

3. “教育学中国化”的意识与曲折实践

教育学在中国的“引进”，其大的文化背景是“中体西用”，但就教育学科自身的建设看，却恰恰是采取了“西体中用”的做法，即以西方的教育学为“体”，“用”于中国教育的发展。把西方教育学“全盘引进”从一开始就是为了“用”，而且是“急用”。创办中国第一份教育杂志《教育世界》的罗振玉，在该杂志第12期上刊出的《设师范急就科议》一文，充分表达了这种“急用”的心态。因此“教育学中国化”的意识，是从如何使西方的教育学理论在中国“能用”且“用好”的愿望中萌生的。

教育学教材的编写必须结合中国实际，可视作教育学中国化意识的进步。民国建立前夕已有人提出：“故教育学有共同之原理，亦有本国之国粹。保持本国之国粹，文之以近世教育之新理，庶可以振将亡之旧国，而与列强媲美也。”①，这一议论实际上提出了教育学与中国文化的关系问题，确是击中要害之言。

真正认识到教育学教材的编写要结合中国国情是从辛亥革命后开始的。1914年8月28日，当时的教育部就各教科书编写所采取的方针饬令教科书编纂审查会，要求“教育科采取注重本国特殊之国民性，参合东西洋各种教育学说，标示中国的教育指针，教练生徒的方针”②。

20世纪20年代初期，教育学界对转为向美国学习的时髦潮流开始反思。舒新城指出，“无任何种新方法之发现，原意在补救旧的弊病，方法不过是一种手段，目的在于满足当时的需要”，所以一定要弄清“它的原理何在，产生之原因何在，这方法，是否是我们所需要”③。他还明确提出：“此时我们所当急于预备者，不在专读外国书籍，多取外国材料，而在用科学的方法，切实研究中国的情形，以求出适当之教育方法……使中国的教育中国化。”④ 从舒新城的这两段话可以看出，关于教育学中国化问题的认识进入了新阶段：一方面，并没有因国外

---

① 绍介与批评·教育学讲义．教育杂志，1910（5）．

② 中央教育科学研究所．中国现代教育大事记．北京：教育科学出版社，1988：259．

③ 舒新城．道尔顿制可有的弊端．中华教育界，1923（8）．

④ 舒新城．论道尔顿制精神学．中华教育界，1923（8）．

借来的方法不灵验而全盘否定向外学习，而是强调要弄清原理和产生的原因，还要明白自己的需要。这种学习的态度比拿来就用无疑是进步的。另一方面，提出了研究中国情况，使“中国的教育中国化”的任务。提出这样的任务，使我们从另一个侧面看出当时的教育界盲目学外国的问题有多严重。居然要让人提出不成问题的问题：“中国的教育中国化！”

然而，舒新城的问题是直接就中国“教育”提出的，非直接从“教育学”的角度提出，况且，认识变为实践还有一个过程。从实际上看，教育学的内容虽有变化，呈现出的主要倾向是以杜威的教育理论，对教育学教材的概念、范畴等进行全面更新，取代或批判赫尔巴特学派的传统教育学。这种批判本身并无太多独立思考。

对于国内教育学界长期受制于甚至追随、依赖国外教育学理论的实存状态，解放前的圈内人士并非无察觉、无批评，也并非所有人都走这条道路。可以说，为摆脱这种状态的努力和实践同样存在，其中最主要的有两种方式。

第一种以教育救国、强国为价值取向，从关注中国本土的教育问题入手，逐渐形成某种教育流派或理论。也就是说，这些人士以中国旧教育的改造、创建为中国社会需要的教育实践为直接目标，经过长期艰苦的奋斗和探索，在推进实践的同时，形成自己的理论。他们是中国近代第一批教育家，以陶行知、晏阳初、梁漱溟等为代表。

这条简称为走“本土教育研究”的路线，在当时的社会背景下行进得十分艰难，不可能、事实上也未成为教育理论和实践的主流，各种原因使其未被当作一种中国教育学建设的资源去开发、吸收，因此也未对作为学科的教育学发展产生实质性影响。

第二种是直接从教育学理论发展的立场提出问题和开展研究，可以简称为“教育学的本土改造”路线。走这条路的人，大多从事教育学中不同科目的研究和教学工作，他们大多有留洋经历，有相当程度的外语和理解西学的能力。

在走第二条路的人中，教育学中国化问题也日益突出。相对而言，20 世纪 40 年代初罗廷光在《教育行政》一书中所表达的对中国化的理解，可算较丰富和具体。他在书中指出：“我们不能把国外的教育制度移植过来，同样也不可把外国教育行政书籍直接拿来应用……我们要做开创的工作，要有远大的目光，深邃的见解，认清本国教育行政的问题，运用科学的方法和专门的智能以解答，更当就教育行政之‘学’与‘术’本身做进一步研究，以树立本门学术之深厚的基础。”

上述认识和教育学科中国化的努力虽然有所成效，但又存在着两点明显的不足。

第一，中国化的努力主要集中在对中国国情和问题的关注上，属应用性，对西方理论的框架、基本概念等未做突破性研究，缺乏原创性还是其致命的弱点。

第二，关于国情的理解也较为简单和肤浅，缺乏深入的、真正教育学意义上的中国学者的思考。

20 世纪下半叶教育学中国化的努力，在前 30 年有独特的表现形态。第一种形态是在“理论联系实际”的口号下进行的，这主要是在 50 年代学苏联教育学期间。就像解放前“学西方”一样，“理论”是外国的，“实际”是中国的。第二种形态是既否定历史，也无视已有理论，这是在 1958 年“大跃进”中诞生的。它通过简单演绎得出教育结论，之后演化成“文化大革命”中极端语录式的教育学。其消极影响不仅在于教育学科内容的单一化，更为持久的、深刻的影响是教育学的思维方式教条化和僵化。

20 世纪最后 20 年，在改革开放的背景下，中国教育学经历了新时期通过多种途径学习引进国外（包括苏联和西方各国）教育学科的阶段，使封闭了近 20 年（相对于苏联而言）到 30 年（相对于西方而言）的中国教育学界重新睁眼看世界，看到了自己的贫乏、僵化和差距；使解放前已形成的教育学科的一些基本科目，如教育哲学、教育社会学、比较教育学、教育评价学、教育统计学、教育测量学、教育研究方法等得以恢复，并将作为一门学科的大教育学，分解为教育概论、教学论、德育原理和教育行政、学校管理学等多门学科，从而在内容更新的同时，使教育学科重新呈现出由多门科目构成的学科群结构形态。这一次的学习引进热潮所产生的效应首先是打破了学科领域的僵化与贫乏化状态，使教育学作为一个学科群重新呈现出生气与希望。

4. 中国教育学发展的转机与进展

20 世纪八九十年代，是中国教育学在学科发展意义上进展最快的时期。主要表现在如下几个方面。

第一，教育学研究视野的拓展。

这突出地表现在新领域的开拓与对中国教育改革问题的持续研究上。一方面是具有典型性的有关系统论、信息论和控制论（简称“三论”）在教育学研究中的运用。其研究的主要指向是使教育学通过“三论”的“引进”，出现了不同于实证主义的分析式的科学化形态，建构了以整体结构、动态变化、信息运算和控制机制为基础的，新的科学化和形式化的教育理论。另一方面是以教育学为学科背景的人员，将“三论”的基本原理作为一种思想方法来运用，形成对教育的新的认识和提出新的观点。两方面的人物在学科背景与研究旨趣、目标上虽各异，但在把教育作为一个系统来认识这个基点上却是一致的。他们突破“学校教育”的研究视野，从大教育的立场去认识教育现象的复杂性、相互关联性和动态变化性，在扩展视域的同时，也开拓了教育学与其他学科交叉研究的新领域。此后，通过学科交叉来发展教育学科群，也成为教育学科在中国发展的一个重要走向。

教育学研究视野的拓展，还得益于作为教育学科建立之上的基础学科的拓展与更新。自赫尔巴特始，哲学和心理学就被广泛认同为教育学建立的基础，此后社会学加入。到20世纪下半叶，在中国是1980年始，教育学的基础学科增加了“人类学”、“伦理学”、“脑科学”以及心理学的许多分支学科。基础学科拓展不但改变了视野，而且创造了教育学研究进入微观层次的可能。对于一些老的基础学科而言，80年代以来的变化，主要在于更新。如哲学，不仅有一个重新认识马克思主义哲学以及它与教育学发展的关系的任务，而且开始关注当代西方哲学的进展，其中存在主义、现象学、解释学、批判理论、交往实践论等都被介绍过来，并影响着教育学研究。心理学中的人文主义流派、皮亚杰的认知学说、新智力理论等也很受关注。这些变化使教育学研究与以前相比，增加了对人的关注，对个体发展的关注，从而使相关理论较之以往有了大的进展。

第二，教育学研究的深化。

教育学研究的深化可以从两个不同的角度去说明。

首先，从理论研究内部的变化看，主要表现有三。一是对教育学基本理论的重新认识。除了上面已经谈到的“教育本质”的讨论以外，还有“教育两大功能的关系”“教育起源”“影响人发展的因素”“教育中主客体关系”“教育规律与市场规律”“全面发展与个性发展”等问题的讨论。二是教育学分支学科与专题研究的深化。这方面具有代表性的是由瞿葆奎主编的两大书系的诞生。第一套是由人民教育出版社自1988年起出版到1993年出齐的《教育学文集》26本。这是新中国成立以来第一套教育学专题型文集，它起到了导引教育学专题研究的作用。第二套以《教育学分支学科丛书》为总称，自1997年开始由人民教育出版社出版，至2002年出齐。这套丛书反映了中国教育学分支学科的研究已达到了新一轮体系初建阶段，同时还呈现出新一代中青年学者的队伍开始形成。三是教育研究的方法意识和运用水平有所提高。

其次，从对中国教育改革的研究实践的维度来看，也反映出教育学发展的深化。近 20 年的实践研究存在着三种类型。

第一种类型是与教育行政部门教育改革决策直接相关的研究，它往往由教育行政部门提出课题、提供经费、参与领导、给予多方支持，由专家或专家组领衔组织研究，相关的部门和实践工作者参与。其中如关于教育体制改革研究、高校课程、教育改革研究和评估研究、基础教育课程改革研究等，规模较大，涉及的领域以教育的宏观和某一方面的变革为主，且呈现自上而下的特征。

第二种类型是由教育学专家针对教育改革的需要与状态，提出课题，争取立项，组织队伍进行的研究。它的特点是有理论假设，或以理论研究为先导，并在改革实践的同时，关注理论本身的建设，如由恽昭世主持的“开发学生潜能的学校整体改革”研究，由裴娣娜主持的“主体性教育实验”研究和由笔者主持的“新基础教育”研究等。它由教育学研究人员支持，并有大量的教育实践工作者参与。这类研究目前规模还不大，但有其独特性。相对于前一种和下面将要涉及的第三种类型而言，它更具学术性，但又基于实践，着力于对实践品质的改造，是基于现实经验，但又要超越经验、现实的研究。它不是行政意图的贯彻，但与改革的大方向一致，并要争取行政的认同与支持。

第三种类型是实践工作者基于自身实践经验，通过总结、反思，提升所开展的研究，它主要在学校层面开展，是以经验研究见长的一线研究，大多由教育实践中的优秀教师、优秀校长领衔。

这些研究共同构成了 20 世纪从未出现过的中国教育改革与发展研究的盛况，推动了教育学界和教育界中一股扎根本土、敢于探索的研究力量的生长与集聚。这些直面实践的研究不仅促使教育改革进一步深化，而且为教育学在中国的发展，由“教育学中国化”转向“中国教育学”建设，即由“引进式加工”向“原创性发展”转换，提供了丰富的经验、思想、理论、实践源泉，使中国教育学研究在新时期发生“扎根本土”的变化。

第三，教育学学科“自我意识”的加强和发展机制的初建。

教育学学科“自我意识”的加强，始于对学科发展状态和影响发展问题的反思。对中国教育学在新时期发展的强烈愿望和责任感，激发了这种反思的需要。首次对此做出探索的是雷尧珠 1984 年在华东师范大学学报（教育科学版）上发表的《试论我国教育学的发展》这篇论文。由此开发了一个问题域，引出了从历史的角度反思教育学，以及教育学科群中各科目的一系列反思性论文与专著，到20世纪90年代末，形成了学科发展研究的历史性高潮。其中最有影响力的是由陆有铨主编的《20世纪教育回顾与前瞻丛书》[①]，它对教育学科各主要科目的发展都做了世纪性的梳理。反思的第二种取向是对造成中国教育学发展缓慢的原因透析。由此，又形成了不同的走向，其一是对限制、影响教育学发展的历史条件和外部原因的分析，这大多渗透在有关历史研究之中，率先发表的专题论文是《教育政策与教育科学》[②]。其二是就教育学本身存在问题做分析。归纳起来，又可以分成几个不同的方面：一是对教育学理论体系的研究，二是对教育学研究方法的反思，三是对教育学发展内在机制的研究。

以上这些反思性研究的汇聚和出现，引出了20世纪90年代后期出现的一个新研究层面，包括元教育学研究、教育学科元研究、教育学科体系、结构研究和教育科学学研究等一系列与学科发展内在机制建立相关的元研究层面。在这方面，华东师范大学的学术群体做出了集中却又各有侧重的研究[③]。在短短不到十年的时间里，在教育学科体系的结构中出现元研究层面，标示着中国教育学科发展机制在成熟度上的提升。教育学研究元层次的建立，不仅对学科发展的自觉性和质量的提升提出了要求，而且对教育研究人员的基础性素养、学科专业水平、思维方式、学习能力、发现及创造开拓的意识与能力等都提出了新的更高要求，也使中国教育学研究达到了前所未有的高度。

总体而言，教育学发展中的第二大世纪性问题即“中外关系”问题，还没有得到根本的、从理论到实践的全面解决。尤其在当今全球化与信息化的时代背景和学术界国际交流加快、加强的环境中，教育学界“向外看”“从外取”“以外为准”的心态与学风还在盛行。如若教育学界自身不做改变，那么在新世纪，教育学发展的第二大问题，有可能上升为制约教育学术发展的大问题。

三、教育学的学科性质问题

教育学的学科性质问题是与教育学被“引进”到中国同时出现的问题，也是

---

① 该丛书共计7本，由山东教育出版社出版，至1997年出齐.

② 瞿葆奎，钟启泉．教育政策与教育科学．华东师范大学学报（社会科学版），1950（6）.

③ 陈桂生．“教育学”辨：“元教育学”的探索．福州：福建教育出版社，1988；陈桂生．“教育学视界”辨析．上海：华东师范大学出版社，1997；陈桂生．历史的“教育学现象”透视．北京：人民教育出版社，1998；霍葆奎．元教育学研究．杭州：浙江教育出版社，1999；叶澜．教育学科元研究丛书．上海：上海教育出版社，1999－2000.

至今还争辩不清、认识颇为混乱的一个问题。它对教育学科的发展方向和路线都有直接和持续的影响。可以说，怎样认识教育学科的性质，怎样认识形成教育学科的路径，就会怎样去建设该学科；怎样去形成该学科的知识，就会设定怎样的追求目标。所以我们将它称为中国教育学发展的第三大“世纪问题”。

1. 教育学学科性质问题产生的源头

从20世纪中国教育学发展的全程看，对教育学学科性质的认识，可以分为两个方面。一方面是教育学的知识性质问题，它究竟属于理论性学科还是应用性学科？或者以更尖锐的方式提出，教育学究竟有无理论？另一方面，教育学是科学还是哲学，是人文科学还是社会科学，或是其他？这两个问题在西方也是自教育学成为一门学科后一直存在的问题。赫尔巴特作为“西方教育学之父”在创建教育学时，就寻找过答案。他致力于使教育学反映由教育活动自身的过程和内容中抽象出的普遍理论，这种普遍化的努力在一定程度上就是构筑理论体系的努力。赫尔巴特批评那些想把教育学当作政治工具的人，认为他们只会去求助教育学，而不是去发展教育学。他在实际上否定了教育学是应用性学科，强调教育学应揭示教育的目的，探究教育的事实与方法的普遍理论，在框架的结构性、原理的普遍形式等方面做了突破。另外，赫尔巴特还致力于使教育学科学化，他批评了以往教育学依赖于哲学或满足于经验描述的状态，要求把教育学当作事实来研究，主张采用实验和系统的方法去认识学生和学校。此外，他强调要使教育学成为一个独立的学科，尽管要有别的学科做基础，但不能成为其他学科的领地，“像偏僻的、被占领的区域一样受到外人治理”①，为此，他致力于教育学与哲学、心理学的区别，寻找教育学自身独立的核心概念和原理②。从这些努力中，我们可以看到教育学学科创始人对这门学科性质的理解和定位，也可以看到教育学存在着经验知识与理论知识、科学与哲学以及与其他知识相关但必须有独立性等这些学科性质问题的“原始性纠缠”。这些问题实际上与教育学研究对象、教育基质的丰富性、复杂性和实践性直接关联，是一些很难回答，却又不能回避的问题。教育学研究对象的特殊性，才是教育学学科性质问题的真正源头。

在此，不可能展开西方关于教育学学科性质争论的详细过程，只能做一个十分概括的说明。如前所述，赫尔巴特的学说在19世纪就受到了两方面的挑战，一方面是以拉伊、梅伊曼等实验教育学派为代表的，对赫氏教育学不是科学的指

---

① 赫尔巴特．普通教育学·教育学讲授纲要．北京：人民教育出版社，1989：10.

② 叶澜．教育研究方法论初探．上海：上海教育出版社，1999：135-164，55-60.

责，并试图用实验的方法去提升教育学的科学性。这种科学主义的倾向，发展到后来就是教育研究的实证方法的盛行。以自然科学的“科学”概念为标准，对教育学非科学性、思潮性和经验性的批评，极端者还认为把教育学称为理论，只是一种“尊称”，完全否认教育学是理论。另一方面是以狄尔泰为代表的精神科学学派的挑战，把教育学归入人文、历史科学的群类，否定教育学有普遍真理，强调其民族性和时代性。沿着这条路线发展，使教育学与人文学科有更多的一致，同时也延续着教育学与哲学紧密相关的历史传统，随着哲学学派的多元而多元，甚至认为教育学理论就是教育哲学。除此以外，还必须提及的是，由赫尔巴特的弟子们将赫尔巴特理论做了模式化和操作化加工以后，在实施基础教育的学校中得以大规模普及，以及结合各学科教学开展的学科教学法的研究，它突出了教育学作为一种指导实践的应用、操作理论的品格。在这方面做出努力的人，大都致力于提供模式、程序，规定操作要领和说明，选择个案或范例，其努力方向是使教育学成为类似指导批量生产产品的工业技术规范的学科。在当代则表现为技术方法、范例、个案在教育学中的扩散。由此可见，经历了两个世纪，教育学科的内部对学科性质的判断，依然存在着哲学、科学、经验与技术工具三足鼎立的局面，变化的只是其中的内容，不是总体格局。

随着教育学由一门单一学科，经分化、交叉、综合之研究等多种途径和长期演化，到今日形成了一个学科群，教育学和其他学科的关系，又成为一个较赫尔巴特时期更为突出的问题。许多学科，不管诞生于教育学之前（如哲学）还是教育学之后（如经济学、社会学），在形成与教育学科的交叉学科时，都将该交叉学科认定为本学科的应用学科。如，教育经济学是经济学的应用学科，教育社会学是社会学的应用学科。而在教育学科群中，则从未把教育社会学、教育经济学视为教育学的应用学科①。这是教育学在现存的科学体系中处于边缘状态的又一种反映。

2. 教育学的学科性质问题在20世纪中国的特殊表现

“教育学”在中国被定位在“用”上，这几乎是公认的。然而这里的“用”还具有几种含义，却少有人深究。为了说明问题，我们需对此做一透视。作为20世纪初被引进的“西学”之一种的教育学，在整体上是为当时中国社会由古代向近代转换所用的，此为“用”之最泛解。“教育学”在“西学”之中，又是

① 李政涛．教育学科与相关学科的“对话”：从知识、科学、信仰和人的角度．上海：上海教育出版社，2001.

属于应用类的学科。如第一个将教育学理论翻译发表于中国的王国维就认为，“哲学上之研究所以终无穷期，而教育思想之所以不能固定也”[①]，教育学的根在哲学。就王国维本人而言，其兴趣和功力在美学上，他在教育上的论文，很多就是依美学而应用于教育所作思考而成。在蔡元培的学科分类中，“教育学”属“政事学”之列，其他一些教育学科目在学科定位上，也定在应用上。如在陶孟和的《社会与教育》一书中（该书被认为是中国教育社会学创立的标志）明确指出，社会学分纯粹社会学和应用社会学，教育社会学则属于应用社会学之一个分支[②]。这是教育学在西学范围内属应用学科之“用”，即上述“用”之第二解。其三，就教育学自身而言，西方“引进”理论为“体”，中国教育实践为“用”，都是“用”于改变中国教育实践，中国教育学界的任务被定位为“用”西方教育学，此为“用”之第三解。最后，教育学的最直接和引进之初最急之“用”，是为师范学校的“教育学课程”的教学所“用”，此为“用”之第四解。

上述四解，除第二解与国外有共通点之外，其他的都是在当时中国的社会背景下所特有的。第一解与第三解所造成的发展性问题，本文已在上述的有关部分中做了论述，即造成教育学在中国发展的最大障碍是缺乏理论上的根基与动力。在此，着重就由第四种对“用”的理解所引发的中国教育学的发展问题做一些分析。

由把教育学的直接使用功能主要局限于师范院校的教学所带来的第一个大问题，就是把作为人类知识总体中的一门学科的教育学，与作为师范学校课程之一的教育学混为一谈。

在中国，作为一门学科的教育学的发展，常与教育学教材的编写联系在一起，无论在解放前还是解放后均如此。显然，教育学研究形成的学科性专著虽与编写教材相关，但却是很不相同的两件事。前者建立在研究基础上，是有可能发现（哪怕是指出新问题）和提出独立见解的研究成果；后者主要是为教学所用，尤其要考虑到学生的基础和尽可能让学生了解学科领域内已有的知识和研究成果，尽可能使学科知识有助于学生的专业成长。两者在价值取向和用途上都有差异。由于二者并不在同一系列中，故这种差异不能做高低、上下之比。专著可以选作教材用，但以编教材为直接目标的工作，很少能达到专著所应达到的目标。尤其在作为师范院校公共课所用的教育学公共教材方面更是如此。况且，解放以后，最初是大量直接搬用苏联的教育学教材，后来又以语录、方针做教材。尤其

① 佛雏．王国维哲学美学论文辑佚．上海：华东师范大学出版社，1993：432.

② 陶孟和．社会与教育．北京：商务印书馆，1922：22.

在改革开放初期，作为教材编写还有一个不成文的规定，即教材的内容应是成熟的、被大多数业内人士公认的结论①。这实际上使教材很难出现新的观点和新的格式，它十分清楚地反映了人们对“教材”理解的保守性。

其实，中国教育学教材长期忙于知识的转述或组合，且在教材中大量讲述的是他国的理论。这种状态虽然在 20 世纪 90 年代以后有所改变，但是总体上研究还处在初期，尚未实现整体性的突破。教育学的学科建设还没有出现世纪转型。这种进步和觉醒之缓慢，显然是与“教育学”的建设局限于为师范院校所用，与以编教材为主的实用倾向直接相关。

由此而造成的教育学发展的第二个大问题是：教育学研究范围主要局限于普通教育中的中小学教育和学校教育。因为师范院校的学生以当中小学教师为职业定向。故教育学作为中小学教师的专业培养课程内容，与其职业方向相对应。在教育学中，与其他类型和层级的教育——职业教育、高等教育、学前教育、成人教育、特殊教育等相对应的学科，相对都发展得较晚和较薄弱，而且在开始建设这些学科时，其中的原理部分、教学部分，往往从“普通教育学”中演绎而生。此外，教育学缺乏宏观研究，缺乏包含人生全过程和与不同生活场所相关联的整体式教育视野，这使人们对教育学的认识也产生了众多误解和偏差。可以设想，如果教育学跳出服务于师范教育的局限，把它拓展成对作为人类实现文化传承与创造的机制研究的教育之学，作为实现父母必尽之责的教育之学和作为个人在不同人生历程和环境中实现创造、自我完善和有意义的人生所必不可缺的教育与自我教育之学，那么，教育学的发展方向、学科价值与地位就不会是如今的状态，它将成为人之成为人所必需的学问和能力之一。为中小学教育、教师培养所用的学校教育学，只是其中的应用性中的一个分支学科。

第三个大问题与从事教育学教学或研究人员相关。由于上述的这种局限，其中相当多的人员，把自己的眼界局限于所教科目，哪怕是对中小学教育，也缺少“真正”的研究，头脑里有的是由大量的概念、理论、原则组成的“教育”，而缺乏鲜活、真实、有血有肉的教育。教育世界中的事实通常只作为例子，为说明某种理论、为取得生动效果而在教学中起作用。由于一些客观条件的约束，教育学界不太有人积极主动地投入到文化研究中去，其他学术界对教育学的茫然无知或

① 这种观点，笔者并不完全赞同。尤其在高等学校的专业教育中，教学应建立在教师研究的基础上，尤其是人文科学、社会科学。不同的人编写的教材，可以且应该有不同的观点与风格，反映自己的观点和研究成果，教材应介入学科前沿问题的研究与讨论。按原先的观点编出的教材，常常是一种现成结论的集合和阐述，对大学生创造意识和能力的培养都不会有大的帮助，且易把教师的精力都引到讲授方法和技巧上，而一些有思想的教师则不愿承担教学任务。

以为只是教学方法之学，还使教育学界与其他学术界的学术沟通发生阻隔。人们更愿意把教育学界与中小学教师联系在一起，而不是与学术界联系在一起。这突出地表现在：在中国缺乏“教育家”与“教育学家”的区分，往往统称为“教育家”，而且各专业中有名望的专家，都不难获得一个“教育家”的称号。看似具体的称号和事情，实际上深刻地反映了“教育学”在许多人那里并未被当作“学术”的一种基本立场。这个问题也与“教育学”长期被定位在为师范教育所“用”有关。

由此可见，“教育学”若不从上述“用”中走出来，它在21世纪的学科发展依然会相当艰难。当然，这并非是说，教育学要与中小学教育实践脱钩、与教师教育无关，而是说，这些内容是教育学研究的一部分，但并非全部。

教育学作为一个学科群，其内部应有基本理论研究与应用研究的区别。尽管这两大部分有着双向的不可分割的交互作用，但所有的交互作用都是以区分为前提的。教育学之所以缺乏与其他社会科学、人文科学的平等对话，就其本身而言，缺乏不可取代的独特性和缺乏深入意义上的基本理论水平是主要原因。

在这部分，还需简要论及的是教育学在人类知识体系中的位置。教育学是从哲学中分解出来的，但其与哲学一直没有彻底“决裂”，相反，教育学理论的发展迄今为止还与哲学的发展密切相关，这一事实本身也反映了教育学的学科性质，即它与人对世界和自我的认识水平之间的不可分割性。

20世纪教育学在中国的发展过程中，还相对集中地出现过两次推进教育学科学化的高潮。这里的“科学”是指自培根以后逐渐形成的，以物理学等自然科学为范式的科学概念。教育学在中国追求科学化的高潮，第一次出现在杜威来华讲学，美国的克伯屈等专家将设计教学法、“道尔顿”制等介绍到中国以及西方一些实验心理学的手段、方法，教育科学研究的方法相继引进中国之时。当时，有学者和一些中小学开展这些试验，并且主要集中在二三十年代。作为社会文化大背景，1923年学术界发生的科、玄之争，最后也以科学派的胜利告终。其中最重要的原因除了当时的中国确实需要科学，太缺少科学，尤其缺少科学的精神与态度之外，还因为“玄”派打出的“人生观”旗号，从各种角度和不同程度地与“五四”时期作为批判对象的儒学相联系，因此，很容易被看作保守势力的代表，不被改革或倾向于此的人所欢迎。

在这种背景下，教育学科中的一些有志之士，也想借助于科学，提高教育学的学科地位，不少中国教育学者积极倡导教育学的科学化。夏承枫的表述可谓典型。在他看来，教育学术至今不能成为科学，这是古今从事教育者的奇耻。而

“教育学术在学术上的地位一天不确定，教育事业便不能赎回固有的独立性质，用科学方法增进教育效率的理想永远不能实现”；从这个意义上讲，现代教育学术趋向科学方法，“亦可算是教育学术界的雪耻运动”；他认为：“教育学术科学化问题，不独是我们少数人事业成败问题，乃是教育事业成败问题”；为此，他提出，“此后我们的努力，应当促成教育学术为独立的、专门的、严整的、充实的应用科学，使一般人无冷讥热嘲、排斥嫉视、乱发议论、乱作文章的余地”①。这是对教育学科学化的热切期望，反映了中国教育学者要把教育学建设成为一门独立学科并提升其专业水平的强烈愿望。当时影响较大的《中华教育界》杂志明确提出该刊今后的使命之一，就是要“努力使教育学成为一种严正科学”，深信“教育学在 20 世纪中，实有形成严密科学，如自然科学一样的可能。”这种观点显然把自然科学的科学性视为教育学的范本。

钟鲁斋则对教育学成为科学后的形态和价值做了更具体的说明。他指出：“若教育学变为一种真正科学，一切教育方法和效率都有客观的标准、正确的量表去权衡、去批评，其造成教育学上的原则和定律，与自然科学的原则和定律有相同的位置。那时教育学本身的价值，可以提高。一切教育事业非有教育学者去办不可，教学非习过教学法和教育原理者去担任不可，教育的问题非用着科学的方法去解决不可。如此教育学愈有研究的必要，教育家愈有特殊的权衡。”② 在此期间，教育学界翻译编著了大量有关教育研究科学方法和工具的书籍，其势之盛，达到了空前的程度。然而在教育学的实际研究中，这类研究方法并未得到广泛应用，其效果也远未达到人们所期望的那样，其最实际的用处和效果是为教育系的学生开设了有关“教育研究方法”的部分或系列课程。

在此，我们想再一次提到梁漱溟在更广的文化、人生范围内去看教育的性质，由此而引出的教育学思考。他认为，“中国人的教育偏着在情意的一边，‘西洋人’的教育偏着在知的一边，这种教育的不同，是由于两方文化路径根本异趣”③。在他看来两者都有偏颇，他主张，“教育应当着眼一个人的全生活而领着他去走人生大路，于身体的活泼、心理的活泼两点，实为根本重要，至于知识的讲习，原自重要，然固后于此”④。他主张，“教育就是帮助人创造。它的工夫用在许多个体生命上，求其内在的进益开展，而收效于外。无论为个人计，或为社

① 夏承枫．教育学术科学化与教育者．教育杂志，1926（2）．

② 钟鲁斋．教育科学研究之史的演进及其变化趋势．中华教育界，1937（11）．

③④ 宋恩荣．梁漱溟教育文集．南京：江苏教育出版社，1987：2－3，221－222．

会打算，教育的贵重，应当重于一切”①。他十分痛心当时的社会不看重教育，提出“社会帮助人生向上，一切合于教育意义，形成一个完全教育化的环境，启人向学之诚，也萃力于创造自己，其结果，亦就是学术发明文化进步，而收效于社会，这样，才合于‘人生在创造’那意义”②。从梁漱溟这番论述中，我们可以看到，他跳出了科学、哲学、技术几几分的方式认识教育，着眼于从人生、文化等更为根本的角度来讨论教育问题，因而得出“教育应贵重于一切，教育应化为环境，教育应着力于人生的创造”这些与众不同的结论。这样认识教育的视野，完全有可能引出一种超越于将人类知识划分后，再定教育学属于哪一种知识的思路，而是从教育的本身特性找出教育学的知识性质。遗憾的是这些真知灼见未引起教育学界的真切关注，因而也未成为一种教育学的学说或流派，得以存在和影响后学。

20 世纪第二次教育学科学化热情之提升，是在 80 年代到 90 年代初。其背景是批判教育领域中极左路线后，使解放后被否定的一些关于教育研究科学方法的科目，在教育系课程中重新开设，并逐渐成为指导群众性教育研究、培训科研人员必需的课程。80 年代初期，对赞科夫十年课程教育改革实验及其相关著作的翻译，又加深了实验研究对于教育学发展重要意义的认识。1991—1992 年《教育研究》杂志还辟出“教育实验科学化问题的探讨”专栏，先后发表了 26 篇文章。80 年代中期开始，正式出版第一批教育研究方法书籍。此外，随着社会学和教育社会学的复苏，问卷研究法风行一时，推动了教育实证研究的开展。在这些热潮中讨论的问题在范围上并没有超出二三十年代的水平，有的甚至还尚显不如。对教育学学科属性的深入讨论，在 90 年代后的元研究中得以展现，至今虽未形成统一的观点，但已经开始不再用简单两分或三分的方式思考问题，注意用多元多维的方式做综合研究。也已经有人关注到教育学对象性质的复杂性，主张用复杂科学的思维方式来认识教育，提出教育学可在新的知识分类中，归到复杂科学一类的见解。但是，这个问题还应做更深入系统的研究，它的真正解决将在创建新的教育学的过程中实现。

四、结语

以上论述的中国教育学发展的三个世纪性问题，若要做进一步聚焦，可集

---

①② 宋恩荣．梁漱溟教育文集．南京：江苏教育出版社，1987：2－3，221－222.

中到教育学的学科独立性问题上。20世纪中国教育学在太多的束缚与依附中建立，它既受意识形态的控制，又追逐着国外教育学说的变化，还受着学科性质认识停留于应用的自我局限，依附于交叉学科中的其他学科，扮演着“随从”的角色。如果没有改革开放这20年来的重要变化，带来从社会环境到研究条件和研究人员、研究成果等多方面的改善，对新世纪教育学科的发展，真不敢抱乐观的态度。教育学在一个世纪的发展中走过的曲折和付出的“学费”，换来的最重要的启示就是：要提升教育学科的独立学术品格和力量，教育学界要为此做出持续和艰苦的学术努力。教育学在新世纪发展的方向不应再是以西方为本作前提的“中国化”，而是要创建“中国教育学”。这里的“中国”，其内涵不只是指教育学要从本国的文化传统中找到自己的根、开发其当代价值，也不只是指教育学要以本国的教育实践和教育问题作为发展教育理论之不可或缺之源，而是指中国学者应为教育学发展做出世界性的贡献。教育学的世界宝库中也应该有中国的原创性成果，中国教育学人为此也要为中国教育学界与世界其他国家教育学界交流时能平等对话、交互影响做努力。教育学的学术独立性建设，还要求我们以新的思维方式和新的视野来重新认识教育及教育学的性质，要求我们加强教育学自身的基础理论和方法建设，而不是专门向别的学科去借这些对于一个学科独立性来说的标志物。如果我们在新世纪能走出教育学独立行走的新路，那么，过去100年付出的代价就十分有价值了。唯其有了独立性，才有创造的可能。

除此之外，20世纪中国社会由古代封建社会向近代工业社会的转型，直至今天还没有全部完成，尤其在思想界、文化界和教育界。但是，百年回顾使我们看到，上一世纪的先进知识分子，包括教育界的进步人士，确实为近代教育在中国的诞生、为中国近代化培养人才和改变社会风气等，做出了巨大的努力和不可磨灭的贡献。与此同时，中国的教育学界也为中国教育思想向近代教育学科的转换做出了不可替代的贡献，为中国教育的近代化做出了贡献，为教育学的中国化做出了各种探索和贡献。更为可贵的是，在实现以上诸多的转型中，思想界、文化界形成了一种不同于古代的学术传统，那就是启蒙开拓的学术传统，在世界文化背景下重新认识和发展中国文化的反思与重建的传统。尽管这个传统的形成经历了十分艰难的历程，甚至并未成为一种主流的、持续增强的传统，但它确实是促使和支撑中国思想界、文化界开拓向上、革新和创造的强大精神力量。有了这种力量，无论身处多么艰难的环境，中华民族最宝贵的“自强不息”精神都能转化成强大的实践力量。当今我们面临着实现中国社会、中国教育、中国教育学的当代转型任务，特别需要发扬这种近代化过程中形成的启蒙传统，努力开创中国教育学的新纪元。这也是近百年中国教育学界留给当代的最宝贵的财富。

本文发表于：《教育研究》，2004（7）；2006年获第四届中国高校人文社会科学研究优秀成果奖论文类一等奖；2011年被评为《教育研究》创刊30周年优秀论文。

世纪初中国教育理论发展的断想

随着世纪钟声的敲响，在人们的一片欢呼声中，“轰轰烈烈”的 20 世纪就这样结束了。一个可以寄予很多期望，又蕴藏着更多不测风云的新世纪开始了。世纪初，对于人们来说，最大的财富是时间，最重要的事情是策划。这是一个需要播种希望的季节，也是人类把握未来的智慧和力量展现最为集中的时期。身处此时，作为一名教育理论探索者，我也不禁反复自问：在中国的教育理论领域里，我们急需改变什么？我们可以追求什么？我们应该做些什么？似乎可想可说的话很多，但又构不成鸿篇大论，于是只能用“断想”来串起这段段思绪，并想用“断想”引出更多的“鸿论”以丰富我们的学报①，这也是我作为本刊主编在世纪初的一个小小意愿。

一

中国近代的教育理论②是随着 20 世纪几乎与近代教育同步诞生、形成、变革和发展的，至今它已走完异常曲折、复杂的世纪之路。纵观一个世纪的历史，悟出的最大道理是：教育理论的发展与时代有着内在的、直接的、多方面和多层次的关联。在一定意义上，教育理论属于“时代学”。认识这一点，对于今后教育理论的发展有着重要的意义。

所谓“时代学”主要指这样一些学科的集合：这些学科发展的需要与条件、方向与内容、研究方法与方法论、研究价值及功能的发挥等，在很大程度上与时代发展状态相关。凡属“时代学”之列的学科，都是与人类和社会发展的实践密切相关的学科。

拿教育理论的发展来看，无论是在中国还是在其他国家，近代教育理论的诞生都与社会变革而引起的教育变革直接相关，这对熟悉教育史、教育思想史、教

① 指《华东师范大学学报（教育科学版）》。——编者注。

② “教育理论”是个有歧义的名词，该词在此泛指由教育研究所得的理论形态的存在，相对于“教育实践”和“教育经验”两种形态的存在。

育学科发展史的专业人员来说都不是什么新观点。然而，经历了学科由古代向近代的时代转换和逐渐形成了学科的内结构以后，尤其在力主以近代自然科学的研究范式为任何学科的研究范式，以近代自然科学形成的科学标准为衡量一切学科的科学标准的科学主义思潮的长期影响下，几代教育理论研究者中的许多人（包括本人在内），逐渐自觉地用这样的眼光去追求提高教育理论的“科学性”和“专业性”，去寻找教育理论的发展方向。我们曾期望有一种具有像自然科学那么严密的概念体系的教育理论，它或用推理的方式建构，或用归纳的方式逐级由具体、个别提升到特殊、一般；我们曾期望教育研究能有效地移植自然科学的研究方法，从观察、实验、统计分析、定量研究到结论的可检验性、成果的可测量性，等等，都成为教育理论科学性的显著指标；我们曾期望研究出来的教育理论能揭示客观规律，能排除价值、意识形态的干扰并具有最大的普适性和永恒性。为此，我们苦苦追求，也为追求不得而时时烦恼，还在追求的过程中渐渐远离了时代和实践，逐渐形成了相对封闭的状态。自然，也有一些跻身于教育研究队伍的成员以教育学无须强化专业性和科学性为信仰。表面看来这是对上述科学主义的反逆，颇有革命性，但他们在骨子里还是上述观念的信奉者，其之所以进入教育研究的行列，正是因教育研究未达到上述科学性的标准而易进入。在这些人的心目中，教育研究对学科发展的责任并不被看重，被看重的只是其对于他个人而言的敲门砖功能。

在整个学术界，尤其是自然科学界和经济学、社会学等被认为具有硬性“科学形态”的社会科学中的专业人员，也常常用上述科学主义的眼光打量教育理论，不认同其科学和专业的地位，或者说把它看作自己从事的学科领域中属应用研究的分支。在他们看来，只要应用本学科研究的结论或方法，就足以解决教育理论中的相关问题，教育理论的整体就是各类相关学科应用研究结果的“总和”，并没有什么独立的教育理论可言。一些从教育理论研究领域走到教育交叉学科研究系列的人员，也有人因此自豪，甚至还有人认为教育理论不再有存在的必要，宣称纯粹教育理论已经消亡。

在社会上，包括多数的民众和一些行政官员，往往把有关教育的知识或视作一种通过个人经验或常识的积累即可获得的东西，或视作一种方法和技巧，与此相关的工作则被视作只要有管理经验和能力，无须专业支撑和研究就能胜任的行政职务。他们可以无顾忌地介入教育领域高谈阔论，也不把教师当作专业人员来尊重。教师本身也有类似倾向，许多人仅仅把自己所教的学科当作自己的专业，把教育方面的理论和知识仅看作与如何教相关，故希望这是一种能给出一套方法或操作模式的知识，若不能满足这一要求，教育理论就被视作无用和脱离实际的东西受到批评和指责。

20世纪，时代和教育实践的发展把教育理论抛到中国这块土地上。然而，在它顽强发展的同时，却在已经形成的科学“家园”中找不到自己合适的位置，得不到来自社会的对作为专业领域的应有尊重与支持，甚至还遭到来自队伍内部的作贱与轻慢。这就是世纪之交教育理论的深层生存困境。尽管自上个世纪80年代始，中国的教育理论有了长足的进步，出现了前所未有的繁荣局面。然而，上述教育理论的深层次生存困境却未引起广泛关注和深入探讨。今天在我们已跨入一个新世纪，面对一个新百年时，该对这样一个关系到教育理论生存与发展的根本性问题做出思考和回答了。

二

在我看来，如果说上个世纪中国近代教育理论的发展，从根本上说是来自时代的推进的话，那么，它的局限和问题在根本上也在于时代。它一方面是近代科学主义强势影响的肤浅产物，另一方面更是人类社会远未发展到把“使社会的每一个成员都能完全自由地发展和发挥他的全部才能和力量”①，作为社会进步的重要标尺的水平；与其相应的关于人类自身和社会发展的研究还处在初级阶段，它在原有的科学园地中没有重要地位；人类科学在认识论上还缺乏研究复杂事物的工具等以往时代状态不可避免的结果。

21世纪将造就一个新时代。这不仅靠科学、技术的显性变革及发展，也需要来自人类在更广泛和深刻意义上对自身命运与发展的关注。当前，来自科学的发展打破了前面所述科学主义的诸多限制，对新的复杂事物的研究逻辑的探究正在兴起，它预示着可能出现科学家园的重建。1993年成立的以美国社会学教授华勒斯坦为主席的古本根基金会重建社会科学委员会，在他们的研究报告《开放社会科学》的前言中对当今社会发展做出的概括性描述突显了这一点。它指出：“过去三四十年间所取得的巨大的学术成就业已导致对生活的现代型研究，产生了注重研究复杂性的科学。学者们呼吁把普遍主义‘置于具体背景中来加以认识’，这一新兴需要促使不同的文化日益频繁地展开对话。……所有这一切，事实上都对社会科学家的实践产生了强大的影响，从而大大地缩小了各类带有结构

① 马克思，恩格斯．马克思恩格斯全集：第42卷．北京：人民出版社，1979：373.

和组织性质的学科的地盘。”①

面对这样一个陌生的新世纪，我们能无动于衷？可以预见，新世纪教育理论的发展将有新的机遇、问题与挑战，将不只是上个世纪发展路线的简单延续或局部完善。在中国，教育理论将与社会改革开放、教育改革的深化同步，需要完成由近代向现代的转型，即实现教育理论形态上的整体转换。要做到这一重要的历史性转换，就需要教育研究人员打破业已形成或趋近僵化的教育理论框架，去呼吸时代的新精神、感受时代的新需要、学习时代的新工具、发现时代的新问题，以形成新的眼光和视角，重新审视教育本身和关于教育的理论，找出发展教育理论的新方向与新思路。中国的教育理论需要又一次重建式的再生。唯有如此，它才有可能为中国社会和教育事业的发展做出新的贡献，才有可能在新的科学家园中有自己的位置和不可取代的价值。总之，唯有投入一个新的时代，才能打破过去时代的局限。

三

可以用一些教育理论界较熟悉的主题的研究为例来说明上述观点。

近 20 年来，我们对于教育的复杂性已形成了一些共识。大家都承认教育与整个社会的变革和发展，与社会政治、经济、文化等各个组成因素（或称为系统）之间都有复杂的相互关系；大家也都承认，教育与人的个体发展之间有着复杂的相互关系。所以，教育与社会的关系、教育与个体发展的关系研究，一向是教育理论中的基本课题，而且几乎在所有的教育学教材中都会涉及这两大关系（有的称两大功能，有的称两大规律，也有一些其他的名称）的论述。尚未形成较为一致观点的是关于两大关系的关系。问题经常以“教育究竟以个体为本还是以社会为本”这种经典的两分方式，或者以“两大关系如何实现对立统一”这种习惯的两分方式提出②。显然，这种提问的方式，本身就是把这两种关系看作可以分割的，可以寻找出一种确定的、唯一的回答，以便作为人们行动的依据。在本人撰写的《教育概论》中，已经意识到这个问题，并想通过努力寻找到突破简单判断和单一模式的思路。该书中专列了一章“社会、教育与人之相互关系”，从历史与现实中三者关系组合的多种可能状态，教育系统不同层面中三者关系组合的不同状态，以及我们作为社会主义社会教育应如何做出选择等方面，研究了

① 华勒斯坦．开放社会科学．刘锋，译．上海：上海三联书店，1997：2.

② 瞿葆奎，郑金洲．教育基本理论之研究：1978—1995. 福州：福建教育出版社，1998：298－349.

三者以教育功能方式呈现的不同关系形态①。当时自感已经做了很大努力，跳出了传统的提问方式和思维方式，在认识上超越了过去的包括自己在内的认识水平，现在看来基本的思路并未变化。前一阶段读到近年出版的由王道俊、扈中平主编的《教育学原理》，其中专列一章论述“教育与人、社会的历史统一”，章中还专列一节集中论述了“教育的两个基本规律的关系”，从规律的角度做出三者关系的判断，指出教育面对的是人与社会两种力量，与两者都有必然联系；两条基本规律必然寓于教育活动之中，并体现在教育活动的一切方面；两条基本规律之间的矛盾和统一是历史的、具体的。这也走出了单一关系模式抽象判断的思路。论者还提出了两大规律在教育活动中不同作用和地位的观点，认为社会发展规律具有较强的历史性和特殊性，因而在教育中继承性相对较小，相比而言，人的发展规律对教育的制约具有较强的超历史性和普遍性，因而有更多的继承性等观点②。以上两例尽管论述角度不同，但都反映了研究人员对作为研究对象的教育之复杂性的认识在加深，并努力且认真地揭示与教育相关的多重因素的复杂关系及其抽象本质。但是，就其所用的思维方法和所走的思维路线而言，基本上还是把复杂的事物看作可分解为简单事物来分别认识，而后把分别得出的结论加以联结，即可形成对复杂事物的总认识。如果我们继续沿着这条思路走下去，也许还能不断提出修正、补充或加深的观点。然而，不可能真正对教育复杂性的整体式关系形成突破性认识。所以，当前对于我们来说重要的是要改变思维方式，学会用复杂思维的方式来认识复杂事物，以实现认识上的突破性发展。

诸如这样分解复杂对象为简单，然后相加为复杂的思维方式，在对学校教育内部活动的研究中也出现过。如对教育的认识，我们或是立足于教，或是立足于学，或是给出“主导”与“主体”的关系模式来解释，而没有从双方交互作用、相互锁定、动态转换、共同生成等这样一些思维方式进行解释，把教学作为一个复杂的活动整体去认识和研究，从思想方法的角度看缺乏的也是复杂思维方式。从对作为教育活动中的主要承担者——教师和学生在不同意义上的发展的研究来看，也没有做到把人作为一个丰富整体，作为具有能动性和多种发展可能，并在自己的各种实践活动中实现价值选择和生命意义的复杂体来对待，在认识中缺乏的思想方法依然与复杂思维有关。

也许，正因为如此，在我们的眼中，教育世界和教育活动是苍白的、清晰而

① 叶澜．教育概论．北京：人民教育出版社，1991：299－332.

② 王道俊，扈中平．教育学原理．福州：福建教育出版社，1998：64－76.

刻板的，是不会有意外与惊喜的，是无所谓创造和发现的。因而用以描述这种世界和活动的语言，也只能是冷静而无色彩的，干枯而令人无奈。

四

在当今的学术领域里，关于复杂事物和复杂性的研究已异军突起，引起了不同学科领域内，尤其是面对复杂对象的研究人员越来越多的关注。整个 20 世纪不断出现的自然科学在对宇观和微观世界物质运动领域内的一系列重大新发现，打破了牛顿物理学一统“科学观”天下的局面，从而使科学哲学家重新认识科学的含义。令人深省的是，这场科学观的变革恰恰是从自然科学领域里开始的。正如华勒斯坦所指出的那样：“从自然科学领域的一些新的发展趋向来看，它们强调非直线性甚于强调直线性，强调复杂性更甚于强调简单化。此外，它们还强调不可能排除测量者对测量活动本身的影响，对于某些数学家来说，它们甚至还强调定性解释方法比单纯数量上的精确性更加优越，因为后者在准确性方面反倒更受限制。最重要的是，这些科学家强调‘时间之箭’的作用。总而言之，自然科学现在似乎更接近于以前遭到蔑视的‘软性’社会科学，而不太接近于备受嘉许的‘硬性’社会科学。”① 与此相关的是当代科学哲学的发展也关注复杂理论的探讨，从系统论等“老三论”，到自组织理论等“新三论”，现在已进入多学科参与研究的复杂学和由此做出学科研究方法论转换后形成的研究成果的突现②。他们向我们展示了一个新的科学家园的前景，复杂科学将至少是这个家园中的崭新一族。

教育理论的研究完全可以列入这一族，在某种意义上，它还可能是人世间复杂问题研究之最。教育不仅是人类每一个文明社会和个体人生旅程所不可或缺的东西，是联结人和社会的重要纽带，而且，它还具有与其他社会系统不同的功能，那就是它联结着、聚焦着人类文明的历史、现实与可能的未来。教育是一种人类社会所特有的更新性再生系统③。从这个角度看，人类世界还有什么会比这

---

① 华勒斯坦．开放社会科学．刘锋，译．上海：上海三联书店，1997：65. 本人撰写的《教育研究方法论初探》(上海教育出版社 1999 年版）中就类似问题也做了评析（参阅该书第 265－277 页)。

② 在关于“复杂性”研究方面，本人读过的著作不多，但近年来对［美］米歇尔．沃尔德普罗著、陈玲译的《复杂》(上海三联书店 1997 年版）和［法］埃德加．莫兰著、陈一壮译的《迷失的范式：人性研究》(北京大学出版社 1999 年版）两本著作的认真阅读就令我震动，感到清新的空气扑面而来，感到教育研究要有新的思维方式，感到坐不住。

③ 这是我对“教育是什么”的一种新的认识，受议题和篇幅限制，不可能在此文中做展开论述。

还要复杂呢？现在的问题是，当许多学科的专家加入复杂性研究，或者说用复杂的思维方式重新认识自己的研究对象时，作为面对着最复杂的研究对象——教育——的研究人员，我们是否感受到、意识到这一点，并积极地行动起来？如果说，以传统科学标准构建出来的科学宫殿不可能有教育学的位置，那么，在新的科学家园的建造中，我们会不会因还在追求“昔日旧梦”而丧失作为成员的资格呢？

五

还想到和想说的是关于中国教育理论的原创性问题。

上个世纪中国教育理论的发展在很大程度上受西方和苏联等国外影响，本人曾用“引进”成为中国近代教育理论诞生时就有的“娘胎里的记号”来比喻这一现象。就拿最近20年来说，情况有所改善，但教育学科中许多新兴学科的诞生几乎大多走的是这一捷径。对于一个学科建设“后发”的国家而言，这种现象的出现在一定意义上是不可避免和有积极作用的。但是，如若因长期如此而形成一种“学术心态”，唯洋人是瞻，理论想发展就从国外搬，那恐怕就成问题了。其实，这里不仅有我们自己的特殊心态问题，还有与前面相同的认识上的问题，即我们相信存在着不论时空变化与否都具有普遍规律价值的教育理论。因而我们在看到国外教育的新理论时，就把它作为可很快移植的东西搬过来，相信它的普遍真理性。尽管有时也会感到有一些不适切，但往往把此归咎于我们的“落后”。这可以视作社会科学中的“欧洲中心主义”在中国的影响。20世纪90年代以来，这种状况有了改变，中国的教育学科建设和理论发展，已经开始意识到克服这种倾向的必要，并努力在研究中做出矫治，有越来越多的研究人员关注并研究中国教育改革与发展的实践，并用研究的方式介入这一伟大的历史实践。这是本人认为可以提出原创性问题的背景之一。随着中国教育事业的发展和改革的深化，随着中国科学研究事业，包括社会、人文科学的研究越来越得到支持和重视，可以预料，在研究人员的共同努力下，21世纪中国教育理论的原创性也会得到发展，中国教育理论界将取得越来越大的与国际同行在真实意义上双向交流与对话的可能。

这里，有对原创性的理解问题。有人把“原创性”与“封闭性”，与拒绝文化交流、对话联系起来，认为这是不合“全球化”潮流的观点。这也许是由1958年教育大革命和十年“文化大革命”中，以批判“西方资产阶级”、“苏修”

教育思想，骂倒一切、唯我独尊，以创建中国社会主义教育理论为口号，行政治斗争之实的“原创”在人们头脑中留下的痕迹所引出的看法。然而在改革开放的当代中国，在人类科学文化和通讯传播已进入信息社会的今日，谁还会从排斥国际对话、无视已有科研成果的意义上强调原创性和实现原创性？但是，要提高原创性，确实需要在吸收的同时，克服唯洋是高的心态；要提高学术批判和独立发现思考的能力；要增强原创意识和对原创研究的支持；要形成看重原创研究的氛围与环境。这是一个“学术土壤”的改良和营造过程。

本文提出的原创性是指以本国教育发展需要和问题为研究的本源，通过各种不同手段获取原始性素材，或作原始性（相对于“验证性”）的研究，进而得出在国内或国际范围内富有独特性和创新性的理论（或其他形态的研究成果）。也就是说，中国教育研究的原创性至少是由问题的原发性、研究素材的原始性、结论的独特性和创新性等要素综合构成。它未必一定关涉学派创建、基本原理的突破等重大研究，但确实要求是从中国这块独特的文化土壤和现时需要中生长出来的“珍品”。它不是少数人的专利，不是只要少数人去做即可。大家期望和为此努力许久的中国特色社会主义教育体系和教育理论的建构，正是要通过大量的、不同类型和方面的原创性研究的积累才有可能实现。因此，教育研究中原创性的提出，不仅有发展理论的价值，还有推动中国教育实践发展的意义，同时使教育理论在投身中国教育实践的改革和发展过程中获得滋养、焕发精神，实现理论与实践的双向互动、同生共长，创造一种新型的理论与实践的关系——在原创性研究指导下的改革实践中相互推进。

中国教育理论原创性发展，还涉及学术领域里的民族自信心问题。说到这些，在我眼前就会出现以陶行知先生为代表的，把自己的身心和智慧全部献给民族教育事业和为创建中国教育理论奋斗一生的一批先辈高大的身影。在他们面前我常有愧。自感对本民族的精神和文化大义缺乏深层的理解和体悟；对本国教育事业的艰辛和大众受教育的状态，缺乏深入的了解和切肤的感受；对推进这一事业的发展，缺乏强烈的责任和持久的行动。当今，在我和同行者中又常常太多地把自己当作理论工作者，太多地在书本中讨生活。但是在理论的领域里，又太少有原创的自信。近代以来，中国社会在与发达国家相比中的诸多落后，销蚀了我们不少人的民族自信心和自爱心。现在在有些人的心目中，甚至连祖国语言教育的价值都不如学外文重要了。也许这也是时代局限的一种表现吧。新世纪的中国在为人民生活水平实现小康的奋斗中，在摆脱贫穷和落后的过程中，迫切需要民族的伟大复兴，需要民族创新活力的焕发，这不能没有民族自信心的增强。为此，作为教育研究人员的我们，可以也应该从增强中国教育研究的原创性做起，在新的世纪里，把我们的心与中国的教育大地贴得更近，为中国的教育理论与教育事业能屹立于世界民族之林多做努力。

一个偌大的中国，一个拥有最多教育人口的中国，一个进入了21世纪的中国，不能没有原创的教育理论。

本文发表于：《华东师范大学学报（教育科学版）》，2001（1）.

构筑中国教育学科发展的世纪新平台

《中国教育学科年度发展报告·2001》按原计划出版，这是我们为形成教育学科发展的“自我意识”，促使教育学科的发展从“自在”走向“自为”持久努力的继续。

一、自我反观：教育学科发展研究的缘起与历程[①]

自中国进入改革开放的新时期起，早在20世纪80年代中期，华东师范大学从事教育基本理论研究的学术群体，就开始了以教育学自身为对象的研究。最早发表的一篇论文是1984年雷尧珠撰写的《试论我国教育学的发展》[②]，首次提出并进行了“教育学发展”问题的研究；1986年，瞿葆奎、喻立森发表了《教育学逻辑起点的历史考察》[③]，开创了有关教育学的逻辑及理论体系的研究；1987年本人撰写了《关于加强教育科学“自我意识”的思考》[④]，第一次涉及要对教育学科做多角度、多层次的系统思考，形成学科体系发展的“自我意识”问题；1989年陈桂生对新中国成立以来的教育学发展道路做了实质性、评述性的系统分析，发表了《教育学的迷惘与迷惘的教育学》[⑤]一文。这些论文在学界产生了广泛的影响和回应，教育学自身问题的研究，作为一个教育学研究新领域的开拓性工作就此开始了。

20世纪90年代，这一领域的研究在华东师范大学的相关学人中继续开展，推进到了一个新阶段。逐渐形成了“元教育学研究”、“教育学科元研究”和“分

---

① 此处的“自我反观”，仅局限于华东师范大学的教育学科研究群体（也并非完整意义上的，只是主要方面），不涉及其他研究群体。目的只在形成群体的研究“自我意识”，也向读者简单交代一下我们的研究基础与背景。

② 雷尧珠．试论我国教育学的发展．华东师范大学学报（教育科学版），1984（2）．

③ 瞿葆奎，喻立森．教育学逻辑起点的历史考察．教育研究，1986（11）．

④ 叶澜．关于加强教育科学“自我意识”的思考．华东师范大学学报（教育科学版），1987（3）．

⑤ 陈桂生．教育学的迷惘与迷惘的教育学．华东师范大学学报（教育科学版），1989（3）．

学科的研究史”三大系列[①]。研究影响、吸引了一批研究生和中青年学者，他们有的发表论文，有的把此领域的问题选作硕士或博士论文，成为研究队伍中的新生力量；研究成果还部分转化为博士研究生的课程，不仅发挥了培养人的作用，而且使研究在教学过程中不断得到拓展。如果说 80 年代的研究只是思想的泉涌、出土的新芽，那么到 90 年代末，“思想的泉涌”已形成了多条清浅的小溪，各自有了“行道”，缓缓地、实实地向着更大的江河不息地奔流；“出土的新芽”已长成了初具形态的小树，根扎得更深，枝干伸得更直，新叶长得更茂。

以往十多年的研究，使我们对自己从事的研究领域的发展历程、对象特性，中心问题的转换，方法论的演进，现有学科的发展水平与科学、哲学基础，概念与研究逻辑，教育学科的内系统状态及与其他学科的关系状态等，有了较以往清晰得多和较为整体、深入的认识，形成了更自觉的问题意识和发展意识。以往的研究也使我们对教育学科的丰富性、复杂性及其随着人类社会进步和自身发展需要而日益增长的发展可能性充满信心。

随着世纪转换的日益临近，我们在研究中回顾教育学科百年历程的同时，对新世纪也有着诸多期盼，其中包括对教育学科自身的研究有一个好的世纪开端的期盼。现在新世纪已经进入了第二年，本书[②]的出版就是从“期盼”转化为“研究行为”的一个方面。它意味着：我们汲取了历史的教训，从新世纪开始，就着手进行有关学科发展状态的梳理和评析工作，在描绘学科发展轨迹图的同时，思索、探求进一步发展的路径，研究人员不再是等 10 年、20 年，甚至 50 年、百年才来“总算账”。我们期望这一研究能使每一个参与者树立起更为自觉的学科发展意识，成为学科发展的主动投入者和推进者。

作为本书的现任主编，我组织和参与了这项工作。在通读十门学科发展报告的过程中，一种独特的感受越来越强烈，那就是不同学科的旋律围绕着共同的主旋律——“构筑中国教育学科发展的世纪新平台”（以下简称“新平台”）奏响，汇成了新世纪中国教育学科发展的宏大交响乐章的序曲，它预示着：一个教育学

---

① 有关成果颇丰，如瞿葆奎主编的《元教育学研究》（浙江教育出版社 1999 年版）、陈桂生著的《历史的“教育学现象”透视——近代教育学史探索》（人民教育出版社 1998 年版）、张瑞璠主编的《中国教育哲学史》（山东教育出版社 2000 年版）、杜成宪等著的《中国教育史学九十年》（华东师范大学出版社 1998 年版）、叶澜主编的《教育学科元研究丛书》（共六本，上海教育出版社 1999 年出版第一本，现已出版五本）等。

② 2001 年，瞿葆奎、郑金洲的《中国教育研究新进展·2000》已由华东师范大学出版社出版。该书与本书在宗旨上相近，但在起始年的选定和作者群、选材角度、内容组织方式与评述等方面有区别。相信今后不会出现雷同。

（“本书”指叶澜教授主编的《中国教育学科年度发展报告·2001》。——编者注）

科重建的时代随着新世纪一起开始了。

二、清理基地：学科存在价值与发展空间的再寻找

构筑“新平台”的第一组旋律是含蓄而深沉的。它是对不同学科在当代的存在价值与生存空间的深层思考。在世纪转换之际，教育学界就教育学科的性质、内部交叉关系，乃至有些学科是否还有存在的必要等问题展开了讨论。随着新世纪的到来，不同学科在寻找新的发展基础和生长点时，都以不同程度上对自己的学科性质、存在价值、研究对象特殊性、研究领域拓展可能性等问题的探究为起点。这是一种清理原有基地的工作，是通过清理，明确新世纪的发展方向和研究领域的工作，是构筑新平台必要的第一步。

教学论在受“课程论”和“教学设计”等新发展起来的相关学科冲击的背景下，对存在危机的问题有更深切的感受①，也有更深的思考，提出了究竟应该以什么作为一门学科的存在依据，新学科的发展是否必以取代原有学科为目标，某门学科在英语中找不到完全相应的译名时，是否就意味着要淘汰等一些中国教育学科进入分化加速期、加强国际交流后具有一定普遍性的问题。教育社会学从另一个角度讨论了生存危机问题：怎样提高教育社会学的专业化水平？怎样使教育社会学呈现出既不同于教育学，又不同于社会学的交叉学科的特性？这也是所有教育交叉学科发展需要回答的问题。比较教育则提出了“学科同一性危机”这一“对象”分析的深层课题。教育史要努力澄清的是社会发展、变革时期的史学研究价值和不可取代性。德育原理面临的是研究领域的界定。它一方面要面对原有大德育的分化，另一方面又要明确与新的热门相关领域（如学校青少年心理咨询等）的区分与联系。教育管理学从管理理论现代化的角度，清理了现有教育管理理论研究中存在的倾向性问题。

各学科在对自身发展的生存空间的探求方面，都从自己原有的状态出发。有的强调补缺，以求突破原有研究领域的固化倾向（如中、外教育史）；有的在学科初期建设——概论式研究基本完成的基础上，突出分化研究与体系化并行，加强微观层次的研究（如教育社会学）或宏观层次的研究（如教育管理学），在研究层次的移动上做文章；有的不满足于并列式的描述或比较，要求研究走向深化，以寻求学科研究的文化价值为基点，从多元文化的视角，通过比较，实现研

① 本文自第二部分起的论述，都以各学科“发展报告”提供的资料为依据。为避免注释上的重复，不再一一加注，请读者对照内容，参阅本书的相关部分。

究的理论价值与实践价值（如比较教育）；有的把基础与视野的拓展、在多元文化背景下加强多方面的对话，看作实现新基础上理论重建的重要前提，要求进一步明确学科的价值取向与知识属性、内在话语系统与研究逻辑（如教育哲学、教育学原理）；有的则意识到现阶段根本性的任务是要逐渐实现学科理论范式的重建，从规律的证实走向意义的解释（如教学论、课程论）。不少学科都提出了学科反思和学科发展研究应成为必不可少的研究领域的主张，一些过去较少讨论这一问题的学科呈现出觉醒的状态。

新世纪的起始之年往往是学界的构想之年，是清理过去、对未来发展的总体方向和蓝图进行策划之年。面对新世纪，中国适逢转型时期，世界进入了全球化和信息化的加速时期，“社会的地球”转得越来越快，文化、科学、技术、新观念、新知识、新技术层出不穷。在一个变化剧烈的时代，学科要想求发展，就不能不研究“自我”和“环境”，不能不审视新的世界和新的前景，并在此基础上形成新的问题域，做出新的自我定位，寻找新的发展空间。教育学界中的一批学人，能在这样一种令人目眩和失重，同时又令人兴奋和充满希望、呼唤人的创造冲动和行动能力的时代，保持一分清醒和执着，环顾全局，反思历史，不失时机地投入新世纪学科创造性发展的清基工程之中，这是中国教育学界经历了百年风雨以后，在通向成熟的道路上迈出的新一步。当然，教育学科的世纪重建还要走很长的路，即使是“清基”的任务，也不是一年即可完成的，重要的是，我们迈出了新一步。

三、平台新土：中国教育改革的生动实践与传统文化土壤的当代更新

与百年前教育学主要由国外“引进”这一历史事实形成鲜明反差，本世纪中国教育学科的发展与重建，尽管是在全球化发展加速的大背景下，但仍以原创意识的觉醒，对国内教育改革、发展的现实需要与问题的关注，以及传统文化的当代更新为基点。十门学科对研究进展的主题综述，都呈现出鲜明的本土意识，在通向中国当代教育改革的路上出现了大汇合。新世纪中国教育学科发展的平台新土充满着中国基因，散发出沁人的家园气息。徜徉在此间的旋律是“茉莉花”式的。

历来被认为最易无视现实的教育史研究，在 2001 年的成果中，凸显了面向鲜活的改革实践的努力。以中国教育史为例，具体表现在以下几个方面：一是研

究主题的确立从现实教育改革的需要出发；二是当代问题的历史追溯；三是传统人物及思想的当代诠释；四是选择研究的历史时期及其问题与当代的社会转型期具有相似性，旨在以史为鉴，对现实改革提供历史的启示；五是从思想史、制度史的研究走向文化史和生活史的研究。这些研究中虽然也存在简单化的古今类比问题，但总体而言，体现了史学观的变化，不仅在取向上，而且在综合性上和重心下移等方面都有所体现。这是多年来中国教育史不多见的活跃和框架重建的努力。“史”的研究在关注现实的同时，自己也变得丰富和充实起来，有了新的视野和领域；它也关注了史与论的结合，在开发传统文化新意的同时，使自己的研究变得鲜亮和富有活力。外国教育史的研究也有类似的立场。如专题史“外国普通中等教育改革历程的研究”、“世纪史”中的“19 世纪西方现代教育思想演变”一文，选择的主题涉及英才教育向大众教育的转化、古典教育与科学教育的抗争、近代教学理论的确立、办学观念的变化等，这些都与我国当今教育改革所面临的问题有对应性。比较教育研究中的“全纳教育”和“全民教育”话题，以及中外普及教育的比较研究，也体现了这一特点。

课程论、德育原理、教育社会学、教育管理学的研究，表现出直面世纪初中国教育面临的新问题、随教育改革的需要与发展的深入而推进的特点。课程研究抓住了教育部进行又一轮课程改革的机遇，专家通过直接介入行政决策，使理论研究对课程改革实践的影响力达到了空前广泛的程度，也使理论研究随着课程改革的变化和深入向纵深发展。德育历来在我国的改革实践中被赋予灵魂的地位，但常常又落不到实处。转型期成人世界道德失范的状态，网络文化对德育效应的冲击，社会环境的复杂化、多元化和变幻不定等因素，使中国社会主义道德教育面临从未有过的尖锐挑战。令人深思的是，由经济体制改革、市场经济活跃带来的一系列道德问题，恰恰是在市场经济进一步发展、中国加入世界贸易组织以后被高度重视。最古老的道德规范——诚信，被重新提到非常重要的地位。“道德”被置于“立国”的高度，也是中华人民共和国成立以来从未有过的事实。国家主席的多次讲话、中共中央发表的一系列文件和《公民道德建设实施纲要》的颁布，在新时期道德重建方面起着导引作用，也开辟了道德教育一系列新的研究领域：德育的本真回归、生活基础、公平等多元取向，网络社会的道德教育，对德育教条化和相对主义观的双向批判，等等，使 2001 年成为“德育年”。研究和讨论空前活跃，极有力地促使多年来德育研究进展不大的局面出现突破。相关研究在回答实践挑战的同时，推动了德育基本理论的发展。教育社会学的研究主题也涉及中国改革时期尖锐的新社会问题，如流动人口、弱势群体的教育，城市化过程中的教育，教育平等，转型时期学校中儿童的生存状态与生活质量，教师角色转换，师生关系，个人过度社会化，等等。这些新问题推动了教育社会学向多层面拓展，把该学科领域的研究与实践问题编织在一起。教育管理学在向公共管理理论靠拢、向“管理科学丛林”深入的同时，从教育管理决策模式和现实的热点问题，诸如高校管理改革、中小学校本管理等方面的研究出发，为改革实践提供理论支持。

教学论与实践结合的问题取向注意从深层切入，讨论了教学特殊认识论、交往论和实践论等关涉对教学本质认识的重要问题。教学论作为传统教育学中坚硬的内核和长期通过程式化操作对实践做指导的理论，确实产生了重新审视核心理念的需要，非如此，恐怕不足以产生改变范式的效应。教育哲学在近年来教育改革中十分活跃的主体性理论以及知识观的重建、教育价值和本质的研究等方面下了功夫，为教育改革的深层推进提供哲学的理性支撑。教育基本理论对改革的关注集中在：把握社会转型期的时代特征，重建新时期的教育理念、目的、过程观；研究教师专业发展和学校改革的内部问题；立足校本，探寻教育理念与教育实践在互动中创生更新的路径。同时，对教育改革中一些属基本理论的热点问题，如教育产业化、教育中公平与效率、教育对人的发展的持续意义和终极指向等，也进行了认真的探讨。教育基本理论研究已经意识到：新世纪教育学科发展扎根于本土的重要价值在于催生原创性理论的诞生。对原创性问题的探讨，是21世纪中国教育学科内在文化机制转化的重要方面，也是时代呼唤创新精神在教育学领域的必议之题。教育哲学还提出了“概念本土化”的问题。对原创性的关注与实践，将从深层次上促使中国教育理论研究之根深扎于本国的实践土壤，结出自己的独特之果，进而取得国际对话中平等、双向互动的资格。这里，重要的不是“引进”，而是“对话”。我们期望，教育学科简单“引进”的历史将不再向21世纪延伸。这将是中国教育学界学术文化独立性提升的重要标志。

在“平台新土”中还必须提到的是教育学界对当代西方哲学和科学、技术的关注与吸纳。吸纳不只体现在对各学科赖以支撑的哲学、科学技术基础的更新，还注意到研究者自身的知识更新和思维方式的转换，力图通过这样的更新和转换，来开发教育学研究人员的创新潜质。这是新世纪教育学科发展更为基础性的保证，但就总体来说，这一“工程”还处在起始阶段。

四、发展机制：方法论更新和良性生态环境的营造

教育学界的同仁基本上已形成这一共识：中华人民共和国成立以来的30年

间，教育学科发展曲折而缓慢有众多复杂原因，但思想方法长期受教条主义和形而上学的束缚是重要原因之一。新世纪开始，教育学领域各门学科的研究中，几乎普遍涉及方法论问题。其中教育基本理论、教育哲学和教学论等学科相对而言更为突出。大家较广泛认同的是走出形而上学的认识方法，尤其是二元对立的思维模式，关注原先对峙中融合、互补与共生的可能，强调树立批判的意识，通过重新诠释，实现认识的拓展、更新和视界交融。论者建议对教育作多维度研究，使多种认识并行不悖、相互沟通；用多种方法对复杂的教育现象作探究，不要因方法的局限而妨碍认识的深化。以上对形而上学和教条主义的批判，也包括对教育研究中在运用马克思主义方面的同类倾向的批判，它并不妨碍，相反能提升教育研究中马克思主义的地位和作用。2001 年教学论领域还就此展开过讨论。值得一提的是，有关方法与方法论的研究，已经不停留在一般议论上，而且对过去不熟悉的方法论和方法的研究和介绍在深入。研究者还积极尝试着用新的方法（如人种志的、民俗学的、行动研究的、解释学的方法）研究新的课题。有关复杂性的研究和思维方式也开始受到重视。自然，这一切也还处在“初级阶段”。

方法论的更新是学科发展的重要内在机制的构成。与以往相比，新世纪初年的研究在这方面也给人耳目一新的感觉。研究队伍中中青年力量的加强、一批又一批新博士的加盟，是出现这一状态的重要原因。在创新路上，他们属于先遣队，也是中国教育学科发展的最大希望之所在。

教育学科发展内在机制的建设，另一个重要方面是营造良性的学科发展的生态环境。这一问题尚未引起充分重视，却是客观存在并且不可缺少和代替的一个重要方面。改革开放以来，中国教育学科研究的社会生态有了很大改善。相信随着党和政府繁荣社会科学的文化发展方针的落实，社会对教育科研和理论需求的提升，这一社会生态会为教育学科的发展提供更良好的环境和更大的发展空间。在这种背景下，教育学科内生态环境的改善就显得更为迫切和重要。教育理论研究者和教育工作一线的实践者是这一内生态的共同创造者，也是其享用者和其中的生存者。所以，内生态环境的改善，包括每个相关成员的个体素质，尤其是教育理论研究人员的敬业精神和科学文化素养，研究意识和创新、开发能力的提升；包括不同教育学科之间沟通、理解的加强，相容共生的心态和宽松学术环境的营造；包括创造学术争鸣的氛围和建设平等、合作、民主的人际关系；还包括理论工作者与实践工作者的相互尊重和相互学习。学术内生态环境的营造不仅直接影响“科研生产力”的成长，而且间接影响外生态环境的支持力度。这是每个教育研究人员可以做到并体现学术人格的重要方面。

在新世纪的中国教育学科发展历程中，我们期望并用自己的努力去创造一种富有时代气息的新研究文化。这是教育学科发展机制中亟待建设的部分。

本文是叶澜教授撰写的中国教育学科2001年年度发展报告的“总述”，最初发表于：叶澜．中国教育学科年度发展报告·2001. 上海：上海教育出版社，2002：1－8.

在路上——研究教育转型与教育学科研究转型*

暑期临近，又快到交稿的时间了。丢下手头所有其他事，集中精力仔细研读汇集到我案头的本书初稿。阅毕掩卷沉思，在深受同事们为做好这套我们和出版社都十分看重的书系所持的负责态度、所做出的持续努力感动的同时，脑海中浮现出一幅令人兴奋的2002年教育学科发展的总图景：中国教育学界的大量研究，正由各自的起点，从不同的角度，以各异的姿态，持不等的速度，向着同一个方向汇聚，我们已经走上了研究教育转型与教育研究转型的路。这条路不是现成的，而是一条要我们一起去拓展的路；这条路现在还不长不宽，但却是一条通向新世纪教育学科更新重建的明日之路，是一条充满艰辛和希望的路。

一、“转型”主题在教育学领域的“复调式”展开

“复调”系音乐名词。据《新华词典》所述，“复调音乐”是“由两个或两个以上曲调以对位法的法则结合在一起的多声部音乐。主要特点是各声部都有独立性”。取其“多声部”结合、又各有“独立性”之义，我们用“复调式”来形容2002年教育研究中“转型”主题的展开。

对中国社会近20多年来的社会转型大背景的意识和研究式回应，相对于人文、社会科学的其他学科（如哲学、经济学、文化学、文学等）而言，教育学界略显滞后。就本人及所涉及的领域而言，大致在20世纪90年代中期有所醒悟，新旧世纪之交时认识开始明朗。2002年所呈现的研究状态就有了普遍化之势。

构成“转型”复调第一声部的是学科中关于教育转型的直接研究，它集中表现在教育基本理论、教育哲学和教育社会学的研究中。引人注目的是有关“教育

---

* 本文是建立在本年度各学科发展报告上的总评述。论述的目的不只是对各学科年度发展状态做一般概括（要完全做到这一点实际上也不可能），还想借此对学科发展中的现象与状态做些评论，其中尤为关注的是教育学科发展性问题。为避免与各学科报告在资料上的重复转述和引证，故一般不引学科报告中已经引过的文字，也不重复加注。涉及的相关内容，读者可从相关的学科报告中找到。特此说明。

转型”的讨论，已全方位、多层面铺开：有的从人类历史演进的长卷中对社会变革与教育转型的关系进行梳理；有的从宏观层面在社会转型期背景下重新讨论“教育是什么”这样一个大问题，并就教育的社会属性、功能、价值等方面做了新的探讨；有的从教育活动和改革的基本单位：学校层面，对学校转型何以必要和可能，是何种性质和从哪些方面实现等问题做了整体系统式的分析；还有的从微观层面——社会转型对学生人格转型的影响角度做了专门阐发。细读上述研究成果，除了能清晰地感觉到，教育转型已成为一个显性问题，被许多研究者意识到并作为一个整体性问题、有意识地开展研究外，还可以看到一个可喜的变化，即研究者不再像以前那样，用简单演绎的方式来说明与社会相关的教育问题了。而是从教育场域的特殊性和现实针对性出发进行，因而有了教育学立场和教育学问题，有了社会转型问题在教育领域中存在和表现方式的独立性展现。如有关教育性质的讨论，不再只有教育属经济基础还是上层建筑这类“经典式”问题，而是深入到教育的事业性与产业性的关系上，讨论也不只是两者择一式的，而是有了具体分析。

教育研究要进入教育，这说法看起来似有些可笑，但长期以来确实存在着教育研究不真正进入教育的状态，尤其在教育原理和教育哲学领域更为常见。在我看来，教育研究中的“无根问题”和“无土栽培”特别多，这是教育研究不能很好深化的一个重要原因。如今，这种现象正在改变。教育社会学中关于转型期教育问题的类型与具体问题的研究，是这种改变的突出表现之一，值得欣喜。但是就目前一般状态来看，这种进入还处在初始阶段，我们对转型期教育问题的研究还不够具体、深入，还缺乏“潜底”的探究、切肤的体验和发自内心深处的人文关怀。这不仅影响我们认识水平和理论质量的提升，也影响理论的实践价值。

对社会转型引发出的大量教育观念和教育问题的具体研究，构成教育转型复调中的主声部。其中，有一些是各学科共同关注的问题，在一定意义上凸显了这些问题在教育转型整体实现过程中的特殊重要性；另一些则属各学科研究中的聚焦式和热点式问题，是教育实践某一领域中值得重视和值得研究的问题。

在本年度中，各学科报告几乎都涉及的问题首推“教师专业发展”。对这个问题，各学科又从各不相同的角度切入，使有关研究呈现出全景式拓展。如在教育学原理中，讨论突出了对教师教育智慧的要求和教师成长如何实现自我更新的问题。教育哲学从个体知识论的角度，研究教师隐性知识显性化的途径、教师个体实践知识的形成与变更的可能性。教育社会学对“教师是社会代表者”的传统命题提出质疑，并开展了讨论，从时代变迁的角度对“教师社会角色”内涵的变化做了比较，深化了对教师作为社会角色的理解。课程论与教学论中有关研究与课程、教学改革实践能否深入开展，以及改革实践对于教师专业发展的价值直接联系在一起，呈现出更多的实践关怀。教育管理学的相关研究重点落在教师参与学校管理专业权落实上，以及这个改革对于学校管理转型中加强民主性的意义。中国教育史、外国教育史和比较教育则提供了相关主题的域内外、历史与现实的理论参照和经验方法。各学科关注教师问题学术势态的自然形成，至少反映了两个进展：一是教育改革深化已进入到“人”的领域，社会、教育的转型不可能没有人的转型；二是教育中的人文关怀不只停留在学生层面，还进入到对教师生存状态与发展需要的研究。

与此相关的第二个各学科共同关心的问题是教育中的生命意识，这在教育学原理、教育哲学、教育社会学、教学论、德育原理等学科中尤为突出。其中，一部分论述从哲学、理论的层面，讨论教育与生命发展的关系、教育的生命价值、教育的生命基础等。这些看似有些空虚的讨论，实际上深刻地反映了在以往的教育观念与教育实践中，太强的社会立场，几乎使人淡忘了教育直面的对象是成长着的、具体的、富有生命的人这一最基本的事实，教育中缺乏最基本的对人的生命的关爱和尊重，缺乏对生命成长需要的研究，缺乏对生命内在发展可能的潜在力量开发的积极价值取向，说到底，这是教育中人文精神的最根本的缺失。在今日中国社会已呈现出对人的全面发展和精神生活需求提升的背景下，改变这样的“缺失”就显得尤为必要和现实。另一部分论述则较集中在对学生学习权利、生存状态的研究和评析上。自然，这些研究离我们在全面、当代和不同环境下对这一问题的具体、深入认识还有很大距离，理性的呼吁和力量也还不足以对教育实践的改变产生真实、深刻的影响。然而，这并不意味着这一主题无现实意义。教育中忽视学生作为人的存在的“积重难返”的现实本身，就是这一研究现实意义的最有力说明。

知识论的转换，是本年度各学科共同关注的第三个问题。原属认识论范围的知识论研究，不仅应课程、教学改革的深入而成为前提性和原理性论题，而且在教育管理学领域也提出了“知识管理”的概念，显然，这与知识经济、信息社会的大背景直接相关，也标示着教育领域的“知识”问题研究，在向个人知识及其建构研究这一微观层面延伸的同时，还在向教育与社会关系及学校教育管理等宏观、中观层面拓展，完全超出了“认识论”的范围，成为一个全方位的共同问题。

如果把上述三个各学科共同关心的主题做一次内涵聚焦，我们就可以清楚地看出：2002年的教育理论研究已形成对社会转型背景下教育转型中人的问题的普遍关注。这在一定程度上反映出教育学科对教育转型研究的深化和核心问题的揭示，也是当今中国社会转型的时代精神在教育学领域的折射，并意味着在今后一段时间内，教育学界要花大力气，深入具体地从不同层面和不同角度开展研究的教育学主问题已经凸现。主问题的凸现并不意味着其他问题的消解和简单归一。实际上，上面三个共同主题的分析已经展示了主问题在各个层面丰富而不同的呈现。主问题只是一个指向，像“魂”一样存在于具体问题之中，不仅不可能替代而且要借助于具体问题才得以真实存在。但有无这个“魂”，研究呈现出的精神气质是不一样的。“魂”若飞了，“魄”也就散了。这几年来，教育理论研究中存在着的“整而不合”的现象，可能与失“魂”有一定的关系。

“复调”主旋律中的另一类问题是反映各学科研究领域特性的，但同样与教育转型相关。如教育学原理中的制度改革研究、教育政策研究与教育法学研究，本身就是教育转型催生出来的相对新的学科领域。教育哲学中关于教育价值的讨论，若无转型期呈现的价值冲击，可能就不会被激活。教育社会学中关于教育公平的研究（在政策研究和法学研究中也存在），如“义务教育的均衡性”“高等教育的大众化”等问题，正是社会转型过程中现实存在的、财富－权力差异扩大引起的利益矛盾和社会民主、公平要求在教育层面的突出表现。课程研究基本上与课程改革同步，且出现了对课程改革进程中深层问题的反思和对现实状态的冷思考，显示出课程改革理论的发展也随改革逐渐走向成熟。教学论、教育管理学注意了不同性质和阶段教育管理的差异性研究，不再只是“概论式”或仅就共通性问题做研究。外国教育史与中国教育史不约而同地加强了对20世纪教育人物、事件、思想和制度变迁的研究。比较教育中尤其关心的是全球问题的各国比较，如科技教育、网络信息教育、道德教育，以及国内改革热点问题如高等教育的比较研究等，都呈现出转型研究的取向。有了这一部分研究，各学科的特殊性彰显，主声部更为多彩。

“转型”复调中的第三声部属“低音部”，由各学科中的一些基础性问题构成。“低音”历来与“华丽”无缘，但展示出来的常常是“厚实”和“底气”。本年度这方面的研究一方面体现了持续性，另一方面也有拓展，在具体问题的选择上还呈现出与“教育转型”这一大趋势的呼应。如教育哲学中的“人文与科学”关系的传统主题再讨论，“教育是什么”的再一次哲学拷问，都在做出贴近和渗入改革实践的努力。教育分层是教育社会学的传统主题，本年度已呈现出关注焦点由外向内的转化。在传统气质最浓的两门教育史学科中，教育人物和教育思想的研究，一方面表现出更为全面和深入，如外国教育史的杜威研究；另一方面也呈现出与教育改革现实问题的内在沟通，如中国教育史关于20世纪20—30年代乡村教育思想与改革的研究，以及教育制度专题史研究中个性的彰显。其中，有的研究将中华人民共和国成立前与成立后的教育制度变迁联系起来，以寻求制度变迁的基本趋势，为当前中国教育制度面临的又一次整体性变革提供历史的参照和启发。

学科基础性问题在社会变革激烈时期是最易被冷落和忽视的问题，但绝不会也不应无人问津。学术目光的敏锐和深邃，学术水平的真正跃迁，往往通过基础性问题的突破得以呈现。但这种突破又不能无视时代问题，用封闭的方式来达到。“基点”与“热点”，一个在底部，一个在面上，表面看来似不相干，实质上却需要遥相呼应，相互激荡。

上述教育转型研究“复调”中“高”“中”“低”三部的相对独立和复合，让我们听到了本年度教育学科研究的主旋律，尽管还不是很强，也不那么优美动听，但毕竟已经奏响了。

二、教育学科研究由反思走向“转型式”重建

教育学科研究反思意识的加强，是近十年来学科建设的一个重要进步。本年度的研究，对学科建设的反思，也是共同的主题。反思的指向有历史，也有当下；有学科性质，也有研究方法；有基本观点结构，也有前提性认识和方法论问题。反思带来了不少学科自我意识的清醒，比如，不再简单地用自然科学的标准来要求教育学的科学性，把自然科学研究的方法、原则简单地套用到教育科学研究之中，这些曾经是我们向往的学科发展奋斗目标。又如，我们不再把寻求高度抽象的规律、原则作为研究的终极追求，不再满足于从大前提出发，通过演绎得出教育学的判断，这些曾经是我们熟悉的普遍采用的方法，如此等等。其中最大的变化是开始关注教育学科本身的特殊性，开始研究教育本身。这种立场的变化，在一定意义上可以说就是教育研究“转型”的起始。立场的变化是指由外部立场转向内部立场，由从一般原理或其他学科原理出发，演绎、应用到教育学中去，转为立足于对教育存在本身的研究，去综合运用可以用来认识教育现象的方法与工具。当然，并不是说所有学科和全体研究者都已意识或开始承认这样的变化已经发生，特别是在历史相对悠久的传统学科中，这一转变要来得艰难和缓慢一些。转变立场首先要冲破来自头脑中相对成熟的框架的束缚。但在一些相对新

兴的学科中，简单外借、搬运、演绎的问题还是存在。可贵的是已经有人警觉并指出了问题。无论如何，从本书的阅读中，我们已能清晰地感受到这一转向的发生，感受到这一转向所内含的、不可阻挡的学科生长力。

我们若要尽快改变教育理论的“无根现象”和“无土栽培”，就不可避免地要去研究教育理论与实践的关系。这一经久不衰的论题在本年度的研究中也有所深化。它突出表现在教学论研究中，不仅指出教学理论存在“实践乏力”的现象及其具体表现，做出了原因试析，而且着重研究如何解决理论与实践分离的问题，为转型中的“重建”做了尝试。也有人直接提出了“教学论的实践转向”命题。理论与实践关系问题讨论的深化发生在教学论领域可以说不是偶然的。一方面，课程、教学改革的实践使原先具有较强形式化、规范化特性的教学论体系，陷入“乏力”状态和一定程度的“窘迫”，使理论变革的需求更为迫切；另一方面，一些深入改革实践的研究，在直接参与变革的过程中又催生出一些新的问题、新的视角和新的回答，正是这两方面的合力，使教学论研究的转型有可能向前推进，不只是停留在上述立场变化上，而且可能出现一些新的概念、判断和命题。转型的实现是一个过程，往往循着这样的线路行进：开始是立场与方法论的转换，进而对原有理论的核心概念、基本命题、方法等做出批判和反思，再到新的基本概念和理论、方法的重建。教学论研究的进展呈现出这种走向，尽管离重建的基本完成还有很长一段路要走。

在其他学科研究中，我们也能看到不同程度和不同性质的重建现象。有的学科以主导性学科意识形成的方式呈现（如教育社会学）；有的学科从基本观念更新和一系列新概念、命题做起（如课程论）；有的学科加强以往研究的薄弱之处（如中国教育史、外国教育史）；有的学科有意识地从构建体系式的研究中走出，转向重新审视本研究领域中实存的问题（如教育学原理、教育哲学）；教育管理学显现出用学科性质向公共管理学靠拢的方式，来拓展、改变学科基础的努力；比较教育走的是扩展比较地域和细化主题的发展路线。由此可见，不同学科转型式重建的具体路线并不重合，更不可能同步，但都必须在不同程度上有建设性的出新则是共同的。就出新而言，最根本的是基本概念和理论及理论框架体系的更新。目前来看，这在教育学科领域中远未实现，学科建设还任重而道远。

无论反思还是重建，都有参照系变换的前提性问题。从本年度的研究来看，后现代主义的影响颇为强劲，尤其在某些学科中已经明显成为新的参照系。后现代主义的一些常用词语，在教育论文中出现的概率也大幅度上升，后现代主义在方法论上针对科学主义提出的一些观点也受到普遍重视。不管怎样，后现代主义为我们提供了新的视角和思维方式，这对很长时期浸润在“现代主义”甚至“前”现代主义中的教育学界而言，无疑会产生清醒和清新的效应。然而，尤其要防止的是不要重蹈以往简单“拿来”的覆辙，以免最终依然落得个自我丢失。本年度中有关“创新”和“原创”问题的继续讨论，在一定意义上是为“跌落”现象筑起精神的防护线。真正的创新和原创，要求研究者真正用自己的眼光去看、头脑去想、心灵去感受和体验真实发生着的教育世界的变化，用自己的智慧和实践去探索教育实践和教育理论的发展。这里没有捷径，来不得浮夸，不可能速成，也不会天天出新。唯有如此，才可能真正实现重建和更新。

在本文的结尾处，还需要指出的是研究人员的学术心态和研究作风问题。我们在查阅资料的过程中发现过一稿两投的现象，发现过大量抄袭他人著述的现象，发现过参考文献中有意回避主要参考文献的现象，发现过不少老生常谈、几乎无新意的“论文”。教育杂志和出版社的大量存在为投稿者提供了言说的场所，评职称、做学位论文诸多的硬性规定或是功名利禄的诱惑，会驱赶着圈内人朝着粗制滥造、虚张声势的方向奔走。但是，学术的操守只能由每个人自己把守，“丢失”操守是自己的选择，责任需自负。如果连“操守”都丢了，还能有什么“学术”？这一点，作为教育研究人员，是特别要自重的。

本文是叶澜教授撰写的中国教育学科2002年年度发展报告的“总论”，最初发表于：叶澜．中国教育学科年度发展报告·2002．上海：上海教育出版社，2003：1-7．

艰难的行进——学科发展意识的觉醒与迷乱

人在什么时候才会遇到或感受到行进的艰难？最近，我算有了一次真实的经历。

今年 6 月下旬，我和几位同事一起到象山旅游。受宣传画册上动人摄影的诱惑，我选择了旅行社“景点套餐”上没有列出的一个景点——潭头山。我知道那是坐落在东海荒岛上的一座小山，山的那边有少见的“姐妹沙滩”、美丽的海湾和无际的大海。旅行社满足了我们的要求。带着期待和新奇，我们上了海轮，一路上的小风浪更增添了我们的游兴。然而，就在潭头山可望而未近之时，问题发生了。

海轮因潮水问题不能按常规靠上码头，只能在山另侧的“非码头”停靠。当地船员率先登岸，在他们有力的拽拉下，我们生平第一次不用码头，登上了垂直海面的崖石之岸。我们刚为自己的勇敢和胜利登陆而欢呼，却马上又被告知，要看到景色，必须从山腰横穿潭头山。已别无选择的我们，只能在船员的带领下，进入过人高的茅草丛中，沿着被茂密茅草遮蔽得看不到前、也看不到后，只有两脚掌宽、高低不平、难以称作路的小道行走。相互的鼓励、提醒和关键时的一拉，使我们克服了心里的紧张和行走的艰难。一小时以后，我们终于走出茅草“路”，见到了因有了从未有过的艰难而感到从未有过的美丽的一切。

象山，我们到过多处，但最不能忘怀的是潭头山之行。它让我悟出：艰难的行进，总是在有追求和憧憬时开始；艰难的行进，总是在有“向”无“路”时发生；艰难的行进，总是在用清醒克服迷乱的过程中完成。近两个星期以来研读同事们提供的 2003 年教育学各学科的年度报告，按学科对照、重读和整理三年来各报告中反映的进展，我又有了潭头山之行的感觉。“艰难的行进”，这也许是对我国教育学科新世纪以来行走状态的一个恰当描述。

三年来，在时代大潮的冲击下，中国教育学科的发展首先起因于学科研究人员自身的一系列思想觉醒。时至今日，可以说，教育学科发展尽管还未拥有相对共同的立场和解决问题的清晰路径，但已有了“向”，已形成了基本的问题域，已出现了相对强势的观念，新的研究力量和多元组合也正在聚集。尽管这些并不意味着重大进展或成功，甚至其中还包含着分歧和批判，夹杂着虚假的泡沫、幼稚的跟风、空洞的大话和名利的钻营，但至少它已打破了昔日顽强的定势，呈现了新的发展可能与资源。尽管思想的觉醒还远未带来现实的更新，无论是教育学科本身还是教育实践，甚至因此而滋生了新的迷乱和不确定，但它至少已经促成了新路的探寻。这种探寻主要在两个层次上同步开展：一是教育学科自身发展问题，二是构成教育学科发展的问题。本年度报告将集中对第一层次的问题做一相对系统的论述。

教育学科自身发展问题在新世纪是从反思和展望引出的。三年来，我们一年一回头地清点着行程，发现各个学科发展的自我意识在提升，认识在深化，并逐渐集中到下列几个问题上。

一、教育学科群的内结构转型问题

教育学科结构转型问题是由生存困惑引发的，但生存困惑——有的学科称之为“生存危机”——并不是一个新问题了，虽然它在今天又添了新的内容。正是这种困惑和危机，把教育学科自我意识的觉醒和发展推到了一个新的水平，而且不只是在每个学科层面上，还在学科群内结构层面上。

造成新的生存困惑和危机的原因来自多方面。迅速、激烈变革的时代和社会是直接的推动因素。在改革开放以来 20 多年的时间里，中国社会经历了一场又一场变革的冲击。从计划经济到市场经济，从工业社会到信息社会，从产业经济到知识经济，从引进外资到经济全球化，从生产社会到消费社会，从经济体制改革到精神、政治文明建设……一次次、一项项，各种提法和决策，无论是社会的还是教育的，都来得这样突然，又似乎都十分合理。研究人员正是亲历了现实的社会转型和教育变革，才深切意识到学科在新时期面临着生存危机，唤起了学科群内结构变革和转型的需求。

转型在教育学科群结构层面上，表现为应时代发展所需，由学科分化和交叉而生的新学科迅速发展，改变了原先的结构单一状态。变化先从学科内的分化开始，如从 80 年代初期开始，教育学分化为教育学原理、教学论、德育原理和学校管理学等；进入 90 年代后，某些领域又出现了第二次分化，如教学领域又分出了课程论，管理领域又分出了教育行政学等。继而是交叉学科大增，如恢复了教育哲学、教育社会学、教育统计学等一度被取消的学科，新增了教育经济学、教育技术学、教育法学、教育政策学、教育政治学、教育人类学、教育文化学等。除分支、交叉以外，还出现了以问题为中心的多学科综合研究（如教育环境学等）。大量新学科的涌现，使原先较单一的教育学科群，呈现出丰富、多类、多层和纵横交叉的结构状态。

正如老子所言，“道生一，一生二，二生三，三生万物”，教育学科由一向多的转化，不仅给教育学科的发展带来了生机，而且使其结构具有了一种内生长力，几乎能生出教育学科的“万物”来。这首先是因为，人们对新学科的生成有了思路，且学科命名的严谨性被学科发展的大潮冲破，冠之以“学”却还没有很多“学”味的东西迅速成长，构成了“万物”景象。其次是因为学科分化、交叉还在向纵深层面发展。这在本年度报告中就有表现，如德育提出了有必要发展德育心理学和德育社会学。围绕着同一问题从不同学科切入的研究也增多，如教师专业发展问题，在本年度的教育学原理、教育哲学、教学论、课程论、外国教育史、比较教育等学科的报告中都有反映，高等教育也有类似处境。可以预见，将来以实践领域为划分的综合学科会加速发展。

与此同时，教育学科由一向多的转向又引发了学科群内部各学科边界模糊、相互包含的局面。我们时不时地可以听到教育学科内部的这类争论，其一般状态是：新生学科想代替或包含传统学科；传统学科则在划清界限，守住阵线，着力于学科内部的变革与重建。一攻一守，十分有趣。

总之，教育学科由一向多的转化，带来了其内生态的变化，这种变化包含生长与发展、交叉与融合、矛盾与碰撞；也带来了教育学科与其他学科交叉范围的扩大、深化和下移。这一势头在呈现出教育学科强大生命力与丰富性的同时，也提出了一系列新的学科发展问题。

教育学科群内学科门类的迅速增长意味着什么？传统的学科规范标准是继续有效，还是需要改变？学科得以存在的依据、根在哪里？学科数量增加与质量提升的关系如何？

交叉学科与综合学科在教育学领域内的增加，对传统的教育学意味着什么？是消亡，还是再生？不同学科对教育研究的切入有无立场的差异？教育学领域里的交叉学科是否只有一种属性，即切入学科的应用学科？有无以教育学为母学科的交叉应用学科存在、发展的可能与必要？在这样的背景下，有无必要思考和明确教育学立场与教育学视角？

学科群内学科边界的模糊、新老学科的纷争意味着什么？新学科的诞生是否必然要以取代旧学科来体现它的价值？学科的综合是否要以否定分科的存在为代价？新学科、老学科要解决发展问题，是否有不同的取向、任务与路径？

现在是否有必要来理清学科群的内在关系与结构？目前的这种学科丛生态是转型过程中的必经历程，还是混乱险象？教育学将来是否会出现不同性质的学科群类，比如一类是以传统学科形态为基本构架、模式而发展生成的学术性学科群，一类是以教育实践形态为基本构架、模式而发展生成的专业、职业性学科群？

教育学科作为一个整体，今后要实现发展，需要解决哪些认识问题、政策问题与实际问题？

上述问题，本年度的各学科报告中多少有些涉及或呈现出一些现象。这些问题为我们进一步思考提供了资源。

二、教育学科的实践转向问题

教育学要理论联系实际，要面向实践，回答或解决实践中提出的新问题，可以说也是个百年老问题。在某种意义上，教育学在中国出现，就是因为上世纪初新教育制度的诞生。然而，作为一门“学”，它又必然有理论要求。因此，对理论与实践之间关系的认识与处理，伴随着教育学发展至今的全过程。

21 世纪的最初三年，教育学科在发展中出现了强烈的、几乎是各学科全方位的实践转向。这一方面与前面提到的时代剧变有关，是实践向理论提出了强烈的要求。另一方面，也是理论工作者的自觉追求。其中，部分人员是受回答新时期一系列新问题的责任所趋；部分人员则是在服务实践的过程中感受进而意识到变革实践对于理论生成的重要滋养价值和催化作用，在发展理论的意义上，提升了面向、研究和参与实践变革的自觉；也有部分人员是由学科生存危机唤起和受政府的学术发展政策导向所趋，想从实践转向中找到学科发展的空间。不管如何，教育学科实践转向的意识和行动已真实地开始了。

再细分一下，我们可以看到各学科在实践转向的路径和策略上是有差异的。

第一类学科，主要是新兴学科（如教育经济学、教育法学、课程论等），由于其本身的发展与教育改革需要，尤其是和政府部门的直接关注，甚至直接领导、特殊拨款的研究项目或任务有关，它们与实践关联的方式是直接为宏观决策服务，甚至研究人员以专家的身份直接介入决策过程或参与决策贯彻过程。这些研究人员与一线的行政人员和教师接触时，往往有行政部门特聘的专家身份，因此在一定程度上有助于增强贯彻行政决策的力度。这类学科指导实践的理论资源，相当一部分来自国外的相关学科。所以，时而也有对这类学科脱离中国实际的批评。这似乎有点怪圈的味道，最直接参与到教育决策中去，最可能对教育改革全局产生影响的学科理论，却存在着脱离中国实际的可能。

第二类学科，实践转向的策略主要是以原学科研究的核心问题为框架，把研究的重心下移，关注现实中的相关领域，并对这些领域中的问题做出学理上的辨析与辩护、批判与重建，如教育学原理、教育哲学、教育社会学、教学论等这些传统意义上理论性相对较强的学科。比较三年的年度报告，我们可以发现，这些学科的核心问题域基本没有变，只是在对问题的回答上，逐年有变化，或有新的角度出现。例如，教育哲学围绕着价值论、认识论、知识论、人文与科学的关系等领域展开，教育社会学围绕着公平、民主、权力、利益、分层、流动等问题展开，教育学原理则围绕着教育的基本性质、功能、要素、过程等的发展变化及学科发展本身展开。这些学科呈现出的实践关怀与理论在内容、观念、命题层面上的重点和性质的转换相关，并且在一定程度和范围内，形成了一些新的生长点。例如，教育价值取向中的生命关怀，教育向生活回归的问题，对教育中知识性质的研究和教育因素复杂关系的辨析等等。这些学科作用于实践的直接程度似乎不足，也常常会受到来自实践界的“道理空泛、缺乏操作性”等批评，但它们在解释实践变革的意义、性质、走向、问题的力度上可能更强一些；在理论资源上也相对多元，既有国外的，也有国内的，还有一些是直接从教育改革研究中形成的。总的来看，这些学科面临着理论转型和对实践的解释由点向系统发展的任务，也需要思考学科本身的特点。本年度的“教育哲学”和“教育社会学”报告中，已经提出了这一让人感到有些迷惑的问题。他们看到了一些没有教育哲学味的教育哲学论文，没有教育社会学味的教育社会学论文，不知道是“味”出了毛病，还是论文不“正宗”。另外，在学科对实践的影响力提升上，恐怕面临着如何与更贴近实践的学科结合，如教学论与学科教育学等结合的问题。

第三类学科是着重对以事实、资料的开发为基础，通过比较研究来实现实践转向的学科，如中国教育史、外国教育史、比较教育等。它们与当代中国实践的差异首先是“时空”上的，其优势、特点也在这种差异上。故结合中国当今教育改革和发展需要，选择、组织课题，研究历史，做出比较，成为学科实践转向的首选策略。进一步的发展是对某些资料、人物做重新评价和研究，开辟一些新的研究领域，使学科研究的框架发生变化，如中国教育史突出形成的地域教育史研究系列，外国教育史对中世纪史的开发等，还出现了结合历史背景和文化状态的对教育基本概念史的变化研究，这在本年度的中国教育史研究中有较典型的表现。该类型学科的理论发展资源，除了史料、文本以外，还来自史学理论和比较理论的转换，以及研究人员的观念、基本功与见识的提升。他们为实践服务的状态基本上还是遵循着“洋为中用、古为今用”的路线，但可以看到向文化视角拓展和从更深层面上为实践提供借鉴、启发和重建的资源等走向。相对于前两类学科而言，这一类学科的实践转向更为艰巨和稍显滞后，在转向的过程中出现过“古、今”“中、外”简单类比，以今解古、以中注洋的偏差，研究人员也为究竟如何实现学科自身的发展而苦恼。

还有一些学科，似还处于不同意义上的理论与实践尚未很好沟通，但同样在做出努力的状态，如教育管理学、德育原理等。教育管理学似乎一面要为学科性质向公共管理学靠拢做出努力，一面要回答教育管理改革中不断提出的新问题，这些问题宏观、中观领域都有涉及。理论发展与实践研究尽管都在变，但两者之间的关联性质并不十分清晰。德育原理在理论的提升方面，主要着力于概念的分析、命题判断的理性审视，同时寻求更多的支撑性理论资源或做哲学的思考；在实践问题的研究方面，似更关注热点、时势或具有更多的经验色彩。两方面的努力自然都是必需的和可见的，但也存在着关联性质不明晰和力度不足的问题。

对以上状态的粗略分析，也引发了我们对教育学科实践转向的一系列问题的思考。

教育学科发展中存在的理论与实践的关系，学科群内部的不同学科，及其与其他学科建设相比，在理论与实践关系的性质上有无共性？有无差异？决定共性与差异的因素是什么？

教育学科究竟存在着多少类型和层次，多少不同角度的理论与实践的关系？什么是这些关系存在或产生的条件？关系间的关系是什么？

教育学科理论与实践相互作用的形态如何？相互转化的过程与条件是什么？

在教育学科理论与实践的关系上，我们的认识历程是什么？变化是怎样发生的？现在存在的误区和困惑在哪里？

在教育学科理论与实践之间应保持怎样的张力，才有利于学科发展与实践推进实现双赢？政府有关部门应作怎样的支持和政策导向？

提出这些问题只是为了提升自觉，在行进的路上不再盲目：或踟蹰，或狂奔，或非此即彼；也为了使这个讨论了多年的问题，能在学科发展的实践中变成一种真实的推动力量，更具有效性和实质性。

三、教育学科的方法论意识问题

方法论意识在教育学科发展中呈现出的趋势是逐渐觉醒，走向普遍化。问题在20世纪80年代提出，这是在批判以往教育研究中思想方法的片面、简单、形而上学基础上的探求，也是在对教育研究缺乏方法意识觉醒基础上的再觉醒。同时，它也是对人类科学研究，首先是自然科学，而后是人文科学等走向方法论自觉的回应；是由人类科学整体发展在方法论上的深刻反思和重大突破所带来的强大冲击的产物。

从近三年各分支学科报告内容的变化看，学科论及方法论问题越来越多，有些学科已经在研究实践中探索新的方法及相关的方法论问题。有关教育研究方法的理论书籍或应用手册加速增长，有关方法论讨论的文章也有增加。就其进展来看，主要表现在如下几个方面。

首先，教育学科大多已经走出对自然科学研究中实证方法的心理上的迷信，开始意识到学科研究的对象性质、研究任务与目标不同，会决定方法选择上的差异。近年来，质性研究、行动研究、叙事研究成为这种认识在教育学学科领域中的体现而受到重视，得到响应，并已在这些方法的名义下开展各种研究，且有增长之势。自然，这是一种有益的探索，它能使教育研究进入以前很少进入的空间与群体，但在我看来，重要的还不是这些方法（包括还将会出现的新的各种方法）的运用本身对教育研究的作用有多大，而是方法上的出新，帮我们走出了一直把自然科学的研究方法和理论形态奉为圭臬，即使不断发出敬慕的赞叹，也永远无法达到的尴尬境地，有了寻找教育研究合适方法的方法论意识。随着后现代理论在教育学界，尤其是青年学子中的进一步渗透，可以预见，对方法确定性、权威性的解构也会加速。

其次，对简单演绎式地搬运其他学科的结论，进而引出教育研究结论的捷径式研究开始有了警觉，或者说不再满足。与以往相比，教育学科有了更多的学科内意识，尤其是对新问题的认识，强调要更贴近实际开展研究，对经验和归纳方法的价值也有了更多的认同和相对高的评价。

最后，相对于以往推崇分析、抽象而言，现在开始注意用聚类、综合的思想方式来认识现象；相对于以往关注状况和结果的研究，现在开始强调对关系、转化、条件、情境、过程的研究。就这个意义来说，复杂思维的认识方法被更多的人看重、谈论乃至尝试，表达复杂思维认识结果的一些用语，也开始出现在教育学科研究的话语之中。其中虽然还有不少生硬和空洞，但它引起了关注，使人感到有启发，人们愿意尝试的心态和行为初见端倪。

方法论走向深刻反映了人认识事物的程度和思维方法、对所研究对象性质的认识和判断的变化。目前教育学科可以说已经走出了昔日方法论贫乏和僵化的状态，开始从“机械论”走向“有机论”，从“原子论”走向“生态论”，但还远未达到意识和行为的高度自觉，更未达到自由的状态。我们还存在着方法崇拜，存在着因缺乏对研究对象的深度认识而带来的方法迷乱，存在着方法与对象关系错位的研究怪圈，这将深度制约教育学科的发展。在教育学科研究方法论的重建方面，我们也许还要有很长一段时间的艰难行走。

方法论改变的困难，主要是因为它不仅涉及研究人员的方法论知识和素养，还涉及研究人员的方法论自觉。这种自觉，不只是对方法论问题，尤其是对本学科内的方法论问题要有历史的、理论的批判，而且要对自己在多年生活实践和研究实践中形成的思维方式有自我意识并进行改造，要改变我们业已形成的认识框架与思维路线。只有实现了这样的变化，我们在方法论上才会有与以往的认识相比，在层次和质量上都不相同的结论，甚至需要重构我们的基本概念、命题和理论系统。要走到这一步，我们也需要思考一系列问题。

在教育学科研究方法的认识方面，我们存在的主要问题是什么？无视方法和对方法的轮流崇拜在方法论上是否同根？不同研究方法之间的关系性质是什么？

在方法论的突破方面，我们现在走到了哪里？继续往前走的主要障碍在哪里？

人类认识、科学领域的方法论突破，对于教育研究意味着什么？现在我们关于教育的基本认识有无误区，造成误区的方法论根源何在？

自然，方法论的变化只是为我们提供了认识教育的思维工具。方法论并不是灵丹妙药，它主要不是用来说的，而是用来改变我们自己头脑的。只有用到实际的研究中，而不是代替实际研究，方法论才能实现其价值。

四、其他

关于教育学科自身发展的问题还可以列出不少。比如本年度的有些学科报告中，提出教育学的话语方式和存在的语言游戏问题，开拓学科研究视野和更新研究基础的问题，学科发展的广度与深度问题，教育理论的本土化问题，不同学科如何摆脱内外附庸的问题，各学科发展的内机制问题，学科之间如何搭建对话平台的问题，等等。但本文篇幅有限，已不可能再作评述。所有这些问题的提出，也包括我们在讨论中提出的一系列问题，都可以说是教育学科艰难行走的写照，也是我们教育学研究人员需要面对的问题。发现这些问题，在一定意义上就是发现教育学的发展空间和希望。

最后还要提及的一点是，在为撰写本年度学科发展报告而进行的资料检索和阅读中，我们发现了一些很有见地和功力的新作者，实感欣喜。研究队伍的建设是教育学科发展的根本保障。与此同时，我们也发现了一些让人感到遗憾和不安的名字，他们是与不正学风联系在一起的，其中还有一些表现很突出的个人。由此想到，学术制度上是否还需要列出另一类专题检索和排行榜，以提醒这些表现很突出的个人？这是我在本报告中提出的最后一个问题，它涉及另一类意义上的艰难行进。

本文是叶澜教授撰写的中国教育学科2003年年度发展报告的“总论”，最初发表于：叶澜．中国教育学科年度发展报告·2003. 上海：上海教育出版社，2004：1-9.

教育学科研究势态的变化与消长

读完2004各分学科的年度报告，我有一种观海听潮的感觉。海浪从远处奔腾而来，蓄足了力量又拍岸而去。潮起潮落，日复一日，改变的是力量，不变的是节奏。正是这大海的韵律，这奔腾过程中渐成的节奏，使每个到海边的人，能走出日常生活中积累的无序与烦躁，体验到大海所特具的呼吸——涌动的宁静和持续的张力。

文本所展示的2004年教育学科研究势态的变化恰似这大海的韵律：每个学科在新世纪面临的基本问题、主题词、走势等已初成稳态，消长的是各种思潮、思想、观念、论点的内在力量和相对力量。这些变化让你感受到希望，看到新的雏形和可能超越的力量在积聚和增长。

一、多了些深思，少了些浮躁

学术力量的增长与积聚常常通过学术心态的变化透出。与前几年相比，从今年的文本中，可以明显读出的是浮躁之势的减弱和思考力度的加强。

浮躁之势的减弱明显地表现为，跟风式的或随着学术时尚转的、拿着一种舶来的学说或方法、根据官方钦定的意见或决定、学界要人提出的理论或观点，简单套用或“戴帽穿靴”式的论文，在我们的“报告”中已不再多见。在此，我并不是说大家不必关注上述的一切，而是说要把这些当作一种资源，用自己的思考、理解、批判、分析、判断，即通过自己的研究，发出具有对话、深化、细化、丰富、开拓等富有创生或推进价值的自己的声音。真正的学术是在这样的过程中成长的，永远的紧跟、追潮，不可能跟出一个新世界，可能的只是浮饰虚妄的“繁荣”和学术自我的枯萎。教育学科发展的历史中这样的教训还少吗？也许，这种浮躁是由渴求发展的热情所引发的，这在一个充满挑战的变革发展过程中是不可避免的，是发展需要付出的代价，然而必须尽快走出。庆幸的是，与以往相比，21世纪初的中国教育学术界已经有一批有思想、有责任心、肯下“死”功夫的学人，较快地走出了这一幼稚期。

思考的深化首先表现为问题的开掘与聚焦，体现在研究者问题意识的加强。所谓问题意识包括问题的原发性，即在自己的研究中产生的问题，而不是拿别人提出的问题做文章，这是教育学发展追求原创性和加强本土性的始发式保证。如教育学原理中对当代中国社会转型时期的学校转型研究，教育社会学中有关中国农村教育危机与流动人口教育的问题，教育经济学中的民办教育研究，比较教育中关于“世界一流大学”的讨论，中国教育史中非制度化教育史研究的提出等。强调提出真问题，这是问题意识的又一种表现，而且是研究是否具有理论价值与实践意义，具有推进发展价值的基本要求。教育哲学的报告中专门提出了这一点，强调缺乏真问题的意识将制造出伪学术成果，学科建设的愿望会成泡影。问题的纵、横拓展，是在学科问题史意义上对问题深化提出的要求。如关于教育学学科独立性问题的讨论，引出了关于教育学是一个领域还是学科，教育学与其他学科关系性质等横向拓展的问题，也引出了有关教育学立场、思维方式、理论特性、话语方式等深层问题。问题逐渐由散点式分布向核心聚焦并呈现出结构关联，这是学科整体发展意义上问题意识的提升。在今年各学科的年度报告中，尤其是基础性学科的报告中，我们都能看到这一走向。思考的深化还表现为反思力度的加强。本年度的报告中，有对百年学科发展的世纪问题的反思（教育学原理），其宗旨不局限于历史经验与教训的总结、原因与过程的分析、功过的评定，更在于寻找当前我国教育学发展来自学术传统上的资源、障碍和问题的病根，以及它在教育学研究人员内在精神世界中的积淀，它对当代研究取向、发展动力、思维方式等方面的深层影响及表现，以求提升研究人员超越历史与学术自我局限的自觉，增强新世纪学术发展艰难而不能重蹈覆辙的警觉。年度报告中还有对学科自身存在价值的反思，关于学科研究范式的梳理与反思，对学科知识特性的探讨等，这些研究如此集中，在以往的年度报告中不多见，其反思的深度也是前所未达的。它至少表达了各学科研究人员在学科自我意识上的提升，在学科独立性和知识品质上的追求，也是学科发展自信心、责任感增强的表现。

自然，也存在着不同的看法，如认为在当代学科走向交叉和综合的时代，教育学科讨论独立性、学科立场等问题似不合时宜，且有保守、倒退之嫌。但在我看来，这是教育学自身学科发展中尚未走完、不可绕过的一个必须完成的阶段。教育学若无独立性，若无自身特有的结构、内容与品性，就不可能成为交叉学科形成中的对话者。一方只作为承受者的所谓“交叉学科”并不存在，因为无“交叉”的实质，最多也只是作为另一学科的应用学科而存在。在学科综合的过程中，教育学若无独立性，那么也就没有自己的声音，也不是综合学科的构成者或有关因素乃至酵母。这就是说，无论是交叉学科，还是综合学科，都以构成交叉和综合的各相关学科的独立存在为前提，且都不会因交叉学科和综合学科的存在，而放弃原学科研究的深化与发展。这就像强调全球性不应以取消本土性为目标和前提一样。反之亦然：强调本土性并不以反对全球性为目标和前提。突出当前教育学的独立性，也不是以反对、排斥其他学科研究为前提和目标。

除此以外，本年度报告中的反思还指向20世纪80年代中期以来中国教育改革发展中的一些重要方面。如教育哲学中讨论的素质教育，课程论中有关课程改革知识问题的大讨论，以及教育学原理所涉及的教育政策范式转变研究，都建立在对变革实践批判性反思的基础上，呈现出理论研究对变革实践避免大幅震荡、趋于合理、提高积极效益和效应的价值。

反思方面尚须进一步关注的是传播到国内的、当代西方的一些时尚理论与研究方法，如后现代主义、新制度经济学、叙事研究、质性方法等。这些理论中，以后现代哲学观最为突出；研究方法中，叙事研究可作为代表，大有取代前一阶段的行动研究之势。问题不出在把它们介绍到国内来，而在于对这些理论、方法的本身及其形成史，包括它们何以会出现，核心的价值观是什么，针对什么而提出，超越在哪里，内在的局限在哪里等，作为把握一种理论与方法所必须完成的认识任务，没有花大力气去做。在这样的情况下，把它们当作一种可用之宝、会带来创新结果的武器，使用到对教育实践和教育理论的研究中，那就又平添了一份盲从性，并表现出思想方法有偏差的历史继承：用外国的“药方”治中国的“痼疾”。其实，在西方，对“后现代”“新制度经济学”“叙事方法”等，也并非一片赞同声，而是存在着批判性的观点，也不是把它作为治国、治教育之良方。在国内，哲学界、经济学界已经由最初的积极介绍、应用，转向冷静辨别、批判反思。而教育界，尤其在中青年学者中，对这些“武器”的把玩，还在趋于广泛和热烈。如果要找造成此态的原因，那么还是与教育学科长期形成的多重依附性和治学路线的惯性相关。在今年的年度报告中，我们读到的个别论文已涉及此问题，认为应从现代性与后现代性双重视角来认识当代教育的性质，表现出一份清醒与冷静。我以为，当前我们不仅需要有对现代性的批判性反思，同样需要深度把握和批判反思对现代性做出尖锐批判的后现代性，进而还需要在把握教育本身特质的基础上，对后现代教育观的内核、价值与局限有一个相对明晰的认识。这是对批判的思想武器的批判，在推进学科发展上将具有深层的、更持久的意义。这可能是医治当前教育理论方面深度浮躁的一贴不可缺少的药剂。

二、本土研究强化

本土研究强化，是这几年教育学科研究中持续出现的走势。2004 年已经呈现普遍化趋势并具体渗透在不同学科中。这是 21 世纪中国教育学建设内生力量的增强和希望所在。

本土研究的强化，除了上面已经涉及的问题意识中的原发性以外，还表现在如下方面。

第一是中国教育史对中国教育历史资源的深度开发和为传统与现代的沟通做出的努力。前者主要体现在对中国特有的方面，如考试制度、书院等的持续研究，其走向不仅是在观点上注意发掘其独特的历史价值、当代意义，而且研究其被废除或衰落等发生变迁的原因，并把研究推向具体人物、具体地域、具体机构和具体事件，从而使对事物的把握在整体上趋于深入、全面，呈现出历史逻辑。研究中不仅采用了文献法，而且还采用了文物的搜集和原始文本的分析、现场考察、调查、访谈与口述史等多种方法。这种多视角、具体甚至是细部的研究，将使中国教育历史资源的形态呈现出丰富、多元且鲜活的状态，有利于突破从概念、典籍出发认识历史的局限，更加生动地认识和把握历史，也使当代与历史的对话情景式地，而不是抽象式地进行，更有助于传统精神的当代复兴。为使传统与现代有效沟通，中国教育史尤其加强了近代教育史和民国教育史的研究，不管从什么角度切入，其重要的意图都是通过历史上转型社会教育思想和教育活动的研究，为当代社会转型中的教育变革提供借鉴。即使是对古代教育思想、人物和制度的研究，也着力于探寻当代变革的本土性渊源和民族文化的根基与土壤。尽管这些努力还只是开始，成效并非指日可待。但可以期待的是：中国教育史的当代研究走向，将为我国当代教育学研究之中国元素的深入和增生，乃至基因式作用的发挥，做出其他任何学科不能代替的贡献。

第二是其他教育学科对本土的实践研究也在加强。若要细分，这种取向的加强可分为四类。第一类是以思辨见长的学科，如教育哲学，主要是对本土教育实践中存在的问题，从哲学层面上加以反思与批判，为了更好地把握现实，也将重心下移，深入到具体学科、专题，进入教育现场作观察研究，而不再仅停留在对教育前提性问题的探讨上。第二类是教育社会学、教育经济学、教育管理学等交叉学科类，它们大多是在本学科基本概念、命题的框架内，对相关的实践问题开展考察与研究，做出解释与批判，提出改革的建议与策略。如教育社会学对社会变迁与教育发展、教育公平、课堂中的人际关系与互动方式等作了学科框架内的分析，大多采用实证的方法，重在对事实的揭示。第三类是外国教育史、比较教育，它们或将国外教育作为研究对象，或必含国外教育研究，可戏称为“涉外”学科。按过去的状况，这两门学科的研究都以“外”为“主打牌”，但这些年来出现了关注国内问题的特征，即试图通过对国内问题的把握来选择国外研究的领域，比较教育还十分积极地提供全球教育改革的趋势与走向，为国内改革提供参照系、背景、经验或教训。如外国教育史中对当代背景下的杜威教育思想研究、素质教育旨趣的历史解读、国外高等教育发展个案与重要人物研究等专题的突显，比较教育中有关高等教育质量保证、基础教育政策研究、教师专业化等问题的选择，都体现了关注本国当代教育发展需要的取向。第四类是由原先作为一门学科的教育学分解而成的分支学科，如教育学原理、课程论、教学论等。它们研究的重心是在教育和学校的本体部分，学科的理论问题与教育、学校的实践有着最大可能的相互建构价值。这些学科从多层面、多时态与实践形成内在的关系，直至直接深度介入学校、课程、教学等方面的改革，在当代中国教育新形态创建的过程中做出直接贡献，而改革中的实践则激发教育理论更新的思路，提供丰富的具有创生意义的鲜活资源。

从以上简要概述中，我们可以清晰地看到当代中国教育学学科研究中的一个重要变化：教育学科自身的发展要从民族文化传统中汲取营养，扎根于本国教育实践变革的丰厚土壤。这也折射出教育学研究人员对本学科的发展在推进中华传统文化的当代复兴和本国教育发展中的责任，有了一份自觉和清醒。

三、学科重建力量的积聚与萌动

21 世纪初的中国教育学界面临着学科重建的历史任务。学科重建是一个艰巨和复杂的过程。在我看来，它首先需要研究人员对时代发展、人类科学、文化、世界图景、思维方式等全局式与深度变化的不可回避、不可逆转和进步价值的觉识，进而带来自身认识世界和学科发展参照系的变化。然后，要把变化了的参照系、思想方法等作为新的认识工具，重新审视已有的教育学科状态；通过批判性的反思，发现问题，清理核心概念和知识基础，找出支撑学科知识体系的学科深层结构。最后，在清理思想的过程中明晰富有新意的框架、思路与价值取向，在对当代教育现实问题的研究中逐渐建构新的概念或更新概念内涵，形成新的命题和知识体系。研究人员自身学术内力的更新、相关领域中队伍的集聚与新作的诞生，正是在这样的过程中完成的。

认为2004年的研究出现学科重建力量的集聚与萌动，是因为我们看到了以下几点：第一，学科反思的深度已经触及学科深层结构，如对学科性质、独立性、存在价值、立场、方法论等一系列问题，各分学科中都有不同程度和广度的表达。学科发展史的普遍研究和及时回望，也反映出学科发展自我意识的普遍提升，这是学科重建力量集聚的重要表现。第二，对学科中基本概念、命题的更新与重建研究也在不同程度上加强，这在一些相对传统的基础性学科中表现得非常突出。如“人”“学生”“个体发展”“知识”“学习”“课程”“教学”“生命”“交往”“实践”“理解”“教育本质”“规律”“价值”“功能”等概念，一直处在研究关注的中心地带，并随着讨论的深入不断开发出新的意义。在一些相对较新的交叉学科中，则初现了从相交学科中移植概念到思考移植概念的教育学内涵的变化。第三，有些研究与变革实践密切结合，其重建意识集中表现在：对教育实践变革的研究过程，始终包含着对教育、学校、教学过程的重新理解，界定和建立新的概念，探寻新的教育学理论的形成路径。第四，研究方法论的更新意识提升，研究方法单一和盲目推崇某类方法的局面已被打破，新的研究方法体系出现，方法应用的理性选择和规范力度都有提高。第五，以某种观念为核心而形成的教育理论性著作或书系增加，如今年以“生命教育”为主题的论著、专题性的教育研究的著作和研究报告也有所增加，如“中国考试通史”“中国著名大学校长书系”等。创建中国教育学派的追求，也从一种呼唤、酝酿，进入探索实创的行动。“生命·实践”教育学派在十年“新基础教育”研究基础上的明确提出，就是这种尝试的一种表现。

上述一切，我们还只是把它看作学术重建力量的萌动。新世纪教育学重建的努力不仅要破土，还要扎根，还要枝繁叶茂，还要成林，还要经受风雨袭击，还要战胜病虫，还可能夭折……确实还有很长的路要走，且不一定有大成。但是，谁会不为新芽的萌动而欢欣、憧憬？我们因2004年教育学界共同努力创造的清新局面和闪现的希望之光而信心倍增，期望新的一年生长出更多的学术新枝与新芽。

本文是叶澜教授撰写的中国教育学科2004年年度发展报告的“总论”，最初发表于：叶澜．中国教育学科年度发展报告·2004．上海：上海教育出版社，2006：1-6.

在裂变与重聚中创生

——2001—2005 年中国教育学科发展评析

本世纪初诞生的《中国教育学科年度发展报告》(以下简称《报告》) 至今已满五岁了。

我们决定像民间“逢五”过生日来一次“小聚”那样，以既做年度、又做五年小结的方式来写 2005 年的《报告》。五年，是个不短不长的时段。在寻常的日子里，它虽不足以发生“沧海桑田”般的质变，但已能让人感受到世间和自身的变化。何况如今处于大变革的时代，五年的绝对时值虽不变，但以变化来表达的相对时值已大增，我们可以也需要对教育学科 21 世纪最初五年的发展做一次小结，以获得更为清醒的发展意识，包括对过去五年和未来五年可能追求的目标的认识。

于是，在这个炎热的夏天，我除了阅读今年各分学科撰稿人提交的年度报告外，还重读了自己编制的、前四年报告的分学科提要，把它们按时间和议题两个维度排成系列，努力地想从中找出教育学科五年变化的足迹、发展的势态与机制。

在阅读和思索的不同阶段，我头脑中冒出一些很不相同的总体图景。先是一种进入“热带雨林”的感觉：种类繁多的植物长得密密麻麻，高低不一的乔木上攀附着各种大藤，长满了各式附生植物，连其叶面都不放过。这种纠缠、杂乱的丰富，表达了教育学科发展的强烈愿望和生长的某种特性，但让人透不过气来。于是，梳理出“雨林”中共生的、不同学科的生长势态，就成了我首先要完成的任务。正是在梳理的过程中，反复出现的一些学科发展中的共同问题和频率很高的强势概念，按其相关性渐渐汇拢，我脑海中浮现出由新概念构成的“星际云”和恒星式的共有问题。寻解恒星式问题的奥秘和辨明“星际云”内部的聚变，是透析已有的和建设更加有利于学科发展路径的需要。这种思考使我穿出“雨林”，飞向高遥的“星空”。当思想再次返回“大地”，重望教育学科五年变化的总体图景时，我最想说的话是：教育学科发展的“春秋时代”到了。这时，“在裂变与重聚中创生”的标题才赫然跃出。

一、不同类型教育学科发展路径评析

先后作为我们《报告》研究对象的教育学科共有 11 门。回望五年的发展，不同类型学科的发展路径并不相同，但也并非迥然不同。造成这些不同的原因，归结起来主要有如下两方面。一是从学科自身的角度看，主要与学科的性质、研究对象关涉的领域，学科历史的长短及研究传统，学科反思、重建的自我意识等因素相关。二是从学科所处的生境看，其中还有内外之别。内生境是指各分学科在教育学科群系中所处的地位及其影响力，与学科群系中其他学科的关系程度与性质；外生境一指该学科与教育学科群系外其他学科的关系；二指该学科与教育实践的关系；三指教育行政对该学科的关注程度，即学科从社会权力机构获取资源的可能性大小。以上两大方面的因素，渗透到每一个分学科的发展中，形成独特的组合，并通过相关研究群体对学科发展价值、目标、方式的选择和研究实践的运作等人为因素，具体而深刻地影响着每一个教育分学科的发展路径。因此，分门别类地，而不是笼而统之地描述各学科的发展路径，对于研究主体认识问题本身是必须的，对于形成认识影响学科发展路径因素的自觉和把握也是必要的。

教育学科与其他经典人文学科相比，在整体上属于年轻的学科，但其内部依然有传统与新兴之别。以“教育学”“教育史”为代表的传统学科，形态的稳定大多在 18—19 世纪，于 20 世纪初传播到中国。新兴学科的发展可分为两大时间段。第一时段在 19 世纪末至 20 世纪 30 年代左右，主要在欧美地区，这在我国 20 世纪 20 年代前后的师范教育课程中有所反映。第二时段自 20 世纪 50 年代末起至今。我国 20 世纪 50 年代主要受苏联教育学界的影响，形成了主要由教育学、中外教育史和学科教学法三门学科组成的教育学科传统格局。70 年代后，我国再次出现国外教育学科大量引进的浪潮，逐渐突破了原先的老三门，出现了教育学科群内结构转型①的新局面。

（一）传统基干型学科

就传统学科而言，《报告》中的“教育学原理”“教育哲学”属基干型中的理论研究一类；“中国教育史”和“外国教育史”属历史研究一类。两类学科的共同之处：都以教育的总体存在为研究对象。中国研究传统中强调的“论史不分

---

① 叶澜．中国教育学科年度发展报告·2003. 上海：上海教育出版社，2004：2-4.

家”，又使这两类学科有内在的依存性。

在理论研究类中，教育学原理与教育哲学的关联性是明显而无疑的，但它们在研究对象、目标和旨趣的区分方面却并不十分了然。我们在撰写《报告》时也遇到这个问题。两门学科常有材料选择上的重复，最后由主编裁决。因此，有人认为两门学科实际上是一门学科的不同名称，有人主张取消教育学原理，或以教育哲学代教育学原理。这给原先因分支学科迅速发展而带来的所谓“单数教育学”的存在危机，又增加了一层威胁。

可以说，教育学原理在当代中国的发展始终与学科存在“危机”相关。首先，它是在危机中诞生的，是自20世纪80年代始的分支学科纷纷从单数教育学中分裂出去后的产物。因此它已经不同于50年代中国以凯洛夫教育学为范本的单数教育学，而成为以教育中关涉总体性的问题和教育学中属于基本原理性的问题为研究对象，以教育的基本结构、功能、性质和原理的揭示为宗旨的学科。从这个意义上看，教育学原理也是一门新学科。因为在目前的教育学科群中，它是唯一一门不具有显性交叉学科性质的学科，因此，它往往被有些人认为是原先单数教育学的遗留物。实际上，这是不察变化造成的偏见。真正的遗留物在这些结论拥有者的头脑中，而不是在“教育学原理”中。

自20世纪70年代末起持续到80年代初的关于“教育的本质与属性”的讨论，可以视作教育学原理研究人员对本学科理论内在危机意识的觉醒，以自我批判、争论与反思的方式，寻求教育学原理重建的起始阶段。80年代中期以后，这种反思性探究进入到元教育学和教育学元研究的层面。元教育学的研究以《教育学逻辑起点的历史考察》① 一文为标志性起点，并以瞿葆奎、陈桂生等教授为代表，持续深入开展至今，形成了我国元教育学研究领域；教育学科的元研究可以《关于加强教育科学“自我意识”的思考》② 一文为标志，从教育学科整体发展的角度开展反思性探讨，并持续至今，形成了教育学科元研究领域。这两个相关但并不相同的研究指向，为教育学原理研究增加了一个新的层面，建立起教育学发展的内动力系统，形成了教育学原理研究在反思中完善、拓展和重建的新研究传统。

近五年来，教育学原理的一条发展路线是上述新研究传统的继承与发展。相关研究群体的部分人员开辟了教育学分支学科的系列研究，体现出教育学原理在拓展分支学科方面的影响力；另一部分人则将教育学科发展问题从学科史、研究

① 瞿葆奎，喻立森．教育学逻辑起点的历史考察．教育研究，1986 (11).

② 叶澜．关于加强教育科学“自我意识”的思考．华东师范大学学报（教育科学版），1987 (3).

方法论的反思与系统探究，推进到学科立场、学科理论基础更新、学科知识特性和教育学原理原点的探究等新世纪学科重建所必须面对的一系列前提性问题的研究。此外，有研究者已经开始尝试新的原理建构，提出理论教育学和实践教育学的分野[①]，也有大量以原理为视角，对各类教育问题作专题研究的论文和著作问世。

教育学原理的另一条发展路径是下行式的、指向当代中国教育改革的实践研究。理论研究者不仅把此当作一种责任，也把它视作当代中国教育理论建构所必需的、回到源头式的探寻，在丰富的改革实践和富有创生性的变革研究中，重新审视已有理论和形成对教育问题的当代认识。教育学原理的发展现在正处于十分艰难的新的积聚和孕育之中，新形态的形成和真正产生原理的作用还需要相当长的时间。作为教育学原理研究队伍中的坚定者之一，我最深切的体验是：危机是一种催生的力量，它并不可怕。可怕的是不识危机之根，不知反思，不善于走出危机，不善于抓住发展的新时机，可怕的是对原理本身在任何学科建设中作为灵魂和基干不可或缺的怀疑，更深一层的可怕是对教育学作为一门学科建设的漠然和内在需求的丧失。

教育哲学与教育学原理的区别，其实只有在两种情况下可能成为问题：一种是当教育学原理进入到对形成原理的前提性问题的拷问时，另一种是教育哲学进入到具体教育理论和教育问题领域的探讨时。如何确定教育哲学的学科对象与特性，是教育哲学近五年来自我反思的一个重要方面。讨论中，学者们有诸多不同的看法，但教育哲学的研究并未因此停步。其基本的行进路线有以下两种取向：

一是以不同哲学流派的核心观念、理论，批判、解读和重构教育学的问题或已有理论。五年来被运用最多的是后现代主义哲学。在此呈现出，作为交叉学科的教育哲学，其性质上是哲学的应用学科。由于哲学是一门具有丰富历史资源、强大理论动力和在当代十分活跃的学科，因此，这一路径显得资源丰沛和有学术底蕴，突显了哲学对已有教育学知识、概念具有质疑和澄明的价值，也不同于基于教育问题的理论探讨。因为后者的视角与方法都不是纯哲学的，结果也不只是澄清与否定。这种路径的进一步发展尚需深思的问题是：一般层面上的哲学观念和理论，在什么意义上和如何运用，才具有教育哲学而非政治哲学、科学哲学等的价值与特性？教育哲学有无自己独特的哲学范畴和哲学问题？其实，所有教育学科中的交叉学科都面临同类问题，即教育学本身在交叉学科形成中的作用与地

① 熊川武，等．实践教育学．上海：上海教育出版社，2001：“前言”。

位问题。相当普遍的状态是，教育学在交叉学科中通常作为被说明的对象和被涉足的领域，相关研究者们一般相当关注交叉学科中另一方的学科发展，包括观念、理论、方法论和趋势的变化，对教育学的发展却缺少关注，认为这与该交叉学科的发展关系不大，甚至无关。

二是走“下嫁路线”，关注当前教育改革中的一系列重要问题，用哲学的方式进行讨论与研究。在五年的发展历程中，有关教育的价值、课程改革、道德教育、教师发展等一系列方面，都成为教育哲学的研究领域，教育哲学表现出积极的实践关怀，使其不再成为只是在高空俯视大地的“神明”，而是行走在大地上目光炯炯的凡人。这一路径本身有可能通向基于教育本体研究的教育哲学建设，但对研究人员两门相关学科的素养要求都很高。

教育哲学在学科发展本身的研究上也下了大功夫。除了对20世纪中国教育哲学的发展做了系统梳理①外，还对西方教育哲学当代发展进行了深入研究。杜威教育哲学的再研究则成为重要的关注点。对中国传统哲学的当代研究，黄济先生在《教育哲学通论》中，突出了“熔古今中外教育哲学思想于一炉，吸收我国古代教育哲学思想的精华，借鉴国外教育哲学流派的学说，结合当前教育面临的实际问题，建立起一个具有中国特色和现代教育意识的教育哲学新体系”② 的宗旨，迈出了体系建构的重要一步。在2004年的论文中，他进一步阐发了这一指导思想③。响应者在中国传统哲学和教育家哲学思想方面，都做了进一步的专题式研究。

上述一系列研究对发挥教育哲学理论批判、价值辩护、现实透析和理想引领的功能，明确学科发展的问题与路径，实现学科建设中思想、理论的突破和成果的积聚，都有积极的推进价值。但要实现具有整体框架式的突破与重建，形成体现时代性、内含中国文化意蕴，以教育内在问题和逻辑为研究本体，提炼出富有原创性的教育哲学的范畴与体系，还有很长的路要走。

中国教育史和外国教育史五年的发展，均处于社会相关需求紧缩时期。在一个社会大变革、现实问题层出不穷、令人眼花缭乱的时代，谁还有心思去“治史”呢？近两年来，尤其是“和谐社会”的提出、“文化传统”的强调，使环境稍有改善，但它们并未回到昔日的“基础性”地位。面对来自环境的生存空间的

---

① 陆有铨，迟艳杰．教育哲学//叶澜．二十世纪中国社会科学・教育学卷．上海：上海人民出版社，2005：81－181.

② 黄济．教育哲学通论．太原：山西教育出版社，1998：“前言”1.

③ 黄济．构建中国特色、中国风格、中国气派的教育哲学．教育研究，2004（9）.

逼仄，两门史类学科一方面坚守着自己原先形成的传统领地，且做更加深入、系统或补缺性的研究；另一方面采取了既相同又不同的策略，拓展生存空间。

相同策略的表现，一是从现实问题出发，寻找历史的根源与借鉴。如中国教育史围绕当代社会的教育转型中出现的一系列问题，加强了教育近代史的系统研究。外国教育史与当前我国发展高等教育和创建一流大学的需要相呼应，开展了一系列关于国外著名大学与高等教育学的研究。二是利用历史人物或重大历史事件纪念日的到来，开展专题研究活动和出版专著。如中国教育史在废除“科举”百年时推出“科举学”研究，外国教育史在纪念杜威逝世50周年时集中推出相关专著与学术会议等。这些研究不仅在深入程度和史料的开发上有进展，而且在研究视角、立场和观点上都有所突破。中外教育史在推进学科发展策略上的区别表现为：中国教育史更看重研究中新视角的形成，用“小开刀，深开掘”的方式来推进研究的深入。外国教育史则以将“史”的研究延伸到当代的方式，突出研究对象空间上与本国的距离和时间上与现实的几近同步。这不能不说是一种可行的发展路径，但也带来了在研究主题上与比较教育可能发生交叉的问题。

在2005年的《报告》中，教育史学科提出了一些有关学科发展的很有意义的问题和思路①。首先是教育史的定位问题。论者认为，如果将其归到史学类，那么它是应用学科，并不受重视；若将其归到教育学类，那么它就是基础性学科。究竟如何为好，似有为难之处。有论者认为，要形成大教育史观，重视史学理论与方法的进展研究，这显然是借史学之力，提升或形成教育史研究新格局的思路。还有研究人员建议，教育史要做教育发展原生态式的研究。如果与近年来中国教育史研究中关注教育学概念演变史联系起来看，那么无论是在中国教育史还是外国教育史的研究中，这一主张都将产生“一石三鸟”的效果。它将使当代教育史学科的研究不仅为当代中国教育改革与发展服务，而且能为当代中国教育学建设奠定概念、范畴和从原生态意义上认识教育演化历史的丰厚基础，并在深层次上形成教育理论与教育史发展的内在联系和互济共生的局面，突显其在教育学科中不可或缺的重要地位。更为重要的是，这一研究路径的形成，不仅有可能使教育史走出环境的挤压，更为重要的是将可能带来教育史研究范式的深层变革，使教育史呈现出当代风貌，形成本学科的主干框架，而不只是扮演简单围绕现实问题转的历史解说员的角色。

---

① 详细参见本书中的相关部分。（“本书”指叶澜主编的《中国教育学科年度发展报告·2005》。——编者注）

（二）局域分支型学科

在《报告》所列的学科中，教学论、课程论、德育原理等都属于教育学科群中的局域分支型学科，所谓局域，是相对教育活动整体而言；所谓分支，是指它与整体的关系，表明在学科的名称上尚未出现与其他学科交叉的关系。自然，这不等于其研究与知识体系和其他学科没有关系。以上三种局域分支型学科虽然不是全部，但反映了与学校教育相关的最主要的方面，也表现了分支的不同取向。如教学论以学校的某类活动——教学为对象；课程论以学校教育所需的“原料”——知识的选择、组织、结构及其形态等问题为研究核心，逐渐从教育学总体中独立出来；德育原理则以学校教育目标的重要构成——学生道德的形成为核心，开展相关教育的原理问题研究。由此可见，分支学科的形成有不同的划分标准，并不是一个预先策划好的总方案的同步或分步实施，而是在教育学科发展过程中，应现实需要和研究深化而逐渐生成。一旦生成，就有可能发展成为相对独立的学科，形成自己的历史和轨迹、风格与个性。

我国改革开放以后，教学论是上述三门学科中最早出现的分支学科，在单数教育学中一直是核心构成，有相对坚硬的理论内核。它的发展先经历了一个开放的吸收阶段，如 20 世纪 80 年代先后介绍进来的一系列国外研究成果①，后又进入到理论深化和创生阶段。王策三的教学认识论、裴娣娜的主体教学论等，都是其中突出的成果。从 90 年代后期起教学论作为学科的存在，面临着两方面的挑战：一是教育改革实践的冲击，尤其是当时素质教育对应试教育的批判，强烈要求改变学校的课堂教学；二是应国家课程改革需要而兴起的课程论，将教学视作课程的实施，形成要包含教学论的走向，由此引起了教学论与课程论关系的讨论，出现了“教学论”作为一门学科有生存危机的舆论。本世纪最初五年的教学论发展，基本上是一条寻找走出危机、自我更新的道路。

教学论的自我更新在学理探究上沿着两个方向开展：一是对已经形成的“教学认识论”研究的不断深化，扩大这一认识论的包容度；二是寻找新的理论内核，其来源大多是哲学范畴，且十分不同和多变，其中有“交往论”“生命论”“互动论”“回归生活论”“学生主体论”“生成论”“过程论”“符号论”，等等。这一方面表明教学活动自身的丰富性和研究人员思想的活跃，另一方面说明新的理论内核尚未完全形成，反映了方法论研究尚须加强。除此以外，教学论研究者

① 在此期间先后介绍进来的有布鲁纳著的《教育过程》、赞科夫著的《教学与生活》、巴班斯基著的《教学过程最优化》等。

还深入教学实践开展教学研究，做了大量的、多种类型、不同层面的实验研究；学科教学论开始成为教学论的交叉型分支学科、重要的下移式生长领域，他们还吸收了一大批中小学教师参与。遗憾的是学科教学论与教学论研究人员之间学理上的沟通与学术上的交往尚不足，这一点若能加强并取得实质性的成效，将会使教学论研究形成层次间的合力，并在不同意义上达到共同提高的目的。

课程论能不能将教学论包含进去？在我看来，如果仅做推理式的分析，从不同的角度，这两门相关学科都可以包含对方，这似乎无须做太多的论证。但从学科发展的历史和学校实践的状况看，这两门学科还是相对独立、相互照应、增强对话与沟通更为可行且有利。何况，课程编制及其原理的研究与教学研究的实践主体、核心问题等都不相同，难以相互取代。

与教学论努力走出危机，为生存辩护、为发展奋斗不同，课程论近五年的发展充满成长感，显示出一派生机，对一批年轻学者特别有吸引力。课程论研究群体一方面忙于国外课程理论、发展史与现状的研究和介绍，尽快构筑起自己编、著的理论框架；另一方面忙于参加由国家行政机构领导的当前国内课程改革的策划，从工作方案到课程设计，再到课程标准和教材编写，试点区校的实践指导和教师培训。他们在这两方面做了大量工作，为课程论在我国的迅速崛起和课程改革的迅速推进起了重要作用。但作为一门学科，课程论在中国的成熟，显然尚需时日。加强与相关学科、主干学科的对话与沟通，也是课程论今后发展必须注意的方面。

德育原理的学科建设在社会资源上是丰富的。目前的中国，不仅学校德育为首、为本的地位没有动摇过，而且加强德育已从对学校的要求扩展到对社会全体成员的要求，是党中央高度关注的领域。但是，从社会文化生态和学生家庭状态来看，青少年道德教育问题面临着新中国成立以来从未有过的尖锐挑战。其中社会价值的多元和道德行为的失范最为突出。因此，德育原理的学科发展生境十分复杂。五年来其发展路径主要体现在两方面：一是理论建设。德育原理在着力于廓清基本概念（如大、小德育关系）的同时，加强了道德底线与道德理想的关系研究，以上两点都与以往道德教育在认识上尚不清晰相关。作为道德教育的基础性学科——伦理学研究的加强，是德育理论研究进一步延伸到道德教育基本问题的表现。在2005年度的相关报告中，有学者指出，目前德育研究存在着对“道德形成”缺乏研究的问题。这是很有见地的分析，关涉到德育原理与伦理学理论核心的分野，当然这还不是全部。从学校教育的角度看，须加强对学校教育中学生道德形成问题，以及它与其他场域和生活中道德形成间的关系研究。二是以现实问题为主要研究取向。道德原理主题的丰富与多变是一大特征。直面现实的研究具有不可替代的价值，无论对于实践的改进还是理论的发展都是如此。但重要的是，不能只停留在现象层面，不能像蒲公英那样随风飘荡。

从总体上看，德育原理还有很大的发展空间。因为它面临着深刻的现实挑战，内含着复杂的、有待开发的学术资源。

（三）交叉综合型学科

《报告》选择的这类学科，有相对传统与新兴之别。教育社会学、教育管理学、比较教育属于前者，教育经济学属于后者。与教育经济学类似的学科还可列出无数，如教育法学、教育政治学、教育制度学、教育文化学、教育生态学……这是一个无穷大系列，我们只取其一来研究。

追随与教育学交叉的另一学科的发展，是教育学科群系中交叉学科发展的主要路线。无论属“传统”还是“新兴”学科都基本如此。它们在所追随的另一学科群系中属应用之列，且大多数还不是重要的应用领域或相对成熟的应用学科，故很少能对所追随学科的理论发展有所贡献。其贡献主要是在对教育的认识提供了来自其他学科的新的立场、视角、概念、框架与方法论，多了一种有关教育的理解和解释。正因为如此，他们往往以这样的“新”来傲视所谓教育学的“旧”，不屑于对教育本身的问题做深入探究。这可能是交叉学科在形成初期都会出现的状态——攀附式的发展。

因此，交叉学科的进一步发展面临着一些与分支学科不同的特殊问题。首先，怎么看待以他学科立场、框架为参照得出的有关教育的认识。我认为，十分重要的是要意识到其局限性。这类认识即使是正确、有意义的，甚至是有新意的，也不是有关教育的完整认识。它可与来自教育学科的认识相互参照，但不能相互取代。同时，还需要判断其适切性，即另一学科的立场、概念，甚至观点、方法，对于认识教育对象的适切性。例如经济学中的经济人假设、市场规律等是否可全然用来说明教育中的人与规律，社会学中人际关系的假设是否适合运用到师生关系的分析中来，等等。这就提出了一个问题：对其他学科不证自明且已渗透到概念、结论和方法中去，并形成学科体系的一系列前提性的、具有全局性和决定意义的假设，运用到教育研究中时，是否需要有适切性的审视和论证的问题？其次，如果教育学科群系的交叉学科不满足于仅作为其他学科的应用领域，它就会提出“走出攀附、走向独立”的问题，面对怎样找到自己的“生长域”，生出自己的“根系”，长出自己的“身躯”，并对因交叉而产生自己的不同本源性学科的发展做出独特“回报”等一系列问题。

尚须提到的是比较教育。与另外三个学科不一样，它是以方法的特殊性为学科标志的。近五年的发展路径，除了比较对象更为拓展外（不仅有传统的国别专题比较，还增加了历史比较和国际、国内区域比较等维度），在主题选择上也体现了服务于当代中国教育改革需要的宗旨。随着国内教育在全球化影响下，国际交往的增强和世界各国与国际关系的密切，比较教育研究中逐渐生出以国际教育为研究对象的发展意向，也许这是一门可以期望诞生的新学科，但它不能代替传统的比较教育的存在。只是随着比较教育研究水平的提高，研究人员至少不能缺这两方面的素养：一是教育学的理论，二是对比较对象的透彻把握。

二、教育学科发展机制评析

不同教育学科近五年的发展尽管路径不同，但从发展机制的角度看，还是存在一些共有方面的。分析这些共有方面，有助于我们加深对学科发展机制的认识和提升有助于学科高质量发展的自觉性。

（一）新概念“星际云”的形成

学科的发展，尤其是更新式的发展，通常必然有概念和概念系统的更新。从五年的《报告》中，我们可以读到许多不同于以往的新概念。这些概念按其内在的相关性、接近度形成不同的组合。在同一组合中，概念间又存在着交叉、连续、分化等多种不同关系，且还处在内部的裂变和重组之中。我很难选一个确切的词来表达这种关系形态，只好借用“星际云”这一表示“星系里一部分星际物质聚集生成的云状物”① 的概念来象征性表达。

在此，我们不可能详尽地列出近五年来所有的“星际云”式新概念的生成组合状态，只想以具有核心意义的概念，教育学中经常提到的“人”的概念的变化来说明。“教育”“社会”“人”是教育学中历来涉及最多的三个基本概念，它们之间的关系构成了教育学中的基本原理。在近五年的发展中，教育学对这三个概念的理解和认识都发生了不同意义的变化，其中有关“人”的概念的变化和衍生颇具典型性。

教育学科中“人”的概念的变化是从凸显人的生命性开始的。可以说，“生

---

① 辞海编辑委员会．辞海．上海：上海辞书出版社，1999：3950.

命”一词是近五年来被十分强调的一个概念。它的出现并引起共鸣，与长期以来教育活动中将“人”视作“物”“工具”，忽视人具有鲜活的生命，生命具有整体性和能动性相关。尽管“生命”并不是“人”的同义词，但在对“人”的理解上忽视生命性，则必然导致人的“物化”和“工具化”。强调人的生命性，是对人之存在的原点整体式回归，对人的认识至少能从“物理学范式”走向“生物学范式”。

然而，将“生命”抽象化，或用生物属性意义上的生命性来理解教育中的“人”显然是不够的。因此，对人的生命的理解在社会生活中还必须由“存在”转向实践态的“生存”，人的生命的具体“生存”，只能在具体而非抽象的人身上，每一个具体的人都生存在具体的环境中，而且由他与具体环境在生活实践中的相互作用中形成个体的具体性与独特性。实践对于人的生存与发展价值是并存的和基础性的，人只有通过生存实践才能成为“具体个人”。针对以往教育中和教育学研究中对个性形成的忽视和抽象、一般式的讨论，又引出了人的生存、日常生活、生境、具体个人、生活实践等一系列相关新概念。

“具体个人”进一步展开，又涉及“理性人”与“非理性人”的关系问题，涉及人在社会生存环境和个体参与的社会实践中的主体性问题，教育学中关注的首先是学生生命发展的问题，针对学校教育和教育学中以知识传授为核心的教育活动造成学生被动应答式的成长，学生成长的“主动性”概念被提出。再深入下去，则关系到学生在与世界相互作用和人与人相互关系中的“德性”、“智慧”、“践行”和“创造”能力的生成问题。这一组概念又改变和丰富了我们对“人的全面发展”内涵的理解，并使其具有个体生命的气息。

除此以外，教育研究中人的生命性意识的加强和对个体生命发展的关注，不局限于学生，还扩展到教师及其他教育工作中的专业人员。由此，又引出了五年来几乎所有教育学科都涉及的“教师发展”专题研究，形成了研究领域式的热点。教师发展是与教师的教育实践密切相关的，“教育实践”对于人的发展价值扩展到教育活动中最重要的两部分人——教师与学生的研究，继而又进入到一个以“实践”为原点的新的概念领域。

从以上对十分简要、并不完整、由教育学传统中“人”的概念之转换而引出的概念“星际云”的生成描述中，我们至少可以得出以下几点有关发展机制的认识：

（1）新的概念，尤其是学科中基础性、核心式概念的更新，对于学科发展具有十分重要的、定音鼓式的作用。教育学科群系中各学科发展的快慢、聚散程度都与此直接相关。这并不是说，只能有一个概念作为学科发展的“定音鼓”，而是说，要形成学科具有内在关联性系统的新发展，不能没有新的核心概念的确定和衍生出相关的“星际云”。

(2) 新概念的生命力，在于这一概念所针对的问题的重要性或根本性，在于它对原有学科体系建立的范式和思维方式的冲击力，在于其生成相关概念的生长力，在于它比被替代的概念有更强和更符合研究对象本质的解释力，在于其体现本学科理论性质的表达力。

(3) 从一个新概念的出现到“星际云”形成的过程，是概念以生长、分解、重组、裂变等各种方式衍生的过程。虽然其衍生的方式、路线可能十分多样，但它要有“朝着进入教育学研究这一特殊领域”方向前进的自觉意识，恰如上述有关“人”的概念向“生命”转化后的行进路线那样。如果只停留在“生命”这一原点上，没有进入教育学所必须面对的独特的人之生命成长问题，就会停留在哲学或其他学科的范畴内讨论问题。

(4) 形成新概念的“星际云”并不是研究的终点。将星际云内部概念群的相关性、区别性及衍生方式梳理清楚，明晰“星际云”间的联系和关系性质，才能促使学科新的主干理论逐步清晰，促进其体系的构建。

（二）学科立场意识的强化

无论是在对上述各学科发展路径的论述中，还是在概念“星际云”的讨论中，我们都涉及到了“学科立场”。我认为，这是一个关涉到教育学科发展机制中定向性的问题，说得再重一些，是关涉教育学科有无存在价值的问题。如果只要借助其他学科的理论、方法就能说明全部教育问题，那么教育学就没有存在的必要。就近五年的发展状况来看，大多数教育学科都产生了危机意识，在某种意义上这是学科立场问题在新世纪的凸现。学科立场涉及研究的对象、视角与核心领域的清晰，发展空间的取向，研究价值的创造，以及与其他学科的关系及关系性质、相互作用的方式与范围的选择等一系列问题。许多学科的危机意识与这些问题的产生相关。克服和走出危机的过程在一定意义上是学科立场意识形成和强化的过程。目前的状态是相关意识已经呈现，并在一些学科中开始得到强化。如对学科原点问题的思考，师生的学校生存状态研究，对教育、教学内过程的重新认识，学生成长以及教育在学生成长中的作用研究等，都成为教育研究关注的重要领域。教育学自己的家园正在清理之中，但还远远没有建设成形。

学科立场意识淡薄，是教育学研究中相对普遍存在和旷日持久的状态。在学科化几近普遍完成的19世纪初，赫尔巴特对教育学成为他人领域感到苦恼。如今，这种苦恼在不少研究者身上已不复存在，他们还认为理所当然。在一些交叉学科的研究人员那里，教育学成为他人领域甚至是一种发展策略。在他们看来，现在已经是学科发展走向交叉和综合的时代了，再强调学科立场是落伍、保守的表现。即使是传统学科，用西方哲学流派的新话语来演绎有关教育的新结论，也是一种时髦和习以为常的发展方式。我们经常是用别人的“话语”，讲着自己的“故事”。如果这样持续讲下去，时间再长，教育学也不可能有真实的原创性发展。

教育学科研究何以会如此？这是一个需要和值得深究的问题。就目前而言，我的认识主要有如下几点：

（1）教育学科研究对象有其自身的复杂性、综合性，当人类的科学认识模式尚处在经典物理学时代时，人们无力完整地把握有关教育的认识，无力在理论上完成教育学从抽象到具体的任务。就此而言，借用其他学科的理论或停留在经验水平的研究是不可避免的，也是必要的历程。即使在今天，教育学的发展也不能不借助这两方面的力量。但是，这不等于因此而不存在教育学立场问题。借用依然有立场，依然不等于教育学研究的全部。

（2）当代人类认识世界的模式已走向多元，不同事物、现象间的关联及变化的复杂性日益呈现，复杂思维作为一种认识方法论的出现，使相加式的、各不同学科都来进行某一领域研究的学科综合形态，成为综合学科的初级形式。而以复杂思维方式研究复杂性对象，揭示其内在关系、变化、生成等有机意义上的综合学科高级形态正在创建。一种不同于20世纪上半叶基本稳定的“学科”规范将被打破和更新，人类知识形态的整体结构正在变化。一组以复杂事物或事物的复杂性为研究对象的新型综合学科群将集聚生成。教育学科研究对象的性质，决定了它属于这一学科群。意识到这一点，是教育学学科立场定位的起点和独立性的依据所在。教育学科将以巨大的包容性和整合能力，吸纳其他学科的相关成就，并以此为资源，建设自己独特的生态家园。

（3）交叉学科以学科相对独立性为前提条件。如果没有构成交叉学科双方各学科的独立存在，所谓交叉只能产生具有独立学科形态一方的应用学科，而不是交叉学科。或者需要重新定义交叉学科，把它看作某学科在其他领域研究结果的产物。所以，现在所称的教育学科中的交叉学科，要深思自己的学科归属和性质问题，这可能会引发出新的发展方向和思路，开辟出新的天地。

（4）教育学科研究对象的综合复杂性，决定了学科研究的根要扎到教育的原生态之中，唯有研究原生态，才能发现关系与结构、互动与生成、转化与发展；认识确定性与不确定性在现实中的统一，寻找教育因素、过程与演化展开的内在复杂逻辑。教育学立场形成的核心是把研究的根扎到教育世界之中，扎到孕育教育世界的民族文化土壤之中。没有这样一个由外向内的教育学立场的变化，教育学很难形成新质意义上的发展机制。

（三）理论与实践相互滋养与建构关系的形成

这五年的《报告》透出浓浓的实践气息，而且是学科发展意义上的关注实践的气息。从当代中国的学校和教育变革中发现新问题，以本学科的方式开展研究，形成新的认识，提出与实践改革相关的建议，成为世纪初教育学科发展的重要推进机制。这种自觉性的提升和普遍化的趋势，可谓空前，也是上述教育学立场意识得到强化的具体表现。

面对这种“空前”，我们更需深究：今天，在教育学科的发展中，教育实践与教育理论的关系究竟有何特殊？我们何以要将研究实践作为一种推进学科发展的机制？如何才能更有效地发挥这一机制的作用？

我们从五年的“报告”中可以读出，把实践当作学科研究的对象，首先是与研究者共有的专业责任心联系在一起的。我们意识到在当前的中国教育大变革中，教育专业研究人员不能无视实践发展的需要，不能不思考学科发展如何体现当代水平。从现实的一系列新问题入手是一种具有双重价值的选择。这意味着教育学科专业人员的一份成熟，有责任心的研究者是专业道德上成熟的研究者。

时代变化之急剧，连我们这些生活在其中的人都感到陌生和些许的惊慌。一系列始所未料的社会及教育现象的涌现，对我们已经具备和早已习惯的认识带来了强烈的冲击。面对现实，我们不得不反思已有的理论，寻找新的答案。这就是大变革时代出现的新问题所独具的巨大发展性能量。它不仅指向实践变革本身，而且指向人的认识、观念及习惯的思维方式与行为方式。改革的潮流裹挟着你我朝前，正是理性的力量使我们“回望”与“前瞻”，在回望与前瞻中形成新的坐标，得出新的认识。这种状态不同于平稳发展过程中运用已有理论解决现实困难、理论指导实践式的理论与实践的关系，那种与主体生境相脱离的理论与实践的关系，是运用研究主体掌握的外在理论去解决他人的问题。变革大时代中发生的问题是研究主体遭遇的问题，是同时指向研究主体和现实、研究者身在其中的问题。正是在这个意义上，对变革时代问题的认识与解答，要求研究主体的内在理论观念和思想方法发生变化，具有促使研究者本身发展的价值。这是当代研究变革实践所独特的、促进研究者发展的机制。也许我们能以此为标杆来测量实践在推动学科发展的机制方面达到何种深度。当然，现实中有研究者还在用已有的理论、头脑中现成的标尺来度量理论联系实践的方式，但这恐怕难以达到期望的目标。在我们的《报告》中，曾有人提出要发现真问题。在我看来，至少上述形成双向冲击和双向推进的问题可算是一种真问题。真问题往往不是现成的，而是需要发现和提炼的。

对于变革的现实问题，不同的学科完全可以选择不同的角度切入和开展研究，而且，并非现实中的每一个问题都足以成为有价值的研究对象。更为重要的是，对实践问题的研究不能只满足于“开处方”，或是已有经验的介绍和罗列，从国外到国内，从历史到现实。真正深刻的问题往往需要理论与实践的双向创建。我们需要努力使研究过程成为实践与理论共同协作、相互创生的过程，让思维的触角与行为的探索因经常发生碰撞而擦出创造的火花。也就是说，无论是单纯的经验与问题，还是单纯的理论、方法论的更新，都不足以推进今日中国教育深度问题的解决和满足时代发展的需求。唯有从现实问题中透析学术发展的触发点，并切切实实地用可能的方式，开展具有理论与实践内在关联性的研究，才能使当今实践问题的研究成为推进学术发展的机制，成为一种极富原创性的研究。

以上简要的评析远未勾勒出新世纪最初五年中国教育学科发展的全貌，甚至不足以表达我本人对问题的全部思考，但至少表明了学科发展阶段性反思的必要，说出了我们部分的进步与问题，足以让我们意识到中国教育学科的“春秋时代”的到来。如今学科发展中的裂变与聚合依然在悄然进行，大时代中教育学科的创生还远未完成。

明天，我们将依然努力，依然期待……

本文是叶澜教授撰写的中国教育学科2005年年度发展报告的“总论”，最初发表于：叶澜．中国教育学科年度发展报告·2005. 上海：上海教育出版社，2007：1－15.

教育研究方法论

南斯拉夫教育科研中的方法论问题

教育科学研究中的方法论问题是近年来南斯拉夫教育理论界十分关注的问题。在1982年5月召开的南斯拉夫第五次教育家代表大会上，关于方法论的专题论文有20篇，占论文总数的1/4。本文着重介绍贝尔格莱德大学哲学学院教育系教授尼古拉·鲍特考涅克（Nikola M. potkonjak）在这次大会上关于方法论问题的发言（尼古拉·鲍特考涅克是南斯拉夫教育科学方法论研究方面的权威之一，他的专著《教育学的理论——方法论问题》被人誉为南斯拉夫教育学方法论研究的里程碑）。同时，也简单地介绍一些其他人的发言，旨在使大家对南斯拉夫教育界在方法论研究方面的概貌有所了解。

一

对南斯拉夫教育科学方法论研究现状的评析是与会代表发言中共同涉及的一个问题。尽管各自的评价不尽相同，但都承认教育科学方法论的研究在南斯拉夫还未成熟，尤其在真正运用马克思主义的辩证唯物主义思想方法和吸取现代科学研究中普遍采用的系统方法方面，存在着许多偏差。不认清这些偏差，教育科学方法论研究就不可能有真正突破。这些偏差的主要表现是：

（1）大量运用新的术语，把方法论的突破简单化为术语的更新。“非常喧闹的、纠缠不清的马克思主义——自治的空喊被堆积、强加到整个教育学中。”[①]鲍特考涅克认为，“这种虚伪的、过度的、甚至有害的教育学的政治化和概念化，与我们教育学中真正的思想性和马克思主义基础毫不相关。”“在基本问题上的空泛议论不可避免地导致在所有其他教育学问题上的空谈。”里卡教育系的博士维尔高·斯瓦依茨风趣地指出：有些教育著作的宣言是马克思主义的，实际用的方法却只停留在实证主义、经验主义和实用主义的水平上。而且在这些方法中，调查表又是占主要位置，因为那是又便宜又简便的方法。但如果你问一下作者，他

---

① 文中凡打引号的引文均引自尼古拉·鲍特考涅克的文章《南斯拉夫马克思主义教育学的对象、方法论问题》。该文发表在南斯拉夫《教育学》杂志1982年第2、3期。

们都会真诚地表示，马克思主义是最基本的方法。

（2）“对一切来自‘上面’的东西都取辩护赞美的态度，而对一切来自‘下面’的东西则抱轻视的态度”。鲍特考涅克认为，这是教育学中国家社会主义—教条主义立场的继续，它把马克思主义与国家的政令等同起来，“要求实践接近它的立场”，这样的理论对实践起的只能是限制作用。

（3）对原有的教育理论体系只做形式上的改造，如改变组合、改变排列、次序等，对其内容却不做深入的批判性分析。这种状况不但不能形成新的体系，其必然结果是“造成教育学自身的内容矛盾并把它引入死胡同”，“导致两种不相适应的体系之间的冲突”。

（4）试图把教育科学完全建立在自然科学研究方法的基础上。以前表现为强调用实验、数量化等手段，“现在，则又包括了一些由控制论、系统论和信息论等提供的某些新的方法手段。希望由此取消旧的并创造和形成‘时代的’、‘现代的’，也就是‘控制论’的教育学。”这种试图全新的创造是不可能做到的。卢布雅那哲学院的扬奈·萨加定博士认为，马克思主义教育学的研究不应排斥吸取自然科学的研究方法，但不能强调到绝对化的地步。有的发言者指出，现在的讨论不应该停留在要不要吸收自然科学的研究方法，而是应该深入研究在哪些方面，在什么程度上可以采用这些方法。

二

方法论的结构与研究对象的性质、范围密切相关，因此关于教育学研究的对象，教育的规范问题，成了会议中讨论的一个重要方面。鲍特考涅克强调：“对教育的规范是方法论、认识论和形成新的教育学体系的基本前提，是确定教育学科之间、教育学理论与实践之间新的联系的基础，也是处理好教育设想和执行方案之间、理想与现实之间以及历史、现实和未来之间关系的基础”。

不少发言者都认为，过去教育学研究对象过于狭隘，只局限在学校教育的范围内，因而不可能深刻、全面地揭示教育的本质和教育活动中的规律，并导致教育科学简单化，不能对教育实践起指导作用。当前，南斯拉夫教育改革的总趋势是加强教育与整个社会的一体化，促使人的个性全面、充分地发展，教育学如果只限于研究学校教育，怎么能推动教育改革的开展呢？因此，鲍特考涅克提出，教育学研究对象的规范必须以人、劳动和社会为出发点，“只有研究这三方面及其关系，才能从总体上对教育做出马克思主义的规范，同时也考虑到各个方面和具体的条件。”

过去，教育学中对人的研究没有给以足够的重视，或者只做了简单化的、割裂的研究，这是不符合马克思主义基本原理的。鲍特考涅克认为，这首先是受斯大林的马克思主义观和苏联教育学影响的结果。真正的马克思主义学说中，“人总是存在着，而且属于中心位置。”他认为，对人的研究不能简单化，或只强调一个方面，只做静态的分析，人的具体含义是：“人的自然性的本质，他的个性发展的因素和可能性，人与社会的关系，人与他的共同体的关系，人的自由问题，人的创造性，人的异化和回归过程。”教育学的研究“不仅要考虑人已经具有的，更要考虑他能做到的。因为人有能动性和创造性。”卢布雅那师范学院的弗朗茨·毕第切克博士在论述同一个问题时也强调：要把人看作时代的、社会的、个人的承担者，不要把生理的、心理的、社会的人分裂开来。人的实体通过他的生理和心理现象表现出来。人的生理特征，首先是遗传和种的特点；人的社会方面表现在社会关系上；而心理则是生理与社会的统一。这三方面还处在不断地相互作用和变化运动中，因此对人的研究应该是多层次的、辩证的、多方面的，应该把人放在生物、种、社会、文化的整体中来考察，教育也应该从整体上“调节”人。

教育学要研究劳动，因为“劳动是人与自然发生关系的手段（途径、方式），人通过劳动和在劳动中表现出自己的人的本质”。通过劳动，人实现自己的理想和思想，同时也实现了自己；人表现出自己的需要，而且也发展了自己的需要和才能。“人类的生产劳动变为人们的自我生长和自我实现。”因此，广义的劳动，是人类和个人发展的唯一途径。教育学对教育与劳动关系的研究不能只顾及综合技术教育和教养这一方面，它仅仅是劳动与教育联系的一种形式。教育学要研究不同社会、不同形式的劳动对人的影响，还要研究教育与劳动的各种性质的关系与相互作用。鲍特考涅克指出，“在教育学著作中，总是没有把劳动作为研究和理解教育的前提”。今日，“南斯拉夫的自治的社会主义社会展现出建立这一根本上新的教育观和教育学的极大可能，但是目前在我们的教育学中反映并不多”。

教育学要研究社会，因为“人生活在社会中，在社会中通过劳动完成自我实现和实现自己的自由，建立与其他人的关系”。在研究人与社会的关系时，鲍特考涅克提醒，不仅要注意到社会是人类和个体发展的基本前提，同时要认识到“社会又是对人起强制影响的环境与手段”。恩格斯指出，人是随着劳动的分工而被分割的。因此，社会又是产生人的异化和非人道的、摧残个体和人性的条件。如果要改变人，必须改变社会条件，但是，人又是历史的存在，他是社会和自身的创造者。因此，不能用形而上学的反映论观点来看个人与社会的关系，也不能“把社会（共同体）凌驾于个人之上”。社会主义教育学更应研究社会主义社会中人与社会的关系，使教育的社会功能与促使个性发展的功能实现真正的统一。萨格勒布哲学院的约西伯·比伐兹博士在谈到这个问题时指出，过去强调的是对人的教育的政治需要，不是全面发展的需要。然而，我们的教育理想不是培养抽象的政治公民，而是培养作为社会利益总体的承担者。因此，研究教育与社会、与人的关系以及他们之间的相互作用，是教育学的重要课题。

在这一部分结束时，鲍特考涅克特别强调了在人、劳动和社会之间存在着不可分割的联系，指出“教育与其中的每一个以及它们的整体都有联系”。如果不从历史的、理论的和经验的几个方面去研究这种联系，就不可能对教育做出科学的规范，也产生不出任何以新的方式认识教育的教育学。他认为，在研究这些关系的时候，特别要重视对未来的思考。因为只有具备了未来的观点，才能明白怎样使今天社会中尚未具备的东西成为明天的现实。

三

研究对象范围的扩大和整体化，要求研究者的思想方法也发生变化，那就是要实现方法论上的转变：抛弃形而上学的思想方法，用辩证法研究教育问题；不限于单因素的研究，注意整体结构研究，不是只采用某些研究手段，而是综合运用多种研究方法。

鲍特考涅克认为，要解决教育学研究的方法论问题，首先要明确研究教育科学的根本逻辑问题。显然，不能满足于只是承认马克思主义辩证法是马克思主义教育学的认识逻辑。“因为这不可能自动地解决教育学中提出的任何一个问题”，很少能就此得出教育学方面的有价值的判断。“一般的方法论基础，与任何分化了的一般、特殊、个别没有直接联系，与从这些因素中引出的某些其他的原则，或者细小的、具体的结论（它们在教育学中大量存在）没有任何直接联系”。

要想解决这个问题，就应该具体分析教育中的矛盾范畴，研究其运动变化的规律，使辩证法在教育学研究中具体化，真正克服形而上学的思想方法和由此而得出的片面性结论。鲍特考涅克列出了一系列值得思考的问题，如：有目的、有计划、有组织的学校教育与其他随意发生影响的社会教育之间的关系是什么？教育活动仅有积极的一面，还是也有消极的一面？它是一种集体的活动还是个别的活动？教育只是意味着影响、作用，还是也意味着自我活动和自我发展？教育作为社会总体结构的一部分，是作为影响人发展的特殊因素独立出来的，还是与其他因素结合在一起，相互渗透，共同作用于人的？教育活动是以教育者为中心还是受教育者为中心？在教育过程中，主体与客体的现实关系是什么？教育活动中如何处理个人、集体与社会的关系？当然，这些问题还不是教育学中的全部问题。只有运用辩证法对教育过程中的基本矛盾及其发展变化规律做了认真、细致地分析以后，才可以承认教育学研究的方法论有所进展。目前，南斯拉夫教育学对这些问题还没有深入认真的理论讨论。鲍特考涅克认为，解决这些问题不能寄希望于教育学教科书，而是应进行系统、深入的专题研究，要多出专题著作。在没有进行认真的专题研究并取得富有成效的结果前，编不出新水平的教科书。

教育的整体性与综合性决定了要用整体、系统的观点来认识、研究教育。过去，教育学的研究对象被割裂成许多小块，因此，研究缺乏整体性与系统性，各门边缘学科都只研究教育活动的某一方面或某一阶段。上面已经提到过的对人的研究也被几门学科所分割。教育学要发展，必须打破这种局部地、孤立地研究对象的方法，注意研究整体和统一性。这里的统一性，首先是指对象整体中部分与部分、因素与因素之间的相互联系和作用。里卡的维尔高·斯瓦依茨博士认为：教育活动中很难找出单因素之间的因果联系，更多的是由多种因素组成的结构在起作用，这个结构并不是因素的简单集合，而是因素间通过相互作用形成的辩证统一。随着其联系方式和水平的不同，结构也不同，结构之间的相互联系也不可能一样，它们呈现出的规律性也有不同的模式。教育内部的复杂关系以及教育与外部社会之间的复杂关系决定了不能用简单化的方法只做因素的研究，应该把研究的重点放在结构上。此外，这个统一性，还包括教育学科内部的统一和教育学科与其他学科之间的统一。对于教育学科内部来说，要处理好理论研究与应用研究的关系，注意各学科之间的分工与联系，注意“主观与客观，现实与理想，个别与一般，个人与宗族，过去、现在与将来，思考与执行”等一系列矛盾之间的统一。在这方面，不少发言者强调了教育学研究中理论与实践的统一问题。萨格勒布的弗拉第米尔·姆西奇教授批评了教育学在改革中所起作用甚微的现象，提出要把教育学改造成推动教育改革的科学。他主张，不仅要从研究的课题和方法的选择上保证理论与实践的联系，而且强调要在研究人员的结构上做出保证：一方面扩大非职业化的研究活动，即研究者不能只限在高等学校教学科研机构和专门的研究机构中的专职人员，可以扩大到所有的教育工作者，甚至包括某些受教育者，如高年级的大学生，努力消除把工作者分为理论家和实践家，创造者、思想家和执行者。另一方面加强教育学科与其他相关学科之间的联系，鼓励教育学以外的相关学科的研究人员作教育研究，以形成多学科综合研究教育的队伍。鲍特考涅克认为，要处理好教育学科内部的统一性和教育学科与其他学科之间的统一性，必须弄清楚下列问题："教育学是理论性的还是实践性的？是哲学还是科学？是有价值标准的科学还是客观事实的科学？""怎样理解教育学是一个科学的体系。是把它看作一门科学，还是几门学科的统一？""教育学是从其他学科中分化出来的，然而分化出来的是特殊对象，还是与其他学科仍有共同的对象，只是对此做不同的理论的与科学的阐述？""教育学是隶属于其他科学的，还是在其他科学之上？"然而，目前，南斯拉夫教育界对此还缺乏认真的理论讨论，"如果接受了教育学只是应用科学，或只是标准科学，或者根本不是科学等立场，那么，为教育学和它的前途担忧是不奇怪的"。

教育学研究中的统一性最后还表现为多种研究方法的统一。教育学的综合性决定了研究中必须综合运用多种研究方法。要做到这一点，对于南斯拉夫的教育家来说，在思想上要解决的主要问题是：怎样对待国外，特别是西方教育研究的成果及方法，怎样在教育研究中采用自然科学研究中的某些方法。

弗拉第米尔·姆西奇在发言中对怎样看待西方教育科研的成果与方法问题做了专门论述。他认为应该根据不同的情况区别对待：有些研究的结论对我们有用，但其研究的目的和运用是我们在原则上不能接受的；有些实验，特别在研究人的发展、教学等方面的实验，其可取之处更多，因为作为人类，是有统一性的。他特别主张吸取西方的研究方法，只是主张根据南斯拉夫的具体情况，如国家经济力量和实际需要，做出相应的选择。

对于自然科学研究方法在教育研究中的运用，没有人持完全否定的态度。但是，对哪些方面和在什么程度上运用这种方法最有效，以及南斯拉夫教育研究中运用此类方法成效的评价方面却存在分歧。有的教育家认为前一阶段教育学研究方法中的主要问题是过高地估价了实证方法与定量方法的作用，以至用简单的数量统计分析代替了对复杂教育现象的理论分析，降低了教育科学的研究水平。有的教育家则认为在运用实验—数学方法研究教育学问题方面远未达到极限，为了提高教育学的科学水平以及提高教育科学指导教育实践的能力，必须加强这方面的研究。鲍特考涅克的观点是：教育学一方面与哲学相关，一方面和技术、实践、各门学科相联系。"教育的复杂性、层次性、综合性和不同的性质（包括从总体上和总体的每个组成部分与方面）必然要求复杂的、多方面的、各种相关的方法与手段的有机结合。"教育家应"不抛弃现有的任何一种科研的方法、手段、仪器，任何一种对教育的现象和本质做研究的逻辑的、认识的方法"。如：哲学的与科学的、理论的与经验的、价值的与实证的、演绎的与归纳的、分析的与实验的、质量的与数量的、可测的与不可测的等等，要从这些方法中抽取合理的内核。他认为：“今天，无论是我国还是其他国家，都还没有形成新的教育学研究的方法体系。教育学和某些社会科学相似，正在逐渐地从演绎—哲学的方法中，从经验—实验主义的方法中解放出来。”为此，需要做大量的、必要的专题研究。南斯拉夫的教育学研究，还没有成功地克服方法论上的片面性、二元论、狭隘性和一些人为的矛盾。“因此，对方法论的研究在现阶段不只是现实的可能，而且是迫切的需要。”尽管鲍特考涅克指出南斯拉夫目前的教育研究还有许多问题，但他却颇有信心地宣称，由于南斯拉夫的社会主义自治制度创造的客观条件，使南斯拉夫的教育家存在着成为马克思主义教育学研究带头人的机会，而这个机会能否成为现实，“主体的力量是决定性的”。

本文最初发表于：《外国教育资料》，1986（1）；后被辑入：瞿葆奎．教育学文集·教育研究方法．北京：人民教育出版社，1988.

关于加强教育科学“自我意识”的思考

一、加强教育科学的“自我意识”与教育科学的发展

粉碎“四人帮”以来，我国教育理论界十分关注的一个问题是：如何加速教育科学的发展。在短短的十年中，召开了多次全国性的有关教育科学发展规划的会议，制订出了全国教育科学发展的规划并积极贯彻之，全国各地、各师范院校纷纷建立各类教育科学研究机构，努力从组织、成员上保证教育科学的发展；《教育研究》自创刊以来每年都刊登多篇有关这一问题的专题论文或笔谈。对教育科学发展如此重视，确实是新中国成立以来罕见的，透过这些现象，我们可以清楚地看到，广大教育理论工作者已痛感教育科学的落后：落后于当前我国教育事业发展的需要，落后于当前世界教育科学的发展水平，落后于现代科学发展的总体水平，落后于相邻科学的发展水平。大家还十分清楚地意识到，改变这种落后面貌的任务已经历史地摆在我们的面前了。

那么，如何才能改变这种落后面貌，加速教育科学的发展呢？综观近年来有关这一问题的讨论，可以把众多的“计”“策”归纳为以下五大方面：一是提高对教育科学重要性的认识；二是为教育科学的发展创造良好的社会条件，诸如制定正确的科研政策、创造活跃的学术空气、增设必要的研究机构、提供良好的物质条件等；三是加强教育科研队伍的建设，包括形成有合理的年龄结构和知识结构的研究人员群体，更新研究人员的思想观念和思维方式；四是革新教育研究的方法、技术；五是使教育研究与解决中国的现实问题紧密结合起来。

毫无疑问，上列五大方面的问题对于教育科学的发展来说都是至关重要的，同时也是必须进一步研究的。就现状来看，对这些方面的认识和讨论还远未深入，与此有关的一些具体问题也远未解决。但是我以为，从总体来看，现在人们的注意主要集中在提高从事教育研究活动的主体——研究人员的认识水平和研究水平，以及创造教育研究必需的、良好的社会条件方面。对另一个重要的方面，即对需要加速发展的对象——教育科学本身状态的研究，在发展教育科学中的重

要性缺乏足够的重视。借用一个心理学的词汇，我把教育科学对自身的研究和认识称为教育科学的自我意识。

犹如一个人对待自我发展的自觉水平与自我意识的水平密切相关一样，一门科学发展的自控程度也与它的“自我意识”密切相关。一般地说，对科学发展的调控可分为外部与内部两种。外部调控主要通过实践结果的反馈实现，内部调控则由科学对自身的反思来实现。如果只有外部调控，科学的发展就缺乏自觉性与主动性，并表现出一定的盲目性，它只能处于“自在”的状态，发展的速度也不会因有意识的调控而加快。只有当科学对其自身的发展过程及现状、发展机制及内部结构做了认真的反思，形成明晰而准确的自我意识时，它才能自觉地寻找自己继续发展的方向，增强发展的自控能力，并减少发展过程中的盲目性，少走弯路，使自己进入“自为”的状态。当然，科学的这种自我意识是由从事研究的人来实现的。当代科学学的发展以及不同学科领域里的元科学的纷纷创建，正反映了科学家们为科学的发展从自在状态走向自为状态所做出的顽强努力。

与其他科学相比，教育科学研究者在形成教育科学的自我意识方面又显得相对落后了。其具体表现为：在教育科学领域内还没有形成自己的元科学群，教育科学缺乏对自己发展历史的深刻认识和对自身结构、发展机制的认真剖析，对教育科学发展的现状和研究成果也缺乏中肯、及时的评析。与此相关的是：在培养教育科研人员的机构中，很少开设以教育科学自身为研究对象的课程。当然不能说这些是造成教育科学发展缓慢的唯一原因，但我认为这至少是一个十分重要的原因。令人不安的是对这样一个重要原因至今还没有引起有关人士的足够重视，如在全国性的教育科学发展规划中，都还没有涉及教育科学元科学群的研究课题。因此，本文想提出这个问题，并就从哪些方面加强教育科学的“自我意识”问题谈一些个人的粗浅看法。以引起更多同志的探讨，从而推动教育科学的发展和提高教育科学发展的自主程度。

二、从教育科学发展历史的反思中加强教育科学的“自我意识”

德国哲学家恩斯特·卡西尔在他生前发表的最后一部著作《人论》中曾写道：“历史学并不是关于外部事实或事件的知识，而是自我认识的一种形式。”①

① 卡西尔．人论．甘阳，译．上海：上海译文出版社，1985：242.

这是关于历史学的认识意义的精深的论断。每一门科学都有自己的形成史，对这一形成史的反思就成为这一门科学自我认识的重要组成部分，而反思的深刻程度则是科学成熟度的标志之一。

从严格的意义上来说，教育科学还缺乏对自己发展历史的科学认识。把教育科学与其他科学相比，这个问题就显得更为突出。不用说自然科学中的各门学科以及哲学、文学、经济学、历史学等社会科学都有以自身发展历史为研究对象的专门学科（如自然科学史、哲学史、文学史等），就是比教育科学中最早形成的学科——教育学还要年轻的心理学，在对自身发展历史的研究方面也超过教育学。当前在我国，心理学史的译本已有好几种，但尚未见一本解放后出版的教育学史的译本，更没有本国作者的专著。在国内外师范院校的心理学系中，心理学史已普遍成为学生的必修课程，而教育学史在我国至今还未成为一门独立的课程。目前，我们对教育科学发展历史的分析，主要还只体现在两个方面：一是教育科学每门学科的教科书中的某些阐述学科发展历史的章节；一是教育史中有关教育思想的演变，对历史上代表人物的教育思想的评述。显然，这两方面的内容远远不能代替对教育科学发展历史的全面的、系统的研究。对教育科学发展史全面的、系统的研究，应该揭示教育科学自身的发展逻辑和教育科学发展的规律，总结教育科学发展的经验和教训，研究教育科学的发展与整个社会发展关系的历史演变过程，从而更深刻地认识教育科学的现状，预测它继续发展的方向与整个社会发展关系的历史演变过程，从而更深刻地认识教育科学的现状，预测它继续发展的方向与路线，把对历史的分析与现状的研究、未来的规划紧密地联系起来。遗憾的是，教育科学在这些方面研究得很不充分，因此对一些基本问题的回答都很不一致。如关于教育学发展的历史分期。在我国发表的为数不多的文章或一些教育学教材中，就表现出各种不同的分期标准。有人以教育理论的发展形态为标准；有人以教育科学研究的中心课题的转换为标准，有人则以历史上占中心地位的教育学派的更替为标准①。与此相关的是关于对教育的研究何时成为一门科学的问题，也有十分不同的回答。即使我们把历史的“长度”缩短到解放以来的 30 多年，教育科学反思的水平也不深刻。我们对解放后教育科学发展历史的总结，大多停留在直觉式的评论上，缺乏翔实的事实资料、科学的分析和哲学的思考。至今为止，我们还没有养成这样的习惯和制度，在新的一年开始之时，对

① 有关论点详见：南京师范大学教育系．教育学．北京：人民教育出版社，1984：3－9；甘冶湘．论教育科学发展阶段的划分．教育研究，1984（9）；张法琨．神学化·人本学化·心理学化．华东师范大学学报（教育科学版），1984（2）．

过去一年教育科学的研究成果做翔实的数量的统计、质量的评定、内容的分类和趋势的推测。总之，在对历史的认识方面，我们较习惯的是“模糊”，而不是“清晰”。

然而，这种“模糊”对教育科学的发展是不利的，有时甚至是有害的。如正因为我们对教育科学的发展阶段和当前的成熟程度缺乏深入的探讨和准确的评价，往往就用科学发展阶段的一般划分来套教育科学的阶段划分；以当代科学发展的一般达到的水准来评定教育科学的当代水准。根据当代科学学的分析，科学发展一般沿着由粗糙的综合向精细的分析，再向以精细分析为基础的更高水平的综合这样一条路线前进。从历史上看，文艺复兴以前，科学处于第一阶段；自由资本主义时期起进入分析的时代；20 世纪起，尤其是 50 年代以来，科学则向着综合化、整体化的方向发展。教育理论界有些同志以此为据，也提出了当代教育科学发展的主要趋势是综合化，因此教育研究应在综合化上下功夫的判断。这是一个事关教育科学今后发展战略的判断，它是否能成立呢？我以为还值得推敲，至少还需要做一番论证，然后才能确认。

首先我们可以对教育科学作为科学体系形成的历史做一点分析。如果以赫尔巴特 1806 年《普通教育学》的发表作为教育科学中第一门独立学科形成的标志，那么其发展的历史还不到两个世纪，而且在这一百多年的时间里，教育学和其他教育科学的研究方法主要还是思辨的。与心理科学相比，它受自然科学和实证研究方法的影响要少得多，在我国这一情况尤甚。如果我们把实证研究方法在教育研究中的运用作为科学教育学形成的起点，或者把以马克思主义哲学作为指导的教育学的出现作为起点，那么，教育科学发展的历史只有短短的半个多世纪，它还处在形成时期，尚未进入分析阶段，更谈不上进入在分析基础上的新的更高水平的综合阶段。此外，我们还可以看一下当前教育科学各科的实际水平。就拿最早形成的一门学科——教育学来说吧，无论从其概念的确切程度、术语的专门化程度（指区别于日常用语或其他科学的术语）、概念体系的严密程度来看，还是从其研究方法的科学性、理论的解释能力和预测能力来看，与其他科学，尤其是与一些经典学科相比，有着相当大的差距。至于那些新出现的教育学科，其理论的成熟度则更逊色一些。在这种状况下，把综合化作为教育科学的发展方向是否恰当呢？

需要说明的是，我不全盘否定对教育做综合研究的可能性和必要性，不反对用系统的、综合的观点来研究具体的教育现象。综合化既然是科学发展至今日的特点，它必然会影响当代教育科学的发展，当代的教育研究也应善于、并充分地利用时代为我们提供的思想武器和研究工具，以加快教育科学发展的步伐。但是我不太赞成当前过分地强调教育科学研究综合化的地位。因为这样很可能使人们忽视当前教育科学发展的一个重要任务，就是学科的进一步分化，每一门学科内认识的进一步精细化和深化。只有走过了这一段路程，教育科学的更高水平的综合才能真正实现。我们早就期望有一本高质量的、中国的、具有世界影响的教育学专著，但是，如果我们不下功夫做深入的专题研究（在我国现有的教育著作中，有分量的专著实在是太少了），那么这样的教育学就不可能诞生，能不断生产出的只是一本又一本面目相似的教育学专著。这类教育学再多也无济于事，它们并不标志着教育科学的繁荣，相反，倒是意味着教育科学生长的停滞。

对教育科学发展历史的反思还必须着力于发现教育科学发展的规律。这些规律通过一系列的关系体现出来。例如，教育科学与教育实践的关系，教育科学内部学派的形成、争鸣与教育科学发展的关系，教育科学与其他科学发展的关系，教育科学与社会政治、经济等方面发展的关系，本国的教育科学与外国的教育科学发展的关系，等等。这是一些在教育科学发展过程中始终存在着的关系，又是随着历史的发展而不断变化其内容，同时呈现出一定发展趋势的关系。因此，通过历史的反思正确地认识这些关系和发现它们之间的规律性联系，总结处理这些关系的经验与教训，对教育科学的进一步发展就具有指导性的意义。

只要回顾一下我国解放以来近 40 年的教育科学发展历史，就会发现不少值得深思的问题。解放初期，教育理论界走了一段全盘苏化和全盘否定西方教育科学以及解放前教育科学已有成果的路程。记载这段路程的是一系列的批判。1950 年批杜威，1951 年批陈鹤琴、陶行知和电影《武训传》，1954 年批胡适的唯心主义教育观，1955 年批梁漱溟，并号召在教育领域全面地开展对资产阶级唯心主义思想的批判①。自 1958 年起，为了寻找本国教育科学发展的道路和依据，以及配合当时政治上的反修斗争，又开始批判 50 年代曾被我们热烈赞扬过的苏联教育学。“文化大革命”的 10 年是把教育科学一扫而光的 10 年，批判的矛头不仅指向国外，也指向解放以后 17 年中本国教育研究的成果。粉碎“四人帮”以后，这种以政治形势左右学术研究、进行大批判的局面基本扭转了。但是，由于我们尚未深刻总结解放以来教育科学发展历史中的经验与教训，往往把出现差错的原因归结为政治，缺乏从思想方法和对科学发展逻辑认识的片面性上去思考。所以，由长期大批判所形成的直线式的、绝对化的、形而上学的思维模式，依然自

① 中央教育科学研究所．中华人民共和国教育大事记：1949—1982. 北京：教育科学出版社，1983.

觉或不自觉地影响、支配着我们的认识和行为。如在一段时期内曾表现出对马克思主义、毛泽东思想的冷淡和对国外，尤其是对西方教育理论和研究方法的过分青睐。又如在强调智育研究的同时，出现了对德育研究的忽视等。我们往往把科学的发展简单地看作以一种观点完全否定另一种观点。因此，每当要树立一种新观点时，就尽力把原有的旧观点彻底批倒，以为不这样就不足以体现新观点的进步与合理。这种“彻底摧毁、重砌炉灶”式的发展看起来十分痛快，使新与旧之间界线分明，但实际上却是认识过程中反馈过度的表现。它是由信息掌握不准、不足或缺乏及时有力的调节造成的。在对一个事物认识的起始阶段，出现这种情况是可以理解的。但是如果总是在两个极端之间大幅度摆动，就像我国教育科学近 40 年的变化呈现出的状态那样，那么科学研究不仅不可能接近真理，出现实质性的进展，而且大伤科学本身的元气，造成认识与实践的悲剧。我国教育科学发展速度之缓慢，道路之曲折确实是与我们没有及时吸取过度反馈的教训相关。

其实，科学本身发展的逻辑并不全部是由一连串的全盘否定构成的。观点与观点之间、知识与知识之间、学派与学派之间、体系与体系之间，常常还会有另外各种性质的关系。如互补的、包容的、深化的、扩展的，等等。我们要认识事物、观点之间的异，但也要找到它们的沟通之处。如研究知识与智力的关系时，要阐明知识与智力的区别，但不能把这种区别强调到知识与智力对立的程度。而是应在强调区别的同时，寻找它们相互转化的机制，同时分析两者在现实中没有实现转化的各种原因，从而指导教育实践。有一段时间，我们的教育科学却忽视了对这种“沟通”的研究，犯了“在它看出有**差别**的地方就看不见**统一**，在它看见有**统一**的地方就看不出**差别**”① 的形而上学思想方法的错误。

以上通过一些例子来说明对教育科学发展历史反思的价值所在。对某类科学发展史的研究还可以在与其他科学发展史的比较中进行。比如拿心理科学的发展历史与教育科学的发展历史做一番比较，我们就会对这两类科学所研究的对象的差别有更深刻的印象，也会对学派的发展、研究方法的多样化和不断完善在科学发展中的重要作用有更清晰的认识，从而促使我们重视发展学派和改进研究方法。这样的比较研究能扩大我们研究科学发展史的视野。

历史是最好的老师，不善于向历史学习的人永远不会变得聪明起来。一门学科要摆脱自己发展中的盲目与幼稚，也必须对自己的发展历史作及时的、深刻的

---

① 马克思．道德化的批判和批判化的道德//马克思，恩格斯．马克思恩格斯全集：第 4 卷．北京：人民出版社，1958：332.

反思，形成“自我意识”。“人如果不意识到他现在的状况和他过去的局限，他就不可能塑造未来的形式。”① 对于科学来说，这段话同样具有意义。

三、从对现存教育科学的状态分析中，加强教育科学的“自我意识”

对现存教育科学状态的分析，是个涉及相当广阔范围的课题。它包括对教育科学研究对象的范围与特点，教育科学内部不同学科之间的结构，教育研究的方法论与方法体系，以及教育科学在整个科学体系中的地位，它与其他科学的关系等方面的分析。对现存教育科学状态的分析是对教育科学发展历史反思的延续，在内容上有许多相交叉的方面，只是这个分析更多以理想的、未来的教育科学的前景为目标，反过来寻找现存状况中的问题，寻找从现实走向未来的途径。所以可以说这是一种面向未来的对现状的思考。本文不可能对所有上述问题都做分析，只能就自己思考较多的问题谈一些看法。

关于教育科学研究的对象范围，可以说还不是十分明确的。有一种说法较为普遍，即教育科学研究的对象是人。仔细推敲一下，这一说法并不确切。它把教育的对象与教育科学研究的对象混淆起来了。教育的对象是人，教育科学研究的对象则应该是人类有意识地影响人身心发展的活动。这两者虽密切相关，但并不等同。另外，这一说法还不足以区分教育科学与其他研究人的科学，没有把教育科学研究对象的特殊性显现出来。

如果我们把人类的教育活动作为教育科学研究的对象，那么就必须意识到现代的教育活动至少是在三个层次上开展的。一是作为在全社会范围内从事的、作为社会事业重要组成部分的社会教育事业。我们可以把以社会教育事业为对象的教育研究称为宏观研究。二是作为在具体的、独立的教育机构内（如学校内）所开展的各种教育活动。把教育机构内教育活动的整体作为对象的教育研究可称为中观研究。三是作为教育者与受教育者在完成各种教育任务时所开展的教育活动，这些活动直接影响受教育者的身心发展。把各种具体的教与学的双边活动作为对象的教育研究可称为微观的研究。只有把这三个层次的教育活动都包含到教育科学研究对象的范围内，教育科学才可能形成对教育的一个较完整的基本认识。如果从时间上展开研究教育活动的范围，就构成了教育史和教育未来学的研

① 卡西尔．人论．甘阳，译．上海：上海译文出版社，1985：227.

究对象；如果从空间上展开教育活动的研究范围，就构成了各国教育和比较教育的研究对象。总之，教育科学研究的对象范围应该是十分广阔而多层次的。

当我们把上述范围作为教育科学研究对象的理想范围，再来看看现存教育科学研究所涉及的实际范围，以及在不同范围内的研究程度，就会发现教育科学研究中有许多空白点和相当大的不平衡。例如，对微观层次的研究多于对中观和宏观层次的研究，在微观层次中对教学活动的研究又多于对其他活动的研究；对校内活动的研究多于校外活动的研究。从时间展开上看，对历史的研究多于对未来的研究。从空间展开上看，就国内而言，对城市教育的研究多于对农村教育的研究，而对国外教育的研究，则主要集中在少数几个经济发达的国家，还有许多地区的教育状况可以说我们几乎无知。此外，还可以列出许多教育研究领域里的空白点与弱点。在科学研究中不同领域研究水平不平衡是正常现象，但是不能差距过大，而且总要使它趋之平衡后，再发展为新的不平衡。然而目前在我们面前存在的“教育科学大厦”是一座倾斜度很大的、又有许多空房的大厦。由此也可见，教育科学为了实现更高程度上的综合，对当前来说，首要的问题是填补空白，加强以前薄弱的学科，把倾斜的大厦扶正，而不是忙于在这倾斜的大厦上再加上几层楼。当然，为此必须首先对教育研究对象的整体有一个清晰认识。

关于教育科学内部学科之间结构的问题，除了与上面提到的“补缺”“扶正”有关以外，还必须考虑基础学科与应用学科的关系问题。正确处理这个关系，实际上是解决教育科学研究中理论与实践的关系问题。

教育科学常常受到“理论脱离实际”或者说“理论不能指导实际”的批评。无疑，这种“脱离”和“不能指导”的状况确实存在。但是，究竟是什么原因造成这种状况的呢？依我看，并不是因为教育理论太深奥，而是因为现有的教育理论尚未深入地研究教育实践，缺乏对教育活动规律的深刻揭示。正像苏霍姆林斯基指出的那样：“教育科学没有去研究数十种和数百种影响人的那些相互依赖与相互制约的关系，在这方面它是落后的。教育科学只有当它去研究和解释那些最细微、最复杂的教育现象的相互依赖和相互制约的关系的时候，才会成为精确的科学、真正的科学。”[①] 现有教育理论的组成，一部分是以一般的哲学原理为前提，通过推理得出的结论。这里缺少的是中间环节，在没有对具体事物深入的剖析前，就把具体的东西直接列入到抽象的行列中去，使得结论显得苍白、贫乏而

① 苏霍姆林斯基．把整个心灵献给孩子．唐其慈，等译．天津：天津人民出版社，1981：306.

无力。另一部分是心理学或其他科学研究成果的直接搬用，这里缺少的是教育学的加工与改建。还有一部分是对具体经验的总结，这很重要，但相当数量的总结概括度不够，或者是把有条件的结论说成普遍适用的规律，结果反而影响了结论的指导意义。除此以外，还有一些外国教育观点。这样，给称得上真正科学的教育理论留下的地盘实在是不大了。靠这样组成的理论，怎么能有效地发挥对实践的指导作用呢？要说当前教育理论存在的问题，并非是太深奥、太超越于现实，恰恰是太空泛、太浅近、太贴近实际的表层，因而缺乏居高临下的气势。

要想改变教育理论这种落后的状况，就要注意区别教育科学中基础学科和应用学科，并从不同的方向去发展它们，改变当前教育科学中基础学科与应用学科近乎浑然一体的状态。

从基础学科的角度看，要解决的核心问题是提高教育科学的基础理论水平，要追求重大的、具有世界水平级的突破，因为真正的理论是带有普遍性的，它不受国界的限制。我们要使知识体系的元件——概念——精确化、术语化；使元件与元件之间的联系更为严密，使整个理论体系显示出更强的解释能力和预测能力。一句话，就是要使基础学科“上天”，理论只有深刻才有力量。

从应用学科的角度看，要解决的核心问题是加强应用研究的“操作化”，使人们获得一套把理论研究成果转化为实践行为的指示或工具。如要加强对教育的评估，就必须研究出一套具有不同适应面的评估方法。没有操作化意识的应用研究成果，不可能达到真正的应用目的。因此，应用学科的努力方向是“着地”，把自己的根深扎于中国教育实践这块肥沃的土壤之中。应用学科只有在应用中才能保持其旺盛的生命力。

如果不把这两类学科的任务做明确区别，甚至把它们的任务颠倒过来，要求基础研究立即产生实效，应用研究要在理论上有重大突破，结果就会产生恶性循环，维持教育科学上不着天、下不着地、飘浮于半空中的状态。当然，基础学科与应用学科之间还有着联系的一面，如果割断这种联系，两者都会丧失活力。然而针对当前我国教育科学的实际状况，我认为应强调一下区别，只有有了区别以后，联系才会真正有相互促进的价值。

此外，在教育科学的内部学科群中，还应有一个相对独立的学科群，即以教育科学本身为研究对象的元科学群。在这个群体中，至少应包括三方面的学科：教育科学发展史（包括总的教育科学发展史和教育科学内的基础学科的发展史）、教育科学学（对教育科学结构及发展机制的研究）和教育科学方法学（包括研究的方法论与方法体系）。这个科学群是加强教育科学内部调控能力的重要因素。

教育科学若能形成基础、应用、元科学三个既有区别又密切相关的学科群，那么它的内部发展机制就会得到较大的增强。

由于方法论与方法体系问题的复杂性，因此不在本文有限的篇幅中探讨。

最后还想提及的是，教育科学必须认识自己在整个科学体系中的地位以及与其他学科的关系。

从科学发展的水平来看，目前教育科学在科学体系中的地位是低的。它不是科学体系中的“带头羊”。因此它更多地是接受其他科学的影响，吸收其他科学的研究成果。而自己的研究成果却很少对其他科学产生影响。像一个国家一样，一门科学在它自己还没有足够强大的时候，就不可能对其他科学产生强烈的影响。科学史已经有力地证明了这一点。所以，对现阶段的教育科学来说，要想迅速地发展，十分重要的一点是要有“开放意识”和极强的“消化”“移植”能力。教育科学不仅要善于利用其他学科的研究成果，而且还要提高吸收其他学科研究方法的自觉性，同时还应从其他学科发展历史所展现出的科学发展的规律、经验和教训中得到启发，尤其是从带头学科的历史中得到启发。如物理学，虽然从学科研究对象来看，与教育学有很大的距离，但是物理学发展过程中走过的阶段，研究方法的特色与演变过程，与教育研究迥然不同的思维方式，学科发展中的每一次关键性突破，都能引起我们远远超出物理学意义的思考，从而打开教育研究的视野和思路。当然，这里的关键是在移植和改造上下功夫，如果这个功夫下得深，那么，教育科学在使自然科学的研究方法与社会科学的研究方法相结合上会做出贡献。也正是在这样的过程中，教育科学对自己研究对象的特殊性会形成更清晰的认识。

然而，教育科学在整个科学体系中的落后地位不是不可改变的。随着人类追求自身完善的需求提高，随着教育事业的繁荣发展和教育科学自身的强大，它必将完成从“输入国”向“输出国”的转化。由于教育的高度复杂性、综合性与多质性，由于教育的成功不仅需要科学，还需要哲学和艺术，因比，未来的教育科学很可能成为哲学、科学和艺术这三大人类精神活动的主要领域的汇集点，为三大领域研究的沟通做出自己独特的贡献。那时的教育科学将在人类科学的宫殿中跃居上位，并闪发出耀眼的光彩。如果从这样的角度来看今天的教育科学的发展，那么，我们还应该加强对教育科学与哲学、教育科学与艺术的关系的研究。开辟更为广阔的研究教育的途径。

总之，加强“自我意识”是加速教育科学发展的需要，是在教育科学研究中减少盲目性、提高自觉性的需要。为了加强教育科学的“自我意识”，应建立教育科学的元科学群，师范院校教育系的课程中应增加这方面的课程，国家、研究机构应定期、适时地对教育科学研究的状况做出评析并将这种评析公布于众，同时也应加强每个教育科学研究工作者对研究活动本身的研究意识。

本文最初发表于：《华东师范大学学报（教育科学版）》，1987（3）；后略做修改辑入：瞿葆奎．教育学文集·教育与教育学．北京：人民教育出版社，1993：758－772.

向着科学化的目标前进

——试述近十年我国教育研究方法的演进

中共十一届三中全会以来的十年，是我国教育研究最为活跃的十年，也是教育研究在方法上发生重大变化的十年。十年的历史向我们再一次表明：方法的变化（包括研究者的思想方法的变化和研究中使用的具体方法的变化）是教育研究取得突破性进展的一个必要条件，研究越深入，对研究方法的要求也越高。因此，在我们回顾总结十年来教育研究的经验与教训时，方法无疑是一个不可忽略的重要方面。

什么是近十年来教育研究方法发展的“主旋律”？如果要用一个词来回答的话，我们做出的选择是：“科学化”。

一

冲破政治上极左路线给教育研究带来的最大桎梏——教条主义思想方法的束缚，是十年来教育研究方法向科学化发展所迈出的艰难的第一步。

粉碎“四人帮”后，中国教育界进行了新中国成立以来从未有过的冷静的、认真的反思：为什么“四人帮”在教育上搞的那套“打着红旗反红旗”的手法能畅通无阻？为什么新中国成立以来，教育事业和教育理论的发展步履蹒跚？为什么建立中国社会主义教育学的任务呼唤了几十年，教育学却越搞越贫乏？要“拨乱反正”，教育方面的“正”是什么？今后教育和教育科学怎样才能沿着健康的道路发展？思考使人们逐步认识到，造成这一切的原因，除了政治上的极左路线以外，还有思想方法上的教条主义与经验主义，尤其是教条主义。它突出地表现在对待马克思主义和毛泽东思想的态度上，表现在处理教育政策与教育科学的关系上，表现在对待教育思想遗产和当今资本主义国家著名的教育流派的态度上，它也表现在对待我国和苏联的教育理论和经验的态度上，教育科学要发展，必须摆脱教条主义思想方法的“紧箍咒”。

1979 年 3 月召开的全国第一次教育科学规划会议，发出了解放思想、冲破禁区，向教育科学进军的呼声。这真实地反映了从十年噩梦中挣脱出来的广大教育界人士的强烈愿望！关于教育本质的大讨论，则是把这种强烈愿望转为理论探讨的最初尝试。在这场讨论中，尽管各种观点未有尖锐、深刻的交锋，尽管不少人免不了依然只习惯于努力从经典著作中、从现行政策中为自己的观点找根据，尽管人们走在昔日禁区上的步子还很拘谨，但是，顶礼膜拜的态度改变了，不同的声音传扬了，思考问题的方式多样了，理性批判的色彩呈现了。这些给教育研究者带来的不仅有对教育本质认识的深化，对教育的社会职能的明确……，而且人们欣喜地感受到，教育研究的僵化思维程式需要改变，教育学要成为科学，就必须有独立思考，必须用科学的态度和科学的方法来研究教育。正是从这个意义上，关于教育本质问题的讨论完全有资格记载在新中国教育科学发展的史页上。此后，教育理论界围绕一些基本理论问题开展的讨论，都或显或隐地体现了对教条主义思想方法的否定。然而这种否定，可以说至今还远未完成。究其原因，除了因教条主义的思想方法作为一种积习很难在短时间内被清除之外，还因为教育界对与这种思想方法有关的一些深层问题，诸如：教条主义思想方法在教育研究中盛行的外部“气候”与“土壤”是什么？它的内在根据是什么？认识论的特征是什么？思维程式与结构是什么？功能是什么？它与教育学自身发展水平的关系是什么？与整个民族的文化素质、文化特征与水平的关系是什么？为什么在教育研究中有“禁区”?“禁区”的生存条件是什么？特征是什么？教育学中许多无须证明的前提是怎样确立的？思想解放和学术自由的前提是什么？武器是什么？等等，尚缺乏深入的分析研究。所以，人们在否定由教条主义思想方法得出的某种具体结论的同时，还不同程度地不自觉地沿用了这种思想方法的深层模式。因此，改变教条主义的思想方法，依然是今后相当长一段时间内教育研究方法科学化所要完成的重要任务之一。

二

如果按照时间顺序排列，教育研究方法中实证倾向的加强，可以算作我国教育研究方法向科学化目标前进中迈出的第二步。在这里，科学化是相对思辨化、经验化而言的。

解放以后，由于受苏联 50 年代教育研究思想的影响，在研究的具体方法上，主要采用的是思辨法与经验总结法，对本世纪 20 年代起从西方资本主义国家发端的，教育研究中采用的实验、统计、测量等实证的方法与手段，采取了几乎全盘否定的态度。师范院校教育系的课程中取消教育研究方法、教育统计、教育测量等课程。新中国建立后最初 17 年的教育研究大量停留在定性分析和经验描述水平上，也是这种态度造成的必然结果。

自 1978 年底开始，我国教育界再次打开了面向世界的窗口，与以往不同的是，这次“东窗”“西窗”一起开。从“东窗”首先被介绍进来的是苏联赞科夫的教育理论和教学实验，从“西窗”首先被介绍进来的是美国布鲁纳的课程理论。随后，苏联的苏霍姆林斯基、巴班斯基、维果茨基等等的教育、教学理论，瑞士的皮亚杰、美国的柯尔伯格等关于儿童认识、道德发展阶段理论，美国布鲁姆的教育目标分类及评价理论等都陆续为我国教育理论界了解，并产生了深远影响。

这些理论为研究教育、教学对人的发展的影响，提供了新的角度和更深的层次，并提出了一些发人深省的问题。与此同时，形成这些理论所采用的研究方法也引起了教育研究人员的广泛注意。如赞科夫为实现小学教学改革而持续进行十年实验，终于在实践上和理论上都取得成果的事实，使许多人开始认识到实验作为一种研究方法对教育理论和教育实践发展的重要意义，一些有志之士也先后行动起来，开始了对本国教改实际问题的实验研究。一些单科的教学实验、单项的教育实验率先。开始得较早并在全国范围内有一定影响的，例如，有上海师大教科所的中小学教育体系整体改革实验，华东师大教科院小学综合实验组的小学教育综合整体实验，上海市静安区中心小学低幼衔接实验，中国科学院心理研究所的中学数学自学辅导教学实验，北京景山学校的教改实验，等等。此后，在全国范围内掀起了教改实验之风，从学制、学科内容与方法，到学校管理、学校与社会的结合等，犹如星火燎原。这些实验，有力地推动了教学水平的深化和对教改理论的探讨，同时也推动了对实验方法的研究。

就目前来看，教育实验作为一种重要的教育研究方法，在我国已为众所公认。然而，也必须承认，有相当数量的实验研究，在方法上未达到实验的水准。这主要表现为：实验设计较粗糙；实验的假设过于一般、抽象，缺乏可检验性；实验控制较差，实验因子中因变量与自变量的关系未能明确呈现；实验材料、测量手段、具体操作过程不够规范或标准；对实验过程中，实验设计人员与操作人员之间，实验者与实验对象之间及实验对象之间可能发生的相互心理影响缺乏防范；对实验结果的解释掺杂进主观因素；对实验结果的验证与评定的方法研究不足等。这些方面都影响着教育实验的客观性、准确性和有效性，也必然影响实验成果的科学价值与社会价值。

在我国当前进行的教育实验中，存在这些问题不足为怪，也是不可避免的。因为长期以来，我们的教育研究人员偏离教育实验，缺乏对实验方法的了解和研究，也缺乏实践，而现在选择的一些实验研究课题又有不少属多变量的综合研究，难度较高。但“如何使这些不同流派的教育实验健康地进行下去，以期能为今后的教学改革提供可靠的依据和参考，这应是我们教育科研工作者十分关心的问题”①。此外，如何根据教育研究对象的特点，正确、有效地使用实验方法，也是提高教育实验质量需要认真研究的问题。

教育研究实证化倾向还表现在调查研究中概率抽样调查、问卷调查等方法的广泛使用。以往教育调查中大量使用的是典型调查的方法。这种方法有助于对某事物的性质与特征的认识，但是难以从典型调查所得的结果出发，推断出对总体的可靠认识。概率抽样调查较能满足这一要求。80 年代以来，无论是全国还是地区教育规划的制定，都普遍采用了这一方法。问卷调查作为在短时间内可获得大量可统计资料的研究手段，也被广泛运用于对现状的调查研究之中。这些方法的采用，有力地增强了调查研究方法的科学性。但近年来在教育研究中抽样调查和问卷设计中也存在着不同程度地忽视效度、信度和技术操作等方面的不足。

与上述两方面相关，在教育研究中开始重视运用定量研究的方法，可以看作研究方法实证化的第三个方面的表现。近十年来，在高等师范院校教育系中逐渐恢复了“教育统计学”“教育测量学”等课程。这意味着对未来研究人员运用数学手段训练的加强。在教育实验、教育调查、教育经验总结等研究活动中，也开始普遍重视数据的收集。测量、统计手段的运用，使定性分析与定量分析结合起来。尽管目前还不能说教育研究中已经普遍和成功地运用定量分析的方法，但较之“文革”前，定量研究的比例已有增加，并呈现出逐渐上升的趋势。

教育研究中定量分析方法的加强，不仅表现在数量上，也表现在研究对象的扩展和运用数学工具的多样化与复杂化上。最初教育研究中运用定量分析，较多是在教育规划、试卷评定、学生身体素质分析等定量指标较清晰且易确定的范围内。近些年来，在教育评价的研究中，逐渐指向一些以往一贯采用定性描述，指标体系较模糊而复杂、难以做定量分析的对象，如关于德育评价方法的研究，现在已有一些研究人员在探索使用模糊综合评价方法，对学生的品德做出定性与定量相结合的评价。随着研究对象的复杂化、多样化，被引进到教育研究领域中的数学工具也日趋多样与复杂。近年来，教育研究人员正致力于更适合研究复杂社

---

① 李秉德．对于教育实验要保持科学的态度．教育研究，1988（10）．

会现象的数学理论和工具在教育研究中的运用，如模糊数学、数量化理论、离散数学等等。

可以肯定地说，要实现教育研究中定性方法与定量方法的结合，我们还需要走一段漫长的路程。起点低，是第一个原因。目前，我国教育研究中的定量分析大量停留在用数学语言描述对象的状态或结构的水平上，远未达到通过定量分析发现新的规律或者本质特征的水平。其次，教育研究对象的复杂性和对它的许多定性分析尚未清晰、深入，是影响现有数学工具在教育研究中成功运用的另一重要原因。因此，强调要加强定量分析，并非意味着无须再作定性研究。相反，为了更广泛地进行定量分析，定性研究需要深化和科学化。

综上所述，十年来我国教育研究方法的发展，开始“补上”西方从20世纪初就出现的实证化这门“课程”，但我们的研究人员对方法还没有充分认识和熟练掌握。这里的所谓充分认识，不仅指对方法本身的结构特征、操作、功能的认识，也包括对方法使用所需要满足的条件和方法局限性的认识。

当代教育研究方法发展的潮流是“多元化”，不是“实证化”。因此，我们要清醒地看到，现在我们所做的，也许仅仅是“补课”，而且补的只是“基础课”。

三

从当代哲学和科学发展的成果中，从与教育科学相关的学科中，吸取新的思维方式和移植研究方法，是教育研究方法向科学化目标前进中迈出的最富有生气的一步。当代科学迅猛发展，新技术革命浪潮汹涌，现代哲学五光十色，横断学科奇峰突起。透过纷繁多变的现实，人们不仅发现了新的世界图式，而且发现了形成新世界图式的新思维方式和研究方法，发现了哲学、社会科学与自然科学、新技术相互影响、渗透、汇流的宏伟趋势。这一切预示着，我国当代的教育研究要改变落后面貌，要做出富有时代特色的贡献，就不能不从哲学、科学的新成果中吸取“营养”，不能无视当代科学、技术、哲学发展的新潮流。也就是说，我国教育研究的思维方式和具体方法面临着现代化的任务。令人欣喜的是，一方面，一些原来专攻哲学或自然科学的研究人员，在认准了科学发展的时代趋势后，主动加入了教育研究人员的行列；另一方面，部分高等师范院校的教育系改变了只招收文科考生的传统，实行兼收文理科考生的新招生方案，并在课程设置中增加了与自然科学相关的一些课程。这能使教育研究人员队伍总体的知识结构发生变化，从研究主体的角度，为教育研究方法的现代化创造一个必要条件。

具体地说，近年来，为教育研究方法现代化所做出的努力，主要表现在下列几个方面：

第一，运用控制论、信息论、系统论（以下简称“三论”）等横断学科提供的思想方法和具体方法来分析、研究教育现象。在教育研究中，逐渐开展对教育系统的整体结构的探讨：从研究要素、层次、子系统到结构与功能之间、系统与环境之间的关系；从研究状态到过程、静态平衡到动态平衡；从研究信息的输入到信息的反馈与调节；等等。这些都是借助于“三论”的一般思维模式进行的。这几年来，教育研究课题在不同的领域内和不同的层次上出现追求整体性、综合性、有序性和优化的倾向，也无不与此有关。可见，作为一种思维模式，“三论”已为相当一部分教育研究人员（尤其是中青年）所了解，并被当作一种新的认识教育的思想方法在教育研究中运用。但是，从具体的科研方法的角度看，系统工程和控制论等提供的方法尽管在制订教育规划中、在分析教学过程中得到部分运用，但就总体而言，应用的范围和深度还很有限。这首先与教育本身的社会性、复杂性相关，也与现有教育研究人员的知识结构有关。因为把为技术工程研究服务的控制论、系统论的具体方法运用到教育研究领域中来，须对方法进行合于研究对象特殊性的“改造”。要做到这一点，就需要研究者既掌握系统工程和控制论等方面的知识与方法，又对教育科学有相当的了解。然而现在集两方面于一身的人才不多，这就使方法的移植和改造受到一定的障碍或影响。

第二，在教育与其他学科交叉而产生的新学科的研究中，吸收了其他学科的研究方法，近十年来，在我国的教育研究领域内，陆续出现了一批新的交叉学科，如教育社会学、教育经济学、教育法学、教育政治学、教育人类学等等。这些学科在我国的出现，不但充实和发展了教育科学的内容、理论与概念，增强了教育科学的应用性，而且丰富了教育研究的方法。如经济学的计量研究方法、社会学的调查方法较之教育学中相应的研究方法，发展得更完善些，因此，它们成为相应交叉学科的主要研究方法。运用这些方法的价值，不只是适合于交叉学科的研究，而且对如何将发展水平相对较高的学科的研究方法移植到教育研究的领域，这对教育研究方法的发展有重要意义，它们具有在总体上推进教育研究方法科学化的作用。自然，“引进”其他学科的研究方法，并不局限于与教育有关的邻近学科和交叉学科，在一切发展水平高于教育学的学科中所蕴含的思想方法和研究方法，教育研究都可以而且需要借鉴和吸收。邻近学科和交叉学科只是最易被移植的部分。

第三，在教育研究中采用计算机等现代化技术手段，帮助观察对象、贮存信息、检索资料、处理数据等，这有助于提高教育研究的效率和准确性。但囿于研究经费、技术发展水平和研究人员素质，这些手段的普遍采用还有一个过程，但是毕竟开始了。

从以上三方面的简单分析中，我们可以看到哲学、科学技术的发展给教育研究方法所带来的变化，也可以看到这种变化还只是半青半黄。尤其在方法的移植方面，还存在着起始阶段几乎不可避免的生搬硬套、简单模仿的弊病。如何克服这些弊病，使教育研究方法不但富有“时代的风貌”，而且具有“独特的个性”，不但成为富有吸收其他学科研究方法能力的“输入国”，而且成为能影响其他学科研究方法的“输出国”，这将是教育研究人员尚须努力的又一个重要方面。

为了教育科学及其研究方法更快地发展，我们还有许多工作要做。然而在这些工作中，最有决定意义的是研究主体素质的提高。向自身的惰性挑战就是一个重要的侧面。方法是人创造的，方法为人所用。为了发展方法，为了有效地使用方法，我们不能忘记发展人。

本文作者署名：叶澜、陈桂生、瞿葆奎；本文最初发表于：《中国教育学刊》，1989（3）.

关于我国教育实验科学性问题的思考

教育实验作为自20世纪80年代以来，在我国教育研究领域中发展速度最快，影响面最广的一种教育研究方式，经过十多年的实践，已为广大教育工作者熟知，并逐渐掌握、运用。但是，这并没有消除人们对当今国内进行的种种实验在科学性上评价的分歧。问题出在哪里呢？是出在我们对教育实验科学性认识上的偏差，还是出在缺乏一种把认识上的“科学性”转化为实践操作上的“科学性”的能力或模式？还是二者兼而有之？概括地说，教育实验的科学性问题一直困扰着人们。因此，当教育面临着种种更复杂的挑战，当我国的教育实验开始书写第二个十年的历史时，我感到有必要把对教育实验的思考集中到科学性问题上，因为科学性是实验的生命，因为科学性的认识和贯彻，关系到我国教育实验质量的提高和教育实验作为一种研究方式的发展与完善。

一

在对教育实验科学的问题进行探讨前，有必要先对“科学性”是相对什么而言的做一个明确界定，否则，讨论就可能没有共同的前提。在我国关于教育实验科学性认识上的分歧，有相当部分是由对“科学性”本身理解上的不同而引起的，但这种不同往往不是正确与错误的不同，而是因相对不同概念来界定“科学性”所带来的不同，是在不同层次上谈论科学性而带来的分歧。孤立起来看，似乎各人的主张都没有错，但放到一起，却无法统一，造成所谓的“公说公有理，婆说婆有理”的局面。

如果离开“教育实验”来谈论“科学性”，那将是在最一般意义去界定科学性，它与认识上的偏见、迷信所具有的特征对立，指的是人在正确的认识活动和实践活动中表现出的特征：实事求是的态度、批判与独立思考的精神、追求真理和服从真理的勇气。它是人类认识事物和解决问题的理性保证。可见，无论是认识活动还是实践、科研活动，无论是哲学研究还是调查研究、实验研究，都有是否具有最一般意义上的科学性之分。通过这把“尺子”，人们可以划分出认识上和行为上的正确与错误，但是不足以区别各种不同性质和方式的人类活动。因此，我们在谈论教育实验的科学性时，如果仅停留在一般意义上阐明科学性的标准，尽管没有错，尽管是必要的，尽管有些实验连一般意义上的科学性也没有或没有完全做到，但对于把握教育实验的科学性标准来说，无论如何是不够的。

一旦我们在“科学性”前面加上“实验的”三个字作为定语，对“科学性”的界定就进入到人类研究活动的特殊领域。

“实验”作为一种特定的科学研究方式的概括，它诞生、形成于对自然现象的研究，并帮助人类达到了仅靠思辨的哲学研究方式无法实现的、对自然规律的具体认识和利用水平，从而获得人类的极大信任。从实验研究方式形成的角度看，实验的科学性是相对于哲学的思辨性而言的，它表现为实证性，即最终不是靠思辨的力量而是靠事实的力量，不是由推理的逻辑而是由操作的实践，不是以定性的方式而是以定量的方式，来证明和表述研究对象之间的因果关系的客观存在。无疑，这种研究方式的过程变为可经验的外部实验的操作过程，实现了研究过程的“客观化”，并以此保证认识结果的可检验性，这是实验研究与哲学思辨两种研究方式的最大区别。忽视了这种区别，就不可能对实验的科学性达到超越一般的特殊层次的认识。

然而，必须指出的是，在实验研究方式形成和推广的过程中，出现了一种认识上的偏差，它至今还影响着一些人，使其认为，实验研究方式是最科学的，甚至主张用实验研究方式来取代哲学研究方式，否定哲学研究具有科学性。这种观点可称为实验至上主义。我们说过，实验研究方式的诞生是人类智慧的高度体现，但是，实验至上主义却是人类思维走入误区的典型表现，它不仅是错误的，而且有害。实验至上主义的错误，在思想方法上就是混淆了特殊与一般两种不同水平级的科学性，把实验研究方式体现的特殊层次上的科学性提高到一般的层次上，然后，把它作为一般标准，否定另一种特殊层次上的，即哲学研究方式的科学性。与此同时，它必然还犯了把两种特殊研究之间的相互区别当作绝对对立，从而割断了它们之间的联系与转化的错误。上述错误带来的危害，不仅是束缚了自己的手脚，把属于多种研究方式“之一”地位的实验研究方式奉为“唯一”，而且也会损害实验研究方式在研究中作用的发挥。因为它否定了哲学研究方式的价值。但事实是，任何一种研究要想取得成功，都不能没有理性思维，忽视理性思维的实验研究方式必然会走到技术至上的死胡同去。

实验研究方式的科学性除了相对于哲学研究方式而具有实证性以外，在相对于其他的实证研究方式，如观察、调查等研究方式时，其特殊性主要表现在方法的规范上。因此，要想把握实验研究的科学性要求与其他实证研究方式的区别，就必须懂得实验法的基本规范以及确立这些规范的前提性假设和原则。实验法与其他实证研究法的区别，是由它需完成的直接认识任务决定的。

实验法不同于以完成客观记录正在变化着的现象为直接任务的观察法，也不同于以搜集、分析已存在的客观事实或材料为直接认识任务的调查法，它以把事物之间的因果关系用可经验的方式显现出来，以证明研究者提出的假设是否正确为直接认识任务。所以，假设、控制与验证就成为实验法不可缺少的要求，这三者之间又存在着环环相扣的联系：假设是起点，没有假设就无实验可言；控制是实验过程的关键，没有控制就无法显现假设中提出的因果关系，实验也不可能有效度；验证是实验的终点，实验的结论没有验证，就不可能作为认识的成果被确认，整个实验活动就没有实现认识的任务。由此可见，离开了这三点就没有什么实验法可言，实验法的规范主要就是对假设、控制和验证的规范。实验法规范遵循的最基本的原则是区别各种变量，通过对各种变量的不同方式的处理，使自变量与因变量的关系，不受干扰地以清晰、可经验的、可做定量分析的方式呈现出来。由此我们也可以看出，实验方法是以分析实验对象为前提的。它假定：实验对象是可分解的；实验对象与它存在的环境之间的联系是可以分解并人为控制的；同时也假定人的实验操作不会影响实验变量之间的相互作用，即实验主体与客体之间不存在相干性。所以，尽管实验是实验者有目的、有计划地主动干预实验对象的行为，但它获得的认识结果依然被认为是客观的。

综上所述，关于实验的科学性，人们实际上是在三个层次上做出回答：最一般的层次是做科学精神与态度解；第二个层次是做实证研究遵循的原则解；第三个层次是做实验所特有的实验方法的基本规范解。这是一个对“科学性”的认识从抽象一般到具体个别的发展系列。我们要想把握住实验研究方式与其他研究方式的差别，就必须把对实验科学性的认识“定位”到第三个层次上。当然，这并不意味着对另外两个层次科学性存在的否定，相反，在实验研究中，科学精神与实证性是以实验方法规范的特殊形式表现出来的。我们强调要在方法规范层次上来看实验的科学性的另一个理由是，只有在这个层次上，科学性才能不只是停留在口头上、认识上，而能在实践中体现并指导实践，这正是当今我们讨论问题的最终目标。

二

教育实验与实验的逻辑关系是特殊与一般的关系。在严格意义上说，教育实验就是指用实验的研究方法来研究教育问题。这些教育问题可以是实践中产生的工作式问题，也可以是与发现新观点、新理论或新方法等相关的科研式问题。教育实验的科学性不以上述研究问题的性质而转移，而以是否按实验法的规范进行实验为准。

但是，“任何一种科学研究方法都必须使自己符合自己的对象所具有的内在特性”[①]。实验法的一般规范是在以自然为对象的研究活动，首先是在物理学的研究活动中形成的。因此，当它被用来研究教育问题时，首先遇到的问题就是对象与方法的合适性问题。

教育活动与自然界的存在（包含物的实体与运动）之间有着十分显著的质的差别。与实验法规范的前提性要求对照起来看，实验法几乎不可能用来研究教育问题。因为，教育活动中的因果关系十分复杂，它不但呈现出多因素相互作用的现象，还存在着因果在过程中不断相互转化，致使很难分解变量。教育活动与它的环境存在着千丝万缕的关系，教育不可能与环境割断，无法在“真空”中进行；在教育研究中，研究者、教育者、受教育者都是人，这造成了研究者与研究对象具有不稳定的特质，他们本身都会成为影响实验效度的因素。总之，在教育实验中，研究对象难以纯化和缺乏稳定性，环境难以控制，研究者与研究活动本身有可能成为干扰实验对象的因素，再加上教育实验中因变量的状态在涉及人的精神与心理方面的变化时难以直接测量，教育实验的成败涉及人的利益与人的身心发展，要受伦理、道德的限制等原因，使实验法在教育研究中的运用面临着众多几乎难以克服的困难。对此，研究者可以有两种选择：一是放弃实验法在教育研究领域里的运用；二是在符合实验法规范的前提下，对教育研究对象作适合实验要求的处理，对实验方法作适合教育研究对象特质的改造。以上两种选择都是科学的，只是前者消极了一些，但它说明选择者认为实验法的使用是有限度的，教育研究不适合用实验法。后者显然是一种艰苦的选择，它要求在具体方法上做出创造。只有第三种选择是不科学的，那就是要实验法之名，因为它已具有被公众承认的科学性的声誉，但不顾实验法的规范。这种选择，无论对于教育研究本身，还是实验法的发展都没有任何好处。

教育实验的先驱者们最终做出了艰苦而富有创造性的抉择，设计出了一整套体现实验法规范，又不同于自然科学实验的教育实验方法[②]。自然，这套方法的

---

① 李凯尔特．文化科学和自然科学．涂纪亮，译．北京：商务印书馆，1986：45.

② 关于教育实验方法的具体操作规定，在有关增长率实验的著作中都有明确、具体的描述，本文不做展开性的论述。

形成还得益于数理统计和心理测量等学科的发展，它们为教育统计和教育测量的形成提供了基础，为教育实验的测定、数据处理与检验等提供了特殊的数学手段。

从方法论的角度看，把始于并适合自然科学研究对象的实验法，改造成适合教育科学研究对象的实验法，主要是引进了“相对”的思维方法：在相对的意义上求纯化、求平衡、求稳定。如通过对照组与实验组的设置，使属非实验因子的环境变量和机体变量在两类组中达到相对一致，从而实现实验因子的相对纯化；以共同变化代替绝对稳定，求得相对稳定；通过前测确定因变量的相对原始点来代替绝对原始点；通过测定程序排列设计来排除操作本身可能带来的干扰；通过统计处理表示实验数据的概率意义等等。这是在承认教育实验的对象——人是具有能动性的生命体这样的“特质”，以及承认教育活动与环境无法分割，许多变量实验者无法直接控制或严密控制的特点后，在方法上做出的改革。这些改革，在坚持用自然科学实验法的具体要求来衡量一切的人看来，都是不科学的，是实验法的降格。但是，如果从方法在体现规范的同时，必须与对象性质吻合，即方法要具有研究对象的可能这个角度看，那么，实验法在教育研究中表现出的相对性是方法的发展，它使实验法能研究人及人为的事物。在我看来，实验法的规范只有在以人及社会现象为研究对象的研究中，才能得到贯彻并有其独特的表现形式时，才在完全意义上具有“一般规范”的意义，在此以前，这个规范主要是自然科学范围内的“一般”。所以，实验法在社会科学领域内，在此我们涉及到的是教育研究领域内的应用，不仅对于被应用的学科来说是重要的，对实验法自身的发展同样是重要的，它用“相对”补充了“绝对”，扩展了实验法的适用对象，使实验规范具有了更丰富多样的具体表现形式和更具一般的价值。这是实验法在普遍意义上的扩展与完善，并不是降格。教育实验研究者完全不必为不如自然科学实验的严格与精密而报怨，完全有资格为实验法在教育研究中改造的成功而惊喜、自豪。

因此，从研究方式的角度看，教育实验的科学性主要是以实验法的规范在教育研究中的具体体现为准。自然，从内容的角度看，教育实验的科学性还与研究课题提出的依据是否充分相关。这个要求是属于前提性的，在对研究方案进行审查时，从科学性的角度来说，首先要审查的就是这一点。其次是研究价值，即课题的创新程度。但这不是本文探讨的问题，故不做展开。在课题的科学性被确认以后，方法的科学性就成了关键因素。我们不应主张方法至上，或者僵死地对待方法，让人被自己创造出来的方法所束缚。但是，同样也不能无视方法，灵活无度，随心所欲。方法的规范是区别研究方式的依据，也是评价某种研究方式是否具有科学性的依据。否认这一点，实际上就犯了方法虚无或方法泛化的毛病。就本人所接触到的实际和了解到的情况看，在我国教育实验所面临的问题中，对研究质量具有威胁性的问题，并非是实验方法缺乏规范，而是实验人员缺乏实验方法规范意识，缺乏熟练地、进而创造性地运用实验方法的能力。这些方面的缺乏将使实验徒有其名，也将使实验的科学性不能得到保证。如若连科学性都缺乏，还谈什么实验的质量和价值呢？所以我认为，有志于教育实验以及天天在进行教育实验的研究者，必须正视这个问题，并努力克服这方面的缺陷。

三

当前，若要在我国教育实验研究人员中确立实验方法规范的意识，在认识和舆论上至少要澄清下列两个问题。

1. 明确实验在教育研究中的适用范围

作为研究方式的实验有特定的方法规范，这就决定了它在教育研究中的作用范围是有限的，不是无限的。在此，“有限适用”包括两方面的含义：一是指某些问题能用实验法研究，某些问题不能用实验法进行研究；二是指某些问题用实验法研究效益高，某些问题虽然能用实验法研究，但效益不高，没有必要。不树立实验在教育研究中适用范围有限的观念，就会滥用，滥用的结果必然无视或无法规范。因此，明确教育实验的适用范围，克服滥用，是强化实验规范意识所必需的。

就我国当前的情况看，滥用实验的状况是存在的。这与我们在提倡实验法的时候，没有同时对实验法的规范进行阐述和研究有关，也与在舆论上强调实验法是最科学的方法，提出诸如“没有实验就没有教育科学”“实验是教育研究的生命”等口号有关。一时间，形成一种错觉，似乎搞教育研究就必须搞实验，舍此无他法。于是，不管是否具备条件，不管是否适合，各式各样以实验冠名的研究蜂拥而起。自然，从反映广大教育工作者从事教育研究的热情和积极性的角度看，这是值得欢欣的，但是，从实验科学性的角度看，则是需要反思与引导的。不然，积极性不可能持久保持，也不能产生预期的效果。

事实上，实验研究只是教育研究的一种形式，即使在实证研究的范围里，它也只是之一，而不是唯一。在教育研究中，理论研究、观察研究、调查研究、文献研究、系统研究等都有其独特的存在价值，这些价值也是实验研究所不能替代的。它们同样有与实验研究不同的规范，尊重这些规范是这些研究科学性的保证。

从研究目的的角度看，实验适宜于研究（证明）事物之间的因果关系，不适宜做理论发现和价值判断的研究。后两类研究要靠理论思辨和调查、观察等方式来实现。实验研究以假设的提出为起点，但提出假设的过程不受实验法规范的限制，实验法对假设的规范，只是对其表述合理性和可操作的规范，而不是对如何发现理论过程的规范。就过程而言，实验法只对验证假设的过程做出规范。所以，从这个意义上我们可以说，实验法不承担发现理论的任务，它只承担验证发现的任务。也正是在这个意义上，我们必须建立起理论研究与实验研究的联系，没有深刻的、富有创新意义的理论研究，就不可能提出有价值的实验研究课题与假设，使实验患有先天不足之疾，这一点要引起广大以科研为目标的实验研究人员的重视。

从研究变量的角度看，实验适宜于研究自变量数目较少且清晰、可操作的问题，并且自变量与因变量的关系要能够与其他变量和因变量的关系区分开来。这是实验控制的最基本要求。用什么方式控制可以变换、创造，控制的强弱可以有不同，但控制是必须的。分解变量、分解不同变量之间的不同相互关系，是实验的特征。有人指责实验法人为地割裂事物之间的相互关系，因此研究是无意义的。对于那些确实人为割裂了联系的实验来说，这个指责可能是合理的。但是，认识过程中对整体事物的分解，无论是思维的方式，还是实验的方式，都是必需的，也是可能的。只要不是“乱砍一气”式的割断，而是“庖丁解牛”式的分解，则应视为“合理的分解”。所以，人为割裂并不是实验法的必然特征，它是拙劣实验的特征。也有人想克服实验分解变量的缺点，主张研究整体，以为这样就使实验法完善了。其实，这使实验法丧失了自己的研究方式的特点，也就使它无用武之地。研究整体的结构与功能，乃至使整体优化，这是很有价值的课题，它应该用系统研究方法来进行，而不适宜用实验法来进行。系统优化的原则、方法、程序是具有普遍性的，但每一个优化系统都是在具体的特定条件下建立的，所以不可能普遍化。我以为，把实验研究与系统研究两种不同的方法规范区别开来，有利于两种研究方式各自的发展与效用的充分展现。这里不存在两种方式优劣的差异，也不是说这两种方式不能服务于同一课题的研究，只是强调要注意研究方式的特点。实验研究的适宜程度与研究变量的可分解度呈正相关，与研究变量的数量呈负相关。

就我国当前大量存在的整体改革实验来看，其科学性的提高可以沿着两条道路进行：一条道路是在上一阶段改革的基础上，分析出主要变量，或把整体分解成若干子系统，作分解式的实验研究，把变量之间的因果关系研究得更具体、清晰、深入一些；另一条道路是运用系统研究的方法，对系统结构的认识和研究结构的优化，以实现提高教育质量的目标。在这个方向上教育研究还大有用武之地。前一阶段的整体改革实验在运用系统论的基本观点分析教育问题上，在认识学校教育的内在结构性以及调动广大教师参与教育研究，组织、培养、形成科研队伍方面都做出了积极的贡献。问题不在于研究人员不努力、不认真，而是研究方式选择不合适[①]。

2. 理清教育实验与教育实践的关系

教育实验主要是自然实验，这已众所周知，它决定了教育实验与教育实践既不可分割又必须区别的复杂关系，企图通过将教育实验变为实验室实验的途径来提高教育实验的科学性，这几乎是不可能的。在教育实验中运用实验室及仪器等技术手段，大部分是有关对象心理因素测定的研究。所以，教育实验科学性的提高，主要指克服自然实验混同教育实践的状况，要求区分教育自然实验与教育实践。

教育自然实验又有真实验与准实验之分。真实验与准实验在研究方式的规范上属同类，在要求研究必须有假设、控制与验证这三个要素上，两者没有不同。有人以为准实验可以不受实验规范约束，那是误解。其实，当我们谈论准实验时，实际上就是以真实验为参照系。真实验与准实验的区别主要是在设计、操作及体现方法规范的严密程度上，准实验是在实验研究方式规范允许的范围内，进行更贴近实验条件的变通实验操作，使实验法有更广的应用范围。从这个意义上看，准实验给实验法增添了活力，它是实验研究方式发展史上的又一重要进展，为实践向实验的转换提供了更大的可能与中介方式。正由于准实验与实践最为贴近，我们若能区别这两者，就不难区别真实验与实践。所以，我们可把区别教育实验与教育实践的问题再缩小为区别教育实践与准实验。

首先，从活动目的角度看，准实验的研究目的是由研究课题决定的，它虽然不能与它所附着的教育实践的活动目的相悖，但它不会与实践的目的等同。它常常只涉及综合性实践目的中的某些方面，而且以具体的方式表述。如果把某一准

---

① 关于教育实验研究与系统研究两种研究方式的分析比较，可以从研究方式发展史、方法论及具体方法等多角度进行，但这不是本文的任务，故不做展开讨论。

实验的直接目的描述为“全面提高教育质量，促进学生全面发展”，这与教育实践就无法区别了。另外，制定教育活动目的的主体与制定准实验目的的主体并不必然一致，即使是同一主体，由于活动的性质不同，在制定目的的指向上也不相同。

其次，准实验必须有变量分析和提出假设，这是在实验前就要明确的，不然，在实践过程中就不可能有实验操作。被确定为实验变量的因素，在教育实践中虽然可能也是存在的，它们也在相互作用，但进入实验状态后，它们或被有意识地区分开来，或被有意识地改造，增添进新的因素，并被有意识地操作、观察、记录、测定。而实践关注的是任务及完成任务的方法与途径，它所进行的是任务分析和对策思考，实践不要求记录完成任务过程中变量之间的互动状态，虽然有心的或有经验的、有研究意识的教师，可能也注意工作过程中的变化和对工作进行评价，但不是系统而有意识的，也不会提出验证假设的要求。可见，实验变量的研究，假设的提出，自变量的操作，因变量的测定，构成了附着于教育实践的准实验实施过程的特殊成分，并因此而区别于实践。这里还需要说明的是，准实验没有通过设对照组等方式来严格控制无关变量，但它用自然条件下的大群体对照的方式来弥补缺乏等组对照的缺陷。如 20 世纪 50 年代由胡森领导的、斯托克霍姆市进行的、有关中学实施综合教育与传统的学术性教育两种模式的比较研究，就采用了城市中一半学校实施综合教育、一半学校实施学术性教育的大群体对照方式，胡森称“这种情境几乎可以被看作一个正规的实验情境”①。在单组有前测的准实验设计中，又通常采用多次随机插入自变量并多次测定因变量变化的重复观测设计，来提高对自变量与因变量因果关系判断准确性的程度。对照组的群体化、自变量插入与因变量测定次数的增加，在一定程度上弥补了准实验对无关变量缺乏控制的缺陷，由此可见，准实验并没有丧失控制意识和控制要求，只不过受现实限制而弱化了，但准实验研究者的聪明才智，恰恰突出地表现为在难以控制的情况下设计的控制，其巧妙令人赞叹。

最后，从活动结果的角度看，教育实践关心的是目标是否实现、任务是否完成，而准实验关注的是实验过程提供的资料是否足以验证假设。因此，准实验附着的实践活动无论结果多么出色，若没有提供足以判断假设是否可确立的实验事实，或者没有从验证假设的角度去分析结果，对准实验本身来说，是没有意义的。我们不能把实践的成功与同一实践中准实验的成功简单等同，它们有不同的

---

① 有关了解学生和研究学生的制度和方法可参见：郑继伟．小学教育综合实验初探．杭州：浙江教育出版社，1986：8-11.

衡量标准。

以上，我们着重分析了确定教育实验人员实验研究方式规范意识所必须解决的认识问题。当然，教育实验科学性的真正提高，仅有规范意识不行，还需要有运用规范于具体研究中的能力，这不仅要求实验人员学习实验研究方法，而且要在实验中摸索、体验、把握乃至创造，说到底，这是提高教育实验研究人员的研究素质问题。如前所述，实验法在教育研究中已被运用得十分灵活，在方法的硬性规定越少的情况下，对运用方法的研究主体的意识和能力的要求必然越高。相信在今后的十年里，我国教育研究队伍里会形成这样一支高质量的实验大军，他们是我国教育实验科学性的最重要的保证。

本文发表于：《教育研究》，1992（12）.

思维在断裂处穿行
——教育理论与教育实践关系的再寻找

一

教育理论与教育实践脱离的问题是一个多年煮不烂的老问题。尤其当议及教育理论的发展或教育实践的进步时，大都不能绕开它。当代中国教育发展面临着由社会转型而生的一系列挑战。于是，要求理论界研究教育实践中提出的新问题之呼声日益强烈，要求实践界学习新理论的舆论也日益高涨。无疑，这为新世纪推进中国教育理论界与实践界的结合，共创理论与实践发展新局面提供了重要的契机。然而，契机的存在并不意味着问题必会解决。它对我们提出的第一个要求是，让对这一老问题多少已麻木的神经重新活跃起来，想一想，为什么老问题总解决不了？我们是否需要寻找一个解决老问题的新起点？

语言哲学大师维特根斯坦的这段话对我们颇有启发。他说："洞见或透识隐藏于深处的棘手问题是艰难的，因为如果只是把握这一棘手问题的表层，它就会维持原状，仍然得不到解决。因此，必须把它'连根拔起'，使它彻底地暴露出来；这就要求我们开始以一种新的方式来思考。……难以确立的正是这种新的思维方式。……一旦我们用一种新的形式来表达自己的观点，旧的问题就会连同旧的语言外套一起被抛弃。"① 自然，语言表达方式是我们认识方式和水平的显现，要改变问题的表达方式首先要反思原有的提问方式存在什么问题，也许，这就是我们可以采用的一个新起点：从对老问题的拷问开始。"如何解决教育理论与教育实践脱离问题"的提问方式，蕴含着一个前提性假设，那就是教育理论与教育实践是"可以"且"存在"着脱离状态的。所谓"可以"是一种认识上的结论，所谓"存在"则是指一种实在的现象。这一前提性假设还为我们勾勒出一幅图像：在教育理论与教育实践之间有一个巨大的裂口。它暗示着对问题答案的寻

① 布迪厄，华康德．实践与反思．李猛，等译．北京：中央编译出版社，1998：1－2.

求，就是为了在断裂处架设起一座沟通两岸的“桥梁”。那么，“断裂”是真的存在，还是一种因认识的误区造成的假象？倘若真的存在，它究竟以何种方式存在？由何种原因造成？是不可避免的，还是可以控制的？这些问题需要我们面对被假设认定的“断裂处”做出思考、分析与判断。如果对上述问题再做一次聚焦，我们的提问方式可以这样表述：是否存在与教育实践完全脱离的教育理论？是否存在与教育理论完全脱离的教育实践？这相关的问题也许远没有做到把原先的问题“连根拔起”，但至少使原已板结的思维土壤有所松动，让逸出的思维有可能在断裂处穿行。

二

为了回答上述问题，先要确定“教育理论”“教育实践”“脱离”等几个概念所指的范围。在此，本人并不企图来统一对这些概念的认识，因为这将又是一场纷繁复杂的“战斗”。我只是想说清楚自己的理解，为做进一步的阐述划定一个基本区域，同时使问题有可能进一步清晰化。

教育理论，作为一个名词，泛指人们有关教育的理论性认识。所谓理论性认识是指一种认识的结果，它是理性思考的产物，以概括、抽象判断（程度可以不一）为其共同特征，而概括、抽象的层次与类型的差异则构成其内部的层级与类型。因此，当我们谈及理论时，一方面要注意其不同于个体陈述的具体事实和体验、个体与群体进行着的教育实践；另一方面，又不能忘记理论内部的层级差异和类型区别，不要把理论当作由完全相同的“原子”组成的集合体。另外，还必须指出的是，理论在现实中有两种不同的存在形态，一种为群体所共有的普遍形态，它脱离于产生理论的主体，以文字、各种符号形式存在；一种为个人或部分特殊群体所拥有的私我和局部形态，其中包括个体因学习而内化的个人理论，还包括尚未完全脱离产生理论主体的，以言说和一定范围内的共同经验为形态的存在。个体内在理论的后一种状态可称为理论的原始态，它在没有文字记载的社会中已经存在，并成为当时人们认识和进行各种生产、生活实践的重要工具。即使在今天信息社会中，这种形态依然广泛存在。个体内在理论与每个人的认识和工作、生活实践息息相关，并成为促进个人发展，形成新的共有普遍形态理论的、生生不息与丰富多彩的资源。忽视后一种形态理论的存在，不仅导致理论发展资源的缺失和个人发展的停滞，同时也会造成理论僵化、单一化，并导致自以为掌握理论的、唯我独尊的、霸权式理论权威的滋生。以前，我们确实忽视了这种理论存在的方式和它的价值。

教育实践，是对人类所进行的教育活动的总称。它是人类社会活动不可或缺的组成，有独特的对象与领域。教育以有意识地影响人的身心发展为直接目的，这是其与别的社会活动领域的标志性区别。与教育理论相似，教育实践同样内含许多种类和层级，并构成相应的系统。教育实践的存在形态是人的活动和行为，也有个体与群体之分，且总是以一定的时空、环境和资源作为必要条件，所以教育实践除共通性外，总还具有鲜明的历史性、地域性、生成性和综合特殊性①。

最后涉及的一个概念是"脱离"。作为动词用的脱离，是指将原来相关相连的事物分离开来的动作；作为形容词用的脱离，是描述原来相关相连的事物分离开后的状态。无论将脱离当什么性质的词用，都暗含着一个信息：脱离的双方（或多方）原先的状态都是关联的。因此对有无完全相脱离的教育理论与教育实践的提问，还可以追问到教育理论与教育实践存在着怎样的关联上。倘若这种关联中有必然的、不可分割的方面，那么，"脱离"也许只是一种现象，或者说我们用脱离一词不足以说明教育理论与教育实践的全部关系。为了看清"脱离"，还要弄清"关联"。这是我们思维实现的又一次转向，这样，也许离"连根拔起"就更近了一步。

对于教育中理论与实践关系（包括"关联"与"脱离"）的认识，我认为，以往尽管讨论多次，但缺乏的是对这一关系性质、方式和特性等方面的深入研究，远未揭示出这一关联的丰富性和复杂性，因而，认识长期停留在"一般号召"的水平上，这是教育理论脱离教育实践问题长期得不到解决的重要原因之一②。

教育中理论与实践关联的性质，从本质上看是人的认识与实践的关系问题，都与作为认识主体和实践主体的人相关。在以往的讨论中，我们偏重于对理论与实践的关联状态做分析，忽视的恰恰是对作为认识与实践主体的人的状态与关系研究。而正是他们在从事着教育理论研究与教育实践活动，是他们的活动方式和关系状态，决定着教育理论与实践的发展水平和关系状态。所以，我们应该把研究的重心集中到更为根本的主体身上。

具体地说，教育领域中涉及的主体分为两大类。一类是教育理论研究人员，

---

① 综合特殊性区别于由单个因素所构成的特殊性，它由元素、关系和结构三个层面来体现，呈现出综合性，故本人称其为"综合特殊性"。

② 叶澜．教育研究方法论初探．上海：上海教育出版社，1999：158－160.

其中又可大致区分为从事学科基本理论研究和应用理论研究两大部分；一类是主要包括教育行政人员和教师两部分组成的直接从事教育实践的人员。两大类人群中的每个人，既分属不同的群体，又是独立的个体。下面，我们以分属不同群体的个体在理论与实践方面的关系状态分析为核心，同时透析不同群体的相关状态，作展开式的探究。将研究集中于具体的不同类主体，这是本文企图达到对老问题“连根拔起”所走出的最后一步。

三

在论及具体的相关不同类主体以前，有必要先对作为主体的个体，在理论与实践关系上所呈现的状态做出分析。因为以往的研究还缺少这一角度的关注。

一般而言，任何个人所具有的理论都包含着个人对自身实践的相关认识，即个人所具有的相关经验性认识和理论认识。所以，从个体实践的意义上，完全可以说，不存在脱离个人内在理论的实践。反之，也不存在与个人实践无关的内在理论。只是后者提到的个人实践包括两种：一种是与个人内在理论所涉对象直接相关的实践。通过它，个人能积累经验，形成基于个人实践的内在理论，个人能发现实践中面临的新问题，在解决问题的过程中创造新理论。这种“新”不仅就个人而言，它还可能成为人类认识史上的新，任何一个创新的理论无不是从个体的大脑中产生的。另一种是个人的学习实践，可分为对现成知识的学习、对他人经验的学习和通过对自己实践的反思与重建实现的学习。第一类学习，除了接触以外，重要的是通过理解和体悟转化为内在理论。第二类学习是通过比较、思考获得启发而实现内化。这两类学习就指向而言，可称其为“他向学习”。第三类学习，使个人对自己实践的所得所失以及过程的认识理性化、清晰化、自觉化，并形成能提升个人实践的内在理论，也就是心理学中提到的元认知过程所得的结果，我们可以称之为“我向学习”。

综上所述，个人内在理论的形成是一个复杂的过程。它涉及的范围超出了由个人直接从事的相关对象性实践，与个人的学习实践相关。正是这种因学习实践而得以形成的内在理论，使个体不仅与人类业已形成的知识、他人的经验和实践联系起来，实现个人认识对时空与个人实践的超越，而且能对自己过去的实践实现自我超越，并具有创造新的未来实践的能力。这是只有个人对象性实践，没有个人学习性实践的人所不能具有的。由个人学习性实践中我向学习所获得的理论，还形成元认知，使个人对自己实践的理性认识达到策略层次。缺乏自我意识、反思意识和发展意识的个体，很难使学习达到这样的层次。所以，个人的学习实践是促使个体内在理论发展最富能动性的实践，由此形成的个体理论也是最富促进个人实践发展能动性的理论。从事同类社会实践，甚至处在同一环境中基本条件相近的个体之间在实践和个体发展中表现出的巨大差别，也与个体的学习性实践及所达到的层次有直接关系。

总之，个体内在理论不局限于个人实践，它可能与人类知识和实践的一切领域沟通，而这个沟通的实现，又不能离开个人的对象性实践和学习性实践。这就是我们对个体内在理论与个人实践关系的基本认识，也是我们在第二节中就强调深入研究个体内在理论的又一个重要原因。

以上述有关个人理论与个人实践的一般分析得出的结论为参照，考察一下我国教育领域中两支队伍的相关状态，会发现我们自身认识上和行为上的不少盲点或误区，并为解决问题找到路径。

四

先看教育理论研究者。

进入到这支队伍中的成员，大多都认定自己的社会责任是研究和传播教育理论，通过研究推进教育理论的发展是共同的理想追求。这决定了他们职业实践的基本指向与方式。如前所述，在这个群体中的每一个人，还按两个维度（理论与应用的纵向维度和学科的横向维度）分属两个层次：学科基本理论（以下简称“基本理论”）研究群体层次和学科应用理论（以下简称“应用理论”）研究群体层次。这种定位式的划分，既明确了不同人员所属不同研究领域，使各自的专业化程度有可能实现，同时，也出现了两种无形的屏障，它设在两个层次间和不同的学科间，成为个人局限和偏见产生的实践根源之一。

被众人认为与实践离得最远的可算基本理论层的成员。他们大多把自己的研究实践指向现有理论，通过分析比较、批判重建等一系列思维加工来实现理论的推进，这本无可非议。如果研究基本理论的人都不读书，没有对现有理论思考、质疑、批判的习惯和能力，就不具备发展理论的个人基本素质和可能。还有的人认为研究基本理论的人之所以脱离实践，是因为他们采取思辨而不是实证的方法，似乎只要采用这种方法就能解决问题了，这也只是似是而非的言论。对实证方法的崇拜本身已表现出方法论上的偏颇，任何研究的价值从来不纯粹由方法决定，即使是实证方法的运用也不能离开思辨，连实证方法本身也是思辨的产物。

何况，任何一种研究在发现问题、策划方案、制作工具、选择策略、分析资料、形成结论的过程中都不能没有思辨。因此，不能由方法来承担“脱离实践”的责任。

值得讨论的是这一层面成员的研究实践中，关于研究对象的视野是否需要突破?

就本人的认识和实践体验而言，突破仅以业已形成的理论为研究对象的局限是必要的，在当今中国社会处于重大转型期的时候，把研究对象的视野拓展到正在进行着变革的生动甚至显得有些无序的社会与教育实践尤其必要。这种突破的价值，首先不在于从实践中去找证实或证伪某种理论的例证，也不在于用自己的理论去指导教育变革的实践，而在于研究主体有可能去认识一个变革着的社会与教育，这个对于研究者来说同样是陌生的和富有冲击力的社会与教育。这种冲击不只是对自己头脑中已形成的教育理论，而是对认识整个社会与教育的立足点、方法和习以为常的框架与原则的冲击。不认识这种冲击的价值、合理性、问题与趋势，研究个体的精神会依然生活在过去的世界之中。这样，连与现实对话的可能也没有，还奢谈什么“联系”与“指导”? 研究新与旧、历史与现实的继承、转化与冲突，还能使原有的认识深化、发现新的问题域和富有时代气息的创造性实践，体验新旧事物消长过程的全部复杂性，为理论提供新的来自生动实践的养料，使实现新的、富有时代气息的结构式理论更新具有可能，以履行作为当代基本理论研究者的社会职责。所以，这种研究具有双重价值：促进研究人员观念自我更新和形成新的问题域、发展理论的价值。这是时代的实践对研究者精神的滋养过程，基本理论研究者要想与时代对话，要想在一个变革的时代在自己研究领域里有所作为，不能没有这样的面向时代变革实践的研究。

与此相关的是这类研究人员个人学习性实践的拓展和新能力的发展。要想从对实践的研究中获得精神的滋养和形成新的理论，十分重要的是要形成一种透视生动实践、形成理论结构框架的能力，还要学会一种生成性的思维方式。“理论结构框架”能力是一种面对生动、综合实践的综合抽象能力，它不同于面对现成的抽象理论的批判性思考，需要有一种既能析出元素，又能把握关系，且能实现整体式理性综合的能力。所谓生成性的思维方式，既是一种虽有框架，却又非凝固化的，十分善于捕捉变革中涌现出的事物，敏锐判断其具有的整体性价值，进而修正原有理论框架的能力。用美国社会学家华康德的话来说，生成性的思维方式，“其标志之一就是它不仅能超越它最初被公之于世时所受各种因素限定的学术情境和经验领域，从而产生颇有创见的命题，而且还在于它能反思自身，甚至能跳出自身来反思自身”①。这两个相关的能力，都是许多从事基本理论研究的人员在过去的研究实践中缺乏训练的能力。

从事基本理论研究的成员在个人学习实践方面，还需要有突破本学科范围的横向拓展性学习，也需要向更高一级综合的学科和更为具体的应用学科上下移动的纵向拓展性学习。这两方面的学习再与我向的反思性学习结合起来，就不仅有更新理论的可能，而且有自我学术更新的可能，这是研究人员学术生命发展的重要内动力。我认为，只有努力实现学术自我更新的研究者，才有可能在更大的程度上对基本理论的更新产生作用，进而具有对变革实践产生推进的作用。

当今，基本理论研究人员只有突破层次和学科范围两大屏障，只有把时代生动的实践纳入自己的研究视野，并培养新的研究能力，才有可能实现专业化水平新的提升，才有可能对理论与实践做出新的贡献。上述分析也清楚地说明，这些成员就个人而言，个体内在理论与个体实践是不可能脱离的，但如果不意识到当代实践也是研究的重要对象，那么，就会存在个体内在理论与社会及发展着的教育实践脱离的危险。但这种危险不是不可改变的，只要能意识到且在研究中践行，就有可能变危险为机遇。

还需要说明的是，要求基本理论研究人员研究现实社会与教育实践，并不是要求他必须进入应用研究层次，对一系列操作性问题做出具体的明确回答。如果达不到直接应用的水平，应用理论研究者或实践工作者就指责基本理论研究人员脱离实际，这是不公正的。因为这样的要求实质上是否定基本理论研究存在的必要性。这无论对实践还是对理论的发展都无益。基本理论研究对实践的作用方式可能是间接的，但它更具有总体性、根本性、动力性、透析性和方向性，它通过对其他成员观念、思想方法带来的冲击性影响，促进他们在自己的实践中做出新的创造来发挥作用。那种不区分理论层级，简单要求无论什么理论都要直接带来对实践的操作性效应的观点，至少是对理论与实践关系简单化理解的产物，我以为不应提倡。

对于应用理论研究人员来说，也有诸多的误解。其中最主要、最多见的有两点：其一是认为应用研究是较基本理论研究低一级的研究，把理论的分层看作研究人员水平的分层，这有点像把研究课题内容的重要性，当作评定研究人员水平和最终结果的标准一样可笑，但现实中确实存在。这一方面表现为一些应用研究者的自叹不如，另一方面也表现在一些基本理论研究人员对应用研究的莫名小

① 布迪厄，华康德．实践与反思．李猛，等译．北京：中央编译出版社，1998：“作者前言”11.

视。需要明确的是，这是两类相关却具有不同价值和不同层次类型的研究领域，他们应有不同的评价标准，相互之间不存在用同一标准评价的可能，更没有作高低比较的必要。双方成员间更需要的是相互合作和相互学习，相互贬低或否定都是学术襟怀狭隘的表现。其二是认为应用研究不需要太多的理论，因而对作为应用研究支撑的理论背景或不清晰、或缺乏区分和对理论变化的敏锐感受。这反映在应用研究人员的个人学习实践中，往往忽视理论学习的部分。这带来应用理论研究人员的个人内在理论中相应理论背景的缺乏和相对滞后，其可能造成的后果是，用由旧基本理论做支撑而得的应用理论去直接指导和规范生动的、甚至还可能具有创新意义的实践。所以，不要以为应用研究人员因更贴近实践而无脱离实践的可能。和基本理论研究人员相同，陈旧的个人内在理论，同样能使应用研究人员滞后、脱离当代的教育实践。

这并不是要求应用研究人员要直接从事基本理论研究，而是说他们应具有这方面的修养和敏感性。在这个问题解决后，应用研究人员需要有两种不同于基本理论研究人员的修养，才能形成个人内在理论与社会实践间的积极关系。一是善于把偏重于认识的基本理论，转化为对实践具有行为指导意义的应用性理论（不只是操作，还有策略、方法、工具等）。这种理论是有模式的，但又不是唯一的、不可变更的，面对实践的不同类型，它应提供不同情况下的多种不同选择模块，且富有弹性，为实践工作者在应用时提供灵活和可能创造、丰富的空间。二是善于从实践工作者那里吸取实践的智慧，并把个别的典型案例与经验，上升到类结构的层面，进而丰富应用研究的理论。在这里，实践对应用研究人员来说，同样具有滋养个人内在理论的价值，而不只是被指导、改造的对象。

五

最后要谈及的是为数最多的教育实践工作者。他们是蕴含着最大潜能的群体，也是对我国教育发展最终有决定性影响的群体。在改革开放的当代中国，解放教育实践工作者的潜能是当务之急，其中重要的一个方面是破除实践工作者头脑中长期存在的对理论与实践关系认识的偏差，最突出的是对个人实践中内含个人内在理论的忽视。

这种忽视，首先表现为把个人实践的改变寄托在他人提供具体的、操作性指导上。在教师培训中，在科研合作中，经常能听到教师这样的要求，且仅把这方面看作应完成的任务，而对理论的分析缺乏应有的兴趣和理解能力。其可能造成的后果是，不知道个人实践的改变要通过个人认识，包括个人内在理论的改造来实现。教师没有意识到自己头脑中存在着对教育行为起作用的“缄默知识”，也不善于通过对自己教育行为的分析反观积淀在头脑中的理性观念。所以，在行为上即使有所变革，也会陷入简单执行他人指令或模仿他人新做法的境地，不能成为教育改革的能动、自觉创造者，并在创造性的实践中实现自身的发展。上述忽视还表现为教师通常不把自己当作一个研究者，而一旦谈到教师要参加教育研究时，又通常不以为自身教育实践（包括个体、群体）的改革性研究是十分重要且有多重意义的研究。这种把研究与实践分离的认识，常常是来自基层的研究脱离基层实践且无助于教师发展的重要原因，科研的价值被异化为获奖、发表文章、出书和评职称。值得庆幸的是，这些问题在近年来已经引起社会的关注和实践者的反思。校本研究的提倡、把研究性的改革实践作为培养新型教师的重要途径等观点的提出和实践，正在使实践者的个人实践具有更新个人内在理论支撑的特征，一支能从自己的创造性实践中形成或提供新理论成分的，更富有自主能动意识、使个人实践与社会理论发展息息相通的教育实践工作者队伍正在成长。

新世纪中国教育理论与教育实践新型发展关系的建立，只有靠上述三支能自觉进行自我更新的主体队伍的形成及互补互动、通力合作才能实现。总之，最终的决定因素是人自身的质量，而不是其他。

本文发表于：《中国教育学刊》，2001（4）．

大学专业人员在协作开展学校研究*中的作用

大学与中小学作为合作双方，联合开展中小学教育改革研究，自20世纪60年代在西方渐成潮流后，80年代始，尤其在90年代以后，在国内也逐渐增多。合作研究作为一种教育研究的独特形态，其本身也成为研讨、关注的对象，其内在的指向关涉教育研究中理论与实践的关系。但就目前相关研究的整体趋势来看，人们更多关注合作研究如何使以教师为主的实践者成为研究者、成为平等的合作者、成为改革的主体等问题①，关注和研究合作研究中的大学专业人员的有影响的研究相对较少。本文将以"新基础教育"研究②的经验为基础，就合作研究中大学专业人员的角色与作用问题做简要论述。同时，借此阐明我们对合作教育研究中理论与实践关系的认识。

一、影响大学专业人员在合作研究中角色定位的主要因素

专业人员在合作研究中的角色定位，是其能否发挥作用的前提。不同的角色定位或过程中丰富化和发生特殊转换的角色定位，在一定程度上决定着专业人员

---

* 这里的学校研究指伙伴协作开展中小学改革研究，以下简称"合作研究"。

① 与此相关的研究主题大量与行动研究、叙事研究相关。国内不仅有大量译作（含教育研究方法类著作），也有国内学者的一些文章与著作：陈向明．质的研究方法与社会科学研究．北京：教育科学出版社，2000；汪利兵，等．教育行动研究：意义、制度与方法．杭州：浙江大学出版社，2003；操太圣，卢乃桂．伙伴协作与教师赋权：教师专业发展新视角．北京：教育科学出版社，2007；克兰迪宁，康纳利．叙事探究：质的研究中的经验与故事．张园，译．北京：北京大学出版社，2008；沙沃森，汤．教育的科学研究．曹晓南，译．北京：教育科学出版社，2006.

② "新基础教育"是本人主持的一项长达15年的合作研究项目，先后分为"探索性"（1994—1999）、"发展性"（1999—2004）、"成型性"（2004—2009）三个阶段。该项目以学校为基本研究单位，以实现中小学的当代转型为显性目标，先后曾与70所学校进行过深度合作研究。研究成果集中体现在叶澜主编："新基础教育"探索性研究丛书（三本）（上海三联书店1999年版、2000年版）、"新基础教育"发展性研究丛书（三本）（中国轻工业出版社2004年版）、"新基础教育"成型性研究丛书（七本）（广西师范大学出版社2009年版）。

"新基础教育"研究在本文发表的2009年之后，又经历扎根研究（2009—2012）、生态区建设研究（2012—　），至今仍在持续进行中。——编者补注

作用发挥的不同。故而我们将影响角色定位的因素讨论放在前面。尽管这一讨论会涉及许多方面，但概括起来可归纳为两大类。

（一）与研究项目相关的因素（影响角色定位的外在因素）

1. 研究项目申请方与合作方式

国内现有的状态大致有三类。第一类为大学专业人员申请并主持，中小学参与。这类课题一般都有理论的支撑和指向，又必须与中小学合作开展才能完成。其中对实践的关注程度和指向性质又有差异：有的是验证型，有的是解释对象，有的是需要经过合作研究改变对象。第二类为中小学申请并主持，大学专业人员参与。第三类为合作申请，两方中有一方作为主持。这往往是相关主管部门提出的一些需要合作研究的招标研究项目。三种情况中，大学专业人员在项目设计与承担责任上有主与次、主动与被动的重要差别。“新基础教育”研究属第一种情况，因此大学专业人员在整个研究中承担主要责任方的角色，是研究的主持者、策划者、组织者与责任人。

2. 项目研究的性质与目标

从项目的创新程度上看，大致有探索型、理论验证或应用推广型和教育实践改进型三大类。从涉及中小学改革的方面看，又有整体改革与局部改革、转型性变革与完善性改进的区别。“新基础教育”研究的性质是当代中国基础教育（义务教育阶段）中小学学校整体转型性变革研究。这是一个时代问题，其显性目标是学校的整体转型，其深层次目标是师生在校生存方式的变革、学校教育改革理论的形成与教育学理论的重建。因此，无论是理论还是实践方面，都需要在对现实做批判反思的同时，结合改革研究过程，做出理论系统和实践形态的探索与创新。理论工作者的角色是反思者（包括自我反思）、学习者（包括向实践学习）、研究者（包括理论与实践）、合作研究的推进者和成果的创建者。

从理论工作者角度看，在与学校实践相关的研究中，就介入程度而言，主要有主动深度式介入、应答建议式介入和旁观体验式介入三种不同方式。三种方式并无绝对的高低之分，它是由课题性质和进展过程决定的。在一项研究的过程中也未必只有一种介入方式。但在传统实证主义范式的教育研究中，往往强调的是最后一种研究方式，对理论工作者深度介入式的合作研究持保留甚至否定的态度。这主要由研究者所持的客观主义研究立场和对理论与实践关系或分裂、或难以内在沟通的假设所致。

在现象学、解释学方法论指导下的教育合作研究，与实证主义的传统已有区别。它认识到专业人员要理解教育现象，需要与实践人员沟通，但又十分强调这种解释的客观性，防止专业人员前见的介入，也不主张专业人员去影响实践工作者、介入学校实践。由此可以看出，其内在的方法论依然是实证的，它只是因研究目的和对象的特殊性而创造的一种特殊方法。行动研究似乎是现有合作研究方式中最具有合作特征的，但由于对教师从被改变者向研究者角色转换的强调，出现了防理论、防专业人员的倾向[①]，专业人员的角色在行动研究中也相应从指挥者转向服务者。

无疑，上述任何一种合作方式，对教育研究都有可适用性，且方法论与方法的研究在总体上朝着如何更好、更真实地理解教育实践和教育者的方向发展。但我认为，这些变化至今还没有形成对教育中理论与实践复杂关系的全面认识。在“新基础教育”研究中，我们尝试的专业人员深度介入的合作研究，在打破实证主义研究传统的局限、重新认识教育研究及教育研究中理论与实践的相互关系上，具有积极的意义。

（二）与专业人员主体相关的因素（影响角色定位的内在因素）

如果说上述项目因素是影响专业人员在合作研究中角色与作用的外在因素，专业人员作为研究主体的自身状态则属内在因素，即研究人员在合作研究中角色的定位与作用的发挥，在一定意义上由主体选择与自身状态造成。

专业人员的选择首先表现为专业人员对所从事的教育研究性质的认识，它是主体决定研究意向的重要依据。如果认为自己从事的研究应该且只能是理论的，进入教育实践、试图用研究去改变实践是“不务正业”，显然不可能与中小学教师开展合作研究，实践最多成为研究中遥望或批判的对象。研究者承认合作研究中两类主体沟通的可能与必要，在理论与实践关系的认识上较之前者向前进了一步，但若将研究性质定位于解释或描述，就难以进入到以教育改革为目标的合作研究中。此外，专业人员的选择还与其研究经验的积累和兴趣指向领域相关。合作研究可在广泛的领域和不同层次开展，专业人员的选择差异会带来合作方式及相关的差异。

专业人员自身的素质与态度，对其在合作研究中的角色与作用的影响是显而

① 这一倾向在行动研究的早期和中期表现得尤为突出。具体请参阅：刘良华．校本行动研究．成都：四川教育出版社，2002.

易见的。但是人们在讨论合作研究中理论与实践的关系时，持理论对实践具有指导意义的观点者，往往会简单、抽象地将专业人员都定位于具有理论的指导者角色，也有一些专业人员易把自己当作指导实践的理论拥有者，因而全然以指导者的姿态进入实践。

事实上，专业人员群体内拥有的理论，不但具有领域和层次的差别、个体掌握深浅的不同，更有理论性质的区别，包括时代性、可靠度与适用面等等。因此，只有根据专业人员掌握理论的具体状态，才有可能判断其在研究中可能承担的角色。还需要指出的是，在合作研究中理论与实践的关系，及其相互作用的真实产生，是在研究的实践过程中通过两类主体有效互动实现的。专业人员与实践者的交往沟通能力，解读实践，从实践中捕捉资源和形成判断、观点、观念等的理论透析能力，形成研究策略以及对研究过程的元思考能力等，在研究项目确立的前提下，极大地影响专业人员在合作研究中事实上达到的角色定位。

正是对研究人员自身状态影响合作研究中作用发挥的清醒认识，专业人员既不应以天然的理论指导者自居，也不应将自己放在一个可有可无、最多起一些服务作用的地位。这一认识有助于专业人员在研究中形成反思和自我更新的自觉并实现发展；有助于在恰当角色定位的前提下，提高主动性，努力发挥自己应承担的责任，使合作研究真正产生不同于非合作研究的真实研究效应。研究人员只有关注自身的学习、提升，在研究中不断超越已有水平，不断面对和解决新问题，才可能在合作中成为具有独特价值的不可或缺的成员。“新基础教育”15 年研究中，专业人员以团队、又以分别承担专题研究任务的方式参与研究，在专业人员内部也形成交叉合作的研究共同体。研究的过程成为团队和每一个专业人员个体专业水平、研究和合作能力不断提升与成长的过程，在成长中形成了一个有活力的研究群体。正是这种生长活力，成为合作研究中重要的力量，使研究不断推向深化。

以上两大因素的匹配性，影响专业人员角色定位的恰当性。故而，专业人员若希望自己能在合作研究中达到期望的目标，在做出项目选择时，不能不认识、不考虑自己的内在条件与状态。

二、专业人员在“主动深度介入式”合作研究中的作用

我们选择“主动深度介入式”研究来阐述合作研究中专业人员作用的主要原因有二。一是基于自身的经验。15 年的“新基础教育”本身也是主动深度介入式合作研究方式的形成和明晰化过程。关于这一合作方式，我们有经验、有体

验，有思考、有实践，故而有话要说、有话可说。二是该研究方式对专业人员在合作研究中角色与作用的要求极为丰富，极富挑战性。以此为例，可以对此问题做相对展开式的研究，并有可能就合作研究中的一些重要问题进行新的探索。

（一）“主动深度介入式”研究方式解

“新基础教育”研究提出的专业人员“主动深度介入”式合作研究，具有如下基本规定：

第一，合作研究的课题由专业人员提出并承担责任。课题的设计也由专业人员提出。

第二，该课题的目标指向中包含教育实践的变革，因此必须与中小学实践者合作才能进行，且可能达成目标。双方合作建立在自愿基础上。

第三，该课题关涉教育实践变革的目标形成，建立在理论研究的基础上（但一开始并不完善），该目标向实践的转换需要专业人员与实践者在学校实践中的深度合作。

所谓“深度合作”不仅意味着专业人员进入现场，而且要以实践变革合作者的身份参与到实践变革之中。整个研究期望的效果是：理论与实践、专业人员与实践者两个维度的交互创生与发展。没有专业人员深度介入实践，这一目标无法实现。

由此可见，形成理论、变革实践、发展主体（指合作双方）是专业人员在主动深度合作中追求的三重目标。它们之间既相互关联，又存在着区别。可以说，如果没有三重目标的追求，就不需要主动、深度合作。“新基础教育”研究之所以提出三重目标，又与这项改革研究的提出正值当代中国处于社会转型和教育转型的时期直接相关。改革有需要、有指向，但并无现成的理论，更无示范的“成品”形态，因而无论是理论形成还是实践转型，都只有在变革的实践中通过研究与创造才能实现。而这一变革的实践又要求变革者自身的发展与变化。正是上述三方面不可分割的内在联系，规定了三重目标的提出。所以在一定意义上可以说，正是当代中国社会和教育改革的独特需求，使“新基础教育”研究和“主动深度介入式”研究方式可能出现同步建构。它们同是当今中国变革时代的产儿。

尚需进一步说明的是：专业人员在合作研究中的“主动”，并不必然造成实践者的被动。自然，这种状态在有些合作研究中是存在的。如在专业人员设计、实践人员操作的合作方式之中，当这种操作完全进入到可控制、程序化程度时，上述情况达到最严重的程度。但并不能由此就得出双方的关系只要有一方为主动，另一方必为被动的推论。探索、创造研究双方都可在主动意义上形成复合的主体式合作研究关系，正是“新基础教育”研究中的着力之处。因为“新基础教育”要在变革中形成的人是自觉的变革者，这是被动参与者不可能实现的目标。尤其要说明的是，复合主体和自觉变革者的形成不是一蹴而成之事，而是一个复杂的过程。过程中双方不可避免地会因原有的差异而产生分歧、摩擦甚至抱怨和对立。然而这是丰富过程的现实构成，是推进双方变化，并在变化了的双方的基础上，形成具有内在相通、互补、互生意义上的复合主体的重要实践力量。

此外，专业人员的“深度”介入，并不等于“代替”实践者。“深度”是指其对实践的介入程度、影响力达到的深度以及在变革过程中交互作用的深度。它与“代替”远非同样概念。与可能产生的误解恰恰相反，“深度”介入不仅不是“代替”实践者，而且是为了促进实践者成为智慧、自主的教育实践的创造者。

关于上述两点的进一步理解，须通过在主动深度介入式合作研究中专业人员的具体作用分析来阐明。

（二）专业人员作用解

综观 15 年“新基础教育”研究历程，可以概括出在主动深度介入式合作研究中，专业人员所需承担的任务与角色，以及需发挥的不可替代的作用。

1. 提供教育变革所必需的新理论参照系与思维方式

关于教育变革的研究，无论是关于变革何以必须，还是关于变革指向何方、如何开展变革的回答，都需要进行理论探讨。作为主动提出项目的专业工作者，不可能推卸这个责任。没有这方面的理论研究，连研究问题、研究设计都不可能提出。可以说，相关的理论研究及其质量，是项目能否形成和具有意义的保证。正是在这个意义上，“新基础教育”研究提出了“理论适度先行”的处理该项合作研究中理论与实践关系的方法论原则。

1999 年发表的“新基础教育”探索性研究结题报告，明确表达了这一意向：“在研究方式上，我们的指导思想是解决好理论与实践的关系。这项研究不是纯理论研究，但必须要有理论，且理论研究要适度先行。”“因为我们面对的是新形势下的新问题，研究的任务是想构建新观念体系和新学校模式，不可能在不做理论研究的情况下，完全依靠教师凭个人的经验与直觉去创造。这是本研究与一些西方‘行动研究’强调教师个体按自己的理论去实践的研究方式的一大区别。”[①]

---

① 叶澜．“面向 21 世纪新基础教育”探索性研究结题总报告//叶澜．“新基础教育”探索性研究报告集．上海：上海三联书店，1999：16.

"新基础教育"研究有一个相当长的酝酿过程。理论适度领先在起点形成中，一方面表现为对时代变革与教育变革性质的研究，另一方面表现为对当代教育需要培养怎样的人以及为实现这样的培养目标，当前的教育需要在观念和实践上做出怎样的变革的探讨。本人自我认识的变化集中体现在1994年发表的《时代精神与新教育理想的构建》[①] 一文中。这样的理论研究，其价值不只是在于认识当代社会与教育世界，而且是一次作为项目提出者的自我唤醒。没有这样的唤醒，就不会产生变革研究的需要。随后形成的《"面向21世纪新基础教育"探索性研究学校改革试验总方案》[②] 则是项目负责人对课题研究实践方面做出的设计，它同样内含着理论研究，包括方法论的思索。

上述"理论适度先行"的原则和具体做法，不只是在"新基础教育"研究三个阶段的研究起始点有体现，而且还体现在研究过程中。区别只在于研究过程中一些重要节点出现的新理论认识，相对于理论形成之前的阶段而言，它是前一阶段研究实践的回望、总结、反思、透析与提升；相对于理论提出后的研究实践而言，则是一个新的实践发展的理想形态的理论初建。它是理论与实践相互转化中不可缺失的一环的具体表达[③]。

2. 推进研究过程中理论与实践的相互转换与交互生成

在"新基础教育"研究中，专业人员致力于改变长期以来教育研究中存在的理论与实践割裂或对立的认识与状态，努力探索和形成理论与实践内在关联、相互生成的新型关系。研究实践证明，这种关系的建立尽管艰难，但却是可能的。更为重要的是，就"新基础教育"研究而言，这一新型关系的建立是该项研究能否最终完成的重要保证。

(1) 理论与实践关系的再认识。

我们认为：理论与实践的新型关系是一种相互沟通、转化与交互生成的关系。割裂、冲突是现实中存在、过程中会出现的关系形态，但不是唯一、不可变化和内在的本质关系。这一观点并不只是我们作为专业人员或实践者的主观愿望的表达，而是建立在对理论与实践双重关联性研究的基础上。

就人类认识发展的历程来看，实践是源泉。实践的积累生成经验，经验从不

---

① 该文发表于《教育研究》1994年第10期。

② 叶澜．"新基础教育"探索性研究报告集．上海：上海三联书店，1999：1－6.

③ 在"新基础教育"研究15年中，本人发表的多方面、大量有关中国基础教育改革的论文，都是在该研究过程中形成，并成为这一研究的内在构成。因篇幅所限，在此不一一列举。

同角度与层次、以不同的分析单位与尺度、在不同抽象水平上做出的分析、概括与提升，则可形成不同层次与水平的理论与学科知识。这些理论、知识，通过各种方式的传播，又反过来影响人的实践内容、范围、方式、方法，改变人的实践、经验。理论与实践的相互转换依此循环往复，且因转换而实现人类社会实践的变化与发展，以及人类认识、知识和科学的变化与发展。

理论与实践的双向转换与交互生成总是通过具体的人的创造性活动和相互沟通来实现的。但社会的分工却使部分人员成为理论或知识的研究者，部分人员成为实践的工作者。他们各自面对的对象、领域和任务不同，且两类人之间长期缺乏直接的合作、沟通和交互作用。于是，逐渐产生了理论形态的知识拥有者和实践经验的知识拥有者的区别，两者在对待同一事物时呈现出不同的立场、态度和认识，甚至表现出对立。两种知识形态的区别，即理论知识的抽象普遍性和外在于研究主体的客观性，经验知识的具体综合性和主观体验性，又加固了人们和一些从事认识论研究的哲学家的如下见解：理论与实践不仅有高低之分，且无法沟通，两者之间的鸿沟无法跨越。进而认为：理论研究者无须也不可能真正进入实践，在书斋或研究室中靠思维、书面资料或实验手段与方法的创造就可生产知识；实践者无须理论，靠经验的积累就足以形成解决实践问题的方法。上述两方面的沟通可依靠第三者：应用研究人员将理论转换成适用于解决实践问题的工具、技术、方法、设计等即可。这种宝塔式的关系结构，以自然科学家、工程技术人员和物质生产领域内机器生产或工具操作人员三者关系最为典型。

应该说，上述认识确实反映了社会上实存的理论与实践，包括教育领域内理论研究者与实践者之间的关系状态；在一定意义上也是人类认识发展必须经过的一个过程。然而，这样的认识除了没有深入区分不同研究领域、对象的知识特殊性之外，还引起了一个十分重要的误读：认为在每一个具体个人那里，其内在的理论与自身实践之间是可以分离的、不相关的①。因此，要改变实践者的实践，似乎只需要提供新的操作与方法，无须触及或改变其观念、认识；要发现新的理论也无须研究实践。这种认识不仅使两类人员很难真正实现沟通与相互启发，而且还起到加剧鸿沟的作用。令人忧虑的是，这种认识已渗透到各种专业教育之中。就以教师教育来说，无论是职前培养还是在职教育，在教育学习方面，往往都强调和看重教育、教学方法的内容，强调提供直接能解决问题的方法。教师也逐渐习惯了只对“操作”有需求与兴趣，教育理论似乎与他们无关也无缘。这是

---

① 对这一观点的具体分析、批判与重新认识，请参阅：叶澜．思维在断裂处穿行：教育理论与教育实践关系的再寻找．中国教育学刊，2001（4）.

我们从“新基础教育”最初与教师接触时遭遇的尴尬中得出的深切体会。正是这种尴尬促使我们重新认识理论与实践在作为个体的个人身上的内在统一问题。研究使我们坚信：任何个体的外在行为必有内在认识作支持。教师要成为自觉的教育改革实践者和教育实践的创造者，不可能只通过教育方法的改变，而是必须使其对自己内在的教育观念和信念有清醒的问题意识，并产生必须改变的需要，进而努力理解并将新的教育观念内化为认识教育与本人实践的参照系，努力改变已成自然的习惯的教育方式与方法。教师只有在新观念与新行为形成关联，并能自行设计、践行、反思和重建自己的教育实践，创造新的经验与阐述这些经验时，才能称得上是自主、自觉的教育实践者。所以，研究理论与实践如何在教育改革实践中、在两类主体之间实现相互转化和交互生成，就成为“新基础教育”研究的内在构成与方法论课题。

（2）研究性变革实践：两类主体沟通，理论、实践交互生成的实践形态。

在上述认识的基础上，15 年“新基础教育”研究坚持到学校内、结合学校和教师的日常实践开展改革研究，逐渐创造了“研究性变革实践”这一有效实现两类主体沟通，理论、实践交互生成的实践形态。

所谓“研究性变革实践”与学校以往日常进行着的教育实践相比，其最主要的特点表现在以下四个方面[①]。

第一，研究性变革实践是内含变革理论的实践。这是从实践内含变化的角度看研究性变革实践的特质。

“新基础教育”研究要求教师在参与学校研究性变革实践中，不仅要行动，而且要努力学习相关理论，理解与领悟这些理论，认识它与传统的、已经成为自己头脑中的个人理论的差异乃至冲突，从而产生改变自己头脑中的观念和外在行为的需求、愿望与行动，逐渐使自己成为自觉的、有新理念做指导的、自主的变革实践者。

可以说，“新基础教育”研究在学校中的开展，首先带来的变化是使教师开始习惯阅读理论文章，并会结合自己的变革实践去领悟。这在当前的情况下是不易做到的。教师常常忙于日常事务而无法学习，不学习则改变自我的需求更难产生，这几乎已成影响教师教育的相当普遍的恶性循环。“新基础教育”研究实践先着力打破这一恶性循环，进而发展到教师将自己的理性认识体现在自己的变革实践中，使变革理论与日常实践的关系，在教师个体身上完成由矛盾、冲突转为

① 以下四点说明摘自叶澜教授关于“新基础教育”的论文，并做了删节与修改。请参阅：叶澜．“新基础教育”论：关于当代中国学校变革的探究与认识．北京：教育科学出版社，2006：366－369.

内化、统一的过程，这也是教师对自己实践的评价框架发生整体更新的过程。也许有人认为，这是理论强加于实践的过程，没有体现教师的发展需要。事实上，教师对自己发展需要的认识，须满足两个条件才能产生：一是对教育变革的迫切性和提出的新要求有认识和体会；二是这些新要求在教育理论上有与实践相关的体现。上述两方面的条件，基本上不可能从教师天天在进行的日常实践中自然形成。这就是理论介入对教师转型必不可少的原因之一。当学习理论和在实践中捉摸理论成为一种自觉的需要，并能在实践的过程中实现创造时，教师也就几近完成了从“操作工”向“思考-行动者”的独立专业人员的转化。

第二，研究性变革实践是教师超越自己经验的、具有更新指向的实践。这是从功能角度看研究性变革实践的特质。

在西方教师专业发展研究有关“行动研究”的一些文献中，对“行动”的解释常常强调它是教师日常自生的，非由外界理论介入而生的。教师通过反思自己的行为及其行为过程中的感受与结果，来逐渐改进教学行为，至于研究什么和如何研究，都要由教师自行决定为好。“研究性变革实践”在强调教师对日常教学的反思、要求教师将教育研究渗透于实践之中等方面，与行动研究有相通之处。但它更强调行动前的探究指向和行动设计中的理论渗透，强调实践者的实践本身须内含自觉的变革，以及教师反思参照系因新理念的介入而更新，因参照系的更新而带来反思的新质量和重建的可能。这就是我们所言的“研究性变革实践”的更新指向。这种更新指向，是在教师实践前就明晰的，即教师要在明白改变实践中的什么后开始行动，而不是在行动之后反思时才发现还有什么要改变；是要求教学设计中就体现更新要求，即把对变革问题的理论分析、改变的要求，从认识到实践形态的转化首先落实到教学设计中，继而体现在实践过程中。正因为有了这样的指向和过程的变革，研究性变革实践就具有超越、改变教师经验和整体提升教师发展水平的内在力量。

第三，研究性变革实践是创生性实践，它指向教师实践中变革成败原因的分析，且要求在此基础上进行重建。这是该实践的特质在效果上的显示。

实践后的反思及重建的设想与再实践，是研究性变革实践促成教师在实践中最终达成新的观念与行为统一，新的实践能力、素养和习惯的全面养成的重要一环。“新基础教育”在探索性阶段就强调评课中的“捉虫”与“喔”效应，即专业人员的评课不只是指向教师教学行为中呈现的问题，而且要指向行为背后的思想观念的剖析（“捉”头脑中的“虫”）；评课不能只满足于问题的揭示，还要提出改进、重建教学观念与行为的具体建议，使教师能结合自己的课，对新理念指导下的具体教学行为的形态是什么有所启发，对理论与实践在教学行为中的内在关系有所体悟（“喔”即“顿悟”式效应）。在“发展性”阶段，上述过程越来越转变为教师课后自评的行为。到“成型性”阶段，我们形成了“新基础教育”课堂教学评价有关反思与重建的指标，其中包括反思是否能整体把握实践的状态，归因是否正确，重建达到什么水平等。指标帮助教师对反思和重建的关系以及基本要求有更为具体和清晰的认识，从而促进新的教育、教学实践形态的诞生。

第四，研究性变革实践是将研究的态度、意向和内容，贯穿到实践全过程和多方面的实践。这是从整体和过程的角度对该实践的研究性特质的表达。

当人们以自然科学研究为范本时，“研究”这一概念与“日常实践”区分得十分清楚。日常实践无法控制和达到自然科学所需求的研究客观性、精确性条件，无法控制无关变量的干扰，无法得出如此研究所追求的科学结论。而且研究主体与实践主体是分开的，实践主体最多是研究成果的应用者，不是研究者。在研究性变革实践中，两者体现在同一主体身上。

（3）在研究性变革实践中，专业人员对于不同教师，在不同的研究阶段发挥着不同的作用。

一般而言，对改革初期和初进入改革的教师来说，专业人员研究的重点在于具体发现、诊断传统观念及习惯的教育行为的表现形态与问题所在，进而提出须改变和可改变的建议，目的在于使教师形成反思意识和重新认识自我，在变革性尝试中初步体验新观念与新行为的关系。第二阶段教师基本有了开放心态和新实践的一定积累，对改革有了更自觉的需要和信心，专业人员的作用在于提升其反思的水平，努力发现教师在改革中的创造，并帮助提升对具体创造的可适用性、迁移性的认识。第三阶段是在教师创新、重建教育教学实践能力有了相当提高和丰富积累以后，专业人员的作用转向提升教师形成相关教育实践创新的认识与能力，并最终成为本领域内教育、教学改革自觉与积极的创造者。

这一过程的另一方面是专业人员对教育、教师、学校教育过程及教育改革的认识具体化、深化的过程，是专业人员在改革实践中形成认识实践、从实践中生成理论的能力，以及与实践者互动能力和水平提升的过程。它不同于从书本到书本的形成、发展理论的过程，但却是十分重要的，特别是原创式理论、综合抽象式理论诞生所不可缺少的过程，也是离开了研究性变革实践不可能得到锻炼和提升的能力。

在这样的动态变化实践中，专业研究人员与实践人员一起创造出具体教育、教学领域内的应用性变革理论，同时对一系列教育基本问题逐渐形成新的认识。

也就是说在此过程中，同一个专业人员从理论研究的角度，获得了基本理论和应用理论两方面的发展。事实不是有些未参与其中的人所想象的那样，以为专业人员因进入实践而忘却了发展理论的责任，乃至丧失了发展理论的能力与可能。恰恰相反，我们正是因为有了如此的切身体验，在 15 年中不离不弃“研究性变革实践”，才使“新基础教育”研究具有了不断根据理论与实践发展状态，提升研究性变革实践的品质与发展研究人员认识的功能。

3. 系统总结改革实践，形成教育改革理论和促进教育基本理论的更新式发展

与专业人员在实践、理论交互生成过程中的认识发展不同，在此提到的“理论发展”，既是基于过程中的具体创造，又是超越具体的、在更概括意义上的理论发展。就“新基础教育”研究而言，在最后阶段，形成了关于当代中国学校教育变革的基础理论①、一套与本研究相关的应用理论丛书②。此外，正是由于我们深感变革中主体生命价值提升发展的必要、可能与珍贵，深感实践变革在形成和改变人、成就事业中不可替代的决定性作用，从而催生了“生命·实践”教育学派的诞生③，形成了我们对当代中国教育学基本理论研究与发展的系统认识。如果没有这 15 年的研究实践，这一切都是不可想象的。

特别让我们难以忘怀的是，15 年的“新基础教育”研究实践，改变了相关专业人员和实践者之间的关系。相互之间由陌生、一定的拒斥、怀疑，到熟悉、相互信任和形成相互依存式的合作关系，由“我与你”甚至“我们与他们”转化成“我们”，且拥有了一份共同的事业，拥有了一个共同的称号——“新基础

---

① 以叶澜著《“新基础教育”论——关于当代中国学校变革的探究与认识》（北京：教育科学出版社 2006 年出版）为代表。

② 叶澜主编的“‘新基础教育’成型性研究丛书”，除研究报告集外，还有语文、数学、外语三门学科教学、班级建设、教师发展、管理改革等“指导纲要”，共计七本著作，由广西师范大学出版社于 2009 年出版。

③ “生命·实践”教育学派的正式面世以 2004 年发表于《教育研究》第 2 期的《为“生命·实践教育学派”的创建而努力》为标志。自此以后，2006—2008 年，该学派完成了“生命·实践”教育学论丛——《回望》《立场》《基因》《命脉》的撰稿，厘清了“生命·实践”教育学派的立场、核心概念、价值追求、学术根基等问题，为学派继续发展奠定了坚实的基础。

2015 年，“生命·实践”教育学创始人叶澜教授主编的“生命·实践”教育学论著系列（三套 30 本）发布并举行研讨会。其中代表性成果：叶澜教授的《回归突破：“生命·实践”教育学论纲》对学派生成历程、教育学学科独特性及其基本概念等并做了整体纲要式回答。该书出版后先后获上海市哲学社会科学优秀成果奖一等奖、全国教育科学研究优秀成果奖一等奖和吴玉章人文社会科学奖一等奖。并于 2018 年举行英文版发布暨国际研讨会，这标志着当代中国原创的教育学开始走向世界，而不是只会引进西方。——编者补注。

人”，拥有了只有在一起创业、研究、奋斗过才会有的珍贵的记忆和情感。这是一份意外的收获，它在我们的生命史中留下了深深的脚印，并使我们对这变革的大时代永存感激。

本文系国家社科“十一五”规划（教育学科）重点课题“建设创新型国家与和谐社会背景下的素质教育研究”（项目编号：AAA 06002）的成果之一，发表于：《中国教育学刊》，2009（9）.

大中小学合作研究中绕不过的真问题

——理论与实践多重关系的体验与再认识

一、释题

理论与实践的关系是教育研究绕不过的“真问题”。

“理论联系实践”作为一种工作作风和研究问题、解决问题的原则或方法，对于大家来说并不是一个陌生的结论。然而，仔细辨来，却是一个不全面的结论。它意味着理论与实践是已存在之物，背后由不同的主体把持着，联系的指向性是“理论”要去联系“实践”，并未有明确的双向关系表达，而且暗含着理论高于实践，所谓的“联系”，是指对实践做指导。当然，作为一般号召还是有其存在价值。

再进一步的说法是：理论从实践中来，又要回到实践中去。这是从理论的生成和运用过程来讲理论与实践的关系。两者二分，首先是指理论对于实践应持的态度，依然主要是单向式的表达。此后，还有从马克思主义的观点中引出的：理论只要深刻，就能说服人，就能成为改变实践的真实力量。马克思主义把哲学的任务定位为不只是说明世界，而是改变世界，更深入地说明了理论的实践价值，并对怎样的理论才能具有实践价值做了限定，指出应把“改变世界”作为马克思主义哲学理论观的特质来理解。“实践是检验一切真理的标准”的定论，又从探讨真理的意义上，突出了实践对于理论的重要意义，但似乎依然尚未深入到双向互动的层面。

显然，理论与实践的关系是一个普遍的认识论、方法论和现实中存在的问题。上述认识并非学术界关于理论与实践关系的全部认识，但却是对于学界尤其是对中国的学界、教育学界具有广泛影响的、几近常识性的认识。尽管在研究行为中做到这一点的并不多。正是有了这样相当普及化的认识，我们很少认真细究这样一个重要的问题：究竟可以从多少角度去认识理论与实践的关系，它对于教育学研究具有什么意义？

今天我们就来谈谈这个问题。为什么说理论与实践的关系问题是大中小学合作研究中绕不过的“真问题”？因为这个问题在教育改革的实践中是客观存在的问题。尽管现在有不少理论工作者，我们的大学老师兼科研人员都下去了，可是理论与实践的问题是不是就已经解决好了呢？我想，这二者之间存在着区别，就需要去研究。再有，从我自己的体会来讲，要解决好理论与实践的关系，不仅实践工作者要改变，理论工作者也必须改变。我经常在想，是不是所有的高校教授或者在大学里工作的老师都有“资格”到实践中去指导？我觉得这里涉及到一个“资格”问题，还要思考到实践中后自己要不要、能不能发展和变化的问题。所以我认为理论与实践的关系问题始终是存在的，是绕不过去的，大中小学要合作就必须解决这个问题。

那么，标题上为什么要用“体验与再认识”呢？因为我今天要谈的内容实际上不只是从书上读来的，或只是研究文献或看别人的研究得来的，而是我和我的伙伴们进行“新基础教育”20 年研究实践以后所得到的深切体会。理论与实践的关系是一个必须要解决好的问题。只有解决好了，我们才会发展。因此，我用了“体验”二字，我觉得做教育学这个学问是要有体验的，不只是要客观，或用许多数据。教育这个事业，没有真投入，没有真体验，很难有真改变。“再认识”是相对于我们过去的认识而言，我认为理论与实践的关系是我们教育研究者面临的基本问题，我一直在思考。现在有了这么多经验以及跟很多伙伴有交流，有了许多新的与过去不一样的认识，所以称为“再认识”。对这样一个老问题、真问题的不断的认识过程，使我更深切地体会到：其实我们每个人所讲的事情，我们再以为是客观的，实际上都是你的眼睛所见，你的思想方式的表现，离不开你对问题的关注点、你的体验，最后上升到你的认识。是人的认识就躲不开人的主观性。所以，就这点而言，我觉得我们要改变对教育真理的看法，教育是独特的。我记得鲁迅先生的一句话，他说，人是不能拔着头发离开地球的。所以当你要阐述一种观点的时候，你没有办法把自己完全地客观化。我认为一种诚实的态度就是承认：我是从我的认识、我目前的水平、我的状态来谈我的观点，谈的观点里面可能有错误，可能有负面的东西。但正是由这样一个过程，大家把自己最内在的、感受最深的东西讲出来，交流才有价值。杜威说过一句话，任何真理在还没有经过很多实践检验之前，它就是个假设。需要通过检验假设的实践过程，不断去丰富、完善它。

其次，说“真问题”是因为合作研究的关系上还存在一些不尽如人意的现象：第一种可以叫作“貌合神离”。看起来好像是合在一起了，实际上并没有真正沟通。我称它为“貌合神离”，不叫“同床异梦”。“貌合神离”不同于“同床异梦”，利益交换是“同床异梦”。第二个叫“少合多离”。就是蜻蜓点水式地合一下，大量的时间是不在一起的，这种方式很难有深度合作。第三种从效果的意义上说，即不管合也好离也好，它原来是这样，现在还这样，就是说合作并没有产生真实的效果。老师没有多大变化，学校也没有多大变化，我们的教授依然沾沾自喜。这可以叫作“合离无异”。合作没有发挥出应有的作用，弄得不好最后还有矛盾；或者就是相互看不起：学校觉得大学教师没有什么了不起，觉得你就是会说而已，大学一方也觉得你们就是不肯学习，所以不长进。合作合作就不开心了，最后只有分道扬镳。我说这些就是提醒大家不要以为只要有了共同体，合作研究就有生命力。共同体不是通过加法做出来的，也不是通过乘法做出来的，它通过化学反应还不够，化学反应不过是两个物质通过反应变成新的物质。它应该是生命态、是生物态，是通过合作促进双方的发展和成长。上述现象表明，理论和实践的关系，是合作研究中存在的“真问题”。

二、“关系”新认识

首先要说的是我特别喜欢“共生体”这个名词，因为只有生长、只有发展，才有生命力。我们追求的大中小学合作研究（以下简称“合作研究”），是合作者在合作中不断生长与发展。我们追求合作过程中学校的真实改变，追求合作过程中老师、学生、大学教授、研究人员包括我们带的研究生都一起成长。只有成长才会幸福。这也是我分析当前合作研究的价值取向。

具体说到理论与实践的关系，本人提出“理论·实践”应交互生成的观点，其主要依据如下：

第一，教育学研究中教育理论与教育实践的关系是内在关系，不是两个独立领域外在关系之可能构建。我们将教育学研究对象称为“教育存在”，其构成中包含教育实践、教育理论和教育学元研究；我们又将教育学学科性质概括为“事理研究”，它是理论，但不可能是与教育之事无关的理论，而是揭示教育之事的理论。以上两个关于教育学研究对象和学科性质的界定与论证，在保持相关认识逻辑一致性上，决定了教育学研究方法论的选择，以教育实践与教育理论的内在一致性为基点展开探讨。

我特别关注内在，就是说不是从外面硬把两者结合起来。看不到它们内在的关联性，就不能确立教育理论与教育实践具有结合的可能性，而且确认只有结合，双方才能发展得更好。我们常说教育要研究人，没错。但研究人的学科很多，心理学也研究人，哲学也研究人，那么教育学研究人什么呢？我认为：教育学的独特，是在研究怎么去促进一个人的发展的事理。事理是相对于心理、相对于物理而言的。物理学的基础是对力和机械运动的研究，但到现在，真正进入到物理学的微观研究，就打破了中观物理运动的机械性和确定性，出现了不确定性，出现了很多矛盾的现象，就是它也并不是那样的机械。机械运动是最简单的，研究教育用认识机械的思想方法是不行的，机械的思维方式无法认清教育的复杂性。事理研究跟物理研究有什么不一样呢？区别主要在于它是具体而有价值指导的。做一件事情不会没有价值，不管是有意识的还是无意识的。想用价值和事实分离的纯理论的思维去形成教育理论是不可能的。实际上没有一个教育理论是不内含价值的。所以，价值是教育事理的必然构成。这就是我们为什么做教育改革，首先要改变的是价值观：到底为什么办教育？我们先要问的是这个问题，而不是先问用什么方法来办教育。如果你原来办教育的目的已经不合适了，那就需要价值观的大转变。同时，教育研究还有一个问题，即它是有条件的。它有环境背景，有展开过程，有情景，有结果呈现，是需要评价和反思的。这是事理研究和物理研究、心理研究的差异。这样一个差异决定了研究中包括确定性和不确定性。还有很重要的是，事理研究有行事主体的问题，即谁在做这个事，主体是谁。教育活动中的主体就是教师与学生。故而，在教育研究中，教育主体间的关系，研究者和被研究者的关系，都是人与人的关系，不是人与物的关系，不是人与某个艺术创作品的关系，不是人与心理的表观现象的关系。可见，教育理论的研究对象以及对象的性质，决定了事理研究本身就内含着一系列跟实践相关的要素，它是不能脱离实践的。为什么我们以前的教育理论学了之后，感觉理论与实践隔得太远了，原因恐怕就在满足于找规律，满足于几个条条框框式原则的提出。到实践当中发现根本不是这么简单，也行不通。现在看来，是我们没有从事理的角度研究教育实践的结果。

第二，教育理论与实践相互转化的可能性。之所以说两者的转化是可能的，就是因为其内在关系不可分割。然而，在现实中，我们经常听到、看到或体验到：理论工作者提倡、主张的，或在教育学著作中阐述的理论，与教育实践有很大差别，甚至是冲突。两大领域的成员之间，除了存在不同方面和不同程度的沟通、合作，乃至共同成长的关系之外，确实还存在着互不信任、理解、甚至相互轻视、责怪的状况。如何认识这种现象？它是不是对教育理论与教育实践关系的内在性的否定？

我想说的是，理论与实践两者关系的内在性，强调的是两者之间内在的不可分割性，而不是完全的一致性。理论与实践之间的一致性是关系内在性的一种表达，但不是唯一的表现形式。不同性质和程度的冲突、矛盾、不一致，是理论与实践发展过程中必然会出现和存在的现象，这恰恰需要两者通过双向的反思、批判、参照、互鉴、转换而实现相互生成的资源，并由此而形成内生长力和内动力。所以，两者的差异、甚至对立的存在，并不是否定两者关系内在性的依据。还有人以实践遵循规范逻辑、理论遵循实证逻辑为由，认为教育理论与教育实践存在着无法跨越的逻辑鸿沟，并由此认定教育理论与实践的分裂是必然的、合理的、无法改变的。这一看似合理的认识，其主要偏差在于：忽视了教育学的理论是“事理”这一特殊性，而是以一般意义上的两种逻辑之分割与对峙为前提，将其运用到教育研究中来。事理要探索的恰恰在于价值、意义、规范与事实之间的内在关系。演绎推理的合理性，以大前提确定、小前提在大前提的规定之内为条件。如果某一学科的特殊性已超越了大前提的限定，结论的偏差就出现了。伽达默尔讨论精神科学和自然科学的区别时指出：“它们与自然科学的区别不仅在于其运作方式，而且在于其与对象的事件性联系。”[①] 可见，事件性联系是不能用自然科学的方式去说明的。

从正面来说，教育理论与教育实践关系的内在性，首先表现在相互依存和促进上，除冲突、差异外，还存在着内生的一致性：两者都是因满足人类社会的延续和个体的发展需要而生，教育实践专业性需求的提升，要求教育理论提高对实践的支持、构建等专业水平。而理论对实践问题的透析和批判，对影响人的发展之教育力量的深度揭示，对人类个体发展未来可能理想的有依据的理论构建，都能成为推进教育实践发展的不可替代的理论力量，并且有可能有条件地逐渐转化为真实的实践。此外，两者的内在一致性，还表现在每个实践者、理论者，就主体自身而言，理论与实践在个体内在意义上的一致性[②]。故而，要改变教育实践者的行为，恰恰不能只从行为的意义上，还必须在理论、观念的意义上促使实践者的头脑——思想和价值观等发生变化，形成新的参照系，从而使实践者能用新的理论眼光反思已有实践，重新认识自己的行为，并尝试将自己认同的新理论、观念，转化为自己的新行为。这是实践工作者在完成自身专业发展的意义上，理

---

① 伽达默尔．真理与方法．王才勇，译．沈阳：辽宁人民出版社，1987：8.

② 关于这一点，是我在论文《思维在断裂处穿行——教育理论与教育实践关系的再寻找》的一个重要认识，但似乎不太被阅读或引用此文观点者关注，也许是我自我表述的问题，在此重申。详阅：叶澜．思维在断裂处穿行：教育理论与教育实践关系的再寻找．中国教育学刊，2001（4）.

论与实践由旧的内在一致性向新的内在一致性转化的过程。这一过程虽然漫长，但它是所有追求专业生命和自我发展的教师都会去努力实现的过程。从理论研究者来说，自身理论认识的发展，也需要因受到实践问题困扰，已有思维方式和理论框架淤塞、难破，在理论视野打开的同时，再回到实践的源头，重新认识丰富实践的原始形态，或回到现实，进入实践内部，读懂新的情况，看到新的资源和思考新的问题，方能开辟出理论认识的新天地，一旦新的认识初步成型，又须再到实践中去，在研究新实践的过程中实现认识的丰富、完善，在与实践可能性相一致的意义上做系统化研究，最终以实践的真实改变作为理论是否有现实意义的检验。

由此可见，就实践者和理论者个体而言，都存在着日常式的理论与实践的个人内在式统一，还存在着个体专业与人生发展转换时期，经理论与实践由外而内的交互作用，最终达到内核更新意义上的理论与实践的个人内在统一。这是理论与实践内在关系和发展机制的十分重要的基础。没有两类主体个人意义上的理论与实践的内在统一，群体意义上的进一步沟通之可能将被极大削弱或沦为空谈。

第三，理论和实践的双向转化是一个过程，不可能一蹴而就。首先，研究双方都要改变自己原来的参照系，通过反思发现问题。理论工作者原来的参照系有问题，实践工作者也有问题，所以双方都要转变。改变参照系很重要，否则无法对话，也没有“资格”对话。其二，要围绕核心问题积极互动。实践工作者不要把自己定位为听者，理论工作者也不要把自己定位为说者，双方都要学会倾听，学会言说，学会辩论，学会沟通。其三，不只是每天有变化就可以了，到一定阶段还要有提升。有了新理论要再回到实践当中去做，理论与实践之间的转化须成为自觉意识，这是研究者自觉醒悟的过程。最后，一定要自觉地再实践，这是转化成效持续发展的保证。不能浅尝辄止，一“止”就完。要不断地、持续地寻找新的生长点，这是非常关键的。

第四，教育理论与教育实践内在关系的存在，需要主体间在不同层级上积极沟通与转化。但无论处于哪个层级上，都以两类群体或个体相互接触、了解的内在需要为前提条件。

大致上，我们可按接触与转化的深度把沟通分为三级。初级：通过倾听、观察等实现沟通。这样的沟通可以是随机的，也可以是有意识组织的；可以通过间接方式实现沟通，如阅读、上网、看录像或电视等，也可以是直接的，面对面的、现场式的，如听报告、参观学校、参加学校邀请的活动等。由于这些活动带来的启发与反思，改变是可能存在的，虽然分散和点滴，但可能由此而进入更多的交往与沟通，逐渐积累双方互信、互需的程度。二级：主动而有意识的沟通，能合作，但双方出于不同的内在需要，目标可能不同，或者是其中一方的内在需要强烈度不足，形成结构与结果非对称性的变化与收效。三级：双方具有共同目标的合作研究，合作者共同参与变革研究实践全程，在改变原有实践和创造新的实践形态中形成了共生经验和共同话语，交互生成的双赢共长之深度、持续效应大，并具有比合作前更大的开放性和更强的教育学研究专业性，教育的内在逻辑在更深的层面和更广的意义上得到揭示。

三个级别的区分是为了说明：两者内在关联的存在，只是说明了交互作用产生的可能性。但交互作用的真实发生，是研究者双方以内在目的或需要，即以教育实践和教育理论的改进、发展为目的，而非以工具性的外在目的为基础。只有通过真实开展的交往，沟通与合作才可能实现。双方合作目的的一致性程度，交往沟通的深度，有无共生经验和共生经验的质量，以及在推进理论与实践发展中的双向生成效应，是理论与实践合作质量与效益的决定性因素，也是可衡量的指标。教育理论与教育实践的结合，不是通过理论说明、行政命令或外在刺激能完成的，它只有在合作的过程中，才能呈现其价值，创造出唯有深度合作才能创造的成果。

第五，理论和实践之间需要深度的关联、互动、生成。其一，关联不等于相互代替，不是理论工作者可以代替老师去上课。为什么呢？这是因为只要是理论，它一定是抽象的，只是抽象的层次不同。所以只是实践描述，讲一百个、一千个故事，都不能代替理论概括。叙事是需要的，但不要认为可以用叙事来代替或否定理论研究的必要，也没有办法否定。理论也不是仅靠实践的概括就能形成，不是只要有实践就能写成理论。其二，实践非常复杂。实践的一个特点在于它具有情景性和动态性。如果课堂里没有生活，只有教案的复制，那么这样的课堂是没有生命的。这决定了教育实践具有艺术性，是一个现场创造的过程。所以我强调：我们的老师真的不要把自己当成传递者，其实你们每天都在创造，你们的每一节课都是创造出来的。我要说的是，每一堂课、每一次教研活动都是不可复制的过程，这一点，实践工作者要有自信。自信不是拒绝别人，但也不要自卑，不要认为你的工作没有意义，不要把自己看作一个重复者。如果你将自己看作一个重复者，是你自我矮化的结果，不是实践对你的要求。所以，人不能自我矮化，自己要挺直了腰杆走路、看东西、说话。再次，我特别要提醒理论工作者，不要以为我对实践工作者最好的帮助就是告诉他怎么操作，给他模式。本人20年“新基础教育”研究的体会是：操作和模式化可以说是窒息实践生机的杀手。对此，我有非常深的体会。一开始我做“新基础”到学校去，学校最想要的是，别讲道理，告诉我们该怎么操作：第一步干什么、该怎么做，第二步干什么、该怎么做。我不解，怎么还没有学就想要怎么做呢？怎么做应该是在改变的过程中慢慢体会出来的。所以我就说，你先去学，把道理弄明白，觉得有道理，我们再一起来做。做的过程中遇到问题我们一起来讨论、解决。现在我真是庆幸没有一开始就“屈服”，没有拿出一个自认为可以操作的模式。其实这种模式大多无用。一操作就“死机”。何况不同的学科我们都会涉及，研究不同的课型，解决不同的问题。直到经过 15 年研究实践的不断提炼，我们才形成了学科指导纲要。纲要虽有内容分析，若干案例，但还是要讲道理，是教育教学的原理在学科领域中的具体化，它还留给教师很大的创造空间。我们不会给现成的一个个具体模式，先干什么，后干什么。总之，理论工作者需要警惕模式化。特别是“化”字，千万别“模式化”，一步步规定死，实践就会被框死掉。

第六，教育理论与教育实践的关系状态，除与教育学研究本身的质量相关外，还受已形成的学术传统、社会学术环境与风气、行政权力对教育研究的干预和控制强弱程度等多方面影响。例如：把教育学理论研究看作高档的，而蔑视实践研究；或相反，认为教育学理论研究没有价值，只有操作性的或行政性的指令才是有用而重要的；政府相关官员和政策制定中，忽视、甚至无视教育理论的价值，区分不清教育学与教育的不同，或只把教育当作社会工具。这时，教育理论与教育实践的关系都会出现人为的、背离其内在本真关系性质的状态。目前在我国，这三种状态都存在，教育学发展的生态并不令人乐观。因此，教育学研究人员认清教育理论与实践的内在关联显得尤为重要。而且要在正视现实的同时，创造有利于教育学研究的小生态，努力结成志同道合者联盟，不断扩大良好生态的范围，用真实的研究和现实的改变，拓展教育学研究的生存与发展空间。埋怨或消极等待，抑或只是纸上高谈，都无济于事。“成功的机体将改变它的环境。能改变环境进行互助的机体就是成功的机体”①。重要的是有思想的行动和在行动中生成新的思想。

最后作为结束语，我有几句话想跟大家共勉：第一，我们要有思想地行动，在行动中生成新思想。第二，要有“真实的”体验。这里我用了“真实的”，因为现在虚假的东西太多，所以我要讲“真实”的。用真实的教育研究和现实，改变、拓展、完善我们的生存空间。现在我们的教育学理论工作者和实践中老师们

---

① 怀特海．科学与近代世界．何钦，译．北京：商务印书馆，1959：197.

的生存空间太窄了，我觉得要改变，要改进。我一直在追求的一个理念就是：做教育就是为了改变人生，创造一种师生和自己新的专业生命质量、新的“活法”。我愿与大家共勉。通过合作研究来实现共同生长，来发展、创造我们教育理论和教育实践的教育人生。

本文系根据作者在第八届两岸四地学校改进与伙伴协作学术研讨会上的报告，同时结合作者尚未出版的著作《回归突破：“生命·实践”教育学论纲》相关部分，经作者同意整理而成。作者对此文做了审阅、修改和定稿。

本文发表于：《教育发展研究》，2014（10）；2015年获上海市社联年度推介论文（2014—2015）.

当代中国基础教育改革

学区系统终态变化的整体反思
——上海普陀区中朱学区近十年教育实践与经验的研究总报告

在完成了一系列有关中朱学区十年教育不同方面的研究报告之后，在我们面前还有一项尚未完成的认识任务——如何从总体上把握中朱学区十年教育实践中成功的经验？这是一个不易回答的问题。总体包含着事物的全部与全过程，从总体上认识事物意味着思维要发生从分析到综合、从静态到动态的飞跃，意味着要对事物做系统的研究。但是，这又是一个十分有意义的问题，它关系到能否从学区生动的实践中，得出一些有关使系统终态发生变化的成功教育活动的规律性认识，使学区的经验获得更高的认识价值和普遍意义。为此，我们愿以这篇总报告做回答的尝试，力图从哲学的角度对学区的教育实践与经验进行整体性反思，并以此作为已完成的一组系列报告的概括。

学区十年来所做的工作和取得的成绩，可以用一个哲学词汇作为概括，那就是实现了一系列正向的“转化”。尤其有必要指出的是，这一系列的转化涉及的面是一个学区中的近十所学校，不只是一所学校；是学校中的大部分学生，尤其是原来较落后的学生，而不只是培养出少数出色的学生；是学校工作中的几个主要方面，不只是一个方面。这充分显示了学区工作成效的整体性和结合性。通过实践来解决问题，实现正向转化，可以说是任何工作都追求的抽象目标，但并不是所有的实践都能做到。中朱学区能实现这样整体的、综合性的正向转化，摆脱困境，走出低谷，不断向新的高峰攀登，实在是很了不起的。对于面临着众多困难，又渴望从某种恶性循环中摆脱出来的我国当今基础教育来说，中朱学区十年变化这一事实本身不仅令人振奋，更引人深思：为什么他们能成功？为什么他们能实现正向转化？我们相信，回答这个问题能得到一些具有一定普遍意义的认识。因此，研究学区十年发展过程“转化”得以实现的基本原因成了本报告的主题。

一、系统终态变化与结构变化的关系

中朱学区十年发展主要经历了两个阶段。1978—1986 年，这是实现工作从

恶性循环向良性循环转化的第一阶段，其中又可以分三个小阶段：第一小阶段为1978—1982年，在学区范围调整各校领导班子和师资队伍，抓潭子湾路第一小学为典型，打胜“翻身仗”；第二小阶段自1982至1984年，全学区大部分学校先后摘掉后进的“帽子”，教育质量得到初步提高；第三小阶段为1984—1986年，这是该阶段的巩固时期，也是对前面两个小阶段工作的反思时期。1986年5月，上海市教育局在学区召开大面积提高教育质量的现场会议，这标志着学区前一阶段的工作得到了上一级领导和社会的承认，也标志着第一阶段的结束。第二大阶段以学区中心学校——中山北路一小开始研究教学流程管理为起点，直至现在，这一阶段尚未结束。这是由较初级的良性循环，即主要靠多投入时间与精力、建立常规、抓紧、抓实来换取教育质量的阶段，转向有意识地向科研、科学管理要质量的高级良性循环的阶段。在这个阶段，学校工作的整体性、综合性更受重视，对教学的科学研究自“教”的一方开始，又逐渐增加了“学”的研究。这一转化目前还处在起步阶段，它的实现需要比第一阶段更长的时间。

按照系统论的观点，要改变一个系统的终极状态，需要改变其结构特征。中朱学区的面貌变化，正是以改变结构特征为起点的。在结构特征中，中朱学区主要改变的是层次结构。在此着重分析学区这一层次的设置及功能的发挥在“转化”中的特殊作用。

中朱学区是在1985年2月正式成立的。但在成立前，已有学区总支这一校际领导组织存在，较有效地发挥了学区一级领导组织（包括总支与行政）的作用，可以说是中朱学区教育质量得以大面积提高和整体性改观的重要原因。

学区这一层次的增设与增强，带来了纵横两方面结构特征的变化。在纵向上，从领导机构的角度分析，它使城市行政区与所属的一所所学校之间增加了一个全息性的中间领导层。所谓“全息性的”是指它能把区教育局有关教育工作方方面面的指令，结合本学区的具体实际情况传递、贯彻下去，又能把下面所属学校在工作中的情况，汇总并及时反映上来。这种全息性的中间领导层，至少有两个有利于强化纵向领导的功能：一是使区教育局对区内学校的管理在跨度上趋于合理。如普陀区共有78所小学，如果不设学区，均由区教育局直接管理，显然管理跨度太大，实际效果有限。现在普陀区设了6个学区，由区教育局直接管理，每个学区分管10多所学校，这使管理的跨度较原先合理多了。只要学区能发挥好领导功能，那么办好每一所学校的目标就有可能得到实现。二是使区教育局对学校的领导在“条条块块”关系的处理上易于协调。区教育局对所属学校的领导，在学区设立前主要呈“条条”状，这些“条条”提出的任务直接统到学校，容易出现“千线穿一孔”的局面。学区的设立，由于它的全息性，使“条条”的要求在到每一个学校前，先经过一次“块块”的综合，并增加了从综合的角度与学校工作整体的角度来评价各个“条条”要求合理性的可能。另一方面，由于学区处于中间层次，它较区教育局更具体地了解本学区的学校，因此有可能使领导部门的要求较扎实地在所属学校中得到实现，并体现出学校所在地区的某些特色，同时也有助于区教育局领导不只是掌握“个别”层次的情况，还能获得“特殊”这一中间层次的反馈信息，加强上下之间的信息沟通。

在横向上，学区这一层次的设立，加强了区教育局系统内部学校之间的相干性联系。如果把区教育局系统内所属的学校看作各个子系统的话，在没有设立学区前，它们各自相对独立，相干性很弱。区教育局作为一个大系统的整体功能也较弱，因为系统要产生大于部分之和的整体功能，必须通过要素之间或子系统之间的相干性联系。学区的设立，一方面使学区内十几所学校之间的相干性联系加强，从而产生了学区内的整体效应，另一方面使学区与学区间也发生相干性联系，现在普陀区其他学区提出“学习中朱”的口号，就是一例。这样就从两个层次上增强了区教育系统的整体效应。

在此，我们着重分析一下由学区一级组织带来的学区内的整体效应。从中朱学区的具体经验中，整体效应至少表现在四方面：其一，教育资源统一使用效应，其中主要是人力和物力两大资源。人力，包括干部和教师。若要使这两部分人员尤其是师资结构在每个学校中趋于合理化，仅从每个学校内部调整是难以解决的。学区由于有人事权，就有可能在学区的大范围内解决这一问题。在物力上，中朱学区也有效地利用“财权”，他们集中办厂，“解放”了所属学校领导的手脚，使他们有可能把精力集中到教学、教育改革上去。资金有步骤地集中分批使用，又使所属学校的办学条件，从环境到设备都得到了有效改善。其二，决策中心智力扩大效应，这可以从两个层次来看。从学校层次来说，如果校际缺乏联系，校长在决策过程中可使用的“智力范围”主要是校内的干部和骨干。学区这一组织，使校长的决策既能从学区领导那里得到“外援”，又能从区内兄弟学校的工作中得到启发。学区内各校、各方面工作的不平衡，产生了相互促进的作用。如潭子湾路一小的经验形成于 1982 年，然后在各校开花，至 1984 年，多数学校先后摘去了“后进”帽子；中山北路一小 1984 年起抓学校管理，1986 年抓教学流程管理的研究，这两项工作也先后被推向学区各所学校。这些是学校决策中心智力扩大效应的显现。从学区层次来说，在领导决策过程中，由于能听到各校领导（包括教师）较具体的意见和建议，使他们能在比较中，从综合、联系中把握事实，发现普遍性的问题和有价值的先进苗子，进而掌握学校教育工作中呈现的普遍规律，做出较符合实际和科学的决断。中朱学区能在发展的不同阶段，及时地发现问题，合理地提出管理目标，并通过典型推动全学区的工作，正是学区决策中心智力扩大的结果。决策中心的智力扩大带来了系统内部自我调节能力增强，提高了整体功能。其三，“中环境”效应。如果把全区作为大环境，学校作为小环境的话，那么学区的存在为学校工作创造了一个“中环境”。这个“中环境”有可能抵御某些外部环境的不利因素，也为学校小环境中合理、积极因素的生长提供了良好条件。如在中朱学区打翻身仗的初期，形成了教师苦干的风气和热爱差生的心态；中期普遍开展了对教学改革的探讨等，都是这种“中环境”效应的表现。其四，规划、管理、评价统一效应。学区作为一级行政组织，不仅是上一级机构行政指令的执行机构，而且是一个具有相对独立职能的行政机构，有它自己独特的“活动舞台”。从中朱学区的发展过程看，他们在这方面的工作是出色的。学区每一阶段的中心任务都与上海市教育局和区教育局提出的中心任务相适应，同时又富有自己的特色。如 1981 年市教育局提出“办好每一所小学”的要求，学区就提出打翻身仗的目标；1982 年市里提出当前改进各科教学的意见，学区则把抓好“家常课”、提高教师的基本教学能力作为教学管理中的重要目标等。学区还着力于把这些目标转化为每所学校及教师、学生的共同目标，最后通过评比的方式对每一阶段的工作进行总结，提出新的奋斗目标。规划、管理、评价三方面职能在一定范围内的统一，使目标的实现得到行政上的保证，而且具有效率和学区的独特价值。它不只是外部指令的实现，而是学区内在的“生长”过程。

以上我们从纵向和横向分析了学区一级领导机构的设立，引起系统层级结构变化所带来的整体效应，说明了组织结构合理化在转化中的作用，说明了结构与功能之间的辩证关系。但是，这并不意味着学区本身会无条件地发挥积极的、有利于学校教育质量正向转化的作用，也不意味着任何行政区教育系统都应设置学区。因为一方面机构存在本身只是提供了种种有利于转化的可能，另一方面这种可能的大小，与学区上一级——全区教育系统范围的大小有关，也与学区下一级——所属各校的规模大小以及原有的基础和发展水平相关。具体地说，它与前者呈正相关，与后者呈负相关。这就是并非所有区都须设置学区的理由之一。即使在学区有可能发挥积极作用的情况下，要使这种可能变为现实的力量，还受制于人的因素。如果缺乏这一切，学区的设置不仅可能没有积极作用，还可能产生消极作用：对学校来说多一个“婆婆”，对区教育局来说多一层与学校直接联系的“阻隔”，引出不少人事、管理权的矛盾与纠纷。这又是并非所有设置学区的地方都办好了教育的原因之一。

由此引出了与学区发生正向转化有关的第二个重要方面的探讨：人的因素问题。

二、系统终态变化与人的要素变化的关系

在教育系统内部要实现教育质量的提高，离开了“人”这个系统基本要素中的第一要素是不可能的。中朱学区改变落后面貌，归根结底是改变了人的面貌，从领导到教师到学生。学区内学校环境面貌的变化、教学秩序的变化、教学质量的提高、各种竞赛中优胜成绩的取得，都是改变了的人的力量的对象化表现。而人自身的变化又是在这些对象化活动中实现的。由于在分报告中，我们已经较详细地总结了教师的主体性发挥以及学生主体性的培养问题，更由于在一个原来落后的地区，教师曾受压抑的主体性的发挥，学生曾被忽视的主体性的培养，首先是由领导者的教育观、精神面貌、作风以及他们的主体性的发挥所决定的，所以，在这篇总报告中，我们把分析研究的重点放在学区领导层上。

中朱学区的领导核心成员身上，有许多作为教育工作领导人的优点，同时，作为决策者、组织者和带头人，在他们身上还有十分突出的两个方面：自信与相信、尊重别人结合；敢于实践与勤于、善于思索结合。前者使他们自己和其他人（包括学校领导、教师、学生）的潜能得以发挥；后者使他们在实践中不断完善工作和使自己得到发展。两者都是作为领导者主体性发挥的集中表现，由此还带来了系统内的工作和人的面貌共同变化。我们认为这两方面是他们工作取得成功、使学区机构发挥作用的最重要的自身素质的保证。

学区领导成员自信与相信、尊重别人结合，表现在改变学区面貌的全过程。他们没有被学区原有基础差、问题多的现实吓倒，不信“环境决定论”，也不信“细胞论”，敢于接受这副被人称为“烂摊子”的担子。他们相信学区内教师身上有潜在的力量，相信“差生”并非天生而成，其形成是有原因的，既然消极的因素、条件造成了他们的落后，那么，唤起他们内在的积极性，转化完全是有可能的。当工作取得初步成功，面貌发生变化后，学区领导不相信“到顶论”，他们敢于迎接新的挑战，追求在新基础上新的创造与成功。为了充分发掘学区的内在潜力，他们在研究学校工作的过程中，不只是发现问题，而且努力发现积极因素，努力创造条件，让某些冻僵的心灵感到温暖，苏醒过来，活跃起来。可见，

学区领导的自信始终建立在对教师和学生内在潜力的信心基础上，因而带来了他们在整个工作过程中重视人、关心人、尊重人，千方百计调动人的内在力量，始终把思想政治工作做在前头，并渗透在工作的全过程。这种对自己力量的信心和对别人潜力的信任、对人的尊重成为一种教育观，在学区工作中发挥强大的作用，使中朱学区人的精神、面貌也发生了变化，无怪乎普陀区教育局副局长颜雅珍同志在谈到中朱学区的领导和教师时，深刻而自豪地说："中朱学区人的精神面貌就是我们中国教师的典型风貌。"

在调动人的内在力量方面，中朱学区的工作有自己的特色。首先，他们善于创造一种良好的心理环境，用真诚和热情打动人心，注意消除领导与群众、教师与学生之间的某种隔阂与对立，增强人与人之间的信任与合力，增强团体的凝聚力。心理环境看不见、摸不着，往往被人忽视，然而它却是小环境的一个重要构成部分。其次是善于发现教师、学生身上积极的一面，并把它发扬出来，使这些原先很微弱的方面成为推动人向上、前进的力量，最后发展成为精神或行为上的主要方面。再次，善于提出富有针对性的行动目标，在实践中激发、提高人的内在力量。学区的思想工作没有停留在一般号召、激发情感的水平上。他们不断地把人组织到一个又一个具有明确目标的对象性活动中。这些活动目标的针对性，既指适合教师和学生当时的发展水平，又与实际中确实存在的问题相关。使教师和学生总是处于有希望的、可捉摸的、清醒的追求之中，通过目标的实现过程把自己的潜力调动起来，主体性发挥出来。最后，他们努力使更多的行动者在实践中感受到成功的喜悦和被人承认的满足，用成功增强自信，用成功激起更多的追求，用成功帮助人看到自己的发展方向和未来，使开始由外界提出的要求逐渐转化为活动个体的内在动机，在更高层次上体现主体性。

以上概括出的学区调动人的内在力量的特点，实际上体现出他们的思想工作并不是把人只当作完成任务的手段而去调动积极性。他们同时把人（包括教师与学生）的发展、主体性的提高本身也看作目的，体现出对象的改造与人的改革在实践中的统一。我们认为这是非常重要的一个教育思想，也是马克思主义教育观的重要组成部分，然而却常常在实践中被忽视。人们往往重视做到了什么，而忽视在做的过程中使人获得什么，人的内在力量发生了什么变化。这种忽视如果在其他工作中还不得不容忍的话，那么，在学校的教育工作中是必须改变的。因为教育的对象是人，教育的任务是由人去实现的，在教育活动中，目的与对象、主体与客体都统一在人的身上。但实际中，常常有人只注重了对象、客体的一面，忽视了人自身的成长就是教育的目的这一面，忽视了人的主体性的一面，从而使教育失去了自己的一个独特价值（如片面追求升学率就是一例）。中朱学区在社会上轻视思想工作、拜金主义盛行的情况下，还能努力做到这一点，确实是难能可贵的。他们的实践还为我们深入认识何为教育中的主体、如何发挥或培养人的主体精神等提供了值得探讨的经验。

敢于实践与勤于思考的结合展现了学区领导成员的理性风采。如前所述，学区十年发展的总趋势是不断前进，并呈现出鲜明的阶段性。最初，他们用苦干的精神使自己从恶性循环中摆脱出来，但并未一味硬拼下去，而是及时地转向从管理中挖潜力，进而又摆脱了光靠拼体力的局面。当一套管理制度初具后，他们又转到向科研要质量的目标上去。自然，他们并非常胜将军，在十年的行程中失败过、停滞过、急躁过、简单化过，但他们对自己走过的路一直是思索的，既不怕困难与失败，也不陶醉于成绩和胜利，不骄不馁地，用自己的勇气和智慧不断地超越自己，老是和自己“过不去”。学区领导这种勤于思索的态度，还表现为在社会的各种风与浪面前，不随波逐流，不热衷于赶时髦，而是研究时代的精神，分析自己扎根的土壤，从学区的具体实际出发，规划自己的行动，常常使传统在时代中放出光彩。在行动中，他们追求的是实效，凡做一件事、抓一项工作都要抓出结果来，没有结果就不放手。因此，表面看来，他们并没有许多引起“轰动效应”的新形式、新花样，但是他们能拿出实实在在引起“轰动效应”的结果，造成令人惊赞的现实变化，在他们身上体现出一种行动的智慧和能力。

分析、归纳学区十年来几方面取得较突出成绩的工作经验，可以看出他们组织教育行动的一条基本路线，一套思维与行动相结合的序列：调查研究—分析发现问题—确定阶段工作的总目标—研究行动措施—抓典型、为面上的工作提供示范—总结典型经验、向全学区推广—组织评比—通过调查、总结与交流，积累经验，寻找新的目标。这一序列中的每一阶段，都需要行动者的思考，每一阶段中思考的重点却不同，不停留在同一水平上。从而实现了在推进行动的同时，推进对事物、对象乃至行动者本身的认识。这一套序列又体现了一个完整的行动与认识过程。最初的调查研究一般由上级领导部门提出的新任务或学区领导直接感受到的问题而引起，调查的结果是获得对自己所在地区或某项工作范围内总体情况的了解。分析发现问题的过程，是梳理情况，发现主要矛盾和寻找突破口的分析过程，然而这种分析是在前一阶段综合性认识的背景下进行的。在此基础上确定的具体目标与措施，不仅较切实、明确、可行，而且使认识又走向综合。思考与行动走到这一步基本完成了对未来规划的任务。典型试验对于领导来说，不仅具有向其他相近类型的学校示范的价值，更重要的是使设想在一个较小的、较可控制的范围内，做一次完整的、全面的展现。它有助于领导者进一步判断规划实现的可能性，认识实现它必备的条件和可能出现的、在设想时未顾及到的问题，这是一个认识上完成目标、条件、过程、结果之间综合的过程，也是取得实实在在经验的过程。此后的两个小环节：推广与评比，是由点到面，从预定目标转化为大面积现实的过程。由于各校或各人、各单位的具体情况不同，这两个阶段需要较长的时间。在此期间，典型发挥示范作用，同时各校、其他人或单位的工作实践又起着丰富、发展、完善典型经验和领导者的认识的作用，起着互相促进和推动的作用，一些新的问题和新的好苗子也完全可能出现。这是一个无论在现实行动上还是思想认识上，都可能呈现丰富多彩、生动活泼局面的时期，人们在这个过程中能体会到成功的欢乐、失败的焦虑、发现的惊喜、奋斗的甘苦，体验到作为行动主体的力量。最后一个阶段在认识上完成的是反思的任务，与开始阶段的调查研究相比，尽管都是完成综合性认识的任务，但在对象上却很不相同，最初阶段的认识对象是主体尚未对其产生作用的客体本身，而最后阶段的认识对象则是主体改变客体状态的全过程，这是主体对自己的思想、行动及其效果的反思过程，是构成主体自身经验财富和精神财富的过程，是主体力量、智慧增长的过程。在此基础上提出新的目标与任务，是发展了的主体和变化了的现状之间新的“较量”，认识和行动都可能跃迁到一个新的水平。

通过对中朱学区组织教育行动基本路线的分析，我们除了想说明这条路线的合理性以及它对成功的价值以外，还想强调的是，必须破除这样一种观念：教育实践工作者的主要任务只是行动，只要照着领导的指示或者理论工作者的设计行动即可，似乎思考与他们无缘。事实恰恰相反，只要是成功的教育实践家，总是勤于思索和善于思索的。没有思索，就没有明智、有效的行动，教育实践家们不仅要行动，而且要掌握基本的教育理论，有自己的教育信念，更要研究教育行动的理论与哲学，这是与教育理论家研究领域很不相同，然而却是在教育领域中“精神变物质”十分重要的一步。中国教育事业的发展，需要成千上万这样敢于实践和勤于、善于思索的出色的教育实践家。

中朱学区发展的事实向我们显示了这一问题的重要与决定性意义。在一个原来面貌落后的地区，没有称职的领导，大面积提高教育质量和改变落后面貌几乎是不可能的。在教育工作决策者的素质中，正确的教育观与群众观，勇气与信心，对创造与成功的追求，对教育活动规律的认识，组织行动的智慧和能力等都是至关重要的。教育系统要完成正向转化，从系统内要素的角度看，人的转化最重要，而其中首当其冲的是领导干部精神面貌与能力的变化以及主体性的积极发挥。

三、系统终态变化与活动过程变化的关系

系统终态的变化除了与结构、要素的变化相关外，还以系统内部活动过程的变化为条件。中朱学区实现正向转化，尤其是恶性循环向良性循环转化的过程，有助于我们认识为改变学校落后面貌需要处理好的几个关系。

（一）大环境与小环境的关系

学校教育活动是在一定的大环境中进行的，社区环境对于学校来说，是大环境的具体、直接构成，它必然给学校工作带来深刻的影响。其中最直接的就是生源和家长的各方面素质。落后的学校常常分布在落后的社区，这已经是众所周知的了。然而，学校又毕竟是相对独立的专事教育人的机构，它有自己的小环境，学校落后必然还有小环境内的原因。为了改变学校的落后面貌，对于处在相对落后社区的学校来说，首先遇到的就是选择立足点的问题：是期待外界大环境的面貌发生变化后再来改善小环境，还是立足于壮大自身的力量来影响外界大环境？中朱学区选择了后者。他们在开始阶段着力改变学校内部的小环境，对于大环境中的消极因素，首先采取抵御的方针，不让它侵犯学校内部这块“小天地”，以形成能正常开展工作的基本条件。潭子湾路一小的经验是典型的例证。随着学校教育、教学工作的正常化和正面教育力量的增强，他们逐渐赢得了社区和家长的信任，进而加强对家长的影响，努力使家长成为学校教育的合作者，不是旁观者或对抗者。他们还争取社区居委会干部的支持，发掘大环境中有利于学生成长的因素，并让学生参加某些改变社会环境中落后方面的工作，使小环境与大环境之间出现积极相互影响的新型关系模式，大小环境之间的恶性相互作用开始出现转化。

我们认为，学区的这一选择是明智的，在某种程度上说明了学校教育与社会条件之间的关系。教育工作者只能在现实的社会条件下改善学校教育工作，不能企求在理想的社会条件下进行学校教育改革。学校能够做的，主要是改变自控可能性较大的学校范围内的工作。就小学而言，由于基础教育要求相对的稳定性，学生年龄小，活动能力与范围也较小，可塑性却较大等因素，学校在他成长和各方面发展中可能起的作用更大。因此，改变学校小环境，就具有重要的意义。自

然，这并不意味着小学生在社区建设或改造中起不了任何作用，也不是说小学只需管好校内的工作即可，而是说应首先立足于自身的改变，只有强大了的自身才有可能具备影响社会的真正力量。

（二）把握整体与选择突破口的关系

在学区各项工作过程中显现出的一个很显著的特征是较强的整体意识。这种整体意识，使学区各项工作的开展，既有横向上的一致性，又有纵向上的连贯性；既有中心，又有全局。这是学区教育质量得以大面积稳定上升、学区工作得以发展的重要原因。它使整体中每一部分或个体的活动与工作，获得超出其本身的意义与价值，带来连锁反应，使学区成为一个具有内部互动机制的、有机的、真实的整体。

然而，只有整体意识和观念，抓住核心还不是学区工作能从恶性向良性转化的全部保证。在工作中要使转化真实发生，还必须解决选择突破口的问题。全面开花，愿望可能是好的，但结果可能是糟的。因此能否选择好突破口，就成为在有了全局、整体性认识以后，转向现实行动时面临的第一个关键性问题。在此，还需要指出的是，行动中的突破口未必就是整体中的中心或者关键性环节。尽管行动的成功是以中心任务的完成或关键性环节的转化为标准的。突破口是第一步，是在明确了整体、中心以后做出的行动从何开始的选择。从表面看来，它离中心还甚远，但是路还得从这一步走起，谁要是因它孤立起来看无足轻重而不愿走这第一步，谁就不能达到他所渴望达到的目标。因此，可以说，善不善于选择突破口，也成了领导艺术的重要组成部分以及转化能否实现的重要保证。

中朱学区领导对突破口的选择，表明他们具有这种领导艺术。首先，他们是在不同层次上分别选择突破口的。学区在粉碎“四人帮”以后所面临的局面可以用“全面差”来形容，再加上原来的基础差、学区所处的地区条件差，几乎是积重难返。在这种情况下，他们在全学区的范围内，选择了潭子湾路一小作为学区一级工作的突破口。因为该校规模相对较小，工作比大学校易抓一些，又有典型意义。在每所学校内部，则从改变校园脏、乱、差的面貌，建立正常的教学秩序着手。用他们的话来说，先让学校从表面上看来像个学校，不要一走进校门，一踏进教室就都是看不顺眼、令人生火、失望的东西。抓这项工作显然能较快地、显著地使人感到变化，外在环境的变化能带来一种超出环境变化的心理效应，而正常的教学秩序又是学校要想开展其他改革必备的条件。在几门主要学科教学现状的改进方面，他们首先抓了外语学科。表面看来似乎外语最难学，但外语学科牵涉到的年级和师资面，与其他两门主课比较起来是最少和最小的，只要骨干教师的问题解决了，就有可能在全区范围内使这门学科的教学质量出现大的改观，从而帮助其他学科的教师树立信心，激起他们改变本学科落后面貌的愿望。另外，外语学科若用掌握一门语言直到熟练应用的要求来衡量是较难学的，但小学外语教学的内容相对于语文、数学两门学科来说，又是浅显的，它的教学中练习、可操作的成分较多，所以只要方法基本对头，教师又肯下功夫的话，学习质量又是容易提高的。学区领导正是透过这门学科教学表面的“难”，看到了其实际上相对的“易”，看中了它可能产生的面的效应和破除迷信的效应，做出了以外语为突破口的正确选择。在抓教师素质的提高方面，学区从学校实际出发，考虑了教师的承受能力，从日常教学所必备的基本功抓起，提出具体而明确的可操作、可检查的标准，先通过模仿别人成功的做法，或十分具体的、近乎手把手辅导等这些最易见效的途径，让教师的基本功一项项提高，逐渐把课上得像课了，使他们看到自己的进步，树立信心，而不是一开始就高喊教学革新。在转变学生方面，继心态调整后，抓的也是最基本的行为习惯的培养，从学习习惯到品德行为习惯，它们同样可捉摸、可训练。在提高学生学业成绩方面，在教师教学水平相对较低的条件下，首先用的是“笨办法”，多做练习、多花时间、多补课，用一股子拼劲换得教学成绩的初步改观，以这种初步改观来树立信心，争取更大的进步。

上述各层次的突破口在具体表现上各不相同，但却体现了一些共同的选择原则，那就是要选择相对最易发生变化的；变化时需克服的阻力相对较小的；为实现变化所采取的行动在操作性上较强的；变化追求的目标与行动主体原有水平相近且能实现的；变化的速度较快、效果显而易见，能带来“震动”面的效应并具有基础性的。这种选择表面看来，其目的是使某一点、某一面或某一校发生真实的转化，但其深层的目的是为全局、整体的转化，创造进一步行动的基础性条件，提高行动主体改变面貌的信心，使现实的转机出现。

但是，行动至此还只是出现转机，并没有完成全面转化的任务，要达到全面转化的要求，还须经历一段由突破口向全局转化的路程。学区在不同的层面上都选择了突破口，从全局来看构成了“突破口群”，系统内的不同层面呈现出变而不乱的局面，这为它们之间相互推动、相互积极影响，从而为加速全局性的变化创造了条件。在这样的条件下，要实现由“点”到“面”或者由“点”到“线”

的扩展、延伸和深化，从中朱学区的经验看，还需要抓好下列几方面工作：从“点”到“面”的扩展过程看，首先需认真总结、提炼“点”的经验，提高经验的普遍性和形成适度的规范，并宣传这一提炼过的经验，使它的精神、实质（不是表面的形式或者达到的目标）得到发扬。然后再深入研究其他具体单位的实际情况，结合实际，吸收、运用“点”的经验，进而丰富、发展“点”的经验，使由“点”到“面”的实际扩展过程成为经验丰富、完善、更富有普遍性的过程，成为基本规范普遍化和合理化的过程。从由“点”到“线”的延伸过程看，关键在于把握点与点之间的联系与区别，点与点之间跨度的适当性，而且一般总是在第一步的成绩基本巩固、无须再花大力气去抓的情况下再跨出第二步，以避免因第二步的过早跨出使第一步之所得复失。这里需要领导者懂得自己工作对象的一般发展规律，它不同于自点到面的推广，而是为实现系列化所做的努力，为了走完全过程，每一步都有它的特殊要求，并不是把前一步的经验搬过来就能生效的。中朱学区的具体做法在前面几篇系列报告之中已有详细的展现，在此不再重复。

只有在新的规范和新的系列，进而新的循环出现和巩固后，才算真实地完成了第一阶段的转化，由恶性循环向良性循环的转化。中朱学区实现这一转化的过程为我们提供了整体与突破口之间具体的、多方面关系的富有思考性的经验。

（三）规范与创新的关系

实现从恶性循环向良性循环的转化在某种意义上是由无序到有序的过程，在这个过程中，规范起重要作用。中朱学区的经验说明了这一点：当学校教育质量处于基准线之下的时候，总是有许多基本规范遭到破坏的时候，所以连基本的要求也不能实现。要改变这种状况，必须使基本规范在学校工作中得到重建，它是基本秩序与基本质量的保证。那些否定教育工作中规范的重要性，把规范与创新完全对立起来的观点，实际上是忽视了规范发挥作用的合理范围，忽视了规范作为创新的基础，以及创新成果在一定阶段内只有具有规范的形式，才能产生普遍价值这一规范与创新之间的内在联系。学区的经验还进一步说明了，规范只有在形成系列与具有整体性的情况下，才能产生最大的效果。我们认为，从我国当前教育发展的实际水平出发，在实现普及义务教育的任务时，中朱学区重视规范在小学基础教育中作用的经验，对于办好每一所小学来说都是具有意义的。

然而，当达到了一定的基准线以后，要想登上更高的阶梯，不仅为社会提供合格的，而且是出色的基础教育的话，就需要有突破原有规范的创新。中朱学区的发展现在已面临着这样的新挑战。他们不把自己今日的目标定在保住现有水平上，而是追求新的突破：促使儿童在多方面得到生动活泼的发展，使儿童的个性得到健康发展，要培养一批第一流的教师和办出第一流的学校，向科学研究要质量，总之，要实现向高一级发展水平的跃迁。

学区在这方面已经有了一些行动和打算。他们的工作是从系统总结自己十年来已经走过的道路开始的。力求通过系统的、科学的调查研究，把自己的经验上升到理论的高度来认识，明确自己目前存在的问题和继续努力的方向。这组系列报告就是由此而生的。学区领导已经清醒地意识到，为使学区工作向更高水平发展，必须加强理论学习，提高管理水平和积极、有步骤地开展科研活动。学区现在面临着一系列新问题，例如，现在学区范围内的学校已不是十年前处于发展低水平的学校了，各校的实力和独立性相对增强了，学区内中心校的力量也壮大了，在这种情况下，学区的领导方法和指导思想都须发生转化，须在更好地发挥中心校和其他各校创造精神的基础上，发挥学区的整体效应。因此，学区的统一规范、指挥作用，也许要有所削弱，但协调、指导、整合的作用却要加强，在科研上的领导、组织作用也须加强。对于学校领导和教师来说，也面临着类似问题，怎样使自己的学校办得有特色？怎样在保证大面积教育质量提高的基础上培养出一批“尖子”学生和有特长的学生？怎样发挥教师的创造性与个性，形成优秀的有独特教育风格的教师？这一切都要求领导者的素质与水平，尤其是创新的意识与能力有显著提高。在实现新的循环过程中，学区面临着的新难题是要能对自己过去十年中苦心经营起的“规范”、用心血凝聚起来的经验做出剖析，寻找不足，寻找与新形势、新要求的距离，寻找改造、发展它们的新突破口，这在某种程度上是对自己“现有”的否定，是一种较之“从无序到有序”更难的否定，是从粗糙到精细，从规范到独特的过程。可以预言，能否处理好规范与创新的关系，将成为学区下一时期工作过程中经常遇到和能否最终实现新跃迁的关键性问题之一。

以上我们分别论述了系统终态变化与结构、人、过程等三方面变化的关系，但在现实转化的过程中，这三方面是综合起来发挥作用的，它们之间的关系是相乘而不是相加。任何一方面的削弱，都会带来超出其本身的消极影响。学区在促使系统终态发生变化方面为我们提供的经验，从更广泛的范围来看，自然是一个特殊，未必有普遍、无条件推广的价值。但是，由这些经验引出的一系列思考，却是可供每一个想办好每一所学校、教育好每一个学生的人分享的，这就是学区十年成功的教育行动所创造的、超出其本身成功的价值之一。

本文发表于：《华东师范大学学报（教育科学版）》，1990（2）；发表时署名："中朱学区教育"联合调查组。"中朱学区教育"联合调查组是由华东师大教育系部分师生、中朱学区领导和普陀区教育局部分同志联合组成的临时课题研究小组。本报告是在对中朱学区已有经验总结，本次调查获得的新资料以及系列报告（1－7）（其内容涉及学区管理目标、运用典型、建设师资、开展少先队活动、转变后进学生、进行学法研究，以及学区先进单位谭子湾路一小的转变历程等方面，目前尚未发表）的分析、综合基础上形成的，由华东师范大学教育系副教授叶澜执笔。因篇幅所限，本次发表略有删节，题目按编者意见略做改动。

时代精神与新教育理想的构建
——关于我国基础教育改革的跨世纪思考

面临着一个即将到来的21世纪，身处在经济体制改革的大潮中，走过了近半个世纪充满曲折艰辛的路程，我国的教育工作者都在认真思索：今后的改革之路怎样走？我们，作为跨世纪的幸运儿，怎样才能笑着向昨天告别，满怀着新的希望和信念，迈着坚定的步伐走向明天？这是一个不仅需要反思历史，而且还需要把握时代精神才能做出回答的问题。本文试图以我国基础教育领域为限，从研究时代发展与教育理想更新之关系的角度来回应历史与现实的呼唤。因为，作为人类有目的行为的教育活动的发展，新世纪教育的创建，无疑，都需以新教育理想的构建为起点。

一、时代精神分析

中外教育发展史已清楚地表明，只要时代发生深刻的变化，教育或迟或早也会发生相应的变化。凡在教育思想和教育实践中产生深远影响的教育家，都是时代精神在教育领域中的代言人，他们思想的光彩是时代精神的独特折射。夸美纽斯是这样，卢梭、杜威也是这样。在此，我们无意自喻为当代的卢梭或杜威，我们只想说明在激烈变化的时代，把握时代精神对教育思想和教育实践发展的无与伦比的重要。当代也许很难再出卢梭式的个别人物，但是，我们完全有可能也有必要来共同再塑一个21世纪的“爱弥儿”。

时代精神，听起来似乎不可捉摸、虚无缥缈。其实，它弥漫在社会的各个领域中，深深根植于社会经济的土壤里。因而，对时代精神变化的认识，必须涉及对社会经济领域变化的剖析。当今我国经济领域变化之剧烈与深刻，可以说是中华人民共和国成立以来前所未有的，其表现主要在两大方面。第一个方面是生产力技术构成以及国家产业结构的深刻变化。这是世界科学技术革命和20世纪80年代以来改革开放国策的产物。视野的打开、国外资金和技术的引进，影响和改变着我国原有落后的生产力技术水平及产业结构。落后就要挨打，发展生产要依靠科学技术，生产力的发展是社会发展的基础，这些观点在不长的时间里就成为政府领导和各界人士的共识，进而推动了生产领域内技术构成和经济领域内产业结构的加速变化（新科技产业的崛起，一、二、三产业比例的迅速调整等）。第二个方面是经济体制的深刻变化。它同样始于80年代初，作为阶段性转折的标志则是党的十四大。这次大会明确提出："经济体制改革的目标是建立社会主义市场经济体制，以利于进一步解放和发展生产力。"显然，这场改革要解决的是我国经济发展加速的动力机制和运行机制问题。具体地说，主要是有意识地在以下几个方面实现变革：经济运行要由原来通过计划为主的方式转变为通过市场（从资源配置到产品经营）为主的方式来实现，按市场运行的规律办事，引进竞争机制；经济调控的主体构成由原来的政府一元模式，转为政府宏观调控和企业自主调控相结合的分层多元模式，使生产实践主体对自己的经济行为负责，并具有主动发展的可能，从而激发经济活动者的内在活力；经济调控手段也由原来的行政手段为主，转化为法律和经济手段为主，使其规范化并与国际接轨。经济体制改革所带来的变化首先是经济领域的，但又不只是经济领域的。它不仅冲击到文化、教育等各个领域，还震撼着人们思想、意识深处的价值观、世界观和人生观。人们普遍感到这个世界需要重新认识，自己的人生需要重新定位。

这一切为人们认识时代精神提供了社会最基础领域的背景，即时代精神产生的现实经济土壤。若把上述两方面的变化结合起来，再作一次提炼，我们就可以触摸到时代跳动的脉搏。

首先，时代变化的节奏加快，变化的幅度与强度增加，并且社会结构性变化的周期也在缩短，即时代变化的速度、幅度、强度与结构都在增扩，打破了原来平稳缓慢发展的格局。邓小平同志用十分简洁的语言概括了这一点，提出了"发展是硬道理"的口号。在一个高速变化的时代，谁还抱残守缺，不思对现状的变革，不思未来发展的需求与趋势，不思自身对变化适应性的提高，谁就必然会被时代淘汰。变化要求人能用发展的眼光、用未来的要求对待今天、促进今天的变化，而不是用停滞的、昨天的眼光来看今天，满足于已有的一切。这是人类在时间维度取向上的重要变化，一个重视未来、强调发展、立足变革的时代到来了。

其次，发展加速、竞争激烈，使人类的生存环境呈现多变、多元、多彩、多险的飘忽迷离状态，平稳而单一的局面被打破，不确定性和可选择性同时增强。因而每个人或社会在求发展的同时，必须学会做选择。当成功与失败并存、机遇与陷阱同在时，正确的选择就成为走向成功、抓住机遇的十分重要的第一步。可以用"注重选择"来概括这一时代精神，它意味着人类将通过选择来寻求适合自己发展的空间和途径，划一的、同步的、简单服从计划安排的发展模式不再被认为是天经地义的了。

最后，呼唤人的主体精神，是时代精神中最核心的内容。无论是适应环境变化的加速，还是做出正确的选择，都是要有人，且富有主体精神的人才能实现。社会的发展也同样要靠有主体精神的人来实现。尽管强调人的主体精神不是一个新课题，它在20世纪80年代就引起了国内哲学家的关注，成为学术界的热门话题。但当时，主要局限于理论探讨上，还未成为社会现实的需要。市场经济体制的建立，明确要求企业实现自主经营、自负盈亏、自我发展、自我约束，成为独立的法人实体和市场竞争主体。这不仅标志着经济领域中对经营者主体性的强调，作为一种法律要求的规范和投入市场必备条件的强调，而且意味着需要人的主体性之现实土壤的产生，社会对此真实需要的出现。主体精神的问题已从哲学界的沙龙中、思想家的头脑中走出来，走向真实进行着改革的社会经济主战场，走向社会实践的各个领域，走进想在改革中求生存、求发展的每一个人的头脑中，并通过他们的实践行为实实在在地表现出来。

正是从这个意义上我们说，一个呼唤人的主体精神的时代已经真实地到来了。这个时代需要能在多样、变幻的社会风浪中把握自己命运、保持自己追求的人，需要靠这样的新人来创造未来。于是，培养新人的任务就历史地落到跨世纪的教育工作者身上。处于市场经济初建阶段的我国教育，虽然面临着经济大潮的冲击并受到前所未遇的许多新问题的困扰，但这大潮能孕育出新的生命，这困扰会锻炼出新的勇士。只要我们善于驾驭，时代之潮会把我国的教育推向一个新的、无限宽广的天地。

二、反思：对象观与教育观

只有与时代精神一致的教育理想，才能引导一个推动时代向前发展的新教育的构建，而教育理想的构建又是以培养什么样的人这一问题为核心的。没有对未来社会所需要的新人之基本品质、知识结构和能力要求的认识，就不可能对教育实践的方方面面、各个环节做出合目的的设计，这样的时代精神必游离于教育实践之外，教育面向未来也只能停留在口头上。

自20世纪80年代以来，我国基础教育处于不断改革的状态之中，培养什么样的人的问题也是理论界与实践界不断探索的问题。回顾这段历程，我们可以看到认识和实践的发展，同时也不难发现，关于培养什么样的人的探讨，主要还局限在认知领域内，实践中更是如此。也就是说，十多年教改，关注的中心是教育内容的更新和教育方法的改革，前者旨在使教育内容能反映当代科学技术发展的新基础与新成果；后者是为了保证学生更好地掌握知识，并在掌握知识的同时，发展智力，培养能力。从80年代后期始，一些教育改革进行得较深入的学校，已经把改革的主题转向研究学生、激发学生的内在积极性，但说到底这还是为了使学生学得更好，更自觉地学。与过去相比，这无疑是一种非常重要的进步，它反映了当代科学技术发展对人的能力要求，反映了教育观上开始注意研究教育对象本身。然而，若从上述时代精神对人的要求这一高度看，若把学生确实当作一个完整的生命体，而不只是认知体，把学校生活看作学生生命历程的重要构成，而不只是学习过程的重要构成，那么，就会发现近十多年基础教育改革的主要不足，无论是对时代的认识，还是对学生、学校教育的认识，都只侧重于认知，在一定意义上依然是乐观的理性主义和科学主义。所以，在认识上放大了理性、智能、科学、技术在人和社会发展中的作用，在实践上则缺乏对人的精神力量培养的重视。总之，还没有突破欧洲19世纪以来形成的传统教育的核心精神。由此可见，跨世纪新人形象的构建，不仅要认识时代精神，还要改革教育对象观和与其相关的教育观。

从教育对象观的角度看，最重要的是确认生命的整体性和人的发展能动性。所谓“生命的整体性”，是指人的生命是多层次、多方面的整合体；生命有各方面的需要：生理的、心理的、社会的、物质的、精神的、行为的、认知的、价值的、信仰的；任何一种活动，人都是以一个完整的生命体的方式参与和投入，而不只是局部的、孤立的、某一方面的参与和投入。精神科学创始人狄尔泰对此有精辟的论述，他认为人是整体的人，是“有意志、有情感、有想象的存在”①，在“人这一整体事实中”，“精神生活与人的心理—物理（灵与肉）生命统一体完美融合”②，并以此来与那些将人分解、割裂，看作单纯反映的、无生命的“死”主体的陈旧观点相区别。所谓“人的发展能动性”，是对人的发展独特性的认识。它指人的发展是人的潜在可能性在实践中逐渐转化为现实存在的过程。这一转化的实现，不仅有赖于人的先天素质和外部环境，而且有赖于人逐渐形成的自我意识，以及人的价值观、自主选择和在实践中的投入与反思能力，即人对自己发展的自觉意识和能动作用，“它赋予人在一定条件下主宰自己命运的可能，人不仅

---

① 邹进．现代德国文化教育学．太原：山西教育出版社，1992：26.

② 同①27.

是先天因素与环境相互作用的产物，人也是自我选择的产物”[①]。这两个观念的确立，不仅是结论、观点上的重要变化，而且是方法论上的重要变化。它意味着对人的生命存在与发展的认识将走出形而上学的模式，走出把人简化为物，把人的发展等同于其他生命体发展的思维方式，这是辩证法在认识人自己这个问题上的体现。无疑，可以说这样的认识更接近于生命发展的真实。

应该说，一般地承认生命的整体性和人的发展能动性，在今日中国的理论界也许并不困难，难的是用这样的观点去认识教育对象，特别是作为基础教育对象的中小学生，一群处在生命成长发展中特殊阶段的，需要有成人关心和引导并逐步完成社会化任务的青少年。因为在成人的心目中，他们似乎是无知无能的、接受教育的人。成人关心的事情是把哪些东西（或知识、或能力、或观念、或行为、或价值、或信念）教给他们，而不是对他们生命活动本身的认识，不是对他们实际需要与可能的把握。

正因为如此，对象观的改革必然带来教育观的重要改变。如果我们想让时代精神转化为学生个体的真实成长，那么，必须使教育目标不仅反映时代要求，而且顾及生命整体的各个层次和方面，使教育是对整个人的健全教育，而不是只关注某一方面发展的畸形教育。与此同时，还必须使教育者对全部教育过程的规划，以对人之生命发展能动特点的尊重和开发为最重要的支点，并把教育的“形式目的”[②] 定位在促进人的自我教育能力的形成上，把增进人的生命主体意识看作时代对教育功能的重要规定，同时也是教育要取得真实成效的基本保证。教育观的这些变化如若最终能转化为教育实践，我们将会看到真正人的教育，充满着生命活力的人的教育；我们不再把教育简单当作现存知识直接传递的过程，而是看作生命与生命的交往、沟通过程，只有有了这种生命间的沟通，才能深刻地实现对生命发展的影响。

三、构建：新理想之核心——新人形象

理想新人的形象体现了时代精神和新教育对象观的综合，这一综合主要从人的认知能力、道德面貌和精神力量三个不同维度进行，每一个维度又包含着对外

① 叶澜．教育概论．北京：人民教育出版社，1991：218.

② “形式目的”是相对于“实质目的”的。本人关注教育的“形式目的”，是因为教育目的总包括了形式与实质两个方面，只是40多年来我们很少做这样的区别。但本人并不是“形式教育”论者，本文在此只是点出了“形式目的”的存在，以及我们认为应追求的形式目的之内容．

和对内两个方面，体现出知、情、意等人的生命的多方面统一。

（一）认知能力方面

认识活动是人类一切活动中都存在的一种活动，认知能力是人类适应社会和实现个体生存发展的基本能力。不管哪一种教育理想都关注认知方面的任务，新世纪的教育理想也不例外。它与原来的教育之区别，不在要不要关注认知，而在关注认知的哪些方面及把它放在什么地位。

为了适应时代的变化节奏与强度，新人在认知方面的形象，不只是具备基础知识、基本学习能力和应用学过的知识解决问题等能力，而且还应有新的、更加高的要求，前者是认知方面的基本要求，后者才反映时代发展的需要。具体地说，主要有如下三个方面。

要有善于捕捉、组织各种信息和判断各种信息价值的能力。“捕捉”意味着对新信息的敏锐感受和理解，它以捕捉者头脑中存有问题和思维的敏捷为条件。“组织”是指把新的信息与原有的知识结构建立联系，或者是把来自不同渠道的不同信息，组织到解决问题的过程中的能力。对信息价值的“判断”的能力，则是指在认识或解决问题的过程中，对信息的可靠性、有效性和重要性做出判断的能力，它是人面对纷繁多变、各式各样的信息做出取舍、选择所必需的能力。

要有善于认识自己的各种需求、能力、思维品质与策略、态度和行为等的反思能力，以及根据反思结果自觉进行自我调控的能力。这是对人的自我认知能力方面的要求。人要适应并有效作用于外部环境，不仅要有认识客体的能力，更要有认识主体自身的能力。“适应”意味着要求人首先对自己做出调整：或增强自己改变外在客体与事态的能力；或改变自己的行为与策略，以达到与变化了的环境相协调的目的。这些都以人的向内反思能力为基础。显然，这一认识能力在以往的教育中几乎是完全被忽视的，教育只热衷于教会学生认识、改造外部世界，人的内部世界的认识和自觉构建基本上处在自发生成的状态。是生活，而不是有意识的学校教育在扮演着这方面的教师角色。这就是许多人缺乏个性、缺乏独立性的重要原因之一。

要有新的思维方式。认知能力的形成方面就是人的思维方式，它虽然不以与内容脱离的方式独立存在，但在人的认识活动中却有独特的重要作用。无论是人类群体还是个体，认知能力的重大突破都与思维方式的变化直接相关。当今变化、多元的时代，要求人的思维方式也要发生变化：要从平面发展到立体，增大容纳信息的思维空间，并注意其空间结构；要有多视角认识同一事物并善于将其综合为整体认识的能力，即实现多元的统一；要有动态把握事物的思维方式，通过过程分析来认识规律、认识事物间的相互作用。这些思维方式都是当人面临复杂的、综合性的新问题（这类问题在当代会经常出现在人的面前），并且面对各种解决问题的不同见解和处理方案时所必须具备的。另外，如果从认识人的内部世界的角度看，还需要有另一种思维方式，那就是省悟，即对自我的体验、经历、心态、期望、行为及结果等在认识积累的基础上，发生直觉的、飞跃式的、富有哲理性的对生命与人生的领悟。这是人在构筑和完善自己精神世界的历程中必不可少的思维方式。总之，对思维方式的要求与思维内容及通过思维所要达到的认识目标密切相关。

（二）道德面貌方面

任何时代都有对人在道德面貌方面的基本要求，与以往相比，即将到来的新世纪在这方面需强调的是什么呢?

首先摆在我们面前的突出问题是价值观问题。众所周知，价值观实质上起着支配人的态度、决策与行为的准绳作用，是人的道德面貌的内在依据，这在任何时代都是相同的。而当今，社会主义市场经济条件下改革开放的国策，使我国社会不同阶层的群体和不同的个体，在价值取向上由原来的相对一致转向多元，原来被社会认可并占据主导地位的价值观，受到了来自不同方面的挑战，传统价值观的至尊地位受到威胁，各种各样的价值观之间不仅有差异，而且存在着矛盾与冲突。每一个生活在当今社会中的人，都会感受到这种冲击、矛盾与威胁。一个非常朴素却反映价值观核心与意义的问题是我们究竟应该怎样做人，在一个新旧交替的时代被尖锐地摆到每个人的面前。在价值多元与变化急剧的社会中，人人都有独立做出价值观选择与构建的任务，社会则面临着主流价值观的更新问题。自然，这种选择、构造与更新，并不意味着抛弃传统价值观的一切，相反，它要求我们用今天和发展的眼光，重新审视传统的价值观，发现它对现时代的价值并自觉地发扬光大。同时，还要融进新的时代精神，自然，还要透析各种貌似“新潮”“开放”，实为“腐朽”“堕落”的价值观念。对社会来说，这是一个复杂的有取有弃、有继承又有更新的选择与整合过程；对每个人来说，则是一个外在价值观的多元与冲突转化为内部选择，最终综合形成个人价值观体系的过程。

从道德面貌的外在表现来看，在理想新人身上，必须强调和突出的是社会公德。社会价值观的多元化和冲突，在人的道德面貌和行为上，也会表现为相当程度的“自行其是”，每个人按自己确定的标准行动，甚至否定任何道德规范的必要，其后果轻则导致社会合力的削弱、人心涣散，重则导致社会风气的败坏，犯罪行为的急剧增长。社会公德在一定意义上就是指人类社会几千年道德文明发展中沉积下来的基本观念与行为准则，它既是使每个个体成为社会群体有机构成所必需的，也是社会群体和个体发展所必需的。在当今社会中，其最基本的内涵就是个体作为社会成员的责任感和义务感以及履行职责的行为；尊重他人与尊重自己相统一的对己和对人的态度；以及把“法律”“制度”“纪律”等作为社会最基本的共同利益和共同意志的体现，自觉遵守的意识与行为。如果每个个体都能在上述三方面，即对公事、对人和对社会公约三方面具备公德，那么，社会中每个人就在精神和行为的最基本方面有了一致性；人和人之间才能对话、协调；才能在保持个人独立性的同时，具备维护社会生存与发展所必需的合力。在此需要说明的是，我们提出新人道德面貌的要求，只是强调最基本的，也是一切更高要求的道德（如社会主义道德、共产主义道德）发展的基础。因而，它是人人必须具备的，若不具备就不是一个品德健康的社会人。我们不可能要求在我国每一个人都符合社会主义和共产主义的道德要求，但必须要求每个人都应具有公德，而基础教育阶段正是培养公德的最重要时期。

（三）精神力量方面

人的精神力量是当代新人形象中最富有特征，又是以往教育最为忽视的一面。在一个纷繁复杂、变化迅速的社会中，人的生存与发展，不仅与外界社会的需要，与每个人面临的具体环境、机遇等外部因素相关，而且与个人内在的力量，即精神力量密切相关。所谓精神力量是人的心理、智慧、能力、意志、情感和理想、信仰等综合形成的一种力量，它在个人对待人生中一系列重大问题时，在人与环境相互作用时显现出其价值。在平和、安宁的环境中，精神力量尽管总是存在，但并不显示得清晰和重要；而在环境对人生提出挑战时，精神力量的作用就显得十分重要了。更进一步说，精神力量就是人的内在气质，它集中表现在个人的主体能动性上，尤其是对主体内在力量的调控上。我们提倡当代新人所必需的精神力量集中表现在下列几个方面。

首先，理想的新人必须有自信。自信以接纳自己为前提。无论出身于什么家庭、从事什么职业、处于什么地位，人都应在面对现实的同时有接纳自己的勇气，尤其当身处不利境遇甚至是劣势的时候，仍应保持对自己力量的信心，相信每个正常的生命都有生存和发展的能力。自信是支撑人的重要精神支柱，一个在生活中能独立自强者，必以有自信心为前提条件。未来的时代是需要和创造强者的时代，是高奏贝多芬英雄交响曲的时代，自信应成为新人精神力量的第一要素。

其次，理想的新人必须有迎接挑战的冲动与勇气。未来社会的个体与以往的人相比，重要的区别是生命历程中有关未来前景的“保险公司”不再存在了。传统社会中盛行的那种血缘、家庭保险终将无效；个人昔日的成就、地位也不会成为终身成就、地位的保障；社会上一度十分抢手、热门的“朝阳”职业，将随着社会急剧变化很快变成“夕阳”职业；即使是同一种职业，也经常面临着内部更新的任务。所以，个人要生存发展，不但要有应变的能力，而且要有迎接挑战的冲动与勇气；机遇不但垂青有准备的人，而且最终属于敢抓机遇的人。安逸的环境使人惧怕变动与挑战，而在变动的社会中，只有具有迎接挑战的冲动，才可能捕捉到机遇，才可能有新的未来。

再次，理想的新人必须有承受挫折和战胜危机的顽强意志。如果说，迎接挑战的冲动和勇气是用来抓住人生中的机遇的，那么，具有承受挫折和战胜危机的顽强意志则是用来对付生命遭遇中的困境的。在人生的历程中除了平淡的重复以外，会给命运带来变化的不是机遇就是困境。过去只有少数人会经历机遇和挫折的大起大落，多数人的生命则属平淡之列，而未来则使每一个人都有可能使生命变得有声有色、波澜起伏。所以，人要有两种不同的精神力量，才能真正“扼住命运的咽喉”。在相当长的一段时间里，人们似乎不愿论及、更谈不上研究挫折与危机，无论是对社会，还是对个人的生命。现在是到了必须正视事物发展中不可避免的这一侧面的时候了。其原因并不在于现实是否充满危机和挫折，而是当人们面对新问题、迎接新挑战时，不可避免地会遭遇挫折与危机，在一个多变的社会中更是如此。其实，人，凡是能战胜挫折，走出危机，而且依靠的是自己的精神力量与智慧，那么生命必会升华。现在，我们又进入到一个需要创造、开拓新世纪的英雄的时代，而在英雄的精神世界中，不可能没有抗挫和战胜危机的意志。

最后，理想的新人必须有正确的人生态度，即追求目标。一个不断进取的人生应以什么为目标？我们应该教育学生追求怎样的明天？对未来的规划与追求是人类异于和优于其他动物的重要特征，是人之发展的重要内驱力，因而是教育必须顾及的重要方面。对于这样一个问题从内容目标上做出回答是困难的。因为人各不同、人各有志，社会也为个体提供不同层次的职位和发展条件。我们只能提出较为抽象的形式目标，那就是超越和完善自我，改变和完善现实。生活、社会永远是有缺憾的，生命进取的力量就是在有缺憾的人生中追求完美，在改革客观世界的同时改造主观世界，让明天比今天更好，无论是外界还是自己。我们认为，要求每一个人都成为社会职业中的最出色者是不现实的，但要求每一个人不断完善自己则是可能的。因为职岗、模范、英雄是由社会设置和评定的，它是有限的，不可能属于每一个人；但生命是每一个人都拥有的，每一个人都可以设计自己的明天，追求对自己现状的超越和完善，这一点在形式意义上使我们对教育的追求回归到我国古代对教育的追求："教也者，长善而救其失者也。"① 变化只在于我们要使这样的追求内化为人的自觉行为、精神力量，使每个人对己与对社会都抱着"长善救失"的态度，追求超越，追求完善。

行文至此，我们已用最简单的笔触，勾勒了一个当代新人的理想形象。这是要求通过教育去促使形成的新人，是教育追求的目标，也是跨世纪基础教育改革首先需要明确的目标，因此，是有关改革深化这一问题思考的起点，不是终点。本文提出这一问题，一则是为引出系列探讨，二则是深感前一阶段我们有关时代、经济改革与教育改革关系的探讨，出现了两种误差：一种是偏重科学、技术、生产力更新给社会带来的变化，使教育改革依然沿着主智主义的偏向发展，纯科技主义还带来教育上的盲目乐观，对教育改革任务的多面、复杂性缺乏意识；另一种则是偏重经济体制改革对教育带来的冲击，或简单化地要求把市场引进教育、按市场经济规律来办教育，或过多地关注由市场经济给教育带来的冲击、面上的干扰，出现或忽视乃至否认教育特殊性，或忽视、否认市场经济在深层次上促进教育更新的巨大意义，对未来怀着深深的忧虑的倾向。因此我们有必要提出这样的问题：全面认识时代变革及其精神实质，研究由此引出的教育观、对象观与目标观的改革，明确方向，满怀信心地把基础教育改革推进到新世纪需要的水平上。我们深信，只要我们不盲目，不在发展方向上出现严重误导，那么，一个未来光明的世纪必会给我们带来教育上光明的未来。

本文发表于：《教育研究》，1994（10）；1996 年获上海市哲学社会科学优秀成果奖论文类一等奖，2011 年获《教育研究》创刊 30 周年优秀论文。

① 孟宪承．中国古代教育文选．北京：人民教育出版社，1979：97.

21 世纪社会发展与中国基础教育改革

我国近十年的教育研究中，有关学校改革的内容很多，但大量涉及的是学校变革的某一方面，而非整体。参与以“整体改革”命名并组成研究群体的学校不少，但各学校研究的侧重面依然不同，并非在认同一些基本理念的基础上以课题组形式开展研究。此外，还有一些由教育理论专业研究人员负责的、不少学校参与的大型学校改革研究；一些由学校独立进行的、从本校开始的研究。但大多是以某一个教育理念作为主导理念，并以此理念命名该项研究，缺乏对当代中国社会变革的深度分析，也未以“学校转型”作为核心问题来研究当代中国学校教育的改革问题。转型期社会的深刻变化以及对社会中人的生存方式所产生的渗透式的巨大影响，使我们强烈感受到现有学校教育的不适应和弊端。“新基础教育”[①]课题研究的提出，正是对这样一个大时代的回应。该研究发表的第一篇论文以“时代精神与新教育理想的构建”[②] 命名，反映的正是课题组负责人研究的立意：要为中国创建符合时代精神的新型基础教育而研究。这种新教育在教育系统中的细胞式载体是基层的一所所新型学校，最终成效是一代新人和新型教师的诞生。自此以后，“新基础教育”研究始终贯穿着对我国社会当代发展变化的研究，以及这些变化对学校教育变革的影响及其需求的研究。在本人撰写的《把个体精神生命发展的主动权还给学生》[③] 一文中，明确提出了社会转型时期的学校教育不可避免地本身也要实现转型，21 世纪的教育应实现“转型式发展”。这一命题的提出，使发展性研究阶段有了更明晰和更高的总目标：开展中国转型时期的学校转型的理论与实践研究。

下面，主要就当前我国社会所处时代与学校转型的背景、内涵以及学校教育

---

① “新基础教育”探索性研究是全国教育科学规划办“九五”教育部重点课题，该研究始于 1994 年，1998 年 10 月底通过结题评审。课题组主要成员在课题结题后，经过半年多的紧张筹备，1999 年 5 月开始了“新基础教育”理论及推广性、发展性研究，2002 年 2 月，这项研究被批准为全国哲学社会科学“十五”规划国家重点课题。该课题已于 2004 年 5 月结题。至今，“新基础教育”前后两项研究合计进行了 10 年，统称为“新基础教育”研究。

② 叶澜．时代精神与新教育理想的构建．教育研究，1994（10）．

③ 叶澜．把个体精神生命发展的主动权还给学生//郝克明．面向 21 世纪我的教育观（综合卷）．广州：广东教育出版社，1999：331－340．

实现转型所应采取的策略等做一些阐述。

一、21世纪初中国社会转型所处时代背景的深化研究

与20世纪90年代相比，21世纪中国社会转型所处的时代背景，最为鲜明的变化是全球化和信息化（以下简称“两化”）的凸现。中国加入世贸组织和以信息化推动社会主义现代化跨越式发展的发展路线的确定，是这一重大背景变化在决策层面上的反映。它推动了全球化和信息化在中国社会变革中的影响。教育界敏感人士的积极反应首先是提出了中国教育要与“国际接轨”和“教育信息化”的口号。在学校实践中率先反应的是：学校信息技术设施的普遍改善，信息技术课的普遍开设；教师信息技术培训的普遍进行和外语教学的普遍加强；双语教学的积极提倡（甚至在民办学校中被作为一块吸引生源的“广告牌”使用）；有条件的学校聘请外籍教师；建立和加强国际交流，学校中招收外籍儿童乃至开设国际部等。“两化”实际上吹动了学校的一池春水，不少人还十分乐观地期望由此而带来中国学校教育现代化的跨越式发展。

对于全球化和信息化这一社会大背景及其对教育所带来的影响，“新基础教育”发展性研究必须加强研究并做出自己的回答。2000年，华东师范大学基础教育改革与发展研究所作为教育部人文社科百个重点基地之一，承担了重点课题“全球化、信息化背景下学校变革的对策”的研究。笔者作为该课题负责人与其他成员一起，进入了对21世纪中国社会处于全球化、信息化这一时代背景的深化研究。对于“新基础教育”发展性研究而言，这是对其研究目标的社会依据之进一步审视和丰富，是形成21世纪新型学校图景所不可缺少的部分。通过研究，认识上有了如下进展①：

1. 全球化与信息化是两个相关、相交但并不完全重合的概念

全球化与信息化反映了人类在社会发展过程中有关时空、交往、流通的意识与行为、范围与速度、目标与手段、组织工具与形态等诸方面在不同历史时期的变化过程。全球化和信息化的起始时期并不相同，但从20世纪下半叶起至今，相互作用日益加强并在全球范围内汇流，尤其在发展中国家得到凸显和关注。有关政府对此或当作挑战，或当作机遇，以或喜或忧、或主动投入或消极限制等各

---

① 叶澜．“全球化、信息化背景下学校教育改革”课题研究结题总报告//叶澜．全球化、信息化背景下基础教育改革研究报告集．上海：华东师范大学出版社，2004：3-34.

种姿态做出应对。

2. 关于全球化

全球化当代形态的实质，并非如有些人所期望或宣称的那样，是淡化和消解国家、民族，强化全球、人类，以实现全世界共同利益和建立世界秩序为目标的全球发展过程。全球化也不是同质化、平等化和现代化，其发展的根本动力是资本扩张的需要，推行的是市场原则，核心强势利益主体依然是发达国家中的大国、强国和霸权国家。对于发展中国家而言，尤其要警惕大国、霸权国以全球、人类的名义来推销有利于其资本集团利益的全球化。但是，目前在经济领域确实存在着从资本、技术、人员等生产要素以及生产过程、产品营销和消费市场等方面全球化的多种方式。更值得关注的是，发达国家的强势文化不仅随着生产方式、管理方式以及各种产品倾销而传遍全球，而且还通过商业运作的多种国际性的文化活动、传播技术及其系统的全球化和文化产品的国际流通，使强势文化及其所携带的内在价值观、思维方式及外在的时髦形态向全球渗透，对各国青少年以及知识、学术领域产生更为直接的影响。可以说，强势文化的全球化已经以不可逆转的方式对全球各国产生影响。对于这一点，教育界尤应重视。

3. 关于信息化

信息技术不等于信息化，它只是信息化存在形态中基础性的技术存在形态，信息化还有结构性的社会存在和生命性的个体存在形态。由此，认识信息化需要从三个形态来认识，不能只局限在技术层面。

信息化的技术存在形态最为表层的功能是新工具。但从发展的趋势来看，将来的电脑、机器人技术定会朝着人机对话界面的人性化和对人的多种特质与能力综合模拟的方向突进。正是这种全面拟人化的走向，有可能全面改变现存的人与技术的关系，由拟人化的功能走向属人化，走向信息技术服务于人的解放和发展。这是信息技术对于人类及其社会更为深刻和长远的意义，是与教育改革本质追求相一致的方面。

信息化的结构性社会存在形态，不仅表现在社会产业结构形态的变化，知识成为社会经济和社会发展的重要动力，以及企业生产和工作过程的内部结构形态的变化等方面，而且使整个社会环境被信息技术化，生存环境中增加了虚拟空间，出现了第四空间①。“意象”与“现实”的关系，是信息化社会特有的征象，

---

① 其他三个空间是指物质空间、文化精神空间、个体心理空间。这些空间构成人生存的实存空间，不同于虚拟空间。

它向人的认识能力和价值体系提出了挑战。

信息化的个体生命存在形态未被系统阐述过，但在我们看来它是与学校教育关系更为直接、更应引起关注的方面。它是以上两种存在形态及其与生活在其中的人的相互作用给个体生命所带来的变化。这些变化主要表现为：

（1）个人时空意识发生变化。

在时间意识上，对“未来”的价值更为重视，“未来”以前所未有的力度介入到“现在”之中，使“现在”与“未来”紧密渗透。但是，对“未来”的重视并不是停留于乌托邦式的设想，而是用加强对“未来”的策划来指导“现在”的行为。由于信息社会变化的加速和产生突发事件可能性的增加，人的时间意识的恒定性和匀速等值的意识被打破，“时机”（包括生机、良机、危机、转机等）即重要瞬间意识被强化，同时，人在生活中的紧张度和不安全感也随之增加。在空间意识方面，个体意识中的世界空间、宇宙空间变小，个人空间则因互联网而变大，从而有一种享受无限空间的感觉；个人生命实践中的空间变换的频率、速率和跨度、弹性度等，都与前信息时代有极大的不同。此外，个体的生活中也可能增加虚拟生存空间。

（2）个人生存方式的变化。

主要包括：其一，交往方式的变化。此即增加了以间接性、匿名性和机器表达为特征的网上交往。这种交往使人与人直接交往的机会减少，甚至出现熟人陌生化的现象。间接交往的增加既扩大了个体的交往圈，也可能导致网络受害或网络犯罪，或因痴迷于网上交往而妨碍日常的生活和工作。其二，个人学习方式的变化。网络呈现的丰富信息在为个体独立学习提供可能性和创造条件的同时，也为个体提高搜索、判断、综合、重组乃至创造新信息等学习能力提供了可能。然而，这一切都与个体的信息素养有关。如何进行网络学习，为何用网络学习，从网络中学习什么，通过网络学到什么和有无发展等，在个体之间存在极大的差异。正是从这个意义上说，在信息社会中，知识与个人的生命历程及需要、能力密切相关，它不再只是作为一种客观存在和必须掌握的共同的标准知识，而是更加凸显个人意义、个人形成解决各种问题的经验和知识的关联性，更加凸显个人在学习中的价值取向和主动性之重要。这是信息化对个人学习方式变化及自身发展的深层影响，它向教育提出了新的要求。其三，个体活动方式和时间分配的变化。个体与计算机的互动和网上生活的增多，个人利用网络节省了许多时间并做了许多过去不可能做的事，但也消耗了许多时间并做了许多本可不必做的事。个体活动方式和时间分配的变化，对个体的身心乃至性格都会产生不同程度的或积极或消极甚至十分有害的影响。

（3）个人语言和思维方式的变化。

这一变化属个体生命内在精神活动和表达形态的变化，是信息生命性存在的内在、深刻和具有持久价值的一面。它表现为语汇和表达方式在变换量和速率方面都有所增加，口头流行语言转向书面语言的转换率提升，语法意识淡化；原先相对稳定的语言系统也变得开放、多元、复杂和多变；外来语言、缩写、音译新名词、计算机技术语言和网络语言介入母语日常语言系统的走势也在增强。另外，计算机和传媒对生活的强介入，极大地增加了图像语言的表达机会和表达力，从而对青年一代的阅读习惯产生影响。其趋势是：图像阅读和表达的兴趣激增，诸多的动漫迷就是一个典型例证；书面阅读的需求疲软，敏感的出版商大量出版图文并茂的读物以及 VCD 等音像制品的畅销即是例证。

语言的变化必然带来思维方式的变化。其中，最强的因素是图像语言。图像语言是一种全息式的语言，并且具有情境性。阅读图像语言需要人的综合性、全息式、情境式、互动式的思维能力和习惯（或许能得以培养），需要情感和理性的同时投入，通过体会、领悟达到理解和内化。它打破了传统认识中感性与理性、认识方法中分析与综合的界线。此外，个体思维方式的变化与“人机对话”功能的增强相关，它使个体思维中的程序意识和计算机逻辑的因素得到加强；且由于变化的加快和世间各种事物的复杂性、开放性、多元性的普遍增强，对人的思维方式也提出了要求：加强总体与过程策划、具有策略意识、根据实际进程调整方案、开展博弈式思维等。由此，有关结构、关系、过程、转换、目标、手段、策略、组织等，已成为人生存于世必须经常面对的思维对象。正是由于思维对象、任务和目标的巨大变化，使人的思维方式和品质也随之改变。

以上有关全球化和信息化的研究，使我们看到了“两化”的复杂性和丰富性，它对社会发展和个人发展所产生的双刃性、弥漫性和深刻性影响，改变了对其认识上的表面化和局限性。更为重要的是，使我们对中国社会当前转型的时代背景进入深层次的认识，即：在中国，一个缓慢、稳定、相对封闭和单一的社会形态正加速成为过去，充满不确定性、复杂性、多元互动性、开放性的信息社会正在成为越来越多的中国人必须面对的一种生存环境，通过日常工作和生活等实践形态且以潜移默化的方式改变着个体，尤其改变着青少年。当前。中国社会真正进入了社会繁荣发展且需要以更多个体富有时代性的充分发展作为条件的时代——社会发展和个体发展从来没有像今天这样具有直接的联系。这正是我国学校教育需要转型性变革的最重要和具有根本性与前瞻性的社会依据，也是对学校实现转型的社会意义和个体意义的揭示。对全球化和信息化的深入研究，还使我们对一代新人因时代造成的不同于工业社会的特性有了进一步的认识。

二、当代中国基础教育“学校转型性变革”的内涵研究

“学校转型性变革”的研究必须包括这一命题的内涵研究：它需要回答现存的学校属于什么形态，它有什么弊端，新型学校的特征是什么，转型主要包括哪些方面等问题。这需要将历史、现实和未来三个维度结合起来研究，也需要将理论与实践结合起来研究。在发展性研究阶段，我们形成了如下一系列观点①。

其一，21 世纪初中国社会的学校“转型性变革”，是指学校教育的整体形态、内在基质②和日常的教育实践要完成由“近代型”向“现代型”的转换。转型是变革性质和深度的描述，并非是对变化速率的要求。事实上，实现转型这样一个深刻的变化，需要经历一个较长的时段，需要有人去探索转型之路，也需要对新形态进行理论与实践结合的尝试。“新基础教育”即是基于这样的需要而开展的。

从根本上看，当前我国中小学的现状尚未走出 20 世纪初中国从封建社会走向半殖民地半封建社会时初建的“近代学校”的形态。“近代型”学校在中国建于清末民初，是出于富国强兵和抵御外国侵略的直接目的，由洋务运动开始发展起来的教育变革，最后集中到教育制度的变革——废科举、兴学校。自 1902 年起到 1922 年的 20 年间，清政府和随后的民国政府先后实行了四种学制，最后形成并稳定在以美国的 6－3－3－4 制为基本模式的新学制上。与此相应的是，一批以模仿西方工业社会中形成的大、中、小“学校”形态的新学校在中国出现。相对于封建社会的私塾和书院，这些学校被称为“新学堂”“洋学堂”。从这一称呼中，我们对其原型来自何处也可略见一斑。这是中国近代第一次打破封闭，向西方学习在教育上的重要成果。今天被称为“百年老校”的学校就是这一变革时期的产物。“近代型”学校带有明显的工业社会教育的特征：按工业化、批量性生产的模式“塑造”学生，教师被誉为“人类灵魂的工程师”；有统一的目标，基本划一的课程和教科书；设有整齐排列的通用教室；制订确定性的课时、教学周期和教学进度；按规定执行的教育教学过程。总之，学校的基本任务是知识的

---

① 叶澜．实现转型：新世纪初中国学校变革的走向．探索与争鸣，2002（7）．

② 内在基质是指构成学校作为教育机构的基本要素的特质，主要包括学校物质因素（含校内建筑布局、内在设施、校园环境）和教师、管理人员的素质等。

传递和为社会不同领域需要的规范化人才打好基础。在中华人民共和国成立后，尽管对“近代型”学校做了很多改造，面貌发生了很大的变化，但主要集中在学校领导权和管理上的政治要求的变化、学校教育对象家庭背景的变化、培养目标的社会主义转向、教学内容的变革及师生关系中明显的封建专制主义方式的废除等方面，具有十分鲜明的政治性。这是一些重要而富有历史意义的变革。但是，在新中国成立以来的半个世纪中，由于经济上依然基本处于农业经济为主的阶段，工业化的进程较之解放前有很大的进展，但并没有完成国民经济工业化的转换；在教育方面的投入和开放程度也都远远不足，故学校在无内在转型需要也无外在冲击和压力的情况下，整体形态、内在基质和日常教育实践并没有发生转型性的变革，没有走出“近代型”学校的基本框架。自建国至今，教育部一直要求学校全面贯彻党的教育方针，培养全面发展的人，而学校却始终难以做到。比如：大多数学校的课堂教学基本上仍保留着教师讲、学生听的模式；培养人才的规格要求“一刀切”，学校缺乏鲜明的个性；教育管理基本上依然是集权为主；等等。这些都是当今学校尚未走出“近代型”的明证。

改变这种状态的需要，产生于中国社会 20 世纪 80 年代中期，本世纪初中国社会发展直面全球化与信息化的渗透和挑战，又强化了对学校变革的需求。此外，我国教育改革实践的不断深入发展，不仅对学校转型提出了要求，也提供了可能性。现实学校教育中存在的弊端与社会对教育需求之间矛盾的尖锐化，使得“学校转型”成为一个现实性的问题摆在了人们的面前。这是当前中国基础教育的学校改革能否走出高原期、进入新层次的一个关键问题。

其二，与“近代型”学校相比，我们所指的现代型学校的特质即“新基础教育”创建新型学校的要求，从总体上来说，至少涉及以下几个方面：

（1）价值提升。现代型学校的存在价值不再停留和满足于传递、继承人类已有知识，实现文化的“代际遗传”和社会生产力、生产关系的复制式再生，而是追求为社会更新性发展、为个人终身发展服务的存在价值，使教育成为人类社会更新型的再生系统。这将使教育的主旨从以传递知识为主要直接目标转换到以通过包括知识教育在内的各种手段，培养具有主动发展意识与能力、能在各种不同（变化着）的具体情景中努力开发自己潜力的人为主要直接目标。在“近代型”学校中，受教育者被视为知识的继承者；而在现代型学校中，受教育者被视为自我发展的承担者。因而，从传递知识为本转向以培养人的健康、主动发展的意识和能力为本，是现代型学校价值的核心成分。

（2）重心下移。这主要表现在三个方面：一是在教育对象和目标方面的重心下移。学校不是只关心少数“尖子”学生，为高一级学校培养专门化的、精英式的人服务，不应仅以培养出获奖学生、考上名牌大学或后来成为著名人物的学生为荣（在各类校庆和校史展览中，人们最能感受到这一点），而应致力于每一个学生的发展，为学生的终身学习和发展奠定坚实的基础。这不仅是由精英教育向大众教育的转变，而且体现了教育观念和行动中“具体个人”意识的诞生，对每一个人的幸福人生和生命价值的关爱①。只有这样认识教育对象和目标，教育才可能成为促进每个具体个人成长的力量，成为活生生的具体个人生命历程中的有机组成部分。二是教学内容方面的重心下移。这是把“近代型”学校中为进入学术象牙塔做准备的学科知识下移至与生活领域、职业实践领域、科学技术领域、人生领域等方面沟通的学科知识。这种沟通并不局限于应用和理解，而且涉及学习者知识和能力的创生，是学科与生活、社会、职业多向交互作用的结果，因而它与近代社会强调教育为平民服务时提倡的“知识下嫁”“生计教育”的性质并不完全相同。三是管理方面的重心下移。除了中央、地方、地区把学校管理权交给学校以外，还包括学校在课程开发和师资培养、教育研究等方面的不离“土”，与学生的生活、学校教育的实践和教师个人的教育教学实践真正做到结合、沟通、互动。这是对学校的另一主体——每个教师和教师群体的主动性与潜力的开发和提升。唯有在教师与学生双方的主动性和潜力均被开发，并在教育教学实践中产生积极交互作用时，学校教育才能办出个性，办出特色，办出生气，才会成为参与学校教育教学活动的每一个人的生存发展的有机组成部分。

（3）结构开放。这是现代型学校的又一特质。除了表现为整个学制的开放性和弹性化以外，在学校结构层面上，主要表现为两个向度的开放。一是向外的开放。包括：对网络、媒体开放；对社区、社会开放；学校间、相关教育机构的相互交流和开放。二是向内的开放。包括：在管理上向师生开放；教育教学活动向学生发展的可能世界开放。结构的开放不仅打破了“近代型”学校的基本封闭状态，也促使学校的结构形态由“宝塔型”向“扁平型”转换，即减少管理的层级，在学校教育实践的不同层面之间形成积极的互动，在同一活动过程中每个参与者或有组织的群体成为信息的接受者、传递者和加工者，而且也是信息的创造者和发送者，使结构整体呈网络态。

（4）过程互动。这是上述一系列转换对教育教学活动过程转型的要求。它与“近代型”学校以单向传递为主的教育教学活动过程的基本状态形成鲜明对照。

---

① 朗格朗．终身教育引论．周南照，陈树清，译．北京：中国对外翻译出版公司，1985：87－88.

过程中呈现出多元、多层、多向、多群互动的状态；教学与教育过程中的创生和师生创造力由潜在可能向现实发展转化，并在积极、有目的的互动过程中实现。

（5）动力内化。发展动力的转换是最深层次的转换。动力内化意味着学校形成自己内在的发展需求、动机和动力机制。动力内化机制主要表现为：由贯彻上级行政要求式的执行机制转向以校本研究为动力的学校发展机制。“近代型”学校的发展看重外在标准，即显性的、可计量的成果和社会舆论的承认，看重在同类学校中的地位，等等。从某种意义上说，可以把它统称为“应式”办学。它有时是积极的，有时则是消极的。然而，重要的是学校只有具备了内在动力，认识到教育内在的使命和力量，认识到教育是直面生命、通过生命、为了生命的人类伟大而特殊的事业，才会把教育中具体人的健康、主动发展看作既是目标又是过程和动力。也只有把内在的价值和动力调动、开发出来，才会在应对外在需求时保持主动、善于选择且不丢失自己的相对独立性。

学校教育的价值转型、重心转移、结构转型、实践转型和发展动力转型，构成了学校转型的综合结构，它们的内在关系并非是并列式的，而是由价值重建开始进入动力内化的学校整体转型过程。对这一过程的阐述，也是我们在发展性研究的学校变革实践基础上，对改革提供的经验做理性抽象的反映。

三、实现“学校转型性变革”的策略建议

学校的转型性变革是一个深刻、持续、整体的渐进过程。这需要学校外部环境和各级教育领导部门给予政策及各方面的支持。就现状而言，各级教育领导和决策部门对学校的整体转型性变革尚缺乏认识，学校自主办学的机制和环境也尚未形成。由于多年来我国教育的变革都是由上而下的推动模式，在教育内部（包括基层学校的领导在内），都习惯于把改革看作落实和贯彻中央的决定，而不习惯于立足学校来研究学校本身的实际情况，研究社会发展对学校提出的要求以及学校发展的可能，做出学校变革与发展的整体策划。为此，在处于社会转型期这样一个社会和时代背景下，我们对实现学校的转型性变革提出如下建议：

1. 调整我国基础教育改革的策略导向，把重心转移到深化学校转型的综合变革上

目前，我国政府在解决基础教育事业的均衡发展上还有大量的工作要做，尤其是农村和西部地区义务教育的普及，还有不少“老大难”问题。但是，我们必

须清醒地看到，完成普及九年义务教育的任务，从国际上看，尤其是与发达国家相比，这是一个属“补课”和还“历史欠债”式的任务，它本身还不足以反映全球化、信息化背景下学校改革的时代性任务。从国内来看，在基础教育（包括小学、初中、高中教育）阶段，已有的50万所中小学校承担着2亿多中小学生（以2003年在校学生数计）的教育重任①。就当前来看，这些承担着描绘中国未来蓝图任务的中小学生，似乎与现代化对人才的要求没有直接联系。但他们却在真实的意义上决定着中华民族的复兴和中国未来的发展，因为他们将更为尖锐地面对全球化和信息化的挑战，并且全球化和信息化的影响已开始渗透并改变着他们的生存方式。有鉴于此，我国政府在实施普及义务教育的同时，必须针对现实问题提出深化基础教育改革的策略。当前我国基础教育改革的深化，从政府层面看，主要是推进课程改革和信息技术教育对学校的改造，并希望通过信息技术使优质教育资源为贫穷和落后地区的教育发展服务，同时也对教师教育体系加以改造。这些工作无疑是必要的，但基本上还是以分析的方式，通过“条条”“局部”的途径对学校改革产生影响，尚未达到整体整合的水平。关于当代学校在全球化、信息化背景下必须完成由“近代型”学校向现代型学校转型这一历史任务也还缺乏清晰的导向和政策保证。这是从长远的意义上关涉中国基础教育改革深化和中国基础教育在新世纪发展的导向。

为了实现这一策略导向上的重心转移，首先，决策部门要认识到任何教育改革只有真正深入学校内部的日常工作之中，才有可能最终影响学生的发展，实现培养当代社会需要的人的目标。对已经进行了20年教育改革的中国来说，进一步的发展需要把关注的重心降到教育活动的基点——学校上来。其次，学校作为一个整体，面对着全球化和信息化的挑战，在社会实现转型期间，需要完成的是一种“基质”转换的转型性变革。就“整体”而言，正如经合组织国际学校改进计划实施中所形成的看法那样：“学校改进的目的是学校作为一个整体的变革（单纯的人事改革或单独在一个教室内的变革都不会有效）——计划必须是系统的，并持续一个时期的。变革涉及学校的所有方面。变革必须考虑到与具体的教学变革相关的许多因素。”② 就“转型性”而言，学校变革首先指向教育价值观的变革，对学校教育的价值和学校培养目标需要有符合时代变化和发展的重新定位；价值导向的变革又必须渗透到学校改革的具体实践中去，并通过改革实践去改变实践中的人，使学校变革和教师发展成为一个事情的两个不可分割的有机组

① 教育部.2003年全国教育事业发展统计公报.2004-05-27.

② 达林.理论与战略：国际视野中的学校发展.范国睿，译.北京：教育科学出版社，2002：100.

成部分，实现“成事”与“成人”的统一；通过变革的过程打破原有的学校制度结构，创造新的制度形式，完成学校制度系统的更新，以保证改革有序、持续发展。这是我们积近十年学校转型性变革研究所得出的基本经验、基本路径及实践策略。十年的实践，为我们提出学校转型性变革要求提供了真实的支撑和经验，强化了我们对这一问题认识的深度和具体性。

2. 加强保障基础教育改革深化的法制建设

我国教育在法制建设方面起步较晚，故还处在初级阶段。实际上，基础教育改革的深入开展在许多方面都需要立法，且不能只停留在立大法上，需要有横向配套和纵向细化的系统建设。深化基础教育改革，当前除经济投入方面立法的配套外。我们认为还需要尽快建立：

（1）教育行政法。旨在为处理教育行政管理中集权、分权的平衡和协调提供法律保障。我们认为，当前解决过度集权带来的问题不在于一味地把权力下放，而在于区分权力、职责与利益、责任的关系；各级行政管理都有他人不可取代的职责和为实现职责所必需的权力；需要相互之间的协调与合作。这些都需要通过立法来加以规范和实现。

（2）学校法。其作用在于为学校行使职权、处理校内外各种关系、确定学校内的管理制度提供法律保障。这对于落实学校办学自主权和建立办学的基础条件、基本运作规则及制度等都具有重要意义，也可规范学校在变革中出现的举办、关闭、转制、合并等行为，促进学校系统的健康发展。

（3）教师法配套细则。目前迫切需要制定的法规和细则包括：一是落实教师资格证书制的规章细则。这在教师职前教育开放背景下显得尤为迫切，否则资格证书就会流于形式，致使教师在职前培养阶段就存在缺陷。二是教师继续教育的相关法规。其中，不只是对教师继续教育做出规定，而且对于实施继续教育的机构和人员也要有资质规定。目前，在一些地方已经出现教师教育商业化、经济化的走向。教师教育的质量无疑对教育改革的质量具有直接和长久的影响。此外，在教师继续教育的法规中，还应确立各种教师教育的相互关系，做出适用性、合法性和实现相互补充、转换关系的法律规定。三是保障教师权利和行使专业自主权的法规。目前，教师在行使职责时人身权利受到侵犯的事时有发生，经济利益受到侵害更为突出。这都不利于教师队伍的相对稳定和提高。教师行使专业自主的权利，是教师最重要的且与教育教学活动质量直接相关的权利，应有更为具体的法规给予保障。

（4）学校教育督导和评价的法规。此项法规对于教育改革深化起着导向和发展性的作用。

（5）青少年保护法的修订。其中要增加关于网络管理的条例，为青少年创设健康的网络环境，同时，还应按联合国《儿童权利公约》的规定，增加家庭、社区以及相关成人对青少年成长的法律监护的全面责任。

3. 加强学校改革研究，加强国内交流和国际交流，整合教育改革的多种资源，形成推进学校改革深化的强大合力

如果说法律为学校改革提供刚性的、权力意义的保障，那么教育研究提供的则是弹性的智力意义的支撑。对学校发展来说，两者不可或缺。而且，随着改革的深化，后者的作用愈益明显。我国的学校改革需要加强知识和智慧的投入。

目前，关于基础教育改革的研究和实践应该说为数不少，且有了一定的积累，形成了不少经验和成果。我们认为，若要进一步推进学校改革，在学校改革研究方面特别需要加强以学校为单位开展的、以符合时代精神和学校本身发展为指向的校本研究。我国自 20 世纪 90 年代以来，学校教育科研逐步推广，至今在全国大的省、市都已建立起地方的教育研究所，制订了地方的教育科学发展规划；学校也大多有教育科研室，且积极地申请、申报课题和项目。这为今后学校教育研究的发展提供了基础，但一些学校教育研究也存在不少问题。最主要的问题是：学校教育研究与学校自身的发展、与教师和校长的发展、与教育教学的变革、与学生的发展等相脱节；“科研”成了学校的一项任务，由少数成员承担，以发表文章和获得奖励为成果标志；“科研”以“加法”的形式进入学校工作。这对于学校教育的转型性变革没有产生整体、渗透和实质推进的效应，在有的学校甚至纯粹成了“花架子”。为了改变这种状况，真正提升学校教育研究，推进学校改革的进程，学校教育研究在指向上需要转变。

另外，提升学校教育研究的质量，需要加强研究势态的综合分析，加强研究成果的交流和多元研究力量的合作，以减少低水平重复和教育研究资源的浪费。建议各地区和中央教育科学研究所、全国教育科学规划领导小组建立（或委托）专门机构，确定研究人员，做出全国基础教育和学校教育改革研究成果的年度报告，其中包括数量、布局、问题、质量和趋势等方面的定量、定性分析。这将有助于学校教育改革研究由分散、自发状态向聚类、目标明确的方向发展。

在当前全球化、信息化背景下，学校教育改革的问题是世界各国共同面对的问题，虽因国情不同而存在巨大差异，但面对的深层次问题却有共同性，因而在

研究方面具有沟通的基础。多年以来，我国的教育研究与国际沟通少，交往也大多停留在考察和国际会议上，真正合作研究的项目不多，即使有一些合作，也较多倾向于西部地区的义务教育或民族教育，这自然不是坏事，但还远远不够。我们建议要加强国际交流和合作，加强实质性的、双向的、多元的科研。这需要在教育研究的国际交流方面做出策略性调整。

在现实中，不能等待外部条件充分具备以后才开始学校内部的变革。内外的变革相关而又相对独立。就学校工作者而言，一方面要积极促进外部条件的改善，另一方面（更为重要的）要立足于自身变革的现实条件和可能，在一些无人能代替的领域进行变革实践。在学校内部，关键是学校主要领导人以及全校教师要自觉、主动地认识这一转型的必要性、价值和转型涉及的主要因素，反思自身的办学观念、教育教学思想以及与此相关的实践状态，积极投入到重建学校的变革实践之中。在实践中不仅改变学校本身，而且达成自身教育观念的更新和行为的改进，创造和体验新的职业生存方式，实现自身的发展。因而，学校转型不仅是教育实践的变化、培养目标的重新构建和实现，而且是教育者自身的发展变化过程。没有一线教育实践工作者自身的变化，要实现转型是不可能的；再则，教育者自身的改变也不能脱离变革实践来完成。“新基础教育”研究坚持理论与实践变革的紧密结合，对学校改革明确提出并坚持“成事成人”统一的原则，在“成”变革之“事”中成“人”，努力以“人”变促进“事”变，在一定程度上创造了校本研究与校本培训紧密结合而推进校本发展的新经验，使一批新型学校所需要的校长、教师在变革的过程中实现自身的发展。

本文系作者在“教育发展国际论坛（2004·北京）”上所做的专题报告，发表于：《中国教育学刊》，2005（1）.

试论当代中国学校文化建设

文化建设历来是学校必须承担的一项重要且富有全局性的工作，它往往被理解成校园文化建设，强调学校物质环境、制度环境和心理环境的建设，突出学校特色和个性的形成。自课程有显性和隐性之别的西方观点引入国内以来，学校文化建设又被称为隐性课程建设，因此还被纳入课程论的范畴。然而，且不论隐性课程与校园文化是否可等同，若把学校文化建设仅仅与校园文化、课程建设联系在一起，必然缩小了学校文化建设的意义、任务与功能，在学校处于转型性变革时期的今日中国更是如此。

当代中国学校领导首先要有一种文化自觉，即意识到学校的文化精神，学校在当代中国社会文化发展中的历史使命。这是由中国社会的学校文化建设与社会大文化复杂生态直接关联所决定的，也是由学校在文化继承和创新中的独特地位与功能决定的，我们把这一意义上的学校新文化建设称为学校大文化建设，把通常理解的校园文化建设称为学校小文化建设。尽管这两类文化建设相互沟通且都体现在学校之中，但是两者思考问题的立场与视角存在区别，对学生身心发展的意义和对教育者的要求也有不同。基于有关小文化建设的讨论甚多，在此我们把讨论的重点放在学校大文化建设方面。

一、文化与学校关系性质的再认识

学校大文化建设的实质是学校文化精神和使命的确立[①]。对于当代中国社会而言，这种学校文化的自觉，首先要反思已经形成的学校与文化关系的观念，进行当代中国文化与学校关系性质的再认识。

自工业社会以来，文化与学校的关系性质，主要强调的是“传递”，即将传递人类已有的文化之精华——以学科方式组织的知识、技能等，看作学校教育的

---

① 有关这一主题的详细论述，参阅本人撰写的论文《世纪之交中国学校教育的文化使命》，该文首刊《教育参考》1996年第5期，后辑入本人主编的《“新基础教育”探索性研究报告集》（上海三联书店，1999年版）。在此涉及的相关内容以该文为基础，经选择、部分修增而成。

功能。还有人把这种功能称为“教育遗传”，以示与生物界用“生命遗传”保持类特征延续的区别。尽管在传递中也强调培养学生的智力、情感乃至创造力，但这是文化与学校教育的一种间接关系。这种“学校文化功能说”在本质上强调教育的文化使命是“保持”，而不是“发展”。若进一步分析，我们还可以看到这一观点背后的三个前提性假定：第一，文化被理解为一种人类已创造出来的、已定型的存在，它是以往历史的积淀。第二，突出了文化与文化之间在纵向发展上的继承性，未涉及文化冲突与转型问题，即社会转型时期的文化问题。第三，在认可教育的传递功能时，没有或不认为教育在特定的社会背景下，有可能或者有责任直接参与新文化的构建。即认为教育不必也不具备超越现有文化的功能。显然这是在抽象的、常态社会意义上讨论教育与文化关系所得出的结论。当代文化研究的发展，社会变化的加速，尤其是当代中国转型期的特殊背景，都对上述定论提出了挑战。

当代文化研究充满着争论，并指向“文化是什么”这一最为核心的领域。荷兰哲学家冯·皮尔森结合时代致力于拓展文化概念并使之动态化的观点①，对我们形成当今的文化观十分富有启发性。他指出：目前人们正在经历发展步伐加速的历史时期，文化的研究应“着眼于未来的文化策略”②，这是他的研究在价值取向上与其他人的差异，即由过去转向未来。在此取向指导下，皮尔森把文化概念拓展为“人对周围力量施加影响的方式”③，于是“文化”成了人的生存方式的同义语。这个改造拓展了文化的内涵，改变了对文化下定义的视角，即不从历史积淀的角度，而从人与周围世界相互作用关系的角度，对人类所特有的文化现象进行普适性概括。皮尔森进一步分析了文化的动态性，他强调，文化更应该理解成动词，“文化是人的活动，它从不停止在历史或自然过程所给定的东西上，而是坚持寻求增进、变化和改革。人不是单纯地问事物是怎样的，而是问它应该是怎样的。以这种方式，它能够通过确立超过实际状况的规范（超越性），而突

① 当代文化研究中还有一些重要的问题对我们当前的学校教育改革是重要的。如文化多元的趋势，在西方主要是探讨各种不同民族的文化是否具有共存的合理性，它们如何相互影响、相互作用。这是每一个采取开放政策的国家和民族都会面临的问题，何况我国目前还有转型时期的独特“多元”现象。文化的继承与发展是国内研究的一个热点问题，这是从时间维度认识不同时态文化的相互关系。从内容上看．还有现代化过程中科学主义与人文精神各自的更新和相互协调问题。此外，还有主流文化与非主流文化、文化的冲突与融合等有关文化分层、分流和动态变化的研究。许多不同的观点，甚至问题提出的本身，都为我们思考中国当代的学校文化使命，提供了世界和时代的不可忽视的认识背景。

② 皮尔森．文化战略．刘利圭，等译．北京：中国社会科学出版社，1992：2.

③ 同②17.

破自然过程中或历史过程中所产生的确定条件（固有性）”[①]。“提出标准和运用标准的活动形成了一个超越的方面，它要求个人和集体不断地采取主动行为，建立新的起点，从而以这种方式突破自然的固有性。正是这种活动为人类历史提供了动态因素。”[②] 在皮尔森看来，文化具有自身和对于社会双重意义的动态性和超越性。应该说皮尔森对“文化”原有的规范和局限于保存过去功能的突破是有力的。他突出了人的活动不同于自然活动的能动性、目的性与指向未来的超越本质，使人们的文化观念冲出了“产品型”“过去时”“凝固态”的限定，扩展到“策略型”、“未来时”和“流动态”，给文化的内涵注入了生命的活力。以此为基点再看，教育与文化的关系就会发生极大的变化。

首先，文化不再只是书本上、以各种符号或非符号形式保存下来的、来自过去的知识，不再只是学校以学科课程方式选择编制的教学内容的构成，这些内容也不再只是具有如斯宾塞早在19世纪中叶就提出的为我们美满生活做准备的传统贮存式的功能。当代对文化在教育中的功能关注更多的将是形成学生对周围世界和自己的一种积极而理智的、富有情感的行为，探索、创造、超越现实的态度与作用方式。文化成为开发学生生命潜能并具有生命意义的一种力量，它超越了原来只作为教育内容构成的定位，作用上升或统一到目的层次。正是这种超越，使我们看到了教育在本真意义上向传统教育文化意蕴回归的走向。在中国古代社会中，学校教育目标与内容是一致的，教育内容以怎样做人、成人的伦理道德为主线，有关知识、行为授受则是一种成人的践行。当然，这是一种成为当时之人的规训践行，但它与人的生命实践的统一性是清晰而自然的。社会的发展，尤其是近代工业社会以机械和分工为基础的生产、社会生活，以分科为特征的知识扩张，都促使学校文化中为“成事”而必须学习的相关知识，成了与“成人”分开的重要的教育内容。“成人”这一根本的教育目的，在为“成事”服务的文化知识技能的学习、训练过程中被淡化乃至遗忘。学生成了学习知识的奴隶，教育中文化的生命本真意义被丢弃。当代社会的进一步发展冲破了对新一代人只需掌握现有知识、技能的教育局限，要求教育促使人之创造性、个性和主动精神的勃发，要求人具备应对变化、不确定环境的生存和发展能力，同时也为这种能力的发展提供了物质和技术的保证。新的文化观正是源自社会发展的客观需要，形成了教育与文化关系在复杂世界中，在人的生存与创造更高意义上的统一，要求教育在新的水平上实现“成事”与“成人”的统一。因此，学校将不仅要求每一门

① 皮尔森．文化战略．刘利圭，等译．北京：中国社会科学出版社，1992：4.

② 同①5.

课程，而是整个学校生活的每一项活动，都应渗透、弥漫着“成人”的文化气息和文化追求。

其次，学校教育中的“文化”也要被作为动词来理解。因为在社会急剧变化的时代，文化在学校教育中需要实现面向未来的转化，具有直接参与新文化创建的任务。这意味着学校不能把“变化”拒之门外，把“世俗”与“流行”视作洪水猛兽，以昔日的围墙保持校内一方经典的净土。同样，我们也不能把以往人类的经验与文化，包括教育自身的传统都弃而不顾，只从时髦与流行中寻找当代人对待世界的模式。真正面向未来的学校文化，恰恰是扎根于传统与现实的文化土壤中，能孕育出超越历史与现实的文化。学校文化本身也应体现指向未来和超越的本质。

提出当今中国学校必须有超前的文化意识的另一个重要依据来自社会现实。中国社会正处在向现代化发展的重要历史转型时期：生产力的构成和整个国民经济的产业结构的转型可称为基础性转型；经济体制的转化、经济增长方式的转型可称为体制、机制性转型；社会发展观和发展模式的转型可称为系统性转型。这一系列转型尽管远未完成，却已深深地渗入到社会生活中的各个层面，影响、改变着人们的观念、态度和作用世界的方式（作为动态的文化的转化）。我们可以把最后一类转化视为最深层次的转型，即中国人的生存意识和生存方式的生存性转型：在生存的时间意识上，从重视过去向重视未来转化；在生存方式上，从稳定向发展转化；在生存的价值追求上，从趋同向多元、自主创造转化。

上述不同层面的一系列转型，我们都用两极化的方式表述，但这远远不是转型社会复杂的变化状态的全部描述。实际上，当代中国社会是在经历一场艰巨、痛苦却又伟大的变革。转型往往表现为对习惯运行轨道的偏离，或对社会已有各种稳定结构体系和秩序的突破。然而，并非所有的偏离和突破都是进步和合理的。在破旧的同时，新的未必就那么容易形成，夹杂在中间的也许是混乱、无序和基本规范的缺少。人的生命活力以前所未有的强度和广度释放出来，但并非都是积极、健康、发展的，同时并存的还有贪婪、邪恶和荒唐。时代的巨轮就这样在新旧矛盾与冲突、理性与非理性的风浪中不可逆转地向前。人们对时代的感受可能是既兴奋又沮丧、既渴望又焦虑、既获得又失落。这是一个需要人人在风浪中学会游泳的时代。

当代学校与文化关系的转变，学校文化的生命内涵和创造意向的提出，正是站在当代中国社会发展和文化观念变化的立场上的产物，是当代社会文化生态在学校文化的表现。

二、社会文化生态复杂化前提下的学校文化建设之任务

社会文化生态复杂化是当代学校文化建设不可回避的环境因素，它不仅作为与改革开放前学校所处非常不同的文化背景存在，而且直接渗透到学校之中。学校中的人不是与社会隔绝的人，学校不是在社会之外的真空地带。当代学校必须在认清这一复杂生态的前提下，明确提出具有现实针对性和发展意义的文化建设任务。它是当代学校实现文化创新的内容构成，这些任务主要是：

（一）市场竞争和消费社会中的人生导引

当前中国社会价值观正在由一元向多元发展，原主流价值系统已受到挑战，失去原来全面主导、支配人的行为的地位，而新的主流价值体系尚未形成，更难说已经处于支配地位。故各种不同价值观的相互冲突尤为激烈。它最集中表现在人生观与生活方式上，表现在人的身心状态上。有人称当前中国社会已进入压力社会和消费社会。这是中国历史上第一次出现的状态，是市场经济在中国近20年来急剧发展、竞争空前激烈和社会财富增加，但文化却在价值观导向上滞后的产物。

压力社会是市场经济竞争加剧和高科技带来的社会变化加速的产物。人在社会中生存的不确定因素增加，不安全感增加，由此而产生自我加压。为了提高就业保险系数，求得好的就业岗位与生活条件，人不断地提高学历、考各种证书、一人兼多份职业或为高薪和福利不断跳槽等，在城市青年中已是普遍现象。对农村青年来说，只要他能看到外面世界的精彩，只要他有机会走向城市，外出打工就会作为一种首选的生活道路，摆脱贫困是他们最强烈的愿望。无论是谋求更好的生活还是摆脱贫困，从本质上来看，都是为金钱和直接可见的利益而生存，“利”在人生价值观中的地位的提升已成了不可避免的事实，在市场经济的社会中人不能无金钱，人不能不谋利。中国的年轻一代已经有了这份清醒，但面对激烈的竞争，他们还缺一份从容，这是压力存在的最重要的原因，也是为利而弃义、弃精神、弃身体的重要原因。当追求利益的势态变成唯一或根本目标，当不择手段、不惜牺牲一切地追求利益，无限制地追求利益时，有些人就会出现不同程度的偏态乃至疯狂，对大部分处于压力背景下的人来说则易产生精神过度焦虑、其他生活意义的丧失、精神的贫乏与麻木等现象。

人对利的追求和压力社会的精神焦虑已经直接影响到学校、教师与学生，其

集中表现是升学竞争的下移、尖锐化和市场化。城市的独生子女化又加剧了这一势态。家长的“子女升学焦虑症”几乎成了普遍现象，形成浓浓的氛围；他们拼命挣钱相当部分是为了子女的上学和前途；他们对子女的学习动力的教育，最直白的是：不好好读书，将来找不到好工作，只好做穷人。显然，这与学校历来强调的为远大理想、抱负而学习的价值观是冲突的。有的家长为了增加子女升学的砝码，给子女加许多课外压力，除补课外，还有各种各样的证书要考。这些纯粹以外部利益为动力的活动，几乎占据了子女校外的所有空间与时间。有的家长还让子女在做干部、拉选票、请客送礼等方面下功夫，把不正当的竞争手段引入学生的生活。为了取得好成绩，教师与学生甚至出现了以前不可想象的协同作弊。以上种种，都不利于学生的身心发展和健康、积极、向上的人生观与生活方式的形成，不利于生命成长中的青少年产生丰富的精神体验。

在社会与家庭、市场与行政的多重压力下，学校的领导与教师往往也被赶上这条趋利的快车道。最直接的是所谓“乱收费”，教师上课“留一手”，课后收费补课等。教师用加班加点、加作业加练习来提高升学率，将考试、升学作为教学、教育的唯一目标，不愿做改革和研究，生怕因此影响了学生的考试成绩。在教师身上出现考试焦虑症的同时，还滋生了职业倦怠，这是第二类状况。学校领导忙于聚集社会经济资源，交换式地利用部分学额，花大力气包装学校，以某一学科出状元，出竞赛第一名，或在区域、市内获得各种各样的奖为“卖点”；以政策、奖金等作为提高升学率的主要刺激“手段”，实现学校更大利益的获得，从而使学生和教师变成为学校而存在而不是相反，这是学校趋利化的集中表现。

由此可见，如何对待人生观中利的获取之价值，不仅是教育学生，而且首先是学校中的领导与教师要用教育实践做出回答。“利”的问题的进一步引申，则是更为根本的如何处理个人与他人、群体及社会的关系的问题。

压力社会主要从如何在竞争中获取财富的角度，关涉到人生观与生活方式的多种选择。消费社会则是从拥有财富以后如何生活的角度，涉及同样的问题领域。消费社会与生产社会的主要区别在于消费成为主导生产的力量。市场为了获取更大的利润，在引导消费的策略上，一方面是世俗化，突出对人的感官刺激和诱惑，不求什么意义、内涵，强调包装的华丽、品种更新换代的快捷、使用的方便、利于大众参与等是其主要的品质。这种“快餐化”的物质消费方式，在文化消费上同样存在，如卡拉OK、迪斯科舞、电脑游戏、电影娱乐片、搞笑电视节目、“超女”等速制明星和追星族的栏目策划、文学中的性泛滥等都是突出的表现。市场引导消费策略的另一方面是名牌化，它属于奢侈消费，目前国际上名牌消费品纷纷进入中国的主要城市，已经形成了以白领和高收入家庭为主要对象的消费市场。在一定意义上，品牌的高低成了标识人的财富实力和社会地位的身份。消费的等级用最外化的方式表达了社会中阶层的差异。类似物质品牌的消费还体现在文体等活动中，如高尔夫球场的会员制、昂贵的剧场票价等。

上述消费的两端都影响着成长着的青少年和学校。麦当劳和肯德基影响了他们的口味和身材；迪斯科、游戏机占据了他们的课余文化；电视剧传递着时尚的伦理；“超女”引发了他们的明星梦和打造了世俗化的偶像。品牌尽管不是孩子凭自己的能力可获得，但常常成为相互攀比的一个内容，成为家长炫耀的资本和刺激子女的强心剂。家庭贫寒的学生往往在这些方面首先引发了自卑，尤其在城市中，生活、消费水平的差异会造成不良的学校生际关系，一些学生萌生出或迁怒家长、或仇恨社会的偏态心理。教师自叹尽管辛苦不少，但各种地位不如白领炫眼，也会产生出各种心理不平衡。教师的社会地位和消费水平、衣着打扮，同样影响着学生的消费品位，影响着师生关系或曰代沟。除此以外，在改善学校的基础设施和现代化过程中，也出现了学校高消费、追求豪华的消费心态，这在一些社会上有影响的知名学校，特别是高中寄宿制学校和民办寄宿制（一般为12或15年制）学校中更为突出。

“为财富而生存”成了在高压力和高消费社会中生活的人，在人生观和生存状态方面具有相当普遍性的写照。人生观和生存状态的多元是在这个大背景下的区别。其中，尽管有强调精神生活和人生意义的声音，但在强大的市场背景下这种声音显得微弱。“为财富而生存”同样在观念、物质、活动等方面，影响着今日的学校生活和师生的生存状态。但是，无论是发达国家的历史还是今日中国的现状，都表明财富不是幸福人生的直接构成，更不是全部，财富甚至还可能成为犯罪的根源。因此，当今学校文化建设十分现实和重要的任务，不是回避或以精神否定财富的方式来形成学生积极的人生态度，而是要从财富与精神、幸福人生关系的意义上，帮助学生形成健康、积极的人生观和生活方式。这是基础教育学校文化建设的首项任务，不仅对个体是如此——教育给予学生的最宝贵财富就在于使人成为能提高生命质量和把握人生的人；对社会来说也是如此——社会需要有智慧的新人来不断推进更富创造力和更富人性的社会发展。在学校文化建设过程中，无论是科学的、人文的还是技术的、社会的，无论是低年级、中年级还是高年级，无论是教学还是教育，学校须尽全力去实现下列的一切：拓展学生对人性和世界丰富性的体悟与认识，让学生对未知、未来充满向往，对学习、探索本身充满兴趣并能从中获得内在的满足；让学生树立自信，懂得人生必会遭遇各种不测，环境必有好恶顺逆，人只能在各种环境下生存和实现发展，怨天尤人无用；每个人都只能自己活，不能由他人代活，可靠的、可把握的、可运用的、别人无法夺走和代替的根本力量，是一个有足够实力和意志、有明确目标和善于策划、能与环境对话并能战胜自我和与他人合作奋斗的自我；使学生相信只有合理的愿望、合法的手段获得的财富，才是坦荡的财富；相信财富是人的奴隶，不是人的主人，用财富完善、丰富人生，才能使财富体现对个体有意义的生命、人文价值；相信自己是可变的、可发展的，只有提高本身的需求水平、丰富性和实现需求的能力，才能创造和享受幸福的人生，才能在成就最好自我的同时，为事业和社会做出自己的最大贡献。

（二）外来文化对本土浸漫背景下的文化培根导引

开放，是转型期社会的又一重要特点。把世界各国尤其是发达国家，作为中国现代化过程的重要参照系；关注全球性的发展趋势、问题与对策，以强烈的赶超意识和以强盛的姿态屹立于世界民族之林的愿望；对发达国家经济实力、先进科技、消费生活水平的赞赏、羡慕……这一切都使外来文化以顺畅的势头浸漫到中国社会的各方面，渗透到各地区、城市、街道和大大小小的家庭，其内容涉及技术、生产、思想、管理、观念、制度、科学、艺术、商业、消费、生活、娱乐、教育、医疗，几乎无所不包，无孔不入。如此强劲的势头可谓空前。

无疑，异域文化参照系的确立及其适度渗入，具有推动本国文化发展转型、加速现代化进程的积极价值。但是，这种“迟发展效应”，并非都是积极的，它也有严重的、消极影响的一面，如若对此缺乏警惕，无策以对，就有可能出现民族经济发展受阻和文化殖民化的倾向，原想屹立于世界民族之林的雄心会被崇洋媚外、鄙视本民族的心态所销蚀，走向“开放”国策所追求的目标之反面。需要说明的是这并非“杞人忧天”式的推测，它在现实中已经有所表现。在新中国成立后绝迹多年的娼妓、吸毒、赌博、贩毒、黑社会等的重新出现是其最表层，也是引起一切善良公民反对和忧虑的负面表现；稍为软化的、易被接受的是西方文化产品的多层面、多类型输入，从文化用品、电影、电视、游戏软件，到文学、艺术展品，以及各种反映西方文化的传统节日如圣诞节、情人节等在国内的盛行。它已达到使政府部门意识到我国在全球化中处于文化传播弱势的现实，意识到我国文化软实力的薄弱与有 13 亿人口和五千年文化古国不相称的地位，进而提到了文化安全的问题。然而这一切在青少年那里是没有感觉的，他们被新奇、刺激、快节奏所吸引。年轻一代赶洋时髦的热情空前高涨，对民族历史、文化、经典、节日和民俗日益疏远，对民族文化的情感和特色意识日趋淡化。最易被忽视的、然而却深入文化最微观层次造成负面影响的，是对语言——“民族文化的精神家园”的消极浸入，它表现在一块块以洋名显示高档、招徕顾客的商店招牌和商品品牌上，在日常交谈、荧屏里常可听到夹杂的洋文声里，在全社会学英语的热潮中。无怪乎英国财政大臣布朗 2003 年访问中国时不无得意地说，英国在继续进口越来越多的家电、服装和其他东西的同时，可以用一样东西来平衡，这就是英语。英语教学作为一项出口，它的价值在五年里已经从 65 亿英镑增加到了 130 亿英镑，大约占 GDP 的 1%①。

在近百年中国史上，这是外来文化第三次，也是最大的一次向本土浸漫。中国表层的文化土壤已发生变化，西方文化不再是陌生的面孔，它正在以悄然无声的方式向深层浸透。在这个过程中学校教育也非超然世外。我们且不论师生的校外文化生活，就校内学习生活中的外语教学来看，其在学校中的学科地位空前提高，不仅开课时间下移到小学一年级甚至幼儿园，而且自初中起与本国语言的课时持平。即便如此还意犹未尽，有的学校打出“双语教学”“国际学校”“有专聘外教”“外语特色”等招牌吸引生源、抬高身价；有的学校以与国外合办、或毕业生可直接进入国外某（或某类）大学作为高收费的砝码。学外语还受到学生和家长的追捧，在许多家长的心目中，外语的学习是捧金饭碗的敲门砖，比本国语言还要重要。而学生在课外大补外语、参加外语考级的人数猛增，又促进了学生对外语课和校内学外语的劲头。留学的低龄化和风潮化是又一标志，国外的教育机构也以中国为教育市场大举进入。在教育改革与国际接轨的旗号下，学校不仅出国交流的频度大增，而且以西方的理论、改革动向为标的，移植、追赶之风不减，现在已进入到某些学科整套使用外语原版教材的试点。某些市和地方政府还推出了让国外机构培训国内校长的名校长培训工程。由此可见，学校追洋、西化的风潮之盛还与行政力量和政策的支持相关。率先行动的常常是一些国内有影响力的名校，其他一些学校虽心向往之，但力不足，做得不够非不愿，而只是不能。形成鲜明反差的是学校民族文化教育的一面。它虽非无，但与加强外语和对外来文化的态度比，显得十分乏力。如民族文化和传统的教育，学校通常将其划在德育范围，与政治、节日活动相关，这使其与学生的性情、兴趣距离增大，以表演节目和集中大型活动进行相关教育的方式，又使相关教育像风一样地吹过，有时还有许多形式主义，只求完成任务、不求实效的心态，本土文化的浸润作用

① 赵启正．文化复兴是民族振兴的基础．中国证券报，2006-03-03.

和功利价值，在与西方文化相比时都显失色。

全球化和中国目前处于文化传播弱势的地位不可能在短期内发生转换，但中华民族的全球性生存和伟大复兴不能没有文化复兴。学生成长中对民族文化、语言的认同是一种根的认同，是将学生个体精神世界与民族精神血脉联通的重要纽带。

面对如此现实，包括学校的现实，学校领导必须清醒地认识到：通过学校教育实现青少年一代文化培根的导引，是学校文化建设中关乎民族文化兴旺的大事，是任何独立国家都会关注，且不能依靠国外文化引进来解决的大事，是只能由我们自己来做的大事。改变盲目迷信、迷恋国外文化与教育的心态是学校首先要做的工作，而后才可能认真对待和承担起文化培根的任务与责任。它不是一项单一的工作，而是要化在学校的一切工作中；它不只是加一些课程、读一些经典文献诗词，而是要用民族文化的精神浸润学生的心田；它不只是让学生多一些知识、技能或工具，而是要树立 21 世纪中国新一代的民族自尊、自信，使他们成为国际文化交流中的平等对话者、民族文化的传播者。只有对自己民族文化的精神和财富有了体验、沟通、把握，由此而生热爱的人，才是有根的人，才能更好地走向世界，才能在面向异国文化时真正吸收到有助于本国文化生长发展的营养，增加民族文化的发展与创新能力。

民族文化的根只有在一代人的心中扎根壮大，才有绵延发展的生命力，这是学校教育亘古不变的使命，在全球化还处于弱势地位的今日中国，这一使命的实现虽然更为艰巨，但也更为关键和迫切，清醒并自觉地承担起这一当代文化使命，是学校文化自觉的重要表现。

（三）现代与传统纠缠状态中的未来导引

无论是从个体角度看当代学校教育有关个人健康、幸福人生导引问题，还是从社会角度看民族文化的培根导引问题，都可以归到更为综合和以时间为维度的一个新问题——现代与传统纠缠中的文化发展的未来导引问题。个人生活在时间与空间的连续与绵延之中，内含着不同时空的交互与碰撞。因此，学校新文化任务的关系不是简单的并列，而是将个人、社会的文化关系，层层综合到具体的、历史的、关联的、交互的时空之中，旨在明晰指向发展与未来的今日学校的文化创建使命，形成当代新型学校的文化自觉。

现代与传统的纠缠是今日中国文化生境中十分突出和独特的一个景观。就“现代文化”而言，包含的不只是上面已经提到的时尚消费文化、西方流行文化，而且还包含着当代十分突出的科学技术文化，以及体现当代精神的学术文化，涉及物质、观念、价值观、人生观、生活方式、思想方法、科技人文等与人相关的社会生活的一切方面。传统涉及的方面与现代相同，但它源自历史的积淀，不仅有凝固的历史态，还有存活于当下的现实态。在社会常态的稳定发展时期，文化更多呈现的是传统的继承与发扬，现代的因素只是点状、局部地起着更新文化的作用，且通常以补充、提升传统的方式进行，不会出现激烈的冲突。但是当社会进入非常态的激烈转型时期，“现代”似潮水般涌进、春草般蔓延，年长的一代无法适应，年轻一代兴奋地投身，现代与传统就会出现对峙与冲突，并在两代人显著不同的取向上得到鲜明表现。正是从这个意义上，当代学校教育如何在现代与传统的纠缠中进行以面向未来为导引的新文化建设具有特殊的时代和教育意义。

在此，我们用“纠缠”而不是用“冲突”“对立”来表达现代与传统的关系，是因为两者本身不是那样黑白分明，而是具有多重关系。以传统而言，尽管我们惊呼现代人对传统的经典越来越疏离，对本民族的传统节日没有以前那么重视，在年轻人那里还不如过洋节那样有兴趣，同时民俗、戏曲等中国特有的文化形态却正在消失。然而，传统经典所反映的中华民族的价值观念、思维方式、情感体验，还相当普遍地存活于生活在中国土地上的人们头脑中，成为支配人们行为的一种精神力量和认识世界的最内在方式。汉字的独特形态依然是民族的象征，汉语的丰富性、独特的表达力和内蕴的想象空间、数千年的文明史，使中国人拥有其他民族不可替代的人类最丰富的精神、物质家园和独特的中国智慧。它以悄然无声的方式存活在我们的日常生活中，看似无形；但一旦遭遇强大的灾难、处于生死存亡的危急关头，就会汇聚成挽狂风巨澜之伟力，转危为安、重现光明，使中华民族数千年来生生不息地屹立于世界民族之林。中国传统文化内含的开放性和包容性，转换和可变的机智性，又使传统具有吸收现代和实现当代更新的能力，是传统本身提供了传统发展的可能和基石，它并不是以一种阻挡现实发展的力量存在于当下。可以说，没有传统的现代是不存在的。

传统与现代在文化上确实存有差异，甚至冲突，这是纠缠的另一种表现。差异、冲突的存在不仅是因为一个半世纪前中国的现代化历程是以外来文化借助武力打开国门的方式开始的，而且长时间与外来文化处于相争的状态；中国的弱势地位又使其缺乏与外来文化对话的可能，从而滋生出对西方文化或依赖仰视、或追赶模仿、或敌视排斥的偏态。而且还因为外来文化中的科技因素及其渗透到一切领域的广泛应用，使中国社会结构和生活方式发生重大变化。它既改变了一部分人的地位和生存状态，同时又衍生出许多传统社会中不可能发生的新问题。再加上西方现代文化内含的独立个体之基本立场和伦理价值观，对个人独立意志的尊重和西式平等、民主的维护，与中国传统中的人伦立场和等级秩序平衡的维护不可能简单相加或相融。

中国当代文化的发展只能在这样的纠缠中实现。但是，实际上无论是对中国传统文化，还是对以西方为代表的现代文化，当代的中国人大都还没有完全读懂。对传统缺乏的是自觉、深究和活化，对现代缺乏的是理解、选择和我化。如果从发展的眼光看，正是这种“纠缠”的存在，提供了丰富的资源和复杂的多种可能与路径，使中国当代文化的发展有可能蔚为大观，创造出包含着现存又超越现世的新的文明。这种新文化的创造者将在今日的学校中养成，为此需要学校承担起文化上的未来导引任务，它不仅关乎中国也关乎人类新文明的创造。

学校教育大文化建设中现代与传统的关系有多重表达。从根本上看，学校是人类社会、民族文化繁衍纵向沟通的最重要的机制，继承和发扬文化传统，参与当代新文化的创造，为未来新文化的创建培养人才，是学校作为社会存在之必要的重要依据。目前，国内对传统文化的重视出现了一些新气象：由民间或办学机构提倡和掀起了一股“国学”热；学术界开展了关于中国传统文化，尤其是儒学复兴的讨论；政府则提出建立和谐社会的目标，并寻找这一目标提出的理论、现实和传统的支撑，还通过参与祭孔等传统仪式和保护文化遗产、尊重民俗节日等外显行为表达对传统文化的期望。这是值得学校关注的现象，也为学校在继承、发扬传统文化方面提供了社会条件。但学校新文化的创建不能仅局限于此，还要着力于传统与现代的沟通。学校要区别文化的精神、知识、技术、工具和行为方式等多种层面和载体，区别不同文化的异同，明晰在具体历史和社会条件下整合的原则，研究当代学生精神成长所需的“文化营养”。唯有如此，学校才能建设、落实大文化并发挥其在文化创新中的未来导引作用。

学校新文化的建设还要求处理好一系列教育问题，尤其是处理好教育改革中传统与现代的关系，以及教育中的师生关系。前者重在完成教育观念、办学行为和教育行为由传统向现代的转换，它需要对传统的深究、激活与更新，也需要对现代西方教育思潮的辨析、取舍与吸收，更需要基于当代中国社会和教育实际的、面向未来发展的整合与创造。后者重在建立起新型的师生关系，它既不是对传统师道尊严的维护，也不是像有些人十分强调的当代新一代对老一代的反哺作用的增强。“反哺观”是一些特别强调当代信息技术尤其是技术作用的人所持的一种观点。我们认为在对新技术以及由此而带来的一系列包括学习、生活等方式的变化方面，新一代的接受和喜爱程度会强于成年人，极端的还会沉溺其中，但不能因此而把“反哺”看作一种普遍现象乃至规律。因为技术不能代替一切，成年人与青少年相比，最大的财富在于成长经历与成熟水平。正是在这方面具有经验和自觉，成年人有可能作为老师；也正是在这方面缺乏经历和体验，青少年需要老师。“新基础教育”主张建立的新型师生关系，是以师生在人格上的相互尊重与关爱，在认识上的理解与沟通，在行为上的自主与协同，以及教师的积极导引和学生的主动发展相结合等为特征的，富有教育性的民主、平等、合作、发展的师生关系。

以上从社会转型的角度阐述了转型时期中国社会向学校提出的文化超越性任务，同时，也简略地展示了当代中国学校所处的前所未有的复杂文化环境。这种环境一方面以外在于学校的社会存在方式作用于学校，使社会文化影响与原有的学校文化之间产生众多的不一致、矛盾和尖锐冲突。另一方面它又渗透到学校内部，造成学校内部文化的复杂生态。这是每一个在学校工作的人都能感受到的事实：如学校中育人目标与经济效益的矛盾；教师意识中义利关系的观念变化及其在职业行为中的表现；师生之间、青年教师与中老年教师之间价值观的差异、矛盾与冲突；新旧教育观念的碰撞；学科知识价值的判断和实际上的重新定位；校内文化氛围原有传统的打破；等等。它们均让人感到喜忧交加，在看到新目标的同时，又感到失落和茫然。校内外生态的复杂已经把教育者推到如此两难的境地：要固守原有的学校文化模式不仅不能适应社会的发展，而且在实际上也守不住，无论你愿意还是不愿意，变化已经出现，并且还在进行之中；要想按新的培养目标改变现有的学校文化状态，社会又还没有形成可直接供学校所用的、体现中国社会发展和新世纪人类发展精神的新文化体系，社会自身还在转型的初期运作中。因此学校要完成适应新时期发展所提出的新文化任务，唯一的出路是参与到社会新文化的构建中，按社会发展的要求和时代的精神，构建超越现实的新学校文化。这就是我认为社会在不同于常规发展的转型时期，学校所面临的文化使命。

三、创建学校新文化的策略

学校教育如何构建新的学校文化？凭空制作显然不行，把各种“流行”拿来拌成“文化色拉”同样不行，让各种文化轮流坐庄，或“只取其一，不及其余”也不行。在我看来，可以采用的合理策略是整合。需要指出的是，“整合”在有些文化人类学家那里是对不同类型文化相互作用后产生的融合状态的描述。例如美国人类学家恩伯夫妇（Carol R. Ember，Melvin Ember）在其所著《文化的变异》一书中就认为："人类学家认为文化往往是整合的，其原因之一就是，文化一般是有适应性的。"① 因为"构成文化的诸要素或特质不仅仅是习俗的随机拼凑，而是在大多数情况下相互适应或和谐一致的"②，还因为"人们倾向于自觉改变那些从认知和概念的角度看来与其他信息不一致的信念或行为"③，即"文化整合不仅可以由适应性所导致，而且也可以由认知所导致"④。然而，本文所说的"整合"并非只是上述形容词类的状态描述，还是动词类的。"整合"是对当前中国学校教育在现实状态中走出复杂困境、创造新文化规范的行为策略的概括，它植根于当前情境，但要制订的却是超越历史和现实的新规范，还要借助于新建的学校文化规范，这样才能推动学校文化与社会文化的改造和重建。总之，它们不是由简单的取舍而是通过整合而生。在这一节中讨论的文化整合策略尽管是较抽象的方法论层面的研究，但对学校文化整合在行动上具有重要的指导意义。

策略是人对解决某方面问题所须遵循的思维方法、原则与步骤的总体设定。并不是所有的人都具备策略意识，也不是所有的问题解决都需要制订策略。但对学校文化整合这样一个复杂而重大的问题，策略研究无论如何是必需的。

在思维方法上，整合要求突破原有单一凝固的主流文化格局，转向对多维变化的关注，通过辩证的、批判性的取舍，经过结构化的处理，从原先统一失去后出现的纷乱中走出，形成有核心的丰富的统一。也就是说要摆脱我们常用的处理简单问题的方法和按二值逻辑作非此即彼选择的习惯，学会处理复杂问题的综合方法，做到"多"与"一"的统一。新形成的"一"不是"单一"，而是有主有从、有层次、多方面的和谐统一；其"主"的部分，也不是由过去的"单一"或现在时行中的另一个"单一"来承担，而是由不同文化模式中的精华部分有条件和适度的整合组成。

就学校文化整合过程的基本步骤而言，首先需要明确学校文化的主导价值观，它是人类社会发展需要的主导价值观在学校领域内的特殊表现，与培养目标直接相关。然后是构建学校文化的总结构，在总结构框架清晰的基础上，再来勾画每一方面、层面的框架和内容。进一步的研究进入怎样在学校的各项活动中实现新文化追求的实践层面。这是一个由整体到部分、由价值到内容、由静到动的生成过程。学校新文化的生成最终必将促进学校教育的整体改造。

---

①②③ C. 恩伯，M. 恩伯．文化的变异．杜杉杉，译．沈阳：辽宁人民出版社，1988：47.

④ 同①48.

为了对现有的社会文化进行改造和实现真实意义上的整合，需要遵循如下几个基本原则：

第一，取舍原则。它要求在学校新文化的生成过程中，对现存的各种文化作生成状态的判断和价值评析。如前所述，当前，我国已出现了复杂的文化多元现象，这一方面为形成新文化提供了丰富的资源，同时也产生了发展性问题。首先是面对多元文化如何取舍。文化相对主义无助于这一问题的解决，因为我们关注的是各类文化存在的合理性和共存的可能，只取文化相对主义的态度，必然导致无主次、无价值判断、无结构式的多元文化并存。为了整合首先需要判断，按历史的发展过程和现实的状态，判断某种文化现象出现的条件，判断其中合理的成分与程度，判断它在现实中是发展、是不足、还是过度，及其分布状态与特点，这些都是与存在状态及其合理性相关的判断。除此以外，还需按有利于人类和个体生存发展这一基于生命本质的标准，判断不同文化的存在价值。只有通过这两种评价，我们才可能把握每一种文化的特质与特殊价值，并在此基础上做出取舍，为混乱走向有序、无度走向有度创造条件。

第二，综合原则。在对不同文化逐一分析评价的基础上，要实现综合。综合的原则是有关形成结构与关系的原则。它要求我们认真研究各种文化的关系状态与关系性质，列出纵横交叉的关系网络，判断它们之间相互作用的方向与性质，诸如互补与互斥、包容与被包容。通过关系分析，可在认识上将上述经过评析的各种文化联结起来，置于相互作用的场之中，并给予恰当的定位（包括分层、分类、分阶段），形成不同于综合前的任何单一文化模式的新文化模式。

第三，转化原则。以上两条原则是就处理社会现存的各种文化并形成超越现状的新文化的认识而言的，但这种新文化是一种理想的社会文化模式，还不是学校文化的直接构成。因此，需要解决转化的问题，首先是社会文化向学校文化的转化。关键是要围绕学校教育目标，根据对象的年龄特点和学生需要、潜力的差异，从内容到形式都进行改造。既要有相对稳定、对所有学生都适应的部分，还要提供可供学生选择的多样化的活动、内容与方法，形成及时吸收社会不断出现的新的、有利于学生发展的文化内容与方式的机制。这几方面促成学校需要的文化由外向内的转换。与此同时，还应建立逆向的转换机制，即形成使学校文化参与和推进社会主流文化发展的机制。只有在双向机制都形成的情况下，学校与社会文化的沟通才呈螺旋式上升，才有共时性；学校文化才具有开放的特征，才能完成自身面向未来和双重超越的现代转型。

四、学校文化个性的形成

学校缺乏个性，这是当代我国学校普遍存在且已被意识到的问题。目前普遍采用的改变方式是强调创建自己学校的特色，但大多数学校对特色的理解是做出“强项”，以强项点状呈现的方式标明特色，这已经在前面提及。

我们认为，学校个性的本质是文化个性。新中国成立以来，学校尽管有了很大的变化与发展，但大一统的观念、文化单一主流的规定、行政式的指导，使校长的办学缺乏创造空间。一旦校长的个性被磨灭，或校长原本就无突出个性，也不思什么进取，那么，学校无个性就成自然而然之事了。因此，改革开放初期，把学校变革、更新、发展的希望首先寄托在校长身上，也确实出现了一批敢于搏击时代潮的新型校长，办出了有自己个性的学校。于是，舆论得出了有一个好校长，就会有一所好学校的结论。这是正常而不奇怪的。可以说，这个结论内含着合理的一面，即校长的精神状态和领导水平、能力与个性，确实会外化在学校的不同方面，会影响学校的发展。但只关注校长能力的提高，还不足以形成学校的文化个性。学校文化个性的形成，不仅要求校长有办学理念与文化追求，还要有全体师生和学校所有教育活动的精神融通方能形成。它既是精神的又是实践的；既是个人的又是学校群体共有的。

具体地说，学校文化个性的形成取决于学校领导对自己学校历史中形成的文化传统的把握和辨析，对当代社会变化和学校大文化使命的把握，以及对目前学校师生状态以及他们不同生活背景中形成的文化特征的把握，并在此基础上，提炼、形成体现和适应本校办学理念的文化追求。有这样一系列的具体分析与整合，才能入木三分地勾勒出学校理想的、可实现的文化个性的建设目标。

学校领导形成的办学理念与相关文化追求，要想变成学校教育渗透性的有机构成，还必须获得全体教职员工和学生的认同，并能创生性地体现在各自日常的教育实践中。学校领导形成和完善学校文化个性建设目标的过程，让教师与学生参与是一种有效的策略。它不仅有助于目标确定本身的合理性与针对性、可行性与发展性，而且还会增加师生对目标的亲和感。因为，这是他们一起讨论出来的共同追求。

学校文化个性的建设必须落实到学校的一切方面，在明确了目标以后，要有细致的行动方案，如：形成体现文化个性的校训和学校形象标志。在环境上要从建筑设计、整体布局与风格、室内外布置、墙面文化、走廊文化和绿化设计等方面都有文化个性的体现。这些是其他人走进学校就能感受到的、最为表层的文化个性的载体。进一步体现学校文化个性的载体是：相对刚性的学校制度和稍有弹性的组织架构。若有统一的文化精神作支撑，人们能通过对制度文本的阅读、解释和组织结构原则的评析中读出。学校文化个性最为深层的表现是在师生的精神面貌、心理状态、行为举止、人际关系以及各种学校活动的过程和处理各种教育事件的方式方法上，它也是学校文化个性形成中最富有活力和能将文化精神转换成真实教育力量的构成。如果文化个性的建设没有深入这一层面，那么，它不但是不完整的，而且将成为流于形式的、精神与行动割裂的不良学校文化；它会造成精神枯萎和实践无华的两败俱伤局面。要想最为真实地感受该校这一最深层面的文化个性，只有通过在相关学校生活乃至工作。

由此可见，文化个性的形成绝不是靠文化公司的包装就能完成，绝不是为了评比、展示服务所做的事，也绝不是由课程内容或德育内容单一方面、领域能独立承担的任务。对学校领导而言，清醒地意识到这一点十分重要。不要忘记，学校是滋养和创生文化的宝地，不要让学校变成不知学校文化为何物、有何意义、如何创造的、文化个性不能生长的盐碱地。

本文发表于：《教育发展研究》，2006（8A）.

试析中国当代道德教育内容的基础性构成

一

道德教育[①]历来是中国学校教育中被十分看重的方面。尽管学术界有“道德相对论”“环境自发影响说”“学校德育取消论”诸多论点[②]，但在人类生活实践中，无论是学校，还是社会或家庭，都不存在“道德虚空”，也不存在“道德无涉”的教育。道德不仅关系到社会各种利益关系的维系和调节，而且直接关系到每个人如何处世、行事和立身的“为人”之事。只要是活着的人，都无法在自己的人生实践中回避此事。个人“为人”之事的道理和意向、行为的形成不会与生俱有，它要通过教育、学习与实践、体悟才能逐步确立和形成。所以只要人的形成、发展作为一种过程事实存在，只要“为人之事”无法缺失地存在，道德教育就必存在。从这个角度看，道德与道德教育属人类生活的永恒范畴。

自然，“永恒不等于唯一”，不等于不变，不等于简单，不等于无须思考与研究。就中国改革开放以来道德与德育的状态之复杂，就足以说明这一点。20多年来，处于深刻社会转型期的中国，在进行着一系列经济体制改革和经济结构变革的同时，也面临着意识形态、思想文化和道德领域的尖锐挑战。在道德领域里，这一挑战集中体现为：一方面，原有的道德规范体系趋于“失效”；另一方面，社会发展和个体在当今社会背景下生存发展所需要的新的道德规范体系，尚未十分清晰或被广泛认同与实践，这又导致了道德领域里相当程度的“失范”。需要说明的是，这里的“失效”与“失范”，都是从“体系”的角度作的判断，并非一条条的道德规范或一个个的道德行为，不能由此得出当今中国社会已无道德规范与行为的结论。可以得出的结论是：当前重要的、首先需要解决的是对适

---

① 关于道德教育的概念，解放后在教育学界历来有广义和狭义之解。广义包括政治教育、思想教育和品德教育。在政府文件中通称的“德育”，常做广义解。狭义专指与个人品行、德性相关的教育。本文所言的道德教育是指狭义的德育，不包括政治教育和思想教育，但并非认为后者不重要、无须研究。

② 黄向阳．德育原理．上海：华东师范大学出版社，2000：41－44．本文引用只是在存在这些观点的意义上用，并不等于都赞同这些分类。

应社会主义市场经济发展需要的道德体系的建构。这种需要在总书记明确提出了“以德治国”的治国方略以后更显紧迫。它标示当前道德问题的重要性，已拓展到政治和社会公共事务的宽广范围，更需要形成有关道德体系的共识。它属如何实现“以德治国”的前提性认识。对于学校教育中的道德教育来说，目前有关学校道德教育有效性不高的问题，已经成为不争的事实，但就如何解决这一问题的认识却颇不相同。有人认为是方法问题，有人认为是脱离青少年实际的问题，有人认为是不符合青少年道德成长发展规律问题，也有人提出重建道德规范问题。笔者认为，这些方面的问题都是存在的，但只有重建道德规范问题属于前提性问题，属于当前首先要解决的认识问题，因此本文把讨论的重点确定于此。

就笔者关注到的有关论文及著作的有限范围看，在分析当代中国道德规范体系的建构问题时，大致可分下列几种不同的取向。

第一种取向在于中国传统道德的发扬方面，主要以取舍与更新为建构策略。其中包括上至伦理哲学中的新儒家学派，下至为青少年编制新的三字经，还有一些学校重新强调忠孝，并赋予新意。在文化市场上，曾国藩家书、朱熹治家格言等历史名人的道德言教及三字经、千字文等通俗读本，阐述老、庄、孔、孟、佛、道等有关人生哲学著作的出版，也可视作对这一思潮的呼应。这一策略想借助传统的深厚根基而植入新的时代内容，这确有其合理性和必要性，但可能出现的问题是冲不破先在的传统结构视野。而传统的道德体系毕竟附着于传统的经济、社会和文化背景上，与当今社会的巨变和文化的多元状态有相当大的距离。何况，从概念所用的词语到思想表达的形式都沿用“传统”的方式，尽管对年长者和有传统文化功底的人来说有亲切感，但对青少年和普通百姓来讲，却可能带来陈旧感和疏离感。与此相似的还有基于中国革命传统的继承与更新。尽管这是两种很不相同的传统，但这一取向者在对待传统的态度和寻求发展、更新的思路上是相似的。

第二种取向恰恰与前者相反。在揭示传统道德的局限与不合时宜性的基础上，倾向于从中国当前社会经济变化的角度来重建道德规范理论，如强调基于维护个人合法利益之上的道德规范、“公平”作为基本道德核心等。其基本特征是把传统道德对“精神”崇高的追求，转向对食人间烟火的“物质利益”的关怀。这一转向的合理性在于反映了社会世俗化的走向，也是大众文化在道德领域中的折射，精神崇高的追求通常是精英文化的产物。然而，其局限恐怕也在于此，即把道德的基础过分集中于经济与利益上，它具有“矫枉”的价值，也内含着“过正”的危险。

第三种取向是基于道德主体活动领域提出当今社会的道德规范。大部分是把活动领域划分为家庭、学校或工作领域、社会公共领域等三大块，而后在每个领域中提出具体的道德规范，如家庭中夫妻、父母及子女、邻里、亲友之间的一系列基本道德要求。这种分法的好处是易对照、好操作，问题是琐碎和缺乏对道德根基的深层思考，因此也会出现混杂不清的状态。但其以道德主体为出发点的立场，与前两种都不相同，也富有启发性。与此相似的是列出人生不同年龄段的道德规范。如果前者是想提供一个以人生空间为坐标而排列的道德规范体系，后者则是想提供一个以生命时间为坐标的道德规范体系。其思路基本一致，故将它们归为一类。

对以上三种取向四种类型的道德体系重建方式的分析，在一定程度上也折射了本文在回答同一问题时所追求的取向，那就是努力在传统与现代、个体与社会、精神与物质、崇高与平实、道德主体与道德对象、关联与差异、传承与创生的关照之中，以每一个作为社会人的道德主体在人生中不可规避的基础性道德关系和道德角色为分析框架，以当代中国社会及个体自身发展对人的道德要求作为选择核心道德内容的依据，来建构适应中国社会主义市场经济发展的道德体系。在此，寻求的是最基础性的、一般的构成，是对每个人来说都需要和可能的要求，是有内在关联的体系式构成。

二

依着上述立场和思路，首先要做出的分析是作为社会人的每一个道德主体在人生中不可规避的基础性道德关系和道德角色。以此为据，形成建构道德体系的分析框架。由于试图把握的是基础性的道德关系和道德角色，因此，具有概括性高，结构的抽象性、稳定性强和统摄面宽的特征。他人若认同我们提出的基本立场和思路，就可能认同这一分析框架。所以，这一结构还存在潜在的、可认同性大的特征。

关于道德，历来有各种定义和认识，但有一点几乎是无争议的，即道德是一种关涉人世的、与每个人的人生直接相关的范畴。用通俗的话来说，就是如何做人的道理。生命存在的重要特征之一是开放与生生不息，而人的生命又具有意识和自我意识的特征，尤其是后者，使得人生在世总会产生并意识到自己的需要，再把需要转换成追求的目的，通过涉世的行为去实现这些目的、满足需要。尽管不同的人或同一个人在不同的境遇下、不同的人生阶段会有不同的需要，但追求需要的满足是共同的。这种满足如果局限于生理上的（如食物、睡眠等），人就会有舒适感、愉悦感、轻松感；如果是精神上的（如成就、名望、奉献等），人就会有幸福感。人有两种相关而又不同的需要：生理的与精神的，这是在需要层面上人与动物的第一大差异。人不仅有需要，且有意识到需要并策划如何实现需要的能力，这是在有关需要的意识上人与动物的重要差别之二。然而最重要的差别还在其三。即人是社会的人，每一个个人的成长、发展、各种需要的满足，除了受惠于社会和他人以外，他必然还要受制于他人和社会；在社会中的个人，除了享受权利还必须承担义务，除了获取还要付出。社会有组织、有分工、有制度，个人总承担着一定的社会角色，社会自身的维系和发展，需要每个人按角色的规范去实践、满足自己的需求。在中国古代的甲骨文中已有“德”字，与“礼”相辅，有德才能遵礼。在古语中，“德”“得”相通。最高层次的“道”是“天道”，“得”之于“道”，可谓“道德”。所以“道德”在中国文化的词源学上，有孔孟的人格追求和礼仪规则之追求，也有按天道（可理解为规律）行人事解①。总之是要求人循“道”而行，循“道”而得，在一定意义上可视作以社会规范来要求人的行为。如果反其主体而思，则可理解为个人有循“道”，才能有“德”和有“得”。我们可把道德之“道”加上一义，即如何才能在社会中合理获得个人需要满足之“道”。归结起来，道德是人类对自身需求和如何才能在社会中得以实现的理性探究的产物，其规范的是人生的基本操守。

这些基本操守主要通过处世、行事和立身的践行来体现。“处世”是对人在行为中如何处理与他人的各种关系、处理与所属不同群体关系的概括，其中最不可改变的群体，就是个人所属的民族。在当今世界中，民族的聚居与绵延通常又以国家的形式存在，在中华民族身上这一点尤为显著。因此，在分析框架中，我们把它分为两项：把他人作为自己同类对待的道德操守以及把自己所属的民族、国家看作自己生命之最深根源来对待的道德操守。“行事”是指个体承担义务的各种社会活动，是每个社会角色不可回避的基本生存方式。因此需有最基本的操守，才能使行事有效、义务落实，从而获得享受权利的资格。“立身”专指个人对待自己的生命存在和发展的态度，是指向自我的一种操守。人具有自我意识和自主抉择的能力，使人有可能通过自我的力量把握人生，因此这种操守也是道德人生所不可或缺的方面。

其实，任何人的人生都需要面对不断变化着的人世、事情和自身，只要是活

① 辞海编辑委员会．辞海：中．上海：上海辞书出版社，1999：301.

着，谁也回避不了这三个方面的大问题。它们之间有相互关联。人与人的关系总在各种事态中建立和变化，如何行事需考虑到人人关系且依靠人人关系才能行事，最终不仅涉及事之本身能否做好，还影响人人关系。无论行事、处世，都由个体承担，个体的状态、对自己的要求直接影响到行事、处世；反过来，个体状态和自我要求的形成，又通过处世、行事的实践和对人生实践的反思、总结、调整，逐渐生成和趋于稳定。所以，要求得道德规范的有效，就必须三方面都要顾及，且在基本的要求上保持共性。有此共性，三方共生同长；无此共性，三方冲突抵消；三者构成一个有着内在相关性的结构体系。

三

现在需要进一步阐述的是在此框架内，当今中国对每一个人的基本道德要求，它也是当今中国学校道德教育的基本、核心内容。青少年时期是个人道德形成的重要时期，越是基本、核心的道德要求，越要从小就开始养成。

作为最基本的层面，笔者认为是以“诚实守信”为核心的“为人之德”。这是每个人一辈子都应坚守的基本道德规范。

从历史来看，这不是一个新的道德要求。自古以来，“诚”与“信”一直是中国公认的道德信条。因而哪怕是一个诈骗犯，他在行骗之时，也绝对不会以骗子的真实身份出现，而是赌咒发誓、竭力装出一副诚实可信的样子。任何人都不愿与不诚实和不守信的人交往，更谈不上合作。诚信是人与人之间建立正常关系的基础，也是作为个体的人能否作为一种积极力量融入社会，取得他人信任的基础。

本文再提“诚实守信”，并把它放在“为人之德”的基础核心地位，主要基于以下两方面的认识：

其一，从社会的层面看，自中国开始进行社会主义市场经济改革以来，人们对利益、首先是经济利益的追求日益强烈，在经济法规建设尚未健全的背景下，种种为求利、求暴利的违法、缺德行为大量滋生。在道德失范方面，最普遍采用的手段就是欺骗，其普遍性已达到了让我们每一个生活于其中的人时时都可能遇到、且对媒体报道不再感到震惊的地步。先是在商品交易领域，以次充好、以假乱真、虚假降价等等，花样层出不穷。而后进入到信贷金融、生产等领域，直到饮食药物方面，直接有可能危及人的生命安全，才重新唤起人们的警觉和愤怒。除此以外，在文化娱乐领域，乃至学校教育领域，也出现了大量欺骗行为。自然，在这些领域里也不只是直接为利，还有为名，以名换利。高科技、互联网这些现代化手段也被利用为欺骗服务。歌手的假唱、音像制品与图书的大量盗版、论文的抄袭买卖、考试中的作弊和代考等，真让人有斯文扫地之感，连文化人也不在乎作假了，这从又一个侧面反映了问题的严重和普遍性。这种严重性一方面导致人与人、单位与单位之间相互信任度的降低，社会各种秩序、包括学术秩序的失落；另一方面，即使在经济上，也导致交换障碍和道德败坏。虽然欺骗者可能局部、暂时得利，但从整体和长远来看，这是市场经济发展的一种破坏性力量，它破坏的不只是成交额，而是破坏了市场经济所依赖的道德基础。英国经济学家亚当·斯密早就指出："自爱、自律、劳动习惯、诚实、公平、正义感、勇气、谦逊、公共精神以及公共道德规范等，所有这些都是人们在前往市场之前就必须拥有的"①。西方著名的社会学家马克斯·韦伯则认为：伦理道德对于社会政治经济的发展而言是一种重要的支持性资源②。支持性资源不是直接资源，但它的作用是任何一种直接资源所不可代替的，也是直接资源发挥作用的不可或缺的条件，千万不可小视。加强"诚信"教育，且使其从小在孩子的心田和行为中扎根是十分重要和必要的。

其二，从个人的角度看，诚实守信，不仅本身是一种道德操守，而且它是孕育其他道德品行的基础，是预防邪恶私欲恶性膨胀的"保护神"。诚实，是一种坦荡心境的展现，它建立在对自己需要的理性认识和对行为基本是非判断的基础上，是一种实事求是、不虚夸、不掩饰、用真实的力量去实现自己追求目标的选择。诚实是对他人人格的信任，是平等待人、人人之间建立信任的基础。守信，是对自己承诺的践行，也是约定、协议能否转换成行为、实践的重要开端。守信一定关涉到对方，所以不仅是自尊，而且是尊重他人，有交往、合作诚意的直接表现。守信关系到人际关系的确立和维护，因而既是重要的，又是基础性的道德要求。

"诚信"看起来要求不高，比起"仁爱""忠恕""和合"来似乎更低一些，但要做到并一辈子坚持实属不易。它几乎渗透到人日常生活的一切方面，小到不说谎、守时等，大到对祖国、事业的忠诚与坚守。这正是"诚信"作为基本操守的实践性表现。

道德教育核心内容的第二个层面是"责任心"。这是每个人应做到的"行事"之德。如果说"诚信"作为一种坚守的道德力量，那么，"负责"就是一种生产

①② 王正平．道德建设：市场经济的一种支持性资源．光明日报．2001－06－16．

性的道德力量。责任感和负责的态度是行事能否成功的基础性条件，它能催生出智慧和能力，能促使人去做好事情，并因工作成功而感受到一种尽责、胜任的欢愉和满足，也正是在这种负责行事的过程中，提升了人的社会意识。

常有的一种误解是：把“负责”只看作对成人、职业人员的道德要求，因而，“负责”似乎与儿童、青少年无关，与家庭、公众活动领域无关。事实并非如此。负责是对每一个人在人生各阶段承担的多重角色的共通性道德要求。就以儿童来讲，只要他具有了角色意识和初步的行事能力，作为家庭的一员，就应帮助他认识作为子女和儿童应尽和可尽的责任，如对父母表示关爱、协助父母完成力所能及的家务、学会自我服务和自我管理以减轻父母的负担等等。作为小学生的少年儿童，树立学习的责任感和负责的学习态度，常常是促使他们意志力发展和保持积极学习态度的重要力量。这在独生子女已经成为中国家庭（尤其是城市家庭）基本状态的今天，显得特别重要。成人对家庭的责任和社会公共活动的责任之强调，在社会主义精神文明建设中，日益显示出其不可缺失性。社会越开放，越需要有负责的公众，民主管理、众多类型的“自治”都以负责为道德基础。在社会生产和各种职业领域中，社会生产力越发达，分工层次或环节越多，越需要多方合作，越需要个体具有负责的精神，以此作为保证行事或产品质量的道德支持条件。任何高超的技术和深奥的知识，都不能代替责任感。

除了对社会、集体、家庭的外部责任外，人还必须对自己的选择及行为负责。正如科恩所说的那样：“在前一种状况下涉及的是职责，而后一种状况下涉及的是道德义务。”① 因此，对自我负责是这一道德要求的最高水平，也只有能对自己的选择和行为负责的人，才是具有独立个性的人。当今中国需要有这种既承担自己的社会责任，又对自我负责的独立个体，这样的人能创造出一个富有活力的社会。

“责任心”也许不比“牺牲”“奉献”伟大，但它却与每个个体相关，显得更为平实和基本。

“爱国”是道德教育核心内容的第三个层面，还属“处世”的范围。之所以放在更高的一个层面，是因为这个教育虽自幼开始，但要直面道德问题还是在成人时期。把“爱国”（内含着热爱自己的民族）作为基本要求，一方面反映了个体与民族、国家的生存关系，一个对自己的祖国和民族缺乏热爱的人，会成为“无根”之人。另一方面，“爱国”也是作为一个公民的起码道德。在当今经济全

---

① 科恩．自我论．佟景韩，等译．北京：生活·读书·新知三联书店，1986：459.

球化背景和各民族、地域文化广泛交流的情况下，把“爱国”当作“为民”之德来强调，其重要性和时代性是无须多言的。

最后要提及的道德要求，涉及每个人对待自己生命和人生的态度，我们把它称为追求自我完善的“立身”之德。每个人降临到世上，都有生的权利。人作为有意识和逐渐生成自我意识的生命体，又时时要做出如何生的抉择。故而，“立身”之德的确对于人生具有重要作用。在等级社会中，通常以出生的家庭背景和个体的社会地位来划分生命的贵贱。作为社会主义的民主社会，应坚决维护每一个生命体的天赋平等权。在教育中，善待生命，包括自己的生命和他人的生命，应成为“善”的教育的起端。毋自杀和滥杀，作为一种关于对待生命的限制性的“善”的要求，属于立身之德的下限。积极的“立身”之德就是在人生的实践中追求自我完善。这是人一生中不断发展的开放过程，是每个只要意识到并想创造一个有意义人生的人都可以努力做到的事。追求自我完善，并不是要用同样的崇高标准去要求每个人，而是要求每个人在认识今日之我之不足的基础上，去创造一个较今日之我更为完善的明日之我；追求自我完善，并不是闭门思过、静心养性，而是在积极的人生实践中，不断地学习、反思、重构、再实践；追求自我完善，并不是洁身自好、远离社会，而是用发展性的生命去创造社会进步和实现幸福人生。在当今中国社会进入小康，物质生活丰富，自动化技术越来越多地进入生产、工作和生活的个人领域，对人的体力付出、生活艰苦等方面的挑战越来越少的背景下，保持人生精神上的奋发和向上的追求更显重要。如果人的精神生命“软”化、趴下了，那么无论是世界还是个人，都不会再有人性的辉煌。

本文发表于：《教育研究》，2001（9）；2002年获上海市哲学社会科学优秀成果奖论文类一等奖。

当代中国教育变革的主体及其相互关系

与人类社会的所有变革相同，教育变革是由人类社会中的主体发起和承担的。变革涉及的面越广，性质越复杂，任务越艰巨，需要的时间越长，主体的构成与相互关系就越复杂，主体的状态对变革的影响力也越大。

从对教育变革作用的角度看，教育变革主体可以分为利益主体、决策主体和行为主体三大类。三大类中的每一类，还可以按主体所处的社会结构层分为政府、社会和教育内部三个层面，三个层面中的每个层面上又会有层级的区别。由此可见，教育变革主体的结构是多层面和多元的。他们之间的关系则更为复杂，既有合作又有差异，既有互补又有冲突，还有重叠、交叉和互换。认识不同类型主体的构成、分析各主体在教育变革中的作用和相互关系，是合理处理不同主体间的关系，使教育变革有效进行和健康发展的重要保证。

一、利益主体的构成及其相互关系

教育变革作为人为的社会行为，总是与人的利益需求相关。新的利益需求与原有教育供给之间的不适应，在一定意义上就成为教育变革的原动力。早在1972年，埃德加·富尔在《学会生存——教育世界的今天和明天》一书中就指出了这一点："有些社会正在开始拒绝制度化教育所产生的成果，这在历史上还是第一次。"[①] 中国社会现在也开始进入到"有些社会"的行列之中。"拒绝"或者"不满"的增加是教育需要变革的信号，只要人们认识到新的社会需求，就会找到变革的走向。

在社会变革中，新的社会需求往往通过政府意志的方式得到集中、合法的表达，因此，可以说政府是教育变革利益主体的首要构成。这些利益要求的性质是国家政治的。即使在当前我国社会变革中涉及大量的经济需求、文化需求等其他需求，但在政府层面上，国家政治利益是率先和根本的。在此所指的"政治"并

---

① 联合国教科文组织国际教育发展委员会．学会生存：教育世界的今天和明天．北京：教育科学出版社，1996：37.

非直接与政治权力之争相关，而是与巩固政权、国家利益相关。

当前，我国政府表达的政治利益反映了当代中国在全球化和信息化的国际背景下，改变社会经济技术落后、国力不强、社会生产力受束缚、人民生活水平和质量不高等问题的重要性与迫切性。因此近 30 年的改革开放，尽管困难重重，也出现了不少失误和新问题，但依然取得了发展和积极效果。

政府领导层又因行政级别、管辖领域与范围的不同，形成不同的级别。他们之间有共同利益，但也有区别，并存在着相互支撑和制约、合作与冲突等复杂关系。因此，各层级和领域的领导如何把握本层级对教育变革的利益需求，会直接影响该层级的教育变革走向。

组成第二方面利益主体的是社会各领域对教育培养出来的人和服务于本领域发展的教育产品的需求者。在社会变革时期，“需求者”给高等教育带来的影响更为直接。如高校的专业设置与专业方向的开设与调整、报考人数和竞争的激烈程度、课程设计和培养方式等，都与社会各行业的就业状态、薪金高低走向直接相关，它使原来相对稳定的办学方式、专业设置等处于经常性的以年为单位的动态调整状态。社会对专业人员学历、素质等方面的要求，还间接影响基础教育方面的改革，其中包括培养目标、知识基础、课程设置、教学手段与方法等一系列方面。这些利益主体的需求都会在教育变革的宏观决策中得到表现。社会利益主体中还有一部分是视教育为产业的教育市场中的获利者。这部分人如果只是不择手段的“蚀教者”，他们必然对教育变革带来损害；如果虽有为教育服务的善意，但并不懂得教育的特殊性和内在要求，其行为也会带来消极影响。

在教育内部，利益主体主要由家庭、教育机构相关人员组成。在家庭方面，主要是受教育者本人和家长。受教育者本人从教育中获得进入社会的资格，并在此过程中得到身心发展，但这两方面不一定和谐，也可能有冲突。因此，教育变革与社会需求的吻合度，对人的身心发展的适切度和促进性，直接关涉受教育者个体的人生利益。人生利益不只是经济、社会地位的提升，也包括了受教育者的个性、健康、应对生存环境和创造幸福的意志、心态与能力的发展。

从家庭的意义上看，利益还不限于子女成长需求的满足，它还包含因子女受教育而改变家庭经济和社会地位可能性的增值。在社会处于急剧变动和教育公平体现充分的情况下，家庭后一方面利益机会将更大，受益家庭也会更多。如若相反，则这种利益的受益面会减少，教育的作用可能只是巩固了现有社会结构状态，家庭的社会、经济地位变化的可能性减弱。

教育机构相关的利益主体，主要指直接从事教育工作的教职人员。他们的利益直接体现在社会因对教育需求的加强而重视和增大教育投入，教职人员工作条件、经济待遇和社会地位的总体性提高，以及为教师专业发展创造的机会增多、条件改善，这是从直接意义上看变革与教师利益的关系。从间接和转换的角度看，虽然教师在教育变革中通常被看作需要改变的因素，但要求他们改变自己习惯了的教育观念、思维方式和工作方式，还要学习大量的新的内容。这一切对教师似乎是变革带来的额外负担和痛苦过程，是一种损失而不是利益。然而，如果转换一下角度看，当今中国的社会转型，在为学生提供新的发展可能的同时，也为教师的专业和个人发展提供了新的可能，因此，教师也是教育变革利益主体的构成，这是从个人发展意义上看变革与教师利益的关系。但是，教师能否成为个人发展意义上的利益主体，则以教师本身对变革的认识、态度与积极实践为条件。

由此可见，教育变革利益主体的利益性质有两种：一种是以享用“教育成果”方式体现的社会利益主体，他们存在于教育实践系统之外；一种是以在教育变革实践中获得个体发展和社会资本的方式体现的教育利益主体，他们存在于教育实践系统之内。前者对于教育变革以外部推动力的方式发挥作用，后者则以内部推动力的方式发挥作用。两种利益主体的关系有统一、转化的一面，也有冲突和相互抵制的一面。

统一性表现在社会发展与教育发展的一致性上，以及两方面的积极沟通和相互包含之中，也表现在对人的发展要求的相交性上；冲突和抵制则表现在各方利益选择的单一性和时间差上。当社会利益一方偏重或只寻求短期的眼前直接利益时，就会不顾教育内在的规定性，不顾个体发展需求的基础性和长效性，甚至以损害教育的方式去寻求满足。教育利益也可能由于因循守旧、改革滞后、过度或片面强调个人需要，忽视人的社会公共性和责任性，忽视社会发展需求的教育内化等而造成与社会利益的冲突。就当前中国社会的教育变革而言，总体上两类利益主体的关系朝着趋向一致与沟通的方向发展。这首先是社会发展越来越关注人的发展问题，不仅在理论上，而且在社会发展实际走向中也有体现。

联合国开发计划署 2005 年 9 月发表的《2005 年人类发展报告》所提供的材料表明：“中国在一些领域取得了历史上人类发展方面最快的进步，2005 年中国人类发展指数排名列第 85 位，比 1990 年排名上升了 20 位。”尽管国内地区间的发展还很不平衡，但对于我国这样一个人口大国和经济基础薄弱的国家来说，15 年来人类发展指数提升 20 位，实在是很艰难的事。2003 年，我国提出了建立以人为本的和谐社会新社会发展观，不仅在发展指数上实现了每年提升的成绩，而且与人类发展的根本理念相一致，即不仅考虑到经济方面等基本需求的满足，而且也考虑到人类自由、尊严以及人的能动性等因素，体现了对人类发展“说到底是一个扩大民众选择的过程，而不仅仅是提高国民收入”① 的共同认识，尽管在实践上还处于起步阶段，存在着大量的问题与矛盾。由此可见，当代中国社会发展需要与教育发展的个体需求之间在走向和价值方面呈现出趋向的一致性。

然而，总体上利益趋向的一致性并不等于每个地区、每个利益主体关系的一致性。矛盾和冲突的存在不仅是普遍的，而且是长期的，实际上这与利益主体自身的素质、状态相关，还有许多其他社会因素，如传统、舆论导向、人的从众心理等都参与其中。因此，想使两者无任何矛盾是不可能实现的意愿。但是，教育变革只有在内、外利益主体因需求而产生的推动力趋向具有积极意义的一致性时，才能获得最大动力。

分析利益主体及其关系的多种状态与可能性，就是为了创造可能条件下的最大驱动力，不断提高利益主体创造和获取利益的主动性、合理性与协调性，提升利益驱动指数。这里的“主动性”是指利益主体的获利要以主动投入为条件，包括社会对教育利益的需求，也要通过增加多种投入才会有效。教育内在利益的获得更是与利益主体是否投入变革直接相关。“合理性”是指利益主体对教育利益的特殊性和有限性要求有理性的认识，而不是盲目需求或索取。人们不难看到，有时社会和家长会对教育提出一些无理的要求，如希望毕业生一出校门就能适应社会需要，期望学校专业与职业岗位完全一致，等等，在教师和学生中也会出现一些非理性的需要。“协调性”则要求形成社会需求与教育需求之间基本的和灵活的沟通机制与调控机制，以获得不同利益主体在可能条件下的最大程度利益协调。就当前我国教育变革状态来看，这种沟通与调适机制上的不健全，是亟须解决的重要问题。

二、决策主体的构成及其相互关系

决策主体是指对教育变革拥有决定权和策划权的主体。显然，决策主体作用

---

① 联合国开发计划署发表的《2005年人类发展报告》显示，中国人类发展指数排名15年来上升20位。“人类发展指数”是衡量人类发展的综合尺度。它测量国家或地区在人类发展三个基本方面即寿命、知识和体面生活的总体成就。寿命以“出生时预期寿命”指标度量，知识以“成人识字率”和“小学、中学和大学综合毛入学率”指标度量，体面的生活以“人均GDP”指标度量。由此可见，该指数考虑了人均GDP增加的因素，又导入了对人类发展的概括性揭示：健康长寿、个人安全、受教育程度和人力资本价值等，也凸显了教育在人类发展中的作用。

的大小首先与主体拥有权力的范围和在权力系统中所处的地位相关。以此为据，可以将决策主体分为国家和地方最高权力机构的决策主体、中央和地方政府分管教育部门的决策主体，以及相关下属部门与教育机构内部的决策主体。这一构成呈现出层级性和整体与部分交叉的关系。

具体地说，我国当前教育决策主体的构成，在国家层面上，党中央和国务院是最高决策主体，其决策的范围还有整体与部分的差别。整体决策是指党和国家关于社会变革的总决策，教育作为社会整体变革的构成也列入其中。其主要内容涉及教育的价值、地位、变革方向与主题，且都从与社会变革相关意义上提出要求，大部分体现在中共中央的重要文件中。部分决策是指党和国家关于教育领域变革的重要问题的专项决策，有些是对特定阶段的教育变革具有全局性的指导意义，有些是对本国教育的性质、方针、目标、任务等具有全局性的、长远意义的大政方针做出的决策。

这两部分决策的相关性毋庸赘言，更需要关注的是区别性，即部分如何反映整体和政府如何深入教育内部做出有关专门领域的决策。就目前的状态来看，部分决策内容更多采取演绎的方式得出，有些决策又有把教育内的局部工作代替全局，呈现出点状思维的特征。这反映出决策主体在把握当代中国教育变革的性质与任务，从历史的角度、教育整体的意义和发展方向上认识教育变革的核心问题，以及在此基础上做出推动变革整体或阶段性发展的决策水平上，与最高整体层次的决策水平相比，存在缺乏相关领域专业支撑的不足。

上述国家层面的教育变革决策所存在的不足，在行政决策权自上而下地移至地方时，必然会出现地方决策不可避免的先天性不足。在我国的决策主体相互关系中，占主导地位的是下级对上级的服从，很少要求下级对上级的决策提出不同的看法或修正、补充性的意见。这是决策权力关系完全按行政关系处理的一个弊病。

在地方性决策中，相当部分通常是照着上面说，很少有独立思考，甚至在话语方式上也呈“八股”态。除此以外，拥有地方决策权的主体还往往表现出对本地区的社会、政治与教育的关系状态，教育的传统与现实状态，发展的潜力与主要问题等，缺乏系统深入的研究、相对透彻的分析和具体的有根据的把握。因此，除了“照着上面说”以外，还可见的是“跟着别人说”“随着热点走”。在地方的决策性文本上，我们常常会看到差不多的主题、问题、方针与目标，缺乏的却是最重要的东西——地方的特殊性和针对性。此类性质的问题一直影响到基层的决策，最终导致失去多层主体分层决策的实效。时常可听到对国家决策缺乏地区层次区别的批评，究其原因，不仅与国家决策主体的认识水平相关，也与决策主体关系性质的行政规定性、地方决策主体缺乏创造性直接相关。

因此，为了使决策能确实体现教育变革的发展需要，引领教育变革的方向，需要从两个方面去改变现状，一是教育决策主体的多元组合，二是教育决策的原则与程序的确立。

教育决策主体的多元组合，是指在教育决策过程中除了权力主体之外，还需要有利益主体和行为主体的参与，以及与专业相关的研究主体的介入。

利益主体参与决策过程的主要作用是提供不同层面的利益诉求，以及如何满足需求的建议供决策参考。利益主体的表达不可避免地带有主观性和局限性，但同时也具有发展性和建设性。利益主体部分来自教育系统之外，他们会向教育系统提供了解社会的有益信息。站在不同立场上，利益主体提出的要求会有很大的差别，但也会有“交集”。“交集”则很可能就是决策需要解决的重要、甚至是核心的问题。不同的需求所存在的不同层次和不同角度的关联性，同样有助于决策主体对教育与社会关系之具体的、历史的把握。行为主体对决策过程参与的价值是在提供现实的状况、问题以及解决问题的经验方法，他们来自基层一线，各自遇到的问题和经验也多不相同。这有助于决策者把握教育内部的状态，使决策有较坚实的现实依据和可行性。利益主体和行为主体的参与，并未为决策提供现成的方案，而是为决策主体提供了多角度和多重意义的信息资源，开拓了决策者的视野与思路，也对决策者综合处理信息和在此基础上形成决策的能力提出了新的要求，促使决策者的决策过程成为收集信息、明确情况、研究问题、理清思路、形成意见的积极思维的过程，不是简单照搬的行为。

学科专业研究人员参与决策的意义在于，为决策提供专业理论的支撑，至少可减少、避免决策者受个人主观认识与经验局限，犯教育专业理论方面基础知识性错误。在教育决策中这类错误特别容易发生。

学科专业研究人员在决策过程中的作用是打开决策者思维视野和提升理论意识，它有助于决策者在长远和深层意义上把握教育变革的实质与方向、任务、策略、步骤与方法等重要因素。在我国的文化传统中，鄙薄理论与轻视实践两种弊病是并存且经常发生错位的。例如，要求理论工作者立即提出操作方案，要求实践工作者提交高水平论文。说到底，这都没有认识到理论与实践的内在关联以及它们之间如何转换的问题。当理论面对变革实践时，首要的功能是对实践的批判与透析，对实践发展可能与方向的探究与判断，找出问题和发现新的发展空间，提供新的观念、思维方法和逻辑的依据。强调这一点并不是说理论不可能或不应该为实践提供操作方案，而是为了说明理论所具有的、不同于经验和实例的特殊的功能，即使是提供实践操作方案，理论也以转化的方式渗透其中，成为有理论底蕴的操作方案，而不是可以不要理论的操作方案。

学科专业研究人员就个体而言，并非是真理和科学的化身，他们也有自己的缺陷与不足，不同人的观念也可能南辕北辙，但作为一个群体在决策中的独特价值是不能也不应忽视的。拥有决策权的行政人员认识到这一点，并在决策过程中落实诸方相关人员的参与权，对决策水平的综合提升能起积极作用。

由于利益主体、行为主体、学科专业研究人员等多元主体在决策过程中的参与，决策就成为不单是一种行政权的实施，而是一个富有学习与研究、发现与选择、分析与综合、沟通与生成的过程，决策的科学性、有效性、创造性和可行性都将因此而提升。决策在教育变革中具有决定性作用，就目前状态而言，这是我国极需要提高的一个方面。决策主体的综合素质和决策能力的提高，又是其中的关键因素。

教育变革决策原则与程序，是教育变革理论的重要构成，也为教育决策水平的提升做出理论与制度的保证。

就“原则”而言，至少涉及教育决策相关的价值选择、思维方式、主体构成、权力配置、过程策划与质量判断等方面。在关于价值选择方面，教育变革决策的原则除应以不违背教育内在规定性，通过满足教育发展需要来促进社会发展为基本原则外，还应辅之以价值权衡和选择的原则。思维方式原则是为决策者在处理一般与特殊、整体与部分、教育内部关系与外部关系、现实与可能等方面，提供思想方法的指导，以实现在全面、有机、系统把握变革状态的基础上做出决策的目的。主体构成原则在前面已经涉及，关键是要处理决策主体内部，以及与变革相关的其他主体在决策中的关系。权力配置原则是对决策过程中分权与协同、规范与创造及如何赋权的指导。过程策划原则的重点在使过程策划有助于变革目标的实现。质量判断原则是为评价教育决策的质量提供原则性规定，它包括多方面，重点应放在教育决策的实际效果上。

教育决策基本程序的制度性规定，在一定意义上是决策原则理论的制度化表达，即通过程序制度，包括对每一个程序应达到的基本目标的确认，使原则进入到操作层面。决策程序至少应包括预案制订、预案审议、初案试行、初案修订、决案审定、决案推行和反馈评价等步骤。越是关涉全局的重大决策，越是要关注决策程序每一环节的到位，以免因决策偏差而带来严重后果。在这一过程中，责任人、参与者须有部分是自始至终的，但每一个程序会涉及不同的责任人和参与者。

从这个角度看，决策程序的制度性规定也是决策民主性和科学性要求的保证。

在决策程序中，我们提出了决策“三案”的要求。首先是“预案”，包括预案制订与预案审议两个步骤。预案的来源可能出自不同方面，但预案制订必须有主管部门负责，或由主管部门负责委托研究部门或其他相关组织，或组建临时班子来完成，其中必包括大量事实资料的获取、分析与整合，方案的讨论与汇总等步骤。预案审议的主体将不同于制订的主体，审议是一个对议案进行质询式的讨论过程，以求其完善。这一过程的产物是初案的形成，程序也进入到第二案即“初案”的阶段。与预案审议不同，初案审议是通过局部或典型抽样所产生的单位的实践，来审议其合理性与可行性的。显然，在这种方式的实践中，必然会遇到问题和创造一些具有一定普遍性的经验，这些都可能为初案的修订提供实践基础上的理性判断。初案修订的产物是决案。“决案”是三案中的最后一案，它与初案的差异不只是在成熟度上，更重要的是决案要在实践中普遍推行并产生期望的效应，决案对于实践具有最大的影响面。反馈评价作为程序的最后一环，既要总结、评价决案的全过程和效应，同时，又为下一个新的决策提供制定议案的重要依据。如果能按教育变革决策的原则和程序制度来完成决策过程，那么，可以期望的收获就不只是决策水平民主性和科学性的提高，而且还有权威性和实效性的提高。

决策失误给教育变革带来的影响是全局性的，无论在哪一层次都是如此。因此，在“问责制”的系统中，首先要解决的是“决策问责制”问题。

三、行为主体的构成及其相互关系

行为主体是教育变革主体中最为基础性和人数最为众多的主体群，它由教育领域内居于基层的教育管理人员和教师构成。它与决策主体的主要区别是，行为主体无变革的行政决策权，但有参与权。然而，作为行为主体的教师等一线教育工作者，其行为中既执行上级领导部门的决策，又有策划职责范围内工作的决策权。这种决策是行政决策不可能取代的，是行为主体对自身行为的创造性的策划过程，只有实践者本身才能进行和完成。指出这一点是为了说明行为主体并不可简单地归结为行政决策的执行者，他们在变革中的角色除了上面已经谈到的是一定意义上的利益主体、决策过程的不可或缺的参与者之外，还是自己教育行为的决策者。如果行为主体缺乏对自己教育行为的决策能力，他们就不能出色地完成自己的任务，也不可能使领导决策有效地转化为实践的变革与发展。

由于行为主体处于教育领域中的基层，其作用常常会被忽视。尤其易被忽视的是其强大的创造力和发展的可能；忽视其对决策的意义不只是过程中的参与，而且还包括执行中的丰富和执行后的反馈；忽视其同时作为利益主体的权力维护与实现。这样造成的后果是使实践缺乏生气与活力，行为主体成为变革的对象和消极的接受者、执行者，更为严重的是成为变革的阻力或反抗者。

若要改变这种状态，不仅需要与行为主体相关的外部环境系统的变革和有利于行为主体实践、发展条件的创设，还需要行为主体学习、反思、改变与丰富自己的角色意识，提升自己的创造性实践的能力，并在创造性的实践中实现自身的利益和价值。

行为主体的构成主要分为管理人员和教师及其他直接面对教育对象的教育工作者。在当代教育中，由于网络教育和各种面对不同年龄层教育对象的传媒、出版物、专题节目等教育服务的存在与兴旺，其中的成员也成为行为主体的组成部分。这些人的专业背景和动机因素较复杂，其中相当一部分出于求利的目的加入到教育行列之中。如何使这些行为主体在价值取向和目标、行为上，达成有助于教育对象发展与成长的一致，无疑是当代中国教育变革行为主体队伍建设中又一个十分重要、陌生而又艰巨的任务。

四、三类主体的特征

在分别具体分析了三类主体的内部构成及其关系以后，我们有可能从三类主体相互关系的角度对教育变革主体的特性作一概括。

第一，教育变革的主体是复杂的复合主体，不同类型的主体在变革过程中起着动力、决策和实践的作用，因此，需要相互合作与协调，才能逐步完成对教育而言由外而内、再由内而外的教育变革过程。

第二，教育变革的不同主体由于地位和作用、利益和权力、资源和能量的差别，相互之间会有矛盾与冲突。解决矛盾、冲突的原则应以社会发展和教育事业中人的发展为共同最高利益。政府是承担利益协调和统筹决策的最高责任主体，不同层次的主体都应在满足共同利益的前提下，实现自身利益的满足。责、权、利的统一以及合理区分和做出不同层次必要的保障，是减少和解决利益冲突和有效实现变革的重要前提。

第三，对于同一个教育变革主体或主体群，在教育变革的不同阶段、面对不同任务时，可能成为不同性质的主体。如国家政府作为利益主体之一，也是决策主体；地方政府的相关领导，相对于上级而言是行为主体，相对于本地区而言则是决策主体；行为主体在一定的条件下也能成为利益主体和决策过程中的重要参与者。以上都是从群体意义上来讨论主体问题，作为群体中的个人，又必然会有自己独特的利益需求、决策可能与行为责任。在处理决策中群体与个体关系时，需要设置个人利益、权利等方面的满足与运用，不妨碍或损害群体意义上的主体权利的低限。否则，多元需要、多层主体合作的教育变革不可能成功，甚至会因各类个体和小群体责、权、利的恶劣膨胀而使教育变革变质和“沙漠化”。

除此以外，必须强调的是，在教育变革的推进过程中，不同阶段的主体地位会发生变换。在变革初期，决策主体处于中心与关键地位；到中期，行为主体则可能成为中心和决定变革成败的关键。所以，及时调整主体地位和采取相应策略十分重要，意识不到这一点，实践中就会出现“体制错位”和策略转换滞后的弊病，极大影响变革的实现。

第四，教育变革主体的状态和积极力量的激发、聚集、现实化，是教育变革能否取得成功的决定性因素。它需要教育变革主体认清当代中国社会与教育变革的意义，把握当代教育发展趋向与特质，以及具有实现主体力量所必需的知识与能力。因此，需要培养和提高教育变革主体的积极性、智慧与能力，不管是群体还是个体。恰如迈克尔·富兰所言：“对于个体、小群体和整个组织来说，了解这一大环境并将自己与之相连接也同样是至关重要的。在组织机构中能够将高效的领导者与其他类型的领导者区别开来的一个特征，就是他们有那种掌握大环境的发展状况并使自己与之相连接的能力。”① 教育变革主体首先要学习教育变革的理论，并在实践过程中努力实现变革目标和自我发展。教育变革的实现，不仅需要道德的力量，也需要个人视野、智慧和实践的力量。

变教育变革单一主体观、模糊主体观为复合主体观，认清教育变革主体复杂和动态变化的相互关系，强调不同主体的积极合力的形成，提高不同主体的责任意识与能力，是当前我国教育变革深化和取得最终成效的重要保证。变“人”与变“事”的统一性，在有关教育变革的主体方面，同样是不可缺少的基本立场。

本文发表于：《教育研究》，2006（8）.

① 富兰．变革的力量：深度变革．北京：教育科学出版社，2004：36.

清思　反思　再思

——关于“素质教育是什么”的再认识

一、问题的提出

已经走过的2006年，在中国基础教育改革领域里，可以说是再次将素质教育推向社会瞩目的重要地位的一年。这在党和政府的一系列文件及相关研究中表现得尤为清晰：

2006年6月29日颁布的《义务教育法》第一次将“实施素质教育，提高教育质量，使适龄儿童、少年在品德、智力、体质等方面全面发展，为培养有理想、有道德、有文化、有纪律的社会主义建设者和接班人奠定基础”，作为义务教育必须贯彻国家的教育方针的要求，以法律形式做出了规定。

同年10月11日中共中央十六届六中全会通过的《中共中央关于构建社会主义和谐社会若干重大问题的决定》，在与教育相关的部分再次强调了“全面实施素质教育，深化教育改革，提高教育质量……保障人民享有接受良好教育的机会”的要求。

同年11月根据中央领导指示，由教育部等国家有关部门领导、组织开展的长达一年多的素质教育系统调研所形成的一系列研究报告，以《共同的关注》为名结集出版。该报告集可看作对已经提出了20年的“素质教育”，在实践领域多层面开展状态的回顾与总结，且把重点放在问题的分析、对今后如何深入推进素质教育的各种策略或政策性的建议上。在“素质教育系统调研总报告”中明确提出，“全面推进素质教育依然任重道远，一些新情况、新问题值得高度重视”[①]。这种直面问题的精神在以往由政府相关部门组织的调查报告中是不多见的，然而却是令人充满信心和希望的。

一系列来自最高决策层传递的重要信息，足以让我们得出这样的判断：在今

---

① 素质教育调研组．共同的关注：素质教育系统调研．北京：教育科学出版社，2006：10.

后的一段时间里，基础教育领域里的改革深化，要求全面推进素质教育。但是，对于教育实践工作者而言，不能满足于对上述判断的认同。更重要的是需要对以下问题有一个清醒的认识：当今何以依然强调素质教育？在以往素质教育推进中存在什么问题？存在这些问题的原因是什么？等等。唯有如此，才有可能对如何全面推进素质教育做进一步有效的策划；才有可能成为自觉、积极、创造性的行动者，而不是表面的响应者、盲目的执行者、简单的跟风者，或者故步自封者。然而，在上述一系列问题之上，还有一个牵一发而动全身的、关键的、实质性的问题，那就是“素质教育是什么”这样一个问题。

众所周知，“素质教育是什么”在中国并不是一个新问题，它已经存在了20年，人们对它的回答和态度各不相同，至今尚未达成共识。更要指出的是，这些不同的认识和态度，已不是只停留在纸面上的文字存在，而且是在教育实践中各不相同的实际存在。不对这些不同的实存状态做进一步的梳理与辨识，连“当今素质教育究竟要推进什么”的认识都难以清晰，怎么谈得上“全面实施”？因此，在我看来，在进一步强调实施素质教育的今天，我们完全有必要就“素质教育是什么”这一素质教育问题领域中的第一问题做再认识。

二、梳理与辨识

在当代中国，“素质教育是什么”已有“答案”，主要在两个层面上由不同的主体以不同的形态做出了不同的回答：一个是政府决策层面，由政府决策系统承担，以文件、决定、计划、法律等方式做出回答；一个是教育实践层面，由广大教育工作者承担，以实践和经验总结等方式做出回答。这两个层面的回答有相关性，但并不完全一致。就影响力而言，主要是沿着由上而下的路线行进。这是我们对已有答案首先做出的划层清理。除此以外，还有这两个系统之外的成员的回答，如教育理论研究者的相关言论，由出版商组织或赶形势、或为利润出版的各类书籍等。但由于教育理论研究者各自的取向不一和我国长期以来不重视教育理论的惯习，故在以行政方式推进的素质教育中，除部分为落实行政要求服务，并以行政部门特聘专家身份工作的专家外，教育理论研究者的言论在形成当前素质教育大格局中的影响力，有限到可忽略不计的程度。而出版商为宣传或利润所制作的书籍，大多也存放在图书馆的书架上，“泡沫破碎”“水分蒸发”以后也就所剩无几了。故这两方面我们都没有列入梳理的范围。

首先要梳理的是第一层面的“答案”。素质教育在我国是由政府明确提出，且具有行政指令、当今已上升到法律规定、代表国家意志的特征。尽管达到当前的高度有一个形成过程，但可以说，政府是素质教育的“原创者”和强力推进者。因此，要理解素质教育指的是什么，就不能不对政府一系列相关的决策性文件进行梳理与辨识①。

纵观20年来有关素质教育论述的相关文件，我们可以看到保持一贯性的和存在区别的两大类不同表达。

第一，以提高民族素质为宗旨，是决策层对素质教育的一贯表达。

1985年发表的《中共中央关于教育体制改革的决定》（以下简称“85决定”）是我国改革开放以来第一个有关教育改革的文件，在这个文件中明确指出，“教育体制改革的根本目的是提高民族素质”。此后，提高民族素质一直被当作基础教育的根本目的。如1993年中共中央、国务院颁布的《中国教育改革和发展纲要》（以下简称“93纲要”）第一次以中央文件的方式提出“中小学要由‘应试教育’转向全面提高国民素质的轨道”。1997年国家教委下达《关于当前积极推进中小学实施素质教育的若干意见》（以下简称“97意见”），第一次对素质教育做了规范性的表达，其中一句话就是“素质教育是以提高民族素质为宗旨的教育”。此后有关素质教育的展开式表述出现区别，但关于“宗旨”的提法却一直持续至今。然而，我们在讨论素质教育问题时，忽视了对这个一贯性表述的关注，不是首先在作为教育宗旨的层面上来认识“素质教育”，却把重心放到“素质教育”与“应试教育”的对峙以及政府文件中有关素质教育的更为具体的表述上。这可能是造成认识上、实践中出现误区的重要原因。

第二，实施素质教育的范围、要求、重点随形势和认识的变化而有不同表述。

从范围的角度看，素质教育在“93纲要”中明确限于中小学，而在1999年中共中央、国务院颁布的《关于深化教育改革全面推进素质教育的决定》（以下简称“99决定”）中，素质教育已经扩大为各级各类学校都要推行，涵盖了教育的全部时空和内容。自此以后，素质教育成为一个泛用词运用至今。究竟在什么意义上，素质教育才具有普遍性，这也是一个值得反思的问题。

从素质教育推进的重点放在哪里的角度看，政府文件经历了从体制改革（“85决定”）到教育现代化、加强德育、减轻负担（“93纲要”）等方面，再到以培养新人为核心，在基础教育领域里全面推进教育改革的深化（“99决定”）。新

① 有关这方面的详细分析，可参阅：叶澜．“新基础教育”论：关于当代中国学校变革的探究与认识．北京：教育科学出版社，2006：第四、五、八等章．

世纪发表的第一个相关文件《2003—2007年教育振兴行动计划》（以下简称“04计划”）又出现了以课程改革为核心，进行与课程改革相关的考试改革、探索现代学校制度等新要求。这些实际上是政府每一阶段的工作重点，通常被称作“抓手”，它随改革的重心而变。但由于缺乏对重心与系统、过程及宗旨的关系的认识与分析，重心就可能变成一个个“点”被强化，甚至把某些“点”或者是“线”“块”的改革就当作素质教育的全部。

从素质教育由总体指向民族素质到对学生素质要求的角度看，政府文件的表述也有变化。“93纲要”的提法是“面向全体学生，全面提高学生的思想道德、文化科学、劳动技能和身体心理素质，促进学生生动活泼地发展”。其中“科学”“身体心理素质”与以往一贯对学生的要求在提法上有不同的方面。

“97意见”的表述在点明了“素质教育是以提高民族素质为宗旨的教育”之后，紧接着强调：“它是依据《教育法》规定的国家教育方针，着眼于受教育者及社会长远发展的要求，以面向全体学生，全面提高学生的基本素质为根本宗旨，以注重培养受教育者的态度、能力，促进他们在德智体等方面生动、活泼、主动地发展为基本特征的教育。”这段话可以说是至今为止，政府文件中对素质教育的“根本宗旨”与“基本特征”相对清晰、完整的表达，它突出了素质教育关注学生“全体”和要求“全面”提高其“基本”素质；突出了“基本”之所指是学生的“态度”“能力”（接下去的文字又将“基本”展开表述为“学会做人、学会劳动、学会生活、学会健体和审美”）；突出了“基本特征”，进而还强调了中小学素质教育是为培养学生“成为有理想、有道德、有文化、有纪律的社会主义公民奠定基础”的性质。从以上分析，我们不难看出在这一文件中，素质教育的价值和着力点在于人的长远发展、在于基本素质、在于奠定基础。因此在具体要求上显得比“93纲要”更为概括和强调人的发展的根本方面。

“99决定”与前面的区别，一是强调“以培养学生的创新精神和实践能力为重点”；二是对受教育者如何达到目标，提出了坚持“四个统一”：坚持学习科学文化和加强思想修养的统一，坚持学习书本知识与投身社会实践的统一，坚持实现自身价值与服务祖国人民的统一，坚持树立远大理想与进行艰苦奋斗的统一。这“四个统一”就内容而言无可非议，但“四个坚持”之间的逻辑关系及其与素质教育宗旨的特殊关系都不甚明了，很容易停留在一般论说的水平上，也很难在实践中得到贯彻。以上两个区别是与当时社会发展的水平与需要相关的，但对“素质教育是什么”的认识而言，我认为，与“97意见”比并无原则意义上的重要突破。因此，可以说，“97意见”中关于“素质教育”的论述，可以作为我们认识政府决策部门对“素质教育是什么”的基本和重要依据。

当前需要梳理的有关“素质教育是什么”的另一个重要层面是中小学的实存状态。与政府层面相比，中小学素质教育的实存状态更为复杂，影响其实施的因素也更为多元①。但是就总体而言，中小学的相关实践是随着行政指令而变化的。由于外界其他因素的影响，实践主体的认识差异以及各地区、各学校的基础状态不同，具体实践所呈现的状态与行政要求、期望有很大距离与偏差，或者将行政指令中原本存在的偏差作了更为夸张的放大，更为多样的表达。尽管20年素质教育的推进使学校教育发生了不少变化，但总体而言，政府提出素质教育所要力图改变的状态，并未取得显著变化。这也是为何2006年政府会再度强调“全面实施素质教育”的原因之一。

概括地说，在中小学教育实践中，对“素质教育是什么”的认识误区和主要偏差，可概括为如下三点：

（1）对素质教育的宗旨缺乏深入认识，往往将其当作一种运动式的口号，或是一种不同于以往教育模式的新的可以操作的模式去实践。对素质教育是一项长期、艰巨、涉及学校整体和全体师生的深刻变革，缺乏足够的认识。因此改革的目标流于表面化、肤浅化和短期化，模糊、抽象、一般化是其主要的表现特征。

（2）对学校教育中存在问题的批判简单化、狭窄化。正因为仅把“应试教育”作为素质教育的对立面来看，素质教育能否实施反而成了外部的问题，而不是学校内部的需要。一系列认为学校不能实施素质教育的理由大量出现，诸如：高考不改，学校无法改；社会、家长不可能不要求学校的高升学率，素质教育难以被社会接受；教育行政部门衡量学校办学质量的标准最看得见的是升学率，此项标准不变，学校无法动；等等。推进素质教育“条件论”盛行，使实现学校素质教育的主体处于消极、被动的状态。而“条件论”的出现，与将素质教育、应试教育对峙而提相关。把应试教育当作对以往教育否定的理解也招来对素质教育的反对与抵触。

（3）对素质教育理解的局部化与孤立化，也是影响素质教育推进有效性的重要因素。最初，相当一部分实践工作者把素质教育理解为加强学生的课外活动，与改革开放早期教育改革中提出的“第二课堂”“第二渠道”联系在一起。出现了“素质教育”唱唱跳跳、轰轰烈烈，“应试教育”（指主课教学）扎扎实实、寸

① 对中小学实践方面素质教育实施状态的分析与评价，本人已在《推进素质教育：转化思路才能打开新局面》（《人民教育》2005年第21期）、《实施素质教育与学校整体变革研究报告》（《共同的关注——素质教育系统调研》，教育科学出版社2006年版，第242－250页）两篇文章中做了论述，在此不再展开。

时必争的双重局面。而后，又出现将课程改革，甚至只将社会实践、活动课、综合课、校本课程等新课程体系中的某些课程，看作实施素质教育的全部，忽视学校教育系统整体变革。这些点状的思维方式以及由此出发而形成的行为方式，同样影响了素质教育的全面推进和真实效应。

除此以外，从素质教育推进策略的角度来看，主要通过行政贯彻、自上而下的方式，也是造成实践工作者缺乏主动性和创造性，缺乏作为改革主体的意识和能力的原因之一。

三、四点再认识

上述对素质教育存在状态的梳理与辨识，是一种清思与反思，为我们当前对素质教育的再认识提供了基础，但它还不是再认识本身，更不是再认识的结论。再认识的完成，要通过再思来实现。

再思首先指向已经提出的“素质教育是以提高民族素质为宗旨的教育”这一提法的合理性与针对性。如前所述，这正是前一阶段尚未充分展开、尚未引起重视，然而却是政府对素质教育最基本内涵的规定。

从宗旨的意义上理解的素质教育意味着什么？在我看来，它意味着素质教育处于一切教育活动之魂的地位，而不是一个规定化的教育活动的模式。学校具体地开展以提高民族素质为宗旨的教育活动，是一个从“魂”到“体”，从“一”到“多”，从“一般”到“特殊”，从抽象到具体、生动，从规定到创造的艰难的转化过程。因此，我们必须抛弃素质教育有单一操作模式，或者试图通过对操作模式的规定来推进素质教育的企求。素质教育作为一种教育宗旨的实现，要通过广大教育实践和理论工作者的创造来完成，要充分重视学校自身状态、承担任务和环境的差异性。要求各级各类学校都实施素质教育，只有在“宗旨”这个最为一般的意义上是合理的。

从宗旨的意义上理解素质教育，是我国教育改革已转向重视教育内在规定性的表现。因为“素质”是属于人的。这里所言“素质”之主体是由人组成的民族和每一个学生。以提高民族和学生的基本素质为宗旨，正是体现了教育作为以影响人的发展为直接目标的社会活动之内在规定性，是提倡“以人为本”的社会发展观在教育领域中的具体表现。社会以人为本，教育以提高人的素质为根本宗旨，这是人类社会进步的追求。正是在这个意义上，表明了素质教育的进步性、合理性和应向教育内在规定性回归而具有的科学性。

与此相关，研究这一规定性，也让我们有可能重新思考：作为宗旨的素质教育之针对性究竟是什么？我认为，它是针对忽视教育内在规定性，以“工具主义”和“功利主义”为代表的其他教育宗旨。这一类宗旨在中国并不陌生，如将教育仅视作阶级斗争的工具，视作经济发展的工具，使教育服务于眼前的、可见的、实惠的功利的获取，等等。

应试教育只是工具主义和功利主义的一种表现，它还不足以成为在宗旨意义上的“素质教育”的对峙者。当然，应试教育的存在和对学生身心发展产生的负面影响，是提出素质教育的直接原因之一，这种现象需要改变和克服，但必须找到“根”。作为应试教育之根，教育上的工具主义、功利主义藏在更深处。今天它可以以“应试教育”的方式表现，明天则可能以另一种或多种方式表现，而且在不同的层面上还有不同的表现。实际上工具主义和功利主义的取向已经向青少年学生渗透。考试作弊现象的严重化，选择专业的唯功利倾向，对自身基本素质发展重要性的缺乏自觉，为获取眼前利益可以不择手段等现象，都是其具体表现。一个“应试教育”如何能够担当得起如此多的形态？将“应试教育”与“素质教育”对峙，实际上依然是没有在宗旨意义上理解素质教育内涵的表现。

今后“素质教育”的推进，要从与“应试教育”的简单纠缠中走出，这不是说不要否定仅以应试为目的之教育，而是要以素质教育的建设性推进，以其真实的成效来取代应试教育。光靠批判解决不了应试教育的问题，只有变革的实践才是从根本上解决问题的力量。

其次，素质教育具有时代性。素质教育在实践中的具体表现因时代而变化，呈现多样性和发展性。这是再思考形成的第二个认识。

不难听到这样的议论：教育应提高人的素质，这是早已有之的认识，素质教育没有什么新意。难道我们过去的教育对人的素质提高都没有作用？难道过去培养出来的人素质都不高？这里且不说这种认识没有意识到当今在宗旨的意义上提出素质教育的重要性和针对性，更需要指出的是在这样的认识中，对“素质”的理解是凝固的，是生理、心理式的抽象。而在“素质教育”中所指的“素质”，是当代社会对人的素质的要求。在当前处在社会转型时期的中国教育，明确转型的方向与不可逆转性，认识这一转型的发展价值，研究社会转型对人的素质新的要求与变化，是理解素质教育内涵的实质性任务①。这是需要花大力气去研究的问题，不是古已有之、早已明白的问题。然而总体来看以往在这方面的研究不

① 有关这方面的详细分析，可参阅：叶澜．“新基础教育”论：关于当代中国学校变革的探究与认识．北京：教育科学出版社，2006：第四、五、八等章．

足。正是这些不足，才使我们缺乏对素质教育的目标进行基于时代分析的清晰认识，才会出现跟各种风走、或简单按文件规定办的局面，才会认为素质教育的要求没有什么意义。

与素质教育时代性相关的，还有两个方面的可能性：一是社会、环境等教育内外条件的可能性；二是教育对象的发展可能性。对两种不同可能性的把握，是为了将对人的素质的时代性普遍要求，具体、恰当地、有根据地转化为不同类型和各个具体学校的培养目标、办学方针；是使素质教育切实可行的保证。我们强调可能性，与强调“条件论”的区别在于，“可能性”作为认识的一个维度，所关注的不只是对时代性在普遍向特殊转化中的不可或缺性，同时也强调可能是潜在的，是可变的，是指向未来的，是在落实素质教育时需要开发和拓展的方面，因此是一种积极的而不是消极的取向。认识这一点在基础教育改革中尤其重要。提出素质教育时代性与可能性的统一，是我们再思所得的第三个认识。

最后要强调的是，素质教育的性质要求教育实践作整体的转型性变革。在宏观层面上不仅要求教育系统内部的整体变革，还要求社会相关领域、制度的变革。社会与教育系统的关系不是相互索取，而是相互支持，形成大系统与小系统、母系统与子系统间的良性循环。这里的前提性要求是：作为大系统的社会要关注教育变革与发展的需要，要认识和尊重教育系统的特殊性和专业性。在学校层面上，同样也需要做系统的转型性变革，而不是停留在点状的改革设计上①。这不是说不要进行具体分项的改革，而是要在形成整体变革设计的前提下，开展局部的、点上的改革，并关注局部、点与整体相互之间的关联性、在实施作为宗旨的素质教育意义上的一致性。素质教育内在结构的系统特质，是我们对素质教育再思的第四点认识。

“思而后行，随行辨思，以思促行，思行互成”，这是素质教育推进中认识与实践发展的思行关系。只有形成一支爱思且爱行的积极投身于中国教育改革的队伍，中国素质教育才有可能全面、有效地实施。

本文发表于：《人民教育》，2007（2）.

① 有关这方面的详细分析，可参阅：叶澜．“新基础教育”论：关于当代中国学校变革的探究与认识．北京：教育科学出版社，2006：第四、五、八等章．

当前中国社会改革与素质教育推进的决策演进评析

当前我国社会的改革开放和教育改革，可以说都已进入到了以深化和建设为主要特征的第二阶段。其中，社会整体的发展路线起着决定性作用，教育改革随其后而开展，呈现出依赖和为社会发展服务的鲜明特征，尽管教育有着自己的主题和问题。所以，要研究教育改革的进展，需要首先梳理社会改革开放顶层设计的演进脉络。作为教育改革国策的素质教育，沿着自上而下的路线推进，本文以对领导层与此相关的一系列决策评析为主要线索，以寻求现阶段素质教育推进的特征。

一、社会改革开放顶层设计简述

当代中国的改革开放以 1978 年 12 月中国共产党十一届三中全会决议的形成为起点，迄今已历经 30 多年。作为领导改革开放的中国共产党和政府的最高决策层，一般以相关重要文件、会议决议和领导人讲话的方式来引领改革方向。从文献的角度看，大致可分为两个阶段：第一阶段是 1978—1997 年，第二阶段是 1997 年至今。决策层预计以 2020 年建成小康社会为一个结点。两个阶段都有 20 年左右时间。

两个阶段的区分点不在总目标上，即“建设有中国特色的社会主义现代化强国”，而在改革所面临的问题和重心的变化上。其走向是从以批判、打破传统观念和体制中阻碍发展的力量束缚、培育新的生长点为主，逐渐转向以直面和解决改革开放过程中产生的一系列阻碍进一步发展的新问题为主；从以经济为中心开展经济体制改革和高速发展经济为核心任务，逐渐转向以创新为动力、以科学发展观为指导，全面建设和谐社会为核心任务。当前我们正处在这一转向明确后的深入推进的第二阶段。

1997 年 9 月，党的第十五次全国代表大会的召开是两个阶段之间的转换点。江泽民同志在会上提出了“要积极推进经济体制和经济增长方式的根本转变”“实施科教兴国战略和可持续发展战略”，突出了“创新精神”和“增强自主创新能力”对国家发展的重要意义。同年 12 月，中国科学院推出的以“迎接知识经济时代，建设国家创新体系”为题的报告，可视作科技界积极响应的标志。此后，“创新”一词就成为主流媒体中频繁出现的核心词之一[①]，且在包括教育的各社会领域中广泛使用。

2004 年 9 月，中共中央十六届四中全会公报发表，为落实全面建设小康社会的战略决策，明确提出了“以人为本的科学发展观”与“构建社会主义和谐社会”的发展目标。这一提法突出了发展观的转换，即从以物和量的增长为主转换到“以人为本”；“和谐社会”的内涵则不仅是社会的政治、经济、文化诸领域要协调发展，而且指社会中各民族、各阶层、各地区、城市和农村均需和谐发展。此后，“科学发展观”和“和谐社会”也被列入主流媒体的核心词汇之中。从决策层来看，上述发展目标不仅对已经走过的 6 年发挥着指导作用，也是今后 10 年需为之不断努力的目标[②]。

2006 年 10 月，中共中央十六届六中全会审议通过的《中共中央关于构建社会主义和谐社会若干重大问题的决定》（以下简称《决定》），明确指出：“我国已进入改革发展的关键时期，经济体制深刻变革，社会结构深刻变动，利益格局深刻调整，思想观念深刻变化”。正是这一系列的“深刻”，使社会在产生活力的同时，也带来了各种矛盾和问题。建设和谐社会的现实针对性也在这一系列的“深刻”中得到说明。《决定》还从社会事业建设、保障社会公平、巩固社会和谐的思想道德基础、保持社会安定有序和增进社会团结和睦等方面，系统阐述了建设和谐社会的具体任务。这使有关“和谐社会”的建设，从解决问题和推进发展两个方面得到解释，从过程的角度得以展开。

2007 年 10 月，胡锦涛总书记在党的第十七次全国代表大会报告（以下简称“报告”）中，充分肯定了改革开放取得的巨大胜利，同时也明确指出我国“生产力水平总体上还不高，自主创新能力还不强，长期形成的结构性矛盾和粗放型增长方式尚未根本改变；社会主义市场经济体制初步建立，同时影响发展的体制机制障碍依然存在，改革攻坚面临深层次矛盾和问题”；在今后的要求方面，报告则提出了“促进国民经济又好又快发展”、“坚定不移发展社会主义民主政治”、“推动社会主义文化大发展大繁荣”和“加快推进以改善民生为重点的社会建设”等重要任务。其中以“改善民生”为重点的社会建设是新的聚集点，尤为引人注

① 本课题是题目既定的招标课题，课题名称中“创新型国家与和谐社会”及“素质教育”等提法都出自中央文件，这也是我们要对相关文件作梳理的原因之一。

② 相关的理论研究阐述参阅子报告一。

目。“报告”以“努力使全体人民学有所教、劳有所得、病有所医、老有所养、住有所居”的概括，表达了社会民生建设的重点，并把此作为和谐社会建设的重要构成。与此相关的教育方面的要求则被凝聚为“优先发展教育，建设人力资源强国”的口号，并认为“教育公平是社会公平的重要基础”，要求通过教育改革与发展，“建设全民学习、终身学习的学习型社会”。自此始，“均衡”“公平”“正义”“民生”“社会建设”等成为改革议事中的一批新增核心词汇，成为改革研究与实践的新关注焦点。

2010年10月，中共中央十七届五中全会公报发表，关注重心指向“十二五”时期的规划制订，认为“十二五”时期是“全面建设小康社会的关键时期，是深化改革开放、加快转变经济发展方式的攻坚时期”。这表明中国改革开放第二阶段的发展进入了更为复杂、更为艰难的时期。为了使“转变经济发展方式取得实质性进展”，公报强调指出：主攻方向是“经济结构战略性调整”，重要支撑是“科技进步和创新”，着重点是“建设资源节约型、环境友好型社会”，强大动力是“改革开放”，根本出发点和落脚点是“保障和改善民生”。由此可见，“改善民生”在此已经上升到改革深化发展的价值目标的高度，在一定程度上是落实“科学发展观”“以人为本”的社会实践层面上的重要载体，也是社会和谐稳定的切实保障。通观公报全文，可以清晰看出当代中国社会改革的取向和重心，已放在系统完善、协调各方关系，加强社会整体建设上。

上述分析旨在说明当代中国社会发展是如何推进的，但并不等于说上述两个阶段之间以及每一阶段内部不同时期没有一以贯之的目标。关注变化是研究发展尤其是明晰当前社会发展的总体特征和走向所必需的。本课题研究所处的时期正是改革开放涉入深水区的“十一五”期间：经济各领域的改革走向与发展方式发生整体性、结构性转变，并深入到分配领域，要求调整好效率与公平的关系；社会建设的新任务凸显出来，要求政府职能发生变化；政治体制改革和文化建设得到强调，旨在使社会发展的经济物质、政治制度与文化精神等方面实现新的、高水平的协调。从一定意义上说，我们还可以把“十一五”期间看作改革经过近30年积累后，问题相对暴露和多发的时期。正是这些问题的暴露与多发，催生和坚定了最高领导层提出“创新”“科学发展观”和关注“民生”、建设“和谐社会”等一系列新的大政方针，为今后建设小康社会的十年明确了方向、基本任务和发展路线。

二、教育改革领导层推进素质教育决策评析

教育在中国30多年改革开放进程中的地位，总体走向是越来越被重视。基

于课题范围的限制，我们把教育领导决策层对教育改革发展的顶层设计集中到素质教育这个主题上①。

“素质教育”在我国的提出和推进大致也经历了两个阶段。1997 年之前是分散提出到逐步形成阶段，1997 年之后则进入推进期。本报告的梳理以第二个时期为起点。

1997 年 10 月，国家教委印发了《关于当前积极推进中小学实施素质教育的若干意见》（以下简称“意见”），这是第一个以“素质教育”作为核心词发布的国家教委文件。“意见”中明确界定“素质教育是以提高民族素质为宗旨的教育。它是依据《教育法》规定的国家教育方针，着眼于受教育者及社会长远发展的要求，以面向全体学生、全面提高学生的基本素质为根本宗旨，以注重培养受教育者的态度、能力，促进他们在德智体等方面生动、活泼、主动地发展为基本特征的教育。素质教育要使学生学会做人、学会求知、学会劳动、学会生活、学会健体和学会审美，为培养他们成为有理想、有道德、有文化、有纪律的社会主义公民奠定基础”。这一文件的意义，就推进“素质教育”而言，在于自 1985 年教育领域提出“国民素质与教育”的关系，此后又要求教育完成从“应试教育”向“素质教育”的转轨，前后经过十多年的讨论、争议，第一次形成了一个具有澄清认识、体现阶段总结性质的政府领导层面关于“素质教育”的规定性解释。它标志着“素质教育”政府观念形成阶段初步完成，决心以行政意志推进“素质教育”的第二个阶段开始。

1998 年，国务院批转教育部制订的《面向 21 世纪教育振兴行动计划》（以下简称“行动计划”），其重点是落实党的十五大提出的“科教兴国”战略。与 1997 年“意见”相比，有关“素质教育”的内容在宗旨上增加了提高“民族创新能力”的要求，并被列为“跨世纪工程”，其中包括 21 世纪开始的课程改革和“园丁工程”，由此点明了推进素质教育在国家层面的核心任务。

1999 年，中共中央国务院发布《关于深化教育改革，全面推进素质教育的决定》（以下简称“决定”）。从文件主体的升级和题目中可以看出，推进“素质教育”已经在国家最高层面确认为“教育改革深化”的核心任务。有关素质教育的提法又增加了“以培养学生的创新精神和实践能力为重点”的要求，这显然与建设创新型国家的总目标相关。在素质教育的实施范围上，则从中小学扩展到与

① 有关教育改革整体变化的研究，请参阅：叶澜．“新基础教育”论：关于当代中国学校变革的探究与认识．北京：教育科学出版社，2006；叶澜．基础教育改革与中国教育学理论重建研究．北京：经济科学出版社，2009.

教育相关的一切学校，以此来表达“全面推进”的要求。“决定”还进一步明确了以“课程改革”作为推进素质教育的重要载体，表明政府做出了“通过课程改革深化教育改革推进素质教育”的战略决策。这正是21世纪初课程改革在教育领域内具有突出地位的原因。在一定程度上，这是以建设新课程的方式代替了有关素质教育的深化研究。

2004年2月，教育部发布了《2003—2007年教育振兴行动计划》（以下简称“计划”），这既是对1999年文件落实意义上的策划，又是教育领导层对十六大提出的科学发展观和建设社会主义和谐社会的积极回应。“计划”明确提出以提高质量、均衡发展和制度系统创新等为这一阶段教育改革深化的重点，要求研制《2020年中国教育发展纲要》，以新思路促使改革有新突破、出新局面。

“计划”中专列的“新世纪素质教育工程”，进一步明确了“基础教育课程改革是全面实施素质教育的核心环节”的观念，强化了课程改革在实施素质教育中的地位。有关考试与评价改革的内容，列在保障新课程的实现和克服应试教育的重要举措之中，从而也成为实施素质教育的重要构成。“计划”提出了探索现代学校制度的目标，其重心在于学校管理权的重新配置。与1999年的“决定”相比，可以把这些变化看作推进素质教育的行动策划，对素质教育的具体“推进”路径作了框架式规定。

然而，无论是“素质教育”还是“课程改革”，都没能如期望的那样得到顺利、有效推进[①]，来自各方面的不同意见和教育中出现的一系列问题引起了党中央的重视。在党和国家领导人批示下，从2005年开始，由教育部牵头，中宣部、人事部、社科院、团中央、国家统计局等部门协作，开展了“素质教育系统调研”，并于2006年底发表了系统调研总报告——《共同的关注》[②]。如此大规模，有众多中央部委、机构参加，动员了全国大量省市和200多位专业人员，集中就一个教育专题开展调查，这在中华人民共和国教育史上还是第一次。此次调研结果并没有以官方名义及文件的方式发表，也表明了中央有关领导对相关认识抱谨慎态度。在《共同的关注》后记中，明确表示：“各调研报告的观点仅代表各调研组，不作为政府部门的正式意见，也不作为任何政策依据，仅供素质教育研究与实践参考之用。”在当今中国，这一声明必然使调研结果的影响力大幅降低。

2006年至2009年，中央在基础教育上的重大新举措，集中于修订后的《义

① 有关素质教育实践推进中的问题将在其后做专论，在此不展开论述。

② 素质教育调研组．共同的关注：素质教育系统调研．北京：教育科学出版社，2006：262. 课题组也参与并承担了实施素质教育与学校整体变革研究课题，结题报告由本人撰写，辑入此书（242－250）。

务教育法》之中。审议该法时，时任全国人大常委会委员长吴邦国强调："要采取有效措施，确保义务教育经费纳入财政预算并及时足额拨付"；"要从素质教育是义务教育的本质属性出发，改革教学制度，优化课程设置，降低课程难度，精简教学内容，提高教师素质，改进教学方法，减轻课业负担，尽快将义务教育转到素质教育的轨道上来，确保中小学生德、智、体全面发展"①。《义务教育法》的修订，明确了由国家财政保障经费投入，首次规定义务教育免费原则，提出要缩小学校之间办学差距，加强对薄弱学校的改造，不得将学校分为重点学校和非重点学校，学校不得分设重点班与非重点班等，为义务教育的均衡发展提供法律保障，而教育均衡则是素质教育实施不可缺少的重要前提。2008 年秋季，全国农村率先实现免费义务教育，2009 年秋该举措推及城市，当年全国 1.6 亿中小学生全部享受免费义务教育，这是修订后的《义务教育法》得到贯彻的第一大重要举措，成为中华民族教育史上的一个里程碑。

自 2008 年 8 月始，由国务院直接领导，教育部具体组织、启动了《国家中长期教育改革和发展规划纲要（2010—2020 年）》（以下简称"规划纲要"）的制订工作。该项工作历时两年，规模、声势浩大，最大的特点是广开言路，丰富了规划制订的策略与路径，"规划纲要"最终于 2010 年 7 月 13 日召开的 21 世纪第一次全国教育工作会议上正式公布。其"序言"涉及素质教育，指出目前存在着"教育观念相对落后，内容方法比较陈旧，中小学生课业负担过重，素质教育推进困难"等现实问题，要求今后的教育改革发展应"坚持育人为本，以改革创新为动力，以促进公平为重点，以提高质量为核心，全面实施素质教育"②。"规划纲要"还确定了"优先发展、育人为本、改革创新、促进公平、提高质量"的工作方针，把促进人的全面发展、适应社会需要作为衡量教育质量的根本标准，"树立以提高质量为核心的教育发展观，注重教育内涵发展"③。这可以看作教育领导层对"科学发展观"在教育领域内的回应。"规划纲要"在"战略主题"的标题下明确提出："坚持以人为本、全面实施素质教育是教育改革发展的战略主题，是贯彻党的教育方针的时代要求，其核心是解决好培养什么人、怎样培养人的重大问题，重点是面向全体学生、促进学生全面发展，着力提高学生服务国家服务人民的社会责任感、勇于探索的创新精神和善于解决问题的实践能力"④。

① 十届全国人大常委会第二十二次会议在京闭幕　表决通过新修订的义务教育法．中国教育报，2006-06-30.

② 国家中长期教育改革和发展规划纲要（2010—2020 年）．北京：人民出版社，2010：2-3.

③ 同②14.

④ 同②16.

这是国家领导层对素质教育的重要性及其需要关注的重点内容的最新表达。此外，“规划纲要”中“重大项目和改革试点”一章列出了推进素质教育改革试点的任务：“建立减轻中小学生课业负担的有效机制；加强基础教育课程教材建设；开展高中办学模式多样化试验，开发特色课程；探索弹性学制等培养方式；完善教育质量监测评估体系，定期发布测评结果等”①。

纵观上述领导决策层自 1997 年以来，与“素质教育”相关的一系列重要文件和讲话表达的演化过程，我们可以得出以下三个结论性观点：

第一，“素质教育”自 1997 年在相关文件中明确界定后，基本含义未发生根本性的变化。表现为其宗旨的规定始终指向提高民族素质，面向全体学生，促进学生全面发展，贯彻落实党的教育方针，2010 年的“规划纲要”还强调：核心是解决要培养什么人和怎样培养人的重大问题。就具体内容而言，前后涉及学校的课程、教学改革，减轻学生负担，加强思想品德教育，学校的考试评价及升学考试改革，尤其是高考改革。其针对的主要问题是现实教育中盛行且具有顽强生命力的“应试教育”。但关于素质教育培养学生什么方面的素质，却随着国内改革开放大趋势的变化而有所改变：从 1997 年的“学会做人、学会劳动、学会生活、学会健体和审美”，到 1999 年的“以培养学生的创新精神和实践能力为重点”，再到 2010 年“规划纲要”中“着力提高学生服务国家、服务人民的社会责任感，勇于探索的创新精神和善于解决问题的实践能力”。这些变化总体呈现为丰富、完善式，并非根本性的改变。

第二，“素质教育”在教育改革中的重要性不断提升。从一般性地认定素质教育与提高国民素质的关系开始，到 1999 年提升为教育改革深化的核心任务，再发展到 2006 年将其视作义务教育的本质属性，直至“规划纲要”中将其定位为“教育改革发展的战略主题”和“贯彻党的教育方针的时代要求”。

第三，“素质教育”在确定推进范围和实施重心方面，不同时期差异较大。关于素质教育的推进范围，1999 年的“决定”所涉范围最大，把全国各级各类学校都列入其中，由此引发出全国大、中、小学都加入了“素质教育”的讨论之中，此后这类提法未被强化。2010 年的“规划纲要”则将试点范围集中于中小学教育。关于素质教育的推进措施，1997 年的“意见”还从多方面加以说明，1998 年的“行动计划”则集中到“课程改革”和“园丁工程”上，1999 年的“决定”则进一步强调通过课程改革来深化教育改革、推进素质教育的战略决策，

---

① 国家中长期教育改革和发展规划纲要（2010—2020 年）. 北京：人民出版社，2010：65.

2004年“计划”的表述，则是把课程改革列为全面实施素质教育的核心环节，2010年的“规划纲要”却又回到了1997年“意见”的思路，从多方面考虑素质教育的实施，只是在具体内容上有所变化和发展。值得思考的是，这些方面涉及的层次很多，并非在同一层次上。文件也未对何以这些方面是实施素质教育的重点做出说明，能从中读出的只是与现实中存在的、社会批评教育最多的热点问题之间的对应关系。

以上三点为进一步研究素质教育的现实状态及其形成原因，提供了与决策层相关的分析依据。

本文系叶澜作为课题负责人所承担的哲学社会科学国家重点课题（教育学类）“建设创新型国家与和谐社会背景下的素质教育研究”结题总报告中的两部分内容之一；本文发表于：《教育发展研究》，2011（2）.

素质教育推进现状及其原因辨析

一、现状：艰难推进、酝酿突破

素质教育自明确提出以来，推进艰难的局面一直没有根本改变，这几乎已成为社会的共识。

2006 年，一份关于素质教育的调研总报告明确指出："虽然素质教育取得了一定的进展……但一些深层次体制性障碍仍然没有消除……一些问题的呈现更加复杂，解决起来更加困难，虽几经努力，仍没有达到预期的效果，造成一些地方素质教育喊得轰轰烈烈，应试教育抓得扎扎实实。"① 文中尽管未用"艰难"两字，但"艰难"之状已经显现。

时隔四年，2010 年公布的《国家中长期教育改革和发展规划纲要（2010—2020 年）》则表达得更为直接简要："素质教育推进困难。"②

上述这些来自决策层的判断并没有脱离实际。

四年两次大的调查，已使我们对素质教育推进现状了然于胸。日常生活中的眼见、耳闻、身受，不用费力搜索就能从报纸的大量广告语中读出"应试教育"的强劲鼓动势态：有招徕参加各种培训班的，有解题法宝的，有推荐复习资料的，有助考讲座的……一个以学生与家长乃至学校为核心买主的教育市场赫然屹立。与此相关，我们在大小城镇中不难了解到、看到为数可称"众"的家长，一面抱怨着孩子负担太重，一面又忙不迭地送孩子进各种课外辅导班，考各级证书，参加各类课外班，为孩子买各种教辅书，生怕漏了什么贻误孩子终身。

如果进入学校，见到的景象虽不同，但围绕的主题却一致：考出好成绩，为升学以及学校的名声奋斗。一些城镇名声高的学校其班额多至上百人，少则五六十人。有的教室座位已经"接龙"，通道只有两条，逼仄、拥挤的空间成为这些孩子在学校的基本生存状态。作业负担重也几乎成为中小学的普遍状态，尽管从

① 素质教育调研组．共同的关注：素质教育系统调研．北京：教育科学出版社，2006：9.

② 国家中长期教育改革和发展规划纲要（2010—2020 年）．北京：人民出版社，2010：10.

教育部到地方各级行政三令五申下“减负令”，但问题并未解决，最多能出现短暂的“轻”，不用多久又卷土重来。到了毕业班与高中，教室里每张桌上叠起的“书墙”成了别样的风景。教学中的满堂灌、思想道德教育中的说教和禁令，与学生疲惫的身影、黯然的眼神一起，凸显了教育的苍白。

用教育的眼光看，一年中最紧张和热闹的时段无疑要数高考前后。

高考之前的招生大战牵动着每一所高校、高中、学生与家长。2010 年出了两个新招则引起了新的骚动：一是取消奥数加分和限制体育特长加分的项目。教育部旨在体现公平，引导学生不要为加分去“练特长”，同时又针对以往的舞弊现象。然而，取消限制令一出，马上有人接“招”：或曰“不该”，认为这样做对于花了力气或有特长的学生不公平；或曰“无碍”，每所高校可有自己的尺寸，至少这些成绩对优先录取参考是有用的；或曰“无用”，因小升初、初升高的招生中无明确规定，更重要的是如若不遵守并无有力惩处。二是在自主招生改革试点的名义下，先后出现了三大“名校”集团各自联合自主招生的宣传，媒体即时反映的声音是“抢生源新招”。我们列举两天三份不同报纸的标题为证：《社会科学报》2010 年 12 月 2 日头版头条的通栏标题为《高校联盟酝酿新“圈地”运动》，标题下还配有大幅漫画，画中三个大力士挥舞手中“北约”“华约”“卓越联盟”三面战旗，背景则是烽烟弥漫。《参考消息》同日采用第三方冷静的姿态对这一大事作了回应，在同一版面上发表了两篇相关文章，一为《美国“常春藤”盟校并非招生联盟》，一为《美国大学副校长：中国的考试已经够多了!》，这是对名校爱拿美国做榜样的一个回应，以正视听、划清界限。《新闻晨报》同年 12 月 1 日的标题是《自主招生别让考生无所适从》①。

每年高考的几天牵动的则是整个社会：气象台的任务是准确预告高考几天的气象详情；出租车、旅馆预订爆满；时不时还会有警车帮助要迟到的考生赶赴考场或回家取忘带的准考证，交通畅通是这几天市政的重要任务；考生家长的护送与考场外等待又是一景。其实，事先半年，家长早已费尽心思关心照顾孩子的生活，观察孩子的细微变化状态；作为考场的中学更为忙碌，除了考场妥善、万无一失的安排之外，还要注意周围环境的清净，更要防止各种舞弊手段。

高考后更是热闹：有专家们对试卷的评论，各地作文题的比较与评析；有录取标准的公布与查询，通知发出日期的间断性发布；前几年还有对“高考状元”的报道，这两年虽然少了，但走到学校，还是能看到各式“状元榜”，包括考取

---

① 以上四文的作者分别是《社会科学报》记者杜娟、汪仲启，《参考消息》纽约特约记者李大玖（两篇为同一作者），《解放日报》记者徐敏。

清华、北大等名校的学生姓名；大多数地方领导也或明或暗地给学校排名，用不同方式给予奖励或惩罚，也有因高考未达指标而引咎辞职的新闻爆出。紧随其后的便是：考上大学的学生及家长忙着办“谢师宴”；迎接、安慰考试失利者的则是各类复读、补习和出国留学培训，此时的报刊往往要用一叠纸才能满足中介广告的需求。年复一年，大抵如此①。

与“应试教育”相比，有关“素质教育”的状态则黯然失色。首先，媒体的关注度大不如前者，有关如何开展素质教育的报道，多出现在与教育相关的专业报刊上，新闻媒体的眼球不太往此处看，何况“素质教育”也没有多少广告可登，最多就是暑期夏令营和出国游学，似乎还可与“素质教育”搭上钩，其实这多少也反映了大部分家长对素质教育的理解：它只在兴趣与活动中，不在正规的课堂内。

很多学校对素质教育的开展范围也大致如此。通常强调重视过去不受重视的一些科目（至少是与升学无关的科目），增加兴趣小组、社团等课外活动或选修课，增设一些校外基地，而现在素质教育还多以学校特色的方式予以体现。在时间处理上，往往集中体现在学校设置的各种“节”上，如体育节、科技节、艺术节等等，还会有让人匪夷所思的“素质教育汇报演出”等名词出现。所谓的“主科”与素质教育关系不大，理由常常是时间不够，学生基础差，教师不适应。最直白的说法是：主科搞素质教育，影响了考试成绩怎么办？总之，在学校日常工作中，通常将“素质教育”与“应试教育”分为两摊，更有甚者将两者对立，只抓“应试”不抓“素质”者也不在少数。学校生活中素质教育的常态基本上是“雷声不大，雨点甚小”。

素质教育“雷声大”主要来自各级领导与相关宣传系统。中央每一次文件出台，各地各级相关部门都要出台相应文件，并组织会议学习讨论“上传下达”，要求做好宣传报道，以反映“素质教育”作为国家意志自上而下推进的基本架势。如此的“雷声”，若没有转化为学校的作为，实际上自然只能是“雨点小”。

“素质教育”最为热闹之处是在出版部门。出版相关内容的书籍类型大致分为几类：一是党和政府文件；二是各类理论研究，除直接以“素质教育”命名之外，还有课程改革、教师发展等方面的文章与著作；三是各校的经验总结（正式出版与通过出版社而非正式出版的）；四是国外教育介绍、成功就读国外学校的学生写自己的成功经历或家长写育儿经验，此类书中有部分还成为畅销书，如《素质教育在美国》等；五是对教育现状的批判及中小学学生生存状态的调研报

---

① 素质教育调研组．共同的关注：素质教育系统调研．北京：科学教育出版社，2006：42－48.

告；六是“大全”，本人见到过《素质教育大全》厚厚几大本的套装。遗憾的是，出版的繁荣多少夹杂各种非教育的动机且不少注水，即使内容再好，也大多停留在字面上，无助于改变“雨点小”的局面。

不过，值得一提的是，不管素质教育推进现状如何不乐观，中央推进素质教育的决心和决策一直未曾动摇，强大的行政推力依然存在，且由于近年来“规划纲要”的制定，这一推力已逐步下到省、市一级。在“教育公平”和“学校内涵发展”两面大旗指引下，一些地区在改变教育基础性保障上做出极大努力，在推进“素质教育”上加大了地方的力度和对学校的关注。这些力量的增长和经验的积聚，本身就产生和酝酿着新的突破。

从基层每一所中小学来看，近20年来，真诚投入改革并执著探索的学校逐渐增多，懂得教育真谛、热爱教育事业、珍视学生成长与发展，并坚持在自己的日常教育教学实践中研究、创造，同时不断自我更新的校长、教师队伍数量在扩展，质量在提升。他们是一批真正创造教育未来的人，尽管现在还远非教师队伍的多数，但却是可贵的少数；他们是将少数变为多数的最为重要的辐射源，是最值得尊重和“办好每一所学校”“教好每一个学生”的重要保证。

此外，随着社会总体发展水平、国民受教育文化程度的提升，个人文化价值取向与实现发展渠道的多元，教育可选择性的增强及结构的弹性度、灵活性增加，人们通过教育实现人生价值和生存质量提升的路径也会增多。从长远来看会减弱“应试”的内推力，拓展推进“素质教育”的可能空间。相反，应试领域的过度炒作、乱象丛生，本身也为其最终走向反面做了长长的铺垫。

二、原因辨析之一：基于应试教育顽强事实的反观

素质教育推进今日之现状是领导者和期望素质教育成功的人士所始料未及的，何以会形成今天这样的局面？许多人包括我们自己在内，对此不是没有探讨过[①]，得出的一些结论和观点也许至今还没有过时。尤其是有关素质教育推进是一个社会系统工程，并非只靠学校内部就能解决；素质教育的实现是一个长期的

① 以《共同的关注》总调研报告为例，其中分析出的原因有：社会经济文化等多种因素综合形成强大升学压力，人们受利益驱动，升学仍然是主要的教育价值导向；学校教育以及传统的教育方法难以适应；教育总体水平仍然偏低、体系结构调整相对滞后，在宏观上制约素质教育推进；实施素质教育相关制度建设还不完善（包括学校内部和外部教育改革）；教育工作的领导方式有待改进，媒体的正面宣传导向作用需要加强等。详细参阅该书10－23页。我们的分析则从教育内部（分中央、地方和学校三层面）和外部（社会、经济和舆论）两方面来展开。参阅该书247－249页。

过程，而非速效药等共识，对素质教育的空间与时间维度拓展的认识具有积极的意义。然而，笔者总觉得在认识上尚未聚焦、深挖而达到十分清晰，故而就如何改变现状的策略上也未有大的变化，这也许是素质教育调查公布至今已时过四年，但局面依然无大改变的原因之一。

在此，我们将改变思路，从对现实中应试教育何以有效的角度，反观期望的素质教育为何难以推进，以为进一步分析不同责任主体在认识、策略和行动上需要和可能改变（就当前和长远两个时间维度上）的方面，以及如何改变等提供基于事实的思考。

（1）社会整体价值取向趋于急功近利，渗透并体现在各个领域，教育并不因得到额外关照而例外，这是“应试教育”长盛不衰的根本原因。

也许，这是一个不难理解的原因，但我们过去却因其太基本而把它忽视了。通观为应试教育“给力”和“奋斗”的任何一方，谁与功利无关？区别也许只在取眼前小利还是谋今后长利，为己取利还是为后代攒利，向上邀利还是自主创利，守规取利还是犯规夺利。罗列举例将不一而足，但大体如此不会出错。这是由当今中国处于社会主义初级阶段和发展中国家的地位所决定的，在经济发展水平未达到小康之前，在人口众多，资源、机会匮乏未根本改变之前，在绝大多数人还在为谋生存苦苦奋斗之时，中国大多数家庭、大多数人都还难以从容。

以经济发展为中心的社会，教育整体上即使被关注，也主要是其服务社会和经济的工具价值，追求的是效益、投入产出比、人力资源贡献。至于教育的内在价值，对每一个个体的发展价值，远未被真正重视，未被当作判断教育足以存在的最根本依据。从上到下，大体如此。所以，素质教育尽管地位被提得很高，却并未着地。尽管应“着”之“地”也许土质极差，但不着地根本无法生长。这不禁使我想起沙漠中的红柳、胡杨，它们具有在并不适合植物生长的土质、环境中生长的内在力量和能力，同时又有改造沙漠的能力。素质教育要想在当今的现实土壤中生存，就不能做美丽的天使在空中飞，而要做坚韧的红柳、胡杨，往沙漠的深处扎根，汲取生命的营养。

意识到这一点，在行动上，政府首先需要清理与应试教育相关的利益市场，让谋利者只能合法谋利。规范教育市场须以有利于人的健康发展为基准，要有底线，要有范围限制，使它不得侵犯不可侵犯之处，一旦侵犯就要受到惩罚。与此同时，还要有利益机制来支持、保障、激励素质教育的实质性推进，改善每一株“红柳”“胡杨”生长的小环境，使它由分散的枝株发展到成片成林，直至沙漠变良田，让那些即使想获利的人，也要从认真做好素质教育中得益。要想让素质教育得到发展，不能只靠超功利的精神力量，还要形成有利于改革者发展的利益机制。唯有如此，素质教育与应试教育的博弈，才能在功利基础的意义上逐渐发生力量悬殊的转化。

（2）“应试教育”在实践中有坚实和日常化、弥漫化的载体。学校里不仅有日常的教育、教学实践支撑，还有学校组织、作业设计（从数量到内容）、评价考试，乃至学生的标准与选拔方法、考试结束后的反馈与补缺等方方面面，通过各种规范及大部分教师的习惯与行为，将其落到实处。校外意图从应试中盈利的机构，对学校、家长、学生的需求也摸得十分清楚，进而提供让买者充满期望的服务。当本人正写到这一部分时（2010 年 12 月 5 日），中午从信箱中收到一份广告，恰为我提供了一个足以说明问题的案例，此类案例因唾手可得而具有普遍性，可以作为一个例证。

这是一份“2011 年高考复习信息快递”的征订单，出自上海某出版社，一页纸正反两面。

正面的标题是“全程高考复习，助你高考获高分”，标题下给出的许诺有四：名校一线把关教师精心编撰，全力打造；内容权威，囊括高考复习精要；追踪高考命题趋势，紧跟 2011 年高考定位与走向；最新高考网站信息，免费、优惠提供大量超值服务。结语为自我评价：“这是一套高考学子受益匪浅的辅考精品，是获得高考高分的‘金钥匙’”。

广告反面的标题是“2011 年《高考复习信息快递》内容简介”，其精细程度不免让人惊叹。首先是有关“2011 届高三重要时间节点提醒表”，分上下学期，时间准确到月的上、中、下旬，内容分学校摸底考、月考、期中考、重点大学自主考、各区二次模考、发放志愿表、提交志愿表、自由复习和高考日期，没有一次疏漏，还标明每次考的作用，前后共计 10 项。真是一表到手，围绕考试复习的一年策划即可做出。它也让我看到高三一年中决定命运的节点式考试前后就有六次，那些小考都还不计算在内，由此自然可以推断学生的负担和心理压力，教师当然也绝不会轻松。另一表为该书共 15 册的内容介绍：每册都含“语文”“数学”“英语”“心理咨询及新题型展示”四大块，每学科块中主要的内容有：专题、模拟试卷、案例分析、知识手册、模拟试卷精讲、名校押题试卷、标准化试题、新题型展示（心理咨询部分略）。可以说，围绕高考要做的准备真是能想到的都想到了。对我来说，也是对怎样“理性应试”有了全面的了解。学生只要有一定的学习基础，这本杂志在助考上的作用是可预见的。

不难看出，仅高三一年如何应试的实践已经十分周到和成熟，何况还有前面两年，乃至更多年的积累。应试教育之落实连一份杂志都能做到如此周全，久经“沙场”的高三教师其纯熟程度就更不用说了。相比之下，素质教育有过如此缜密的策划和精细的落实之举吗？至少我还缺这方面的见闻。能听到、见到的大部分还停留在各类活动的介绍上。学校真正面对学生，深入到每门学科每日的教学和学生在校的各种活动中去，系统、认真扎实地开展改革研究与实践的实在不多。学校各个方面围绕着实现素质教育实施的全局性变革仍然比较缺乏。也就是说，在推进素质教育方面，学校缺乏整体系统变革的思路和扎实行动，比较多的是做“加减”法：加强一些课程，开展一些活动，以此作为推进素质教育的举措；减少一些作业、补课和在校活动的总时间，以此作为改变应试的举措。如此“加减”法，学校普遍呈现的情况必然是表面的、零碎的改革，实质性的、坚持不变的还是应试。说到底，素质教育没有在实践意义上“着”学校之“地”，学生和教师在学校的生存状态没有得到根本改变。

与此密切相关的是，主推素质教育的决策层面在如何推进的问题上，尚缺乏明确方针，呈游移变化之态。时而把注意力引向课程改革，时而把减负看作重要抓手，时而又试图以大规模、多层次的教师培训作为支撑。同时把这些不同问题不做层面区分地并列为一项项工程，又不研究其内在关联，始终没有明确做出推进素质教育必须以学校整体变革作为最基本着力点的决策，从而使众多因缺乏自主权而习惯按上级指示说话、行事的基层领导，将素质教育作成了展示性的应景“文章”。总之，没有找准路径，形成清晰的改革之基本单位；停留于一般号召，只强调其重要，没有落到实处；没有使实施学校改革的主体拥有自主权以及因内需而主动积极投入改革，是素质教育推进自身乏力、造成局面难以根本改变的内在原因。

三、原因辨析之二：社会缺乏与教育关联视角的改革

我们在论及教育与社会的关系时，往往强调教育要为社会服务，而忽视了整个社会要为教育改革与发展服务，给予教育内部不能左右却又是不能缺失的保障与支持。三十年来大家持续议论的是财政拨款与经费保障，但国家层面的制度与体制改革直接影响教育的远不止于此，目前尤其值得引起关注的是人事制度的改革，包括干部选拔制与用人制度。

干部选拔除了民主推举、公开进行、不暗箱操作等一般意义上的改革要求之外，更重要的是要改变仅仅强调资历达标，却缺乏对专业领域干部在资质上的专

业性要求这种现状，它在教育领域近些年的干部配置上尤其明显。新建市、地级县、大城市的区级教育领导第一把手，不少是因职级提升需要而从其他领域调来的；再加上近些年来教育领域干部的调动周期缩短、幅度增大，使具有教育专业基础、懂教育，或熟悉本领域工作、富有经验的教育领导呈减少趋势，在今天提倡教育家办学的背景下，如果此类现象不引起关注，不加以改变，必将对素质教育真实意义的推进，产生严重的、来自领导层面总体素质的消极影响。

用人制度方面的改革，一方面涉及校长在选拔教师方面自主权的落实。不少校长的“痛苦”是有用的进不来、用不上的出不去，人事由上级（有些还是非教育部门上级）支配的现象较普遍，这是与教师队伍的“进口”直接相关的问题。另一方面是与学生未来的“出口”相关的问题。应试教育得到强化，与人事制度及招聘以学历为首要基本条件，以名校为首选条件等有关。近两年又出现一些单位以非“985”或“211”高校毕业的学生不要的苛刻“出身论”为聘用条件，这都是引导学生高考去拼“名校”的更深层次原因。在“不让孩子输在起跑线上”之类直击家长心愿的大力宣传下，本不该有强竞争取向的小学、中学，乃至幼儿园的孩子都被驱赶进入应试的“马拉松”赛中。

本文仅提出上述两点，并不意味着社会改革缺失教育视角的只有这两点。我们期望广大读者从中看到的是：社会改变视角、重视教育必须具有教育立场的清醒意识，进而反思中国当代社会改革中的教育缺失。

本文系叶澜作为课题负责人所承担的哲学社会科学国家重点课题（教育学类）“建设创新型国家与和谐社会背景下的素质教育研究”结题总报告中的两部分内容；本文发表于：《教育发展研究》，2011（4）.

当代中国高等师范教育改革

转变观念、开拓发展空间
——论当代中国高等师范教育的发展

一

中国的师范教育是在轰轰烈烈的变革年代诞生的。废科举、兴学校、办师范，是一个世纪前维新人士在教育领域中最关注的三件大事。他们把国家的兴盛、民族的希望都寄托在教育的革新上，其中，又以“立师范学堂为第一义”。因为师范不仅是“革旧习、兴智学”所必需的，而且是“群学之基”①，本世纪初，师范教育成了新文化的象征和推动新文化发展的重要力量，在中国教育近代化的过程中，师范教育确实立下了汗马功劳，担当了“先遣队”的光荣角色。

如今，一个世纪过去了，师范教育在我国早已不只是数得出的几所学校的存在，而是以体系的方式发挥着为中小学培养新师资的作用。相对于一百年前，它无疑有了辉煌的进步。但是，当我们把眼光转向未来，转向一个即将到来的新世纪对教师的要求；当我们把今日我国的师范教育状态与中小学教育改革和发展的势头相比较，就会发现它在整个教育体系中地位的下落和发展的滞后。它不但没有了世纪初教育改革“先遣队”的锐气，而且呈现出“步履维艰”的老态。这在高等师范教育中尤为突出。于是，人们提出了“高等师范向何处去?”的问题。答案自然是多样的。有的认为高师已完成了自己的历史使命，应该“退役”；有的却主张发展高师并强化培养目标的定向性，以满足中小学教育对教师的需求；有的则取折中的态度，认为高师还是要办，但不能只办师范，可以拓展到所谓“非师范”专业，一方面改善师范院校的办学条件与生源，同时还满足社会对师资的需要；有的则认为只靠师范院校培养师资已经不够了，主张在一些综合性大学中设师范专业，或强调综合性大学毕业生也可当教师，这里关心的重点已不是高师的改革，而是师资需求的满足了②。

---

① 梁启超．论师范//朱有瓛．中国近代学制史料：第一辑下册．上海：华东师范大学出版社，1986：980－981.

② 社会主义市场经济与高师教育栏目．社会主义市场经济与高师教育．高等师范教育研究，1994（2）.

上述种种答案，有的并不停留在设想上，而是已经转化为实践。实际上，旧的高师教育格局已经被打破，新的高师格局尚未清晰呈现，但高师唯有改革，才有出路，这个观念已被越来越多的人接受。现在重要的是对“高师朝什么方向改、为何要这样改、改什么和怎样改”等一系列关键问题需做充分、深入、展开的探讨，对现有的高师教育要做认真的反思和对未来的高师教育做出切实的构思，对改革的过程也应做系统的策划。高师教育的改革已经到了需要科学抉择的关键时刻！我深信：好的、科学的抉择能使高师在新的世纪再创辉煌，相反，则会带来迷惘、失落，乃至混乱、退化，其结果远不止高师本身的发展受挫，从而会对新世纪的中、小学教育发展带来严重而深远的影响。因此，高师教育的改革是一个要求每一个关心教育事业、关心民族未来发展的人都来参与探讨的问题。本文着重从转变观念的角度，对此谈些自己的看法，旨在引出更多的探讨，促使对高师教改的抉择建立在充分研究和有科学依据的基础上。

二

转变观念须从对已形成的并左右着实践的观念做分析出发，不然，就无法回答变革对象本身是什么的问题。

高师教育的产生与发展，无论在国内与国外，都是与中学教育的发展对教师在数量与质量上的要求联系在一起的。人们认为，作为中学的师资应该具有高于所教学校等级的学历，并受过教学有关课程的专业训练。这种认识现在还通过法律的方式做出保证①。因此，根据中学师资的需求量来确定高师发展的规模与速度，根据中学课程的设置来确定高师院校的专业设置，成了高师观念决定性的特定内涵，即“师范性”。用一句通俗的话来讲，所谓“师范性”，就是高师的状态是由中等教育决定的。可以这样说，在高等学校的体系中，没有哪一类院校是用这样的方式来规范自己的专业和发展的。

“师范性”首先表现在高等师范教育的总体结构上，具体地说有以下三点：

第一，高等师范院校以培养中学的新师资为主，由于我国的中等教育结构长期以普通初中和高中为主，中等职业、技术教育不发达，故长期以来，没有把为中等职业、技术教育培养新师资列为高等师范教育的任务，高等师范院校实际上只是和“普通中学（含初中和高中）对口”。

---

① 如我国公布的《教师法》对此已做了规定，各国教师法都有自己的规定。

第二，长期以来，在教育中强调的是连续教育、职前教育，轻在职后的再教育，故高等师范教育的重心放在全日制的高师院校。无论在设备还是师资配置上，全日制高师院校在总体上都强于教育学院，而且两者的任务截然区分：前者是培养新师资，以应届高中毕业生为主要招生对象；后者是培训现任教师，以非学历为主，实际上属在职进修的成人教育范畴。这两类同样服务于中等教育的师资培养机构之间互不沟通。在全日制高等师范教育中，培养初中教师的专科师范学校与培养高中师资的本科师范大学之间也没有有机的纵向联系。

第三，综合上述两点，可以清楚地看到，整个高等师范教育内部包括职前和职后两大部分，这两部分之间缺乏内在联系，且由不同机构承担任务。而职前部分又有大专和本科的学历层次差别，有为普通中学服务的“普通师范院校”和为中等职业技术学校服务的“职业技术师范”的类型差别，无论是类型还是层次之间，都缺乏内在的有机联系，而且存在着“跛足”现象。这使不同类的高等师范教育适应服务对象的特征被强化，而这一教育体系内部的有机性被忽视，因此缺乏结构效应。这也是造成各类高等师范院校相对闭锁的一个重要原因。

“高师与普通中学”对口的特征，还突出表现在全日制高等师范院校内部的专业设置上。长期以来，我国普通中小学以基础性学科教育为主，所以师范院校专业多以基础型文理学科为主（语、数、外、史、地、政、理、化、生、音、体、美），并按学科分系设置，不设应用型或综合型专业。由于基础性学科具有较大的稳定性，所以师范院校的专业设置长期以来变化不大。近些年来，在科学技术迅猛发展和国内市场经济大潮冲击下，不少师范院校突破了原有专业设置的这一原则性限制，新设了不少与高科技、市场经济发展相关的专业，于是，引出了“师范专业”与“非师范专业”之别，也引起了师范院校能否设置“非师范专业”之争。争论双方尽管观点不同，但在承认新设专业属“非师范专业”这一点上却没有分歧，由此亦可见，已形成的“师范性”概念是如何深深地刻在人们头脑中。

“师范性”第三方面的表现是在各专业内部的课程结构上。它要求在课程中有培养学生从事教育和教学工作所必需的知识及能力的课程，即教育类课程，要求有到中小学进行教育见习与实习的安排，并把这部分课程称为体现“师范性”的课程。由于高等师范院校学习的时间并不比综合性大学长，于是，在课时分配和学科建设上就产生了“师范性”与“学术性”之争。坚持“师范性”的往往强调教育学科的重要性，认为学术性的“专业课程”不必花太多的时间学得太深；持反对意见者则强调师范院校的高等教育性质，强调高深学问对中学教师整体素养的价值。说到底，实际上是对教师职业素养结构的特殊性究竟是什么的论争。

专业课程设置上的差异被认为是同一专业上师范大学与综合性大学差别的重要标志，对师范大学向综合大学看齐，忘记自己师范性的批评，常常是和师范大学在基础学科上追求高学术水平联系在一起的。久而久之，在人们的意识中，不管是显性的还是潜在的，逐渐形成了“师范性”与“学术性”对立的关系模式。这两者似乎只能取一，鱼和熊掌不能兼得。而在高师专业课程内部，这两类课程之间也没有形成有机联系，基本上是“盖浇饭”式的组合。

最后，“师范性”还表现在对学生的培养规格上，要求学生热爱教育事业、热爱学生，具有较扎实的基础知识和作为教师的基本功，如板书、普通话、组织活动的能力、体育或文娱活动方面的一技之长等，还要有踏实、勤奋的奉献精神，这几乎成为长期认同的师范生的基本理想形象。

概而言之，“师范性”是高师观念中最根本性的规定，已形成的“师范性”观念已转化体现在我国高等师范教育的不同实践层面，从类型结构的总体布局、到高师院校的专业设置、专业中的课程设置、最终体现在培养规格和培养出来的学生身上。可以说，这种体现是持久而深刻的，这种转化是彻底而牢固的，它不仅深入到高等师范教育工作者的心中，而且成为行政乃至社会评价师范学校的一把重要的、具有“一票否决”意义的尺子，因而，实际上已转化为一种实实在在、看得见、摸得着的办学模式了。

三

自 80 年代后期，尤其在 90 年代，上述“师范性”观念受到了来自社会变革实践的挑战和冲击：科学技术和社会的发展，新兴产业和职业对科技和科技人才的要求，促使各类高校开设出新的、综合性或应用型专业；市场经济发展引出的经济热，对教师的经济地位和社会地位造成威胁，教师队伍流失现象严重；经济体制的转轨，要求高等教育不能只从政府渠道获得经费来源，而要多渠道筹措经费，尤其要通过科技转化、直接为社会服务来获取办学经费，促使各校寻找经济来源的新生长点。这些新的变化和趋势，在其他高校中带来的是：新专业的设置（不管是综合性的、还是理科的、工科的大学都纷纷设置管理专业、商科专业），不但不会受到指责，而且还认为是发挥学科交叉的优势；新专业吸引了大批考生，收费制度的改革又带来了经济效益；利用原有的学科和科研优势发展校办企业、开发高科技产品，直接打入社会市场，确实带来了一派生机。但对师范院校来说，社会变化带来的却是生存威胁。它率先采用的方法是通过“犯‘师范性’规”的方式开设所谓“非师范专业”，来吸收生源、收费，发展新专业。受原来所设专业大多是基础性学科的限制，在发展校办技术、高科技产品方面，师范院校也无优势可言。总之，当前师范教育实践中对原有“师范性”规定的“冒犯”是求生存性的，并不是自觉的，是为形势所迫的。所以，在我看来，还谈不上什么自觉的深化改革，更不是发展性的。有些走得更远的学校，干脆“摘掉帽子”，变成综合性大学，以求得在市场经济里大展身手的权利。这一切在变革的年代里出现并不奇怪，变革的实践等不得你深思熟虑就把你推入大潮，此时，游泳只能在风浪里学，不可能到游泳池里慢慢练。

正是社会发展和科技、经济变革的冲击，唤起了高师教育对早已习以为常的“师范性”的重新思考，问题集中在：中学师资是否需要在专门的师范院校培养？现有的师范院校能否发展“非师范”专业？很清楚，这是对高等师范院校存在的必要性和即使存在、是否要完全与中学对口的怀疑。提出前一个问题的，以国外师资培养渠道的多元化为依据；后者则强调高师有能力在不妨碍师资培养的前提下，为社会其他行业培养人才，这样既有利于社会，也有利于高师院校潜能的开发和提高对市场经济体制的适应能力。

但是，我以为这样的提问方式，不利于高师教育围绕“师范性”本身把改革引向深化，而它又恰恰是高师教育在新形势下必须回答的问题，是其他类的高等教育无法代替回答的问题。不言而喻，社会无论怎样发展，教师职业和教师培养是永远需要的。而且，对这项职业的就职人员的专门化训练要求也会提高。所以，不管现在和将来有多少渠道可提供师资，师范院校至少可以是之一，而且是一种职业定向式培养的渠道。所以，新形势下提高教师职业专门化程度的探索和实践，主要应由高师院校来承担，它要回答的是“质”的规定性之变化，而不是量的需要之满足。如果承认上述前提，那么，我们应该提出的问题就变为：高师教育原有的“师范性”观念是否依然完全适用？如果有不适用处，那么，应作那些转变？新形势下“师范性”的观念应该是怎样的？这是一组密切关联的问题。通过讨论，不是取消“师范性”和高师教育，而是实现新旧“师范性”的观念转化。

四

先让我们来看，新形势（指我国社会经济体制的转化、社会生产力与科学技术的发展及中等教育改革发展与世界教育发展的趋势等）下，原有的“高师要与中学对口”的师范性观念在哪些方面不适应了，并由此引出改革的思考。

首先，“对口”面过窄。这里有两层意思。

第一层是高师只与中学对口的说法太局限。高师应以社会整个教育事业的发展趋势、以社会发展对教师职业的要求、以当代教育观念的变化发展，作为自己办学的指导思想和确定培养目标的社会依据。“中学”只是影响高师培养人才的具体规格性要求的一个参照系，它的发展本身也受社会和教育整体从观念到结构的制约，是“枝”不是“本”，所以不能成为确定高师办学方向的全部依据，在一个高速发展和激烈变化的社会更是如此。高师和中学应该有的关系是：高师按社会对中等教育未来的要求来确定办学方向与目标，以培养新教师和提高现有教师素质，促进今日的中学教育改革、推动中等教育的发展为己任，而不是用昨天、今天的中等教育来规范未来师资的培养和现有师资的提高。如果这样，培养出来的师资不仅不适应发展的需要，甚至会成为发展的障碍。高师为了服务于中学的发展，就必须跳出现有中学的视界局限，在更高的层次、以未来的眼光来规定今日高师的发展方向与目标。这里要求发生的转变是立足点的升高和时间取向上由过去转向未来，不是不要为中学服务，也不是要求拓展到为教育以外的其他领域服务。

“过窄”的第二层意思是指高师教育主要只和普通中学对口，缩小了“中学”的范围，而在今日的形势下，被丢掉的中等职业技术教育不仅已成为与普通中学同样举足轻重的另一半，而且部分地渗透到普通中学的初中和高中；有的以高年级分普高和职高班的形式，有的以选修课和活动课的形式。即使在中学的基础学科教学中，也加强了应用的成分。中等教育改革的事实已经证明中等职业技术教育在中国发展的强大生命力，它要求转变高师院校只设基础性学科，并以此作为专业上体现“师范性”的观念。

在此，还需要做进一步分析的是，现在把高等师范院校内所设专业分作“师范性”专业和“非师范性”专业两大类的习惯说法。我认为，这一提法反映了部分现实，即“非师范”专业的培养目标并不是普通中学的教师，但提法本身并不确切，也缺乏发展变化的眼光。所谓不确切是指学生毕业后是否当教师是职业定向，不是专业定向。在我看来，“专业定向”是指高等院校为学生提供科学大体系中某一方面学科的专门化培养，是业务领域的分类，不是职业分类，故就专业本身而言无所谓师范性和非师范性。不然，就会出现同样是“中文系”，在师范大学成了师范专业，在综合性大学就是非师范专业。如果我们把中等职业技术教育师资培养的任务也作为高等师范院校的任务，那么，各种专业都可以在师范大学开设，在专业设置上，不应该对高等师范院校有限制。体现师范院校的师范性，主要应是学生毕业以后的职业走向，以及专业内课程设置，而不是专业类型。何况，就是普通中等教育也在发展，职业教育的因素也在向普通中学教育渗透，有些原不属于普通中学的课程，如计算机，现已在中学乃至小学中普遍设置，高等师范院校的专业设置应走在中等教育发展的前面，而不是后面；专业设置范围应是各级各类中等教育的相关学科，而不只是与普通中学的基础性学科相关。

其次，原有的“师范性”观念体现在培养目标上，存在着简单划一、机械分割的局限。这可以从类和质两方面来看。在类的方面，教师培养的职前部分和职后部分，分属两种类型的高等教育机构且互不通气，职后的研究生学历教育十分薄弱，这对教师的继续学习和发展提高都不利，不能适应社会发展对中学教师继续提高的要求。另外，多学科的高等师范院校不承担教师职后培训和继续教育任务，这在一定意义上也是教育资源的浪费。现在高等师范教育的内部结构缺乏有机性，大专与本科、职前与职后、中央部委所属与地方所属，在大布局上不合理，还造成教育资源配置上的不合理。如果改变培养目标类别上机械分割的观念，有限的教育资源将可得到比原先合理的配置，产生结构性效应。

类型上简单划一，还表现在高等师范院校大多以中学学科教师为培养目标，而忽视对中等学校以及与中等教育相关的管理、科研和服务型人员的培养，造成现有中等学校和中等教育相关机构中上述人员的形成，大多是靠自己在实践中摸索、积累。这在一定程度上影响中等教育、科研和管理的科学与水平。如果我们把视野进一步拓开的话，还可以将校外教育机构，与中等教育相关的传播、新闻机构等有关人员的培养与高等师范教育联系起来，那么，高等师范学校的培养目标将大大丰富。要做到这一点，还必须有生源上的变化和高等师范院校中部分师资力量较强的院校在研究生层次上的发展。本科毕业生的出路，在为中等教育发展的共同前提下也应有大的发展。

从质的角度看，原来的师范生形象突出了与教学相关的知识与能力，这是必要的，但是不够。如果从 21 世纪教育发展的角度来看，尤其要加强的是科研的精神与能力、交往的意识与能力以及组织管理和策划教育活动的意识与能力。所有这些都是使教师职业在新世纪成为一种富有创造性的职业，是通过交往与活动来促使青少年发展的职业的重要保证。这一目标的实现将改变教师仅仅作为知识传递者和品德示范者的传统形象，使新世纪的教师形象具有时代的特征与光彩。

我确信，教师职业若要真正成为吸引人和令人尊敬的职业，不仅要有政治上、经济上和舆论上的保证，而且一定要有职业本身的魅力——对人的智慧、能力、创造力和人格的挑战，只有这样的职业才会吸引和形成出色的人才群。同时，也只有出色的人才群去从事的职业，才能受到社会真正的尊重，而不只是保障性的，更不是慈善式的爱护。

最后要谈到的不只是专业内部的课程结构问题。如前所述，现有“师范性”观念在课程上以一组“教育学科”课程来体现，它和专业训练课程是相加的关系，没有内在的有机联系。而且教育学科类的课程也往往集中在某一年级段进行。如果坚持这样的模式，那只要采取“本科学历”加“教师资格证书”课程考试的方法，就可以培养师资，高等师范院校的存在方式确实没有太大的独特性。要使高等师范院校专业在课程设置上体现独特性，必须拒绝停留在两大类课程相加的水平上，而是要寻找渗透，寻找新的结合方式。高等师范院校的教学、科研，不仅要为培养学生服务，更要直接为现实社会中教育事业的发展服务，在服务的过程中提高师资、培养学生。也就是说，要加强教学过程中与中等教育实践的联系，要引导学生参与中等教育改革与发展的研究与实践，使高师院校的师生成为推动我国中等教育发展的一支重要队伍。只有做到了这一点，高等师范院校独立设置的必要性和它不可由其他学校替代的社会价值才会真正存在。

综上所述，我国高等师范教育改革在本世纪末面临着发展性的挑战。近百年来形成的师范性观念需要拓展，需要更新。唯有拓展、更新，我国的高师教育才会有新的、广阔的发展空间。在新观念的指导下，高师教育的整体结构、专业设置、课程结构、培养目标等都应作深化改革的研究、探索与实践，高等师范教育的新世纪，不是靠限制性的规定来维护，而是靠开拓性的实践来创造。

本文发表于：《高等师范教育研究》，1995（5）.

迎接挑战：在改革中走向新世纪*

——再论当代中国高等师范教育的发展

一

当中国高等师范教育即将走完百年历程，叩响双重意义的“新世纪大门”之时，赫然出现在我们面前的是两个大字：“挑战”！

挑战来自社会发展的需要。20 世纪最后的十年，是中国走向社会主义现代化的关键十年，是生产力构成、经济体制乃至社会整体发展模式步入结构性变化的十年，也是全国人民为民族的振兴、腾飞，探求、描绘新世纪蓝图的十年。无论是现实的改革，还是未来目标的构建，都把教育的发展、人才的培养，看作既是实现目标的必要基础，又是目标的重要构成。“科教兴国”“可持续发展”两大基本方针的确定，正是这种需求在决策水平上的表现。只要是理智清醒的人都会意识到，这对高等师范教育来说意味着什么。

挑战来自我国基础教育发展与改革深化的需要。1978 年以来，尤其是《义务教育法》制定后，我国的基础教育不仅在数量上，而且在质量上都有了长足的进步。然而，与新世纪中国社会发展的要求相比，又存在不少问题。如今，基础教育领域内，一轮新的改革已悄然兴起，且呈蓬勃发展之势。它始于东部沿海地区，其中有些省市自“八五”期间就提出了实施“教育现代化工程”“构建一流城市、一流教育”等令人振奋的目标。他们在抓住经济投入、学校物质设施、技术装备现代化的同时，狠抓教师和教育管理者队伍的建设。从学历层次的提高到教育观念的更新、业务能力的发展，从职前培养到职后培训，都表现出强烈的需求。在中西部地区，为高质量完成九年制义务教育的目标，也充分意识到师资队伍建设的重要。在如此的改革发展大潮面前，现有的高师教育，显得因改革滞后而不相适应。

---

* 笔者曾写过题为《转变观念、开拓发展空间——论当代中国高等师范教育的发展》的文章，发表于《高等师范教育研究》1995 年第 5 期。本文可视为该文的续篇。

挑战来自世界各国对教师队伍质量的重视和教师教育的改革。我们可以从下述一组信息中清晰地看出：

“第一，美国的成功取决于更高的教育质量，这一质量标准是迄今从未有人敢于提出和追求的一种高标准；第二，取得成功的关键是建立一支与此任务相适应的专业队伍，即一支经过良好教育的师资队伍。要赋予他们新的权力，委以新的责任，面向未来，重新设计学校。没有这样一支教学水平高、业务能力强和具有远大抱负的专业队伍，任何改革都不会长久。”① 美国卡内基教育和经济论坛“教育作为一种专门职业”工作组在题为《国家为培养21世纪的教师作准备》的报告中如是说，并提出了一系列有利于形成高质量教师队伍的政策。

“整个教育体制改革的决定性人物是教师。新计划的改造的成功与否在决定程度上将取决于教师的知识、教学技能以及积极的、有说服力的和热情的态度。”② 原苏共中央在1988年《关于教育体制改革的决定》中如是说，并提出了“必须根本改进师资的培养工作”的任务。

美国政府在1983年3月向众议院提交了有关“提高教师质量”的白皮书。

法国1981年把教师教育作为教育的三大改革任务提出。

日本在1884年开始研究为迎接21世纪进行第三次教育改革的设想，教师教育的改革、完善是其中重要组成③。

不同国家、共同声音，令我国的一些学者震动。他们指出，80年代以来，面向21世纪的全球性教育改革表现出一个共同点：“以提高师资质量为提高教育质量的突破口。它们的决策如此相似，时间如此一致，焦点如此集中，在教育史上实属罕见。”④ 我国政府自80年代中期起，也多次提出了提高教师队伍质量和加强高师教育的规定与措施，对实际中存在的问题进行了广泛的调查研究，国家教委1986年3月制定颁发了《关于加强和发展师范教育的意见》，1993年又颁发了《高等师范学校学生的教师职业技能训练大纲（试行）》。在一定意义上反映了我国对当代教育改革与师范教育发展关系的理解和应答。

面对上述诸多的发展性挑战，尤其是90年代以来国内社会和基础教育的发展，高等师范教育越来越深切地感受到，唯有深化改革，才能适应时代的变化和中国社会主义现代化的需要，才能走出当前高师面临的困境，以新的姿态跨入新

① 国家教育发展与政策研究中心．发达国家教育改革的动向和趋势：第二集．北京：人民教育出版社，1987：265-266.

② 同①440.

③ 陈永明．中日两国教师教育之比较．上海：华东师范大学出版社，1994：101-102.

④ 同③99.

世纪、创造新天地。中国的高等师范教育要迎接挑战，除了深化改革，别无选择。还要特别强调的是，这是一次迎接新世纪的改革，它有深刻的时代、社会实践背景。因此，局部的改革、只考虑眼前问题的改革，不能从根本上解决问题，我们需要的是全面的、结构性的、具有前瞻性的改革。作为师范教育更应如此。为此，我们首先需要重新审视已有的关于高师教育的观念，从明确规定的、写在纸上的，到现实中的、体现在行为上的。通过反思、通过对未来的把握，拓展思维空间，做出新的高师教育的理念性构建，然后转化到对高师教育功能的再探讨、教育目标的新设计，以及为实现教育目标所必需的课程体系的结构性研究、评估体系的新规定。这是一项艰巨同时又关系中国教育未来的伟大工程，是需要多层次、各方面相关机构和人员协同努力的工作，是需要付出巨大努力和代价的事业。但正如有人所说的那样，失败的教育，将使人们付出更大的代价。所以，我们义无反顾，别无选择。

二

关于新的高师教育的理念性构建，笔者已在《转变观念、开拓发展空间》一文中做了专门的、概要性论述。所以，本文有关深化改革的论述，是以新的高师教育理念为前提性认识，把对高师教育功能的再探讨作为起点。

目前，我国高等师范教育的主要职能分普通中学的新师资培养和现有师资、行政人员的继续教育两大部分。前者主要由高等师范院校承办，后者主要由教育学院负责，两大功能、两类机构基本不相沟通。职业技术教育所需要的师资，正规培养和培训的渠道虽然存在，但与社会发展需要相比，太薄弱，与为普通中学服务的师资培养与培训体系相比，太微小。所以，功能的偏狭，实现功能的机构的割裂，以及中等教育中普通学科类师资和职业技术师资培养功能上的失衡，是当前高师教育存在的三大主要功能问题。显然，这些问题是结构性的、全局性的。

形势的发展又向高等师范教育提出了不少新的功能要求。首先是来自中、小学在职教师学历水平提高的趋势。如上海、江苏等地，都提出了加快小学教师学历大专化的目标，有些小学，在领导层已经有人达到了本科甚至硕士学历。这在国外发达国家也许不足为奇，但对不久前还在为实现小学教师中师学历达标而努力的中国来说，无疑是一个新的信号。为满足这个需要，高师教育的任务就要扩大到小学新师资的培养和现有师资学历的提高。与此同时，中学教师学历提高的需求也“水涨船高”。这意味着高等师范教育研究生层次的发展需求已经出现。第二是社会对达到本科学历师资的大量需求和教师资格证书制度的推行，促使未来教师来源渠道多样化，非师范院校毕业生也可选择教师职业。于是要求高师院校能为综合性大学的毕业生提供高质量的、符合教师资格证书规定的教育类课程体系。第三，对教师队伍学历和能力要求的提高，必然提出中小学管理干部的培养问题，有关学历和能力的标准上都要求提高。近年来，我国沿海省市出现的“教育管理硕士课程班”热就是一个鲜明的表现。现在，需要学习的管理干部，已经不只是中小学的在职干部，还包括一些教育行政管理部门的中青年在职和后备干部。此外，教育督导、教育评估等研修班、高级行政干部的培训需求，随着教育管理的规范化和科学化，也日益高涨和普遍化。第四，教育学院的成员也面临着提高学历、知识更新等再学习问题，这个任务也需要高等师范院校来承担。最后，教师和教育管理干部的继续教育，在学历和实践经验都达到相当高水平以后，要求科研型的进修。可以说，这已经是最高层次继续教育的需求了。

上述环环相扣的新趋势，尽管目前还未在全国各地普遍出现，但从方向上看，与世界教师培养的发展路线是一致的，也是国内经济和教育发展的必然。要形成面向21世纪的高等师范教育的功能，不能无视它。众多新趋势汇集到一起，我们可以清晰地看到，建立教育工作人员培养的终身教育体系的需求在我国已经突现，我国高师教育功能的拓展应该顺应这一需求。按终身教育的思想，确定新功能，克服现有功能结构中存在的问题，形成新的功能系统，是当前高师教育改革深化的总任务。

具体地说，高师教育新功能体系在培养人员方面仍包括职前培养和职后培训两大方面。但两大方面的具体内容有了很大变化，其关系也将呈现多层次、一体化的状态。

先看职前培养方面。总的提法可以是：培养新的教育工作专职人员。在此提出的“教育工作专职人员”概念已不同于以往提出的“教师”，尽管其中主要的构成还是教师，但已扩大到教育管理人员。以往，教育管理人员来源一般有二：一是具有相当资历和教育工作经验的教师，另一是由上级行政部门或其他部门转入。这些人员对教育管理工作的熟悉和适应，主要通过实践来完成。这种方式有其合理可行的存在根据，但显然有问题，这就是不认为或者不重视教育管理人员的工作是有特殊性的、需要经过专门化培养的工作，似乎凡是有经验的教师或行政人员都可以成为教育管理人员。当我们对教师的专门培养要求越来越高、教师资格认定越来越制度化时，教育管理、行政工作人员的专门化培养，有别于教师和其他行政人员的专门化培养，教育行政人员资格认定的制度化，显得更为迫切、更为必要。这项任务无疑应该由高师教育系统承担。

其次，上述教育工作人员服务的机构，也从普通中学向下延伸到小学乃至幼儿园，向上延伸到大学（在研究生层次上），横向扩展到职业技术学校。但其主要和大量的去向还是普通中小学。无论从需量和供量来看都是如此。在做了这样的全方位功能扩展以后，高师教育内封闭的状态将被打破，因为有些教育专门人员的培养需要和其他类型的高等学校交叉合作进行。

再看职后培训与进修。总的提法可以是：为在职教育工作专职人员提供多层次、多类型的职业专门化继续教育，包括学历和非学历的。在学历方面，主要有大专升本科、研究生（含硕士与博士两个阶段）两个层次。有无资格进入高等学历的学习，就个人而言，不取决于在哪一级教育机构工作，而是取决于个人的原有学历水平和实际成绩。也就是说，高等学历层的职后继续教育应向每一级学校符合条件的工作者开放。非学历方面的职后继续教育，其中设定的目标，大致可以分为以下四大类：第一为岗位培训，包括新教师上岗和教育机构内部的调岗培训，都属适应型培训。第二类培训主要为有三至五年工作经历的教育工作人员提供，他们需要有一段相对集中的时间进行再学习。其任务有两方面，一是学习学科发展中出现的新知识和技术，学习新的教育理论和方法；二是反思、总结前一阶段本人的教育、教学或管理等方面的工作，形成对自己职业工作状态、经验与问题的理性认识，找到自己继续发展的目标。故可称为更新型培训。第三类是专题研究或进修，它以教育领域内某一方面问题（包括现实的和前瞻发展性的问题）为中心，组织研修。对每一个参加学习的人能起到相互交流、启发学习、提高认识的作用，同时通过集思广益，形成对某一问题较系统、深刻的认识，或者解决某类问题的思路与策略，推动教育实践的发展。我们把这类继续教育称为科研型研修。能参加这种类型研修的人员，一般是熟悉有关工作，有较丰富经验且有独立见解和一定研究能力的人。第四类可称为专家型研修。这是一种相当个别化的进修方式。进修者是在教育工作中有出色成绩和创造，并在社会上得到广泛承认和尊敬的人员，如特级教师、知名校长等。他们在实践中已形成自己的独特经验、见解与风格，被人们尊称为某一方面的专家，但是尚未形成对自己所创造的独特经验的理性、系统认识，在一定意义上，主体的创造还与主体处在原始统一的状态。给予一段集中的时间，让他们本人的总结、反思与其他人的分析、研究结合起来，把这些“独创”理性化、客体化，从对独特特性的研究中发现新的具有普遍意义的思想、理论或模式，是这类研修的特殊任务。这不仅对原创者本身极为重要，是一次认识升华的完成，而且对广大教育工作者的学习、对教育理论的发展都具有不可替代的价值。要完成这类研修，学员应是专家，参与一起研修的也应是专家，目的是形成具有独创意义的理论和理论与实践相结合的专家。这是多重意义上的专家型研修。

上述四种类型的非学历继续教育，构成了一个为满足经过职前教育踏上岗位后的教育工作者，从适应到更新，再到深入研究问题，直至成为专家的全过程所需要的，多种类型和不同层次的非学历型的继续教育，体现了职后教育贯穿终身、逐级提高的思想。与现存的职后培训体系的功能相比，我们可以清楚地看到两个明显的差别：一是增加了教育中研修的因素，上述三、四类方式在以往基本上是没有的；第二是把继续教育的目标与在职人员专业能力发展过程的需要结合起来，不只是为了完成或胜任工作而进修、学习，同时也为工作人员自身的发展、为培养新型的教育专家服务。在以往，职后继续教育往往不被重视，尤其是非学历的继续教育，其中原因众多，但功能的单一和要求的低标准、收效不甚显著，至少是重要原因之一。常常可以听到有关“长期以来我们没有出现具有世界级影响的教育家和教育学家”的哀叹，在我看来，没有有效的培养各种人才的机制也是一个重要原因。

未来的高师教育除了上述培养人的功能以外，还要开拓科研，尤其是教育科研的功能。科研是高等教育的普遍功能，作为高等教育构成之一的高等师范教育，若失去了科研的功能，就不足以冠之“高等”二字，就不可能吸引和培养出富有创造意识和能力的学生，其本身也会缺乏思想和发展的活力。高等师范教育有关科研问题的讨论，重要的是要认清高师科研应突出教育科研的重要性。但长期以来，由于人们不重视教育科研，所以它在学生和教师的心目中缺乏地位，自然，也不可能产生普遍性和突出的效应。中小学教师大多敬业、勤奋，但又大多缺乏科研的意识与能力，故在一些教育发展和改革先行的省市，在教师教育中，普遍要求进行教育科研方面的辅导。实践已经表明了高师教育不重视教育科研的消极后果。对在职教师的教育科研指导，实际上是教育领域内“生产力”的解放，是教师潜在创造力的开发。由此可见，强调加强高师教育科研，并不与培养教育工作者的任务冲突，也不是互不相关的两张皮。我们甚至可以说，只有用科研的成果充实教学内容，渗透研究意识和能力培养的教学，才称得上是高等教育的教学。

加强教育科研对于高师来说的另一个重要意义是提高它在社会中的存在价值。教育科研在今日中国大有用武之地。面向21世纪教育的构建，现实中社会转型时期产生的各种新的教育问题，牵动着领导、干部，直至亿万普通百姓的心，无论是在宏观规划、战略决策，还是在思想品德、科学艺术、人格健康发展的教育方面，都迫切要求研究的投入。高师教育如能在这方面起作用，就使它不仅把办学的结果——培养出来的人才奉献于社会，而且在整个办学的过程中，就做到用多种途径和方式直接服务于基础教育，成为推动社会的基础性事业——教育发展的一支积极而不可替代的力量。与此同时，高师开展教育研究还会改变以往主要把中小学当作实习基地的做法。高师与中小学联合开展教育研究，师生一方面可以从理论上帮助中小学教师，另一方面又从实践中吸取营养，丰富、发展理论，还能高层次地为基础教育发展服务，形成师范意义上的"教学、科研、生产"联合体，在高师与中小学的关系中增添新型的科研合作伙伴关系。

高师教育上述一系列功能，显然不是在每一类、每一所学校中都能完全、同样体现，我们讲的是整体的、一个系统内的功能。事实上，为了实现这个功能，恰恰不能要求每一类、每一所学校都去做同样的事情，而是要求系统内有分工，形成结构性组织，有效合理地利用和配置资源，以此保证整体功能的实现。根据我国目前高等师范教育的现状，我们认为，承担师范教育的学校至少分为四类：第一类是研究生教育至少占 50%，教育科研和教育学科实力强的学校，它的主要任务是承担高层次的职前和职后学历教育，从事资格证书考试规定的课程教学，举办专题型、专家型的研修班，为其他层次的师范院校教师提供进修课程，还应承担重要的、需要多学科综合进行的宏观和微观的、理论与实践的教育研究。此类学校数量不可能、也不必多，但不能无，可以在现有基础与实力强的高师院校中选择。第二类是以培养本科学历（含职前与职后）的教育专职人员，承担更新型和专题型进修为主的学校，同时也从事教育科研，尤其是与学科教学、中小学教育、教学工作关系密切的研究课题。这类学校是高师教育中的中坚力量，扎实而高质量的教学和教育工作，将为我国师资和教育管理队伍人员素质和继续学习能力的提高做出基本保证。第三类学校以培养大专生为主，目前主要是为适应小学教师学历提高需要而存在，随着 21 世纪对小学教师学历要求的进一步提高，它将逐渐从高师系统中消失。专科类学校的科研主要与改进本身的学科教学、编写师专与小学教育教学需要的教材或辅助材料为主。最后一类是以非学历的适应型和更新型职后培训为主的教育机构，它在初级和中级培训上承担经常而繁重的任务，还要能及时地向教师和行政人员提供有关教育改革的信息型报告和当前教育问题的研讨。这是教师培养中大学后教育最贴近实践与大多数教育工作者的层次。上述分层是相对于学校而言，并非是对每一类学校内教师的定位。

就个体而言，不管所在学校的性质属哪类，每个人都有可能根据自身的情况和工作需要，与不同类学校中的同行合作，开展教学和研究活动。在高师范围内，资源配置同样要体现优势扶持与合作发展的原则，改变小而全、条块分割、互相攀比、低效益甚至内耗多于效率的状态。

三

迎接21世纪挑战的高师教育改革，深入到学校工作内部，首当其冲的是培养目标的重新构建。只有在明确新世纪对教师素养要求的前提下，才能找准和明确学校教学、教育工作改革的方向，课程结构、内容、方法手段与途径的改革，说到底都是为实现目标服务的。新型师范生的目标设定，应该从基本素养和担任的职业素养两个维度来分析。由于篇幅限制，在此只作简要的结论性表述。

所谓基本素养，主要是指作为受过高等教育的大学生所必须具备的文化与道德素养、身心的健康状态及社会化水平。这是所有高等学校都必须明确和努力去实现的、整体培养目标中的基础部分，师范大学也不例外。

首先，应培养大学生对祖国和中华民族的深厚感情。这种感情建立在对中华民族历史和独特文化精神，对它在人类文明中的贡献和滋养自己生命之深刻认识和深切体验的基础上，因而不停留在表面上、形象上，而是一种既理性又浓郁的爱，是“根”对自己生长的“土地”的爱，是崇高而深沉的情感。这种情感会使大学生产生对祖国和民族血肉相连式的依恋和使命感。大学生不应是一群因具有较高的文化修养而有资格傲视人民的人，而是承担祖国、民族发展大业，书写未来历史的优秀儿女。大学生还应是一群有追求、有理想的人。正是追求与理想，能体现出高等教育对于人生的价值，知之越深，求之越高。追求包括对未来人类社会的进步、专业领域的拓展、个人的成长与成就等多方面。他们应是具有大志、远见，英气勃发的人，而不是追逐蝇头小利、鼠目寸光的猥琐之辈。在改革开放、实现社会经济转型时期的中国，上述两点在大学生培养过程中尤为重要。它是大学生能否成大器的前提性要求。

在学业才干上，当代大学生不仅应掌握本学科领域内的基础知识和具有基本能力，更重要的是要形成开放、发展的知识观：保持对新事物、信息的敏锐感受和敢于迎接挑战的勇气；大学学到的知识对于学生来说，不是可以炫耀的财富，不是一次性的储存物，而是一种可用以不断开拓，而且需要不断补充的武器。只有这样，大学学习生涯才会成为他们今后工作和继续学习的重要基础。大学生活给学生留下的应该是终身热爱知识和追求真理的品性。好学、乐学、好思、善思，这是大学给人的最珍贵的赠予和力量，也是大学生能否成大业的智慧保证。

在处世办事上，大学生应具备的素养是：在尊重和自觉遵守社会法律和道德规范的基础上，具有与他人合作、共同完成各种任务的能力，改变不良环境和消极现象的能力。他们在工作中要肯干小事，但不拘泥于小事，还能以小见大，具有决策意识和把握整体的能力。不恃才自傲，不随波逐流，不夸夸其谈，不好高骛远；头脑清醒、作风民主、肯干善谋，注重成效，这是大学生能否成大业的实践品质保证。

最后要培养大学生把握自己的意识和能力，成为真正的主体。在他们的一生中，要不被艰难困苦打倒，不被功名成就醉倒，不被金钱物欲迷倒，不被平庸琐事累倒，使生命的活力保持旺盛勃发，让生命的价值在奉献社会和完善自身的统一中得到实现。

在明确了基本素养要求以后，再分析专门化职业素养时，重点就放在特性上，放在与职业相关的要求上。

对高师学生来说，不管在哪一个系学习，要想成为一名出色的教师，第一重要的是必须对教师职业的意义具有深刻认识，由此产生对职业的崇高感、责任感，真心热爱它并愿意为它做出最大的努力。最根本的是要使高师学生认识和体验到，教师职业是与祖国民族的未来、与人类文明进步息息相关的事业，是在人类的昨天和明天之间构筑桥梁，也是为每一个家庭创造幸福和每一个学生提供发展的事业。教师面对的是世界上最宝贵之物——生命。因此，它要求每一个从事这一职业的人是热爱人类和生命的人。在当今社会高速发展的时代，要胜任为未来而教育的工作，教师还应该是站在时代前列、参与设计明天的人。教师职业的重要性和对象的独特性，呼唤人类中善良而优秀的、富有博大胸怀和奉献精神的人。每一个进入这一行列的人应该为此而自豪。这是高师教育中需要以各种方式和途径、持久而经常进行的教育，尤其是当现实还处于教育和教师职业的价值远未被众人所认识和真实体现之时，这一教育的必要性和艰巨性都剧增。然而，我们必须把此作为一个重要的基本的素养要求提出，并努力实现之。

教师职业对人的学识、才能和智慧也富有挑战和特殊要求。首先，要求教师具有科学的和富有时代精神的教育理念，包括教育观、学生观和教育活动本质观等能统摄教师全部教育行为的基本认识与信念。例如，就当今社会而言，如果把教育仅理解为传统的传递、继承文化和形成人的社会规范，就不够了。教育更需要被看作对学生潜能的开发、发展的引导和个性培养过程。在教育中，文化更应被当作培养人的资源来使用。教师需要把已凝固的文化再激活，透过文化揭示创造文化的人的精神与智慧，把文化的教与学，转化成为历史上的创造者与今天的学习者生命对话、认识交流的过程。不同的教育观会有不同的教育行为，所以，要培养一个能胜任当代教育事业的教师，不只是要求说好普通话，写好毛笔字、钢笔字、粉笔字，会备课、设计教案，会做班主任工作，做家访、设计班会等工作。无疑这些都是必需的，但更要认识到，它们只是有关掌握工具和技术性的要求，其使用最终受教育理念支配和服务于它的实现。

其次，教师要胜任教学和教育工作，应具有复合型的知识结构。它主要有三方面组成：一方面是有关教学、教育内容的知识，另一方面是有关学生身心发展水平、认识和能力、个体差异等方面的知识，第三方面是组织和进行教育教学活动的知识。在此基础上，还要求教师有根据具体的环境、学生和内容，综合地构建教学、教育活动的策略与方案、方法的能力，以及有效实施方案的能力。这是建立在复合知识基础上的创造性综合。显然，高师教育不能满足于学科知识的传授和技能、技巧的培养，一般地谈论教师要有较宽的知识面，不足以说明问题，重要的是要突出形成满足教师职业需要的，跨越自然、社会、人三大认识领域的知识结构。教师不仅要懂“物”之理和“心”之理，还要懂育人之“事”理，这是对教师知识素养要求上最重要的特殊性。

再次，对教师能力要求的特殊性，除了上面已经提到过的若干经常被提及的技能、技巧以外，特别要强调的是交往能力、组织管理能力和教育研究的能力。交往能力最重要的价值是实现教师和学生的沟通，可以说，没有理解、没有沟通，就不可能产生真实意义的教育。对教师来说，不仅要有让自己的情感、意愿、感受、认识等清楚地表达和作用于学生的能力，而且要有对学生的需要、思想、语言、行为的理解和判断能力，还要有把握对话语境，把交往引向积极效果的能力。除此以外，教师在群体中的合作，教师与家长和社区工作人员之间的合作，教师承担的面向社会宣传教育工作，都要求教师有较强的交往能力。交往要取得成效，只靠语言风采是不够的，有时卖弄语言技巧，带来的后果恰恰是让人感到苍白。人格力量和真挚情感，富有针对性和启发性的语言与行为，才有助于实现真正的沟通。组织管理能力对任何一个教师，任何时期都是必需的，但管理能力由于教育观念的变化，其内涵也在变化。当今，它不只是指教师作为指挥者的管理能力，这是传统的教育观对教师管理能力的重要规定。而是要求教师在教育教学中，既是策划者又是组织者，既是指导者又是参与者，还是培训者、判断者等多重角色的管理能力。教师不仅要有事先规划活动的能力，还要有最大限度调动学生主动投入教育、教学活动的能力，在活动进行过程中及时发现问题、帮助学生解决问题，与学生一起把活动推向预定目标、动态把握过程的能力。显然，这是打破“一言堂”模式，转化到“群言堂”为主的各种教育、教学（包括必修、选修，课内、课外，校内、校外）活动所要求的组织管理能力，是有新内涵的能力要求。从事教育研究的能力，是对大学生研究能力的一般要求在职业领域里的特殊表现。它包括一系列基本科研能力在研究教育现象或理论中的运用，还包括教育观察、调研、总结、实验、统计、测评等一系列具体方法的运用，重要的是形成未来教育工作者的研究意识和善于对自己与周围世界发生的教育实践进行研究性反思和创造性开拓的能力。过去在教师培养中很少强调这一点，故造成人们的错觉，似乎教师工作是一项无须创造、只要传递的工作，有人甚至推而广之，把教师职业看作以保守为特征的职业，这是典型的在教育活动中见“物”（文化的沉积）不见“人”（发展中的学生）的观点。事实是，教师的劳动只要把立足点真正转到每个学生的发展与成长，那么，它就是一项最富有创造性的劳动。各式各样的学生，每天都处在变化中的个体和群体，教育活动多种因素的多变、具体组合，要求我们探究的是发展、变化的规律，师生互动、相互作用有效性的规律，没有富有创造精神和能力的人，怎能胜任如此复杂的工作？那种看轻教师职业对人的智慧等全面挑战的人，实际上只是表明了他对教育工作的全部复杂性缺乏认识，表明了他头脑中的教师形象还只停留在 18、19 世纪。

最后，教师职业还要求每个从事这项职业的人，严格要求自己，以身作则，用自己的全部智慧与人格力量，去完成育人的事业。好学习、善创造、求发展、讲奉献，是教师具有教育力量的内在精神保证。

当我们表述完了对高师学生的全部目标要求后，不难看出，当前从事高师教育的同志迫切需要的是：在形成对 21 世纪新的教师形象的基本共识的同时，围绕目标，深入研究和开展自课程到方法的新一轮教学改革，深入学校的各项教育工作的改革。至于如何改革，尚须另写专文论述。但这已不会妨碍我们得出结论：改革是高师教育对 21 世纪挑战的唯一积极回答，我们将在艰难而有意义的、发展性的改革中走向 21 世纪。

本文发表于：《华东师范大学学报（教育科学版）》，1996（3）.

一个真实的假问题

——“师范性”与“学术性”之争的辨析

在科学研究或日常工作中，我们会遇到这样一类问题：它引起人们长期的争论，却总得不到清晰的结论，由此而被称为“老大难”问题。教师教育中的“师范性”与“学术性”之争，就属此类。它在本世纪初我国兴办师范教育时就潜伏地存在了，此后又在不同时期，从解放前到解放后，以不同的方式反复展开。当今，高师教育的发展又面临着新机遇与挑战，这一熟悉的问题在抉择的过程中又被提出。一个问题以多种表现方式争论了近百年，真可称为教师教育的“百年难题”了。

面对这样的问题，有人嫌烦，有人恶争。我的态度是先看这个问题是否是真实的存在，只要是真实的存在（不是思辨式的游戏），就有研究的必要。但研究并非从评谁对谁错，即从评论已有答案的是非开始，而是应先审视问题。有些问题之所以长期形不成共识，是因为问题本身的设置或提法有问题，使人无法找到答案。问题的提法起着划定“楚河”“汉界”、引导寻找答案思路的作用，所以，其不当就会把讨论引入死胡同。凡是这类提法本身有问题的“问题”，我们可以把它称为“假问题”，因为它把本不构成对立的范畴对立起来了，或者还存在着概念理解上的偏差。也就是说，从逻辑的意义上看它并不存在。按照这样的策略去分析师范性与学术性之争，我得出的结论是：这正是一个在现实中存在的，但在逻辑上不存在的“真实的假问题”。为了说明这点，实际上是为了理清这个提法错误却又真实存在的问题背后的真正意义，并找寻中国教师教育面向未来的发展思路，我们有必要就此问题，从历史与逻辑、现实与未来等多角度做出阐述。

一

首先要做的是对我国师范性与学术性之争的由来与变化的分析，概括出争论中所指的师范性与学术性究竟各指什么。这是做逻辑分析前所必须进行的事实性材料和概念的清理工作。

中国的师范教育诞生在高等教育和“新式”（不同于私塾）学校之后，它应近代中小学建立对新师资的迫切需要而定。最初设立时都在某一总校之内，如1897年上海创办的南洋公学内设师范院，1898年北京开设的京师大学堂也设“师范斋”。这种状况反映在1902年清末公布的第一个近代学制“壬寅学制”中，它规定：“中学堂内附设师范学堂，以造成小学教习之人才”，“高等学堂应附设师范学堂一所，以造就各处中学堂教员”[①]。但该学制没有实施。1904年清政府又颁布了我国教育史上第一个颁布并得到实施的近代学制，即“癸卯学制”，在该学制中承担教师培养的师范学堂有了独立的地位，并有了初级师范学堂与优级师范学堂之分。它可以看作我国独立设置中等师范学校和高等师范学堂的开端。从上述有关“开端”的形成过程中就蕴含一个具体问题：教师培养是独立设置学校好，还是包含在普通中学、综合大学中好?

1920年前后，国内教育界围绕上述具体问题开展了第一次激烈的争论。它导致的结果是在1922年公布的“新学制”中，对师范学校的设置采取了两者皆可的折中方案。但讨论却并未因新学制的公布而停止，它一直延续到1949年。具体展开介绍这一争论的全过程并不是本文的目的，本文需要指出的只是：在争论双方各持的理由中有一焦点，即培养教师的教育有没有特殊性。被称为“独立派”的人持肯定观点，他们强调教师培养有特殊性，故要独立设置师范学校，其特殊性主要是指道德要求和教育学及中小学学科教学法的相关知识的学习和训练，这就是最初的“师范性”之实指及在学制层面上的反映——独立设置师范教育系统。而被称为“合并派”者则反对或否定这种特殊性的存在，认为只要学好所要教的学科，就能教得好学生；或认为教育学等学科的学习未必能教会学生毕业后教书，此等能力只需在实践中养成，无须专设师范学校来教；或者更有甚者，认为师范学校因增设教育学科而削弱了学科学习，降低了学生的学术能力，优秀学生也不愿报考师范，这在高等教育中尤其突出。他们以轻视、否认上述“师范性”为特征，突出的是各门学科的“学术性”在培养教师中的作用，因此，也可以看作最初的“学术性”之实指及在学制层面上的反映——反对独立设置师范教育系统。

中华人民共和国成立以后不久，50年代初在高等学校院系调整和整个学制体系中，都以独立设置师范体系（包括中师与高师）为基本原则，中等师范学校与普通中学明确分设，高等师范院校与综合大学分设，只有少数几所综合大学中

① 陈剑萍. 中国近代师范教育争论问题的透视. 华东师范大学学报（教育科学版），1996（3）.

仍保留教育系，但它的任务已不是为中小学培养新师资。因此在新中国成立后很长一段时间里，不存在是否要独立设置师范教育系统问题。师范性与学术性之争，主要转化为师范院校内部的办学方向与课程结构上的分歧了。在“文化大革命”前，一般的倾向是重点师范大学强调增强所谓“学术”实力，普通师范大学突出所谓“师范性”。

20世纪70年代末起，在高等师范院校办学方向上的这一争论，表现为学校的发展以提高学科的学术性、办学层次（如研究生层次的加强）、发展教师和学生的研究能力为主，还是以满足现有中学教育对教师学历层次要求和培养学生热爱教师职业、具有从教的知识与能力为主。提出这样的问题，一方面是因为本世纪下半叶科学技术对社会发展所起的作用日益增强，高等教育中科研的重要性日益受到重视，职称评审制度的恢复也起了强化作用，另一方面是人们习惯于把综合大学与师范大学比较，且通常以综合大学的标准来要求师范大学。在对高校进行评估时这一问题表现得最为突出，由国家职能领导部门制订标准，用一把“尺子”量所有的学校，然后再按得分多少列出高低排序，按此序列给予相应“待遇”。由于这一评定标准和评估过程都由领导层控制，且对每一所高校的发展空间、条件直接产生影响，所以对现实具有直接的导向作用，它颇像普通中学按升学率排序一样，然而在一定意义上却比普通中学的排序还要“荒唐”。因为普通中学办学条件尽管各有差异，但课程、教学内容等基本是统一的，而综合大学与师范院校虽均属高等教育之列，但培养目标与课程等却有专门化的要求。不同类的学校本不应简单相比，但现实中不但比了，而且评了，还有相应的政策措施、经济投入等实际利益配套而来。这等刺激，怎能不让那些不甘落后、想有所作为的师范院校奋起？于是，可列为高师院校中的佼佼者的儿所师范大学，暗中更把综合大学当作赶超对象，强调学科教学的“学术性”水平，强调发展研究生教育、强调培养学生的科研能力和教师的科研水平，而忽视了前述的“师范性”，造成的直接显性后果是，这些学校的学生毕业以后进入到中学任教的人数逐年递减。此等现象直到引起教育主管部门的重视，反过来又批评、制约这些师范大学才得到局部控制。

自本世纪80年代起，师范院校在办学方向上又出现了另一类情况。那就是为适应科学技术发展和市场经济发展的环境，不少师范院校增设了许多新专业，冲破了传统师范院校专业设置以基础性学科为主的框架。这些新专业被统称为“非师范专业”，并且被教育主管部门视为师范院校“不务正业”的表现，也纳入控制范围。还有一些师范院校抓住改革的时机，寻找合适的理由转制为综合性大学。总之，这一段时期师范院校的办学方向基本上呈现出“弱化师范性”、加强“学术性”或“经济实用性”的趋势。对“师范性”的强调更多来自政府主管部门。

在这一时期师范院校内传统“师范性”之弱化还反映在课程上。它表现为：有关师范性的课程在课时上减少；学生到中小学见习、实习的时间缩短；教育学公共课和学科教学法的教师队伍因得不到及时补充而呈现短缺和老化等现象。更突出的是由于教育学公共课课程的内容或陈旧或脱离实际或缺乏理论深度，教学方法单调和未能调动学生自己的经验和需要，不少师范院校的教育学课程不受学生重视和欢迎。61 年前李建勋先生在北京师范大学讲话中所描述的一番情景，几乎还可用来描述当今一些师范院校的教育学公共课教学状态：“学生大多数认为教育科目是教育系学生应学的，他们出去以此教人。我不教人，所以学不学没有关系，……因为不学这些课程就不能毕业、又不感兴趣，所以只是得过且过的混。”① 上述因师范院校内部教育学课程本身带来的“师范性”弱化，恐怕是更值得深思的现象。人们不禁要问，就算师范院校不再强调“学术性”“经济实用性”，凭这样的一些课程就能加强“师范性”了吗？

“师范性弱化”的现象与中国基础教育，尤其是普及九年义务教育需要大量和高质量教师队伍的要求不相适应。面对如此现状，也有人提出要向 50 年代一些西方发达国家的做法看齐，逐步取消教师培养定向式的高等师范院校，采取综合大学中设教育学院的做法，但此类教育学院属研究生层次教育，而不是像 1922 年中国公布的新学制那样，是与其他学院同处本科层次的师范学院，这样似可以在时间上解决加强学术性与师范性的矛盾，以求一个两全其美。问题绕了一个大圈，又回到从学制上来解决这个老大难问题的思路。这是否意味着关于它的争论可以画一个句号了？

事实不然。1996 年在北京召开的全国师范教育工作会议对如何办好师范、培养高质量的中小学师资队伍问题做了专门讨论，通过了《关于师范教育改革和发展的若干意见》，并以国家教育委员会文件的方式下达到省、市有关部门和委属院校。文件强调“健全和完善以独立设置的各级各类师范院校为主体，非师范类院校共同参与，培养和培训相沟通的师范教育体系”，“国家对师范专业毕业生颁发相应的教师资格证书，并通过实施教师资格制度，吸收非师范专业学生和社会优秀人才从教”。文件还要求师范院校一方面要完成“以改革促发展，使师范教育总体水平明显提高，培养培训教师的数量和质量满足中小学教育发展的需

① 陈剑萍．中国近代师范教育争论问题的透视．华东师范大学学报（教育科学版），1996（3）．

要”，另一方面“高等师范学校要加强专业和学科建设……加强科学研究工作，坚持科研与教学相结合，提高师范教育学术水平”。由此可见，文件对师范性与学术性关系的回答是：坚持师范院校培养教师的师范性方向，提高师范教育学术水平。而不是用取消师范院校、提高教师培养的学历层次的方式来解决。但是，由于对何谓“师范教育学术水平”，并未做出明确说明和提出切实要求，所以，在师范学校内部关于“师范性”与“学术性”的问题，对许多人来说依然是说不清、道不明的问题，它在认识上和行动上都更难说已经解决。

以上我们简单回顾了近一个世纪来，中国师范院校有关师范性与学术性之争表现的演变过程，由此可见，它在事实上的存在已无可怀疑，但值得指出的是在整个演变过程中，没有或者说很少变化的是“师范性”和“学术性”两大概念在对峙时的实指。所谓师范性大多是指培养教师的一些特殊课程，如教育学、心理学、教学法、见习、实习等，以及道德品质的要求；教师必须具备的基本技能技巧，如普通话、板书等；组织管理能力和特长培养；等等。所谓学术性则大多指师范院校内各系教师在科研中所表现出的、可与综合性大学同类系科相比的学术水平；同类学科教学内容上专门化水平和反映学术前沿的程度；学生从事学科研究的能力；等等。大多数人认为，在师范院校与综合性大学都只有四年的本科学习年限中，这两者在每个学生身上的统一是无法实现的，因此，只能强调一方。在师范院校每个教师身上同样也很难达到统一，若要想在学校整体上实现两全其美，那可以选择的方案只能是一部分教师重点放到学科研究上，以完成提高学术性的任务；另一部分则重点放到师范性上，以完成为中小学基础教育服务和加强师范性的任务为主。后一部分教师首先是指甚至主要是指承担教育学和教学法课程的教师。这也就是说，大部分师范院校的教师与加强师范性关系不大。

在很长的时间里，没有人对这两个概念本身做过探讨，也没有对两者对峙的合理性做过分析。这是一种奇怪的现象，也许是因为问题产生于实际，而使人们忽视了本该探讨的问题合理性的逻辑前提，只是就事论事地反复讨论。本人以为，如果不想以现在同等的水平把这个“世纪难题”带到新世纪去开展讨论，那么，现在是深入反思问题本身合理性的时候了。

二

反思从对“师范性”与“学术性”两个概念的探讨着手，在探讨的过程中分析问题本身的合理性。上文已对两个概念的实指做了概述，在此要做的分析是：

这样的实指是否反映了其所指对象的性质？是否涉及了本质？如若没有或不够、不准确，我们认为正确的理解应该是什么？尤其在今天，我们应该怎样理解教师培养中的“师范性”与“学术性”？为了探讨的集中，我们把此问题涉及的学校等级层限制在高等教育范围内。

相对于“师范性”而言，本人感到“学术性”这个概念要简单一些，且人们理解上的误差不大，所以，可以先作讨论。

从上文中可以看到，“学术性”的概念运用到不同主体（学校、教师、学生）身上有不同的表现，但都与学科相关的研究水平，个体、群体的研究能力相关。研究水平高，就被称为学术水平高，反之亦然。如果再深究一下研究水平的集中表现，那就会指向学科知识的创造，所以，学术水平常以推动学科知识的发展程度、学者的创造能力与相关成果来衡量，它不包括学科知识的传递工作和能力。由此可见，当人们把师范性仅仅理解为是把学科知识中最基础的、早已成为定论的那些内容传递给中学生，即会教中学教科书的能力和技术时，这样的“师范性”概念与上述的“学术性”概念就不相干且可能对立，而我们以往的争论恰恰正是建立在此基础上。

然而，学术性的内涵是随时代而变化的。上述学术性的理解与近代科学的诞生和发展，与科学知识以学科为主的方式直接相关，在那个时代的高等教育也以培养学术精英为使命。因此，学术水平也就成了衡量高等教育质量的核心指标。时至今日，随着科学存在形态的多元化和科学研究的分层化，随着对人类创造能力理解的多样化，随着高等教育功能的复杂化，人们已开始重新审视“学术水平”这个概念。我们以美国卡内基促进教学基金会前主席、已故著名人士欧内斯特·波依尔（Ernest·L. Boyer）在1990年发表的《学术水平反思》这一报告中的观点为例来说明这种变化。因为波依尔从高等教育工作者职能变化的角度切入，对“学术水平”作了反思，与我们的讨论更接近。

波依尔明确指出：“我们现在对学术水平的看法已有很大的局限性，把它局限在某种功能的等级上。基础研究成为首要的和最基本的学术活动，其他功能则从中派生出来。”[①] 这里的其他功能是指应用和知识传授。但是，在他看来，“知识并不都是以这种线性方式发展的。因果关系的箭头可能常常是指向两个方向的。理论确实可以指导实践，但实践也会产生理论。最好的教学可以改造研究和

① 波依尔．学术水平反思//国家教育发展研究中心．发达国家教育改革的动向和趋势：第五集．北京：人民教育出版社，1994：22.

实践工作者”[①]。以此为据，他提出要拓展对学术水平的理解，学术水平包括“发现的学术水平；综合的学术水平；运用的学术水平；教学的学术水平”[②]。

随后，波依尔在报告中分节阐述这四种学术水平。我们在此不再一一转述，需要介绍的只是他对原来被排除在学术之外的“教学”所做的学术性的解释。在波依尔看来，教学是一门学术性的事业，它虽然从已知开始，但不局限于已知，最好的教学不仅传授知识，同时也改造和扩展知识，更重要的是教学也是一个能动的过程，教师不仅要善于创造一种求知的共同基础，而且通过各种活动，把学生与自己都推向新的创造性的方向。教学同样需要教师的创造性[③]。

我认为，波依尔给我们的启发不只是结论，更重要的是思想方法。他并没有改变学术水平的本质意义——创造水平，但它把创造力的表现拓展到教师全部的职业活动领域，并克服了把教学中传递的内容是已知领域的知识（大部分不具有创新性）等同于教学活动不需要创造力的错误观点（何况，教学的任务还远不只是传递知识，这留待在分析师范性时再议）。揭示了教学活动同样需要创造力的事实，从而提出了把教学也看作有学术水平差异的活动，这一点，不仅对我们理解学术性是有意义的，而且对理解师范性也同样有价值。如果按波依尔的观点，所谓“师范性”与“学术性”的对立就不复成立。

此外，就算我们依然维持原有的对学术性的理解，如果只是从学校的性质出发，就认定高师院校属低学术水平的院校，或者他们理应是低学术性的院校，进而把高师院校致力于提高学科研究水平看作非分之举，反证其是对师范性的削弱等，这一套传统观点也是站不住脚的。推进学科和各种科学的发展，是每一所具有本科以上设置的高等院校共同的任务，高师院校自然不应例外。高师的性质由培养任务而定，不是因学术性的高低而定的。反过来说，学术性的高低并非由学校性质决定，而是由学校的办学指导思想和功能定位，校内各学科的学术力量强度、合作能力及研究传统、优势学科或学科群的状态等方面决定。应该说，高校学术水平的高低对其发展有重要影响，每一所具有条件的高校对与学科发展相关的学术性的追求是自然和合乎情理的，如果要出问题的话，只是在把它放到唯一目标的时候。学校与学校之间在学术性上的区别，有高低之分，有优势学科之分。正像综合性大学中有学术性高低的区分一样，高师院校自然也有学术性高低

① 波依尔．学术水平反思//国家教育发展研究中心．发达国家教育改革的动向和趋势：第五集．北京：人民教育出版社，1994：22－23.

② 同①23.

③ 同①30－32.

的区分。依不同类型的学校为标准去规定应不应该提学术性是不可思议的。但是，这种不可思议之事在人们对高师院校的议论、指责中却出现了。这种明显违反逻辑的结论却持久存在，甚至内化到一些高师院校领导层和教师层内部，这实在值得深刻反思。我们不禁要问：问题的症结究竟在哪里？定向培养专业人员的高等院校有很多，如医学院等，为什么唯有高师院校形成引人注目的“师范性”与“学术性”之争，而并没有使医学院的“医学性”与“学术性”成为引人注目而持久的争论？看来，是有一个什么“情结”堵住了我们的正常思维。这个“情结”，我以为就是对教师职业的非专业化的定性和肤浅而陈旧的观念，它集中表现在对师范性的理解上。对于今天即将进入 21 世纪的中国而言，这种认识不改变，在它的支配下培养教师的模式不改变，必将殃及我国未来教师的质量和基础教育质量，其消极后果远远超出了师范院校内部发展，关系到未来一代和未来社会的整体发展水平。

一般地说，把高师院校的师范性抽象地表述为“培养教师这一任务规定的特殊性”并不错，问题出在具体的理解上。核心是在怎样理解教师职业的性质及该职业对从业人员的基本的、又是不同于其他职业的一些特殊要求。不同学科教师的培养目标规格、为完成这一目标所做的教学计划、课程设计等，都是在上述核心观念支配下的具体化过程。师范院校要不要定向独立设置，虽然与师范性认识有关，但它还受当时社会经济发展水平及对教师数量与质量的需求状态制约，它非常实际，但却处在理解“师范性”的边缘地区。所以，我们把对师范性的讨论集中在核心问题上，即教师职业性质及对从事这一职业人员的基本要求上。

下面，我们按对这一问题认识的偏差程度来逐级分析不同的答案。

把教师职业仅看作传递学科已有基础性知识的职业，所以，对学术性所内含的创造性无要求，认为只要懂得须传递的知识，就具备了从教条件。尽管还有“一桶水”与“一杯水”的关系之说，但这里所讲的“水”是同质的，仅有数量的差异，并无结构的区别。在我看来，这是一种最为初级和肤浅的认识。它的偏差至少有三：

第一，把教育工作的最本质任务——培养人的多方面的主动发展能力的任务忽视了，只抓住了局部的“教书”之事，且在讲教书时又只见书、不见人。这是对教育性质与功能认识的极大偏离和狭窄化。照此理解，师范只要培养“经师”，不要培养“人师”。

第二，把所教知识的已知性混同于教育活动的非创造性。这不但有逻辑错误，而且排斥了对教师创造性工作的意向与能力培养之必要，排斥了教师在工作中探究知识的必要。照此行动，师范只需培养出墨守成规的、不思进展的“教书匠”。很难想象，靠这样的“教书匠”能培养出有创造活力的新生代。

第三，混同了“教什么”和“如何教”两种不同类型的知识。误以为掌握了教什么，就必然能教好什么，连师范教育专业培养中最明显的要求也被忽视，那么，持这种观点的人必然根本无视师范的特殊性，主张无须有教师培养性质的专门教育就不奇怪了。对于他们来说，无论哪个人，只要持有大学文凭就能当教师，因为他有足够教中学的知识。所以现在提出“教师资格证书制”在他们看来也属多余。

第二类观点与前者相比，进步仅在承认教什么和如何教不仅是有差异的知识，而且后者还包括一些特殊的技能、技巧，所以需要专门的师范教育。在他们看来，教师的知识结构是学科知识与教育类知识相加，并掌握相关的技能。持这类观点者，在课程设计上也呈现相应的结构方式。在两类知识中，看重后者的人，就会要求加强教育类知识和能力培养的时数和探讨其有效的方法。看重前者，则倾向于压缩与教育相关的学科和课时。

这类观点的偏差主要在于对教师专业要求的认识还停留在最初级的水平上，还没有从整体和有机联系的角度来认识两类知识的关系问题。所以，尽管可以承认师范专业的特殊性，但在高师院校中它只是部分教师和部分课程的任务。离对教师专业素养的全面理解依然有很大距离。

本文在第一部分谈到的有关师范性的认识，大多停留在这两类观点上。

第三类观点向前走了一大步。即已经看到了教师教学工作需要创造性，在当今科技迅猛发展和社会飞速变化的时代，教师本身的知识也需要更新，教师需要不断的继续教育和终身学习。教师要把教学过程变为与学生一起探索、发现知识的过程，并通过这一过程来培养学生探索、创造的欲望与能力，使教育不仅发挥出传递已有文化的功能，而且发挥出培养学生创造新文化的能力。

这类观点很接近上述波依尔的观点，也是当代国内教育理论界已越来越关注赞同的观点，它把创造性看作教学活动的内在要求，提出了教学的学术性观点。正如上面已经指出的那样，如此理解的师范性，已包含了部分的学术性。两者不再处于无关或对立之势。所以可把它称为前进了一大步。但这类观点在高师院校的培养方案和课程设计中，就国内而言还几乎未见；在中小学的教学实践中也还只是少数“创新者”努力做出的罕见成绩。

然而，就是这一类观点，也还没有达到揭示出教师职业作为一种专业的全部丰富性。这种丰富性的认识要求我们重新认识教育的使命和本质，认识教育在人的发展和社会发展中的重要和独特功能，认识教育过程的复杂性和综合性。唯有如此，我们才可能真正意识到教师与人类命运的关系，认识到教师需要有自己独特而富有整体性的高标准的专业修养，其中包括关于教育的理念、结构和内容都具有特殊性的知识和技能修养，以及含有交往、管理等多种从事教育所必需的专业工作能力与创造能力。唯有如此，我们才会承认教师职业是一种真正的专业，教师是必须经过并不比造就医生和律师要简单或容易的专业教育。只有到此时，我们才能说在相对完整的意义上把握了师范性的意义，师范性就成为教师专业性的同义语。

较充分地展开本人对教师专业性的认识[①]已不是本文篇幅所允许的事了。但是，我可以提出作为本文结论的是：现在是结束“师范性”与“学术性”之争的时候了。我们面临的新问题是如何全面地把握教师的专业性。如果还要与原来的问题保持联系的话，那么，问题将这样提出：什么是高等师范院校独具的学术性？然而，就是这个问题也仅是教师专业性探讨的一部分，而不是全部，教师专业性的探讨是新世纪更重要和更具有全局性意义的任务。

本文发表于：《高等师范教育研究》，1999（2）.

① 有关教师专业性的论述，详见：叶澜．新世纪教师专业素养初探．教育研究与实验，1998（1）.

深化中国高等学校内部管理体制与运行机制改革的研究报告*

自本世纪80年代中期以来，中国的高等教育改革逐步走向深入。其显著的表现之一，就是要求高等学校内部的管理体制与运行机制实现转型性的变革，以适应21世纪时代、中国社会和教育事业本身发展的需要，创建具有中国特色的21世纪新型大学。经过10年来的改革探索，不少高等院校已迈出了实践的第一步，也积累了新的办学经验。但就总体而言，与实现这一具有重要历史意义的变革还有很大距离。本课题经过研究形成对这一改革的本质和一系列重要关系的系统认识，并寻求富有针对性的、有助于这一改革深化的对策性建议。

一、高校内部管理体制与运行机制（以下简称“体制”与“机制”）改革的合理性分析

体制与机制，是任何一个实体机构开展工作不可缺少的基本构成。高校内部的管理体制是指学校的内部组织系统及其构建的原则与功能规定，涉及机构设置、责职分工、权力分配及其相互关系等一系列重要且具体的方面。高校内部的运作机制指保证高校内部主要工作的目标有效运作的基本程序与手段，具有维持、推动、反馈、调控、保障及促进工作系统发展等功能。无论是体制还是机制，说到底都是为实现学校的整体功能和目标服务。就功能而言，两者有相关性，但还存在差异：体制是学校功能的机构性静态体现，机制是学校功能实现过程的规则性动态体现。

古今中外，体制与机制的改革总是发生在重要的、激烈的历史变化时期。但事实表明，并不是每一次以“改革”为旗号的运动或实践都是积极和成功的，有的却是无谓的，甚至是倒退和具有破坏性的。所以，“改革”需要做合理性论证，

---

* 本报告为课题研究总报告，由叶澜执笔。本课题组是“21世纪的中国高等教育”总课题组中的第08号课题组，成员单位有清华大学、兰州大学、江苏省教委和华东师范大学，叶澜为课题负责人。

核心问题是改革的必要性。

从上述有关体制、机制与学校功能的关系判断中可以得出这样的结论：高校体制与机制改革之必要性，要看现有的体制、机制对学校目标、功能的实现是否适合、有效。一般而言，只有在两种情况下需要做出改革：一种是学校功能、目标发生重大变化，原有的体制、机制不能满足这种变化的要求；一种是功能、目标无大变化，但原有机制、体制存在的弊病日益严重，造成自身功能的失灵。前者要求的是"转型式"变革，后者要求的是"除弊式"变革。

我们认为，当前我国高校体制与机制改革之所以必须，在两者中主要属前者。

当前我国高校功能和目标的变革之最深刻的根源来自社会的变革。概括起来主要源于两大方面：一是世界性的科学技术迅猛发展，以及由此而带来的生产力构成因素中科技比重的日益增强；社会经济结构中信息等高科技产业的崛起和对其他产业、社会管理、人类生活、国际关系等方面的深入的、渗透性影响。在这场变革中，我国虽然不属前列，但改革开放的国策和现代化建设的社会发展目标，已经使我们不能不正视、不投入到这一不可逆转的世界经济发展潮流之中，而且要尽快地缩短差距，提高竞争的实力。另一方面是当前社会发展变革对高等教育的要求。1998 年 10 月召开的世界高等教育会议所形成的文件——《21 世纪的高等教育：展望和行动世界宣言》对此做了恰当的表述：由于变革的范围广、速度快，社会已经逐步变成了知识型社会，因而高等教育和研究正作为个人、社区和国家的文化、社会经济和环境方面可持续发展的主要组成部分发挥着作用。所以，高等教育本身正面临着巨大的挑战，而且必须进行从未要求它实行过的最彻底的变革和革新①。

除此以外，我国的高等教育变革还有特殊的社会背景，那就是深刻的国内经济体制的转型性变革——由计划经济向社会主义市场经济的变革。它不仅要求高等学校内部体制与机制做出相应的变革，以满足社会主义市场经济对人才的新的需要，而且还以社会大环境的激烈变化直接"威胁"高等学校原有的生存方式，"逼迫"其做出体制与机制的改革，这是我们每一个生活在当代中国高校中的知识分子的深切感受，这种状态的存在似无须再做论证。

社会对高等教育量的需求之激增和功能要求的多元化，是直接催促高校内部体制和机制变化的又一重要方面。它集中表现为学龄青年接受高等教育的需求之

---

① 世界高等教育宣言．教育参考资料，1999 (3).

强烈和各种类型的成人对高中后继续教育的需求之猛增。由此，高等学校在机制与体制的改革上还面临着短期内规模扩大和办学类型灵活多样的挑战。在1999年6月13日做出的《中共中央国务院关于深化教育改革，全面推进素质教育的决定》（以下简称《决定》）中明确提出了这一任务："扩大高中阶段教育和高等教育的规模，拓宽人才成长的道路，减缓升学压力。通过多种形式积极发展高等教育，到2010年，我国同龄人口的高等教育入学率要从现在的百分之九提高到百分之十五左右。"显然，这一任务的完成，不能只靠创办新的多种类型的高等学校来实现，它必然要求现有的高等学校在办学方式上实现改革，转换体制与机制，适应事业规模与类型发展的需求。

上述多方面的需求最终聚集到对高等教育功能和目标的重新认识。概而言之，在功能方面，要求的最大变化在服务于社会、经济和科学技术的发展，满足越来越多的人对高等教育的不同类型的需要被突出到显著位置；在目标方面，要求培养出来的人能主动适应迅速变化的社会要求，并能积极和富有创造性地从事自己的专业活动，用《中华人民共和国高等教育法》（以下简称《高等教育法》）的规定语言来表述就是"高等教育的任务是培养具有社会责任感、创新精神和实践能力的高级专门人才，发展科学技术文化，促进社会主义现代化建设"。显然，这一目标与以往的要求不同，它突出了高级专门人才变革现状的创造的实践能力，推动社会发展的能力，集中反映了变革时代，不同于平缓发展时期对人才的特殊要求。历史清楚地告诉我们：一旦目标发生重要的不可避免的变化，高校内部的体制和机制改革，就同样不可避免地被提到议事日程。谁认识这种必然性并采取自觉的行动，谁就把握了发展的机遇和主动权，谁就可能成为新时代新型高等教育的创业者，这就是我们强调认识高校体制和机制改革合理性依据的最根本的原因。

二、90年代高校内部改革反思与评价

分析90年代以来高校内部改革的进程，目的在于通过对历史演变过程的反思，认清发展轨迹，明确现在已具备的条件和存在的问题，找到改革深化发展的方向与主题。

90年代高校内部体制与机制的改革进展，除了与社会经济体制变革密切相关，同时又受高教宏观改革进程的直接影响，就过程而言，大致经历了三个阶段：

第一阶段为突破阶段，时间在1990—1993年。

这一阶段变化的主要特征是，社会经济体制的突破性进展对高校原有体制和机制产生强烈冲击。它集中表现为许多高校出现经济生存危机以及与此直接相关的师资队伍流失的危机。学校若“按兵不动”，依然按照50年代形成的模式运作，那么校内“人”与“财”的危机必然日益严重，最终导致全局性的生存危机。因此，许多高校都在“自谋生路”，寻找缓解危机的新路。正是在这个过程中，学校办学功能增加了直接面向社会需要的服务功能，尽管其主要的直接推动力是解决“财源”问题，但客观上打破了封闭式的办学体制。

市场意识与变动意识的觉醒与勃发，是当时高校在观念上从社会变革中学到的最重要的东西；在行动上，学校为缓解经济的困难，一方面向上级领导部门争取经费，一方面走上为社会服务的道路。而上级领导部门采取的“给政策，不给或少给经费”的策略又推动了高校为社会服务的进程。当时高校采取了一系列措施：根据市场需要开设应用性和综合性的新专业，诸如旅游、国际贸易、电子、数理统计等。这些专业大部分反映出社会经济发展的需要，是市场需求的“热门”专业，由此冲破了长期以来高校专业设置以学科为主稳定不变的格局。在招生中出现了招自费生、定向生、委培生等“新招”，它实际上冲击了高校经费来源完全由国家包下来的旧体制。各种短期、非正规、非学历班如雨后春笋般地出现，此起彼落的变换，突破了高校原来基本上采取正规的全日制办学的方式。校内后勤承包制的尝试，校办企业面向社会市场与科技开发的生产、经营策略，以系（或其他机构）为单位举办公司等措施的出台，使高校出现了不只是通过人才的培养，而是直接与经济、市场发生联系，并把市场运作的机制（如承包等）部分引进学校经济管理的新局面。

总之，在这一阶段，高校以前所未有的变革走上了面向社会、为社会服务，以此换取经济利益保证生存的道路。这使过去处在十分边缘的高校社会服务功能，一时间成为关注的焦点，获取生存的“救生”之道，并且还渗透影响到原有其他功能的实现方式。我们将此状态称作功能兴奋（或功能强化）中心变换。

功能兴奋中心变换的积极效应是高校“三大”功能都进入了办学者和管理者的意识，成为影响决策的重要因素，冲破了原有单一的、僵化的、高校与社会基本不直接相关的“象牙塔”式的办学方式、体制与机制。学校关注并努力把握市场变化，下功夫开发潜在市场，学校的经济来源多渠道化，开始构建以调动经济潜力为目标的灵活调节机制。这种灵活性又逐渐扩展到学校人事制度、职称评审等领域，人们对机制的调控和开发潜能的力量有了深刻的感受与认识，冒险和风险意识也被唤醒，学校的体制和机制变革跨出了增强对社会适应能力、打破只依靠政府部门或者完全按原定框架运作模式的重要一步。

上述变化也产生了不可忽视的消极效应。最主要的是高校传统的培养专业人才和发展学术的功能一时被淡化，受到冲击；学校经济功能的泛化，使一些部门、个人更热衷于能直接获利的“自留地”，学校原先集中的权力随着经济的放权与被削弱，出现了权力分散、指挥不灵、“钻政策空子”、“打擦边球”等不规范现象，削弱了学校最基本功能的实现能力。这些影响还直接渗透到校风、学风和教风等方面，出现了教学质量滑坡、新的“读书无用论”冒头等现象。经济功能主义的盛行，使潜心教学与专注学术似乎成为一种过时的价值，这是高校这一时期的变化在校园文化和个人心态、价值取向上产生的消极影响。

第二阶段是矫治性规范阶段，时间在1994—1995年。

新的功能、价值的产生，使原有的体制、机制系统中出现了新的因素，同时也带来紊乱。高校教学和科研的削弱引起了内外和上级领导部门的重视，因此形成新的规范和提高教育质量就成为这一阶段的重点，这是针对变革中出现的紊乱所做的矫治性行为。其主要的措施是增加了对学校新的行为的调控。如新专业的开设要经过评审程序，行政部门在总量上加以控制，避免出现无基本条件就办专业和许多学校瞄准“热门”专业一哄而上的盲目发展状态，保证满足社会需要、提高教育质量和办学效益等三方面取得协调的积极效应。在运作机制上要求建立新的规范和制度，建立起对学校教育质量和工作的正常评估机制，用来调节发展和质量的关系。为了提高教学质量，开始了新一轮的教学改革，理科以设立教学基地的方式建设专业，树立教学工作的典型，对面上产生辐射效应。可以说，这是尝试建立体制与机制的新秩序的阶段，采取的主要方法是规范和形成调控机制，“纠偏”与“固本”是直接的目标。

这一阶段的努力，使已经明显呈现出来的偏差不再蔓延、强化，避免发展到无法收拾的极端状态。它再一次强调，教学、科研等这些高等学校的传统功能是不能丢弃的信念，因为它们是高校存在的“本”，丢弃了这些，大学就不成其为大学。另外，当高校度过了生存危机以后，就必然要进行“功能整合”、“理顺体制”和“形成新的运行规范”的工作。这一切，再一次告诉人们，在高校对某一功能的强化，哪怕是一个很重要且有现实意义的功能，也不能突出到取代其他功能和唯一的程度，倘若如此，必走向极端，由“利”转化为“害”。

我们认为，作为一种纠偏和调整的行为，这一阶段的变革是有效的，它朝着体制和机制的新旧转换并实现新的整合的方向前进。但是，由于纠偏的行为有很强的针对性，往往缺乏前瞻性，缺乏对事物关系的深刻把握。所以，它实际上主要起了“防洪”的作用，并未达到建立在深入反思的基础上，立足于中国社会和教育事业的发展，以时代和国际高等教育发展趋势为背景，形成学校内部体制与机制整体式再建的水平。再加上这一阶段的制约措施，主要出自政府管理部门，用自上而下的方式进行，还没有引起大部分高校管理干部自觉的、真正以自己学校的发展为中心的、关于体制与机制新的整合的系统策划和行为，他们基本上还处在被动的地位。

第三阶段是前瞻式变革阶段，时间从 1996 年始一直延续到 21 世纪初。

高校如何适应 21 世纪社会和教育发展的需要是这一阶段改革力图解决的中心课题。它的前瞻性表现在时间取向上超前，以未来的发展作为目标去思考今日的改革，其重要的标志是拟定学校发展规划。“211 工程”的启动是体现这一时间取向的典型。

“211 工程”对高校改革的影响，无论是被列入的还是未列入的学校，都是重要的。概括起来，主要有以下几个方面：

第一，从体制上改变了大学都由国家管的观念，强化了高校发展与地方发展的共生关系。1998 年通过的《高等教育法》明确区分了两类学校，一类是“由国务院确定的主要为全国培养人才的高等学校”，它们直属国务院教育行政部门管理；另一类由省、自治区、直辖市人民政府管理，是“主要为地方培养人才和国务院授权管理的高等学校”。在 1999 年通过的《决定》中更清晰地提出了“进一步简政放权，加大省级人民政府发展和管理本地区教育的权力以及统筹力度，促进教育与当地经济社会发展紧密结合……形成中央和省级人民政府两级管理、以省级人民政府管理为主的新体制”。这可以看作“211 工程”启动以来高校宏观管理体制的重要变革，它强化了绝大部分的现有高校面向地方、为地方服务的功能，并使它得到法律和行政权力的保障，成为今后来自社会的推动高校发展的重要动力机制。

第二，在高校定位上，明确增加了办学水平层次的因素。以往在大学的分类上只有“级”（指大专、本科、研究生等学历层次）和“类”（指综合类、农林类、师范类、医疗类）的区别，没有以办学质量为检测区分的主要指标，没有明确区别办学水平达到的“层次”差异的意识。而且还错把“类”当作“层次”。如，在“211 工程”最初提出时，就有过不考虑师范类，认为师范类高校都属教学型大学，无科研要求之说，这是把类区别与级区别混为一谈的典型例子。“211 工程”的正式启动，政府提出了创办示范性、一流大学的目标，这就促使高校反思自己当前究竟处于怎样的办学水平，研究一流大学的主要标准和特征，并针对自己的实际，全面制订远、中、近三程的发展规划。它要求学校领导不能只被眼前的功利所左右，认识到“发展”是一个有目标的连贯过程，增强学校的优势和内聚力，尤其是学科建设和队伍建设的重要性；认识到必须从当代人类社会科学和文明发展的趋势来规划学校发展的重要性。总之，为了未来而改变现实的前瞻意识在学校发展规划中得到强化。

第三，在学校规模和专业结构上，增加了规范效益的意识和努力拓宽专业口径、改变专业设置太细、适应面太窄的状态。按此要求，国务院学位办重新公布了专业设置目录，促使高校做出内部调整。不少高校建立了校、院、系的三级管理体制，目的是加强学科间的渗透与综合，拓宽学生在校学习期间接触的专业面。这些学校根据对未来社会发展需求变化的预测，增设了一些新的高科技专业。

第四，要求高校教学改革围绕着培养未来新人的目标进行。素质教育的提出引发了高等学校对培养目标的反思，随着对培养学生创造能力和实践能力的重视，高校普遍进行了教育思想的大讨论，着手制订各专业新的培养方案和教学计划，并采取科研立项的方式推动课程、教学改革，提高这一改革的科学性和自觉性。高等教育研究在这一过程中也得到了前所未有的重视，成为推动高校发展的内在动力机制。这一现象也是管理改革前瞻性和科学性意识增强的突出表现。

前瞻性变革时期，可以说是 90 年代我国高等教育深入到内部，对改革的方向与方式的认识走向成熟和自觉的阶段，虽然至今这一认识并未完成，在实践上，广泛、深入、实质性的启动尚未展现，但是《高等教育法》和《决定》的诞生是这一阶段发展至今的重要总结。

回顾 90 年代高校内部改革的上述历程，可以清晰地看到，随着中国社会的深刻变化，中国高校内部的体制和机制的原有模式已被突破，出现了多项改革，并在改革中不断发展和调整。新的体制和机制，在改革过程中获得越来越多的发展空间和基础条件。通过不断的探索和反思，人们的认识也在趋向深化和科学化，这为体制和机制改革的进一步发展提供了重要的思想、认识基础。就生活在高校之中的广大师生和领导而言，高校内部的各项改革已不是一个陌生的不可触及的领域，这为改革的发展提供了人们心理承受力的基础。

三、21 世纪初叶高校内部体制与机制改革深化的主题

《高等教育法》中明确指出：“高等学校应当面向社会，依法自主办学，实行

民主管理。”在1999年发表的《决定》中再一次强调了“按照《中华人民共和国高等教育法》的规定，切实落实和扩大高等学校的办学自主权，增强学校适应当地经济社会发展的活力”，并做了一些具体的说明，如“完善高等学校自我约束、自我管理机制。进一步扩大高等学校招生、专业设置等自主权，高等学校可以到外地合作办学。深化学校内部管理体制改革，进一步精简机构，减员增效。改革分配和奖励制度，实行多劳多得、优劳优酬。加大学校后勤改革力度，逐步剥离学校后勤系统，推动后勤工作社会化，鼓励社会力量为学校提供后勤服务，发展教育产业”等。因此，我们认为，把《高等教育法》的相关规定转化为高校内部真实的体制与机制，是今后十年体制与机制改革的主题。深刻理解这一主题，是深化高校体制与机制改革的必要前提。因此有必要对“面向社会”“依法自主办学”“实行民主管理”等基本要素的内涵做进一步的阐述。

与本世纪相比，21世纪中国高校在办学上十分重要的区别是强调“面向社会”，高校不再只是按学科发展的需求与逻辑办学，不再是脱离社会生活的“象牙之塔”“世外桃源”，而是生活于社会之中，负有满足和促进社会发展的不可推卸的使命，用一些高等教育研究专家的话来说，就是高校将从社会的边缘走向社会的中心。

“面向社会”办学，从根本上说是面向社会的发展，且是社会的可持续发展，为人类、民族带来幸福和进步的发展办学，而不只是眼前需要什么就办什么专业，什么赚钱就办什么专业。“面向社会”，不仅要体现在专业设置、办学方式、教学管理和实施等方面，更为根本的是要从培养人的质量方面努力：要满足社会、职业发展对人的多方面发展和基本要素要求的变化，使学生具有适应社会变化，在陌生和复杂的环境中解决问题的能力和进行创造性思考实践的能力；树立正确的道德观念，具备良好的心理素质和健康个性；善于合作与交往等。这对无论从事哪一个专业工作的大学生来说都是重要的。“面向社会”，也是学校办学走向开放的最基本特征，它不仅意味着高校要为社会发展服务、满足社会需求，同时意味着高校要善于依靠（不是依赖）社会，积极吸取社会对学校发展的有利因素，提高学校对社会发展的影响力和社会地位。这对21世纪高校的发展来说至关重要。唯有从各方面建立高校与社会的双向沟通，积极相互作用，高校才会在新世纪获得新的动力，形成新的生长点。

“依法自主办学”要求规范与创造统一。“依法”作为基本的规定性，在宏观上是高校的发展与运作做到合理、有序、健康的基本保证。对于“法”，不能只是从“限制”的意义上理解，更要从“保证发展”的意义上去利用。在“依法自主办学”中，“自主办学”更是改革的重心，自主是相对于过去政府对高校限制太死、太细而言。实现自主在宏观条件具备后，办学单位具有主体意识，明确本校办学的功能是重要的认识前提，形成新的体制和机制则为目标实现提供保证。高校的主体意识包括自我认识、目标选择、发展战略决策及学校体制、机制的设计等。没有主体意识就不可能有真正意义上的自主，自主很可能演变为随大流。自主办学还要求学校对自己的生存环境做出正确的判断，找到改善、拓展生存空间，与环境形成良性相互作用的途径。自主办学的最佳状态是激发活力和形成特色，每个学校具有不可取代的存在价值和独特的整体形象。自然，这并非否定高校有共性，会面对一些共同的新问题，需要加强联系和协作。就目前而言，我国高校离开做到“依法自主办学”还有相当的距离。现实的状态是不少学校的领导对“法”不熟悉、少研究，自觉用法的能力弱；自主办学缺乏整体思路，希望政府少管，但要多给钱。独立办学的能力尚未达到足够的强度，与环境还未形成较成熟的互利互动机制。

“实行民主管理”，这是目前我国高校管理最薄弱的一面，在体制与机制上体现甚少，或者说较多只停留在口头和形式上。用行政决定的方式在不少高校中依然是基本的管理方式。在有些高校中还有加强的趋势，广大师生参与民主管理的权力被削弱，渠道狭窄化，措施形式化。这与前一阶段高校管理工作大部分力气花在钱、财、物上，花在权与利的分配问题上，并没有把中心真正移到学科发展和人才培养上有关；与中国传统文化中官本位意识至今还很有市场有关；更直接的是与学校领导人有无民主管理的意识与能力直接有关，与干部队伍的素质相关；与有些人作风、自我定位的偏差，把学校领导岗位当“行政官”来做，把教师与学生看作“管”的对象，把评职称、提级、提干看作控制教职工、建立自己“小圈子”的手段有关。行政部门权力意识强化、服务意识淡化，忽视学术民主和师生的学校主人地位与权利，把学校中的学术机构、教职工代表大会当作行政工具，甚至只作“摆设”的现象之存在，并不只是个别高校的问题。民主管理在体制与机制上没有真正体现，靠“人治”，这样，“实行民主管理”就可能停留在口头上，行政命令的管理方式就会盛行，其后果是严重压抑师生的积极性，阻碍高校的学术发展和人才脱颖而出，使学校内真正的主体丧失主体地位，学校缺乏内部发展的根本活力。

由此可见，21 世纪初期中国高校改革面临的主题，涉及明确办学方向、办学主体及发展活力等重要问题，以及办学体制、机制必须作符合功能需要的深入改革问题，忽视这个主题，改革可能事倍功半，甚至迷失方向。

四、21世纪初深化高校体制和机制的建议

1. 找准位置，明确发展空间与策略

20世纪末中国高校在宏观上已呈现出层次、类型和管理模式的差异，高等教育的内部结构由原来的“扁平型”转变为多层、多类的“立体网络型”。所以，对每一所高校来说，要想求发展，形成自己在管理体制与机制上的特点，首先要找准自己在本地区和高等教育网络中的位置，明确发展空间。

具体地说，高校层次差别，主要表现为原有以本科为主的高校中，要区别研究型大学与教学型大学。

研究型大学在科研上承担发展学科和推动相关科学技术发展的重要社会责任，基础性研究大部分集中在这类高校之中。在培养人才上，应该承担起培养“英才”的任务，学生的多方面素养、基础学力、创新意识与能力、心理素质与思维品质等都要求达到较高水准；学校为社会服务也主要通过科学发现与技术创新的成果，转化为社会生产力来实现。自然，这样的学校不会太多，但它对中国高教事业的发展起到高层次的支撑作用。这部分学校不是自封的，也不是一朝一夕可以形成，但它们的存在与发展是中国高校能否与国际一流大学平等对话的重要条件。另外大部分的学校在培养人才和学科设置上更要关注社会的需要，科研也要以应用型为主，在为社会服务方面要形成多渠道和更为灵活的机制。这类学校虽然层次与前一类不一样，但并不意味着它的价值低，没有发展前景。这是一批与时代发展息息相关，与民众需求直接相关的大学，它的发展有深厚的土壤，只要真正把根扎入现实社会发展需要的泥土之中，这类学校同样能蓬勃生长。

所以，不管分属哪一类学校，每个高校都需要对自己学校的类型、性质、水平，已经具备的和可能创造的条件、已经形成的优势和传统、存在的问题、所处地区的状态与发展趋势等与学校发展密切相关的因素做出综合判断，确立与环境共生共发展的意识和策略，形成自己学校的发展方案。只有位置、空间、功能、重点明确后，体制与机制改革的服务对象及方向才能清晰和具有针对性。

这里尤其要指出的是，高校间切忌盲目攀比和模仿，强行升级和升格。近几年来，这类现象在高校中并不少见，比如，把评博士点、硕士点及重点学科，学校有无院士、高级职称人数，科研经费等可测、可评指标的提升，看作办学的最重要目标，而不是从发展需要与实际可能，按目标去努力办好学。如果我们把基础教育中针对升学考试，以升学为唯一目标的教育称为应试教育，那么，高校的

这种办学指导思想，可称为“应评办学”。又如，师范大学向综合大学看齐，教育学院向师范看齐，没有基础的学校（包括综合大学）忙着上热门专业，专科学校忙着向本科院校升格，本科院校急速地扩展研究生教育等等，都是以丢失自己的特性和生存空间，作异类间的不合理比较，失去自己的发展空间，以低水平的状态去挤入另一发展空间，使另一发展空间的生存状态也恶化，从而降低总体质量的突出表现。这不仅从宏观的意义上看是不合理、高消耗的，即使从每一所学校的发展来说也是轻率和无前景的。正如中国科技大学朱清时校长指出的那样：“学校牌换大了，但内核无变化，造成低水平的重复，学校教育逐渐失去特色……如果学校的内涵发展已够，这当然是好事。但事实并非如此，因为研究生课程和培养条件需要长期积累，而且必须大量投入，这些条件达不到，只好把精力放在主管部门‘公关’上。其结果是研究生质量下降，学校呈‘贬值’趋势，浪费教育资金”①。

要改变这种情况，除了学校领导认清方向、准确定位，走内涵发展的道路外，政府行政部门的管理，尤其在评估方面，也要正确引导。改变用单一指标系统衡量各类学校的弊病。创设能在每一级和不同类的高校中都选得出优的评估体系，形成鼓励办出特色的评估指标，建设体现高校“升格”基本条件的评估方案。

2. 理顺关系，构建新的体制与机制系统

本世纪 90 年代高校内部体制和机制改革呈现的总体特征是出现了顺乎社会发展大潮显性需要的多方突破，但还没有从学校系统内部关系的角度，从整体上去研究、认识体制与机制的内在合理性。现在是到了理顺关系，在体制与机制方面构建新的有机整体的时候了。

具体来说，高校内部的机制与体制集中通过机构的责、权、利分配来表现，而学校内部的机制存在横向层级和纵向隶属的双重关系。办学方向正确，责、权、利分配合理和内部协同的一致性，是高校内部管理体制与机制功能实现的基本保证。为了说明问题，下面我们按层级做分析。

（1）校级最高领导层。

首先是党政关系问题，这是中国高校独特的领导体制——党委领导下的校长负责制所提出的重要体制问题。毋庸讳言，在现实中，这并不是已经解决得很好

① 薛昌词．科学规划高教体系避免学位贬值．光明日报，1999－09－03.

的问题。常见的状态是：若党政合作好，就会产生强大的合力；若合作不好，就会给学校工作和发展带来影响和损失；若一强一弱，一方代替另一方，则不存在合力，一方等于虚设。要使这一领导体制产生积极的效应，我们认为需要完善下列机制：

第一，校级党政领导成员的选拔机制。增强学校广大党员和师生在确定校级领导成员中的权重，不要让善于玩弄权术、只努力在领导面前表现自己、要权要利、不对事业和群众负责的人被选拔上来。同时在选拔标准上要体现高校特点。

第二，对党政领导的职责、分工等做出原则的规定。需要制定“党委领导下的校长负责制的领导规则”，改变主要靠个人素养、人际关系来保证这一领导体制作用正常发挥的人治方式。规则的核心是明确如何实现“领导”和体制“负责”，以及建立协调关系和形成合力的主要保障机制。

第三，加强对领导层的监督和评议制度，以保证领导层不滥用权力和严重失职。评议要有实效，评议结果向群众公布。

其次是校级其他组织机构的职责、权力、独立性及协调方式。

每个学校在校级还有其他机构，如校务委员会、学位委员会、教代会、党代会、学生会，以及工、青、妇等群众组织。这些机构各自发挥出独特的职能及相互配合、协调，是学校功能实现的重要保证，它们是学校实现民主管理的重要机构。为了正常发挥这些机构的作用，应健全机构成员资格、产生方法及工作程序等规定，使其具有权威性和公正性，相关工作具有实效。它不能演变为临时性、事务性、工具性或学校行政人员占主体的机构，而应该是学校民声、民心的反映，群众智慧及参与学校管理的重要途径和集中表现，是学校师生对学校领导实现监督和制约的重要机构，也是学校最高领导与师生在重要决策方面沟通的主要中介性机构。这些机构如果得不到重视或职能被异化，学校的民主管理就得不到体制和机制的保证。

（2）学校中层机构。

主要是两类。一类是组织师生开展教学、科研、社会服务的综合式机构，现在有院、系（所）两级或系一级两种组织形式。两种形式哪一种合适，与院校的规模直接相关，并无定论。但更重要的是明确院系设置的依据及建立起设置或变换的机制，一方面以适应变革社会对大学培养人才变化的需求，另一方面保证这种变革的合理性和新专业的质量。现在，《决定》已把高等教育的专业设置权放给学校，建立这一机制更是当务之急。在设有院系两级机构的高校中，要处理好院系在职责、权利、功能上的区别与联系。院系均是综合性机构，我们认为差异主要是在综合的范围上，一般而言，系以学科、专业为主；院是相关、相邻系科的组合，院的存在价值在于为组织跨专业、跨学科的教学和科研项目创造条件。院的权力应主要来自校的权力的下放，而不是系的升格或系的权力的上收。院与系相比，应具有统筹重点学科建设和重大项目完成的资源及组织开展工作的权力。如若定要权力“上收”，就应承担起原来由系承担的职责和义务，并在组织管理模式上做大改革，以体现“上收”优于系级管理的功能。缺乏论证或从某一部分人的利益出发或简单跟风，是院系调整中出现功能紊乱和效益降低的主要原因，而这又往往与“长官意志”相关。

第二类的中层机构是校部按工作性质建立起来的纵向职能机构，如教务、人事、科研、后勤等机构。它们的主要职责除管理外，还应该有调查、规划、评估、工作研究和服务等方面，尤其在面对院系时，要强调服务与评估的职能。在校部中层机构之间，为加强分工与合作，形成日常工作与中心工作的有机统一，需要建立形成全校一盘棋的综合协调机制。此外，中层机构设置的合理性及人员的选用也要体现科学与民主、重视效率与效益的原则，同样需要有程序规范和制度、条例的保证。

（3）基层组织。

系里由学生组成的班、团、党组织及教师群体的行政组织是基层中的正式组织。明确这些组织的职责与自主权同样重要。系院工作的质量与活力，与这一层面群体力量的发挥和个性积极性的调动直接相关。

在大学基层，教师中很特殊的情况是除了有行政关系、私人交往关系外，还会有学术类的专业共同体，他们往往以课题、志趣作为联系的纽带。当前基层的体制改革出现了以教授命名、课题负责人带头的工作室，1998 年又推出了高薪聘用客座教授的长江计划，有些学校也自筹经费推出类似的举措。这标志着本世纪 50 年代以来学习苏联的大学基层教师分属的教研室行政组织将逐渐萎缩，继之而来的是更有利于教师研究与创造力发挥的组织方式。它也标志着对学术带头人在高校中出成果、带队伍、带学风的重要作用的认同。这是在高校基层组织中强化学术功能所采取的改革措施。但目前在不少高校中如何从整体上强化教学与学术研究功能的问题尚未很好解决，职称评定等在 80 年代初起到的有效推动学术发展的机制在相当程度上已被异化，学术委员会的作用也在退化。当今有些学校推出的新机制，如职称评聘分开，教授资格的年认定制，科研经费与能否带研究生挂钩等，正是在这方面做出的新尝试。今后这一问题依然是高校体制和机制改革的重要课题。

从学生群体的角度看，同样也有各种类型的非行政性的、以自由选择为原则组织起来的社团，它们是大学校园文化中亮丽的风景，是高校学生独特精神生活方式的展现。这些组织虽不正规，但只要开展的活动有创意，对学生就极富魅力，同时具有培养特殊人才的作用。

上述大学三层组织机构形成了具有纵横结构的学校管理体制，这些体制作用的发挥，要靠一系列有效的机制来保证，如选拔、评估、奖惩、反馈、策划、调控、规划、研究、监督、保障、发展的动力机制等。这一系列新体制形成后呈现出的特征，集中表现为权力重心下降，民主管理程度提升；运作机制灵活多样，基层部门活力增强；学术独立性受保障；行政决策科学性提高及高校与社会联系畅通有效；学生道德、学问、创造、实践等基本方面的发展得到综合式落实，最终实现学校教育教学质量的更新与提高。当前高校体制、机制的改革状态还处在一切都已经开始、目标已经清晰、框架已初步具备的阶段，但与新体制、机制系统的形成、完善、高效，并符合新的目标和功能还有相当距离。这正是在 21 世纪初期高等学校改革需要付出努力的重要任务。

本文发表于：《教育发展研究》，2000（5）、（6）两期。

“面向 21 世纪教育系科改革研究与实践”结题总报告*

一、工作报告

“面向 21 世纪教育系科改革研究与实践”的课题，是教育部“高师课程与教学改革研究”的指定项目，1998 年 3 月正式立项，成员单位是 10 所师范大学的教育系。1998 年 3 月，本课题组在昆明会议上做了开题报告，扩充了课题组成员，经扩充后的课题组成员共同讨论，明确了研究分工、合作方式和研究计划。会后，各学校子课题组分别就教育系在新世纪的改革与发展的共同性问题，结合本校教育系改革方案的制定，独立开展研究。华东师大教育系还承担了我国教育系发展的历史研究、现状调查及境外其他地区（香港、台湾）、部分国家的教育系科比较等四个专题研究。在两年的合作研究中，课题组于 1998 年 12 月在西南师范大学、2000 年 4 月在山西大学分别举行过两次交流研讨会，会上通报了各自的研究情况，就一些重要问题开展讨论。两次会议的与会同志都做了充分准备，并以高度的责任感和对教育系发展的真诚关注投入研讨，承办学校的领导也给予了大力支持。1999 年 6 月底，师范司开展中期检查，各课题组及时把已取得的研究成果集中到总课题负责人处，使该项目的中期检查顺利进行，并获得了“好”的评价。在参加这次会议前，各子课题组又做出了同样的努力和支持。

作为课题组的总负责人，我深深感受到这种为共同事业的发展而奋斗、合作的感人精神和巨大力量。在我们的成员中，有即将退休的老系主任，也有上任不

---

* 总报告是在参阅了各子课题提供的研究成果后，由总负责人叶澜撰写的。总课题下设 10 个学校子课题和 4 个专题组。其成员是：华东师范大学组，负责人熊川武；西南师范大学组，负责人张诗亚；湖南师范大学组，负责人周庆元；安徽师范大学组，负责人王守恒；曲阜师范大学组，负责人张良才；天津师范大学组，负责人梁福成；河北师范大学组，负责人肖文娥；广西师范大学组，负责人王枬；云南师范大学组，负责人罗黎辉；山西大学组，负责人侯怀银。我国教育系发展历史研究、现状调查研究、港台及中外比较研究等四个专题的负责人分别为郑金洲、王枬、熊川武、崔允漷。以上各组都提供了结题报告、改革方案、教学计划、发表和未发表的相关论文。

久的年轻的新系主任，几乎每一位成员都承担着院系的领导工作。但大家都尽心尽力、坦诚交流、共同努力，终于按时完成了课题。我深信，中国的教育系在新世纪的发展，除了要创造良好的条件和做出清醒、理智的选择之外，更需要一批热爱教育事业和能为教育系的发展做出真诚投入的创业人，需要一支高质量的师资队伍。只要有了人，就会有希望。我在和同志们的合作研究中看到了这种希望。在最后一次课题组会议上，大家纷纷表示今后不要因课题结束而结束合作，并提出了一些继续深化研究和合作的项目意向。我认为，在研究中形成了各校教育系之间的合作精神，增强了办好教育系的信心和决心，这是研究课题“计划外”的一个收获，也是贯穿在课题研究全过程的一大特色。

理论研究与改革实践的紧密结合，是这次师范司组织课程、教学改革课题的原则性要求，也是我们在研究过程中始终努力追求的目标。所以课题研究的成果除了以书面形式提供的总报告（1 份）、专题报告（4 份，已公开发表）、各子课题的研究报告（10 份）、论文（9 篇已发表，另有未发表的若干篇）、系改革方案（10 份）、新的教学计划（9 份）[①] 等以外，还有一些不能书面带来，但却实实在在存在的各校教育系的变化。它不仅表现为组织形式上由系到院的“升格”，还表现为新专业的增设、生源的扩展、办学层次的提高、“园丁工程”的投入、新型课程的编制、教育课件的开发、研究基地的建立、管理制度的建设、海内外交流的加强等几乎涉及办学一切方面的变革。这使众多的教育系呈现出变革中求生存、求发展的繁荣景象，呈现出旧格局逐渐打破、新格局逐渐生成的转型状态。尽管这一切还只是刚刚开始，尽管在新旧之间还有很多的碰撞，尽管在改革中还夹杂着不少混乱，尽管还有许多难题有待解决，但改革的基本走向和格局已初步形成，改革之路越走越宽已不成疑问。在理论与实践结合的意义上整体推进教育系的改革实践，既可视作本课题的成果之一，也可视作本课题研究的又一特色。

与立项时提交的任务书相比，现提供的研究成果中缺少了一份关于教育系改革方案的分层设计。这主要是在研究过程中逐渐发现的，各校因历史、生存环境和发展状态不同呈现出很多差异，它决定了在改革的重点、新建的模式和改革的路径上都会有不同。所以，制定一个相对统一的方案既无可能，更无意义。尤其在新一轮改革处于初始阶段的当今更是如此。基于这一认识，我们取消了这一任务。另外，关于新课程的教学大纲，部分学校在中期检查时已提供了一些，但考

① 具体项目参见结题成果目录。

虑到有关大纲和教材的编写还需要有更深入细致的研究，有一定形式的新合作，才足以保证质量和新水平，所以也未列入成果。

本课题现已完成的一系列书面研究成果，若要做一个自我评价的话，我们认为，从创新的角度看是有突破和有价值的。其中有不少“第一次”，如第一次对中国教育系发展的历史做了系统研究；第一次对港、台、沪三地及国内外教育系的状态做了比较研究等。又如，各校改革方案中对教育系培养目标的新构想，教育系生存发展策略的新思路，有关多种类型学制的构建，新课程体系和课程类型的分析，加强教育系教学实践环节的研究和情境课程的提出，教育系实习与基础教育改革一体化的“更新工程”的设想等，都颇有新意。这些创意都力图建立在对历史、现状的批判性反思和对未来发展的趋势研究基础上，所以具有启发性和可实现性。但由于课题研究的时间较短，课题性质又属整体性的改革研究，实践中还有许多因素不甚清晰，再加上研究主体水平、能力等多方面因素的限制，故从总体上看还有细致度或深度不够的缺陷。这只能留待今后可能立项的新课题和实践来改进。

由于各子课题和专题研究都有独立报告，总报告的下列部分将不以内容分类汇总的方式撰写，而依次阐述在研究中形成的三方面认识成果：第一，建构新型教育系所必须有的新视点；第二，新型教育系健康发展的关键问题；第三，支持教育系转型所必需的政策性建议。

二、生态观——建构面向21世纪新型教育系的新视点

回顾新中国成立以来教育系发展变革的过程，除了非常的“文革”时期以外，可以分为两个大阶段，第一阶段是“文革”前由政府宏观决策的、自上而下的调整性变革①；第二阶段是改革开放以来，随着形势发展变化由下而上的适应性变革②。与第一阶段的调整性变革相比，第二阶段的适应性变革已经显示出：不同的办系主体对环境变化辨识的敏感性与准确性、应变能力与自觉主动性是不同的，由此带来的结果是不同的发展走向和生存状态。它标示着生存环境与生存主体（这里指教育系）之间的相互作用，在一个变革的时期有良性与恶性之巨大差异。这次我们的任务是要寻找跨世纪中国教育系生存方式与发展方向问题，这是与前两个阶段相关却又不同于它们的一种变革，我们把它称为自觉转型、主动

① 郑金洲．我国教育系科发展史略．华东师范大学学报（教育科学版），1999（4）．

② 王枬．全国高校教育系科现状调查研究．华东师范大学学报（教育科学版），1999（3）．

发展性的变革[1]。这种自觉、主动性，主要表现在办系主体为自身在新世纪的发展而采取的主动研究，策划自己明天的研究，在理性指导下的自主变革，对可能发展领域的主动探索与尝试性开发。它不只是适应，也不只是为了生存，而是有强烈的发展意识，带有明显的创建特征。这种在特定转型期历史条件和环境下的新型教育系的创建实践，是整体转型式的，它不仅需要创建主体的勇气和热情，还需要有理性和智慧，需要打破以前形成的思维方式和惯性，以新的视角来重新认识环境、自身及其相互关系。在我看来，其中最重要的是改变机械观，树立生态观。即在研究生态环境变化的基础上，找到发展的潜在生长点，主动改建自身的内结构，使生存主体与环境之间建立新的功能关系，形成新的生长方式。可以说，本课题研究的实际思路正是以生态观为基本立场而展开的。

教育系作为一个生存主体，处在十分复杂的多重生态环境之中。20 世纪末中国改革开放的特殊背景，又使本已复杂的环境呈现出多变的状态，要把握它就更为困难，但这又是教育系求得生存发展所必须把握的。生态分析在一定意义上是关系分析，即生存环境总体及生存环境中诸构成因素与生存主体的关系分析。在具体分析过程中，我们要特别注意环境的变化提供了生存主体什么潜在的发展可能，需要我们做出怎样的变革才能实现发展，以及它给生存主体的发展带来什么障碍或危机。

在研究过程中，我们理出了下列当前教育系改革所必须关注的不同性质的“生态圈”的变化，并分析了它对于新型教育系创建的意义。

第一生态圈：中国改革开放和实现现代化的社会生态圈。宏观上，它与教育系的关系是供求关系，从两个大的方面作用于教育系。一是市场经济体制确立使市场机制成为社会经济发展的重要机制，并以不同方式或不同程度影响到社会各个领域。因此，无论是个人还是群体、单位，要想在这个社会中生存发展，就不能没有市场意识、机遇意识、风险意识、资源开发意识、自主选择意识、自我负责与制约意识等。教育系的发展不能等、靠、要，而是要主动开拓。二是教育发展的总体走向。一方面是空间维度上大教育观的逐渐形成和在现实中的体现，如社区教育、企业教育的加强和资格证书制的建立；另一方面是时间维度上终身教育的形成，这不但体现在各类继续教育、不同年龄段——从幼儿到老年教育需求的增强，而且要求基础教育向作为终身教育基础的改革；此外，科技现代化向教育领域的渗透，现代化对教育质量和教师队伍质量要求的提高，提出了教师职后

---

① 叶澜．关于教育系改革性质的认识及课题深化研究的若干建议：在“面向 21 世纪教育系科改革研究与实践”中期研讨会上的总结发言．

教育的多元化要求。这些都构成了教育系发展的现实和潜在的市场需求以及新的生源群。与此同时，教育系原有的一些市场需求却走向消失，如中等师范学校教育学科教师的培养。这一走向使我们看到，第一，新型教育系将在为中国教育改革和发展的服务中诞生，为社会和教育发展服务的功能将在转型期得到加强并成为重要特征。第二，新型教育系在与社会建立市场关系上要打破原有的师范、学校教育管理和教育学科研究的小市场局限，树立大教育市场的意识，同时，对原有小市场的某些方面做出应变和开拓，以形成原有小市场中和潜在大市场中的新生长点。这就是课题组一些成员在专业设置、培养目标上突破的依据。如西南师大课题组提出了“学校教育设计师”“职业指导师”“课件开发师”等新的培养目标，广西师大极大地增强了为教师继续教育服务的功能，天津师大等增设初等教育、社区教育（新高职类）、应用心理学等专业方向。与第一生态圈作用性质类似但范围缩小、构成教育系所在学校直接社会生态圈（如省、市等）的分析也属此列，它是形成各系改革的重要参照系，也是形成不同切入点、重点的重要依据。

第一生态圈给教育系发展带来新的生长点的同时，也带来了困惑。它集中表现在如何处理教育系的社会服务功能和教育学科专业水平自身发展功能的关系上。就目前情况来看，大部分系科改革的兴奋点是在前者而不是后者。由此引出了更深层次的新问题：满足社会发展需要与专业发展之间究竟是什么关系。它涉及教育系内部的功能整合。我们将在第三部分进一步说明。

第二生态圈：全国教育系分布格局及具体院校教育系所在地区的教师培养机构的格局变化。这里所指的地区范围可大可小，一般指省地级。第二生态圈的分析涉及各教育系可能资源的合理配置问题，也涉及在同一人类中的个体各自发挥功能的重点和主空间的定位问题。这是一种竞争、合作并存的伙伴关系。在课题研究中，子课题组成员从各自的原有基础出发，已开始在生长主空间的择定上有所区别。如华东师大教育系把发展的主空间定位在研究生领域；西南师大在开拓研究生领域的同时，努力创建体现地域文化特色的新学科，并打算在为改变西南地区基础教育相对落后的局面上有所作为，力争成为西南地区教育重镇和国际交流的窗口；曲阜师大和安徽师大在办好、提高本科的质量上下功夫，近年来出现了研究生录取率上升的势头，同时在办好教育硕士专业学位上做文章，体现出稳健发展、以实力在已有市场上取胜的发展策略；广西师大和天津师大在开展教师职后教育、横向拓展本专科市场方面很有作为，并正在积聚师资力量，准备在研究生层次上有所跃迁。河北师大采取在专业方向上落实培养幼教和小学骨干教师的措施，以扩大原有生长空间，同时也加强与地区的合作，在教师继续教育方面获得新的发展空间。山西大学一方面加强内部管理，一方面调整专业发展空间，努力体现综合性大学办教育系的独特优势。这种状态预示了多种办学形态的教育系共生共荣局面将在新世纪逐渐形成。

但是，目前由于中等师范教育的“升格”往往采取与地方教育学院合办的方式，有些地方性综合大学也吸收地方教育学院建立综合大学内教育学院等情况的出现，使最近一个时期成为新一轮教育系生长的高潮期。原有的教育系感受到资源有被剥夺和瓜分的潜在威胁，这种现象可能成为现有教育系开拓新领域、提升办学层次的一种压迫性动力。但若完全不做宏观调控，或无规则、无条件、仅为解决一些学校的生存，不顾及需要和可能作盲目升格，也会出现恶性竞争、两败俱伤、资源浪费、低效益、低质量等不良后果。

第三生态圈由教育系所在院校的生存环境构成，它与教育系的关系在性质上是局部与整体，以及同一整体中各局部之间的关系。以前，大多数师范院校的教育系对于全校师范专业来讲，其功能主要是提供教育学科类的课程，相对较单一，而且是单向的规定性服务。现在，随着师范院校自身功能定位的发展变化和教师资格证书、教育硕士专业学位的开设，教育系为全校提供的课程类型多样化，对全校师范功能发挥的作用加强。与此同时，教育系对培养人才规格复合性要求的提出，必然促使主动争取其他系科在课程上的支持，从而形成双方更为活跃的互动势态，激发了教育系更新的需求和活力。教育系若想真实地在全校的改革和发展中起更大作用，必须要提高专业质量水平。同时，这也将教育系的专业水平放在更广的范围和不同层次上，经受更多人的鉴定和评价。因此，若教育系只为校内作用和地位的提升而欢欣，却不花力气提高专业水平，最终，教育系自己砸掉教育系“招牌”的可能完全存在，在一定意义上，这是微观层面的服务功能与专业发展功能的关系。

以上三个生态圈的相互关系是套筒式的，却各具不同的关系性质。生态圈的变化，要求教育系形成与环境积极、主动、有效、互动的新生存方式，它既提供了生机，又潜伏着危机。生机、危机的转化，我认为，关键在于能否处理好为社会、为教育发展服务和实现专业发展功能之间的关系。

三、整合观——重建教育系两大功能关系的新基点

教育系作为大学中的一个专业，一方面理所当然地具有培养专业人才和发展专业学术水平的任务，我们把它简称为学术发展功能；另一方面它又必须使培养

出来的人具有为社会服务的精神和获得相应职业的能力，我们把它简称为社会服务功能。在不同的时代，不同的国家，不同的大学中，对两大功能的倚重会有所不同。一般而言，在文化学术传统较深的国家比较强调学术功能，如俄罗斯；在文化学术传统较浅的国家则强调服务的功能，如美国；近代大学较强调前者，现代大学较强调后者①。

新中国成立初期中国大学教育系受苏联影响，把办系任务主要定为中等师范学校培养教育学、心理学学科教师，同时又是教育专业人才培养的唯一系科。自1961年教育部颁发《教育系学校教育专业教学方案（修订案）》后，教育系的任务就被规定为培养三类人员：中师与师专的教育学科师资、教育行政工作人员和教育科学研究人才。这种三分状态在大多数教育系一直持续到90年代中期②。各学校之间的差异表现为主要突出哪一方面的人才，如部属师范大学的教育系较强调学术人才的培养，地方师范院校较多培养学科教学人才。与此相关的是生源、学科、课程结构、毕业生分配走向等教育系办学的一切方面和全过程。由于教育学科与教师专业素养的密切关系，以及研究对象直接指向中小学实际，所以在发展专业学术水平和服务职业培养之间又存在着理论与实践的关系问题。这两大功能之间的矛盾是以重学术发展、轻社会服务，重学科理论、轻教育实践的方式体现的。90年代中期后，随着教育市场人才需求的变化，这一矛盾又逐渐转化为以轻学术发展、重社会服务，轻学科理论、重教育实践的方式展现，而且也涉及教育系办学的一切领域。如从办学层次上，增加专科层次和面向教育行政人员、中小学教师的研究生课程班层次，大量举办为一线教师的函授、夜大和自学考试等各种学历班。许多教师疲于到处为各种班上课，连教学研究的时间都很少，科研则更受影响。在专科升本科、研究生等招收的生源上，淡化本科的专业背景，出现外语成绩成为录取新生的关键所在的现象；有些本科非教育专业的学生进入研究生学程后，也不补修教育系本科必修的专业基础性课程，使教育系研究生层次的大门，成为只想谋取学位的人最易进入和轻易获取证书的大门。在课程结构方面，通识课程比例的增加，外语、计算机等公共课的强化，辅修课程的开设，从专业外部课程的角度挤压专业性课程。有关教育活动的操作性、技能技巧性和实务性等被认为体现实践能力培养的课程的增加，专业选修课的比例大幅度提高等措施，又从专业课程内部挤压原先的专业基础性和理论性课程的比例。所以，

① 崔允漷，王建军．教育学系改革的比较研究与未来建议．华东师范大学学报（教育科学版），1999（2）．

② 郑金洲．我国教育系科发展史略．华东师范大学学报（教育科学版），1999（4）．

课程虽然呈现出五彩缤纷的局面，但缺乏主心骨、结构和秩序，让人有看“走马灯”似的感觉。这种现象的存在，从积极的角度看，是对教育系过去忽视社会服务功能的矫治；从消极的角度看，在一定程度上是受利益驱动，追求短期效应的产物，它可能有损于原来就不甚有力的教育学科的学术水平的提升和专业人才的培养，潜伏着把教育系拉向“销蚀专业”歧途的危险。

如此一个关系教育系全局发展的，又是长期未能很好解决的根本性问题，在教育系新一轮的改革中，不能不成为我们研究的对象。我们从认识上和方案设计上都做了一些探讨，形成的一个基本观点是：不能用割裂和对立的方式认识和处理两大功能的关系，而是要把整合观作为新的基点去解决两大功能的关系。

所谓割裂的方式是指把两大功能看作可以分割的、互不相关的两回事。在实践中表现为：强调社会服务的，就加强技能、技巧、方法、实务等训练，不重视理论的支撑；强调专业学术的，主要通过书斋式的研究与教学来进行，似乎社会的实际问题和需要与学术研究没有关系，即使关注实际，也只是为了例证和理解，不是为了发现和创造。在这种思想的指导下，教育系的教师也往往分为两大类：一类是面向中小学实际的，一类是专攻理论的。不同的学校也做出类似的分工：一部分学校注重社会服务，一部分学校注重理论研究。长此以往，两部分教师和两类学校似乎生活在两个界面清晰的不同生活空间，相互之间的专业交流都找不到共同的兴趣，难以沟通。

所谓对立是“割裂”关系的发展，即把两大功能看作相互妨碍的关系。鱼和熊掌不可兼得，由此还带来两部分教师之间的相互指责。倾向服务功能的人批评理论研究者的“学问”空洞无物，没有价值；理论研究者也瞧不起务实的学科教学和研究人员，认为他们只有技法没有思想，缺乏专业学术水平。上述现象对于教育系的领导和教师来说都不陌生，各自也都有自己选择的倾向。

整合观是对上述现象和教育学科中理论与实践关系这一“两大功能”背后的、实质性问题做进一步反思和研究后的产物。它是指处理两大功能关系的依据——作为专业核心构成的教育学科，在理论与实践方面有着内在、不可分割的联系，存在着不同水平和不同层次的整合[①]。

具体地说，一方面，任何教育行为的背后，总有着一系列的理论假设。所以，即使在最面向教育实践一线的教师培训活动中，也不是只需要讲技能、技巧，或传授一种新方法，就可以达到我们真正期望的发展教师专业素养的目的。

① 叶澜．教育研究方法论初探．上海：上海教育出版社，1999：158－165，342－349.

这类培训需要教师有一种能透析、说明教师实践行为的理论，需要有一种能支撑新实践行为建构的理论。这些理论，与以学科方式存在的理论并非无关，在一定意义上，现有的学科理论是其认识、分析、反思、重构实践行为的知识基础，但它们并不是学科知识相加或应用的结果，而是以综合为思想方法特征的另一种类型的理论。过去教育学科中缺少这种以问题为中心、以情境中的教育实践为直接研究对象的理论性综合学科，在教育系的课程中缺乏这类课程，在教学上也缺乏对具有教师专业实践背景的学生，从理论与实践结合意义上提高他们解决问题水平的培训，从而误认为实践工作者的培训只需操作、不需理论。另一方面，任何形态的教育理论，都在不同程度上、不同层面上与教育实践有着不同性质的互动关系，实践使人们对原有的理论或产生疑问，或获得支持，或激发出新的假设，或提供新的经验；或发现缺点，或构成新问题域；这些都是从源泉的意义上看实践对于理论的价值。除此以外，实践对于理论还有完善价值，以及使理论转化为现实力量的更为重要的价值。对这一转化——教育理论与实践间双向、积极互动、相互生成的研究，又将构成一种以生成为目的、以转化过程为对象的生成研究型教育理论。在教育学科以往的结构中，这种类型的理论同样是缺失的，这也是造成我们看不到教育理论与实践内在联系，使理论研究者误生完全可以或只需要在理论堆里制造理论的假象。自然，理论能制造理论，但若一直不走出这封闭的自循环，理论会变得日益苍白和顾影自怜。

在各校提供的改革方案中，整合观主要通过下列方式体现。

第一，多种生源、培养目标与学制的组合。根据专业背景的不同，确定相应的学制。如华东师大的教育专业本科，以培养学科专业人才为定向的，建议用“4＋2”、本科与硕士连读的方式，使其获得较坚实的文化和专业基础，自然进入研究生领域；而以中学各学科教师为目标的，则用“3＋1＋2”的方式，“3”为在所教学科的专业中打基础，“1”为教育系课程证书班，学习好的可继续进入教育专业硕士班，以培养具有较高教育专业素养的中学骨干教师。西南师大的方案中也反映出不同层级的专业学习要求。

第二，课程设置模块化。曲阜师大提出的“厚基础、宽口径、活模块”的基本思路，反映了结构化的意识。在“模块”方面，各校教育系有不同的设想，归纳起来约有四种模式：一是以专业方向需要构成模块（如学前教育、教育管理、学校教育等），二是以某一方向的加深化为模块（如技术类、实务类、理论类等），三是以适应不同生源对象为目标的模块（如专升本类、其他专业辅修教育专业类、骨干教师培训类、教育专业硕士类等），四是教育系选修其他系课程的模块。

此外，还从两方面增强教育理论与实践之间的联系，如设置情境教育、政策研究、班级实务、教师教育研究方法等课程；又如努力形成大学学习期间与教育实践的联系，进而研究教育实践的系列课程，西南师大、曲阜师大都做出了顶岗实习，让实习学校教师进校学习的方案；同时，大多数学校都不仅设置教育实习基地，而且设置教育研究基地。现在已有一批教育系中青年教师活跃在研究中国教育改革的一线，有的面向基层改革，有的参与政府决策咨询等活动，一条新型的理论与实践紧密结合、双向互动的中青年学者的学术成长之路，正在他们脚下逐渐延伸，并日益清晰、坚实、宽广起来。

期望中需要做、但目前还不够强的，就是为提高课程质量需要建设一批新型课程。其中除了上面提到的两大类型（理论综合型与研究生成型）课程外，还有结合新培养目标要求的系列新课程，教育技术与课件制作类的新课程，等等，还包括传统课程的更新和教育类新兴学科与原先薄弱学科的课程建设。与此同时，还要开展上述一系列课程教学研究。所以，从目标直到评价的办系全过程、多方面整合，也是整合观的必议之题。

四、政策建议——建构面向21世纪新型教育系的新支持系统

从第一部分生态观的分析中可以看出，新型教育系的建设不能没有环境系统的支持。所以，我们在研究过程中也提出了一系列有关创造有利于新型教育系成长的环境要求，且集中于政策建议。现简列如下：

第一，建议加强对新设教育系的控制，合理布局，加强评估，以发挥有限资源的最佳效益，避免人为因素造成的无谓损失。

第二，严格教师资格证书制的实施。教育学科的课程学习与成绩是教师取得教师资格证书的必备条件，对承担教育学科课程教学的业务单位要做资格认定，以保证课程质量。

第三，对各种类型的本科毕业生（不管是单学位还是双学位），无论其毕业后承担的工作是否与本科学习的专业“对口”，均应实行同工同酬。

第四，建议教育部在普通中小学岗位设计中，除学科教师外，增设学校教育研究员（或学校教育设计人员）一职。

第五，中小学设学校教育职员制，教育职员任学校教育管理方面的工作，应具有教育学学士学位。

第六，允许教育系学制的设计有更大的灵活性，扩大硕士生招生名额，进行本硕连读等改革试验。

第七，建立教育咨询、评价等方面的中介机构，提高教育决策的科学性和客观性。

本文最初发表于：《华东师范大学学报（教育科学版）》，2000（3）.

编后记

叶澜教授，中国“新基础教育”研究与“生命·实践”教育学创始人和持续领导者，其学术理论与实践在国内外日益引起多方关注和越来越浓的研究兴趣。于是，尽快、尽可能全面地把叶澜教授已出版著作之外散落各处的有关研究成果、随笔等荟萃成册，也就成为来自多方的呼声与需求。2016 年，在中国人民大学出版社编辑王雪颖的邀约下，叶澜教授授权了三卷本“叶澜教育思想文选”的选编、出版。作为叶澜教授的博士、学术助理，我当时在现场，于是非常荣幸亦责无旁贷地承担起有关文稿的汇集、编校事宜。

“叶澜教育思想文选”三卷本：第一卷《方圆内论道：叶澜教育论文选》、第二卷《变革中生成：叶澜教育报告集》和第三卷《俯仰间会悟：叶澜随笔读思录》，从研究论文、演讲报告和人生感悟等不同角度，相互映照，力求反映出叶澜教授的基本学术思想与精神生活。选编过程，从目录形成到文字校对，自始至终得到叶澜教授的亲密指导，在严格意义上，本套文选实为“叶澜自选文集”（2001 年，广西师范大学出版社曾为叶澜教授出过内部纪念版的《叶澜自选文集》，成为我们时常翻阅的“蓝皮书”，也成为大家呼吁公开出版“文选”的理由之一）。作为后学，能参与整体、综合的编校事宜，自是难得的近人就学、修习进业机会。下面以每本编后记的方式做一简报。

第一卷《方圆内论道：叶澜教育论文选》（以下简称《方圆内论道》）共选文 37 篇，是叶澜教授自 20 世纪 80 年代至今 30 余年教育学研究生涯公开发表的有关论文在相对总体、宏观意义上的部分选编。

“方圆”既是时空、范围、天地间，又是规则、规律、方法论。胸怀“方圆”，放眼“论道”，所论之道，首先是教育之道，但不止于教育之道，因为教育的综合复杂，必然涉及哲学之道、人生之道、实践之道等。“论道”不是为了“论”，而是为了认清根基，读懂使命，知道现实中怎样还能更好，而且在真实的意义上做出更好的教育之事，提炼出更好的教育事理。所以，《方圆内论道》既有基本理论、研究方法论，又涉当代教育改革（包括基础教育改革和师范教育改革）。

《方圆内论道》共有五个板块：学术自述、教育基本理论、教育研究方法论、当代中国基础教育改革和当代中国高等师范教育改革。其中，“学术自述”是叶澜教授对自己学术生命成长的过程回顾，其他四个板块是叶澜教授具体的主要研究领域。

“学术自述”所选两篇文章，分别以叶澜教授的两大中国原创：“生命·实践”教育学派和“新基础教育”研究为主线，让读者首先对作者的学术研究及其创生的心路历程有一个总体了解。随着更多阅读、了解，不断深化教育学人的学术志向及其转化生成。

“教育基本理论”选了13篇文章，含两大层面、三个方面的主题：教育研究层面的学生发展和教育目的，以及教育学层面的学科发展研究。在编排顺序上，先按主题分类，然后每个主题内部基本上按时间排序（个别文章会综合考虑，略调顺序），如《论影响人发展的诸因素及其与发展主体的动态关系》（1986），是本“文选”中发表时间最早的，且影响力至今很大，故排第一；《中国教育学发展世纪问题的审视》（2004），发表时间在“世纪初断想”和若干“学科年度报告”之后，但因其整体系统性和影响力更大，故在该主题系列里排第一。“个体”“主动”“发展”“自我”“独立”，是这个部分的高频词，从中可以看出叶澜教授对教育之生命价值，育主动发展、生命自觉之人一以贯之的高度关注。中国教育学的学科独立问题，从百年审视到世纪畅想，再到一步步、有策略地清理平台、行路、创生，是基于反思的清醒和有使命的担当。

“教育研究方法论”所选7篇文章，以2000年的《思维在断裂处穿行》为转折点，之前的文章是作者国外访学引发的方法论觉醒与努力，之后的文章则是作者践行、体悟理论与实践复杂转化后的方法论自觉与再认识。从后面两篇文章的题目也可看出，主体间与个体内理论与实践交互生成的复杂转化，和作者主持的“新基础教育”研究密切相关。集中体现作者方法论集成的代表作《教育研究方法论初探》一书，初版于1999年，时间上也有吻合。

“当代中国基础教育改革”所选9篇文章，包括作者对有关现实状况和学校改革实践经验的提炼、理想构建和问题辨析等。与作者主持的“新基础教育”研究也密切相关。其中，《时代精神与新教育理想的构建》（1994）是启动“新基础教育”研究的号角。相对而言，这几篇是更为宏观的思考，是对相关内容在普遍意义上的学理分析，更具前提和背景意义，相对具体的进入、“深度介入”学校改革内部的思考，可以参阅“叶澜教育思想文选”第二卷里的内容。

“当代中国高等师范教育改革”所选6篇文章，时间集中在1995—2000年，在叶澜教授担任华东师范大学副校长前后，体现了教育学专业出身的师范大学领导之所思所为。虽已时隔 20 年左右，但其中揭示的问题、提出的警示和建议，至今依然具有极强的针对性，这既体现了作者研究的真实、深入，也反映了相关决策主体和行为主体尚需认真对待，引起重视。“国将兴，必贵师而重傅”“革旧习，兴智学，必以立师范学堂为第一义”，曾为中国教育与社会发展做出独特贡献的中国师范教育传统，如何传承创新，这是师范大学自身必须认真对待的一个大问题。

《方圆内论道》五个板块，既在总体上，又从具体研究领域，勾勒了教育学者之思想、理论和思维的综合会通。因篇幅所限，本册所选论文截至 2014 年，即以 2015 年《回归突破：“生命·实践”教育学论纲》为代表的“生命·实践”教育学论著系列（三套 30 本）出版，“生命·实践”教育学整体型态初成时为另一个时段。作者有关“生命·实践”教育学后续研究的一系列论文，如关于“社会教育力”(2016)、“教育信条”(2016)、“教育与自然”(2018) 等，因故未选入。

叶澜教授曾说怀特海有“难题情结”，遇到难题就会兴奋，要彻底研究一番才好，其实她本人何尝不是如此？也许真正彻底意义上的学者大都如此。从选文可以看出，叶澜教授经常直面“老大难问题”：教育“是什么”“为什么”、影响人发展的诸因素及其关系、教育学的学科性质、理论与实践的关系、师范性与学术性之争……她首先在概念上进行清理，回到提问本身是否合适，所用概念的所指是什么，问题表述是否合理，问题本身是否具有真实性。一旦厘清了概念这个利器，许多问题本身的问题就暴露出来。然后她就转到对问题之问题的深层分析，经常被深掘出来的是内涵和价值理念的思维方式问题，于是关注系统、层次、阶段转化的复杂思维在辨析运用中越来越显示出力量。一旦擦亮了方法论这个利器，不仅原因得以清理，而且重建的思路也有了，当然，最终、最现实有力的重建，还要进入实践，经过实践锤炼。作者经常告诉我们，以她自身的生命实践告诉我们：基本理论是有用的，方法论通了、变了，是要拿来运用的。

怎样体现出有用？拿到哪里运用？到实践中，到教育的实践、教育研究的实践、教育学研究的实践中。以作者之思维与辩才，可以纯粹做理论，能做很强的哲学思辨，但作者不是这样“玩学问”的人，她要以做教育的方式做教育和教育学研究，直面人类最大、最难的教育问题，以会通的方式做教育学这门通学的大学问。为备受诟病的中国基础教育做出改革与发展的努力，为学科分类中晚熟的复杂综合的教育学“争口气”。在多重交织的艰难里运用基本理论和方法论利器，其艰巨性可想而知，这需要极大的智慧和勇气，还要承受开拓者的寂寞与被误解，这是需要境界且能提升境界的事，“卓然独立、越而胜己”，这样的人才能做出这样的“卓越”新解。

当然，叶澜教授不是孤胆英雄，她在20世纪90年代中期主动从众人艳羡的华东师大副校长之职退下来，就立定一个决心：成就教育学的大业，这个大业需要而且能够建设一支学派队伍。“人”“育人”“生命自觉”“教育实践”不只是叶澜教授学术研究的核心概念，而且是她学术人生实践的主旋律，只有这样的人才能开创出“生命·实践”教育学派。

最后，以无法编入本书，但充盈在本书中的叶澜教授在《教育概论》里的最后两句话，结束这篇编后记，作为致敬，同时自勉：

“教育是直面生命、通过生命和为了生命的人类独特事业。谁如果想成为一名出色的教育者，谁如果愿意把自己的生命献给这一伟大而崇高的事业，那么，谁就应该努力使自己成为富有历史感和时代感的人，成为热爱人、理解人、善于研究人的人，成为深刻地了解社会与教育相关的一切，并对人类社会未来充满信心的人。只有这样的人，才能在为使人类与社会变得更美好的教育事业贡献自己智慧、力量和生命的同时，使自己也变得更美好。”

庞庆举

2019.1.21

图书在版编目（CIP）数据

方圆内论道：叶澜教育论文选/叶澜著；庞庆举选编．--北京：中国人民大学出版社，2019.12

（叶澜教育思想文选）

ISBN 978-7-300-27605-2

Ⅰ.①方… Ⅱ.①叶…②庞… Ⅲ.①教育—文集 Ⅳ.①G4-53

中国版本图书馆CIP数据核字（2019）第238350号

叶澜教育思想文选

方圆内论道：叶澜教育论文选

叶　澜　著

庞庆举　选编

Fangyuan nei Lundao：Ye Lan Jiaoyu Lunwenxuan

出版发行	中国人民大学出版社		
社　　址	北京中关村大街31号	**邮政编码**	100080
电　　话	010－62511242（总编室）		010－62511770（质管部）
	010－82501766（邮购部）		010－62514148（门市部）
	010－62515195（发行公司）		010－62515275（盗版举报）
网　　址	http://www.crup.com.cn		
经　　销	新华书店		
印　　刷	涿州市星河印刷有限公司		
规　　格	170 mm×235 mm　16开本	**版　　次**	2019年12月第1版
印　　张	29.25	**印　　次**	2022年1月第2次印刷
字　　数	508 000	**定　　价**	118.00元